बेनीपुरी ग्रंथावली-7

बाल-साहित्य और रवीन्द्रनाथ, कीट्स, शेली, बायरन,
तथा वर्ड्सवर्थ की कविताओं के अनुवाद

बेनीपुरी ग्रंथावली
7

सामग्री संकलन

जितेन्द्र कुमार बेनीपुरी

संपादक

सुरेश शर्मा

राधाकृष्ण

ISBN : 978-81-7119-424-7

बेनीपुरी ग्रंथावली-7

पहला संस्करण : 1998
पहली आवृत्ति : 2013

मूल्य : ₹ 7200
(आठ खंडों का पूरा सेट)

प्रकाशक
राधाकृष्ण प्रकाशन प्राइवेट लिमिटेड
7/31, अंसारी मार्ग, दरियागंज, नई दिल्ली-110 002

शाखाएँ : अशोक राजपथ, साइंस कॉलेज के सामने, पटना-800 006
पहली मंजिल, दरबारी बिल्डिंग, महात्मा गांधी मार्ग, इलाहाबाद-211 001

वेबसाइट : www.radhakrishnaprakashan.com
ई-मेल : info@radhakrishnaprakashan.com

मुद्रक
बी.के. ऑफसेट
नवीन शाहदरा, दिल्ली-110 032

BENIPURI GRANTHAVALI-7
Edited by Dr. Suresh Sharma

1948 : बेनीपुरी के साथ मंझले बेटे जितेन्द्र बेनीपुरी और बड़े बेटे देवेंद्र बेनीपुरी.

पौत्र लल्लन, मन्नन और रतन के साथ. बाईं ओर हैं पुत्र महेंद्र बेनीपुरी.

भूमिका

ग्रंथावली के सातवें खंड में बेनीपुरी का बाल-साहित्य और देशी-विदेशी कविताओं का अनुवाद संकलित है। बाल-साहित्य खंड में स्थान सुलभ होने की वजह से अंतिम हिस्से में काव्यानुवाद दिए जा रहे हैं। ग्रंथावली के साहित्य वाले खंडों में इतनी जगह नहीं थी कि इन काव्यानुवादों को वहाँ शामिल किया जा सके। बाल-साहित्य खंड के अंत में कुछ पृष्ठ बचे थे, इसलिए यहाँ ये अनुवाद दिए जा रहे हैं।

बेनीपुरी हिंदी बाल-साहित्य के एकमात्र ऐसे लेखक हैं जिन्होंने योजनाबद्ध तरीके से बड़े पैमाने पर बाल-साहित्य लिखा है। उन्होंने बाल-कथाएँ लिखी हैं। महापुरुषों की जीवनियाँ तैयार की हैं। बच्चों को प्रेरित करनेवाली साहस-कथाएँ लिखी हैं। ज्ञान-विज्ञान के क्षेत्र की नई से नई जानकारियों का परिचय दिया है। रवीन्द्रनाथ को छोड़कर किसी भी दूसरे भारतीय लेखक के बाल-साहित्य में बेनीपुरी जितनी विविधता नहीं है।

लेखन और प्रकाशन वर्ष के अनुसार बेनीपुरी का बाल-साहित्य इस प्रकार है :

1925 : बगुला भगत, सियार पाँड़े

1927-28 : बिलाई मौसी, हीरामन तोता

1935-36 : साहस के पुतले, झोंपड़ी से महल (अनुपलब्ध), रंग-विरंग

1937-39 : जान हथेली पर, फूलों का गुच्छा, पदचिन्ह

1948-50 : बेटे हों तो ऐसे, बेटियाँ हों तो ऐसी, हमारे पुरखे : हमारे पड़ोसी (बाद में अमर कथाएँ नाम से अनेक भागों में प्रकाशित हुई), पृथ्वी पर विजय, प्रकृति पर विजय (इस पुस्तक में बेनीपुरी ने 1927-28 में प्रकाशित अपनी 'आविष्कार और आविष्कारक' पुस्तक के सभी लेख अद्यतन बनाकर प्रकाशित किए थे), संसार की मनोरम कहानियाँ, हम इनकी संतान हैं (अनुपलब्ध), इनके चरण-चिन्हों पर, अनोखा संसार (1935-36 की पुस्तक 'रंग-विरंग' का नए नाम से नया संस्करण), अपना देश (अनुपलब्ध)

1952 : अमृत की वर्षा, जीव-जंतु (अनुपलब्ध)।

सूची से स्पष्ट है कि बेनीपुरी ने कुछ पुस्तकों का पुनर्संस्करण करते हुए उनका नाम बदल दिया है। जैसे 'रंग-विरंग' का पुनर्संस्करण प्रथम प्रकाशन के 12 साल बाद 1948 में हुआ तो उन्होंने उसका नाम 'अनोखा संसार' कर दिया। पुस्तक की रचनाओं के शीर्षकों में भी संशोधन किया। जैसे 'रंग-विरंग' के एक लेख का शीर्षक था 'चल बे घोड़े, चल रे चल'। 'अनोखा संसार' में इस लेख का शीर्षक है 'सवारियों का संसार'।

इन परिवर्तनों की वजह यह थी कि 1948 में यह पुस्तक सातवीं क्लास के पाठ्यक्रम के लिए स्वीकृत हुई। बेनीपुरी ने कुछ परिवर्तन करके पुस्तक को पाठ्यक्रम के अनुरूप बना दिया ताकि छात्र और भी स्पष्टता से विषय को समझ सकें। 1935-36 में घोषित उनकी दो पुस्तकें 'बहादुरी की बातें' तथा 'क्या और क्यों' तो प्रकाशित ही नहीं हुईं। उनकी स्थगित पांडुलिपियाँ भी प्राप्त नहीं हो सकीं। 'झोंपड़ी से महल' पुस्तक का भी कहीं पता नहीं चला। चूँकि 1927-28 में प्रकाशित 'आविष्कार और आविष्कारक' पुस्तक के सारे लेख, 1948-50 में छपी पुस्तक 'प्रकृति पर विजय' के अंतर्गत आ गए हैं, इसलिए 'आविष्कार और

आविष्कारक' शीर्षक से अलग कोई पुस्तक ग्रंथावली के इस खंड में नहीं है।

1927 में लेखन की शुरुआत में ही बेनीपुरी ने अपनी पुस्तक 'बिलाई-मौसी' की भूमिका 'म्याऊँ' के अंतर्गत लिखा था—"मैं तो फैसला कर चुका हूँ कि जीवन-भर बच्चों के लिए ही लिखूँगा।" कहने की जरूरत नहीं कि तमाम राजनैतिक और पत्रकारिता संबंधी व्यस्तताओं के बावजूद बेनीपुरी ने अपने इस फैसले पर अमल किया और आजीवन बाल-साहित्य का सर्जन करते रहे। साहित्यिक जीवन के आरंभिक दिनों में उन्होंने 'बालक' (1926) का संपादन किया और वह ऐतिहासिक महत्त्व की बाल-पत्रिका साबित हुई। अपने साहित्यिक जीवन के उत्तरार्द्ध में उन्होंने 'चुन्नू-मुन्नू' (1950) के संपादन का जिम्मा अपने ऊपर लिया। इस तरह बाल-साहित्य लेखन और उसके संयोजन-प्रकाशन से वे आजीवन जुड़े रहे। बाल-साहित्य में बेनीपुरी का योगदान उनके द्वारा संपादित बाल-पत्रिकाओं के रूप में है। 'बालक' और 'चुन्नू-मुन्नू' में बेनीपुरी ने न सिर्फ कविता-कहानी के माध्यम से बच्चों की कल्पनाशीलता का विस्तार दिया है बल्कि जीवनी और ज्ञान-विज्ञान संबंधी लेखों से बाल-मानस के संसार को जानकारियों से समृद्ध किया है। उनके द्वारा संपादित बाल-पत्रिकाओं के अंक आज भी मानदंड की तरह हैं।

ग्रंथावली के इस खंड में उनकी पुस्तकें विधा के अनुसार दी जा रही हैं। पहले कथा-साहित्य और जीवन-गाथाएँ हैं, फिर साहस-कथाएँ और जानकारियाँ। अंत में ज्ञान-विज्ञान संबंधी लेख हैं। विभिन्न विधाओं की पुस्तकें यथासंभव लेखन-प्रकाशन वर्ष के क्रम से रखी गई हैं।

जिन पुस्तकों में बेनीपुरी की बाल-कहानियाँ संकलित हैं, उनके नाम हैं—बगुला भगत, सियार पाँड़े, बिलाई-मौसी, हीरामन तोता, फूलों का गुच्छा, संसार की मनोरम कहानियाँ और अमृत की वर्षा। 'बगुला भगत' पुस्तक 1925 में प्रकाशित हुई। बेनीपुरी द्वारा लिखी गई बच्चों की यह पहली पुस्तक है। किताब के प्रकाशक पुस्तक भंडार ने 'बाल मनोरंजन माला' नामक एक सीरीज शुरू की थी। 'बगुला भगत' उस माला की पहली पुस्तक थी। इसका मुद्रण लक्ष्मीनारायण प्रेस, बनारस, में हुआ था। बच्चों में यह किताब इतनी लोकप्रिय हुई कि 1928 में इसका दूसरा संस्करण निकला और तीसरा संस्करण 1937 में। यह पुस्तक बेनीपुरी ने अपनी पहली संतान को समर्पित की है जिसे वे देख भी नहीं पाए थे। समर्पण में बेनीपुरी लिखते हैं, "जिसका मुख देखने का सौभाग्य भी मुझे प्राप्त नहीं हुआ था, अपनी उसी प्रथम स्वर्गीय संतान की शिशु आत्मा के पारलौकिक मनोरंजन के लिए यह 'बगुला भगत' सस्नेह समर्पित है।" श्री जितेंद्र कुमार बेनीपुरी ने मुझे बताया कि बेनीपुरीजी की पहली संतान एक लड़की थी जो जल्दी ही चल बसी। बेनीपुरी ने उसी को यह पुस्तक समर्पित की है। बाद में उन्होंने अपनी इस संतान का जिक्र कहीं नहीं किया है। उनकी तीसरी संतान सुरेंद्र (गाँधी) का निधन भी सात साल की उम्र में हो गया था जब बेनीपुरी जेल में थे। उन्होंने सुरेंद्र की स्मृति में एक स्मृतिचित्र लिखा है जो 'गाँधीनामा' शीर्षक से ग्रंथावली के पहले खंड में संकलित है।

'बगुला भगत' 30 पृष्ठों का एक लघु बाल-उपन्यास है। उसमें अत्याचारी बगुले से मछलियों की मुक्ति की कहानी कही गई है। बेनीपुरी ने बगुले और मछलियों की इस चिरपरिचित कहानी की पूरी संरचना बदल दी है। उसे रोचक बनाने के लिए उसमें दिलचस्प घटनाएँ जोड़ी हैं तथा व्यंग्यात्मक शैली अपनाकर बच्चों के लिए बेहद मनोरंजक बना दिया है। पुस्तक में रघुवंश के बनाए जीवंत रेखांकन हैं। उसके नीचे रचना से वे पंक्तियाँ दे दी गई हैं जिनके आधार पर रेखांकन किया गया है। इससे कथा और भी मूर्त हो गई है। उस समय काशी से निकलनेवाले पत्र 'सुप्रभातम' ने 'बगुला भगत' की समीक्षा की थी। लिखा था—"बालकों के लिए 'बगुला भगत' बहुत ही मनोरंजक और उपदेशप्रद पुस्तक है। इसे पढ़कर

बालक हँसते-हँसते लोट-पोट हो जाएँगे। शिक्षाएँ बड़े मार्के की हैं। लिखने का ढंग बड़ा ही आकर्षक है। यह संस्कृत के 'हितोपदेश' और 'पंचतंत्र' की भाँति मनोहर है। वस्तुतः यह बालकों के लिए नीतिपूर्ण शिक्षा का सुंदर भंडार है।''

सियार पाँड़े 36 पृष्ठों की रचना है। इसे भी लंबी कहानी नहीं, लघु बाल-उपन्यास कहा जा सकता है। यह पुस्तक भी 1925 में प्रकाशित हुई। पुस्तक भंडार ने उसे बाल-मनोरंजन माला की दूसरी किताब के रूप में छापा। कीमत थी आठ आने। सियार पाँड़े के कथ्य और शिल्प में औपन्यासिकता है। पुस्तक में सियार पाँड़े की विडंबनापूर्ण जीवन-गाथा व्यंग्यात्मक शैली में बयान की गई है। पात्रों का आपसी व्यवहार और रचना की शैली इतनी आकर्षक है कि बच्चे पूरी पुस्तक एक ही बैठक में पढ़ जाना पसंद करेंगे। बाल-साहित्य कैसा होना चाहिए इस पर 'सियार पाँड़े' की भूमिका (निवेदन) में प्रकाश डाला गया है—''बाल-साहित्य ऐसा होना चाहिए, जिन्हें देखते ही लड़के छाती से लगा लें, उसे पढ़ें और हँसें भी। साथ ही साथ उन्हें इसी हँसी-खेल में उचित उपदेश भी मिले, जिससे उनका भविष्य उज्ज्वल हो।...''

कहने की जरूरत नहीं कि बेनीपुरी 'सियार पाँड़े' में रोचकता तो भरते ही हैं, बच्चों के व्यक्तित्व-निर्माण के लिए सीख भी देते हैं। लेकिन यह सीख ऊपर से थोपी हुई नहीं है। वह कहानी के भीतर से ही निकलती है। सियार पाँड़े की छोटी-बड़ी चालाकियों में रोचकता है। उसके प्रत्युत्पन्नमतित्व से बच्चे तत्पर और चौकस रहने के लिए प्रेरित होते हैं।

'बिलाई मौसी' 1927-28 की कृति है। इसमें 'बिलाई मौसी' के अलावा तीन और कहानियाँ हैं—'चोर राजकुमार', 'मिट्टी का घोड़ा' और 'फूलों का देश'। बेनीपुरी ने इन लोक प्रचलित कहानियों को अपने रंग में लिखा है। कथा-संग्रह की भूमिका में वे लिखते हैं—''इन कहानियों के ढाँचे मेरे निजी नहीं हैं। जहाँ कहीं मिला, ले लिया और उन पर अपना रंग चढ़ाकर उन्हें अपना बनाकर तुम्हारे सामने ले आया हूँ।''...इन कहानियों के उद्देश्य के बारे में वे लिखते हैं—''तुम्हारा मन बहलाने और हँसाने के लिए ये कहानियाँ लिखी हैं...।''

'हीरामन तोता' भी 1927-28 की ही पुस्तक है। बेनीपुरी द्वारा संपादित बाल-कहानियों के इस संग्रह में उनके अलावा छह अन्य कथाकार भी शामिल हैं। उनके नाम और कहानियाँ इस प्रकार हैं—सतीशचंद्र राय (गरीब ब्राह्मण और धनी बनिया), गोविंदवल्लभ पंत (राजा का सपना), श्यामधारीप्रसाद श्याम (राक्षसी रानी तथा बालक का भाग्य), अंबिकाकांत सिंह (तीन कवच) तथा विमला देवी शुक्ल (परी का पुरस्कार)। इस संग्रह में संकलित बेनीपुरी की कहानियों के नाम हैं—'हीरामन तोता' और 'चार लाल बुझक्कड़'। इस संकलन का ऐतिहासिक महत्त्व है क्योंकि हिंदी में बाल-कहानियों का यह पहला संपादित संग्रह है। इससे यह आसानी से पता चल जाता है कि उस दौर में कौन-से लेखक बाल-साहित्य लेखन की दुनिया में सक्रिय थे। इससे बेनीपुरी के इस योगदान का भी पता चलता है कि वे उस समय न सिर्फ बच्चों के लिए 'बालक' जैसे पत्र निकाल रहे थे बल्कि स्वयं बाल-साहित्य का सृजन करते हुए दूसरे लेखकों के साथ उसका संपादित संकलन भी निकाल रहे थे। कहने की जरूरत नहीं कि अपनी राजनैतिक व्यस्तता से पूर्व बेनीपुरी ने अनेक स्तरों पर बाल-साहित्य के आयोजन की शुरुआत की थी।

'फूलों का गुच्छा' अगस्त 1938 में प्रकाशित हुई। प्रकाशक थे मंगलाप्रसाद सिंह, वाणी मंदिर, छपरा। किताब विद्यावती देवी द्वारा वाणी मंदिर प्रेस में ही छपी थी। 'फूलों का गुच्छा' की कीमत थी बारह आने। संग्रह में कुछ प्रसिद्ध विदेशी लेखकों द्वारा लिखी बाल-कथाओं का सार-संक्षेप दिया गया है। यह किताब अपेक्षाकृत बड़े बच्चों अर्थात् किशोरों के लिए है। भूमिका में बेनीपुरी लिखते हैं—''प्रत्येक भाषा में, प्रौढ़ बालकों के लिए अन्य भाषाओं के प्रामाणिक ग्रंथों की संक्षिप्त कथाओं वाली पुस्तकें हैं। जबकि उनका मस्तिष्क कोमल होता है, और जब

उन्हें इतना समय नहीं रहता कि, संसार साहित्य के मूल ग्रंथों का अवलोकन करे, ऐसी पुस्तकें उनके लिए बड़े काम की होती हैं। इसी उद्देश्य से प्रेरित होकर मैंने यह किताब तैयार की है।'' संग्रह में शामिल लेखक और उनकी कहानियाँ इस प्रकार हैं—विक्टर ह्यूगो (फ्रांस, अभागा), होमर (ग्रीस, रानी की चोरी), मेटरलिंक (बेल्जियम, टिलटिल की शादी), चौसर (इंग्लैंड, गरीब की लड़की), टाल्स्टाय (रूस, सच्चा राजकुमार) जौर्ग (जर्मनी, मिस्र की शाहजादी) तथा सर्वेंट्स (स्पेन, अलबेले बहादुर)। संग्रह के परिशिष्ट में शेक्सपीयर की 'सच्ची दोस्ती' तथा डेफो की रचना 'नटखट लड़का' भी शामिल है। इन कहानियों के प्रस्तुतीकरण के बारे में बेनीपुरी लिखते हैं—''कुछ (लेखकों) की कहानियाँ तो मैंने मूल ग्रंथ पढ़कर लिखी हैं, कुछ की कहानियाँ अंग्रेजी में आईं, उनकी संक्षिप्त कहानियों से ही ले ली हैं, यह अनुवाद नहीं है।'' इन कहानियों को बेनीपुरी ने अपनी भाषा और शैली में पुनः सृजित किया है इसलिए इनमें नया रंग आ गया है।

'संसार की मनोरम कहानियाँ' 1948-50 के दौर की रचनाएँ हैं। इसमें भारतीय और विदेशी स्रोतों से आठ कहानियाँ संकलित की गई हैं। इनमें से तीन 'रानी की चोरी', 'गरीब लड़की' और 'अभागा' 'फूलों का गुच्छा' में भी शामिल हैं। इसलिए 'संसार की मनोरम कहानियाँ' से वे हटा दी गई हैं। बेनीपुरी प्रकाशन से 1966, 69 और 70 में इस पुस्तक के तीन और संस्करण हुए। 'अमृत की वर्षा' 1952 में कला निकेतन पटना से प्रकाशित हुई। इसकी कीमत थी बारह आना। युगांतर प्रेस पटना में किताब छपी। इस संग्रह में भी राष्ट्रीय-अंतराष्ट्रीय स्रोतों से जुटाई गई कहानियाँ संकलित हैं। कुल पाँच कहानियाँ हैं जिनमें से तीन 'टिलटिल की शादी', 'मिस्र की शाहजादी' और 'सच्ची दोस्ती' 'संसार की मनोरम कहानियाँ' के अंतर्गत आ चुकी हैं। इसलिए 'अमृत की वर्षा' के अंतर्गत सिर्फ दो कहानियाँ 'अमृत की वर्षा' और 'दिनों की कहानी' दी जा रही हैं।

बेनीपुरी ने सरल और रोचक शैली में बच्चों के लिए इतिहास भी लिखा है। 'हमारे पुरखे : हमारे पड़ोसी' उनकी इतिहास-पुस्तक है। इसमें भारत और विश्व के इतिहास की झलक देने की कोशिश की गई है। बेनीपुरी ने बच्चों के लिए व्यक्तित्व केंद्रित इतिहास लिखा है ताकि बच्चों को इतिहास-पुरुषों से प्रेरणा भी मिले। 'हमारे पुरखे : हमारे पड़ोसी' पुस्तक 1948-50 के दौर में लिखी गई तथा प्रकाशित हुई। इसे अजंता प्रेस, पटना, ने प्रकाशित किया था। तीसरी क्लास की पूरक पुस्तक के रूप में यह स्कूलों में पढ़ाई भी जाती है। बाद में यह 'अमर कथाएँ' शीर्षक से छपी। 'हमारे पुरखे हमारे पड़ोसी' दो भागों में है। 'हमारे पुरखे' के अंतर्गत भारतीय इतिहास के क्रांतिकारी व्यक्तित्वों का परिचय है। 'हमारे पड़ोसी' में विश्व के इतिहास-निर्माताओं के जीवन और कार्य का मूल्यांकन है।

बच्चों के व्यक्तित्व निर्माण के लिए बेनीपुरी ने बड़े पैमाने पर साहस-कथाएँ लिखी हैं। 'साहस के पुतले' (1935-36) में दुनिया के विभिन्न हिस्सों का रोमांचक परिचय है। 'जान हथेली पर' अप्रैल 1938 में वाणी मंदिर, छपरा (बिहार) से प्रकाशित हुई। इस पुस्तक की साहस-कथाएँ कैसी हैं और उनका उद्देश्य क्या है इसे बेनीपुरी ने भूमिका में स्पष्ट किया है। लिखते हैं—''इन कहानियों में छोटे-छोटे बच्चे हैं, छोटी-छोटी लड़कियाँ हैं, स्वयं नौजवान हैं, और हैं हमारे बूढ़े बाबा भी ! यों ही झोंपड़ों से लेकर प्रासादों तक में हम इन्हें विचरते पाते हैं। वीरता—वयस, लिंग, वर्ग किसी भी भेदभाव पर निर्भर नहीं करती। इस समय हमारे प्यारे देश को ऐसी पुत्र-पुत्रियों की अज़हद जरूरत है।''

'पदचिन्ह' पुस्तक अगस्त 1938 में वाणी मंदिर से ही प्रकाशित हुई। इस पुस्तक में भी चर्चित इतिहास पुरुषों के साहसिक कार्यों का ब्यौरा दिया गया है। भूमिका में बेनीपुरी लिखते

हैं—"मेरे छोटे-छोटे साथियो ! कहीं तुम भटक न जाओ, कुराह पर न चले जाओ इसलिए ये कुछ पदचिन्ह तुम्हारे आगे रखता हूँ। तुम जो बनना चाहो, साहसी, साहित्यिक, देशभक्त, वैज्ञानिक, मानव-हितैषी—इसमें से किसी पदचिन्ह को पकड़ लो और बढ़ते चलो। मुझे उम्मीद है, यह तुम्हें सफलता तक पहुँचा देगा।" बेनीपुरी ने बच्चों को साथी के रूप में संबोधित करके पहले उनसे अपनी दूरी खत्म की है। उसके बाद अपनी बातें रखी हैं। बेनीपुरी का यह गुण किसी भी बाल-साहित्य के लेखक के लिए आदर्श है। अपने और बच्चों के बीच अपनी बुजुर्गियत की दीवार खत्म करके ही हम उनसे सीधा संवाद कर सकते हैं। बाल-साहित्य लेखकों के लिए बेनीपुरी के पदचिन्ह इस दिशा में अनुकरणीय हैं।

'बेटे हों, तो ऐसे' तथा 'बेटियाँ हों, तो ऐसी' 1948-50 के दौर में अजंता प्रेस, पटना से प्रकाशित हुईं। इनमें साहसी लड़के-लड़कियों की गाथाओं का बखान किया गया है।

'इनके चरण चिन्हों पर पुस्तक 1950 में प्रकाशित हुई। यह पुस्तक 1938 में प्रकाशित 'पदचिन्ह' का एक प्रकार से पुनः संस्करण है। बेनीपुरी ने पुस्तक में 'ऋषियों की परंपरा' शीर्षक नया लेख जोड़ा था। उसे छोड़कर बाकी लेख हटा दिए गए हैं क्योंकि वे 'पदचिन्ह' के अंतर्गत प्रकाशित हैं।

'पृथ्वी पर विजय' (1948-50) पुस्तक में एक बार फिर बेनीपुरी ने कुछ दुर्लभ साहसिक अभियानों का परिचय दिया। इस पुस्तक से तीन लेख हटा दिए गए हैं। वे अन्यत्र आ चुके हैं। 1948-50 में 'प्रकृति पर विजय' दो भागों में अजंता प्रेस पटना से प्रकाशित हुई। मूल्य था साढ़े आठ आना। बेनीपुरी की यह कोई नई पुस्तक नहीं थी। 1927-28 में बच्चों को विज्ञान के नए आविष्कारों की जानकारियाँ देने के लिए बेनीपुरी ने अनेक लघु पुस्तिकाएँ लिखी थीं। पुस्तक भंडार लहेरियासराय (बिहार) से प्रकाशित इन पुस्तिकाओं की कीमत एक-एक पैसा थी। इनमें बेनीपुरी किसी एक आविष्कार की सचित्र विस्तृत जानकारी देते थे। उस समय छपी ऐसी पुस्तिकाओं के नाम इस प्रकार हैं—रेलगाड़ी, जहाज और पनडुब्बा जहाज, हवाई जहाज और बिजली, तार तथा छापाखाना और सिनेमा। विज्ञान के इन नए आविष्कारों से बेनीपुरी नई पीढ़ी को परिचित कराकर उनके ज्ञान का विस्तार करना चाहते थे। इस काम को वे राष्ट्रीय आंदोलन का ही एक हिस्सा मानते थे। इसका प्रमाण यह भी है कि लगभग सभी ऐसी पुस्तिकाओं के मुख पृष्ठ पर 'देशरत्न राजेंद्रप्रसाद' का रेखांकन दिया गया है जो उन दिनों राष्ट्रीय आंदोलन में बिहार के प्रमुख नेताओं में थे। आविष्कार की इन कहानियों को संशोधित और परिष्कृत करके बेनीपुरी ने 'प्रकृति पर विजय' पुस्तक बनाई जिसे हम ग्रंथावली में शामिल कर रहे हैं।

1948-50 में ही बेनीपुरी की एक और पुस्तक प्रकाशित हुई 'अनोखा संसार'। इसमें बच्चों को आस-पास के संसार की जानकारी दी गई है। खेलकूद, संगीत, संस्कृति, पाठशाला पुलिस तथा शिकारियों पर दिलचस्प जानकारियाँ प्रस्तुत की गई हैं। बेनीपुरी की यह पुस्तक 1942 में प्रकाशित उनकी 'रंग-विरंग' पुस्तक का पुनः संस्करण है। सिर्फ सभी लेखों के शीर्षक बदलकर पुस्तक को नए शीर्षक 'अनोखा संसार' के अनुरूप बना दिया गया है। जैसे रंग-विरंग के लेख का शीर्षक है 'नाव पर' तो उसे 'अनोखा संसार' में 'नावों का संसार' कर दिया गया है। प्रत्येक लेख के शीर्षक में संसार लगा दिया गया है। इसलिए मैंने 1942 में प्रकाशित 'रंग-विरंग' तथा उसमें दिए गए लेखों के शीर्षक को ही रहने दिया है। इससे पुस्तक एकरस होने से बच जाती है। इस पुस्तक की रचना बेनीपुरी ने विशेष उद्देश्य से की थी। रंग-विरंग के प्रकाशकीय में कहा गया है कि "हिंदी में गंभीर विषयों पर लेखों के अनेकानेक संग्रह हैं। दार्शनिक लेखों की भी कमी नहीं। साहित्यिक प्रबंधों की तो बात ही क्या ? लेकिन साधारण-से-साधारण विषय पर रोचक ढंग से लिखे गए निबंधों की कमी है। इसी को दूर करने

की सद्भावना से प्रेरित होकर लाइट एसेज के इस संग्रह को प्रकाशित किया है। पुस्तक शिक्षकों और विद्यार्थियों को रुचेगी।'' निश्चय ही 'रंग-विरंग' को छात्रों-शिक्षकों ने पसंद किया और बाद में उसका 'अनोखा संसार' नाम से पुनः संस्करण हुआ।'' बिहार में 1948-50 में यह सातवीं क्लास के पाठ्यक्रम में भी रखी गई।

बेनीपुरी का यह बाल वाङ्मय आज भी बच्चों और किशोरों के व्यक्तित्व निर्माण के लिए उतना ही प्रासंगिक है जितना स्वाधीनता आंदोलन के दिनों में था। ग्रंथावली में इनका पुनर्प्रकाशन नई पीढ़ी के बीच फिर से उनके लेखक बेनीपुरी की वापसी है।

बेनीपुरी के कुछ काव्यानुवादों को परिशिष्ट में शामिल किया जा रहा है। रवींद्रनाथ की तीन दर्जन से अधिक कविताओं का अनुवाद 'रवींद्र भारती' शीर्षक से तथा कीट्स, शेली, बायरन और वड्र्सवर्थ की चुनी हुई कविताओं का अनुवाद 'टुलिप्स' शीर्षक से दिया जा रहा है। इन्हीं नामों से बेनीपुरी काव्यानुवाद की ये पुस्तकें प्रकाशित करना चाहते थे। लेकिन जीवन में उनकी यह इच्छा पूरी नहीं हो सकी। इन अनुवादों को पचास वर्ष बाद ग्रंथावली में प्रकाशित किया जा रहा है। कविता के मर्म तक पहुँचने तथा भाषा की ताजगी की दृष्टि से आज भी ये अनुवाद पठनीय हैं।

बेनीपुरी ने रवींद्रनाथ की कविताओं का अनुवाद 1942 की जेल-यात्रा में किया था। जिस कॉपी में यह अनुवाद किया गया है उसके पहले पन्ने पर जेल सुपरिंटेंडेंट की मुहर के नीचे तारीख लिखी है—5-8-42। बेनीपुरी ने इसमें रवीन्द्रनाथ की छोटी-बड़ी दर्जनों कविताओं का अनुवाद किया। रवींद्रनाथ ने लगभग एक हजार कविताएँ तथा दो हजार से भी अधिक गीत लिखे थे। उनमें से कुछ कविताओं का चयन एक कठिन काम था। लेकिन बेनीपुरी ने उनमें से श्रेष्ठतम कविताएँ चुनीं। रवींद्रनाथ के निधन के सिर्फ एक साल बाद बेनीपुरी ने उनकी श्रेष्ठतम कविताओं का रचनात्मक अनुवाद किया। यों तो दर्जनों लोगों ने रवींद्र की कविताओं के अनुवाद किए हैं लेकिन आचार्य हजारीप्रसाद द्विवेदी, रामधारीसिंह दिनकर, हंसकुमार तिवारी तथा भवानीप्रसाद मिश्र के अनुवाद महत्त्वपूर्ण माने जाते रहे हैं। बेनीपुरी के अनुवाद सर्वथा भिन्न किस्म के हैं। वे रवींद्रनाथ की कविता के मर्म तक पहुँचते हैं और बोलचाल की भाषा में उसका पुनःसृजन करते हैं। अन्य अनुवादक रवींद्रनाथ की 'छायावादी' भाषा से आक्रांत हो जाते हैं और तत्सम के घेरे से बाहर निकलने का साहस नहीं करते। लेकिन बेनीपुरी रवींद्रनाथ की भाषा के बंधान को छिन्न-भिन्न करते हैं और उनके काव्य-मर्म को छायावादोत्तर दौर की यथार्थवादी भाषा में प्रस्तुत करते हैं। किसी अन्य के काव्यानुवाद से तुलना करने पर बेनीपुरी की विशेषताएँ सामने आ जाएँगी। रवींद्रनाथ की 'उर्वशी' कविता की आरंभिक पंक्तियों का अनुवाद हंसकुमार तिवारी ने इस प्रकार किया है :

> ''तुम न माता हो, न कन्या हो, न वधू हो,/
> हे सुंदरी रूपसी, नंदनवासिनी उर्वशी ! /
> जब संध्या स्वर्णांचल डाले हुए थकी-थकी
> गोचर भूमि पर उतरती है / तुम उस समय
> घर के किसी कोने में संध्या दीपक नहीं जलातीं ?/

बेनीपुरी इन पंक्तियों का अनुवाद इस प्रकार करते हैं :

> न माँ हो, न बेटी हो, न बहू
> सिर्फ सुंदरी नारी, हे नंदनवन की निवासिनी उर्वशी !
> जब बथान में संध्या उतरती है

अलसाई देह पर सुनहला आँचल तानकर
तुम किसी घर के कोने में संध्या का दीप नहीं जलातीं ?

'उर्वशी' की आरंभिक पंक्तियों के मर्म को निश्चय ही बेनीपुरी अधिक स्पष्टता और सुंदरता से अभिव्यक्त करते हैं। वे 'गोचर भूमि' शब्द की जगह 'बथान' इस्तेमाल करते हैं। स्वर्णांचल की जगह सुनहला आँचल कहते हैं। तत्सम शब्दों के घटाटोप से हंसकुमार तिवारी का अनुवाद उलझ जाता है। बेनीपुरी बोलचाल के तद्भव से रवींद्रनाथ के काव्यमर्म के अधिक निकट पहुँचते हैं। मैंने रवीन्द्रनाथ की अधिकांश अनूदित कविताओं के नीचे मूल कविता की रचना तिथि और उसका बंगला शीर्षक दे दिया है। इस कविता-पुस्तक का भी नाम दे दिया है जहाँ से ये कविताएँ ली गई हैं।

'टुलिप्स' में कीट्स, शेली, बायरन और वर्ड्सवर्थ के अनुवाद बेहद रचनात्मक हैं। रवींद्रनाथ के कुछ काव्यानुवाद की तरह बेनीपुरी ने कीट्स की कुछ कविताओं के अनुवाद भी 'नई धारा' में प्रकाशित किए थे। कविताओं के साथ उन्होंने कीट्स का परिचय भी लिखा था। 'नई धारा' में लिखे गए उस परिचय को काव्यानुवाद के साथ शामिल कर लिया गया है। ये अनुवाद भी बेनीपुरी ने हजारीबाग सेंट्रल जेल में रहते हुए 1945 में किए थे। अपने जीवन में अनेक बार उन्होंने 'टुलिप्स' के प्रकाशन की योजना बनाई लेकिन उसमें सफल नहीं हो सके। अब ये अप्रकाशित अनुवाद सामने आ रहे हैं। निश्चय ही पश्चिम के इन कवियों का हिन्दी-संसार में बेनीपुरी के माध्यम से पुनर्प्रवेश हमें नई अनुभूति प्रदान करता है।

—सुरेश शर्मा

अनुक्रम

बगुला भगत

[1925 ई.]

जिसका मुख देखने का सौभाग्य भी मुझे प्राप्त नहीं हुआ था, अपनी उसी प्रथम स्वर्गीय संतान की शिशु आत्मा के पारलौकिक मनोरंजन के लिए यह 'बगुला भगत' सस्नेह समर्पित है।

–बेनीपुरी

बगुला भगत

1

बैसाख का महीना था। गाँव के पोखरे का पानी प्रायः सूख गया था। एक छोटे-से गड़हे में कुछ पानी बच गया था। उसी में पोखरे की सभी मछलियाँ इकट्ठी हो गई थीं। हमारे बगुला-भगत की पाँचों अँगुलियाँ घी में थीं—खूब गुलछर्रे उड़ा रहे थे। अधिक पानी रहने पर मछलियाँ उनके पंजे में जल्दी नहीं आती थीं। जब तक वह चोंच चलाते, तब तक वे निकल भागतीं। इस प्रकार उनके राग-भोग में बड़ी कठिनाई थी।

किन्तु आज-कल बैसाख में उनका पौबारह था ! अब मछलियाँ जातीं कहाँ ? अब तो पोखरे में दौड़-धूप करने या निकल भागने की जगह नहीं ! एक छोटा-सा गड़हा और उसी में पोखरे-भर की मछलियाँ !

साँझ हो गई थी। उधर सूरज दिन-भर की थकावट से अपना मुँह लाल किए धीरे-धीरे पच्छिम को जा रहे थे, इधर भगतजी आनन्द से अपने उजले पंखों को फुलाए, पेट की ओर गर्व से देखते, अपने खोंते की ओर पैर बढ़ाने की फिक्र में थे।

प्रतिदिन की संहार-लीला से मछलियों के बीच तहलका मच गया था। अपनी रक्षा कैसे की जाय—उन्हें तनिक भी नहीं सूझता ! सभी के मुँह पर हवाइयाँ उड़ रही थीं। सबके हृदय से यही आह-भरी आवाज आती थी—या भगवन् ! इस दुष्ट से पिंड छुड़ाओ !

प्यारे बालको, तुमने मछलियाँ देखी हैं? किसी गड़हे या पोखरे में जाकर देखो। अहा ! यह पोठिया है। है तो बहुत ही छोटी, पर कितनी सुन्दर है ! छोटी-छोटी रंगीन आँखें—समूचे शरीर पर मानो हीरे की कनी जड़ी हो ! चंचलता तो इसके अंग-अंग में कूट-कूटकर भरी है। कैसी चुलबुली है ! इधर से उधर दौड़ लगा रही है—एक क्षण भी किसी जगह ठहरना मुश्किल !

जो चंचल होता है, उसकी बुद्धि भी तेज होती है। तुम्हारा सहपाठी 'ढुनमुन' खेलता-कूदता हुआ भी नित्य गुरुजी को पाठ सुना देता है, और यह 'बुद्धू' दिन भर रटते रहने पर भी सदा पाठ न सुनाने के लिए पीटा जाता है !

चंचल पोठिया को बगुला-भगत के पंजे से बचने की युक्ति सूझ गई। उसने देखा, सबकी अक्ल चकरा गई है; अब अधिक विलम्ब न करना चाहिए। इसके अलावा, अपने चंचल स्वभाव के कारण, उसी की जाति को अधिक हानि उठानी पड़ती थी—दौड़ती-फिरती जहाँ बगुले के निकट पहुँची कि उसका शिकार बनी ! अतएव, वह मछलियों के राजा के पास इस विषय में राय करने को चली।

'महाराज-रोहू' सेवार के सिंहासन पर बैठे थे। बाईं ओर उनकी प्रियतमा महारानी 'बोआरी देवी' विराज रही थीं—बगल में 'टेंगड़े' अपने काँटे-रूपी भालों को तिरछा किये खड़े थे—रानी की ओर 'सिंघी' बर्छी ताने खड़ी थी—पीछे 'बामी' अपनी पीठ पर तीर-कमान बाँधे, वीर-वेश में खड़ी चँवर डुला रही थी। 'नयनी' अपने नयनों को मटका-मटकाकर, अजीब ढंग से नाचती-गाती हुई, सभासदों को मोहित कर रही थी—सामने मंत्री 'सौरा' जी बैठे कभी अपने विशाल राज्य के कागज-पत्रों को उलटते थे, और कभी राजा के मुख की ओर देख बिना बुलाये ही 'हाँ हजूर' 'जी हजूर' कर रहे थे—मंत्रीजी के बाद पृथ्वी में सुरंग लगाकर शत्रुओं का संहार

करनेवाले सेनापति सरदार 'गैंचा' सिंहजी, हवाई-जहाज पर चढ़कर आकाश के शत्रुओं को गर्द में मिलानेवाले मिस्टर 'फ्लायार' (जो समुद्र में ही रहा करते थे, किन्तु रोहू-महाराज ने मोटा दरमाहा तय करके इन्हें बुला लिया था), और समय पड़ने पर पृथ्वी में भी मोर्चा लेनेवाले मियाँ 'कोबई' खाँ अभिमान में फूले हुए बैठे थे। इन सबके पीछे 'दरही, कतरी, गरई, मगुरी' आदि महिलाएँ तथा 'हिल्सा, कोतरा, बुल्ला, लटवा' आदि पुरुष-सभासद के रूप में बैठे, राजा के मुख की ओर, एकटक निहार रहे थे।

महारानी तथा महाराज खास तौर से पोठिया देवी का बहुत दुलार करते थे। उसे आते देखकर सभी सभासद अदब से खड़े हो गए। महारानी ने उठकर उसे प्रेमपूर्वक छाती से लगाया और अपनी गोद में बैठा लिया; फिर बड़े प्यार से पूछा—बेटी, किधर चली हो ? महाराज ने भी इसी प्रश्न को दुहराया।

रानी की गोद से उतर पोठिया देवी बड़े ही सम्मान के साथ राजा के सामने सिर झुकाकर खड़ी हो गईं। बोलीं—महाराज ! नीतिशास्त्र का वचन है कि 'प्रजा' राजा के पुत्र-तुल्य है; इसलिए राजा को उचित है कि सदा प्रजा की सुधि लेता रहे। उनके सुख-दुख पर सदा ध्यान दे। किन्तु बड़े दुःख की बात है कि आजकल हम लोगों पर जैसी कुछ बीत रही है, श्रीमान् उसकी खबर तक नहीं रखते। क्या श्रीमान् के लिए यही उचित है?

राजा ने चिन्तित होकर पूछा—क्या हुआ है बेटी ! तुम पर कौन-सी बिपत आ पड़ी है? कहो, हम उसे शीघ्र ही दूर कर देंगे। बोलो बेटी, जल्दी कहो।

पोठिया ने कहा—महाराज, यदि केवल मुझ पर ही बिपत होती, तो मैं श्रीमान् को कभी कष्ट न देती—न आज फरियाद करती—जिस प्रकार होता सह लेती। किन्तु देखती हूँ कि समस्त मत्स्य-समाज पर आफत आ पड़ी है। धर्मावतार बगुला-भगतजी ने इस समय जैसा उपद्रव मचा रक्खा है, उसे देखते हुए तो यही समझ पड़ता है कि श्रीमान् अगर शीघ्र कोई उचित प्रबन्ध न करेंगे, तो मछलियों का यह विशाल राज्य मरघट में बदल जायेगा, और एक भी मछली दुनिया में कहीं नजर न आयेगी। देखिए, वह दुष्ट प्रतिदिन इस गड़हे में आता है और भरपेट मछलियाँ खाकर ऐंठता-इठलाता चला जाता है। कोई भी उसकी नकेल थामनेवाला नहीं है !

रोहू-महाराज की त्योरी चढ़ गई ! इसके पहले भी उनके कानों में बगुला-भगत की करतूतों की भनक पड़ी थी; किन्तु उस समय उन्होंने उसे टाल दिया था। आज पोठिया के मुख से वही खबर सुनकर क्रोध एकाएक भड़क उठा। सामने बैठे हुए सेनापतियों की ओर देखकर बोले—मेरे वीर सेनापतियो ! आप लोगों के अछत ही बगुला-भगत की ऐसी ढिठाई की खबर सुनकर मुझे आज बहुत दुःख हुआ। खैर, अब बोलिए, इस दुष्ट के चंगुल से हमारी प्यारी प्रजा को बचाने के लिए आप लोग क्या उपाय सोच रहे हैं?

राजा के मुख से ऐसी बात निकलते ही 'सरदार गैंचा सिंह' बड़े दर्प से उठ खड़े हुए। बोले—महाराज, इसमें चिन्ता की कौन-सी-बात है? अभी आज्ञा दीजिए, बगुला-भगत को—पोखरे में पैर देते ही—मैं अपनी सुरंगों द्वारा नीचे से ही उड़कर नेस्तनाबूद कर दूँ।

मिस्टर फ्लायर ने अपने टोप को सिर से उतारकर कड़कते हुए कहा—महाराज ! 'सरदार गैंचा सिंह' के तकलीफ करने की जरूरत नहीं है। कहिए, मैं अभी अपने हवाई जहाज से गोले बरसाकर उसे भून डालूँ !

'मियाँ कोबई खाँ' कब चूकनेवाले? दाढ़ी पर हाथ फेरते हुए हँसते-हँसते बोले—जहाँपनाह, एक नाचीज चिड़िया पर सुरंग लगाने या गोला बरसाने की क्या जरूरत है? हुक्म हो तो मैं अपनी फौज लेकर हुजूर के सामने उसे जिन्दा पकड़ लाऊँ।

रोहू-महाराज क्रोध में जल रहे थे, बोल उठे—तुम तीनों ही जाकर अभी उसका काम

तमाम करो। मैं उस दुष्ट का मुँह नहीं देखना चाहता।

राजा की इस जल्दीबाजी पर पोठिया को हँसी आये बिना न रही। किन्तु सभा में हँसना अनुचित जान, मुस्कुराती हुई बोली—महाराज ! मैंने आपके सेनापतियों की बातें सुनी हैं। ये बड़े वीर हैं, इसमें कोई शक नहीं। किन्तु साफ कहने के लिए श्रीमान् क्षमा करें, बगुला-भगत के आगे इनमें से किसी की कुछ न चलेगी !

पोठिया की बात सुन सेनापतियों की भवें चढ़ गईं—आँखों में लाली दौड़ गई। किन्तु पोठिया के सामने कुछ कहने की किसी की हिम्मत न हुई; क्योंकि वह राजा-रानी को अत्यन्त प्यारी थी, और रानी ने भी उसकी बातों का समर्थन कर दिया। अब भला किसी को चूँ करने का साहस कैसे हो?

रोहू-महाराज ने कहा—तो बेटी ! इस दुष्ट से छुटकारा पाने के लिए तुम कौन-सा उपाय सोचती हो? तुम्हारी बुद्धि तो तेज ठहरी, अवश्य कोई प्रबन्ध तुमने ठीक किया ही होगा।

पोठिया ने कहा—महाराज, मेरी बुद्धि की बड़ाई कर मुझे लाज में न डालिए। मैं किस योग्य ठहरी? किन्तु, बगुला-भगत से बचने के लिए कोई उपाय तो सोचना ही होगा। यह काम कुछ कठिन है। मेरे विचार से इस विषय नें किसी एक की राय अधिक काम की न होगी। इसलिए मैं सोचती हूँ कि कल सभी जलचरों की एक सभा की जाए। उसमें कोई एक राय ठीक कर ली जाए; क्योंकि 'पाँच-सात मिल कीजै काज—हारे-जीते ना कुछ लाज'। हाँ, उस सभा का सभापति 'श्रीयुत केकड़ा चौबे' को बनाइए।

केकड़े का नाम सुनकर सभी सभासद आँख-भौं चमकाने लगे। यहाँ तक कि महाराज-रोहू के मुख का रंग भी उतर चला। पोठिया ताड़ गई। बोली—महाराज ! श्रीमान् के अछत ही मैंने केकड़ा चौबे को सभापति का आसन देने को क्यों कहा है, इसका रहस्य पीछे मालूम होगा। श्रीमान् महान् वीर हैं, पराक्रमी हैं, साहसी हैं, सब कुछ हैं; किन्तु सब आदमी सब काम नहीं कर सकते। यदि बगुला-भगत को राह पर लाने और हम लोगों को इस विपद से उबारने की शक्ति किसी में है, तो केवल 'केकड़ा चौबे' में ही। मैं विशेष कुछ न कहूँगी, मुझ-ऐसी दुलारी लड़की का यह अनुरोध, अपनी जाति की भलाई पर बहुत दूर तक विचार करके, श्रीमान् अवश्य स्वीकार करें, यही विनय है।

राजा राजी हो गये। फिर दूसरा कौन चीं-चपड़ करता?

2

पोठिया ने इस सभा को सफल बनाने के लिए कुछ भी उठा न रक्खा।

घोंघा, मेंढक, केकड़ा, कछुआ—कोई भी ऐसा जलचर न बचा, जिसे निमंत्रण न दिया गया हो। मछलियों की तो यह सभा ही ठहरी। सभास्थान पर पुरइन के पत्तों का एक विशाल शामियाना ताना गया था। नीचे नीली-हरी काई का मखमली फर्श बिछा था। शामियाना के चारों ओर कुम्भी के बन्दनवार लटक रहे थे। जगह-जगह 'सभी जलचर मिल जाओ—बगुला-भगत का नाश करो—मेल में ही बल है—दुष्टों का नाश करना परम धर्म है' आदि सुन्दर-सुन्दर उक्तियाँ टँगी हुई थीं। सभा-मंडप के सामने मोटे-मोटे अक्षरों में 'प्रथम जलचर-महासम्मेलन' लिखा हुआ था। सभापति के बैठने के लिए एक ऊँची 'कोकरौल' रखी गई थी। भिन्न-भिन्न जातियों के बैठने के लिए अलग-अलग विभाग बना दिये गये थे, जिससे प्रबन्ध में कोई गड़बड़ न हो।

नियत समय पर प्रतिनिधि लोग सभा में पधारने लगे। सभी अपने अलग-अलग विभाग में बैठते—अर्थात् मेढकों के विभाग में केवल मेढक-ही-मेढक, और घोंघों के विभाग में केवल

घोंघे-ही-घोंघे। इस ढंग से कछुओं, और मछलियों आदि के बैठ जाने पर जो विचित्र दृश्य जुटा था, वह लेखनी से वर्णन नहीं किया जा सकता। प्रतिनिधियों और दर्शकों के मारे कहीं तिल धरने की जगह भी न रह गई थी। ठीक तेरह बजकर तिरसठ मिनट तिरानबे सेकेंड पर, कछुए की पीठ पर चढ़े, अभिमान में फूले, सभापतिजी पधारे। सभी ने खड़े होकर उनका स्वागत किया। स्वागत-समिति के अध्यक्ष महाराज रोहूजी की आज्ञा लेकर मंत्री श्रीमती पोठिया देवी ने कार्य आरम्भ किया। सबसे पहले संगीताचार्य श्री मेढकजी खड़े होकर मृदंग बजाने और अपनी सुरीली आवाज में स्वागत-गीत गाने लगे–

टर्र ! टर्र ! टर्र !
आओ-आओ जलचर-भाई।
हिलें-मिलें सब फूट बिहाई।
दुश्मन-मुँह पर उड़े हवाई।
टर्र ! टर्र ! टर्र !
यह बगुला जो भगत बना है। रूप श्वेत मन श्याम घना है।
बिना हटाए चैन मना है।।
टर्र ! टर्र ! टर्र !

एक तो पोठिया देवी की बनाई हुई यह अपूर्व कविता, उस पर मेढकजी का अलौकिक स्वर ! सभी श्रोता मस्त बने थे। बीच-बीच में तालियों की गड़गड़ाहट से पुरइन का शामियाना फटने-फटने को हो जाता था। इसके बाद, स्वागत समिति के अध्यक्ष 'रोहू महाराज' का भाषण आरम्भ हुआ–

"प्यारे जलचर भाइयो, आज आपका स्वागत करते मुझे अपार हर्ष होता है। कारण यह है कि हमारी जाति दुनिया की सबसे प्राचीन जाति है। आप जानते हैं कि पृथ्वी पर चलने-फिरनेवाली एक मनुष्य नामधारी जाति है। उसके इतिहास से भी पता चलता है कि जिस समय महाप्रलय होता है, उस समय सारे संसार में केवल जल-ही-जल रह जाता है। और, मेरा विचार है कि अगर केवल जल-ही-जल रह जाता है, तो जहाँ जल होगा, वहाँ हम लोग भी अवश्य होंगे।

"इस तरह से देखिए तो जिस समय मनुष्य, पशु, पक्षी, पेड़, पहाड़ आदि कोई नहीं थे; उस समय भी हमारी जाति मौजूद थी। यही नहीं, मेरा तो खयाल है कि हमारी जाति से ही संसार के सभी प्राणियों की उत्पत्ति हुई है। देखिए, उसी मनुष्य-जाति के एक साहब ने साबित किया है कि बन्दरों से ही मनुष्य की उत्पत्ति हुई है–प्रकृति की लीला से बन्दर की पूँछ घिसते-घिसते साफ हो गई, शरीर के रोंएँ गिर पड़े, वह मनुष्य बन गया। इस पर मेरा यह कहना कि अगर ध्यान से देखिए, तो यह साफ पता चल जाएगा कि बन्दरों की उत्पत्ति हमारी ही जाति के एक जीव 'मेढक' से–जिनका अद्भुत गान आप अभी सुन चुके हैं–हुई है। बन्दरों और मेढकों की देह की बनावट देखने से कोई भी इसे अस्वीकार नहीं कर सकता। रह गई पूँछ और रोंएँ नष्ट की बात। तो, जिस तरह प्रकृति की लीला से बन्दर की पूँछ और रोंएँ नष्ट हो जाने से वह मनुष्य बन सकता है, उसी तरह मेढक की पूँछ और रोंएँ भी हो सकते हैं, और वह बन्दर बन सकता है। मेढकों के बच्चों को तो अभी तक पूँछ होती ही है !

"इस तरह से देखिए, तो पृथ्वी के सबसे सभ्य जीव 'मनुष्य' की उत्पत्ति आदि के कारण भी हमीं लोग हैं। यदि खोज की जाए, तो आप देखेंगे कि दुनिया के सभी जीवों की उत्पत्ति हमीं लोगों से है, और जलचर-जाति ही थलचरों की जननी है। और तो और, जिस विष्णु की

पूजा सभी मनुष्य करते हैं, और जो प्रलय के बाद भी जीते रहते हैं—वह भी जलचर ही हैं। इसके अतिरिक्त, ईश्वर का पहला और दूसरा—दोनों—अवतार भी जलचर योनि ही में हुए थे। मच्छ-कच्छ-अवतारों को आप लोग जानते ही हैं। भला, जिस जाति में सबसे पहले जन्म लेने के लिए, एक बार नहीं—दो-दो बार, ईश्वर को अभिलाषा होती हो, उसके गौरव का क्या वर्णन !

"विशेष मैं क्या कहूँ? यह विषय गम्भीर है, इस पर खूब अध्ययन करने की जरूरत है। मैंने थोड़े ही में आपकी तथा आपकी जाति की महत्ता बतला दी है। अब आइए, हम लोग मिलकर अपनी महत्ता को पुनः जीवित करें। मैं अपनी दुलारी कन्या श्रीमती पोठिया देवी को, आज की सभा का उद्देश्य समझाने और सभापति के चुनाव का प्रस्ताव उपस्थित करने की आज्ञा देता हूँ। आशा है, वह इसे तामील करेगी। अन्त में फिर मैं एक बार आपका हार्दिक स्वागत करता हूँ।"

बाद में पोठिया देवी छमछम करती खड़ी हुई और बोली—

"प्यारे जलचर-भाइयो और मेरी बहिनो ! आज बगुला-भगत के कारण हम लोगों पर जैसी बिपद आ पड़ी है, वह अकथनीय है। उसके कारण दिन-दिन मछलियों की संख्या कम हो रही है, और यदि यह ढर्रा जारी रहा, तो आप लोग यह निश्चय जानिए कि जलचरों की एक प्रधान जाति सदा के लिए नष्ट हो जाएगी। इस समय समस्त मत्स्य-समाज पर एक बड़ी आफत आई है, और आप लोगों का कर्तव्य है कि इस बुरे अवसर पर हमें मदद दें। आज की सभा का उद्देश्य भी प्रधान रूप से यही है कि कोई ऐसा उपाय सोचा जाए, जिससे हम मछलियों की रक्षा इस दुष्ट से हो। जहाँ तक मैंने सोचा है, इस संकट के समय में हमें मदद पहुँचाने की सबसे अधिक शक्ति 'श्रीयुत केकड़ा चौबे' में ही है। सुनते हैं, जब नर-लोक में एक विकट राक्षस पैदा हो गया, तो उस समय मनुष्यों की रक्षा के लिए एक दस हाथोंवाली देवी अवतीर्ण हुई थी। इस समय हम जलचरों पर भी 'बगुला-भगत' रूपी बड़े ही प्रबल राक्षस का प्रकोप है, और इससे हमारा उद्धार करने की शक्ति भी दस भुजाओंवाले परम साहसी वीर श्री केकड़ाजी में ही है। इसलिए, मैं चाहती हूँ कि आज की सभा के सभापति 'श्रीमान् केकड़ा चौबे' ही बनाए जाएँ।"

विकट जयजयकार हुआ ! पुरइन का शामियाना थरथर काँपने लगा! समूचे गड़हे में एक विचित्र तरंग पैदा हो गई ! सभापतिजी अपने आसन पर पधारे। महाराज रोहू ने करमी के फूलों की एक माला उनके गले में डाल दी। अनन्तर अपने दसों हाथों को इधर-उधर जोश में उछालते हुए वह बोले—

"महाराज रोहू, श्रीमती पोठिया देवी, उपस्थित जलचर-भाइयो और बहनो! आज आप लोगों ने मेरा जैसा आदर-सत्कार किया है, उसके लिए मैं जन्म-भर आपका कृतज्ञ रहूँगा। पोठिया देवी ने नर-लोक की किसी दशभुजी देवी से मेरी तुलना की है। मैं श्रीमती की इस अलौकिक सूझ के लिए प्रशंसा करते हुए भी यह कहे बिना नहीं रह सकता कि ऐसा करके आपने मेरी बड़ाई के बहाने बुराई ही की है। कहिए तो, कहाँ वह नर-लोक की क्षुद्र स्त्री, और कहाँ मैं जल-लोक पराक्रमी-पुरूष ! मर्द का मुकाबला क्या औरत कर सकेगी ? पोठिया देवी खफा न हों। भले ही औरतें मर्दों से अधिक सोच सकें, किन्तु काम जब करेगा तो मर्द ही। मैं अपनी बड़ाई क्या करूँ ? कल देख लीजिएगा। उस दुष्ट बगुला-भगत को अगर छठी का दूध याद न करा दूँ, तो मेरा नाम 'केकड़ा चौबे' नहीं। वह दुष्ट सोचता होगा कि उसके मुँह में कोई लगाम देनेवाला है ही नहीं। अच्छा, कल देखूँगा कि वह कितने पानी में है।

"मैं क्या करूँगा, सो अभी प्रकट नहीं करता; उसे विषय-समिति में उपस्थित करूँगा।

हाँ, उसमें सफलता अवश्य होगी, यह आप निश्चय जानें, क्योंकि वह उपाय श्रीमती पोठिया देवी के आला दिमाग से निकला है, और मैं दश-बाहु-वीर-वर 'श्रीमान् केकड़ा चौबे' उसे कार्य-रूप में परिणत करूँगा। मैं यहाँ उस अभिप्राय को इसलिए नहीं प्रकट करता हूँ कि बगुला-भगत को अगर इसकी खबर लग गई तो सारा गुड़ गोबर हो जाएगा। और, उसको खबर देनेवाले भी कोई महाशय निकल ही आयेंगे। मुझे तो सन्देह है कि कहीं इसी सभा में उसका कोई खुफिया न मौजूद हो। खैर, मैं इस समय विषय-समिति के लिए सभा स्थगित करता हूँ।''

इसके बाद कुछ चुने हुए सदस्यों की विषय-समिति बैठी। बहुत वादविवाद हुआ। कई बार उठा-पटक की नौबत आ गई; किन्तु पोठिया देवी ने सभी को शान्त रक्खा। फिर सभा बैठी। पहले प्रस्ताव द्वारा बगुला-भगत के कार्यों की निन्दा, दूसरे प्रस्ताव में पोठिया देवी और केकड़ा चौबे को बगुला-भगत के भगाने के उपाय ठीक करने के लिए धन्यवाद, और तीसरे प्रस्ताव द्वारा सभी जलचरों को कल अपने घर से बाहर न होने की आज्ञा दी गई। इस अन्तिम प्रस्ताव को पेश करते हुए सभापति ने कहा—''श्रीमती पोठिया देवीजी, आप अपने कुटुम्बवालों को विशेष सावधान कर दीजिएगा; क्योंकि उन्हें—पोठियों को—बिना सात घाट का पानी पिए कल ही नहीं पड़ती है।''

सभापति को धन्यवाद देने के पश्चात् सभा समाप्त हुई।

3

दूसरे दिन भगतजी कुछ देर से आए। आज भगतिन ने अंडे दिए थे। उसी झंझट में आप अटक गए थे। सोचा—कोई अधिक दौड़-धूप तो करना नहीं है : किसी समय जाऊँगा, भर-पेट ठूँस-ठूँसकर खा लूँगा, और कुछ बढ़िया मछलियाँ भगतिन के लिए भी लेता आऊँगा।

किन्तु यह क्या ? आज एक भी मछली के दर्शन तक नहीं होते ! यह क्या बात है बाबा ! वह चुलबुली 'पोठिया', वह चंचल 'चेंगा' वह भोला-भाला 'भुल्ला' कहाँ गया ? मैं सारे तालाब की परिक्रमा कर आया, एक भी शिकार नजर नहीं आता ! क्या मेरी आँखें खराब हो गई हैं—सूझता नहीं है? परन्तु ऐसी कोई बात तो नहीं है; क्योंकि वह पीपल का पेड़, वह पोखरे की जाठ, वह गाँव का स्कूल सभी को तो साफ देख रहा हूँ। तो क्या इन लोगों ने हड़ताल कर दी है ? बड़ी मुश्किल है ! इधर पेट में चूहे उछल रहे हैं, उधर भगतिन प्रसूतिका-गृह में ठहरीं। माने लेता हूँ कि अपने राम तो किसी तरह एक दिन उपवास भी कर लेंगे; किन्तु उस बेचारी को तो इस हालत में भूखों रखना महान् अनर्थ है। खैर, 'वन का गीदड़ जायेगा किधर' ! बिना निकले तो इनका गुजर नहीं, और अगर इस बार देख पाया, तो ऐसी चोंच चलाऊँगा कि इन्हें छटपटाने का भी मौका न मिलेगा।

इतना कहकर भगतजी क्रोध से दाँत पीसने लगे !

उफ ! कोई नहीं दीखता । या भगवान, यह तुम्हारी कैसी लीला है ! मान लो, मैं भूखा रह जाऊँ, भगतिन को भी इस प्रसूति-दशा में भूखी छोड़ दूँ; लेकिन तुम ? तुम्हें कैसे भूखा छोड़ दूँगा? तुम्हें तो कुछ भोग लगना ही चाहिए? मैं भगत ठहरा, प्रतिदिन तुम्हें भोग लगाकर ही भोजन पाता हूँ। आज क्या सोलहों दंड एकादशी ही बीतेगी ?

लोग सुनकर हँसेंगे कि वाह ! खूब भगत बने हो ! भगवान को मछली का भोग लगाते हो ! किन्तु बंगाली लोग क्या मछली का भोग नहीं लगाते? उन पर लोग क्यों नहीं हँसते? अजी भगवान तो भाव के भूखे हैं, भोग के नहीं। प्रेम सच्चा हो, तो वह भक्त के अर्पित किए हुए सब तरह के भोग को स्वीकार करते हैं। शबरी के जूठे बेर, सुदामा का तंदुल और विदुर

का अलोना साग केवल प्रेमवश भगवान ने खाया था।

अहा ! केकड़ा है केकड़ा ! पर क्या मैं आज केकड़ा खाऊँगा? क्या भूखा सिंह घास खाता है? कभी नहीं। अजी 'खाऊँगा गेहूँ' नहीं तो रहूँगा ऐहूँ ! चेंगे भुल्ले और पोठियों पर चलनेवाली चोंच क्या केकड़े पर उठेगी? असम्भव ! गैर-मुमकिन !

किन्तु सन्ध्या तो हो गई, मछली एक भी नहीं दीखती ! अच्छा, आज न हाथ लगीं तो कल कहाँ जाएँगी। तो फिर आज किसी तरह काम चला ही लिया जाए। जैसी हवा, वैसा रुख ! कम-से-कम भगवान को भोग तो लग जाएगा। फिर मछली खाते-खाते कुछ जी ऊब उठा है; अतएव आज 'केकड़ा' ही सही। अच्छा, बोलो—'जय सीताराम' !

भगतजी ने चोंच चलाई। केकड़ा तो पहले ही से तैयार था—अपने टेंगुड़े से चोंच को कसकर पकड़ लिया। भगतजी झल्लाए—झट पानी से बाहर चोंच निकालकर लगे उसे ताबड़तोड़ हिलाने-डुलाने। किन्तु यहाँ तो ऊँट की पकड़ थी, जरा भी टस-से-मस नहीं ! हाँ, एक बात और हुई। जब केकड़े ने देखा कि इस हिलाने-डुलाने से कहीं चोंच न छुट जाए, तो दूसरे टेंगुड़े से हजरत की गरदन पकड़ ली !

बेचारे भगतजी का होश गुम—जान साँसत में ! गरदन पर छुरी, मुँह में ताला ! न चिल्लाने की सूरत, न फरियाद की गुंजाइश ! अतएव एक बार अपनी पूरी शक्ति से पंखों को फटफटाया—इधर-उधर उछल-कूद की, पर कोई परिणाम न निकला। दम घुट रहा था। मन ही मन भगवान को कोसने लगे—उसी पाजी के भोग के लिए मुझे ऐसी जिल्लत उठानी पड़ी।

आखिर बेचारे भगतजी वहाँ से उड़ चले। केकड़ा भी चोंच और गरदन पकड़े लटकता हुआ चला। इस पेड़ से उस पेड़ पर—इस जगह से उस जगह—कहीं कल नहीं, कहीं चैन नहीं ! केकड़ा धीरे-धीरे अपने टेंगुड़ों को कसता जा रहा था—वह चाहता, तो हजरत की गरदन का सफाया कर सकता था; किन्तु वह केवल प्राण ही लेकर असह्य पीड़ा से उनको जल्दी छुटकारा देना नहीं चाहता था। दुष्टों को घुला-घुलाकर मारना ही उचित है। अतएव, वह उनकी चोंच ही काटने में लगा था, और वह धीरे-धीरे कट भी रही थी !

भगत ने सोचा, भगतिन के पास चलूँ—अर्द्धांगिनी ठहरी, समय पर अवश्य मदद करेगी।

उड़ते-उड़ते खोंते की ओर चले। भगतिन देखते ही घबराई। भगत का मुँह तो बन्द था, किन्तु आँखों से आँसुओं की झड़ी लगी थी। धड़ाम-से खोंते पर जा गिरे। भगतिन पतिव्रता थीं, पति की दुर्दशा देख द्रवित हो गईं। झट सहायता को तैयार !

किन्तु ज्योंही भगतिन ने केकड़े की ओर चोंच चलाई, उसने झट भगत की गरदन छोड़ भगतिन की चोंच पकड़ ली। अजीब तमाशा था वह ! भगत-भगतिन—दोनों उसके टेंगुड़े में फँसकर छटपटाने लगे ! वह था बड़ा ही धूर्त्त। सोचने लगा—अगर ये दोनों दो तरफ उड़े, तो मेरी खैर नहीं; मैं कुत्ते की मौत मरूँगा।

भगत की चोंच बहुत-कुछ कट चुकी थी। केकड़े ने एक बार जोर से धर दबाया, झट से साफ ! अपनी लहूलुहान आधी चोंच लिये भगतजी भाग निकले ! अब भगतिन पर बीतने लगी। एक तो प्रसूति-अवस्था की पीड़ा, दूसरे यह घोर प्राण संकट ! बुरी तरह फँसी बेचारी ! पतिजी छुटकारा पाते ही भाग चले—उनसे कुछ मदद की उम्मीद ही नहीं ! बेचारी विवश हो छटपटाने लगी।

इतने ही में केकड़े का ध्यान अंडों की ओर गया। जब खबर ही ली गई, तो अच्छी तरह क्यों न ली जाए ! भगतिन की चोंच का ऊपरी हिस्सा तब तक कट चुका था, उसे चट छोड़कर केकड़ा अंडों को कुतरने लगा। भगतिन की जान में जान आई। उड़ भागी। जब अपने

ही पर बीत रही है, तो अंडों को कौन पूछे ! जिन्दगी बची तो हजार अंडे होंगे।

भगत और भगतिन नज़दीक की एक डाल पर बैठे, कलेजा थामे, इस हृदय-विदारक दृश्य की ओर बड़ी दीनता और करुणा से टुकुर-टुकुर ताक रहे थे। उनकी चोंचों से लहू की और आँखों से आँसुओं की झड़ी लगी थी। हिम्मत नहीं होती थी कि अंडों की रक्षा करें।

प्यारे बालक-बालिकाओ ! आज भी तुम देखते होगे कि बगुला-भगत जब कभी तालाब में जाते हैं, तो बड़ी चौकसी से पैर रखते हैं, और चोंच भी बहुत देख-भालकर चलाते हैं, क्योंकि उन्हें सदा भय रहता है कि फिर न कहीं 'केकड़ा चौबे' से पाला पड़ जाए।

4

उधर केकड़ा अपना काम तमाम कर, गर्व में फूला हुआ, पोखरे की ओर चला–इधर भगत-भगतिन के सिर विपत्ति का बादल फट पड़ा। अंडे नष्ट हो चुके थे। भगतिन की चोंच का ऊपरवाला हिस्सा कट गया था। न तो वह चारा खा सकती थी–न पानी पी सकती थी।

भगतजी की भी आधी चोंच कट गई थी। कुछ दिन तो धाव के दर्द से ही परेशान रहे। फिर लज्जा के मारे घर से निकलना मुश्किल हो गया। बाहर होते ही सब हँसने लगते। खैर, किसी तरह लाज छोड़कर शिकार में निकले भी, तो अब पहले जैसे मछलियाँ नहीं पकड़ातीं ! यद्यपि हजरत ने उस पोखरे को छोड़ दिया था, तथापि जहाँ कहीं जाते, केकड़े के भय का भूत उसके पीछे पड़ा रहता। बड़ी ही सावधानी से पैर रखते, खूब देख-भालकर चोंच चलाते। पर जब तक इस सोच-सम्हाल में रहते, तब तक मछलियाँ निकल भागतीं। भाग्य से जो दो-एक मिल जातीं, तो कुछ खाते, कुछ भगतिन को खिलाते। खुद तो वह खा नहीं सकती थीं, भगतजी ही अपनी चोंच से–जिस तरह पक्षी अपने बच्चों को खिलाते हैं–खिलाते थे। हाय, कहाँ आज बेचारी अपने बच्चों को प्रेम से खिलाकर पुलकित होती, कहाँ उसे खुद बच्चों के ऐसा खाना पड़ता है। विधाता का विपरीत विधान !

भगतिन का कोमल नारी-हृदय टूक-टूक हो गया। अपार प्रसव-वेदना, अंडे का नाश, चोंच का सफाया, ऊपर से पेट की मार ! महीने के अन्दर ही अन्दर बेचारी सदा के लिए चल बसी ! भगतजी उसकी मृत्यु पर बहुत रोए; परन्तु खुद भी तो बहुतों को रुला चुके थे ! खैर–

नारि मुई घर सम्पति नासी।
मूँड मुँडाइ भये संन्यासी।।

अब भगतजी को संसार से विराग हो गया । संसार उन्हें मायामय मालूम पड़ने लगा। अतः उन्होंने अपना अन्तिम समय देश-भ्रमण और तीर्थ-यात्रा में बिताने का निश्चय किया। एक दिन भगवान का नाम ले घर से निकल ही पड़े।

पहले वैद्यनाथधाम में शिवजी के दर्शन किये। वहाँ से कलकत्ता पहुँचकर काली-माई की पूजा की। कलकत्ते का चिड़ियाखाना भी देखा। वहाँ से कामाख्या भगवती की सेवा में पहुँचे। फिर ढाका देखते हुए चटगाँव गये। ढाके की मलमल आपको बहुत पसन्द आई। तब आसाम में हाथियों का बझाया जाना देखा। इसके बाद बर्मा देखने की इच्छा हुई। देखते-सुनते रंगून पहुँचे। रंगून का चावल संसार में प्रसिद्ध है। उसे भी चखा। बर्मा में जगह-जगह बुद्धदेव के मन्दिरों को भी देखा।

रंगून में समुद्री सैर की सूझी। फिर क्या, बंगाल की खाड़ी उंड़ते-उड़ते पार कर उड़ीसा में श्रीजगन्नाथ के दर्शन किए। वहाँ ब्राह्मण-शूद्र को एक पंक्ति में भोजन करते देख आपको बहुत आश्चर्य हुआ। वहाँ से सेतुबंध रामेश्वर के लिए लम्बी तानी। मद्रास में शूद्रों को आम

सड़क पर चलने की मनाही देखकर आप अचम्भे में आ गये। कहाँ जगन्नाथपुरी का अद्‌भुत मेल-जोल और कहाँ मद्रास का भयंकर भेद-भाव।

रामेश्वरधाम में भगवान श्रीरामचन्द्रजी द्वारा स्थापित शिवजी को भक्तिपूर्वक प्रणाम किया। वहाँ से लंका गए। कहीं राक्षसों का पता नहीं—और न कहीं सोने के महल ही दीख पड़े। अधिकांश बौद्ध-धर्म के लोग वहाँ मिले। नारियल के पेड़ खूब देखने में आये। वहाँ के प्रसिद्ध नगर 'कोलम्बो' में सैकड़ों बड़े-बड़े जहाज—जापान, अमेरिका, अफ्रीका, यूरोप आदि देशों में जाने के लिए—खड़े थे।

कोलम्बो से उड़ते हुए—ट्रावंकोर, मैसूर, हैदराबाद, आदि दक्षिणी देशों को देखते हुए—'पूना' होते बम्बई पहुँचे। पूने में महराष्ट्र-केसरी 'शिवाजी' का स्मृति-भवन देखा, जिसका उद्‌घाटन स्वयं इंग्लैंड के युवराज ने किया था। बम्बई में, समुद्र के किनारे, जहाज-घाटों की शोभा देखकर आप मुग्ध हो गये।

बम्बई से गुजरात गये। अहमदाबाद में कपड़े की मिलों से इतना धुआँ निकल रहा था कि आकाश में उड़ने का रास्ता नहीं सूझता था। किसी तरह वहाँ से बड़ौदा राज्य में भागे, जहाँ भगवान श्रीकृष्णचन्द्र की प्यारी नगरी 'द्वारका' में आपने शंख-चक्र की छाप ली। हिन्दू-राज्य 'बड़ौदा' में प्रजा की सुख-शान्ति देख आप बहुत ही प्रसन्न हुए।

इसके बाद आप राजपूताना गये। वहाँ चित्तौड़गढ़ देखकर 'महाराणा प्रताप' की याद में आपने दो-दो बूँद आँसू टपकाए। फिर जयपुर के हवा-महल और जोधपुर के पहाड़ी किले को देखा।

बाद में उड़ते-उड़ते पाँच नदियों के प्रदेश 'पंजाब' में पहुँचे। 'लाहौर' में बादशाही जमाने की इमारतों को देखा। अमृतसर में सिक्खों के स्वर्ण-मन्दिर का निरीक्षण किया। वहीं से काश्मीर को चल पड़े। अहा! संसार की फुलवारी भारत, और भारत की फुलवारी काश्मीर ! अपूर्व शोभा ! पहाड़ी प्रदेश न बहुत गर्म, न बहुत ठंडा। जहाँ देखो फूलों की बहार ! जहाँ सुनो, वही भौंरों की गुंजार ! अंगूर, बादाम, सेब आदि अमृत-तुल्य फल जहाँ-तहाँ लटक रहे हैं ! काश्मीर की राजधानी 'श्रीनगर' 'झेलम' नदी के तट पर बसा है। नदी को बाँधकर नगर में सड़कों की जगह नाले निकाले गये हैं। सड़क पानी की, सवारी नाव है।

लौटती बार 'शिमला' की सैर की। भारत के बड़े-बड़े अँगरेज अफसरों और राजे-महाराजों के बँगले देखे। फिर दिल्ली आए। पुरानी दिल्ली में अन्तिम हिन्दू सम्राट् 'पृथ्वीराज' के महलों के खँडहर देखकर लम्बी साँस ली ! दिल्ली से कुछ दूर कुरुक्षेत्र का मैदान देखा, जहाँ कौरव और पांडव लड़े थे।

इसके बाद आगरे आये, तो संसार की सबसे खूबसूरत इमारत 'ताजमहल' देखकर दंग रह गये; मन-ही-मन सोचने लगे—यह आदमी का बनाया हुआ है या देवताओं का ! ऐसी चित्रकारी, ऐसी हाथ की सफाई—क्या संसार के किसी देश में पाई जा सकती है ?

अन्त में श्रीकृष्णचन्द्र की जन्मभूमि 'मथुरा' में जाकर यमुना के पवित्र जल में स्नान किया। फिर रामचन्द्र की जन्मभूमि अयोध्या भी जा देखी। रास्ते में प्रयाग की त्रिवेणी में स्नान कर अक्षय-वट के दर्शन किये, और काशी में भगवान विश्वनाथ को गंगाजल चढ़ाकर कृतकृत्य हुए।

भगतजी तीर्थाटन कर घर लौट आये। हाँ, घर लौट आने से पहले 'गया' जाकर फल्गु नदी में पितरों और अपनी स्वर्गीया पत्नी के नाम पर वह पिंड देना न भूले। किन्तु अब घर पर उनका दिल न लगता। उस पेड़ पर अपने उजड़े हुए खोंते को देखते ही सभी पिछली याद आ जातीं। अंडों की बरबादी और प्यारी पत्नी की मृत्यु याद आते ही छाती फटने लगती—आँखों

से आँसुओं की वर्षा होने लगती।

वह स्थान भगतजी को काटने दौड़ता था। अतएव उन्होंने फिर यात्रा के लिए कमर कसी। इस बाद पहाड़ी देशों को देखने की इच्छा हुई। पहले 'सिक्किम' और 'भूटान' गए। भोटिए घोड़ों को अगम पर्वतों पर अनायास चढ़ते-उतरते देख वह भौचक-से रह गए। लौटती दफे दार्जिलिंग में चाय की खेती देखी। फिर नेपाल जाकर 'वागमती' नदी पर बसी वहाँ की राजधानी 'काठमंडू' में भगवान पारसनाथ महादेव के दर्शन किये। वहीं से हिमालय की सबसे ऊँची चोटी 'गौरीशंकर' (एवरेस्ट) की छटा देखी।

अन्त में हरद्वार पहुँचकर 'गंगोत्री' में स्नान किया। वहाँ से केदारनाथ और बद्रीनारायण के दर्शन को चल पड़े। उस विकट पहाड़ी देश को, नाना कष्ट झेलते हुए पार कर, लाखों हिन्दुओं को बद्रीधाम जाते देख वह चकित हो गए। देखादेखी साहस बढ़ा, तो लगे हाथों कैलास देखने का भी मनसूबा बाँधा। तेजी से उड़ान मारी। यद्यपि वह काफी ऊँचा उड़ रहे थे, तो भी हिमालय की बर्फीली वायु उनको ठिठुरा रही थी।

किन्तु, इतनी ठंडक होने पर भी, जब प्रातःकाल सूर्य की सुनहरी किरणें हिमालय की बर्फीली चोटियों पर पड़तीं और जहाँ-तहाँ हजारों-लाखों इन्द्र-धनुष की सतरंगी आभा को पराजित करनेवाले दृश्य उपस्थित करतीं, तो उनका मन नाच उठता। आखिर पहाड़ों, जंगलों, झरनों और पहाड़ी फूलों की शोभा देखते हुए वह 'कैलास' पहुँचे। वहाँ जंगली फूलों से शिव-पार्वती की पूजा की। हिमालय की विकट पहाड़ी घाटियों को पार कर, गहन कैलास शिखर पर, इस शिव-मन्दिर का निर्माण देखकर हिन्दुओं के साहस, वीरता, धार्मिकता आदि पर उनको बार-बार घोर आश्चर्य हुआ !

5

भगतजी ने कैलास से लौटकर 'मानसरोवर' देखा। वहाँ दूध के समान मधुर जल, घोंघे की जगह मोती-मूँगे, हीरे-पन्ने-जड़ी चुलबुली मछलियाँ, सोने के खिले कमल—उन पर नीलम के भौंरों की गुंजार, हंस-हंसिनी की किलोलें—उनका मोती चुगते फिरना ! अहा ! कहाँ यह मानसरोवर और कहाँ वह गाँव की गड़ही !

भगतजी की तबीयत मचल गई । सोचा—ऐसी अच्छी जगह छोड़कर कहीं जाना मूर्खता है। यदि यहाँ किसी तरह गोटी जम गई, तो जीवन का बेड़ा पार है। किन्तु यहाँ रहने के लिए कौन-सा उपाय किया जाए? अच्छा कोई प्रपंच तो रचना ही होगा। मेरे शरीर का रंग तो हंसों से मिलता है। क्रूर केकड़े ने आधी चोंच काटकर महान उपकार किया ! ईश्वर जो कुछ करते हैं, भलाई ही के लिए।

आधी कट जाने से अब मेरी चोंच भी उनकी चोंच से मिलती-जुलती है। तो फिर क्यों न हंस होने का ही ढोंग रचा जाए? शरीर कुछ दुबला-पतला है तो क्या, उन्हें सुझा दिया जाएगा कि तपस्या के कारण ऐसा है। बस, यही सही।

भगतजी ने आकर मानसरोवर के किनारे देखा, हंसों का एक झुंड उन्हीं की ओर आ रहा है। झट एक पैर पर खड़े हो गए, और दूसरे में माला लेकर खटखटाने लगे—जप करते-करते पंखों को कुछ फुला लिया। आँखें बन्द कर लीं। देखने से मालूम पड़ता कि कोई तपस्वी ध्यान में लीन है।

हंसों का एक नटखट बच्चा उनके पास से जा निकला। उनको देखते ही वह विस्मय में पड़ गया—यह कौन जीव है ! शरीर का रंग ठीक हमारे जैसा है; चोंच भी करीब-करीब एक-सी है; किन्तु शरीर अत्यन्त क्षीण है; माला जप रहा है; ध्यान में लीन है; हो-न-हो कोई

तपस्वी हंस है। अहा ! तपस्या के कारण बेचारे का शरीर सूखकर काँटा हो गया है।

दौड़ा-दौड़ा गया, हंसों की जमात में खबर दी—चलिए, एक बड़ा भारी तपस्वी हंस आया है ! बस, झुंड-के-झुंड हंस टूट पड़े।

बीच-बीच में भगतजी झिपकती आँखों से देख लेते थे। उस बच्चे हंस को आते-जाते देखा था। हंसों के झुंड को भी आते हुए देखा। खूब चौकस हो गए। माला जल्दी-जल्दी फिरने लगी। साँस चढ़ा ली।

एक-एक कर सभी प्रणाम करते और पंक्ति में बैठते जाते। भगतजी आँखें बन्द किए चुप थे—मानो ईश्वर में उनकी आत्मा लय हो गई हो। बड़ी देर के बाद उनकी आँखें खुलीं। पुनः सभी हंसों ने उनके चरणों में सिर झुकाया। उन्होंने अपने पंखों को धीरे-धीरे हिलाकर आशीर्वाद दिया, और फिर आँखें मूँद लीं।

धूर्तता काम कर गई। हंसों का यह अनुमान पक्का हो गया कि हो-न-हो यह अवश्य कोई तपस्वी महात्मा हैं। अतः दूसरी बार पुनः ज्योंही भगतजी की आँखें खुलीं, त्योंही हंसों के सरदार ने उनके निकट एक पैर पर खड़ा हो नम्रता से पूछा—महाराज ! आप कौन हैं? कहाँ रहते हैं? कैसे हम अधमों को दर्शन दिए? आपकी शक्ल तो हमसे मिलती है। तो क्या आप हमीं लोगों की जाति के कोई अनुपम रत्न हैं? और, जिस प्रकार आपने अपने पुण्य दर्शन से हम लोगों को कृतकृत्य किया है, क्या उसी प्रकार हमारा आतिथ्य भी ग्रहण कर हमें अनुगृहीत करेंगे?

भगतजी ने पुनः एक बार आँखें मूँदकर ध्यान का दम्भ किया। फिर धीरे से बोले—बच्चा, मैं कौन हूँ—इसका मैं क्या उत्तर दूँ ? हम-तुम—सभी उस परमात्मा की सन्तान हैं। उसी की कृपा से, बरसों की घोर तपस्या के बाद उसके प्रत्यक्ष दर्शन का सौभाग्य पा चुका हूँ। अहा ! उसका स्वरूप कैसा सुन्दर, कैसा ज्योतिनय, कैसा मनोहर है ! बच्चो ! तुम उसे देखना चाहते हो?

इतना कहकर भगतजी ध्यानस्थ हो गए—ऐसी आकृति बना ली, मानो ईश्वर उनके सामने खड़े हैं। फिर कुछ देर बाद कहा—तो हाँ बच्चा, तुमने पूछा है कि आतिथ्य ग्रहण कीजिएगा, तो भाव शुद्ध होने पर क्यों ग्रहण नहीं करूँगा? साधुओं के लिए तो संसार ही अपना है। फिर तुम लोग तो अपने जाति-भाई और सगे-सम्बन्धी ठहरे ! भला भक्त की श्रद्धा को कौन निष्फल कर सकता है, बच्चा !

भगतजी की ज्ञान-गुदड़ी में सभी हंस फँस गए। बेचारे सीधे-सादे ठहरे। छल-प्रपंच का भेद क्या जानें ! समझा कि ऐसा ज्ञानी महात्मा तो न कोई हुआ, न है और न होगा। बात-बात में ज्ञान की छटा छहरा रही है। क्यों न हो, जिसे स्वयं ईश्वर ने प्रत्यक्ष दर्शन दिए हैं, उसके ज्ञान-ध्यान का क्या पूछना !

अब लगी भगतजी की खातिर होने। नित्य नये-नये अपूर्व पदार्थों के भोग लगने लगे। सदा दो-चार हंस सेवा-टहल में लगे रहते। उनकी कथा सुनने को दूर-दूर देशों से हंस-गण आ-आकर उनके दर्शनों से अपने को धन्य समझते। प्रतिदिन संध्या को वह कथा सुनाते। श्रोताओं के ठट्ट-के-ठट्ट उन्हें चारों ओर से घेरकर बैठते। वह अपने ज्ञान-भंडार का फाटक ही खोल देते। श्रोता उन पर मुग्ध थे।

किन्तु भगतजी को सदैव यह सन्देह बना रहता था कि कहीं मेरी कलई न खुल जाए। इसलिए, कथा के बीच-बीच में अपनी घोर तपस्या की चर्चा कर अपने दुबलेपन की ओर हंसों का ध्यान खींचते हुए कहते—"केवल ज्ञान-ज्ञान चिल्लाने से कुछ न होगा। यदि सचमुच आप ज्ञान प्राप्त करना चाहते हैं तो आपको मानसरोवर के इन सुखों पर लात मारना होगा, और

पर्वत की किसी एकान्त गुफा में बिना दाना-पानी के बरसों बैठकर तपस्या करनी होगी; तभी आपको ज्ञान प्राप्त होगा। देखिए, इसी ज्ञान-प्राप्ति में मेरे शरीर की ऐसी गति हो गई है कि कोई अनजान अगर मुझे देखे, तो शायद हंस कभी न समझे।''

भगतजी की यह आशंका सर्वथा झूठी नहीं थी। नवयुवकों की एक टोली उनकी जाति के विषय में सदा सन्देहशील रहती थी। इतना ही नहीं, युवकों ने एक दिन हंसों के सरदार के पास जाकर इसकी चर्चा भी की—भगतजी के बेढंगे पाँव, विचित्र चोंच, ऊटपटाँग शरीर आदि पर सरदार का ध्यान खींचा; किन्तु सरदार ने उनकी एक न सुनी, बल्कि उन्हें झिड़क दिया—बूढ़ों में नवयुवकों की दाल न गल सकी।

किन्तु नवयुवक हतोत्साह अथवा हताश न हुए। वे अब भी भगतजी की चाल-ढाल पर सदा दृष्टि रखते। अन्त में वे सफल भी हुए। कारण, स्वभाव तो बदलता नहीं। यद्यपि भगतजी नित्य स्वर्गीय पदार्थों का भोग लगाते, तथापि मछली के लिए उनका मन सदा ललचता रहता। विशेषतः जब वह मानसरोवर में स्नान करने जाते और वहाँ नाना रंग की सुनहरी मछलियों को देखते, तो उनके मुँह में पानी भर आता। किन्तु बेबसी थी, करते क्या ! सदा दो-चार हंस उनके आगे-पीछे डोलते ही रहते, खाएँ तो कैसे ! मन मसोस-मसोसकर दिन बिताते।

किन्तु थे तो आखिर वह पक्के धूर्त्तराज—एक युक्ति निकाल ही ली ! हंसों में प्रकट कर दिया कि अब मैं एक नवीन साधना करना चाहता हूँ, अतएव अब मुझे एकान्त में स्नान-पूजा करनी होगी—खबरदार ! उस ओर कोई न आए—नहीं तो महान अनर्थ होगा !

भगतजी का वचन ब्रह्म-वचन था। कोई टालता तो कैसे ! एक एकान्त स्थान चुना गया। अब भगतजी वहीं नित्य स्नान करने जाते। थोड़ा स्नान करते और बहुत मछलियाँ खाते ! खूब जी भर ठूँस-ठूँस मछलियाँ खाते और कुटी में माला फेरना आरम्भ कर देते। किन्तु—

पाप छिपाए ना छिपे, जस लहसुन की बोय।
कितनो नीचे गाड़िए, तौभी परगट होय।।

नवयुवक उनके पीछे पड़े ही थे। उनकी इस नई साधना में उन्हें कोई रहस्य समझ पड़ा। वे तलाश में लगे। एक दिन जब वह अपने उस एकान्त स्थान में स्नान-पूजा के बहाने पेट-पूजा कर रहे थे, एक नवयुवक हंस ने उनकी करतूतों को देख लिया। उसने दौड़कर सरदार को खबर दी। पहले तो सरदार ने डाँटा-डपटा; किन्तु जब उसने बार-बार हठ किया, तो उन्हें भी कुछ शक हुआ। दोनों शीघ्रता से चले। यहाँ आकर देखा तो सचमुच भगतजी मछलियों पर ताबड़तोड़ चोंच लगा रहे थे। सरदार का खून उबल पड़ा। किन्तु बेमौका देख वह लहू का घूँट पीकर रह गया।

संध्या को भगतजी पुनः अपने आसन पर आकर कथा कहने का आयोजन करने लगे। आज आप महाभारत सुनानेवाले थे। 'नारायण नमस्कृत्य' कहकर कथा आरम्भ ही किया चाहते थे कि सरदार उनकी बगल में आकर खड़ा हो गया और उपस्थित हंसों से कहने लगा—

''भाइयो ! आप भगतजी को जानते ही हैं। इनकी कथा प्रतिदिन सुनते ही हैं। इनका नेम-धर्म लोगों पर प्रकट ही है। यह हम लोगों के जाति-भाई हैं, इसमें कोई सन्देह नहीं। किन्तु आज मेरा विचार है कि कथा आरम्भ होने से पहले इनकी षोडशोपचार पूजा की जाय; क्योंकि भगतजी में भगवान बसते हैं।''

अपनी प्रशंसा सुनकर भगतजी फूलकर कुप्पा हो गये। उस समय उन्हें अपनी धूर्त्तता पर और भी आनन्द आ रहा था। सोचा—रोज-रोज मछलियाँ उड़ाता हूँ, और इन बेवकूफों को पता भी नहीं !

तब तक सरदार ने फिर आगे कहा—"किन्तु आप जानते ही हैं कि कुछ ऐसे दुष्ट भी हैं, जो कंठी-माला की आड़ में नीच-से-नीच पापकर्म भी करते हैं।" इतना सुनते ही भगतजी की आँखों के आगे अँधेरा छा गया—पैर के नीचे की जमीन खिसकने लगी।

सरदार का कहना जारी ही रहा—"जो झूठमूठ अपने को बड़े खानदान का बताकर लोगों से पैर पुजवाते हैं, वे पाखंड में इतने पक्के होते हैं कि जल्दी उन्हें कोई परख नहीं सकता।"

अब भगतजी सभी बातें स्पष्ट समझ गए। वह झटपट उड़ भागने की चेष्टा कर ही रहे थे कि उसी नवयुवक हंस ने—जिसने सरदार को इस गुप्त कांड की खबर दी थी—आदेशात्मक लहजे में कहा, "भाइयो ! यह भगत बड़ा धूर्त्त है। यह झूठमूठ अपने को हंस बताता है, बनावटी कंठी-माला धारण करता है। कल मैंने अपनी आँखों से इसे मछलियाँ निगलते देखा है। यह मानसरोवर का 'हंस' नहीं, हिन्दुस्तान की गड़हियों का 'बगुला' है। इसने हम लोगों को खूब बेवकूफ बनाया ! अतएव, मेरी आज्ञा है कि आप लोग अभी इस पर टूट पड़िए और इसकी बोटी-बोटी नोचकर इसे जान से मार डालिए। यही इसका उपयुक्त दण्ड है।"

सरदार की आज्ञा पाते ही सभी हंस क्रोध से अंधे हो भगत पर टूट पड़े। कोई पंख नोचने लगा, कोई पूँछ उखाड़ने लगा; किसी ने गरदन पकड़ी, किसी ने टाँगें ! ऐसी षोडशोपचार पूजा हुई कि थोड़ी ही देर में भगत के प्राण-पखेरू उड़ गये !

बेचारे भगत के मरने पर एक हंस के चुलबुले बच्चे ने एक गाने-योग्य कविता बनाई थी। उसे बालकों को याद कर लेना चाहिए—

भगत का भंडा फूटा !
फूटा हो फूटा !
बगुला-भगत चले थे बनने हंसों का सरदार।
किन्तु खुल गई उनकी कलई हुए लोग हुशियार।।
सबने मिलकर उनको कूटा।
कूटा हो कूटा !
भगत का भंडा फूटा !!
रूप-रंग से क्या होता है, अगर नहीं गुण होवे।
जो दूजों को ठगना चाहता, एक दिन वह खुद रोवे।।
सुफल न फलता छल का बूटा।
बूटा हो बूटा !
भगत का भंडा फूटा !!
मान चाहते हो तो विद्या सीखो, गुण उपजाओ।
छल छोड़ो, कुकरम से भागो सज्जनता दिखलाओ।।
प्रेम का धागा कभी न टूटा।
टूटा हो टूटा !
भ-ग-त-का-भं-डा-फूटा !!!

सियार पाँड़े

[1925 ई.]

भूमिका

[पहला संस्करण]

लड़कों का स्वभाव खिलवाड़ी होता है। वे पढ़ने का नाम सुनते ही भाग खड़े होते हैं। अतएव, लड़कों को पढ़ने-लिखने की ओर रुचि दिलाने के लिए अब तक दो उपाय काम में लाये जाते हैं। उनमें पहला है हमारे गुरुओं की पद्धति–अर्थात् ठोंक-पीटकर हकीम बनाना, और दूसरा है वैज्ञानिक पद्धति–अर्थात् लड़कों को हँसाते-खेलाते ही पढ़ा देना।

इसी दूसरी पद्धति पर ध्यान रखते हुए 'बाल-मनोरंजन-माला' का निर्माण किया गया है। हम इस माला में वैसी ही पुस्तकें गूँथना चाहते हैं, जिन्हें देखते ही लड़के छाती से लगा लें, माँ-बाप के मना करने पर भी दिन-रात पढ़ते रहें–पढ़ें और हँसें भी। साथ-ही-साथ, इसी हँसी-खेल में उन्हें उचित उपदेश भी मिले, जिससे उनका भविष्य उज्ज्वल हो।

यह कार्य बहुत ही कठिन और व्ययसाध्य है। एक तो बाल-साहित्य का निर्माण सभी लेखक कर नहीं सकते, दूसरे–उस साहित्य में मनोरंजकता भरना तो और भी कठिन काम है। फिर, पुस्तक लिखे जाने पर भी उसमें अच्छी छपाई और सुन्दर-सुन्दर चित्र देने में बहुत कुछ खर्च करने पड़ते हैं।

इतना सबकुछ होने पर भी हमने इस प्रकार की एक माला निकालना आरम्भ किया है, और उसे सुलभ मूल्य में देने का हमारा विचार है। आशा है, बालकों के शुभचिन्तक हमें इस कार्य में यथेष्ट सहायता देंगे।

अँगरेजी में इस प्रकार की बालोपयोगी रीडरें–Juvenile Readers–यथेष्ट संख्या में हैं। अन्य भाषाओं को तो जाने दीजिए, बिहार के पड़ोसी बंगाल-प्रदेश में–बंगभाषा में–इस प्रकार की अनेक पुस्तकें हैं। किन्तु, राष्ट्रभाषा 'हिन्दी' में इस प्रकार की पुस्तकों का एकदम अभाव-सा है। क्या हम हिन्दी-प्रेमियों के लिए यह लज्जा की बात नहीं है?

'पुस्तक-भंडार' ऐसी पुस्तकों के प्रकाशन का विचार बहुत दिनों से कर रहा था; किन्तु कई कारणों से–जिनका उल्लेख ऊपर हो चुका है–वह अब तक अपनी इच्छा को कार्यरूप में परिणत नहीं कर सका था। परन्तु, अब वह अपना उपहार लेकर हिन्दी-प्रेमियों के सम्मुख खड़ा है। प्रत्येक हिन्दी-प्रेमी बाल-हितैषी सज्जन का यह कर्तव्य है कि उसके इस उपहार को स्वीकृत करे–उसे प्रोत्साहन दे तथा इस विषय में अपने सत्परामर्श देने से भी न चूके।

[नया संस्करण]

ईश्वर की कृपा से हमें इस बात का सन्तोष है कि दो-तीन साल में ही हिन्दी-प्रेमियों ने इस पुस्तक की हजारों कापियाँ हाथों-हाथ लेकर हमें विशेष उत्साहित किया। अतएव, इस बार हम इसे विशेष सजधज के साथ प्रकाशित कर रहे हैं। हमें पूर्ण विश्वास है कि इस बार हिन्दी-प्रेमी सज्जन इसे चौगुने चाव से अपनावेंगे।

इस संस्करण में इसकी भाषा खूब सरल और सुबोध बना दी गई है–विशेष रूप से परिमार्जित कर दी गई है, तथा इसे अनेक मनोरंजक चित्रों से सुसज्जित कर नए ढंग की छपाई आदि द्वारा विशेष आकर्षक एवं सर्वांगसुन्दर बनाने का भी प्रयत्न किया गया है। आशा है, अब यह पुस्तक बालकों का विशेष मनोरंजन कर सकेगी।

–**प्रकाशक**

सियार पाँड़े

हुआँ-हुआँ-हुआँ, हुआँ-हुआँ-हुआँ !

वाह ! तुम हँस क्यों पड़े ? बोलो, प्यारे बच्चो ! बोलो, तुम हँस क्यों पड़े ? मेरी बोली सुनकर तुम्हें हँसी क्यों आ गई ? मैं भी तो तुम्हारी बोली प्रतिदिन सुनता हूँ ? किन्तु मैं तो कभी नहीं हँसता।

कभी तुम रोते-रोते अपना गला रूँधकर विचित्र आवाज बना लेते हो। सिसकते-सिसकते हिचकियाँ भरने लगते हो। कभी हँसते-हँसते अपने घर को गुँजा देते हो। कभी चिल्ला-चिल्लाकर लोगों के कान की झिल्ली फाड़ने लगते हो। किन्तु यह सब सुनकर भी मैं कभी नहीं हँसता। फिर तुम्हारे हँसने का कारण ?

हुआँ-हुआँ-हुआँ, हुआँ-हुआँ-हुआँ !

फिर वही हँसी ! मुफ्त के दाँत ठहरे—ही-ही करके निकाल दिए। बिना दाम का मुँह ठहरा—ठठाकर हँस पड़े ! वाह रे हँसनेवाले ! क्या दूसरे के दाँत और मुँह नहीं है? खैर, हँसो—खूब हँसो । किन्तु दूसरे पर हँसने के पहले जरा अपनी ओर भी देख लिया करो, दूसरे के आँख की फूली देखने के पहले अपनी कानी आँख को भी निहार लो।

मेरी बोली सुनकर आज तुम हँसने चले हो। किन्तु अपनी माँ से तो पूछो ! जब तुम्हारा जन्म हुआ था, तो तुम क्या बोलते थे—केहाँ-केहाँ-केहाँ। कहो, तुम केहाँ-केहाँ-केहाँ करते थे कि नहीं? और, यह 'केहाँ-केहाँ' बोलना भी पहले-पहल तुम्हें सिखाया किसने? अजी—जरा इधर मेरी तरफ देखो—इसी 'सियार पाँड़े' ने ! जब तुम्हारा जन्म हुआ, तुम न बोल सकते थे—न हँस सकते थे। मैं तुम्हारे घर के पिछवाड़े जाकर चिल्लाया—हुआँ-हुआँ-हुआँ। सुनते ही घर से तुम चिल्ला उठे—केहाँ-केहाँ-केहाँ ! तुम्हारा गला तब तक साफ न हुआ था। इसीलिए साफ-साफ हुआँ-हुआँ नहीं कर सके, केहाँ-केहाँ चिल्लाए।

देखो तो, इस प्रकार मैं तुम्हारा गुरु हूँ। इसीलिए तो तुम मुझे 'पाँड़ेजी' कहते हो। अब समझे? मैं तुम्हारा गुरु हूँ। मुझे प्रणाम करो ! हँसो मत—प्रणाम करो, प्रणाम।

हाँ, तो अब यह तो बताओ कि तुम चले हो किधर? अपने गुरुजी की पाठशाला को छोड़कर अपने पुराने और पहले गुरुजी—मुझ सियार पाँड़े—के पास आए हो, किस काम से? क्या कहा—मेरी जीवनी सुनना चाहते हो? मेरी जीवनी ? वाह रे मैं !

किन्तु मैं अपने मुख से अपनी जीवनी कैसे सुनाऊँ ? तुम कहोगे, पाँड़ेजी अपने मुख से अपनी बड़ाई कर रहे हैं। मैं ठहरा 'पाँड़ेजी' ! इस छोटी-सी जिन्दगी में ही कितनी चालाकियाँ खेलीं, कितने को छकाया, कितने को उल्लू बनाया, कितनी बार विपत्ति में फँसा, और साफ कन्नी दबाकर निकल आए। इस छोटे-से शरीर से ही मैंने बड़े-बड़े गजराज और मृगराज को भी नाकों नचे चबवाए—उन्हें बुद्धू बनाया।

अपनी बुद्धिमानी, चालाकी, धूर्त्तता और समझ की सूझ के कारण ही मैं 'धूर्त्ताधिराज' चतुरावतार, विद्या-बुद्धि-निधान, सकल-गुणवान श्रीमान् पंडितप्रवर श्रीशृगाल पाँडेय 'क्लेवर-दी-ग्रेट' नाम से प्रसिद्ध हूँ। नाम के पीछे की पूँछ काशी की पंडित-सभा की ओर से जोड़ी गई है। और आगे की सींग सरकारी युनिवर्सिटी से मिली है। हिन्दी-साहित्य-सम्मेलन भी एक बढ़िया उपाधि देने का विचार कर रहा है ! समझे ?

फिर वही रट ! जीवनी सुनाइए, जीवनी सुनाइए। मैं अपनी जीवनी क्या सुनाऊँ ?

वह तो संसार में प्रसिद्ध है। संस्कृत के 'हितोपदेश' और 'पंचतंत्र' देखो, अँगरेजी के 'इस्राप्स-फेबुल' और 'इंडियन-फेबुल' देखो—सभी में मेरी अकथ कहानियाँ भरी पड़ी हैं। सरकार भी मेरी कहानियों से बहुत खुश है। लड़कों की किताब में जब तक मेरी दो-एक कहानियाँ नहीं रहतीं, वह अधूरी समझी जाती है। किन्तु तुम्हारा हठ तो छूटेगा नहीं, बिना कहानी सुने मानोगे नहीं।

खैर, मैं बुड्ढा भी हो चला, इसलिए अब इस दुनिया से कूच करने के पहले अपनी जीवन-कहानी तुम्हें सुनाऊँगा—सभी प्रकट और गुप्त कहानियाँ तुमसे कहूँगा। और, आज-कल यह रीति भी चल पड़ी है कि बड़े लोग अपनी जीवनी—आत्म-चरित—स्वयं लिख छोड़ते हैं। मैं भी तो बड़ा आदमी ठहरा, अतः मैं ही क्यों चूकूँ ? तो सुनो।

किन्तु, देखते रहना, कहीं से कुत्ता न आ जाए; क्योंकि तुम जानते ही हो कि दुनिया में वह मेरा सबसे बड़ा शत्रु है। अच्छा, सुनो—

तुम्हारे बगीचे के पीछे जो वह बड़ा रड़ियल खेत है, वहीं मेरा जन्म हुआ। मैं अपने माँ-बाप का पहला और इकलौता लड़का था। अतएव मेरे आदर-सम्मान का क्या पूछना ? वे मुझे अपनी आँखों की पुतली-सा जुगाते थे। एक पल भी वे मुझे अपने से दूर न करते। जरा भी अपनी आँखों से मेरे दूर होने पर वे क्या-क्या कर बैठते, इसका कोई ठिकाना नहीं।

एक दिन की बात है। सुनकर तुम खूब हँसोगे। मेरी माँ और बाबूजी—दोनों किसी काम से बाहर चले गए थे। मैं नींद के मारे अपनी माँद के एक एकांत स्थान में जाकर सो रहा। इतने में वे आ पहुँचे। माँद में मुझे न देख वे पागल हो गए। इस जंगल में देखा, उस जंगल में देखा। इस माँद में ढूँढ़ा, उस माँद में ढूँढ़ा। किन्तु मेरा कहीं पता नहीं। कमबख्ती की मार ! मैं जिस माँद में सो रहा था, वहाँ कई बार जाकर भी वे हड़बड़ी में मुझे देख न सके। बस, शोक में पागल होकर वे का-हुआँ का-हुआँ कहकर रो उठे !

उनके रोने की आवाज सुनकर सभी अड़ोसी-पड़ोसी का-हुआँ का-हुआँ करते वहाँ दौड़ पड़े। इस रोने-चीखने से अजीब कोलाहल हुआ। मेरी नींद टूट गई। मैं दौड़ता हुआ वहाँ जा पहुँचा। मुझे पाकर मेरी माँ और बाबूजी को जो आनन्द हुआ, वह कहा नहीं जा सकता। वे प्रेम से मेरी देह चाटने लगे। तब से वे कभी मुझे अकेला छोड़कर बाहर न जाते। मैं अपने माँ-बाप का ऐसा प्यारा था।

मैं अपनी माँ के दुलार और पिता के प्यार में दिन-दिन दूज के चाँद की तरह बढ़ने लगा। एक दिन, दो दिन, तीन दिन, इसी प्रकार दो मास बीते। मैं इधर-उधर उछल-कूद करने लगा। माँ ने देखा, न लिखने-पढ़ने से लड़का बिगड़ जाएगा। अतएव, रात में जब पिताजी अपनी जजमानी से लौटे, तो माँ ने कहा—याः हुआँ-हुआँ हाः—अर्थात् बच्चे के हाथ से खल्ली छुलाई जानी चाहिए। पिता ने कहा—हाः हाः—अर्थात् हाँ-हाँ।

बस पिताजी ने अपना पत्रा खोला। मेष, वृष, मिथुन, कर्क आदि गिनते-गिनते आगामी बृहस्पतिवार को पढ़ाई शुरू करने का दिन ठीक किया। मैं यह सुनकर बहुत खुश हुआ—वाह ! अब मैं अन्य साथियों के साथ स्कूल में जाऊँगा, पढ़ूँगा, गेंद खेलूँगा।

बच्चो ! तुम जजमानी, पत्रा आदि से परिचित हो? मेरे पिताजी सब शास्त्रों के जानकार थे। बृहस्पति की संध्या को मुझे साथ लेकर मेरे पिताजी स्कूल पहुँचे। वहाँ खल्ली छूने की रस्म पूरी की गई ! जव पिताजी के साथ मैं स्कूल से लौट रहा था तो अचानक बाघ के डकरने की आवाज सुनाई पड़ी। पिताजी और मैं बहुत डर गए। मेरी रक्षा के लिए वह मुझे वहीं एक झाड़ी में रखकर राम-राम जपते आगे बढ़े। अचानक सामने से बाघ-बाघिन आते दिखाई पड़े। बाघ उनकी देह की गंध से ही पहचान गया था। बाघ-बाघिन दोनों गुर्राकर पिताजी पर झपटे।

पिताजी अपने पैर सिर पर रखकर भागे। वे दोनों उनके पीछे पड़ गए।

मुझे एक युक्ति सूझी। यहाँ उनका बच्चा अकेला था। मैं झटपट उनकी माँद में घुस गया, और उनके बच्चे की गर्दन पकड़े दौड़ता-उछलता अपनी माँद में हाजिर हुआ। बाघ के बच्चे को देखते ही माँ डर गई। मैंने उससे सब कहानी कही। उसने मेरी पीठ ठोंक दी। तब तक बाबूजी भी पहुँच आए। उन्होंने मुझे छाती से लगा लिया। माता-पिता दोनों कहने लगे—ओह ! लड़का बड़ा होनहार है ! जिस काम को बड़े-बूढ़े पाँड़े भी नहीं कर सकते, वह इसने बात-की-बात में कर डाला। पिताजी ने यह घटना बहुतों को सुनाई। माताजी भी यह घटना अड़ोस-पड़ोस में सुना आईं। सारे गाँव में मेरी बुद्धिमानी का ढिंढोरा पिट गया। सभी कहते, लड़के ने कमाल किया !

लड़को ! जिस तरह तुम लोगों में एक राजा होता है, उसी प्रकार हम लोगों में भी एक राजा होता है। जब हमारे राजा को यह खबर मिली, तो उनकी खुशी का कोई ठिकाना न रहा। एक सियार के छोकरे ने एक बाघ के बच्चे को मार खाया, यह क्या हमारी जाति के लिए कम अभिमान की बात थी?

राजा साहब मेरे घर पर आए। मुझे देखा। मेरी बड़ी बड़ाई की। उनके एक लड़की थी। उससे मेरी शादी करने की बात मेरे पिता से कही। भला पिताजी ऐसा मौका कब छोड़नेवाले थे? शादी की बात पक्की हो गई !

तुम जानते ही हो कि दिन में धूप उगी रहने पर जब वर्षा होती है, तभी हम लोगों का ब्याह होता है। जहाँ धूप उगी रहने पर वर्षा हुई कि तुम लोग आँगन में नाच-गाकर चिल्लाने लगते हो कि 'सियार पाँड़े की शादी हो रही है'। बात ठीक है, हमारे ब्याह के लिए वही लगन है। इसीलिए मेरी शादी बहुत दिनों तक रुकी रही। जब अकस्मात् एक दिन ऐसा हुआ, तो मेरी शादी हुई।

शादी की रात में, मेरे विवाह के उपलक्ष्य में, जैसी धूम-धाम—नाच-गान, बाजा और रोशनी आदि हुए, उनका वर्णन करना कठिन है। उसी शुभ अवसर पर मेरे गाँव के एक लड़के ने—निस्संदेह वह मेरी जाति का है—एक कविता लिखी थी। उसे पढ़कर कुछ अन्दाज लगा सकते हो—

पाँड़ेजी का हुआ विवाह।
चौतरफी छाया उत्साह।।1।।
मेढक-बाबा ढोल बजाते, सिर पर पगड़ी देकर।
झींगुर-मियाँ पिपिहरि टेरें बच्चा-कच्चा लेकर।।
धूम मची है सारी राह।
पाँड़ेजी का हुआ विवाह।।2।।
घँघरा पहिन गिलहरी नाचे, खरहा देता ताल।
बंदरजी सारंगी रेतें, भालु बजाता झाल।।
देखने वाले कहते वाह।
पाँड़ेजी का हुआ विवाह।।3।।
भगजोगनी ललटेन जलाती चकमक सारी रात।
सकल बराती ठूँस-ठूँसकर खाते मट्ठा-भात।।
खाते खाते हुए तबाह।
पाँड़ेजी का हुआ विवाह।।4।।

विवाह के कुछ दिन बाद मेरे एक लड़का हुआ ! अपने पोते को देखकर माता-पिता कितने खुश हुए, यह कहना कठिन है। किन्तु यह सुख बहुत दिनों तक देखना उनके भाग्य में बदा ही न था। एक दिन वे तुम लोगों के गाँव में गए। किसी के घर में मछली राँधी जा रही थी। उसकी सुगंध बाबूजी की नाक में पड़ी। बूढ़े कुछ चटोर होते ही हैं, उनकी तबियत मचल गई। घर के पिछवाड़े बैठ गए। जब घर के लोग खा-पीकर निश्चिंत हो गए, तो बाबूजी चुपचाप दबे पाँव उस घर में दाखिल हुए। भात की हाँड़ी साफ कर मछली की कड़ाही पर पड़े। मछली रसदार थी। लगे शोरबा पीने। तुम जानते ही हो, हम लोग जीभ से पानी पीते हैं—अतएव, पीते समय कुछ चपर-चपर-सी आवाज होती है। यही शब्द उनका काल हो गया। अधिक मछली ठूँस-ठूँसकर खा लेने के कारण गर्मी से उस दिन घरवाली को नींद नहीं आई थी। प्यास लगने पर वह मानस-घर के ओसारे की धड़थरी पर पानी ढारने आई। घर में से आवाज आती सुन वह सहमी। जाकर देखती है, तो घर का फाटक खुला हुआ है।

आज जल्दी में वह घर का फाटक बन्द करना भूल गई थी। उसने झट फाटक बन्द कर दिया। क्रोध में आकर अपने घरवाले को उठाया। झटपट चिराग जलाया। घरवाला एक डंडा लिए दरवाजे पर आ धमका ! उसकी बगल में घरवाली दीया लिए खड़ी थी।

पिताजी अपनी मृत्यु निकट देख पुक्का फाड़कर रो उठे—बूढ़े का कोमल कलेजा ठहरा ! उनका रोना क्या था, मृत्यु को खुद न्योता देकर बुलाना था। घरवाली ने समझा था कि कुत्ता है। गीदड़ की आवाज सुनते ही घरवाला क्रोध से काँप उठा। तब तक पिताजी की सुरीली आवाज सुनकर कुछ कुत्ते भी वहाँ इकट्ठे हो गए।

तुम जानते ही हो कि पाजी कुत्ते हमारी जाति के कट्टर दुश्मन हैं। अब मैं अपने पिताजी की दुर्गति का कहाँ तक वर्णन करूँ? जब मैं दूसरे दिन उनकी तलाश में निकला, तो गाँव के पास ही उनके लहूलुहान मृतक शरीर को पाया। आह ! उनके शरीर को दुष्टों ने किस बेरहमी से नोचा-खसोटा था।

घर पर जब यह समाचार लेकर मैं पहुँचा, तो किस तरह रोना-काँदना मचा, उसका वर्णन करना कठिन है। हुआँ-हुआँ-हाः-हाः की ध्वनि से सारा जंगल गूँज गया। पीछे मैंने शास्त्रानुसार उनका श्राद्ध किया। भोज-भात का क्या पूछना !

इसके कुछ दिनों बाद माताजी भी स्वर्गलोक सिधारीं। पिताजी के शोक में उन्होंने खाना-पीना एकदम छोड़ दिया था।

इन घटनाओं को देख मैंने हाथ में कुश और जल लेकर शपथ खाई कि आज से कभी भी गाँव में न जाऊँगा। तुम देखोगे कि तब से मैं गाँव में एकाएक कभी नहीं जाता। बात तो साफ यों है कि जब दो-एक बार मैंने अपनी प्रतिज्ञा—अत्यन्त आवश्यकता होने पर—तोड़ी भी, तो उसका नतीजा अच्छा नहीं हुआ। होता भी कैसे, कसम खाकर फिर वही काम करना क्या कम पाप है?

माता-पिता के मरने पर घर-गिरस्ती का बोझ मेरे ही सिर पड़ा। जब तक वे जीते थे, मैं नवाब बना रहता था—मेरी स्त्री भी अपने को रानी से एक रत्ती कम न समझती। किन्तु अब ? अब तो—

भूल गया राग-रंग, भूल गई हैंकड़ी।
तीन चीजें याद रहीं, नोन-तेल-लकड़ी।।

मेरी सारी नवाबी भूल गई। भोजन-पान-कपड़ा-लत्ता, सबका इन्तजाम मुझे स्वयं करना

पड़ता। पिताजी खूब होशियार थे, इसलिए उनके जीवन-भर कोई दुर्घटना न घटी; किन्तु मुझे दुनिया का कुछ अनुभव नहीं था, इसलिए उनके मरने के थोड़े ही दिन बाद एक कांड उठ खड़ा हुआ।

मैं जिस रड़ियल खेत में रहता था, उसी के निकट एक बगीचा था। उसी में एक बन्दर रहता था। उसके एक छोटा-सा बच्चा था। एक दिन वह बच्चा उसे न मिला। बन्दर-बन्दरी–दोनों–घबराए। इस पेड़ पर खोजा, उस पेड़ पर खोजा; इस झुरमुट में देखा, उस झुरमुट में देखा; कहीं पता न चला ! ऊँची डाली पर चढ़कर पुकारा; कहीं से आवाज न आई।

अन्त में उन दोनों ने निश्चय किया कि हो-न-हो, मैं उनके बच्चे को खा गया हूँ। शायद बन्दरी के मुझे उस बच्चे के पीछे-पीछे घूमते हुए देखा भी था–शायद मेरी माँद के निकट उस बच्चे की पूँछ की हड्डी भी पाई गई थी। भगवान जानें, बात कहाँ तक सच है ! मैं तो मांस-मछली खाता नहीं ! जिस दिन उसका बच्चा गायब हुआ था, उस दिन मैं एकादशी किए हुए था–जल पीना भी अधर्म था ! राम कहो, भला मैं उस दिन उस बच्चे को खा सकता था !

किन्तु बन्दर को यह सोचने-विचारने का दिमाग कहाँ से आया ? वह तो बिगड़ पड़ा कि हो-न-हो, तुम्हीं ने मेरे बच्चे को मार खाया है–मैं भी तुम्हारे बच्चे को मारकर इसका बदला लूँगा। बस, उसी दिन से मैं सावधान हो गया–अपने बच्चे को कभी अकेले बाहर न जाने देता। न जाने वह उपद्रवी बन्दर क्या कर गुजरे।

जब बन्दर ने देखा कि मेरा बच्चा उसके हाथ न आएगा, तो वह एक दूसरी चाल चला। एक दिन प्रातःकाल, वह अपने घर से निकला, और नदी-किनारे के उस बड़े जंगल में पहुँचा। वहाँ एक बाघ रहता था। बन्दर ने उसके घर का किवाड़ खटखटाया। बाघ सोया हुआ था; अपनी नींद में बाधा पड़ते देख गरमाया हुआ बाहर निकला। ज्योंही किवाड़ खोला, बन्दर ने आगे बढ़कर कहा–प्रणाम मामाजी।

बेवकूफ बाघ इस प्रणाम पर फूलकर कुप्पा हो गया ! बड़े प्रेम से बन्दर को आशीर्वाद दिया। दोनों तरफ से कुशल-क्षेम होने के बाद, दोनों, घर में गए। वहाँ एक पलँग पर बाघ खुद बैठा, और बन्दर के लिए कुरसी रख दी। बन्दर भी शान से कुरसी पर डट गया। मामू-भांजे में बातचीत होने लगी–

बाघ ने पूछा–कहो, किधर चले हो? देखो, आज पाँच-सात दिन से लगातार मेघ बरस रहा है। तुम्हारा खाना-पीना कैसे चल रहा है?

बन्दर ने कहा–मेघ बरसे या पत्थर पड़े, मेरा क्या? मैं तो पेड़ पर रहता हूँ, पेड़ ही का फूल-फल खाता हूँ। कहिए मामाजी, भला आपका भोजन-पान कैसे चलता है?

बाघ ने कहा–कुछ न पूछो बच्चा, आज पाँच-सात दिन से पेट में एक कौर भी नहीं पड़ा है। भूख के मारे आँत कुलबुला रही है। दिन-रात भूख से व्याकुल रहता हूँ। इस वर्षा में कहाँ जाऊँ, क्या खाऊँ? अच्छा, कहो तो, तुम्हारे आसपास कोई शिकार है?

बन्दर तो यही चाहता था। झट बोल उठा–है क्यों नहीं मामा, आपके चलने-भर की देर है। मेरे घर के निकट ही एक सियार की माँद है। वहाँ दो प्राणी, सियार-सियारिन, रहते हैं। आह मामा, उनका बच्चा इतना मोटा-ताजा है कि देखते ही तुम्हारे मुँह से लार न निकले, तो मुझे अपना भांजा न कहना। उफ ! तुम व्यर्थ इतने दिन उपवास करते रहे। कम-से-कम मुझे तो इतनी खबर दे देनी थी !

बन्दर की बात सुनते ही बाघ का जी मचल उठा। फिर कुछ सोचकर बोला– तुमने

बतलाया तो ठीक; किन्तु मुझे कुछ शक है। तुम सियार को शायद पहचानते नहीं; मैं खूब पहचानता हूँ। बहुत दिनों की बात है, मेरे एक लड़का हुआ था। हाय ! वह लड़का कितना अच्छा था ! किन्तु, एक दिन, एक सियार आया। मैं उसकी ओर लपका—इतने ही में लौटकर देखता हूँ कि मेरा बच्चा गायब ! पीछे मालूम हुआ कि जब मैं उधर उस सियार के पीछे दौड़ा, तब उधर दूसरा सियार आकर मेरे बच्चे को ले भागा और मार खाया। सियार बड़े धूर्त्त होते हैं। मैं सियार के निकट नहीं जाऊँगा। भूखों मरना अच्छा, सियार के निकट जाना अच्छा नहीं। जीता रहूँगा तो कितने ही सियार मिलेंगे।

किन्तु बन्दर भी बड़ा बातूनी था ! खूब झाँसा-पट्टी देकर आखिर उसे चलने को तैयार कर ही लिया ! सचमुच बन्दर के पीछे-पीछे बाघ चल पड़ा।

मैं घर से बाहर निकला, तो देखा कि आगे-आगे बन्दर और पीछे-पीछे बाघ—दोनों—चले आ रहे हैं। मैं समझ गया कि यह बन्दर की शैतानी है; किन्तु बच्चू को आज ही मजा चखाऊँगा। मैं झट अपने घर में घुस गया, और पँड़ाइन से सब हाल कहा; फिर अपने बच्चे के कान ऐंठने लगा—वह एकबारगी 'केहाँ-केहाँ-केहाँ' चिल्ला उठा ! मैंने जोर से कहा—राक्षस-बच्चा कहीं का ! दिन-भर खाँव-खाँव करता रहता है। जैसी माँ, वैसा बेटा। कल ही तो तुमने दो बाघ और तुम्हारी माँ ने तीन बाघ खाए। तो भी तुम्हारा पेट न भरा। बाबा, यह पेट है कि खन्दक !

मेरी बातें सुनते ही धीरे-धीरे बाघ पीछे हटने लगा। उसने बन्दर से कहा—सुनते हो जी, ये तो कल ही पाँच बाघ खा चुके हैं, और आज भी फिर खाने को रोते हैं। मुझे पाकर क्या ये जीता छोड़ेंगे? मैं बाज आया इस शिकार से। चलो, भागो।

बन्दर ने कहा—मामा ! तुम तो पूरे बेवकूफ जान पड़ते हो। अरे ! कहीं सियार भी बाघ को खाता है ? और भला यह छोटा-सा बच्चा दो बाघ कैसे खाएगा? मामाजी, आपको फुसलाने के लिए सियार यह फन्द रच रहा है।

बाघ ने कहा—नहीं बेटा, मुझे डर लग रहा है। तुम तो पेड़ पर चढ़कर भी अपने को बचा लोगे, किन्तु मैं क्या करूँगा ? हाँ, यदि तुम मेरी पूँछ से अपनी पूँछ बाँध लो, तो मुझे तुम्हारा विश्वास हो।

बन्दर झल्लाया; किन्तु कोई चारा नहीं था; क्योंकि मुझे मारने पर वह तुला हुआ था; इसके अतिरिक्त इस पूँछ-बंधौअल में उसे कोई हानि भी नहीं दीख पड़ी। अतएव, वह बोला—कोई हर्ज नहीं, बाँध लीजिए। मैं ही आगे-आगे चलूँगा।

बाघ को तसल्ली हई। उसने अपनी पूँछ बन्दर की पूँछ से बाँध दी फिर दोनों आगे बढ़े। मैंने देखा, खूब उल्लू फँसा है ! ज्योंही वे दोनों परस्पर पूँछ बाँधे मेरी माँद के निकट आए, त्योंही मैं तमककर बाहर निकला और बोला—क्यों रे—

सात बाघ लाने के लिए ले गया बयाना !
लाया केवल एक बाघ, ऐसा तू बेइमाना ?

ला अभी छ बाघ, नहीं तो तुझे भी खा जाऊँगा। बेईमान कहीं का—फेर दे मेरा बयाना ! इतना सुनते ही बाघ सिर पर पैर रखकर भागा। देखते ही देखते वह आँखों से ओझल हो गया। चूँकि बन्दर की पूँछ बाघ की पूँछ से बँधी हुई थी, इसलिए बाघ के भागते ही उसके पीछे-पीछे बन्दर घिसटाने लगा। जब बाघ उछलता, तो वह, इधर-उधर गिरता। कीं-कीं करते हुए थोड़ी देर में उसके प्राण-पखेरू उड़ गये।

कहो बच्चो ! जो दूसरे की बुराई करना चाहता है, उसकी दुर्गति इसी तरह होती है

कि नहीं ? साथ ही, मेरी बुद्धि की भी तारीफ करो ! किस प्रकार इस भयानक आफत को मैंने दूसरे के सिर टाला !

कुछ दिनों के बाद मेरी स्त्री ने एक साथ दो बच्चे जने। अब मेरा परिवार फैल गया। हम दो प्राणी, और तीन बच्चे–कुल पाँच हुए। मुझे अकेले ही अब पाँच प्राणियों का खाना-पीना जुटाना पड़ता। मैं बड़े ही सोच में पड़ा। बकरी या भेड़ के बच्चे से अब काम चल नहीं सकता था। किया क्या जाय ? लड़कों को खिलाना भी जरूरी था। कई दिन तो ऐसा हुआ कि जो कुछ मिला, बच्चों को खिला दिया गया, और हम दोनों–पाँड़े-पँड़ाइन–को चुपचाप उपवास में ही रात काटनी पड़ी। अतएव, मैं इस धुन में लगा कि किसी बुद्धू को फँसाना चाहिए। भला यों उपवास करने से कितने दिन चलेंगे ?

मेरे सौभाग्य से उसी जंगल में एक बड़ा हाथी रहता था। लड़को ! उस हाथी के बड़े-बड़े दाँत और लम्बी-मोटी सूँड़ का वर्णन मैं क्या करूँ ! तुमने बहुत-से हाथी देखे होंगे ! लेकिन मैं सिर की कसम खाकर कह सकता हूँ कि उतना विशाल हाथी तुमने नहीं देखा होगा। खैर, मैंने सोचा कि इस हाथी को अगर किसी तरह फँसाया जाय, तो बहुत काम चले–महीनों की कौन बात, बरसों तक खूब अफरकर खाया जाय; किन्तु यह फँसेगा कैसे ? इसके बड़े-बड़े दाँतों के डर से बड़े-बड़े बाघ-सिंह की हिम्मत नहीं होती कि उसके निकट जाएँ; फिर मुझ-ऐसे क्षुद्र जीव की कौन बात ?

किन्तु मैं चाहे कितना भी छोटा जानवर क्यों न होऊँ, बुद्धि में तो सबसे बढ़कर हूँ ! चालाकी में मेरे जोड़ का संसार में कोई जानवर नहीं। लड़को, माफ करना ! तुम मनुष्य लोग भले ही रेल, तार, जहाज–अंटसंट जो चाहो बना लो, और अपनी बुद्धि पर घमंड करो; किन्तु धूर्त्तता और चालाकी में तुम मनुष्य की भी पहुँच मुझ-जैसी नहीं है। हाँ, अगर कुछ-कुछ मेरा मुकाबला कर सकता है, तो कौवा ! बस चिड़ियों में कौवा और पशुओं में सियार–संसार में ये ही दो सबसे अधिक धूर्त्त हैं। समझे?

मैं एक दिन भोर ही उठा। अपना पत्रा उलट-पलटकर एक अच्छी यात्रा ठीक की। उसी शुभ समय में मैं अपने घर से निकला। जाकर देखा, तो हाथी सेमल की एक बड़ी डाल तोड़कर प्रेम से उसका पत्ता खा रहा था। मैंने जाते ही–हे वन के राजा ! मैं तुम्हें प्रणाम करता हूँ–इतना कह खूब झुककर उसे प्रणाम किया।

'वन के राजा' !–यह सम्बोधन सुनते ही हाथी अभिमान से फूल उठा। उसने कहा–कहिए पाँड़ेजी महाराज, आप चले किधर ? कुशल तो है ?

मैंने सिर झुकाकर और हाथ जोड़कर कहा–महाराज ! आपकी दया से सब कुशल है; एक बहुत ही आवश्यक काम से महाराज की सेवा में आया हूँ।

हाथी ने पूछा–कौन-सा-काम, कहिए-कहिए। आपको कोई सताता तो नहीं ? बताइए, अभी मैं उसकी खबर लूँ।

मैंने कहा–नहीं महाराज, जब तक आपकी कृपा है, तब तक मुझे कौन सता सकता है ? किन्तु महाराज ! अपने ऊपर कुछ कष्ट न होने पर भी आपके दुःख से दुःखी अवश्य हूँ।

हाथी घबड़ाकर बोला–पाँड़ेजी, भला मुझे कौन-सा दुःख है ? देखिए, मैं आनन्द से जंगल में विहरता हूँ; जो मन भाता है, खाता हूँ; मेरे डर से कोई चूँ तक नहीं करता।

मैंने फिर कहा–महाराज ! आपकी अखंड प्रभुता देखकर ही तो मुझे दुःख होता है।

हाथी ने हँसकर पूछा–सो क्यों ?

मैंने बड़ी नम्रता से उत्तर दिया–महाराज ! देखिए, आपका शरीर कैसा सुन्दर है, कितना

विशाल है, सूँड़ की बनावट कैसी अच्छी है—मानो केले का सुन्दर खम्भ हो, दाँत कैसे उजले और चमकीले हैं—मानो चाँदी पर मोती जड़े हों, बड़े-बड़े सुन्दर कान सदा आपको पंखे झलते हैं ! कहाँ तक कहूँ, आपका सारा शरीर ही बड़ा सुन्दर है ! कोई भी आपको देखते ही कह सकता है कि वास्तव में पशुओं के राजा यही हैं। किन्तु, इतना सबकुछ होने पर भी, आप पशुओं के राजा नहीं समझे जाते—वह छोटा-सा सिंह 'राजा' बना बैठा है ! हरे राम ! उसका मुँह कैसा भयावना है ! सारी देह बड़े-बड़े भद्दे केशों से ढँकी हुई है ! कमर इतनी पतली है कि कोई अगर एक धौल जोर से जमा दे, तो टूट जाए। आप ही कहिए, क्या वह किसी प्रकार राजा होने के योग्य है ?

हाथी ने प्रसन्न मन से कहा—सो तो ठीक है पाँड़ेजी, किन्तु इसमें अपना वश क्या है ?

मैंने झूठ कहा—वश क्यों नहीं है महाराज, कल मैंने जंगल के सभी पशुओं को एक बड़ी सभा में इकट्ठा किया था। मैंने सबको बातें समझाईं—आपकी पूरी प्रशंसा की—अहा ! कैसा विशाल और सुडौल शरीर है ! कितना सुन्दर और सीधा-सादा रूप है ! कैसा निरीह स्वभाव—न किसी को मारें, न पीटें ! बस आप लोग हाथी को ही 'वन का राजा' बनाइए, इस दुष्ट हत्यारे सिंह को राजगद्दी से हटाइए।

सचमुच मेरी बात सुनकर सब-के-सब तैयार हो गए। अभी-अभी मैं वहीं से चला आ रहा हूँ। उस झील के उस पार सभी पशु एकत्र हुए हैं। वे चाहते हैं कि आप वहाँ पधारें, और सबके सामने ही आपका अभिषेक हो—आपको राजा बनाया जाए। इसीलिए मैं इस समय महाराज के पास आया हूँ। देखिए, मैंने पत्रा देखा है। कुल एक घड़ी समय बाकी है। इसके अन्दर ही आपका अभिषेक हो जाना चाहिए। नहीं तो फिर साल-भर ऐसा मंगलमय मुहूर्त्त न मिलेगा। बस पधारिए महाराज, देर न कीजिए। वहाँ सब-के-सब अकुलाते होंगे। कृपा करके यह मौका न खोइए।

उल्लू हाथी बातों में आ गया—खाना-पीना छोड़कर, राजा बनने के आनन्द में मस्त, मेरे पीछे दौड़ा। मैं आगे-आगे छलाँग मारता हुआ चला। जंगल के बीच में एक झील थी। उसका पानी तो खूब सूख गया था, खाली कीच भरी थी। मैं इसी कीच के दलदल में हजरत को धँसाना चाहता था। अतएव, ज्योंही वह झील के निकट पहुँचा, त्योंही मैंने प्रार्थनापूर्वक कहा—महाराज, बहुत देर हो गई है। इस झील को घूमकर पार करने से अभिषेक की शुभ घड़ी टल जाएगी। बड़ी अच्छी बात होती अगर आप बीच से ही पार होकर सीधे रास्ते चले चलते—पानी भी तो नहीं है।

हाथी तो राजा बनने की धुन में अंधा हो रहा था, झट तैयार हो गया। मैं तो छोटा-सा हलका जीव ठहरा—जाँचा-समझा रास्ता था। सम्हलकर आगे बढ़ने लगा। किन्तु हाथी के पैर कुछ ही दूर चलने पर फँसने लगे !

हाथी बोला—पाँड़ेजी ! देखिए, पैर धँस रहे हैं ।

मैंने कहा—महाराज ! जल्दी कीजिए, बातें करने का समय नहीं है, बस चुपचाप बढ़ते आइए।

बेचारा काँख-कूखकर कई कदम फिर आगे बढ़ा और बड़ी दीनता से बोला—पाँड़ेजी, जरा देखिए तो, अब चला नहीं जाता।

मैंने कहा—वाह साहब, क्या बिना मेहनत के ही राजा हो जाइएगा ? कुछ कष्ट तो करना ही होगा। हिम्मत न हारिए—पैर बढ़ाइए।

किन्तु पैर क्या अब खाक बढ़ें ! वह जितना ही कोशिश कर पैर उठाना चाहता, उतना ही उसके पैर धँसते और फँसते जाते। जब कोई वश न चला, तो आखिर अधीर होकर

बोला—पाँड़ेजी, अब तो पैर नहीं उठते। कृपा कर मुझे बचाइए। मैंने हिम्मत छोड़ दी।

जब मैंने देखा कि यह उल्लू अब ठीक फँस गया, तो झिड़ककर कहा—अरे मूर्ख ! आज तूने मुझे भी बेवकूफ बनाया ! वहाँ सब लोग इकट्ठे होकर तेरी राह जोहते होंगे, और तू यहीं झींकने लग गया ! भला वे मुझे क्या कहते होंगे ? यदि ऐसी बात थी, तो तू पहले ही मुझसे कह दिए होता—मैं झील के किनारे ही किनारे चलता। खैर, अब अपनी बेवकूफी का फल चख, मैं तो चला।

बस मैं आगे बढ़ा। वह अभागा सिर धुन-धुनकर रोने लगा। फिर एक बार गिड़गिड़ाकर बोला—पाँड़ेजी ! मैं राजा बनने से बाज आया, मुझे बचाइए—दुहाई पाँड़ेजी की !

किन्तु पाँड़ेजी को क्या पड़ी थी कि उसे बचाते ? कहाँ कोई इकट्ठा था, और कहाँ किसको राजा बनाना था ! यह तो सब मेरा माया-जाल था ! भला जाल में फँसा हुआ शिकार कौन शिकारी छोड़ता है ? और, यदि मैं चाहता भी, तो क्या उस पहाड़-जैसे जानवर को मैं उबार सकता था ? तुम्हीं कहो प्यारे बालको, इन्साफ करो।

अन्त में मैंने बिगड़कर कहा—जा रे मूर्ख ! इसी में सड़ा कर ! क्या इसी बुद्धि पर तू राजा बनने चला था ? बेवकूफ कहीं क।

छोटे-से सियार-पाँड़े का तुमने भेद न जाना !
'जंगल का राजा' फिर कैसे बनता अरे अजाना ?

इतना कहकर मैं वहाँ से चल पड़ा। हाथी पुकार-पुकारकर रो रहा था; किन्तु मैंने कुछ भी ध्यान न दिया। जब कुछ दिनों के बाद आया, तो देखा कि हाथी मरा पड़ा है। पहले खुद जी-भर मांस खाया, पीछे अपने बाल-बच्चों को बुला लाया। उन लोगों के भी ठूँस-ठूँसकर खा लेने पर बहुत-सा मांस अपने घर में जुगताकर रख दिया। पीछे देखा कि अधिक दिन रहने पर मांस सड़ जाएगा। इसलिए अपने जाति-भाइयों को न्योता देकर एक बड़ा-सा भोज किया। भोज कई दिनों तक चला। बड़ी चहल-पहल रही। उस धूमधाम का वर्णन मैं तुमसे क्या करूँ ! 'गिरा अनयन नयन बिनु बानी' !

किन्तु 'अति' सर्वत्र वर्जित है। जो दूसरों को ठगता है, वह आप भी कभी जरूर ठगा जाता है—यह अटल नियम है। मैं भी इस नियम से अलग नहीं हूँ। यद्यपि बात खोल देने पर मेरी शिकायत ही होगी, तथापि मैं छिपाना नहीं चाहता। जब अपनी जीवनी सुनाने ही बैठा हूँ, तो खोल-खोलकर सभी बातें कहूँगा। तुम देखोगे कि यद्यपि मैं भी कई जगह छक चुका हूँ, तथापि—छकाए जाने पर भी, हार जाने पर भी—मैंने बड़ी चालाकी से उस हार को भी जीत में बदल दिया है ! अच्छा तो सुनो—

तुम्हारे गाँव में 'अभिलाख पाँड़े' नाम के एक आदमी रहते थे। यद्यपि वह दो ही पैरवाले आदमी थे, तथापि नाम का प्रभाव भी तो कुछ होता है। 'पाँड़े' होने के कारण वह भी कुछ कम धूर्त्त नहीं थे। उस पोखरे के बगल में उनका एक खेत था। खेत में मकई की फसल थी। जब मकई की बालों में दाने पड़ गए, तो मैं वहाँ जाने-आने लगा। मैं बखूबी जानता था कि पाँड़ेजी लँगड़े हैं—मचान पर से जल्दी उतर न सकेंगे। इसलिए मैं निडर होकर रात में जाता और पटापट मकई की बालें तोड़कर खूब खाता। थोड़ा खाता, अधिक नुकसान करता। पाँड़ेजी मचान पर से हा-हा-हू-हू करते, बाँस की तुरही बजाते, कंकर पीटते; किन्तु मैं कब टलनेवाला ! मैं तो जानता ही था कि यह सबकुछ पाँड़ेजी का ढोंग-ही-ढोंग है—न वह उतर सकेंगे और न मेरा कुछ बिगाड़ सकेंगे। फिर डरूँ क्यों ?

एक रात टहाटह अँजोरिया उगी हुई थी। मैं पाँड़ेजी के खेत में पहुँचा। एक-एक

कर बालें तोड़ने और खाने लगा। किन्तु पाँड़ेजी एक बार भी न चिल्लाए। मैंने समझा, बेचारे चिल्लाते-चिल्लाते थक गए हैं। फिर क्या था, खूब घूमघामकर लगा गुलछर्रे उड़ाने ! जब घूमते-घामते एक जगह पहुँचा, तो देखा कि एक छोटे-से कुंड में पानी भरा है, और उसमें मछलियाँ चुलबुला रही हैं। उस चाँदनी रात में, जल के ऊपर उछलने पर, उनके शरीर की चमक ने मेरी आँखों में चकाचौंध डाल दी। मेरा मन लुसफुसाने लगा--मुँह में पानी भर आया। सोचा, उन्हें खाना चाहिए; किन्तु किस प्रकार ? कुंड का मुँह तो छोटा था ! पीछे जाँच-पड़ताल से पता चला कि जमीन में एक घड़ा गाड़कर उसी में मछलियाँ पाली गई हैं।

खैर, पहले मैंने अपनी पूँछ उसमें घुसेड़ दी; किन्तु मछलियाँ तो केकड़े थीं नहीं जो उसे पकड़ लेतीं। हार-दाँव मैंने पूँछ खींच ली। अब अपने सिर को ही किसी कदर उसमें ठूँसने की सोची। एक बार, दो बार, तीन बार, चौथी बार जोर करते ही सिर भीतर चला गया। मैं बड़ा खुश हुआ। दो-चार मछलियों को, जो मुँह के नीचे आईं, प्रेम से चखा भी।

किन्तु यह क्या, कुछ ही देर में दम घुटने लगा--साँस फूलने लगा ! मालूम हुआ, ऊबकर प्राण अभी निकल जाएँगे ! सिर ऊपर खींचना चाहा; किन्तु वह ऊपर उठता ही न था। कोशिश-दर-कोशिशें कीं; पर जरा भी टस-से-मस नहीं ! अब तो मैं घबड़ाया। सारा शरीर पसीने से लथपथ हो गया। पैरों की नोच-खसोट से उस जगह कितने गड्ढे हो गए।

जब किसी उपाय से छुटकारा होते न देखा, तो अपनी मृत्यु को निकट जान एकबारगी पुक्का फाड़कर रोने लगा--हुआँ-हुआँ-हुआँ-हाः-हाः-हाः ! अर्थात् हाय-हाय, मैं बेमौत मर रहा हूँ !

मेरे रोने की आवाज सुनते ही, पाँड़े चिल्ला उठे--हुले-हुले-हुले ! और, पाँड़े की आवाज सुनते ही, गाँव की ओर से, कुत्तों को साथ लेकर, कुछ लड़के हल्ला करते हुए दौड़े। लड़कों का हल्ला और कुत्तों का झाँव-झाँव बिलकुल पास ही सुन पड़ने लगा। मैं समझ गया, यह सब उसी खूसट पाँड़े की कार्रवाई है--आज दुष्ट ने मुझे बेमौके मारा। अतएव, एक बार आखिरी कोशिश करने की ठानी। अपने स्वर्गीय माता-पिता का ध्यान किया--पोथी-पत्रा का भी स्मरण किया। फिर राम का नाम लेकर खूब जोर से सिर को ऊपर खींचा। ईश्वर की कृपा ! घड़े का मुँहड़ा फूट गया, मुँहड़ा-सहित मेरा सिर ऊपर निकल आया। तब तक लड़कों और कुत्तों का कोलाहल भी अत्यन्त निकट आ पहुँचा था। मैं उस मुँहड़े का कंठा पहने उछलता-कूदता भाग चला। जब तक कुत्ते उस घड़े के निकट पहुँचे भी न होंगे, तब तक मैं अपनी माँद में दाखिल हो गया।

खैर, किसी कदर मैं बच तो आया; किन्तु वह घड़े का मुँहड़ा अभी तक मेरी गरदन में लटक रहा था। जब दूसरे दिन मैं बाहर निकला, तो मेरे जाति-भाई पूछने लगे कि आपकी गरदन में यह क्या है पाँड़ेजी ? लड़के तो और भी पाजी होते हैं। वे और भी पूछ-पूछकर दिक करने लगे। मैं भी ठहरा एक नम्बर का काइयाँ। तमककर कहा--

जो मन देकर पढ़ता है।
तगमा उसको मिलता है !

सो, भाई देखो, कल मैं उस गाँव की ओर टहलने गया था। वहाँ पंडितों की एक बड़ी सभा बैठी थी। जब मैं वहाँ पहुँचा, तो पंडितों ने मुझे बहुत सम्मान के साथ निमंत्रण दिया, और मुझे उस सभा में बुलाकर ले गए। वहाँ मेरी विद्याबुद्धि देखकर वे लोग खुश हो गए, और चलते समय मुझे यही तगमा दिया। चूँकि यह तगमा जल्दीबाजी में तैयार किया गया था,

इसलिए इसके चारों कोर कुछ ऊबड़खाबड़ हैं।

उन पंडितों ने कहा भी—पाँड़ेजी, आपकी विद्या-बुद्धि देखकर हम लोग बहुत खुश हुए। पहले से आपके आने की कुछ खबर न थी, इसलिए तगमा नहीं तैयार किया गया था। जल्दी में जैसा कुछ भला-बुरा बन सका है, उसे धारण कीजिए। जो कुछ इसमें ऐब रह गया है, वह किसी दिन—जब आप इधर आइएगा—दुरुस्त कर दिया जाएगा।

अब तुम्हीं लोग कहो, मैं उनके आग्रह को कैसे टालता ?

जो हो, सभी लोग मेरी बातों में आ गए। सब लोगों में मेरी विद्या-बुद्धि की धाक-सी-बँध गई। सभी कहते—देखो भाई, पाँड़े ने बड़ा नाम किया, पंडितों से भी तगमा पाया ! क्या तगमा पाना आसान काम है—क्या सभी कोई पा सकते हैं ? बेशक पाँड़े ने कमाल किया।

उस दिन से, जब मैं घर से निकलता, सभी मुझे 'तगमा पाँड़े' कहकर पुकारते। इस प्रकार, कुछ ही दिनों में, लड़के, जवान, बूढ़े—सभी मुझे 'तगमा पाँड़े' कहने लग गए।

देखो लड़को ! इसी को धूर्त्तता कहते हैं। हार को जीत बना लेना यही कहलाता है। समझे !

× × ×

शायद तुम लोगों को मालूम नहीं कि मैं चश्मा भी पहनता हूँ। तुम पूछोगे—'पाँड़ेजी, आपने चश्मा कहाँ पाया !' सुनो, उसकी भी एक कहानी है—

उस दिन जब वह बाघ भागा और उसकी पूँछ से बँधा हुआ बन्दर घिस-घिसकर मर गया, तब मैंने सोचा कि जंगल में रहकर कितने दिनों तक बाघ से बैर निबहेगा। इसलिए मैंने उससे दोस्ती करने की सोची।

एक दिन मैं उसके घर गया। अपने घर के बाहर ही बाघ-बाघिन—दोनों प्राणी—थे। मुझे देखते ही डर के मारे वे अपने घर में घुस गए। मैं समझ गया, बाघ के दिल से अभी मेरा डर नहीं गया है। खैर, मैं उसके दरवाजे के निकट पहुँचकर बोला—मामाजी, आप घर में क्यों घुस गए ? वाह, क्या भांजे को देखते ही दहेज देने के डर से यों छिप जाना उचित है ? आइए बाहर—दो-चार गपशप उड़े। देखिए, वह दुष्ट बन्दर हम दोनों मामूँ-भांजे को आपस में लड़ाना चाहता था। कहिए, किस चालाकी से मैंने उसे मरवा डाला। न आपका एक बाल बाँका हुआ—न मेरा, और वह दुष्ट भी मारा गया। आइए, कुछ पान-सुपारी खिलाइए, मामी को भी बुलाते आइए।

मेरी बात सुनकर मामा-मामी में कुछ कानाफूसी हुई। थोड़ी देर में देखता क्या हूँ कि आगे-आगे मामी अपने हाथ में एक हरिन के कलेजे का मांस लिए हुए आ रही हैं, और पीछे-पीछे मामा धीरे-धीरे पैर बढ़ाते चले आते हैं ! बाघ-मामा को अभी तक मेरा डर लगा हुआ था। बाघिन-मामी ने वह मांस का टुकड़ा मेरे आगे रखकर कहा—लो बबुआ, कुछ जलखावा करो।

मामा-मामी को सप्रेम प्रणाम कर मैंने जलपान किया। इधर-उधर की बातें करके घर लौटा। फिर, उसके बाद, अब मैं प्रतिदिन ननिऔरे जाने-आने लगा। वहाँ रोज मेरी खातिरदारी होती। कुछ तो मैं खुद खाता था, कुछ अपने बच्चों के लिए भी ले आता था। बड़ी मौज में दिन कटने लगे।

एक दिन, जब मैं मामा के घर गया, तो देखता क्या हूँ कि कई चश्मे इधर-उधर पड़े हुए हैं; क्योंकि मामाजी तो आदमियों पर भी हाथ साफ करनेवाले थे—सो कितने चश्माधारी 'जेंटिलमैन' भी उनके हाथ पड़ ही जाते थे। ये चश्मे उन्हीं मृत पुरुषों के थे। किन्तु मामा तो कभी मनुष्यों के समाज में रहते नहीं थे, वह भला चश्मे का प्रयोग क्या जानते ! एक दिन

उनको मालूम हुआ कि हो-न-हो यह भी खाने की कोई चीज है। बस दाँतों-तले रखकर लगे कड़कड़ाने। शीशा चूर-चूर हो गया, मामा की जीभ और मसूड़े से खून बह चला !

उस दिन से मामा उन्हें छूते तक न थे। मैंने जब उन चश्मों को देखा, तो तबीयत हुई कि इनमें से एक अच्छा-सा चुनकर लगाऊँ। मैं तो मनुष्य-समाज से पूरा परिचित ठहरा। भला चश्मे का व्यवहार क्यों न जानूँ ? मेरे गले में तगमा था ही, अब अगर पूरा पंडित बनने में कुछ कसर थी, तो सिर्फ एक चश्मे की। अतएव, एक दिन उनमें से एक सुनहली कमानीवाला चश्मा मैंने उठा लिया।

मुझे चश्मा लेते देखकर मामी चिल्ला उठीं—अरे देखो, उसे मुँह में मत रखो, नहीं तो जीभ कट जाएगी।

मैंने कहा—नहीं मामी, घबड़ाओ मत; मैं इसे देखता ही भर हूँ।

उस समय तो अच्छी तरह देख-भालकर रख दिया। जब चलने का अवसर हुआ, तो उसे चुराकर चम्पत हुआ। यद्यपि माँगने से भी मिल सकता था, किन्तु स्वभाव-वश चुरा ही लिया। खैर, किसी कदर हाथ तो लगा ! वहाँ भी तो बेकार ही पड़ा था !

अब मैं रोज चश्मा पहनने लगा। पहले तो केवल शौक से पहना था; किन्तु अब तो धीरे-धीरे आँख खराब होने लगी—बिना चश्मे के सूझता ही नहीं। अब मेरे लिए चश्मा पहनना आवश्यक हो गया। देखो लड़को ! तुम कभी शौक से चश्मा न पहनो।

एक रात की बात तो सुनो, मैं अपनी जजमानी में निकला। धोखे से मेरा चश्मा घर पर ही छूट गया। बिना चश्मे के मैं अन्धा-सा हो रहा था। राह भूल गया। भटकते-भटकते गाँव में चला गया। वहाँ मैं अकस्मात् एक आदमी के घर में घुस गया। आँखों की कसम, मैं किसी बुरी नीयत से घर में नहीं पैठा था !

वह घर अहीर का था। घर में जाते ही उसकी हाँड़ी ढनढनाने लगी। शपथ ले लो, मैंने जान-बूझकर उसकी हाँड़ी नहीं छुई। मैं पाँड़े, भला अहीर की हाँड़ी में कैसे खाता—जानबूझकर कुजाति क्यों बनता ?

हाँड़ी की ढनढनाहट सुनते ही अहीर अपना खानदानी लट्ठ लेकर दरवाजे पर आ धमका ! घर में दीया जल रहा था। मुझे देखते ही झट दरवाजा बन्द कर दिया। मैंने समझा, बस पिताजी की मौत मुझे भी नसीब हुई ! इधर-उधर देखा, वह घर टट्टरों का बना था; एक ओर टट्टर में थोड़ा-सा छेद था ! मैं, उसे अपनी मुक्ति का मार्ग समझ, उसी में अपना सिर घुसेड़कर, बाहर निकलने की चेष्टा करने लगा। मेरा सौभाग्य ! दो-चार बार जोर लगाने पर समूचा शरीर बाहर हो गया; किन्तु पूँछ अटकी-सी जान पड़ी ! मालूम हुआ, पीछे से कोई पूँछ पकड़े हुए है ! एक बार हिम्मत करके आगे की ओर जोर मारा! पर तब तक बेईमान अहीर ने छुरी से मेरी पूँछ काट ली।

अपनी पूँछ का सफाया देखकर मुझे जैसी आन्तरिक पीड़ा हुई, वह वर्णन करने योग्य नहीं है। किन्तु उस समय तो जान पर ही आफत आ गई थी—'अर्ध तजहिं बुध सरबस जाता'—मैं अपनी पूँछ की माया-ममता छोड़कर बेतहासा भाग चला। आगे-आगे मैं दौड़ता, पीछे-पीछे लहू का फव्वारा छूटता जाता ! किसी तरह सकुशल घर पहुँच जाने पर मेरे मन में बहुत कष्ट होने लगा। सोचने लगा—पूँछ तो कट गई, भोर में उठने पर लोग क्या कहेंगे? भले ही बड़े-बूढ़ों को बहला दूँ; किन्तु बदमाश बच्चे तो मानेंगे नहीं; वे तो कल ही से 'पुँछकट्टा'-'पुँछकट्टा' कहकर चिढ़ाने लगेंगे।

अतएव, ज्योंही भोर हुई, मैंने नदी के किनारे उस बबूल के पेड़ में नीचे लिखा विज्ञापन लटका दिया—

''सभी सियार-भाइयों को सूचित किया जाना है कि आज रात में, आठ बजकर पन्द्रह मिनट—पैंतालीस सेकेंड पर, सभी सियारों को एक विशाल महासभा उस मुर्दघटिया के ऊँचे टीले पर होगी। 'सियार-जाति' की उन्नति कैसे हो—इस विषय पर विशद विचार होगा। सभी सियार-भाइयों से प्रार्थना है कि उक्त अवसर पर पधारने की कृपा करें।

—श्री तगमा पाँड़े''

निश्चित समय पर सभी सियार इकट्ठे हुए। मैंने सभापति की हैसियत से यह व्याख्यान दिया—

''प्यारे सियार-भाइयो ! आज आप लोगों को इस स्थान पर इकट्ठा देखकर मैं फूला नहीं समाता। हमारी जाति एकता की बहुत पक्षपाती है। जब हममें से एक भी बोलता हैं, तो सभी उसके साथ बोलते हैं । यह एकता का शुभ लक्षण है। एक के रोने से सभी रोते हैं—एक के हँसने से सभी हँसते है। चाहिए भी यही। किन्तु ऐसी एकता होने पर भी हम लोग नीच क्यों समझे जाते हैं, इसी विषय पर आज विचार करना है।

''आप लोग 'मनुष्य' को जानते होंगे। वह छोटा-सा जीव होकर भी हाथी, घोड़ा, ऊँट, बाघ, सिंह सभी महान और बलवान जीवों पर शासन करता है। क्यों ? बुद्धि के बल से ! हम लोगों में भी तो बहुत बुद्धि है। हमारी बुद्धिमानी और चतुरता के सामने मनुष्य भी सिर झुकाता है। तभी तो वह हमें 'पाँड़ेजी' कहता है ! जैसे उसके कान, आँख, मुँह आदि हैं, वैसे हमारे भी। उसके भी दो हाथ और दो पैर हैं—हमारे भी दो हाथ और दो पैर हैं। बचपन में वह भी हमारे ही ऐसा चार पैरों पर चलता है—उस समय वह अपने दो हाथों से भी पैरों ही का काम लेता है। किन्तु जब बड़ा होता है, तब हाथ से कमाता-खाता है और पैर से चलता है। हम लोग भी चाहें, तो ऐसा कर सकते हैं।

''इस प्रकार सभी बातों में मनुष्य की और हमारी समानता है। यदि भेद है, तो सिर्फ पूँछ का ! हमें पूँछ है—उसे नहीं। इसी एक पूँछ के कारण हम उससे नीच समझे जाते हैं ! शायद आप लोगों को मालूम नहीं कि मनुष्य के भी पहले पूँछ थी, और वह भी चार पैरों पर चलता था। किन्तु उसने एक सभा की, और सबने मिलकर अपनी-अपनी पूँछ काट डाली। बस उसी दिन से वह दो पैरों पर चलने लगा। मैं भी चाहता हूँ कि आज आप लोग भी अपनी-अपनी पूँछ यहीं काट डालें।

''देखिए, पूँछ रहने से बड़ी हानि भी है। यह फिजूल हमारे पीछे लटकी रहती है। जब कभी हमें दुश्मनों से मुकाबला करने का अवसर आता है, यह हमें खूब धोखा देती है। आपने देखा होगा, जब कुत्ता हम लोगों के पीछे पड़ता है तो उसका पहला वार इसी पूँछ पर होता है। जब तक हम लोग अपना शरीर अपनी माँद में घुसाते हैं, तब तक वह दुष्ट पूँछ पकड़ लेता है। तब जो इस पूँछ के कारण हमारी दुर्गति होती है, उसे आप जानते ही हैं। फिर, मनुष्यों की बुरी नजर भी इसी पूँछ पर गड़ी रहती है। इसलिए मेरी राय है कि इस ससुरी पूँछ को काट ही डालिए।

''देखिए, कल उस गाँव में फिर पंडितों की सभा हुई थी। मुझे भी न्योता मिला था। जब मैं वहाँ गया, तो पंडितों ने कहा—पाँड़ेजी, आप हम लोगों से कम किस बात में हैं ? कुछ भेद है, तो इसी पूँछ का। पूँछ काट डालिए, और हम मनुष्यों में मिल जाइए !

''मैंने सोचा, उनकी बात साढ़े सोलह आने ठीक है। देखिए, मैंने फौरन वहाँ अपनी पूँछ काट डाली। अब मैं मनुष्य बन गया हूँ। आइए, आप भी पूँछ काटकर मनुष्य बन जाइए।''

मेरे इस प्रभावशाली व्याख्यान को सुनकर सभी सियार बड़े खुश हुए। वे खुशी के मारे पृथ्वी में अपनी पूँछ पीटने लगे। बच्चो ! तुम लोग सभा में तालियाँ पीटते हो। हमारा हाथ तो यही पूँछ है। फिर हम उसे क्यों न पीटें ?

खैर, मेरी बात सबने मंजूर की। सभी सियार कहने लगे—तगमा पाँड़े ने जो कुछ कहा है, बहुत ठीक है। हमें अपनी पूँछ अवश्य काट डालनी चाहिए। यह फिजूल की बला है !

इस प्रकार बातचीत चल रही थी कि एक बूढ़ा सियार खड़ा हुआ और आँखें मटका-मटकाकर कहने लगा—

"भाइयो ! तगमा पाँड़े ने जो कुछ कहा है, सही और दुरुस्त है। किन्तु हमें एक बात पूछनी है। क्या मनुष्यों को अपनी पूँछ कटा डालने का शोक नहीं है ? क्या वे पुनः पूँछ लगाने की कोशिश नहीं कर रहे हैं ? देखिए, उनमें से कितने अपने नाम के आगे-पीछे लंबी-लंबी पूँछ जोड़ रहे हैं। और, केवल नाम ही नहीं, शरीर में भी पूँछ लटकाने की कोशिश कर रहे हैं। कोई सिर के पीछे शिखा के रूप में पूँछ लटका रहा है, तो कोई सिर के आगे दाढ़ी के रूप में। कुछ नवयुवक तो अपने लिलार पर भी लम्बी-लम्बी पूँछ रख रहे हैं। कपड़े-लत्ते में भी पूँछ लग रही है। कोई गर्दन में 'नेकटाई' बाँधते हैं, तो कोई गुलूबन्द ! कितनों की धोती का एक खूँट सदा पीछे झूलता रहता है।

"भाइयो, अब आप ही बताइए कि जब मनुष्य भी अपनी खोई हुई पूँछ को पाने के लिए ऐसी कोशिश कर रहे हैं, तो हमें अपनी लगी-लगाई पूँछ काट डालना कहाँ तक उचित है। इसके अतिरिक्त एक बात और भी मेरे मन में उठ रही है। निस्संदेह तगमा पाँड़े किसी दुष्ट के पाले पड़कर अपनी पूँछ गँवा बैठे हैं। जब तक अपनी पूँछ कायम थी, तब तक तो उन्होंने इस बात की चर्चा भी न की थी। अब, जब अपनी पूँछ गायब हो गई, तो हम लोगों को भी दम-पट्टी देकर, हमारी पूँछ कटवाना चाहते हैं। जो अन्धा होता है, वह चाहता है कि संसार ही अन्धा हो जाए—यही हाल तगमा पाँड़े का है !"

बूढ़े की बात सबके हृदय में बैठ गई। सब-के-सब जोर-जोर से पूँछ पटकने और कहने लगे—बूढ़े बाबा का कहना ठीक है, पाँड़े धूर्त्त है, बेईमान है। कोई-कोई नवयुवक तो उत्तेजित होकर यहाँ तक कहने लगे—मारो; पीटो, इसे धूर्त्तता का मजा चखाओ।

तात्पर्य यह कि चारों ओर घोर कोलाहल मच गया। मैंने देखा कि यहाँ ठहरने पर कुशल नहीं। जब तक वे शोर-गुल में फँसे थे, मैं धीरे से खिसक गया !

× × ×

मैंने जो तुम लोगों से अपनी दो-एक कहानी कही हैं, उसके अतिरिक्त ऐसी और भी कितनी घटनाएँ हैं, जिन्हें कहने के लिए न तो मुझे अवकाश है और न सुनने के लिए तुम्हें ही। फिर भी एक महत्त्वपूर्ण घटना सुनाकर मैं अपनी राम-कहानी समाप्त करता हूँ। सुनो—

विपत्ति अकेले नहीं आती ! मैं कितनों को कितनी बार धोखा दे चुका था। ऐसा शायद ही कोई जीव हो, जिसका कुछ-न-कुछ अनिष्ट मैंने न किया हो। सो, सभी जीव मुझसे असन्तुष्ट थे। अतएव, वे सब मिलकर एक दिन जंगल के राजा 'सिंह' के पास गए और मुझ पर नालिश ठोक दी। उन लोगों ने राजा से कहा—महाराज ! सियार पाँड़े बड़ा उपद्रव कर रहा है। रक्षा कीजिए ! रक्षा कीजिए ! उसके अत्याचार से हम लोगों का रहना कठिन है। वह कभी इसे खाता है, कभी उसे। कभी इसके बच्चे को चट कर जाता है, कभी उसके। कभी चुगली करके इसे उससे लड़ा देता है, कभी उसे इससे। महाराज ! उसकी शोखी का भी कोई ठिकाना नहीं। जब उससे आपकी दुहाई दी जाती है, तो कहता है—चलो हटो, मैं महाराज-फहाराज को कुछ नहीं समझता ! पाँड़े के आगे महाराज की क्या हस्ती है?

अपनी शिकायत सुनकर सिंह क्रोध से तिलमिला उठा। उसने अपने चपरासी 'भालू' को हुक्म दिया कि जाओ, पाँड़े को फौरन पकड़कर कचहरी में दाखिल करो। भालू मेरे द्वार पर आते ही चिल्ला उठा—तगमा पाँड़े ! घर से निकलो; राजा साहब तुम्हें बुला रहे हैं; आज तुम्हारी सारी शैतानी निकल जाएगी।

मैं समझ गया कि दाल में कुछ काला अवश्य है। कहा—चपरासीजी ! आइए, बैठिए; हुक्का-तमाखू पीजिए। कहिए, क्या बात है? राजा ने आज मुझ पर क्यों कृपा की है ? हाँ, आपने भोजन तो नहीं किया होगा ? आपके लिए बढ़िया मधु का छत्ता रक्खा है।

मधु के छत्ते का नाम सुनते ही भालू के मुँह से लार टपकने लगी। उसने सारी बातें मुझसे विस्तारपूर्वक कहकर अन्त में मधु का छत्ता माँगा। निकट ही की माँद की ओर मैंने इशारा किया। उसमें बिढ़नी(ततैया) का एक छत्ता था। हड़बड़ी में भालू माँद में घुस गया, और बिढ़नी के छत्ते को ही मधु का छत्ता समझकर उस पर पंजा चलाया। उसका पंजा चलाना था कि बिढ़नियाँ (ततैया) उस पर टूट पड़ीं। वह लगा चिल्लाने ! माँद कुछ सँकरी थी—घुसने को तो हुजूर घुस गए, किन्तु निकलना मुश्किल था। मैं खूब हँसने लगा।

आखिर जब उसकी बुरी गत देखी, तो पीछे से उसकी पूँछ पकड़कर बड़ी कठिनाई से बाहर घसीट लाया। बाहर निकलने पर जब तक वह क्रोध से मुझ पर कोई चोट करे, तब तक मैं अपनी माँद में घुस गया। बिढ़नियों के डंक से अपने मुँह और देह को फूलाए हुए वह क्रोध में दाँत पीसता हुआ चला गया। महाराज 'सिंह' के पास जाकर उसने कहा—महाराज ! सचमुच पाँड़े आपका हुक्म नहीं मानता। वह तो कहता है, राजा दूसरा कौन है, राजा तो मैं हूँ। जब मैंने चलने को कहा, तो उसने बिढ़नी का एक छत्ता मेरी देह पर फेंक दिया और कहा कि जाओ, अपने राजा से फरियाद करो।

सुनते ही सिंह का क्रोध और बढ़ गया। उसने अपने मंत्री हुँड़ार (भेड़िया) से कहा—क्यों मंत्रीजी, क्या उपाय होना चाहिए ? मंत्री ने कहा—महाराज ! वह बल से वश में नहीं होगा, छल से होगा। बिल्ली को भेजता हूँ, वही उसे ठगकर बुला लाएगी।

बिल्ली मेरे दरवाजे पर आकर कहने लगी—अरे बहिन-पूत ! अरे बहिन-पूत ! जरा बाहर आ ! देख, मैं तेरी मौसी यहाँ खड़ी हूँ।

मैंने बाहर निकलकर मौसी को प्रणाम किया। कहा—मौसी ! किधर चली हो? मौसी बोली—मैं साधु हो गई हूँ—वृन्दावन जा रही हूँ; किन्तु जाने के पहले एक बार राजा का दर्शन कर लेना चाहती हूँ—राजा तो ईश्वर का अवतार न ठहरा ? अकेले राजा के दरबार में जाते डर लगता है, तू साथ-साथ चल, तुझे छोड़कर और कौन मेरा साथी होगा?

मैं तो सब समझ रहा था। कहा—मौसी ! तुम्हारी बात ठीक है—मैं चलूँगा किन्तु चलने के पहले तुम जरा कुछ जलपान कर लो। देखो, उस घर में बहुत-से चूहे हैं, उनमें से दो-एक से नाश्ता कर लो, तब तक मैं भी कुछ कलेवा कर लेता हूँ।

मौसी ज्योंही घर में गई, त्योंही वहाँ उछलते हुए चूहों को देखकर उछल पड़ी। संयोग की बात ! चूहे तो मौसी को देखते ही रफूचक्कर हो गए, खुद मौसी ही चूहेदानी पर गिर पड़ी। बस मौसी का पैर पड़ते ही उसकी कल दब गई और मौसी का एक पैर कट गया ! वह छटपटाती हुई भागी। जाकर सिंह से मेरी खूब ही शिकायत की। बस, सिंह की आज्ञा से उसके सेनापति 'बाघ' सेना-सहित मेरे द्वार पर आ धमके ! बाघ को आते देखकर मैं आगे बढ़ा, और झुककर कहा, प्रणाम मामाजी। मामा ने कहा—छोड़ो यह मामू-भांजे का नाता, राजा साहब की बुलाहट है, जल्दी चलो। मैंने कहा—वाह ! चलूँगा क्यों नहीं, राजा के दर्शन क्या कम भाग्य से होते हैं ! किन्तु मामाजी, इस कड़ी धूप में आने के कारण आप कुछ सूखे से

मालूम पड़ते हैं ! मेरी राय है कि आप जरा सुस्ता लें, कुछ जलपान कर लें। फिर हम दोनों साथ चलेंगे। देखिए आपके लिए मैंने एक बकरा कब से बाँध रक्खा है। चखकर देखिए तो सही, यह कैसा तेलगर बकरा है !

एक शिकारी कल एक बकरा एक कठघरे के अन्दर, बाघ को फँसाने के लिए बाँध गया था। मैंने बाघ-मामा को वही दिखा दिया। बकरे को देखते ही बाघ-मामा उछलते हुए उस ओर चले। किन्तु ज्योंही उस कठघरे के अन्दर घुसे कि फाटक बन्द ! अब मामू घबराए ! उछले-कूदे, गरजे-तड़पे; किन्तु कोई फल नहीं। सेनापति की कैद होते देख सारी सेना भागी। बाघ की गिरफ्तारी की बात सुनकर खुद सिंह दल-बल सहित मेरे दमन के लिए चला। ज्योंही मैंने उसे आते देखा, अपने बाल-बच्चों के साथ आगे बढ़कर प्रणाम किया।

मेरी नम्रता देखकर सिंह बहुत सन्तुष्ट हुआ। उसने पूछा—क्यों पाँड़े, मेरे निकट तो तुम ऐसी नम्रता दिखाते हो, और मेरे कर्मचारियों को फटकार बताते हो, उन्हें कैद करते हो, यह कैसी बात? बोलो, इसकी सजा क्या होनी चाहिए।

मैंने कहा—महाराज ! मैं श्रीमान् की प्रजा ठहरा ! श्रीमान् जो कुछ दंड दें, वह मुझे स्वीकार है ! किन्तु, क्या मैं श्रीमान् से विनयपूर्वक पूछ सकता हूँ कि मैंने कौन-सा अपराध किया है? जरा मेरे अपराधों पर न्यायपूर्वक विचार कीजिए। आपके चपरासी 'भालू' या आपकी दूती 'बिल्ली' अथवा आपके सेनापति 'बाघ'—जो भी आए, आते ही मुझसे खाना माँगने लगे। महाराज ! मैं तुलसी-ताम्बा हाथ में लेकर शपथ खा सकता हूँ कि इन लोगों ने मुझसे कभी यह न कहा कि तुम्हें राजा बुलाते हैं। अब रही इन्हें फटकार बताने और कैद करने की बात, सो भूख के मारे आपके चपरासीजी उस माँद में घुसे और वहाँ बिढ़नी के छत्ते को मधु का छत्ता समझकर लपके। जो फल हुआ, सो आप जानते ही हैं। देखिए, उस माँद में भालू के पैर के चिन्ह हैं या नहीं। और, यह बिल्ली आई तो मुझे बुलाने, और चली गई चूहे पकड़ने उस घर में। वहाँ अपनी गफलत से चूहेदानी में पैर कटा आई, और श्रीमान् के आगे मेरी शिकायत कर दी ! फिर आपके सेनापति 'बाघ' उस बकरे के लोभ में उस कठघरे में जा फँसे हैं। अब श्रीमान् ही स्वयं सबकुछ प्रत्यक्ष देखकर बताएँ कि मेरा अपराध इसमें क्या है?

मेरा कथन सुनकर सिंह अत्यन्त प्रसन्न हुआ। बोला—पाँड़े, तुम सचमुच निरपराध हो। मेरे अमले ही पेटू हैं। अच्छा, अब यह बताओ कि ये जंगल के जानवर तुम पर क्यों नालिश करते हैं ?

मैंने कहा—महाराज ! उसका कारण भी साफ-साफ मुझसे सुन लीजिए। इन लोगों ने एक सभा की थी, जिसमें यह विचार किया गया था कि श्रीमान् को राजगद्दी से हटाकर दूसरा कोई राजा बनाया जाए। मैंने उस सभा में इसका विरोध किया और कहा कि नहीं, महाराज 'सिंह' का-सा दूसरा न्यायी, उदार, धर्मात्मा और बलिष्ठ राजा हो नहीं सकता। बस, मेरी बात सुनकर ये लोग बड़े असन्तुष्ट हुए, और उसी दिन से कहने लगे कि इसका बदला चुकावेंगे, सो आज महाराज के निकट इन्होंने नालिश कर ही दी। उस सभा में सभापति श्रीमान् के मंत्री यही 'हुँड़ारजी' थे।

मेरी बात सुनते ही सिंह आपे से बाहर हो गया। मंत्री 'हुँड़ार' उसी जगह खड़ा था। सिंह ने उसे ऐसा तौलकर थप्पड़ मारा कि बेचारा वहीं सर्द हो गया। बस सभी जंगली जीव इधर-उधर भाग चले। सिंह ने दौड़-दौड़कर उनमें से कई को वहीं धर चपेटा। इसके बाद मेरी पीठ पर हाथ फेरते हुए कहा—पाँड़ेजी ! तुम धन्य हो ! सचमुच तुम 'तगमा पाँड़े' कहलाने के योग्य हो। मैं बहुत तुमसे प्रसन्न हुआ। आज से तुम्हीं मेरे मंत्री हुए—लो, यह मंत्री का

मुकुट।

ऐसा कहकर सिंह ने मृत मंत्री 'हुँड़ार' का मुकुट स्वयं अपने हाथों से मेरे सिर पर रख दिया। मैं उसी दिन से उस जंगल के राज्य का मंत्री हूँ।

बस, अब अधिक नहीं। देखो, साँझ हो गई। मेरे जाति-भाई हुआँ-हुआँ करके मुझे बुला रहे हैं। उनकी आवाज सुनते ही हमारा पुराना शत्रु 'कुत्ता' इस ओर दौड़ा चला आ रहा है। अतः मैं तो चला—

हुआँ-हुआँ-हुआँ-हुआँ!
किस्सा मेरा खत्म हुआ !!

बिलाई-मौसी

[1927-28 ई.]

म्याऊँ

लोग 'दो शब्द' लिखते-लिखते पृष्ठ-के-पृष्ठ भर देते हैं।

मैं 'बिलाई मौसी' का लेखक ठहरा। मैं भी दो अक्षर म्याऊँ के सम्बन्ध में लिखकर अपने मन की दो-चार बातें सुनाने से क्यों चूकूँ ?

मैंने यह किताब खासकर तुम्हारा मन बहलाने--तुम्हें हँसाने--के लिए लिखी है। कभी-कभी स्कूल की किताबों को पढ़ते-पढ़ते तुम घबड़ा उठते होगे। तुम्हें किताबें काटने दौड़ती होंगी। मैंने अपनी आँखों से देखा है। यद्यपि मैंने खुद ऐसा नहीं किया जैसा कि लड़के स्कूल की पढ़ाई से इस प्रकार तंग आ जाते हैं कि गली-कूचों, झाड़-जंगलों में छिपे फिरते हैं। हमारा एक साथी तो दिन-दिन भर पेड़ ही पर चढ़ा बैठा रहता था। जिस समय तुम्हारा जी भी कुछ ऐसा ही करने को चाहे, तुम भी कहीं छिपने-छिपाने की बातें सोचने लगो उस समय जरा इसे—इस किताब को—देख लो। इसीलिए मैंने यह किताब लिखी है। मेरा दावा है, तुम्हारे घबड़ाते हुए दिल में इसे पढ़ने का ऐसा शौक पैदा होगा कि छिपना-छिपाना तो दूर रहा, खाना-पीना छोड़कर इसे सीने से लगा लोगे।

इन कहानियों के ढाँचे भी मेरे निजी नहीं हैं। जहाँ कहीं मिला, ले लिया और उन पर अपना रंग चढ़ाकर उन्हें अपना बनाकर तुम्हारे सामने ले आया हूँ। यदि तुम्हें पसन्द आएँ तो मेरा परिश्रम सफल, नापसन्द हुईं तो भी अफसोस नहीं। मैंने तो अपना फ़र्ज़ अदा कर दिया क्योंकि मैं तो फैसला कर चुका हूँ कि जीवन-भर बच्चों ही के लिए लिखूँगा।

ईश्वर तुम्हें खुश रक्खें !

बेनीपुर
रुन्नीसैदपुर (मुज़फ्फरपुर)

श्रीरामवृक्ष शर्मा बेनीपुरी
भूतपूर्व सम्पादक—'बालक'

बिलाई-मौसी

एक थे ब्राह्मण-देवता। उनके तीन बेटे थे।

जब वह मरने लगे, अपने बेटों को बुलाया और जो कुछ धन उनके पास था, उनमें बाँट दिया।

बड़े बेटे को अपनी खानदानी पोथी दे दी—वह कुछ पढ़ा-लिखा था। दूसरे को गाय दी, जो यजमान से दान में मिली थी। तीसरे को देने के लिए, उनके पास, सिवा एक बिल्ली के और कुछ बचा ही नहीं।

धन बाँटकर ब्राह्मण-देवता चल बसे

छोटा बेटा देखने में तो बड़ा सुन्दर था, किन्तु था बड़ा सीधा-सपाटा। वह सोचने लगा—हाय ! मेरा भाग्य कितना खोटा है। पोथी मिलती, तो अब भी पढ़ना सीखकर, लोगों को कम-से-कम सत्यनारायण की कथा सुनाता, और कुछ पैसे दक्षिणा में पाता। गाय मिली होती, तो ऐसे चराता—घास काटकर खिलाता, और सुबह-शाम छककर दूध पीता। इस बिल्ली को लेकर मैं क्या करूँगा ? यह चूहे पकड़ेगी जरूर; पर ब्राह्मण का लड़का होकर मैं मांस कैसे खाऊँगा। बड़ी कठिनाई है।

बिल्ली, पास ही बैठी, उसके मुँह की ओर, गौर से, देख रही थी। समझ गई—यह किसी सोच में पड़ा है ! बोली—पंडित, क्या सोच रहे हो ?

लड़के ने कहा—यही सोचता हूँ—मैं कैसा अभागा हूँ कि तुम मेरे हिस्से पड़ीं। तुमसे मेरा क्या लाभ ? पोथी हो नहीं कि दक्षिणा दिलाओगी, गाय हो नहीं कि दूध पिलाओगी। एक तो अपना ही पेट पहाड़, दूसरे तुमको भी खिलाना-पिलाना। दोनों भैया तुम्हें देख-देखकर जो मुझ पर हँसते हैं, सो अलग।

बिल्ली बिहँसकर बोली—हाँ, मामला तो जरा संगीन जरूर है। लेकिन तुम्हीं कहो, इसमें मेरा क्या दोष है ? गलती तो तुम्हारे बाबूजी ने की।

"मैं किसी को दोष नहीं देता—अपने भाग्य को रो रहा हूँ। बड़े भैया कथा कहकर दो पैसे लाये होंगे। छोटे भैया दूध दोहकर पिये होंगे, और मैं कल से ही एकादशी कर रहा हूँ।"

इतना कहते ही लड़के की आँख से दो बूँद गरम-गरम आँसू टप से गिर पड़े। बिल्ली का कलेजा भी पिघल गया। उसको धैर्य धराते हुए बोली—

"मेरे लल्ला, घबराओ नहीं। तुम्हारे बाबूजी तुम्हें सब बेटों से अधिक प्यार करते थे। उन्होंने बहुत सोच-समझकर तुम्हारे हिस्से में मुझे रक्खा है। मैं जैसा कहती हूँ वैसा करो, मैं तुम्हें राजा बनाऊँगी।"

इन ढाढ़स के शब्दों को सुनते ही अबोध बच्चे का दुःख, न मालूम कहाँ भाग गया। आनन्द और अचरज से गदगदाए हुए कंठ से उसने कहा—क्या सच ? मुझे सचमुच राजा बना दोगी?

"जरूर बनाऊँगी। देखो, उस चूल्हे के निकट तुम्हारे बाबूजी ने एक बार पाँच रुपए गाड़ दिए थे। मुझे तो वह सदा साथ रखते थे। मैंने गाड़ते देखा था। तुम उन रुपयों को उखाड़ लो और अभी बाजार जाओ। वहाँ से मेरे लिए एक अच्छी बूटेदार साड़ी, एक चमकीली चोली, थोड़ा-सा बढ़िया चावल और एक थैला खरीद लाओ। थैले में मुँह पर इस तरह डोरी लगवाना कि ऐसे जरा खींचते ही थैले का मुँह बन्द हो जाए। डोरी बड़ी लगवाना।"

बिल्ली की बात सुन लड़के ने चूल्हे के पास की जमीन खोदी। एक छोटी-सी मिट्टी की कटिया निकली। उसमें पाँच चाँदी के सिक्के थे। लड़के को बड़ा अचरज हुआ। रुपए लेकर वह बाजार गया। वहाँ से सब चीजें खरीद लाया।

बिल्ली ने साड़ी और चोली पहन ली, थैले में चावल रख उसे कंधे से लटका लिया, और चलते समय लड़के से कहा—"मैं शिकार को जाती हूँ, तुम घर-द्वार देखना। हाँ, एक बात न भूलना, आज से तुम मुझे 'बिलाई-मौसी' कहना। समझे ?"

लड़के ने गरदन हिलाकर अपनी मंजूरी दी। साड़ी-चोली चमकाती, थैले को कंधे से लटकाए, बिलाई-मौसी छम-छम करती चल पड़ी। मन-ही-मन गुनगुनाकर गाती जाती--

अरे कोई देखे, मेरी शान।
एक लाख की साड़ी है मेरी, जिसकी किनारी अमोल।
सवा लाख की चोली चमकती, बोली में मिश्री घोल—
लुभाती मेरी मधुर मुसकान।
अरे कोई देखे, मेरी शान।।

कुछ दूर पर, एक परती में, बहुत से पशु चर रहे थे। बिलाई-मौसी वहाँ जा पहुँची। मौसी की शान जो देखता, उनकी अकिल गुम हो जाती। सबसे पहले गाय से भेंट हुई। वह बोली—किधर चली हो रानी ?

मौसी ने मटककर कहा—तेरे ही ऐसे बेवकूफ थोड़े हूँ जो अपना दूध दूसरे के बच्चे को पिलाऊँ और अपने बच्चों को भूखे रक्खूँ ? अरी—

साड़ी-चोली पहनकर, करती मौज-बहार।
लै थैले देखो चली, करने अभी शिकार।।
मैं बिलाई-मौसी कहलाती।
तू नित उठकर डंडे खाती।

गाय की तो बोलती बन्द हो गई।

कुछ आगे बढ़ने पर एक बकरी से भेंट हुई। बकरी ने कहा—बीबी, इस शान-गुमान से किधर तशरीफ ले जा रही हो ?

मौसी ने डपटकर कहा—

चुप रह, तू क्या बोलती, तेरी कौन बिसात।
तेरे बच्चे नित कटें, तू दिखलाती दाँत।।
मैं बिलाई-मौसी कहलाती।
तू रहती में-में चिल्लाती।

बकरी को डाँट-डपटकर बिलाई-मौसी आगे बढ़ी। सामने एक गदहा चर रहा था। मौसी को देखते ही बोला--बन्दगी बहुरिआजी, आज किधर चाँद उगनेवाला है ?

बिलाई-मौसी गदहे की दिल्लगी समझ गई। तमककर दो पैर पर खड़ी हो गई और सपाटे से कहने लगी--अबे बेवकूफ !

तू धोबी की लादी ढोता, उस पर भी खाता है सोंटा।
अपना पैर बँधाता है तू, चरने भी क्या पाता है तू।।

तेरे जीवन पर थू छी।
मैं कहलाती हूँ मौसी।

जब तक बदमाश गदहा कुछ जवाब दे, मौसी वहाँ से खिसक गई। जाते-जाते एक खरपात से भरे खेत में पहुँची ! खेत में खरहे की एक माँद थी। उस माँद के निकट अपने थैले का मुँह खोलकर रख दिया—जिसमें उनके भीतर का चावल माँद से निकलते ही देख पड़े। फिर थैले के मुँह पर लगी लम्बी डोर की छोर पकड़ कुछ हटकर घने खरपात के बीच छिप रही।

माँद से दो खरहे निकले। दोनों बतियाने लगे—

ओहो ! यह सामने क्या देख पड़ता है !

हूँ, कुछ गड़बड़ तो जरूर है।

और वह देखिए—उसके भीतर कैसे अच्छे चावल चमक रहे हैं !

देखता तो मैं भी हूँ; पर मुझे कुछ संदेह हो रहा है।

आप तो सभी बातों में संदेह करते हैं। आप पर संदेह का भूत सवार है। संदेह की कौन-सी बात है ? कैसे अच्छे चावल हैं ! ओहो ! उनमें कितना बढ़िया स्वाद होगा !

इसके पहले तो कभी इस जगह इस प्रकार न यह मखमली फर्श बिछता, न चावल बिखरते। आज ऐसा क्यों हुआ ? इसका कोई कारण तो जरूर होगा—तुम्हीं सोचो।

सोचूँ क्या ? कारण-वारण कुछ नहीं। आज भगवान की दया हुई है—घर-बैठे भोजन दिया है।

नहीं, नहीं, भूल रहे हो।

आप सँभलते रहिए। मुझे भूख लगी है, मैं जाता हूँ; खाऊँगा। घर आई लक्ष्मी का निरादर करना पाप है।

धोखा खाओगे—पछताओगे।

उफ ! बड़ी भूख लगी है।

आपकी बात मैं सुनने का नहीं। लीजिए, मैं चला।

जब तक बूढ़ा खरहा आगे बढ़कर रोके-रोके, तब तक जवान खरहा थैले के भीतर घुस गया। इधर मौसी ने डोरी खींच दी—थैले का मुँह बन्द ! खरहा उसमें छटपटाने और चिंचियाने लगा। लाख दौड़-धूप की, सिर पटका, पूँछ पटकी, किन्तु सब व्यर्थ।

मौसी ने निकट आकर, थैले के ऊपर से ही, खरहे की गरदन मरोड़ दी !

बस वह 'चें' बोल गया ! फिर थैले को गरदन से लटकाकर चली राजा के महल की ओर।

महल के फाटक पर दरबान नंगी तलवार लिए पहरा दे रहा था। मौसी को देखते ही उसका होश गुम हो गया—यह कौन-सा जीव है बाबा !

जब तक वह कुछ पूछे-पूछे, मौसी बोल उठी—क्या घूर-घूरकर देख रहे हो ? मैं कोई राक्षसी हूँ, जो चबा जाऊँगी ? जाओ, अपने राजा से कहो—'गगनगढ़ी' के राणा अलक्षेन्द्रप्रताप सिंह बहादुर की राजदूती उपहार लिए खड़ी है।

राजा की बुलाहट आई। मौसी चली महल में—अच्छी तरह अपने शरीर को देखती हुई कि कहीं साड़ी या चोली में कोई शिकन तो नहीं है।

निकट पहुँचकर मौसी ने राजाजी को अदब से सलाम किया, और बोली—

‘गगन-गढ़ी’ की ‘अलक्षेन्द्र’ राणा की मैं हूँ दूती।
लाई हूँ सौगात, चीज है अद्‌भुत और अनूठी।
स्वीकृत कर दीजिए इनाम। बिल्ली-मौसी मेरा नाम।।

मौसी के इस कविताई-भरे कथन को सुनकर राजाजी भौचक रह गए। मौसी ने थैला खोलकर, मरे हुए खरहे को निकाला और राजाजी के सामने रखकर फिर कहा—

आज गई थी मैं जंगल में करने सैर-बिहार।
वहीं किया अपने हाथों से मैंने इसे शिकार।।
स्वीकृत कर, दीजिए इनाम।
बिल्ली-मौसी मेरा नाम।।

राजाजी मौसी की वचन-चातुरी और इस अनोखे उपहार पर बहुत प्रसन्न हुए। खरहे को अपने मानस-घर में राँधने के लिए भिजवा दिया, और मौसी को पाँच अशर्फी इनाम देकर बड़े आदर से विदा करते हुए कहा—

दूतीजी ! गगन-गढ़ के राणा अलक्षेन्द्रप्रताप सिंहजी बहादुर को मेरा सप्रेम नमस्कार कह दीजिएगा, और कहिएगा—मैं उनकी इस कृपा के लिए अत्यन्त कृतज्ञ हूँ।

पाँच अशर्फियाँ झोली में लेकर छम-छम करती ‘मौसी’ ब्राह्मण के पुत्र के निकट पहुँची।

ब्राह्मण के बेटे की खुशी की सीमा न रही। अब उसके दिन मौज से कटने लगे। बिलाई-मौसी अब रोज शिकार को जाती। कभी तीतर, कभी बटेर, कभी कुछ, कभी कुछ—नित्य नए-नए शिकार—पकड़ती, राजा के पास ले जाती और वहाँ से बड़े-बड़े इनाम लाती। राजा साहब को इन शिकारों से उतना प्रेम नहीं था, जितना बिलाई-मौसी की शोखी-भरी बोली से।

यों ही एक आनन्द का जमाना बीत गया।

× × ×

गर्मी के दिन थे। दिन-भर आग बरसती थी। शाम को लोग घर से निकलते थे।

एक दिन, शाम को, ब्राह्मण के बेटे ने बिलाई-मौसी से कहा—दिन-भर सड़ी गर्मी पड़ा की; शरीर तलफ रहा है—आत्मा तड़पती है, चलो न नदी से नहा-धो आवें ?

बिलाई-मौसी ने झट कहा—चलो बेटा, आज तुम्हें मल-मलकर नहलाऊँ, कछार की सैर कराऊँ, और यदि मौका मिले, तो कुछ अपनी करामात भी दिखाऊँ।

करामात दिखाने का मौका भी आ गया। ज्योंही ब्राह्मण का बेटा, नहाने को, पानी में घुसा कि घोड़ों के टाप का शब्द सुनाई पड़ा। पहिए की घरघराहट भी—जाँते की आवाज में पीसनेवाली के कोमल कंठ से निकले गीत की तरह—साफ सुनाई पड़ती थी। मौसी नदी से ऊपर आकर आवाज की ओर देखने लगी। इतने में रथ का झंडा दीख पड़ा। समझ गई—आज राजा साहब सैर को, इसी ओर आ रहे हैं।

वह बड़े असमंजस में पड़ी। आज सब भेद खुल जाएगा—गगन-गढ़ी के राजाजी नदी में चुभक रहे हैं, किन्तु पहनने को, सिवा एक गंजी के, कुछ नहीं है—न नौकर, न चाकर !

किन्तु उसको एक उपाय सूझ गया। वह दौड़कर नीचे पहुँची। ब्राह्मण के बेटे को किनारे पर से बुलाकर, उसके कानों में, गुरुमंत्र की तरह, कुछ फुसफुसाई और ऊपर आकर चिल्लाने लगी—

अरे कोई दौड़ो रे दौड़ो ! दिन-दहाड़े डाका पड़ा रे ! अरे बचाओ रे, बचाओ !

तब तक राजा का रथ निकट आ गया था। बिलाई-मौसी का शब्द सुनते ही राजा साहब

ने तेजी से रथ बढ़ाने को कहा। दो सिपाही उसकी ओर छोड़े गए। सिपाहियों ने आकर बिलाई-मौसी से पूछा—बोलो, बोलो, क्या हुआ ?

बिलाई-मौसी रोती हुई बोली—

हाय-हाय ! मेरे राजाजी आए यहाँ नहाने।
डाकू आए, जेवर-कपड़े लूट चले मनमाने।।
सभी सिपाही राजाजी के।
पीछे दौड़े गए उन्हीं के।।
किन्तु न लौटे, शायद वे भी मारे गए बेचारे।
मेरे राजा नदी-बीच हैं खड़े हुए मनमारे।।
हाय ! हाय ! कैसा व्यापार।
अरे दैव ! यह कैसी मार।।

राजा ने कहा—बिल्ली-मौसी, आँसू मत गिराओ। कपड़ों और जेवरों की कौन कमी है ? लो यह रेशमी दुपट्टा—अपने राजा को पहनने को दो और उनसे कहो—आज मेरे साथ सैर को चलें, और अगर कृपा कर सकें, तो मेरी राजधानी को भी पवित्र करें।

मौसी यही तो चाहती थी ! ब्राह्मण का बेटा बाहर आया—रेशमी दुपट्टा जैसे-तैसे कमर में लपेटा। मौसी ने राजाजी से कहा—देखते हैं राजाजी, मेरे कुमार साहब इतने सीधे हैं कि ठीक से धोती पहनना भी नहीं जानते !

ब्राह्मण का बेटा, राजा के साथ, रथ पर बैठा। बिलाई-मौसी रथ के अगले भाग के ऊपर जा बैठी। अपनी चतुराई पर वह मन-ही-मन मुस्कुरा रही थी। उसने सोचा—रंग कुछ और गाढ़ा जमे। वह रथ के पीछे की ओर से, चुपके से नीचे खिसकी और एक पगडंडी की राह से आगे निकल गई—तब तक राजाजी का रथ सड़क की राह से पीछे ही था ! कुछ दूर पर उसने मजदूरों को खेत में काम करते देखा। उनके निकट जाकर वह रोब से खड़ी हो गयी और बोली—

सुनो जी मजदूरो, इस राह से तुरत ही एक रथ आएगा। जब उसमें बैठा हुआ राजा तुमसे पूछे कि तुम किसके मजदूरे हो, तो खबरदार, कहना कि हम लोग गगन-गढ़ी के राजा अलक्षेन्द्र सिंह बहादुर के मजदूरे हैं। अगर ऐसा न कहोगे, तो समझ जाओ, खाल खिंचवाकर उसमें भुस्सी भरवा दूँगी। समझे ?

मजदूरे तो भौचक रह गए—काटो तो खून नहीं ! मौसी की अनूठी सजधज और उसकी रोबीली बोली सुनकर सबके मुँह से एकाएक निकल पड़ा—

जैसा हुकुम हुजूर ! हम लोग ऐसे ही कहेंगे।

मौसी वहाँ से चौकड़ी भरती हुई पुनः रथ पर, पीछे की ओर से, चढ़ गई। जाते-जाते रथ उन मजदूरों के निकट पहुँचा। राजा को यह जानने की उत्कंठा हुई कि ये सब किसके मजदूरे हैं। उनसे पूछा। बिलाई-मौसी रथ पर बैठी मजदूरों की ओर घूर रही थी। जैसे उनको जादू लग गया हो—सब बोल उठे—हम लोग गगन-गढ़ी के महाराज अलक्षेन्द्र सिंह बहादुर के मजदूरे हैं।

ब्राह्मण का बेटा सुनकर मन-ही-मन मौसी की बुद्धि की प्रशंसा करने लगा। रथ आगे बढ़ा। किन्तु बिलाई-मौसी रथ से खिसककर फिर आगे चली।

वहाँ कुछ चरवाहे पशुओं को चरा रहे थे। उनके निकट पहुँचकर मौसी ने इसी तरह सब बातें कहीं। मौसी के रोब में आकर वहाँ के भोले-भाले चरवाहे भी यह कहने को राजी हो गए कि ये सब पशु राजा अलक्षेन्द्र सिंह के ही हैं।

सड़कों के चक्कर काटता रथ वहाँ भी पहुँचा। मौसी फिर रथ पर सवार हो गई थी। राजा ने देखा, रंग-बिरंगे मोटे-ताजे पशु चर रहे हैं–कहीं बछवे फुदकते हैं, कहीं मेमने उछलते हैं, कहीं गायें रँभाती हैं, कहीं भैंसें पगुराती हैं। ओहो ! वह कौन भाग्यवाला है, जिसके ये सब प्रसन्न पशु हैं ?

रथ खड़ा किया गया। राजा ने चरवाहों से पूछा–ये सब पशु किसके हैं ? चरवाहों ने उत्तर दिया–सरकार ! गगन-गढ़ी के महाराज अलक्षेन्द्र सिंह बहादुर के।

राजा ने ब्राह्मण के बेटे से कहा–सचमुच कुमारजी, आप बड़े भाग्यवान हैं !

किन्तु बेचारा कुमार क्या उत्तर देता ! वह तो लज्जा से गड़ा जा रहा था–ओफ ! इतना ढोंग ! राजा ने समझा, कुमार विनयी हैं–इसी से कुछ नहीं बोलते।

रथ वहाँ से भी आगे बढ़ा। एक जंगल में पहुँचा। बिलाई-मौसी फिर चुपके से रथ से उतर गई और झटपट राह काटकर आगे बढ़ी, कि शायद कुछ करतब और दिखा सकूँ।

जहाँ चाह, वहाँ राह । उस जंगल में एक विशाल राजमहल दीख पड़ा–उसकी चोटी आकाश से बातें कर रही थी, और दीवार की चित्रकारी लोगों से बातें करने के लिए मुँह खोलने को थी–ऐसे सुन्दर और स्वाभाविक वे चित्र थे। महल के द्वार पर एक राक्षस खड़ा था।

राक्षस को देखकर पहले तो मौसी सहमी। किन्तु फिर ढाढ़स बाँधकर आगे बढ़ी। झुककर, राक्षस को सलाम किया।

राक्षस ने बड़े प्रेम से उसको हाथ में उठा लिया–मौसी को मालूम हुआ, कोई आकाश में लिए जा रहा हो। मौसी के चेहरे का रंग उतरते देख राक्षस एक बार हँसा, फिर उसे पृथ्वी में रख आप भी छोटा आकार धारण कर उससे बतियाने लगा। राक्षस की इस घटने-बढ़ने की शक्ति को देखकर मौसी को बड़ा अचरज हुआ। उसने पूछा--

तो क्या हुजूर अपने आकार को घटाने-बढ़ाने की शक्ति रखते हैं ?

हाँ-हाँ–जरूर-जरूर। इतना ही क्यों, मैं चाहे जिस प्राणी का रूप धारण कर सकता हूँ–राक्षस ने गर्व के साथ कहा।

तो क्या सरकार सिंह बन सकते हैं।

क्यों नहीं–लो, देखो।

एक विशाल सिंह सामने खड़ा हो गया। जब वह पृथ्वी में मुँह सटाकर एक बार जोर से गरजा, तब मालूम पड़ा–महल की दीवार फटकर गिर पड़ेगी। मौसी तो थरथर काँपती वेहोश-सी हो गई।

दूसरे ही क्षण सिंह अन्तर्धान हो गया–फिर राक्षस उससे बातें करने लगा। मौसी ने कहा--उफ, सरकार, मैं तो डर गई थी।

क्या सच–राक्षस ने हँसते हुए पूछा।

तो क्या हुजूर छोटे जानवर भी हो सकते हैं ? मैं समझती हूँ, हुजूर छोटा जानवर नहीं हो सकते। बड़े रूप से छोटा होना कठिन है !

क्यों नहीं हो सकता ?–राक्षस ने झल्लाकर कहा।

तो हुजूर चूहा बन सकते हैं ?–मौसी ने पूछा।

लो, देख लो–इतना कहना था कि राक्षस अन्तर्धान हुआ; फिर वहाँ पर एक छोटी-सी चुहिया चूँचूँ करती दौड़ने लगी।

मौसी यही अवसर तो खोज रही थी। चुहिया की पलकें झपकते ही वह उस पर टूट पड़ी, और एक ही वार में उसकी गर्दन मरोड़ डाली।

अब, चुहिया के स्थान पर, वहाँ एक विशाल राक्षस की लाश पड़ी थी !

राक्षस मर गया। अब यह राजमहल मौसी के कब्जे में आया। मौसी ने महल के कोने-कोने को छान डाला—वहाँ एक भी जीवित प्रणी न था। हाँ, जहाँ-तहाँ हड्डियों के ढेर जरूर लगे थे।

वहाँ से मौसी दौड़ी—जिस ओर से घोड़े के टाप की आवाज आ रही थी—उस ओर। रथ के निकट पहुँचकर मौसी ने राजा से कहा—

हुजूर, निकट ही मेरे राजा साहब की 'गगन-गढ़ी' है—उसे अपने श्रीचरणों की धूलि से पवित्र करें।

रथ उसी ओर मोड़ा गया। ब्राह्मण का बेटा मन-ही-मन सोच रहा था—अंत में सब भंडा फूटा। हाय, मैं कहीं मुँह दिखाने योग्य न रहूँगा। मालूम होता है, यह बिल्ली मुझे फाँसी पर लटकाना चाहती है—जब राजा को यह सब हाल मालूम होगा, तो क्या वह मुझे बचने देगा।

वह सिर नीचा किए इसी उधेड़-बुन में था कि रथ खड़ा हो गया। उसने आँखें ऊपर कीं, तो देखा—एक विशाल राजमहल मायामहल-सा खड़ा है।

बिलाई-मौसी ने राजा से कहा—हुजूर, यही मेरे राजकुमार का राजमहल है। लेकिन आज की तिथि अच्छी नहीं—इसलिए मेरी विनय है कि आज यहाँ हुजूर न उतरें, रथ पर से ही भवन को देखकर लौट जाएँ—ज्योतिषी से पूछकर एक अच्छी तिथि में हम सरकार को सादर और सपरिवार न्योत लावेंगे।

राजा भी राजी हो गए। चारों ओर घूमकर रथ पर से ही भवन को देखा। देखकर दंग रह गए—मैं समझता था, मैं ही एक राजा हूँ, मैं तो इसके पासंग में भी नहीं हूँ !

राजा का रथ राजधानी को लौटा—ब्राह्मण के बेटे को मौसी ने वहीं उतार लिया।

× × ×

मौसी ने मजदूरों को बुलाकर महल को साफ कराया—सजाया। कितने ही नौकर रख लिए! इस बड़े महलवाले का नौकर बनना कौन न चाहेगा ? और, कोई पेशगी रुपये माँगने की हिम्मत कैसे करता—राजा भी कहीं पेशगी देता है ? उल्टे भर्ती करने के लिए मौसी ने उन लोगों से सलामी में अच्छी रकम वसूल की ! उन्हीं रुपयों से उनकी वर्दियाँ बनवाई गईं। फिर सप्ताह के अन्दर ही राजा को सपरिवार न्यौत आई—खूब खिलाया-पिलाया। लोग खूब खुश हो गए।

राजा के एक लड़की थी—बड़ी ही सुन्दरी। जब राजा साहब को मालूम हुआ कि कुमार अविवाहित हैं, वह बड़े खुश हुए। मौसी से प्रस्ताव किया कि अपने राजा से मेरी लड़की का सम्बन्ध ठीक कर दो। पहले तो मौसी ने खूब नना किया—मिन्नतें और खुशामदें करवाईं; किन्तु पीछे राजी हो गई।

एक सुन्दर तिथि को गगन-गढ़ी के राजा अलक्षेन्द्र सिंह बहादुर की बारात राजा साहब के दरवाजे पर आ लगी। हाथी-घोड़े, बाजे-गाजे, साज-सामान का क्या पूछना ! देश-देश के राजे न्यौते गए थे। खूब धूमधाम से विवाह हुआ। कुमारी ने राजा अलक्षेन्द्र सिंह के गले में जयमाला डालकर जन्म-भर के लिए अपने को उनके गले का हार बना लिया।

एक दिन बिलाई-मौसी ने हँसकर ब्राह्मण के बेटे से कहा—कहो, मेरी बातें ठीक हुईं—मैंने तुम्हें राजा बना दिया न ? अब कहो—इसके बदले में मुझे क्या देते हो ?

दूँ क्या—मैं जो तुम्हें मौसी कहता हूँ, जो इसी उपकार के लिए न—न तो क्या तुम मेरी माँ की बहिन थोड़े ही हो ? और लो, मैं वरदान देता हूँ कि आज से प्रलयकाल तक तुम घर-घर की मौसी कही जाओगी, और बच्चे तुम्हें देखते ही—'यह बिलाई-मौसी आई' कहकर किलकारियाँ भरेंगे !

चोर राजकुमार

एक राजा थे। उनके चार बेटे थे। एक दिन उन्होंने सभी बेटों को बुलाया। उनसे कहा--बेटा, तुम लोग बड़े हुए, अब बताओ, तुम लोगों को कौन-से काम पसन्द हैं ?

बड़े बेटे ने कहा—मुझे राज करना पसन्द है, राज करूँगा। दूसरे ने कहा—मुझे व्यापार पसन्द है, मैं व्यापारी बनूँगा। तीसरे ने कहा—मुझे खेती पसन्द है, उसी से रोजी चलाऊँगा। चौथा बोला—मुझे चोरी पसन्द है, मैं चोरी करूँगा।

छोटे बेटे की बात सुनकर राजा को बहुत आश्चर्य हुआ। बोले—अच्छी बात, तुम चोर ही बनो। किन्तु, तुम अच्छे चोर भी हो सकोगे कि नहीं, इसमें मुझे सन्देह है। आज अपने पलँग के ठीक ऊपर, सींके पर एक सोने का कटोरा रख दूँगा; यदि तुम उसे चुराकर ले गए, तो समझूँगा, तुम पक्के चोर हो सकोगे।

रात में राजा ने अपने पलँग के ठीक ऊपर, रेशम के सींके पर, सोने का कटोरा रक्खा। फिर उसमें पानी भर दिया—जिससे उसके छूते ही पानी गिर पड़े, मैं जाग जाऊँ, चोर पकड़ लिया जाए।

राजा निश्चिंत सो गए—अपने उपाय पर उन्हें इतना विश्वास था ! किन्तु राजकुमार भी चोरी में उस्ताद था। वह समझ गया कि इसमें कुछ-न-कुछ रहस्य जरूर है ! राजा के सो जाने पर घर में घुसा। छत से सीढ़ी लगाकर कटोरे को ऊपर देखा, लबालब पानी भरा है। सीढ़ी से उतरकर बाहर आया। चूल्हे से गोथठे की राख के कुछ टुकड़े निकाले। उन्हें बाँधकर राजा के घर में आया। पहले राख का एक टुकड़ा लेकर कटोरे के पानी से धीरे छुलाया—राख का टुकड़ा सन् से कुछ पानी सोख गया। फिर दूसरे टुकड़े को छुलाया—कुछ और पानी कम हुआ। अब धीरे से एक-एक कर राख के टुकड़ों को उस कटोरे में रखने लगा। पानी सूख गया। चुपके कटोरा उतारकर चलता बना। न पानी गिरा, न राजा जगे।

भोर में राजा की नींद टूटी—देखते हैं, कटोरा गायब ! उसको बुलाया। कहा—अच्छा बेटा, तुम कटोरा तो चुरा सके; किन्तु अभी मुझे विश्वास नहीं कि तुम पक्के चोर हो। अब एक परीक्षा और लूँगा। उस दूसरे राजा के पास एक 'लीली' घोड़ी है—तुम उसे चुरा लाओ, तो मैं तुम्हें पक्का चोर समझूँ।

राजकुमार राजी हो गया। उसी समय चल पड़ा—उस दूसरे राजा के राज्य की ओर।

वह लीली घोड़ी भविष्य कह देती थी। उसी दिन उसने अपने मालिक राजा से कह दिया, मुझे एक राजकुमार चुराने आ रहा है।

राजा ने अपनी राजधानी के चारों ओर कड़े पहरे का प्रबन्ध कर दिया। फाटकों पर सिपाही तैनात कर दिए गए। जब राजकुमार राजधानी के नजदीक आया, अलग से ही सिपाहियों की लाल पगड़ी देखी। वह ताड़ गया। एक नाई उस राह से चला जा रहा था। उसने उससे कहा—भाई, मेरी यह बेशकीमती पोशाक ले लो, और अपने फटे चिथड़े कपड़े और छुरे की थैली दे दो।

नाई राजी हो गया—राजकुमार की पोशाक हजारों रुपए की थी। नाई के कपड़े पहन, बगल में छुरे का थैला लटकाए, राजकुमार राजधानी के फाटक पर आया, जहाँ सिपाही पहरा दे रहे थे।

दुपहरिया हो रही थी—सिपाही सब स्नान करने की तैयारी में थे। एक नाई को देखते ही उन्हें बाल बनाने का शौक चर्राया। बोले—अबे, जरा बाल बना दे। वह नाई भी तो यही चाहता था। बोला—आइए हुजूर, खिदमतगार हाजिर है। बाल बनने लगे, दाढ़ियाँ घुटने लगीं,

मूँछें छँटने लगीं। उसके हाथ की मुलायमियत देखकर सभी सिपाही दंग थे।

एक सिपाही का ध्यान राजकुमार के सिर के बाल की ओर गया—वाह, कैसे काले-घुँघराले बाल हैं। पूछा—भाई, तुम्हारे बाल इतने सुन्दर कैसे बने ? नाई का वेश बनाए हुए राजकुमार ने हँसकर कहा—पूछकर क्या कीजिएगा सिपाहीजी ? यह हमारी माँ की चतुराई का नतीजा है, पहले हमारे बाल भी आप ही लोगों के जैसे रुखड़े और भद्दे थे।

सिपाही ने पूछा—जरा बता दो भैया, तुम्हारी माँ ने क्या उपाय किया था, हम भी अपने बाल को काले-घुँघराले बना लें।

नाई ने कहा—उपाय तो बहुत सीधा है सिपाहीजी, इतना सीधा कि आपको विश्वास भी नहीं होगा। मेरी माँ मेरे स्नान करने के पहले कोयले को बारीक बूककर, उसमें अरण्डी का तेल मिला, मेरे सिर में मल दिया करती। कुछ सूखने के बाद मैं नहा लिया करता—बस, केवल तीन दिनों में ही ऐसे बाल हो गए।

बेचारे सिपाहियों को विश्वास हो गया। झट कोयले को बूक-बूककर अरण्डी के तेल के साथ अपने-अपने सिर में मलने लगे। तब तक नाई ने कहा—अच्छा हुजूर, अब मैं चलता हूँ; अब तक आप लोगों ने मुफ्त में ही घेर रक्खा; कुछ पेट की भी चिन्ता करूँ।

राजकुमार चलता बना। इधर सिपाही सब स्नान करने गए। ज्यों-ज्यों सिर मलते, स्याही बढ़ती जाती ! सभी के चेहरे लंगूर के ऐसे काले हो गए; शरीर भी कालिख में रँग गया। लाख कोशिश की, स्याही नहीं छूटी। वैसे ही काले मुँह लिए थाने पर आए—दारोगाजी ने देखा। वह समझ गए; बोले—बेवकूफ, वह नाई नहीं था, वही धूर्त चोर था। तुम लोगों के मुँह में स्याही पोतकर राजधानी में घुस गया—अफसोस !

राजकुमार ने राजधानी में पैठते ही फिर वेश बदल लिया, और एक कुएँ पर जा बैठा। कुछ स्त्रियाँ पानी भरने आईं। उन्होंने उसे देखा। उनमें से एक अपनी साथिन से बोली—देखती हो, वह छोकरा कैसा मालूम पड़ता है। उस बुढ़िया मालिन का बेटा बचपन में ही परदेश भाग गया था—उसका चेहरा हू-ब-हू ऐसा ही था। मालूम होता है, जैसे वही हो।

यद्यपि दोनों धीरे-धीरे बतिया रही थीं, किन्तु राजकुमार ने सुन लिया। वह वहाँ से बढ़ा। शहर में पूछते-पूछते मालिन के घर पहुँचा। जाते ही उसका गला पकड़ रोने लगा—मैया-री-मैया, मैं कपूत हूँ री मैया ! तुझे छोड़कर बचपन ही में भाग गया था; अब माफ कर री मैया !

बुढ़िया मालिन को आँखों से कम देख पड़ता था—ठीक-ठीक पहचान नहीं सकती थी। उसे भी जँच गया कि यह मेरा ही बेटा है—बहुत देर तक रोती और छाती से लगाती रही। फिर खाने-पीने को पूछा। राजकुमार ने पहले से ही मिठाइयाँ खरीद ली थीं। उसे भी दीं, खुद भी खाईं। मालिन के फटे-पुराने कपड़े उतर गए—बढ़िया साड़ी पहनने लगी। फूस का घर खपरैल बन गया। दीवारों पर सफेदी हो गई। उजड़ा घर बस गया !

उसी दिन लीली घोड़ी ने राजा से कह दिया—चोर शहर में आ गया !

दूसरे दिन राजकुमार घर से निकला। घुड़सवार का रूप बनाकर राजा के दरबार में हाजिर हुआ—महाराज, मैं घुड़सवार हूँ, बिगड़ैल घोड़े को पलक मारते सीधा कर दूँ; मुझे नौकरी मिल जाए।

राजा का हुक्म हुआ—दरबार में हाज़िर रहा करो; जरूरत होने पर भर्ती कर लिए जाओगे।

अब वह नित्य दरबार में आने-जाने लगा। वहाँ जाने से उसे वहाँ की रत्ती-रत्ती हालत मालूम हो जाया करती।

दो-चार दिन बीते। दरबार और राजधानी की अधिकतर बातें वह जान गया। अब उसने

चोरी करने की ठानी—राजा के महल से ही श्रीगणेश हो !

एक रात चुपके-चुपके महल में घुस गया। राजा-रानी पलँग पर सोए थे। रानी के गले में एक हीरे का नौलखा हार था। उसे बड़ी सफाई से निकाल लिया। फिर रानी की पिटारी खोली। उसमें जो कुछ था—सब ले लिया। तब राजा के सिरहाने गया—एक तेज कैंची से उनकी एक तरफ की मूँछ और दाढ़ी कतर डाली। चलने के पहले रानी के खुले हुए बाल की लट से राजा की चुटिया बाँध दी, और नौ-दो-ग्यारह हुआ।

भोर हुई—राजा ज्योंही उठने लगे, रानी के सिर से उनका सिर टकरा गया। रानी भी चौंक उठी—फिर टक्कर लगी। ज्यों-ज्यों दोनों चौंकते, दोनों के सिर टकराते रहे। आखिर, चुटिया और लट का गठबंधन खोला गया।

रानी ने उस घुप-अँधारी में देखा, राजाजी की एक तरफ की मूँछ और दाढ़ी गायब है ! राजाजी ने रानी की ओर देखा—हाय रे—नौलखा हार क्या हुआ?

दोनों अचंभित हुए। सामने खाली पिटारी खुली पड़ी थी। निश्चय हुआ—लीली घोड़ी के चोर की ही यह शैतानी है।

उसी दिन राजा ने दरबार में आकर हुक्म दिया—जो कोई लीली घोड़ी के चोर को पकड़ेगा, उसे डाली-भर सोना-रूपा मिलेगा। शहर-भर में इस बात की डुगडुगी पीट दी गई। किन्तु कोई आगे न आया—जो राजमहल में घुसकर राजा की मूँछें मूँड सकता है, उसे पकड़ना क्या दाल-भात का कौर है !

साँझ के समय एक बुढ़िया दरबार में आई। उसने तैश में कहा—राजाजी, इस शहर में उसे पकड़नेवाला कोई मर्द का बच्चा नहीं है। खैर, मैं उसे पकड़कर हाजिर करती हूँ।

राजकुमार दरबार में आता-जाता था ही, बुढ़िया की प्रतिज्ञा की बात उससे छिप न सकी। वह भी बुढ़िया को चकमा देने पर तुल गया।

घर जाकर ज्योतिषी का रूप बनाया—सिर पर लटपट पगड़ी, शरीर में ढीली-ढाली मिरजई, बगल में पोथी-पत्रा, हाथ में एक छड़ी। बस आगे बढ़ा। बुढ़िया के घर के निकट एक कुआँ था। उसी की जगत पर जा बैठा। शाम को बुढ़िया ज्योंही घर से निकली—ज्योतिषीजी देख पड़े। स्त्रियों को ज्योतिषियों और तांत्रिकों पर अधिक विश्वास होता है। बुढ़िया भी ज्योतिषीजी से आज का भविष्य जानने को उतावली हो गई।

कुएँ पर आई, ज्योतिषी को प्रणाम कर नाम-धाम पूछा। बोले—नाम नकछेद मिसिर, घर बहुत दूर पच्छिम, कारू-कमच्छा में तन्त्र-मन्त्र सीखा है, काशी में ज्योतिष पढ़ा है—भटकते-भटकते आज इस शहर में आ पहुँचा हूँ।

बुढ़िया निकट ही बैठ गई; बहुत आरजू-मिन्नत के बाद अपना अभिप्राय सुनाया—बताइए ज्योतिषीजी, आज मैं किस काम के लिए निकली हूँ, और वह काम सफल होगा कि नहीं; यदि आपकी बात सच निकली, तो डाली-भर सोना-रूपा दूँगी।

पोथी-पत्रा खुला—अँगुलियों पर ताबड़तोड़ गणना होने लगी—मेष, वृष, मिथुन आदि राशियों की टाँगें तोड़ी गईं। कई बार आँख मूँदने और लगातार ओठों में ही कुछ बुदबुदाने के बाद ज्योतिषी ने बताया—एक विदेशी चोर आया है, राजा के घर में चोरी करेगा, तुम उसे पकड़ना चाहती हो; किन्तु है वह बड़ा काइयाँ, सावधान रहना, तो सफल होओगी; नहीं तो धोखा खाओगी।

सोलह आने सच बात ! बुढ़िया की भक्ति बढ़ी—चलिए महाराज मेरे घर, वहीं आवभगत करूँगी। ज्योतिषीजी ने कहा—मैं किसी के घर पर नहीं ठहरता। बुढ़िया पैर पड़ने लगी ! ज्योतिषीजी उसे समझाने लगे। फिर बात बदलकर बोले—बुढ़िया मैया, मुझे प्यास लगी है, छोड़ो,

पानी भरकर पीऊँ।

झट लोटा-डोरी उठाई। बुढ़िया हा-हा करने लगी—बैठिए ज्योतिषीजी, कम-से-कम मैं पानी तो पिलाऊँ। बस, लोटा-डोरी लेकर पानी भरने लगी। लोटा भरकर ज्योंही खींचने लगी, त्योंही ज्योतिषी बने हुए राजकुमार ने पीछे से धक्का दे दिया—बेचारी धड़ाम से कुएँ में गिर पड़ी। राजकुमार रफूचक्कर !!

बुढ़िया कुएँ से निकाली गई—वह अधमरी हो गई।

दूसरे दिन फिर दरबार लगा—बुढ़िया की दुर्गत सुनकर सभी घबराए-से थे। किसी की बुद्धि काम नहीं करती थी। सबको भौचक देख शहर के दारोगा ने प्रतिज्ञा की—मैं उस चोर को आज अवश्य पकड़ूँगा।

दिन भर शहर में पुलिसवालों की नाकेबन्दी होती रही। हाट-बाट, गली-चौराहे, सभी जगह लाल पगड़ियों की भरमार थी, मुख्य द्वार पर स्वयं दारोगाजी का खेमा गड़ा।

इस बार राजकुमार ने साधु का वेश बनाया और दारोगाजी के खेमे के सामने, कुछ दूर पर, अपना चिमटा गाड़ दिया। साथ में खुशबूदार तम्बाकू रख लिया था। चिलम में डालकर लगे धुएँ उड़ाने ! दारोगाजी तम्बाकू के शौकीन थे। तम्बाकू की इस विचित्र गंध के नाक में प्रवेश करते ही उनका दिल उसे पीने को मचलने लगा। एक सिपाही को हुक्म दिया—जाओ देखो, ऐसा बढ़िया खुशबूदार तम्बाकू कौन पी रहा है; यदि कोई दुकानदार हो तो, खरीदे आना।

सिपाही ने जाकर साधुजी को देखा। साष्टांग दंडवत् कर कहा—महाराज, अपराध क्षमा हो, दारोगाजी आपके इस तम्बाकू पर मुग्ध हैं। वह पीना चाहते हैं, क्या आप उनके लिए थोड़ा-सा तम्बाकू देंगे ?

अन्धा चाहे दो आँखें ! साधु बाबा तो यही मौका ढूँढ़ रहे थे। बोले—बच्चा, साधु-फकीरों के पास इतना कहाँ से जो दूसरों में बाँटें। खैर, थोड़ा-सा तम्बाकू है; यदि चाहो तो, ले जाओ। मेरा राम मालिक है।

इतना कहकर सिपाही को थोड़ा तम्बाकू दे दिया—जिसे बीस-पचीस आदमी मजे में पी सकें।

किन्तु साधु वेशधारी राजकुमार ने उस तम्बाकू में पहले ही जहर मिला दिया था। सिपाही ने उस जहर मिले हुए तम्बाकू को लाकर दारोगाजी के सामने रख दिया। लगी चिलम दनादन दगने ! दारोगाजी कुछ आप पीते, कुछ सिपाहियों को पिलाते। जिन्हें कभी पीने की आदत नहीं थी, उस तम्बाकू की सुगंध से उनका भी शौक चर्राया। ऐसा एक आदमी भी न बचा, जिसने तम्बाकू न पिया हो।

थोड़ी ही देर में जहर काम करने लगा—एक-एक कर, दारोगा के साथ ही, सभी सिपाही ऊँघ-ऊँघकर गिरने लगे। आखिर सभी बेहोश हो गए। तब धूर्त्त राजकुमार आया और दारोगाजी तथा सिपाहियों के सभी कपड़े उतार, उन्हें नंग-धड़ंग बना, चलता बना।

इधर, बस्ती में पहुँचकर, वह सिपाहियों और दारोगाजी के घर पर गया, और उनके घरवालों से कह दिया—देखना, आज कुछ भूत, नंगे बदन, तुम लोगों के द्वार पर आयेंगे; खबरदार रहना—वे सब तुम्हारे घर के लोगों के नाम ले-लेकर कहेंगे, मैं फलाँ हूँ, मैं फलाँ हूँ; किन्तु भूलना मत, घर में पैठते ही वे गजब मचा डालेंगे ! यदि वे अधिक ऊधम मचावें तो खूब पीटना भी।

जाड़े की रात थी। सर्द हवा के थपेड़े लगने पर, धीरे-धीरे जहर का प्रभाव उतरने लगा। जब दारोगाजी तथा सिपाहियों की नींद टूटी, उन्होंने अपने को बिल्कुल बेपर्द पाया। बहुत घबराए। समझ गए, उस चोर की यह धूर्त्तता है।

उधर पूरब की ओर आकाश साफ हो रहा था—रात थोड़ी जान वे और भी घबराए—कोई यों नंग-धड़ंग देख ले, तो क्या कहेगा। उस अँधेरे में घर की ओर चले। यहाँ घरवाले भूत की प्रतीक्षा में तैयार बैठे थे। ज्योंही ये लोग दरवाजे पर पहुँचकर अपने घरवालों के नाम लेकर पुकारने लगे, कि वे इन पर टूट पड़े—कितना भी कहा, मैं फलाँ हूँ; किन्तु कौन सुनता है। औरतों ने उनके सिर पर कितनी पुरानी हाँडियाँ फोड़ीं, मर्दों ने डंडों से खबर ली। मुश्किल से जान लेकर भागे।

पीछे से गाँव के लोगों का झुण्ड पीछा करता आगे बढ़ा। तब तक सूर्य की ललाई से पूरब का आकाश लाल हो उठा था—उस घुप-अँधेरे में लोगों ने दारोगाजी को पहचाना, सिपाहियों को भी पहचाना। सभी दुःखित और लज्जित होकर, उनको साथ ले, घर लौटे। दारोगाजी तो लाज के मारे धरती में गड़े जाते थे !

तीसरे दिन एक वेश्या ने राजकुमार को पकड़ने का बीड़ा उठाया—किन्तु वह बेचारी भी बुरी तरह धताई गई। चौथे दिन राज मंत्रीजी ने इस काम को अपने ऊपर लिया, किन्तु वह भी बेतरह मुँड़े !

पाँचवें दिन स्वयं राजाजी चले। उस दिन लीली घोड़ी ने कह दिया—मैं आज चुराई जाऊँगी। राजा ने सोचा—चलो आज रात-भर मैं इसी पर सवारी करूँगा; जब तक मैं सवार रहूँगा, कोई इसे किस प्रकार चुरा सकेगा ?

लीली घोड़ी पर सवार हो, हाथ में नंगी तलवार लिए, राजा राजमहल के चारों ओर घूम-घूमकर पहरा देने लगे।

राजकुमार को तो सब खबरें मालूम हो जाती थीं। उस दिन उसने बुढ़िया का वेश बनाया, और राजमहल के निकट जा, एक चक्की रख, चने दलने लगा।

राजा राजमहल के चारों ओर चक्कर लगा रहे थे—जब घूम-फिरकर आते, उस बुढ़िया को लगातार चक्की चलाते देखते। पहले तो उन्होंने कुछ ध्यान नहीं दिया। पीछे जब थोड़ी रात रह गई, वह चिन्तित हुए कि आज भी चोर नहीं पकड़ा जा सका। तब उस बुढ़िया के निकट आए और पूछा—बुढ़िया-माता, तुम यहीं बैठी बराबर दाल दलती हो; कहो तो, मेरे सिवा और किसी को तुमने इधर से आते-जाते देखा है ?

बुढ़िया बोली—क्या कहते हो सिपाहीजी, मैं गरीब ठहरी, दाल न दलने से कैसे बनेगा। रात-भर दला करती हूँ। हाँ-हाँ; तुम जो पूछते हो, सो जब तुम उस ओर जाते हो, तब एक आदमी इस ओर भाग आता है; और जब तुम इस ओर आते हो, वह उस ओर भाग जाता है। रात-भर मैं उसका तमाशा देखती रही हूँ। क्यों सिपाहीजी, वह चोर तो नहीं है ?

राजा ने कहा—बुढ़िया, वह चोर है। अब मैं उस ओर जाता हूँ, जब वह इस ओर आवे, तुम पकड़ लेना। मैं कल राजाजी से तुम्हें इनाम दिलवाऊँगा।

बुढ़िया ने कहा—सिपाहीजी, तुम कैसी बातें कहते हो; मैं बूढ़ी—समय और तकदीर की मारी, दुबली-पतली—उस हट्टे-कट्टे नौजवान को कैसे पकड़ सकूँगी?

राजा ने कुछ सोच-विचारकर कहा—अच्छा बुढ़िया, तुम एक उपाय कर सकती हो। देखो, यह मेरी घोड़ी बड़ी सीधी हुई—सीधी-सादी है। मेरी पोशाक पहनकर इस पर सवार हो लो; और मुझे अपना फटा-चिटा कपड़ा दे दो कि यहाँ बैठकर चक्की पीसूँ। जब वह तुम्हें उस ओर देखकर इधर आएगा, मैं पकड़ लूँगा।

बुढ़िया यही तो चाहती थी—जो रोगी को भावै, सो वैद फरमावै। बड़ी हिचकिचाहट और आरजू-मिन्नत के बाद राजा की पोशाक पहन वह घोड़ी पर सवार हुई। इधर राजा बुढ़िया बनकर चक्की में दाल दलने लगे।

बुढ़िया का रूप बनानेवाला राजकुमार लीली घोड़ी पर सवार होते ही नौ-दो-ग्यारह हो गया—अपने देश की ओर चला। वहाँ पिता के निकट पहुँचकर उसने उन्हें घोड़ी दे दी और शाबाशी लूटी।

इधर राजाजी रात-भर चक्की चलाते रहे—भोर होते ही अपनी गलती पर सिर धुनते महल में गए। वहाँ इस अजीब वेश के कारण रानीजी से फबतियाँ भी सुननी पड़ीं !!

मिट्टी का घोड़ा

एक राजा थे। उनके दो रानियाँ थीं। छोटी रानी पर राजा का अधिक प्रेम था। वही बड़ी सुन्दरी और गुणवती भी थी। उस पर राजा का प्रेम देखकर बड़ी रानी मन-ही-मन जलती थी। 'सौतिया डाह' के कारण बड़ी रानी इसी ताक में रहती कि छोटी रानी को किस प्रकार नीचा दिखाया जाए, उसे किस प्रकार सताया जाए।

ईश्वर की कृपा से छोटी रानी गर्भवती हुई होते-होते गर्भ का नवाँ महीना आया। राजा रोज शिकार खेलने जाते थे। एक दिन जब वह शिकार के लिए जाने को तैयार हुए, तब छोटी रानी ने कहा—आप अब शिकार को मत जाया कीजिए, मुझे इसी महीने में लड़का होनेवाला है; आप जानते ही हैं, बड़ी रानी मुझसे चिढ़ी रहती हैं, अगर आपके न रहने पर कोई बात हुई, तो मेरी देख-रेख कौन करेगा ?

इतना कहते-कहते वह सिसक पड़ी।

राजा को शिकार का बहुत शौक था। बिना शिकार खेले उन्हें कल नहीं पड़ती थी। इसलिए किसी तरह रुक न सके। हाँ, चलते समय घर में एक घंटा टाँग गए, और रानी को समझा दिया कि जब लड़के का जन्म होने लगे, घंटा बजा देना—जहाँ-कहीं रहूँगा, फौरन चला आऊँगा।

वह घंटा एक योगी का दिया हुआ था।

राजा चले गए। छोटी रानी सोचने लगी—वह शिकार खेलते-खेलते बहुत दूर चले जाएँगे, फिर इस घंटे की आवाज सुनकर आएँगे कैसे? पहले दिन तो किसी तरह धीरज बाँधकर रही। पर दूसरे ही दिन, यह देखने के लिए कि घंटे के शब्द पर राजा आते हैं या नहीं, उसने घंटा बजा दिया। राजा शिकार खेल रहे थे, वहाँ आवाज पहुँच गई।

घंटे की आवाज सुनते ही राजा ने शिकार खेलना छोड़कर घर की राह ली। घोड़े को एक चाबुक लगा, उसके पेट में एड़ी सटाकर, लगाम ढीली कर दी। घोड़ा हवा से बातें करने लगा। बात-की-बात में राजधानी में पहुँच गया।

घोड़े से उतरकर राजा महल में चले गए। देखा, छोटी रानी उनकी बाट जोहती चौखठ पकड़े खड़ी है। उसे हँसते देख राजा को बड़ा अचरज हुआ !

रानी उनके मन का भाव ताड़ गई। मुस्कुराती हुई बोली—माफ कीजिए, मैंने घंटे की परीक्षा ली थी। अब निश्चिंत रहूँगी। जाइए, शिकार खेलिए।

राजा उल्टे-पाँव लौट पड़े। कुछ बोले तक नहीं। रानी की इस करतूत पर उनके मन में बड़ा रंज पैदा हुआ। जिस समय घंटे की आवाज वन में सुन पड़ी थी, उस समय वह एक हिरन का पीछा कर रहे थे। बेचारे हाथ में आया हुआ शिकार छोड़कर फौरन घर की ओर दौड़ पड़े। रानी के प्रेम ने बड़ा धोखा दिया !

दो-चार दिन के बाद रानी को बच्चा पैदा होने की पीड़ा मालूम होने लगी। बस फिर झट

घंटा बजा दिया—एक बार, दो बार, तीन बार ! कुछ देर ठहरकर चौथी बार भी। लेकिन राजा न आए। तब दोनों हाथों से पकड़कर घंटे को हिलाने लगी। टन-टन की आवाज से सारा महल और शहर गूँज उठा; किन्तु राजा न आए !

छोटी रानी आखिर हारकर बड़ी रानी के पास गई। रोकर अपनी हालत कह सुनाई। बड़ी रानी बड़े प्रेम से बोली—घबराने की क्या बात है, मैं धाई बुला देती हूँ; आँखों पर पट्टी बाँध लो, आप-से-आप बच्चा हो जाएगा; पर खबरदार ! आँखें न खोलना, फिर बड़ा अनर्थ हो जाएगा।

बड़ी रानी ने सोचा, इसके रूप-गुण पर राजा मोहित हैं; अगर इसके पुत्र हुआ, तो मेरा गुजर नहीं; यह राजा के आँख की पुतली बन जाएगी।

ऐसा सोच उसने धाई को बुलाकर सब समझा-बुझा दिया।

छोटी रानी बच्चा पैदा होते समय आँखों पर पट्टी बाँधे हुए थी। वह कुछ देख नहीं सकती थी। उसके एक बेटा और एक बेटी हुई। सिखाई-पढ़ाई धाई ने उन बच्चों को एक हाँड़ी में रखकर महल के पिछवाड़े फेंक दिया। रानी के सामने बच्चों की जगह ईंट-पत्थर रख दिए।

छोटी रानी की आँख की पट्टी खोलकर बड़ी रानी ने ताना मारते हुए कहा—ले कलमुँही, इसी के लिए हाय-हाय कर रही थी ! दुनिया बेटा-बेटी जनती है, तूने ईंट-पत्थर पैदा किए ! जा डायन, अब जादू-टोना से राजा को रिझा !

छोटी रानी कुछ न बोली। केवल रोकर रह गई।

कुछ दिन के बाद राजा शिकार खेलकर लौटे। बड़ी रानी ने नमक-मिर्च मिलाकर सब हाल कह सुनाया—यह डायन है, ईंट-पत्थर जनती है।

धाई ने गवाही दी। राजा को विश्वास हो गया। छोटी रानी राज से बाहर कर दी गई। बेचारी कल तक रानी थी, आज गली-गली की भिखमंगिन बन गई !

इधर यह हाल हुआ, उधर जिस समय धाई ने दोनों बच्चों को खिड़की से पिछवाड़े फेंक दिया, ठीक उसी समय—महल के पिछवाड़े से होकर चौकीदार निकला ! उसने बच्चों को हाँड़ी के भीतर रोते सुना। हाँड़ी के पास चला गया। उसमें दो बच्चे देखकर उसे घर उठा लाया ! उसके कोई लड़का-बच्चा नहीं था। इन्हीं दोनों को भगवान का दान समझकर पालने-पोसने लगा। वह जाति का कुम्हार था।

बच्चे दिन-दिन बढ़ने लगे—ठीक दूज के चाँद की तरह। आज कुछ और; कल कुछ और ! इन्हें देख लोगों को अचरज होता। लोग पूछते, ये बच्चे किसके हैं ? चौकीदार हँसकर कहता, मेरी बहिन के बच्चे हैं; इनके जन्मते ही वह मर गई, मैं ही पालता-पोसता हूँ—दूसरा कौन पाले ?

दोनों बच्चे कुछ सयाने होने पर उसे दिक करने लगे कि हम घोड़े पर चढ़ेंगे, हमें घोड़े खरीद दो। बेचारा गरीब घोड़ा कहाँ से खरीदता; मिट्टी के दो घोड़े बना दिए। दोनों बच्चे उन्हीं पर चढ़ते और एक कठौते में उनके आगे पानी रखकर कहते—

माटी का घोड़ा, माटी की लगाम।
घोड़ा पिए पानी, आहा ! सुबह-शाम।।
पानी पियो रे घोड़ा पियो !

इन दोनों के इस गीत को सुनकर राह-चलते आदमी हँसते-हँसते लोटपोट हो जाते। एक दिन बड़ी रानी की एक दासी उसी रास्ते से जा रही थी। उसने यह गीत सुना। पास आकर हँसी में ही पूछ बैठी—क्यों जी, मिट्टी के घोड़े भी कहीं पानी पीते हैं ?

दोनों बच्चों पर ईश्वर की बड़ी कृपा थी। वे अपने जन्म की सभी बातें जानते थे;

कड़ककर बोले—अगर मिट्टी के घोड़े पानी नहीं पीते, तो क्या आदमी के पेट से ईंट-पत्थर पैदा होते हैं ?

उनकी बात सुनकर दासी चकित हो गई। वह बड़ी रानी की मुँहलगी दासी थी, सब बातें जानती थी। झटपट जाकर रानी को खबर दे दी। कई बातें बढ़ा-चढ़ाकर भी कह दीं।

छोटी रानी को महल से निकालकर बड़ी रानी पूरी मालकिन बन बैठी थी। दासी की बात सुनकर उसने एक कुम्हार के यहाँ से बहुत से कच्चे दीये मँगवाए। उन्हें अपने बिछावन के नीचे रखकर लेट गई। राजा आए, तो करवटें बदलने लगी। इससे कड़कड़ कर दीये टूटने लगे। राजा घबराए। रानी कहने लगी—उँह कुछ मत पूछिए, अंग-अंग टूट रहे हैं; कलेजे में दर्द है !

इतना कहकर चुप हो गई। राजा ने व्यग्र होकर पूछा, बैदजी को बुलाऊँ ? रानी ने कहा—बैदजी आए तो थे, कह गए हैं—जब तक उस कुम्हार के दोनों बच्चों के कलेजे का मांस मेरे कलेजे पर न रक्खा जाएगा, तब तक दर्द कम न होगा।

पाँसा पड़े सो दाव—राजा करे सो न्याव ! हत्यारों को हुक्म हुआ—जल्दी उन बच्चों को मारकर उनके कलेजे का मांस लाओ। कुम्हार रोता रह गया, बच्चे चिल्लाते रह गए, गाँव के लोग आँसू बहाते रह गए। हत्यारे उन बच्चों को एक घने जंगल में ले गए। वहीं उन्हें कतल कर दिया, लाश छोड़ दी, कलेजा काढ़कर ले आए। रानी का दर्द दूर हो गया !

जहाँ दोनों लाशें पड़ी थीं, वहाँ दो पेड़ उग आए—एक आम, दूसरा चम्पा ! थोड़े ही दिनों में पेड़ बड़े हो गए। चम्पा फूल उठी, सारा वन गमगमा गया। आम फल उठा। चखकर बटोही निहाल हो गए।

एक दिन राजा पूजा कर रहे थे। अचानक उनके निकट एक तोते ने एक चम्पा का फूल ला गिराया। उसकी सुगन्ध से उनकी नाक भर गई। उन्होंने कभी ऐसा फूल नहीं देखा था। उसी समय माली को बुलवाया। हुक्म दिया इस फूल की गाछी ले आओ; नहीं तो भुस भरवा दूँगा।

नोन-सत्तू बाँधकर माली चम्पा की तलाश में चला। घूमता-घामता उसी वन में जा पहुँचा। वहाँ जाते ही गन्ध से दिमाग भर गया। खोजते-खोजते उस पेड़ के पास पहुँचा। उसकी डालियाँ धरती में लोट रही थीं। प्रसन्न होकर फूल तोड़ने चला।

किन्तु यह क्या, एकबारगी सब डालियाँ तनकर आकाश की ओर बढ़ने लगीं। बेचारा हक्का-बक्का रह गया, काटो तो खून नहीं ! इतने में उसने एक गाना सुना।

चम्पा और आम के पेड़ आपस में मीठे सुर में गा-गाकर बातचीत करने लगे—

चम्पा—सुनो, सुनो भैया आम।
आम—क्या कहती है बहिन चम्पा ?
चम्पा—बाबा का मलिया फूल तोड़ता है।
आम—डाल-पत्ती ले जा आसमान।

माली को बड़ा आश्चर्य हुआ। दौड़ता हुआ राजा के पास पहुँचा। सारी रामकहानी सुना गया। राजा को भी आश्चर्य हुआ। वह स्वयं चले। दोनों एकसाथ पेड़ के निकट आए।

चम्पा की डालियाँ पहले की तरह धरती चूम रही थीं। किन्तु ज्योंही राजा फूल तोड़ने के लिए आगे बढ़े, फिर वे आकाश में ऊपर उठने लगीं। साथ ही, मीठे सुर में दोनों पेड़ गा-गाकर बतियाने लगे—

चम्पा—सुनो, सुनो भाई आम।
आम—क्या कहती है बहिन-चम्पा ?

चम्पा—बाबा खुद आए फूल तोड़ने को।
आम—डाल-पत्ती ले जा आसमान।

राजा के अचरज की सीमा न रही। एक तो पेड़ का बोलना ही अचरज बात, दूसरे—उनके लिए वे 'बाबा' शब्द का प्रयोग करते थे ! राजा सोचने लगे। उन्होंने बड़ी रानी को बुला भेजा।

पालकी पर बड़ी रानी आई, किन्तु वह भी ज्योंही फूल तोड़ने को बढ़ी कि पेड़ों में उसी तरह बातचीत होने लगी—

चम्पा—सुनो, सुनो भाई आम।
आम—क्या कहती है बहिन-चम्पा ?
चम्पा—मैया की सौतिन फूल चाहती है।
आम—डाल-पत्ती ले जा आसमान।

संयोग की बात, छोटी रानी भटकती-भटकती वहाँ आ पहुँची। राजा ने सोचा, शायद इसके तोड़ने से फूल मिले। धर-पकड़कर वह पेड़ के नीचे लाई गई। उसके हाथ बढ़ाते ही दोनों पेड़ बोल उठे—

चम्पा—सुनो, सुनो भाई आम।
आम—क्या कहती है बहिन-चम्पा ?
चम्पा—प्यारी मैया फूल चाहती है।
आम—चूम ले चम्पा उनके पाँव।

चम्पा की सभी डालियाँ छोटी रानी के पैरों पर लोटने लगीं ! सब लोग दंग रह गए। इतने में आम ने अपनी कहानी शुरू की। जन्म से लेकर कतल के दिन तक की सारी बातें कहकर अन्त में उसने कहा—चार अंगुल जड़ छोड़कर काटने से हम लोग फिर आदमी बन जाएँगे।

राजा के हुकुम से पेड़ कटवाए गए—आम के पेड़ से एक सुन्दर नौजवान राजकुमार निकला और चम्पा से एक सुन्दरी राजकुमारी। दोनों अपने पिता के पैरों से लिपट गए।

राजा ने उन्हें छाती से लगा लिया। फिर, बड़ी रानी के लम्बे-लम्बे बाल कटवाकर, चूने का टीका लगवाकर, गदहे पर चढ़ाकर, राज से निकाल दिया।

छोटी रानी आदर के साथ राजमहल में लाई गई। राजा, रानी, राजकुमार और राजकुमारी आनन्द से रहने लगे।

फूलों का देश

एक परी और एक डायन में एक अँगूठी के लिए झगड़ा हुआ। परी कहती थी—अँगूठी मेरी है, डायन कहती थी—मेरी है। झगड़ा सुलझाने के लिए दोनों उस देश के खूबसूरत राजा के पास गईं।

परी ने कहा—डायन ने मेरी अँगूठी चुरा ली है।

डायन बोली—यह अँगूठी 'फूलों के देश' के एक जादूगर ने मुझे दी थी।

राजा ने अँगूठी को भली-भाँति देखा, और उस पर किसी का नाम खुदा हुआ न देख,

डायन के हाथ में उसे रखकर कहा–देखना है, इस अँगूठी से तुम कौन-सी करामात दिखला सकती हो।

डायन उस अँगूठी को बहुत देर तक उलट-पुलट करती और मंत्र पढ़ती रही, किन्तु कोई अचरज का खेल न दिखला सकी। तब राजा ने उस अँगूठी को परी के हाथ में रखकर कुछ करामात दिखाने की आज्ञा दी।

परी ने अँगूठी को चूमकर राजा के सिंहासन से छुला दिया–सिंहासन खालिस सोने का हो गया !

अँगूठी उसकी है, जो उसका उपयोग जाने–इतना कहकर राजा ने परी को वह अँगूठी दे दी। और उसका सिर गदहे का हो जाए, जो ऐसा फैसला करे–यों कहती हुई डायन ने अपनी जादू की छड़ी राजा की देह से छुला दी !

दरबारियों के अचरज का ठिकाना न रहा ! राजा का समूचा शरीर तो मनुष्य का था; किन्तु सिर गदहे का हो गया ! परी उसी जगह खड़ी थी।

राजा को धीरज देते हुए उसने कहा–घृणा के प्रभाव को प्रेम ही दूर कर सकता है ! हे राजा, एक सुन्दरी आज्ञाकारिणी लड़की से शादी कर लो, यह जादू तुरत दूर हो जाएगा।

राजा के हुकुम से देश-भर की सुन्दरी लड़कियाँ राजधानी में आईं। राजा उनमें से किसी एक को अपनी स्त्री बनाने के लिए चुनने चले। किन्तु ज्योंही उन लड़कियों के निकट पहुँचे, वे सब उनका गदहे का-सा सिर देख चौंककर भय से भाग चलीं।

राजा उनके इस व्यवहार से दुःखित हो, उन्हें राजधानी से बाहर होने की आज्ञा देकर, घर की ओर लौट चले।

किन्तु ज्योंही वह उस जगह से कुछ आगे बढ़े, एक वृक्ष की ओट में एक सुघड़ लड़की उन्हें दीख पड़ी। फटे-पुराने कपड़ों के भीतर से उसकी खूबसूरती फूटी पड़ती थी। उन लड़कियों की तड़क-भड़क देखकर, लज्जित हो, वह अपने को छिपाए खड़ी थी।

राजा ने उसकी ओर देखा–उसकी आँखों में प्रेम, लज्जा और करुणा छलछला रही थी। चिल्ला उठे–अहा ! बस तू ही मेरी रानी हो सकती है !

दस दासियाँ उस लड़की को सजाने के लिए नियत की गईं। साँझ को बड़ी धूमधाम से दोनों की शादी हुई–कल तक की भिखारिणी लड़की, आज हीरे-मोती के गहने और सुनहले वस्त्र पहन, महारानी बन गई।

राजा ने अपनी इस नई रानी से कहा–खबरदार, रात-भर मेरे विषय में कुछ जानने की चेष्टा मत करना, भोर होते ही सब कुछ आप-से-आप मालूम हो जाएगा।

दोनों एक ही पलंग पर सोए। रात में रानी की नींद टूटी, तो उसने राजा के सिर का स्पर्श किया। मालूम हुआ–गदहे का नहीं, आदमी का सिर है। उत्कंठा बढ़ी। झटपट एक मोमबत्ती जला लाई। देखती है–गदहे के सिर का पता नहीं, आदमी का सुन्दर-सजीला मुखड़ा है।

इतने ही में आनन्द की अधिकाई से उसका हाथ काँप गया–पिघलकर मोम की एक बूँद राजा के गाल पर गिर पड़ी।

राजा बड़े जोर से चौंककर उठ बैठे। बोले–अभागी कहीं की ! कल भोर में यह जादू एकदम दूर हो जाता; किन्तु होनहार बलवान है ! डायन का जादू फिर से मुझ पर अधिकार कर रहा है। मुझे अब 'फूलों के देश' में जाकर उसके साथ रहना होगा।

बस इतना ही कहकर एक ही क्षण में राजा उस जगह से लोप हो गए !

नौजवान रानी टुकुर-टुकुर ताकती रह गई ! फिर यह समझकर कि राजा के बिना मेरी जिन्दगी किस काम की, वह 'फूलों के देश' को चल पड़ी।

ज्योंही राजमहल से निकली, उस परी से भेंट हो गई । देखते ही उससे बोली—मुझे 'फूलों के देश' की राह बताओ।

'फूलों के देश' में केवल डायनें रहती हैं, मैं वहाँ कभी गई नहीं हूँ। खैर, मेरी जादू की अँगूठी लो, शायद यह तुम्हें मदद पहुँचा सके।

यह कह वह परी लोप हो गई !

सचमुच अँगूठी ने रानी को बहुत ही मदद पहुँचाई। उस अँगूठी को चूमकर पत्थर से छुलाते ही पत्थर सोना बन जाता था !

उसी सोने से खाने-पीने का इन्तजाम करती और कितने जंगल-पहाड़ को पार करती हुई रानी एक ऐसे स्थान पर पहुँची, जहाँ एक छोटी-सी झोंपड़ी में एक बुढ़िया बैठी थी।

रानी ने उससे पूछा—बुढ़िया दैया, मुझे 'फूलों के देश' की राह बताओ।

बुढ़िया ने कहा—मैं नहीं जानती कि 'फूलों का देश' कहाँ है, पर यह मेरा पालतू खरहा प्रतिदिन वहाँ जाता है, और वहाँ से बहुमूल्य चीजों से लदकर आता है ! यह एकाएक न जाने किस समय—झोंपड़ी से निकलकर चला जाता है, मैं इसके जाने का ठीक समय नहीं बतला सकती।

रानी ने कहा—बहुत अच्छा, मैं इस खरहे के निकट जागती हुई सोऊँगी, और जब यह जाने लगेगा—इसका पीछा करूँगी।

थोड़ा-सा खरपात बिछाकर सुकुमारी रानी उस खरहे के निकट सो रही। जब आधी रात हुई, खरहा फुरफुराकर उठा, और एक बार इधर-उधर देखकर दौड़ पड़ा। रानी जागी हुई सब तमाशा देख रही थी। वह भी उसके पीछे-पीछे दौड़ी।

एक बड़ी मरुभूमि को पारकर वह एक ऐसे स्थान पर पहुँची, जहाँ फूल-ही-फूल दीख पड़ते थे, और उनके बीच में एक फूलों का विचित्र महल था। उसने खरहे को एक फूल के झाड़ से बाँध दिया, और एक गरीब लड़की से अपनी कीमती पोशाक बदलकर उस फूल-महल में प्रवेश किया।

महल में वह दासी के काम पर रख ली गई। महल के रसोइए ने उससे कहा—तुम खूब मेहनत से तरह-तरह की रसोई बनाने में मेरी मदद करो; क्योंकि मेरी मालिकिन एक डायन है, जिसकी लड़की की शादी इस मरुभूमि के उस पार के एक राजा से कल होनेवाली है।

बेशक वही मेरे पतिदेव हैं—रानी ने मन-ही-मन कहा। और, दूसरी मंजिल की एक खिड़की से झाँककर देखने पर, उसका अनुमान सच निकला। पर, दिन-भर तो राजा से बातें करने की उसे हिम्मत न हुई, रात को अपना काम समाप्त कर बिछावन पर गई, और आधी रात तक जागती पड़ी रही।

सब किसी के सो जाने पर, अँधेरे में, वह उस कोठरी की ओर चली, जिसमें जादू के जकड़े हुए राजा थे। कोठरी में पहुँचकर उसने धीरे-से एक मोमबत्ती जलाई और राजा को उठाया।

राजा पहले तो उसे पहचान न सके; पर जब उसने परीवाली अँगूठी उनके सिर से छुला दी, तब उन्हें होश आया। वह झटपट रानी को पहचान गए; उसे छाती से लगा लिया।

फिर दोनों धीरे-धीरे दो-मंजिले से उतरकर खरहे के निकट आए।

खरहा बेचारा भूखा था—खोलते ही अपने घर की ओर दौड़ा। राजा-रानी चाँदनी रात में उसके पीछे दौड़ने लगे—भोर होते-होते अपने राज्य में आ पहुँचे।

तब तक डायन के जादू का असर खत्म हो चुका था; इसलिए घर पहुँचकर दोनों खूब आनन्द से रहने लगे।

हीरामन तोता

[बेनीपुरीजी ने बाल कहानियों की पुस्तक 'हीरामन तोता' 1927-28 में सम्पादित की थी। उस पुस्तक में बेनीपुरी के अलावा जिन अन्य कथाकारों की कहानियाँ थीं, उनके नाम हैं : सतीशचन्द्र राय (गरीब ब्राह्मण और धनी बनिया), राजा का सपना (पं. गोविन्दवल्लभ पंत), राक्षसी रानी (श्यामबिहारी प्रसाद श्याम), पं. रामावतार शर्मा (सुवर्ण प्रिय राजा)। इस संकलन में बेनीपुरी की दो कहानियाँ हैं—'हीरामन तोता' और 'चार लाल बुझक्कड़'। संकलन की ये दो कहानियाँ यहाँ दी जा रही हैं।—संपादक]

हीरामन तोता

एक चिड़ीमार जंगल में दिन-भर चिड़ियों को बझाता, शाम को उन्हें बाजार में बेचता, और जो पैसे मिलते, उनसे गुजर करता। पर इतनी कमाई से कभी उसका पूरा नहीं पड़ता—बेचारा चिन्ता से सूखता जाता।

एक दिन उसकी स्त्री ने कहा—आप जितनी चिड़ियाँ बझाते हैं, बेच डालते हैं, स्वयं कभी नहीं खाते। हम लोगों का जी मांस के लिए तरसता ही रह जाता है। इसीलिए बरकत नहीं होती। जीव को कलपाने से क्या कभी सुख-शान्ति मिल सकती है ?

दूसरे ही दिन एक अनोखी चिड़िया फँसी—हरे-हरे पंख, सुनहली गरदन, लाल होंठ। वह 'हीरामन-सुग्गा' था। चिड़ीमार खुश हुआ। हीरामन को घर लाया। उसे स्त्री के हाथों में देते हुए कहा—लो, कैसा सुन्दर पंछी है, इसका मांस कितना स्वादिष्ट होगा ! इसे प्रेम से राँधो। देखना, तेल-मशाला देने में कसर न करना।

हीरामन बोला उठा—भाई चिड़ीमार, मुझे मारो मत, राजा के पास ले चलो। मुँहमाँगी रकम मिलेगी। जन्म भर की कंगाली आज चुटकियों में उड़ जाएगी। देर न करो भाई।

हीरामन की बोली सुनकर चिड़ीमार को पहले कुछ अचरज हुआ। सोचा, पंछी भी क्या आदमी की तरह बोलता है। किन्तु हीरामन के बार-बार अनुरोध करने पर, उसे एक अद्‌भुत जीव समझ, राजा के पास ले गया। राजा इस सुन्दर पक्षी को देखकर बहुत खुश हुए। पूछा—इसका दाम क्या है चिड़ीमार ?

चिड़ीमार ने कहा—यह सुग्गा अपना दाम आप कहेगा।

राजा अचम्भे में आकर बोले—बेवकूफ, कहीं पंछी अपना दाम आप बताता है ?

बीच में ही हीरामन बोल उठा—क्यों महाराज, इसमें आपको सन्देह क्या है ? मेरा दाम है एक लाख रुपया !

राजा—एक लाख तुम्हारे लिए खर्च करने से क्या फायदा ?

हीरामन—फायदा पीछे मालूम होगा, इस समय दाम तो चुकाइए।

हीरामन की बोली पर राजा मोहित हो गए। ऐसा सुन्दर रूप-रंग और ऐसी मीठी बोली—सोने में सुगन्ध ! रुपए चुका दिए गए। चिड़ीमार लखपति बनकर घर लौटा। हीरामन राजा की हथेली का फूल बनकर वहीं रहने लगा।

उस पर राजा के प्रेम का ठिकाना न रहा। जब हीरामन भक्ति-भरे और प्रेम-सने शब्दों में तैंतीस करोड़ देवताओं के नाम जपने लगता, उस समय सुननेवालों की आँखों से आँसू की धारा बह चलती, हृदय में भक्ति का तूफान आ जाता।

राजा को तो अब हीरामन के बिना एक पल भी चैन नहीं। रनिवास छोड़कर, दरबार

से मुँह मोड़कर, एकान्त कोठरी में बैठे हीरामन से बतियाते रहते। अपने हाथ पर बैठाते, खुद खिलाते-पिलाते और छाती से लगाकर सुलाते।

हीरामन पर राजा का ऐसा अटूट प्रेम देखकर रानियाँ मन-ही-मन जला करतीं।

बहुत दिनों के बाद एक दिन राजा को शिकार खेलने की इच्छा हुई। घोड़े सजाए गए, शिकारी कुत्ते खोले गए, दल-बल के साथ राजा शिकार को चले। रानियों के हाथ हीरामन को सौंपकर ताकीद कर दी कि हीरामन को किसी तरह की तकलीफ न हो।

रानियाँ हीरामन से चिढ़ी रहती थीं—'इसी कलमुँहे के चलते राजा हम लोगों के पास तक नहीं आते।' घर से राजा के बाहर होते ही सबने हीरामन के पिंजड़े को घेर लिया।

हीरामन रानियों के मन का भाव ताड़ गया। वह लगा प्रेम से देवताओं के नाम लेने। उसकी मीठी बोली सुनकर रानियों का भी हृदय पसीज गया। उनकी हिम्मत नहीं हुई कि हीरामन पर हाथ उठावें। लजाकर लौट गईं।

फिर, दूसरी बार, रानियाँ हीरामन के पास आईं। इस बार वे खूब सिंगार-पटार कर आई थीं। सबने मिलकर निश्चय किया कि हममें जिस किसी को हीरामन सबसे कुरूप बतावे, वह उसकी गरदन मरोड़ दे।

बड़ी रानी ने कहा--देखो हीरामन, तुम सारे संसार में घूम चुके हो। अनेक रानियों और राजकुमारियों को तुमने देखा होगा। बताओ तो, हममें सबसे कुरूप कौन है? यदि सच न बताओगे, तो तुम्हारी जान की खैर नहीं।

हीरामन समझ गया कि आज ये रानियाँ मुझे मारने पर तुली हुई हैं। बोला—वाह, बताऊँगा क्यों नहीं; पर जरा यह तो सोचो कि इस पिंजड़े में बन्द रहकर मैं कैसे ठीक न्याय कर सकूँगा ? पहले मुझे पिंजड़े से बाहर करो। तनिक तुम्हारे अंगों को चारों ओर घूम-फिरकर देख तो लूँ। फिर सोचकर बताऊँ कि तुममें सबसे बढ़कर कुरूप कौन है।

रानियाँ तो चौकस थीं ही; सब किवाड़ और खिड़कियाँ बन्द कर हीरामन के पिंजड़े का दरवाजा खोल दिया। वह बाहर आया। सब रानियों को चारों ओर से घूम-घूमकर देखने लगा; किन्तु असल में वह भागने के लिए किसी राह की ताक में था।

रानियों ने सबकुछ तो बन्द कर दिया था, पर कोठरी की बगल में जो एक मोरी बनी हुई थी, उस पर उनका ध्यान ही नहीं गया था। हीरामन ने उसे देख लिया। फिर क्या, कड़ककर कहा—रानियो, तुम अपने रूप का क्या घमंड करती हो ? सात समुद्र तेरह नदी पार सिंहल-द्वीप में रानी 'पद्‌मिनी' रहती है, उसके पैर के अँगूठे के बराबर भी तुम लोगों का रूप नहीं है।

यह सुनकर रानियाँ गुस्से से लाल हो गईं। हीरामन को पकड़ने दौड़ीं। तब तक तो हीरामन उस मोरी की राह से नौ-दो-ग्यारह हो चुका था।

राजा शिकार से लौटे। वह बहुत दिनों से हीरामन को देखने के लिए छटपटा रहे थे। महल में पहुँचते ही हीरामन को लाने का हुक्म दिया।

इस पर रानियों ने कहा—हीरामन पिंजड़े का द्वार खोलकर उड़ गया।

सुनते ही राजा काठ हो गए—मुँह से 'हाय' निकली, और कटे रूख की तरह धड़ाम से जमीन पर गिर पड़े।

उस दिन से राजा को किसी ने फिर कभी हँसते नहीं देखा !

हीरामन बेचारा रानियों को चकमा देकर उड़ा तो, लेकिन वह बेबस था। बहुत दिनों तक पिंजड़े में बन्द रहने से उसके डैने अकड़ गए थे। वह अधिक उड़ नहीं सकता था। एक चिड़ीमार ने फिर उसे पकड़ लिया।

तब तक राजा के राज्य-भर में ढिंढोरा पिट चुका था कि जो कोई हीरामन को लावेगा,

वह भर डाली सोना-रूपा पाएगा। इसलिए हीरामन को पाकर चिड़ीमार बड़ा खुश हुआ। झटपट राजा के पास ले गया, और इनाम पाकर नाचता-कूदता घर लौटा।

हीरामन को पाकर राजा ऐसे खुश हुए, मानो मरा हुआ बेटा जी उठा !

एक दिन राजा ने अपने प्यारे हीरामन से खुलासा हाल पूछा। हीरामन ने सारी रामकहानी कह सुनाई। राजा ने पद्मिनी के रूप की प्रशंसा सुनकर पूछा—क्यों हीरामन, मुझे वह रानी नहीं मिल सकती ?

हीरामन बोला—मिलेगी क्यों नहीं; मगर उसके पास पहुँचने के लिए उड़न-बछेड़ा चाहिए।

हीरामन को लेकर राजा अस्तबल में गए। हीरामन ने एक दुबले-पतले घोड़े को देखकर कहा—बस, यही उड़न-बछेड़ा ठीक है। अभी तो दुबला-पतला है; मगर खूब खिलाने-पिलाने से काम चल जाएगा।

उस घोड़े का भाग्य पलटा। घी में चभोरी बाटियाँ चाभने लगा। थोड़े ही दिनों में मुटाकर मकुना हो गया।

हीरामन के कहने से आध मन सोने की जई बनाई गई। जई एक बोरे में कसकर घोड़े पर लाद दी गई। राजा सवार हुए। उनके कन्धे पर हीरामन बैठा। बैठते ही बोला—बस, अब एक कोड़ा लगाइए, यह सीधे उड़कर सिंहल-द्वीप पहुँचेगा। किन्तु खबरदार, दूसरा कोड़ा न मारिएगा, नहीं तो यह आधी राह में ही जमीन पर उतर जाएगा !

हीरामन की आज्ञा के अनुसार राजा ने एक ही कोड़ा लगाया। उड़न-बछेड़ा उड़न-छू हो गया। नदी, पहाड़, जंगल, समुद्र—सब पार कर वह सिंहल-द्वीप में जा पहुँचा। उसे एक पेड़ से बाँध, राजा छिपकर बैठ गए।

हीरामन ने सोने की जइयों को उस पेड़ से लेकर राजकुमारी पद्मिनी के महल तक, सीधी पाँत में बिछा दिया।

पद्मिनी ने सोने की जइयों को देखा, तो अचम्भे में आ गई। वह एक-एक कर उन्हें चुनने लगी। चुनते-चुनते उस पेड़ तक पहुँची। हीरामन ने इशारा किया। राजा ने झट पद्मिनी का हाथ पकड़कर उड़न-बछेड़े पर चढ़ा लिया। फिर एक कोड़ा लगाकर ज्योंही बाग ढीली की, बछेड़े ने आसमान छू लिया।

किन्तु ईश्वर की मर्जी ! राजा घर पहुँचने के लिए क्षण-क्षण व्याकुल हो रहे थे—ऐसी सुन्दरी रानी के साथ महल में पहुँचने के लिए छटपटा रहे थे। इसलिए जल्दी की धुन में उन्होंने दुबारा कोड़ा फटकार दिया ! बस, उड़न-बछेड़ा परकटे गिद्ध की भाँति आधी राह में ही आकाश से चू पड़ा।

पद्मिनी, हीरामन, राजा—सब धरती पर आ गए !

वह एक दूसरा ही द्वीप था। वहाँ का राजा पास ही के जंगल में शिकार खेल रहा था। पद्मिनी का रूप देखकर वह मोह गया। राजा की आँखें निकलवाकर उन्हें उसी जगह छोड़ दिया, और उड़न-बछेड़ा के साथ पद्मिनी को अपनी राजधानी में ले आया। हीरामन ने उड़कर अपनी जान बचाई।

पद्मिनी ने रास्ते में हीरामन से सुना था कि दुबारा कोड़ा मारने पर उड़न-बछेड़े की आधी शक्ति नष्ट हो जाती है और छः महीने के बाद इसमें फिर इतनी ताकत आ जाती है कि यह उड़ने योग्य हो जाता है। इसलिए, पद्मिनी जब उस देश के राजा के रनिवास में गई और राजा ने उससे शादी करने की बात चलाई, तब उसने सूर्य का छमाही व्रत रखने का बहाना करके टाल दिया। राजा ने उसकी बात मान ली।

एक अलग मकान बना। उसमें पूजा की सामग्री सजाई गई। दान-पुण्य के लिए

अन्न-वस्त्र और रत्नों का ढेर लगा दिया गया। पद्मिनी उसी में रहने लगी। उड़न-बछेड़ा भी वहीं था। उसे वह खूब खिलाती-पिलाती, जिसमें वह जल्द उड़ने के योग्य हो जाए, और हीरामन से भेंट करने की तरकीब भी उसनें सोच निकाली। आँगन में और छत पर अन्न के दाने बखेर दिए। देश-देश के पंछी वहाँ आते, मन भर दाना चुगकर किलोलें करते, और अपने बसेरे पर लौट जाते।

बेचारे हीरामन की बड़ी बुरी गत थी। वह अपने प्यारे अन्धे राजा को जंगल से फल और अन्न चुन-चुनकर खिलाता, और बचा-खुचा खुद भी कुछ खाता। एक दिन एक चिड़िया ने उससे कहा—हीरामन, तुम यहाँ क्यों तकलीफ उठा रहे हो भाई ? पास ही के एक शहर में एक पुण्यात्मा रानी ने चिड़ियों के चुगने के लिए ढेर-का-ढेर अन्न बखेर दिया है। चलो वहीं, खुद भी पेट भर खाना और अपने मालिक के लिए भी खूब लेते आना।

रानी की चर्चा सुनकर हीरामन को सन्देह हुआ—शायद पद्मिनी ने मुझसे भेंट करने के लिए यह तरकीब निकाली है।

बस, वह उड़ चला। जाकर देखा, तो उसका अनुमान ठीक निकला।

पद्मिनी भी हीरामन को पहचान गई। दोनों में बातचीत होने लगी। राजा की आँखें कैसे दुरुस्त होंगी, इस पर दोनों ने विचार किया। पक्का हुआ कि गरुड़ के बच्चे का गरम-गरम बीट लेकर राजा की आँखों में लगा दिया जाए, ताकि वह फिर देखने लगें।

उसी दम हीरामन गरुड़ के बच्चे का गरम बीट लाने को उड़ा। सात समुद्र तेरह नदी पार सेमल के एक बड़े पेड़ पर गरुड़ का खोंता था। हीरामन उस खोंते के ठीक नीचे अपनी चोंच में एक पत्ता लिए जा बैठा। ज्योंही गरुड़ के बच्चे ने बीट किया, त्योंही हीरामन ऊपर-ही-ऊपर उसे पत्ते पर लेकर उड़ चला। झटपट आकर राजा की आँखों में लगा दिया। आँखें ठीक हो गईं। राजा अब अच्छी तरह देखने लगे।

इधर पद्मिनी भी राजा की आँखों के अच्छी हो जाने का समाचार पाकर वहाँ से भागने की फिक्र में लगी। तब तक छः महीने पूरे हो गए थे। उड़न-बछेड़े में उड़ने की शक्ति आ गई थी।

एक रात को उड़न-बछेड़े को लेकर पद्मिनी वहाँ से भाग खड़ी हुई और जंगल में राजा के निकट आ पहुँची। फिर वहाँ राजा, पद्मिनी और हीरामन—तीनों—उस उड़न-बछेड़े पर सवार हुए। कोड़ा लगते ही उड़न-बछेड़ा हवा से बातें करता, पलक मारते ही राजधानी में आ पहुँचा।

अपने राजा को बहुत दिनों पर, एक नई अपरूप रानी के साथ, देखकर प्रजा के आनन्द की सीमा न रही। राजा ने शास्त्र के अनुसार पद्मिनी से विवाह किया, और हीरामन के साथ सुख से रहने लगे।

चार लाल-बुझक्क्ड़

चार यार थे —एक राजा का लड़का, एक वजीर का लड़का, एक बढ़ई का लड़का, एक सोनार का लड़का। चारों में बड़ी गाढ़ी दोस्ती थी। दिन-रात चारों एक साथ ही खाते-पीते, सोते-बैठते, हँसते-बोलते और चलते-फिरते थे। एक प्राण और चार तन—दूध-मिसरी की तरह घुले-मिले थे। एक के बिना दूसरे को चैन नहीं। दोस्ती हो तो ऐसी हो !

एक दिन चारों यारों ने आपस में सलाह की कि कहीं सफर पर निकलना चाहिए—बैठे-बिठाए अन्न नहीं पचता—हवा-पानी बदलने से मन बहलेगा—एक ही जगह का

अन्न-जल खाते-पीते रहने से जी ऊब गया है, कहीं परदेश में चलकर एक ही साथ कोई नौकरी-चाकरी करके अपने पसीने की कमाई से मौज करना चाहिए—घर का आटा बहुत गीला हो चुका।

सलाह पक्की हुई और अच्छी सायत देखकर चारों चल पड़े। मनमाने ढंग से खाते-पकाते और रास्ते की लहर लेते चले जाते थे। जाते-जाते एक राजा के देश में पहुँचे।

उस राजा ने चारों यारों के नाम पूछे, तो चारों ने अपना नाम 'लाल-बुझक्कड़' बताया। सुनकर राजा अचम्भे में आ गए। पूछा—तुम लोग बिना जाने-सुने कोई बात बूझ जाओगे ?

चारों ने कहा—हाँ, जरूर बूझेंगे—अगर ऐसा न होता तो हम लोग 'लाल-बुझक्कड़' क्यों कहलाते ? जाँच कर देखिए, हाथ-कंगन को आरसी क्या ?

राजा ने एकान्त में पीतल के गगरे में बहुत-से लाल-लाल अनार भरवाए, और बुझक्कड़ों को बुलाकर पूछा—बोलो, इसमें क्या चीज है ?

चारों में से एक ने गगरे को हिला-डुलाकर देखा और कहा, कोई गोल चीज है !

दूसरा बोला—गोल तो है ही, लाल भी है !

तीसरा बोला—गोल और लाल तो है ही, दानेदार भी है !

चौथा बोला—तो बस 'अनार' है

राजा के आश्चर्य और प्रसन्नता का ठिकाना न रहा। उन्होंने राजकुमार से कहा—आपकी चतुराई से मुझे बड़ा सन्तोष हुआ। आप मेरी लड़की से शादी कीजिए।

राजकुमार ने कहा—हम चारों यार एकसाथ सब काम करते हैं। अगर हम चारों की शादी होगी तो करेंगे, नहीं तो हम लोगों की दोस्ती में बट्टा लगेगा।

राजा ने अपनी सुन्दरी लड़की से राजकुमार की शादी कर दी, और अपने दीवान की लड़की वजीर के लड़के के साथ ब्याह दी; फिर अपने गढ़ के बढ़ई की लड़की से बढ़ई के लड़के का और अपने महल के सोनार की लड़की से सोनार के लड़के का ब्याह कर दिया।

चारों यारों ने अपनी लाल-बुझक्कड़ी के सहारे सुन्दरी दुलहिनें भी पाईं और बहुत-सा दान-दहेज भी पाया—जो आदर-सत्कार हुआ सो नफे में ! चारों की पाँचों अँगुलियाँ घी में रहीं !

एक दिन चारों यार गलबहियाँ डाले टहलते-टहलते बस्ती से बड़ी दूर निकल गए। हरे-भरे मैदान में पहुँचने पर चारों अपने-अपने ससुर की बात बतियाने लगे।

राजकुमार ने कहा—मेरे ससुर ने माल-जाल खूब दिया, मगर दोगला है—बस इतनी ही कसर है।

वजीर का लड़का बोला—मेरे ससुर ने भी कुछ कम माल-टाल नहीं दिया; पर कोहबर में मुझे जो अहीरिन के दूध का दही खिला दिया, सो अच्छा नहीं किया।

बढ़ई का लड़का बोला—मेरे ससुर ने इतने अच्छे-अच्छे पलंग दिए हैं—एक-से-एक बढ़िया कुर्सियाँ दी हैं—कि देखते ही बनता है, लेकिन मुझे कुत्ते का मांस खिला दिया—यह बड़ा बुरा किया।

सोनार का लड़का बोला—मेरे ससुर ने मेरी सुहागिन को ऐसे-ऐसे जड़ाऊ सुनहले गहने दिए हैं कि उसकी देह पर आँख नहीं ठहरती; किन्तु मुझको मँड़वे में बासी भात खिलाकर सब गुड़ गोबर कर दिया !

राजा के एक घुड़सवार ने चारों दोस्तों की बातचीत सुन ली। उसने आकर राजा के कान भर दिए।

राजा लोग कान के बड़े फूहड़ होते हैं—उनकी आँखें नहीं होतीं; पर कान हजार होते हैं। इसलिए घुड़सवार की बात सुनते ही राजा लाल-पीले हो उठे—तुरन्त चारों यारों को बुला भेजा।

आखिर चारों यार दरबार में हाजिर हुए। वहीं चारों ससुर भी बैठे थे--दामादों को देखकर भीतर-ही-भीतर कट गए।

राजा के जवाब तलब करने पर लाल-बुझक्कड़ राजकुमार ने कहा--जिस दिन आपकी माताजी कपड़े से थीं, उस दिन नहाने के बाद ही उन्होंने सबसे पहले नौकर का मुँह देखा था; इसलिए आपको मैंने 'दोगला' कहा है। महल में पुछवाइए।

राजा ने पुछवाया तो बात सच निकली । बेचारे लजा गए। सिर नीचा कर लिया। पछताने लगे--नाहक ऐसी ओछी बात पर लाल-बुझक्कड़ को छेड़कर मैंने अपना पतपानी खोया? चुप भली थी।

तब वजीर का लड़का बोला--कोहबर में दुलहे के खाने के लिए जिस अहीरिन ने दही दिया था, उसको बुलाकर पूछिए कि जब वह अपने बच्चे को दूध पिला रही थी तब उसके दूध की धार का फुहारा उस दहेड़ी में पड़ा था या नहीं ?

वजीर-ससुर ने जँचवाया, तो बात ठीक साबित हुई। दाँतों जीभ काटकर चुप रह गए। फिर आँखें बराबर न कर सके।

इसके बाद बढ़ई-दामाद बोला--जिस खसी को कुत्ते ने काटा था, उसी का मांस मुझे ब्याह में खाने को मिला था। कुत्ते का ज़हर उस बकरे की नस-नस में पैठ गया था। मैंने क्या झूठ कहा है ? पता लगाइए, आप ही भेद खुल जाएगा।

बढ़ई-ससुर ने जाँच-पड़ताल की, तो सचमुच वही बात प्रकट हुई--लजाकर काठ हो गए। मुँह से बकार न निकला। आँखें ऊँची न हुईं।

अन्त में सोनार-दामाद बोला--मैंने मँड़वे में जिस चावल का भात खाया था, उसके धान का पौधा जिस दिन उखाड़ा गया--उसके दूसरे दिन रोपा गया था; इसलिए मैंने बासी भात खानेवाली बात बेजा नहीं कही है।

सोनार-ससुर की जबान न खुली--अपने लालबुझक्कड़-दामाद की ऐसी बारीक सूझ और परख पर दंग रह गए ! और, जब चावल के धान की जासूसी कराई, तब दामाद की बात बावन-तोले पाव-रत्ती ठीक निकली !

दरबार में चारों ससुरों की हेठी करके चारों दोस्त-दामाद हँसते-खेलते अपने घर चले आए, और चारों-के-चारों एक संग ही अपनी सुघड़ दुलहिनों के साथ--प्रेम से रहकर सुख के दिन बिताने लगे।

फूलों का गुच्छा

[1938 ई.]

हाँ

प्रत्येक भाषा में, प्रौढ़ बालकों के लिए, अन्य भाषाओं के प्रामाणिक ग्रन्थों की संक्षिप्त कथाओं वाली पुस्तकें हैं। जबकि उनका मस्तिष्क कोमल होता है, और जब उन्हें इतना समय नहीं रहता, कि संसार-साहित्य के मूल ग्रन्थों का अवलोकन करें, ऐसी पुस्तकें उनके लिए बड़े काम की होती हैं।

इसी उद्देश्य से प्रेरित होकर मैंने यह किताब तैयार की है। कुछ की कहानियाँ तो मैंने मूल ग्रन्थ पढ़कर लिखी हैं, कुछ की कहानियाँ अंग्रेजी में आईं, उनकी संक्षिप्त कहानियों से ही ले ली हैं। आशा है, यह किताब भी पसन्द की जायगी।

–बेनीपुरी

1

अभागा

विक्टर ह्यूगो–फ्रांस

फ्रांस के छोटे से कस्बे में एक आदमी था। उसका नाम था जीन वाल्ज़ीन। छोटी उम्र में ही उसके माँ-बाप मर गए थे। बहन ने उसका पालन-पोषण किया। मानो, इसका बदला ही चुकाना था–जब वह जवान हुआ, बहन और उसके सात बच्चों का पालन-पोषण इस पर पड़ा। आठ प्राणी और वह स्वयं–और आमदनी का जरिया केवल दो हाथों की कमाई। लेकिन वह दिन-रात एक-एक कर किसी तरह सबको जिलाए जाता।

एक ज़माना वह भी आया, कि मजदूरी के लिए काम का मिलना मुश्किल हो गया। वह इस दरवाजे से उस दरवाजे, इस दूकान से उस दूकान, इस ठेकेदार से उस ठेकेदार के यहाँ दौड़ा फिरता, लेकिन, काम का मिलना मुहाल–मिलता भी तो बहुत कम मजदूरी पर, वह भी कुछ घंटों के लिए। भला इससे इनकी गुजर कैसे चलती ? लेकिन, दूसरा चारा ही क्या–जो ही मिलता, उसे ही कर लेता और जो मजदूरी होती उससे उन लोगों को खिला-पिला देता। वह अपने प्रायः फाका पर ही रहने लगा।

एक बार ऐसा हुआ कि दो दिनों तक लगातार उसे कोई छोटी-मोटी मजदूरी भी नहीं मिली। बहन की बात छोड़िए, छोटे-मोटे बच्चे कुलबुल कर रहे थे–कोई रह-रहकर चिल्लाता भी था। उससे बच्चों का यह दुख नहीं देखा गया। घर से फिर निकला–जोरों से काम खोजना शुरू किया, लेकिन न मिला-न मिला। जब बहुत रात बीते वह लौटा आ रहा था, उसने एक रोटीवाले की दूकान देखी। दूकान बन्द थी–लेकिन शीशे की खिड़कियों से धुँधली रोशनी में, वह रोटियों का भरा भण्डार देखता था। उससे नहीं रहा गया। वह दूकान के नज़दीक आया। खिड़की के एक शीशे को फोड़कर अपना हाथ रोटी निकालने को घुसाया–घुसाते समय शीशे से उसका हाथ कट भी गया, पर, उसे तो किसी तरह रोटी चाहिए थी, हाथ कटने की क्या परवाह ! लेकिन, क्या उसे रोटी भी मिली ? खरखराहट सुनकर दूकानदार जग पड़ा–वाल्ज़ीन सेंध पर ही पकड़ा गया।

बच्चे घर पर तड़प रहे थे, वह हवालात में बेज़ार रो रहा था।

दूसरे दिन मुक़दमा शुरू हुआ। वाल्ज़ीन ने रोते-गिड़गिड़ाते बहुत कहा कि बच्चों के लिए ही उसने ऐसा किया था, चोरी करने की उसकी मंशा नहीं थी, लेकिन न्याय तो आखिर न्याय है। न्याय को हृदय कहाँ ? एक खाली घर में यों डाका डालने की चेष्टा–न्यायी जज ने उसे पाँच वर्ष की सज़ा दी। एक रोटी के टुकड़े के लिए पाँच वर्ष की–हाँ, उस समय का कानून ऐसा ही था।

वह जेल में लाया गया। अब वह वाल्ज़ीन नाम का आदमी नहीं था, अब वह 24601 नं. का कैदी था। उसके साथ जेल में जो बर्ताव शुरू हुआ उसमें आदमीयत कहीं लेश-मात्र भी नहीं थी। मशीन के पुर्जे की तरह उसे पेरा जाने लगा। देखने में तगड़ा था–यह और भी मुसीबत थी। उससे खूब कसकर काम लिया जाता। कोई चारा नहीं था, वह भी किए जाता ! लेकिन उसका ध्यान सदा बहन और उसके बच्चों पर लगा रहता–गर्चे उसे पता नहीं था कि वे हैं भी या चल बसे। तीन वर्ष तक वह जेल में रह चुका था, कि एक दिन, भागने का ज़रा

सा मौका मिला। वह भागा किन्तु, क्या वह अपनी बहन और बच्चों को देख पाया ? दो दिन तक किसी तरह लुकता-फिरता रहा, भूख-प्यास से व्याकुल। आखिर पकड़ा गया। पकड़े जाने पर उसे चार वर्ष की और सज़ा मिली। यों ही वह लगातार कोशिश करता रहा—चार बार जेल से भागने की कोशिश की, जिसका नतीजा यह हुआ कि जहाँ वह पाँच वर्ष में छूटता, वहाँ उसे उन्नीस वर्ष तक जेल में सड़ना पड़ा।

आखिर, यह लम्बी अवधि भी एक दिन पूरी हुई। जेल से छूटकर वह चला। एक दिन डी-शहर में लोगों ने एक अजीब आदमी को जाते देखा। पाँच हाथ का तगड़ा अधेड़ शरीर पर मुख्तसर कपड़े, बाल बेढंगे तौर पर बढ़े हुए। पीठ पर बोरे का एक थैला। चाल भी बेढंगी—कुत्ते उसे देखते ही भूँकते, बच्चे उसको देखते ही छिपने की कोशिश करते। लेकिन उसे जैसे संसार में किसी की परवाह नहीं हो—तेज़ी से आगे बढ़ता जाता। शाम हो रही थी। दूसरा शहर वहाँ से बहुत दूर था। आज वह यहीं क्यों न रह जाए ? वह एक होटल में गया—होटलवाले ने उसे निकाल दिया। एक सज्जन के मकान को खटखटाया, वह निकलें और उसे देखते ही दरवाज़ा बंद कर भागे। वह कहाँ रहे ? गुस्से से वह थरथरा रहा था ! पैसे वह दे रहा था, तो भी होटलवाले ने बैठने तक नहीं दिया—उफ़ ! थककर सड़क के किनारे बैठा वह क्या-क्या न सोच रहा था।

वह क्या जानता था कि उसके पहले ही उसकी शुहरत इस शहर में पहुँच चुकी है—वाल्ज़ीन, प्रसिद्ध डाकू इस शहर में आ रहा है, इससे सभी आतंकित थे और इसे देखते ही सबके होश गुम हो जाते थे। खैर, वह सोच रहा था कि एक जगह उसे टिमटिम रोशनी होती दिखाई पड़ी। एक प्रयत्न और—वह चला।

यह एक पादरी का बगीचा था। बगीचे की दीवार फाँदकर वह भीतर गया। पादरी उस समय भोजन करने की तैयारी में था। उसके साथ उसकी बहन और एक धर्म-परायण दासी भी रहती थी। पादरी बहुत कड़ा था। उसके चेहरे से तेज टपकता। वाल्ज़ीन को देखते ही दोनों स्त्रियाँ तो डर गईं, क्योंकि वे भी सुन चुकी थीं कि एक प्रसिद्ध डाकू आज इस शहर में पहुँचा है। लेकिन पादरी क्यों डरने चला—उसने बड़ी आवभगत से वाल्ज़ीन को ठहराया। भोजन के समय अपने चाँदी के बर्तनों में, जिनमें वह बड़े अतिथियों को खिलाया करता था, बड़े सम्मान से अपने साथ बिठाकर उसे खिलाया। खाते समय वाल्ज़ीन ने इन चाँदी की थालियों को ग़ौर से देखा ! और, उसने यह भी ग़ौर से देखा कि भोजन के बाद ये थालियाँ रखी कहाँ जाती हैं।

कहना फिजूल न होगा, कि जब रात में सभी सो गए, वह चुपके से उठा और—चाँदी की तीन थालियों को लेकर चम्पत हो गया। यही नहीं, कुछ आगे बढ़ा, तो, एक लड़के के रुपए जबर्दस्ती छीन लिए।

पर, उसकी वेश-भूषा ही ऐसी थी कि सबको उस पर सन्देह होता—एक पुलिसवाले ने जब उसकी खाना-तलाशी ली तो ये थालियाँ निकलीं ! "तुमने चोरी की है ?"—"नहीं, उस पादरी ने मुझे यह भेंट दी हैं।" "झूठा कहीं का—चल, इसका भी निर्णय हो ही जाए।" पुलिस के पहरे में वह फिर उस बगीचे में लाया गया। उसने तो समझ लिया था कि मैं फिर जेल में गया—लेकिन, ज्योंही पादरी सामने आया, वाल्ज़ीन को देखते ही बोला—"ओहो, आप आ गए ! लेकिन, आप ये दोनों चीजें तो भूल ही गए थे।" ऐसा कहकर उसने चाँदी के दो शमादान, जो उसके पास थे, लाकर वाल्ज़ीन के हाथ में रख दिए ! वाल्ज़ीन हैरत में पड़ गया—अरे, आदमी ऐसा दयालु और त्यागी भी हो सकता है ! पुलिसवाले तो अपना-सा मुँह लेकर चलते बने, लेकिन, वाल्ज़ीन कब तक मुँह बाए एकटक उस पादरी को देखता रहा !

फिर उठा, उन दोनों शमादानों और तीनों थालियों को थैले में रखकर चुपचाप रवाना हुआ ! पादरी के इस व्यवहार ने वाल्ज़ीन के जीवन को ही बदल दिया।

उसने एक शमादान को पादरी की यादगार की हैसियत से रख लिया; बाकी सभी चीजें बेच दीं। बेचकर एक दूसरे शहर में पहुँचा। वहाँ उसने अपना नाम बदलकर काँच की चूड़ियाँ और दूसरे छोटे जेवर बनाने का एक कारखाना खोला। उसने काँच की ढलाई के बारे में एक ऐसी नई पद्धति शुरू की कि खर्च बहुत कम लगता, चीजें ज्यादा तैयार होतीं। मजदूरों को पूरा वेतन देने पर भी नफे का ठिकाना नहीं था। कुछ ही दिनों में वह अपने शहर का सबसे बड़ा धनी हो गया। लेकिन, धनी होने पर भी लोगों ने देखा, यह न तो कभी अच्छा कपड़ा पहनता है, न अच्छा खाना खाता है, न कभी सवारी पर चलता है। उसका जीवन एक मजदूरे का जीवन था। क्या वह सूमपन के चलते ऐसा करता था ? नहीं, उसकी उदारता की भी धाक थी। उसके मजदूरे उसके यश गाते, शहर के भिखमंगे—गरीब सब उसका जय-जयकार करते, शहर के सार्वजनिक कार्यों में भी वह मुक्तहस्त हो दान दिया करता—म्युनिसिपैलिटी की कितनी ही योजनाएँ उसकी उदारता के फल थीं। यहाँ तक कि फ्रांस के नरेश ने उसे उस शहर का मेयर बना दिया—पहले तो वह यह पद स्वीकार नहीं करता था, किन्तु जब शहरवालों ने बहुत ही आग्रह किया, गिड़गिड़ाए, तो उसे स्वीकार करना पड़ा—इस पद से भी उसने अनेक उपकार किए !

एक दिन वह सड़क से जा रहा था कि उसने एक जगह कुछ गोलमाल होते देखा। उस ओर बढ़ा। अलग से ही देखा, पुलिस एक स्त्री को पकड़कर थाने में ले जा रही है। थाने में पुलिस इन्स्पेक्टर, उसे कुछ वर्षों के लिए जेल भेजने की तैयारी कर ही रहा था कि वाल्ज़ीन पहुँचा और हुक्म दिया कि इसे छोड़ दो। "इसने कसूर किया है, इसे सजा मिली है, यह किस तरह छोड़ी जा सकती है"—"लेकिन मैं मेयर हूँ। मुझे अधिकार है कि छोड़ दूँ", उसने कहा। पुलिस इन्स्पेक्टर की शान जैसे मिट्टी में मिल गई। लेकिन यह क्या ? उस स्त्री ने छूटते ही मेयर के गाल में एक थप्पड़ जड़ दिया। पुलिस इन्स्पेक्टर ने कहा, "मैं मेयर का अपमान नहीं सह सकता।" किन्तु, मेयर ने कहा—"मेरे अपमान के लिए इन्स्पेक्टर को चिन्ता नहीं करनी है।" हँसता हुआ, उस स्त्री को छुड़ाकर वह अपने साथ ले चला।

यह स्त्री कौन थी ?—क्यों उसने ऐसी बेहूदी हरकत की थी ?

यह इसी शहर की रहनेवाली एक अनाथ लड़की थी, जो बचपन में भीख माँगने के सिलसिले में पेरिस पहुँची थी। वहीं सयानी हुई। सयानी होते ही यौवन का निखार आया। एक अमीरज़ादे विद्यार्थी महाशय उस पर तट्टू हुए और जब वह गर्भवती थी, उसे छोड़कर चल दिए। उसे एक बच्ची हुई। पेरिस में कोई पुरसाँ होटल न रहा। वह ऊब उठी। अपने शहर की याद आई। वह आ रही थी, लेकिन, इस बच्ची को लेकर आने में उसे संकोच हुआ। बच्ची को रास्ते के शहर के एक होटलवाले के यहाँ रख आई, इस शर्त पर कि वह होटलवाले को बच्ची का खर्च सदा भेजा करेगी। अपने शहर में आकर उसने मेयर के चूड़ी के कारखाने में नौकरी कर ली थी और बेटी के पास खुराकी भेजा करती। किन्तु, वह होटलवाला बड़ा हरामी था। वह उस लड़की को भी बहुत ही तकलीफ में रखता और इधर उसके माँ के पास कभी कपड़े, कभी दवा, कभी खास खुराक वगैरह के बहाने खूब पैसे तलब करता। यह स्त्री अपनी बच्ची को बहुत प्यार करती। जब-जब होटलवाला खत भेजता, वह उसे रुपए भेजती ! जब मजदूरी से काफी पैसे नहीं बचते, तो हथफेर लेकर। वह भी न हुआ, तो एक बार जब होटलवाले ने बच्ची की सख्त बीमारी का खत भेजा, तो इसने अपने सुन्दर दाँतों को भी उखड़वाकर पैसे भेजे थे ! एक बार यों ही बच्ची के कपड़ों के लिए अपने बाल काटकर बेचने

पड़े। फ्रांस में सुन्दर दाँत और बाल बिकते थे ! वह बड़ी सुन्दरी थी और उसकी सुन्दरता का सबसे बड़े उपकरण थे उसके बाल और दाँत। और बाल से हीन होकर वह बदरूप हो गई, लेकिन बच्ची का प्रेम जो न कराए ? इसी समय कुछ दुष्टों के प्रपंच से उसकी नौकरी भी कारखाने से छूट गई ! अब वह बेचारी एक होटल में खानगी का घृणित पेशा करके अपनी बच्ची को पाल रही थी। उस दिन, होटल में किसी शोहदे ने उसे बेहद तंग किया था, वह भी बिगड़कर उस शोहदे को ठोक रही थी, कि पुलिस ने उसे गिरफ्तार कर लिया था।

मेयर पर वह इसलिए बिगड़ी थी कि उसके कारखाने से हटा दिए जाने से ही उसकी यह हालत हुई थी। वह बेचारी क्या जानती थी कि यदि मेयर के कानों में उसके दुखड़े पड़े होते तो नौकरी की क्या बात, उसकी बच्ची का पूरा जिम्मा भी ले लेता ! यही हुआ भी। मेयर उसे लेकर अपने घर आया, सब बातें दरयाफ्त कीं। उसकी बच्ची के बुलवा लेने तक का इन्तजाम किया।

किन्तु, यह स्त्री उसी दिन ही बीमार पड़ गई—मेयर ने उसे अपने अस्पताल में रखा और दवा-दारू का सुन्दर प्रबंध कर आप भी देखभाल करता रहा।

इधर जिस इन्स्पेक्टर से उसने इसको छुड़ाया था, वह बहुत दिनों से इस मेयर के पीछे पड़ा था। इन्स्पेक्टर का नाम था—जावर्ट। जावर्ट बड़ा ही चौकस पुलिस-अफसर था। उसका विश्वास था कि यह मेयर कोई बना हुआ आदमी है। उसे मालूम था कि वाल्ज़ीन जेल से छूटकर एक पादरी के पास से कुछ चाँदी के बर्तन ले आया था और एक लड़के के रुपए छीन लिए थे। इन दो अपराधों के लिए एक पुराने मुजरिम को आजन्म कैद की सज़ा हो सकती थी। उसे शक था, यह मेयर वही वाल्ज़ीन ही है। लेकिन, वह कहे भी कैसे ! वह तो अब इस शहर का सर्वेसर्वा था—जावर्ट उसकी मातहती में था। जावर्ट का सन्देह एक घटना से और बढ़ गया था। एक दिन वह चुपचाप मेयर के पीछे लगा जा रहा था कि देखा, एक आदमी की गाड़ी उलट गई है। वह बेचारा उसके नीचे पड़ा छटपटा रहा है। देखनेवाले बहुत हैं, किन्तु कोई कुछ कर नहीं पाता। उसको बचाने का एक ही उपाय था, कोई लेटकर गाड़ी के नीचे चला जाए और वहाँ पीठ को इस तरह ऊपर करे कि गाड़ी उठ जाए और घायल आदमी निकाल लिया जाए। किन्तु, गाड़ी इतनी भारी थी कि कोई उठाने की हिम्मत नहीं करता। एक बात और थी। उस जगह कीचड़ थी और गाड़ी धीरे-धीरे उस घायल आदमी को दबाती हुई नीचे धँसी जा रही थी—बहुत मुमकिन था कि जो उठाने जाए, उसे भी गाड़ी दाब दे ! सब सन्न थे—घायल आदमी कराहता था ! इसी समय लोगों ने देखा, मेयर अपना कोट उतारकर गाड़ी के नीचे चला गया और उसे उठा ही तो डाला ! जावर्ट ने मन-ही-मन कहा—सिवा वाल्ज़ीन के, दूसरे किसी में यह ताकत हो नहीं सकती। एक बार जावर्ट ने वाल्ज़ीन को देखा था और उसके बारे में बहुत कुछ सुन रखा था।

उस स्त्रीवाली घटना के बाद तो वह मेयर के और पीछे पड़ गया, अब तो अपने अपमान का बदला भी लेना था। धीरे-धीरे उसका यह विश्वास भी हो गया और उसने अपने बड़े अफसर को राजधानी में खबर भी दे दी। किन्तु, राजधानी से उसे जो खबर आई, उसे देखकर तो उसके सिर के बाल खड़े हो गए ! वहाँ से खबर आई थी कि वाल्ज़ीन पकड़ लिया गया है—अमुक शहर में उस पर मुकदमा चल रहा है। चूँकि एक बार तुमने उसे देखा था, अतः तुम्हें गवाही देने को अमुक दिन वहाँ जाना पड़ेगा। इस हुक्मनामे को पढ़ते ही, वह मेयर के पास गया—उसके पैरों में गिर पड़ा—अपने सन्देह की बात कही—फिर, यह खबर सुनाई और अन्त में गिड़गिड़ाकर क्षमा माँगी।

जावर्ट तो क्षमा लेकर चला गया लेकिन, मेयर के दिल में बेचैनी शुरू हो गई। क्या

वह अपने नाम पर एक बेकसूर की पूरी जिन्दगी बर्बाद करने दे ? अपने अठारह वर्ष के जेल-जीवन की याद ने उसे कँपा दिया। नहीं, वह एक गरीब के त्राण का उपाय करेगा—वह कसूर कबूल करेगा ? हाँ कबूल करेगा—अपने को खतरे में रखेगा। उसको अफसोस एक ही बात का है—उस स्त्री की बीमारी बढ़ती ही जा रही है और कई बार उसने एक होटलवाले को लिखा, जितने-जितने की माँग उसने की, रकमें भेजता गया, किन्तु वह दुष्ट उस बच्ची को नहीं लाया। इधर यह स्त्री 'बच्ची-बच्ची' करके तड़प रही है ! लेकिन, क्या इसके लिए भी उसका रुकना मुनासिब है ? नहीं—सबकुछ भूल करके वह जाएगा, कबूल करेगा !

तारीख के दिन मेयर रवाना हुआ। उस शहर में पहुँचा। रास्ते में ही उसकी जावर्ट से भेंट हुई। वह गवाही देकर लौटा आ रहा था। उसने कहा कि सचमुच वह वाल्ज़ीन है ! उफ़, कैसा बना हुआ है ! पागल का रूप धरे हुए है। मेयर मन ही मन मुस्कुराया। अदालत में पहुँचा। भला, इस मेयर की कीर्ति-कथा कौन नहीं जानता था ? जज ने उसे अपनी बगल में कुर्सी दी। दो गवाहियाँ बाकी थीं। वे दोनों गवाह जेल के पुराने कैदी थे। वे एक-एक कर आए और शपथपूर्वक बताया कि यह वाल्ज़ीन ही है। वाल्ज़ीन नामधारी कैदी चुपचाप उनकी गवाहियाँ सुनता जा रहा था—लापरवाह जम्हाइयाँ लेता। वह बिलकुल अर्द्ध-विक्षिप्त-सा था। जब उन दोनों गवाहों ने अपने बयान खत्म किए, तो लोगों ने आश्चर्य से सुना, जज के निकट का बैठा हुआ वह आदमी उन कैदियों को नाम लेकर पुकार रहा है। फिर उसने कहा—देखो, वाल्ज़ीन वह नहीं है, मैं हूँ। मैं तुम्हारे साथ जेल में रहा हूँ। बताओ तुम्हारे कन्धे पर जले का निशान है कि नहीं ? तुम्हारे शरीर पर घाव का निशान है कि नहीं ? सब लोगों को काठ मार गया। फिर उसने कहा—जज साहब, मैं आज का मेयर, कल का वाल्ज़ीन हूँ। प्रमाण की अब कोई जरूरत शायद नहीं रही। मैं चलता हूँ—अब आप अपनी कानूनी कार्रवाई सोचिए। मेयर ने ये सब बातें इतनी गम्भीरता से कीं कि सारी अदालत स्तब्ध हो सुनती रही और जब वह जज को अभिवादन कर, अदालत की ओर एक तीखी नज़र से देखता हुआ बाहर निकला, तब किसी के मुँह से कोई आवाज तक नहीं निकली—उसे पकड़ता कौन? बाहर आ, अपनी घोड़ागाड़ी पर बैठ, वह फिर अपने शहर की ओर रवाना हुआ।

अपने कारखाने में पहुँचकर वह उस स्त्री के पास गया जो बीमार पड़ी थी। उसकी हालत बहुत खराब थी। जब होश आता, 'बच्ची-बच्ची' चिल्लाया करती। अस्पताल की परिचारिकाओं ने कह रखा था, कि मेयर साहब तुम्हारी बच्ची को लाने गए हैं। मानो, उसके प्राण इसी प्रतीक्षा में अटके थे। धड़कते हुए दिल से वह उसके बिछावन के निकट आया। उसको देखते ही वह स्त्री आनन्द से फूल उठी—बच्ची, बच्ची कहाँ ? मेयर ने कहा—बच्ची आ रही है, घबराओ नहीं। वह स्त्री बहुत निराश हो गई—उसके चेहरे का रंग उड़ने लगा। इसी समय अस्पताल के बरामदे में बूटों की चर-मर सुनाई पड़ी—वह समझ गया ! इन्स्पेक्टर जावर्ट अपने दस्ते को लेकर उसे पकड़ने आया था ! जावर्ट कमरे में घुसा। कमरे में घुसते देख मेयर ने इशारे से कहा—बोलो मत ! किन्तु, पुलिसवाले क्या तमीज जानें ? उसने कहा—वाल्ज़ीन, मैं तुम्हें गिरफ्तार करता हूँ। मेयर ने उस स्त्री की ओर देखा—पुलिस को देखते ही वह बेचैन हो रही थी। मेयर ने कहा—सुनो जावर्ट, तुम जो माँगो, मैं देता हूँ। बस एक दिन के लिए फुरसत दो, इसकी बच्ची को मैं ले आऊँ। पर, यह भी क्या सम्भव था ? उधर मेयर गिरफ्तार होकर चला, इधर उस स्त्री के प्राण निकल गए !

समूचे शहर में कोहराम मच गया—मेयर छिपा हुआ डाकू था, पुराना मुजरिम था। उसने एक पादरी के घर में चोरी की थी, उसी पैसे से सेठ बन गया था, वह वाल्ज़ीन है। कल तक जो धर्म का अवतार समझा जाता था, अब वह पापात्मा समझा जाने लगा। जन-मत भी क्या

फाहशा औरतों-सी चीज है !

किन्तु, क्या वाल्ज़ीन जेल में रखा जा सकता था ? दूसरी ओर खबर फैली, कि वह जेल से निकल भागा !

लोगों को यह भी पता लगा कि उसने अपने सब रुपए बैंक में इसी शर्त पर जमा रखे थे कि वह जब चाहे एक मुश्त ले ले। कई बार उसने इसकी परीक्षा करके देख लिया था कि बैंक उसके रुपए तैयार रखता है या नहीं। जेल से छूटकर वह सीधे बैंक पहुँचा था। अपने पूरे रुपए, जो छः लाख थे, निकाल लिए थे। कुछ दिनों बाद यह भी अफवाह फैली कि एक जंगल में एक आदमी कुदाल और कुल्हाड़ी लिए, पीठ पर थैला लादे, जा रहा था और लौटा तो थैला खाली था—कितनों ने उस जंगल की खाक छानने में अपनी जिन्दगी के अच्छे हिस्से गँवा डाले।

वाल्ज़ीन (अब हम उसे मेयर नहीं कहेंगे) जेल से निकलकर सीधे अस्पताल में आया और वहाँ उस स्त्री के दफनाने का प्रबंध कराके फिर सीधे उस बच्ची को लेने चला !

इस समय वह बच्ची लगभग सात वर्ष की थी। वह दुष्ट होटलवाला, जिसका नाम थेनार्डियर था, उसे बहुत ही कष्ट में रखे हुए था। दिन-रात उससे काम लेता रहता, खाने को भर पेट तक नहीं देता, फिर सुअन्न की क्या बात ? और जहाँ खाने-पीने की यह हालत है, वहाँ कपड़े-लत्ते की क्या हालत होगी ?

उस दिन बहुत जाड़ा पड़ रहा था। रात हो चली थी। होटल के बगल में ही प्रदर्शनी लगी थी, जहाँ तरह-तरह के खिलौने थे, मिठाइयाँ थीं। इन्हें देखकर यह बच्ची तड़प उठती—लेकिन, तड़पने से ही क्या होगा ? उल्टे, उस दिन होटल में खूब भीड़ थी और भीड़ ज्यादा होने का मतलब था—इस बच्ची का ज्यादा खटना ! सबसे मुश्किल की बात यह हुई कि दस बजे रात को पता चला कि पानी चुक गया है। पानी एक झरने से लाना पड़ता था, जो काफी दूर पर, सुनसान और जंगली जगह में था ! यह छोटी-सी बच्ची बेचारी कैसे जा पाती वहाँ ? लेकिन, उसे जाना ही पड़ा।

वह जा रही थी, ठिठुरती, डरती, काँपती—और रोती थी। रोती क्या बेचारी—उसने सुख ही कहाँ देखे थे जो इस दुख पर रोए ?

पानी भरकर चली, उसके पैर नहीं उठते थे। एक तो बाल्टी बहुत भारी थी, दूसरे, डर के मारे उसके होश गायब थे। चार डेग चलती, दम फूल जाता, रुकती। उसी समय किसी ने उसकी देह पर हाथ रखा। उसके तो प्राण निकलने-से लगे। किन्तु हाथवाले ने तुरत कहा—डरना नहीं बेटी, मैं तुम्हारा पानी लिए चलता हूँ, तू रास्ता बता ! जिन्दगी में यह पहली ही बार था, जब उसने ऐसी सहानुभूति पाई थी।

वह आगे-आगे—आदमी पीछे-पीछे। शहर में पहुँचकर बच्ची ने देखा, यह एक बूढ़ा आदमी है। होटल के निकट पहुँचकर बच्ची ने कहा—बाल्टी रख दीजिए, मैं ले जाऊँगी, नहीं तो मुझे मारेगा।

'क्यों मारेगा ? तुम्हें मारता भी है ? खूब मारता है ! ओहो !'

यह बूढ़ा वाल्ज़ीन था। रात में वह उसी होटल में रहा। दूसरे दिन होटलवाले से कहा—इस बच्ची को मुझे दे दो, मैं कुछ पैसे भी दूँगा। मुँहमाँगा दाम देकर उसने बच्ची को उससे ले लिया और रवाना हुआ !

आदमी आदमी में ही छिप सकता है। समूह आदमी के छिपाने का सबसे जबर्दस्त पर्दा है। इस बात का अनुभवी वाल्ज़ीन फ्रांस के सबसे बड़े शहर पेरिस में पहुँचा। वहाँ एक मकान किराए पर लेकर रहने लगा।

छोटी-सी बच्ची कोर्जटी और वह—बस दो प्राणी। बूढ़ा, इस बच्ची को कितना प्यार करने लगा था। उसे हाथों-हाथ लिए फिरता। उसे पिन्हाता-ओढ़ाता, खिलाता, पिलाता, हँसाता-खेलाता और पढ़ाता-लिखाता। कोर्जटी उस उम्र की तो थी ही जब पढ़ना-लिखना शुरू करा दिया जाता। अभी छः महीने पहले ही जो मुर्झाई, सिकुड़ी, बदरूप और बदरंग लड़की थी, वह कोर्जटी अब गुलाब जैसी खिली, भरी-पूरी, खुशनुमा, खुशदंग, चहकती फिरती थी ! बूढ़ा उसके परिवर्तन पर अपने को धन्य समझता ! मैं उन्नीस वर्ष के जेल-जीवन में दुनिया को घृणा की ही दृष्टि से देखता आया था, अब उसका हृदय प्रेम से लबालब भरा था !

लेकिन, वाल्ज़ीन अभागा था। दुनिया में कुछ लोग अभागे के ही रूप में जनते हैं। दुर्भाग्य उनका पीछा करता-फिरता है। पेरिस में वह अच्छी तरह निश्चिन्त हो रहने भी नहीं पाया था, कि एक दिन उसने एक विचित्रता देखी ! वह अब घर से बाहर निकलता, रास्ते में जो पीड़ित या जरूरतमंद मिलते, उन्हें वह मुक्तहस्त से दान दिया करता। उस मुहल्ले में शोर मच गया कि एक फटेहाल बूढ़ा है, जो लोगों को खूब देता है ! संयोग की बात। जावर्ट की बदली भी पेरिस में ही हो गई थी। वाल्ज़ीन को वह अभी भूला नहीं था। यह अरमान उसके दिल में तड़पता रहता कि उसको पकड़कर दुनिया में अपनी चौकसी और बहादुरी की धाक मचा दूँ। उन्नीस वर्ष तक जेलों में सड़नेवाला, फिर लखपति बन जानेवाला, फिर स्वयं खतरे को आमंत्रित करनेवाला, फिर जेल से निकल भागनेवाला, फिर छः लाख रुपया लेकर न जाने कहाँ मौज-शौक करनेवाला आदमी—इसको पकड़ लेने का अर्थ था, समूचे फ्रांस में मशहूर हो जाने वाला। उसके कानों में ज्योंही यह खबर मिली, और उसे आभास हुआ, वह समझ गया कि वह वाल्ज़ीन होगा !

अतः एक दिन शाम से आधी रात तक पेरिस की गलियों में इस पुलिस अफसर, और उस तथाकथित डाकू में जो आँख-मिचौनी होती रही, वह भी क्या भुलाने की चीज़ है। पता लगाकर, जावर्ट अपना दल-बल ले, उसके घर को घेरने ही वाला था, कि वाल्ज़ीन की तेज़ नाकों ने खतरे को सूँघ लिया। वह निकला। बच्ची को पीठ पर बाँधे वह इस गली से उस गली में भाग रहा है, जावर्ट अपने दल को लिए उसका पीछा कर रहा है। इतने में जावर्ट ने देखा, वह एक ऐसी गली में घुस रहा है, जो आगे जाकर बन्द थी और उसकी दोनों ओर 12 हाथ ऊँची दीवारें थीं। अब कहाँ जाओगे वाल्ज़ीन, जावर्ट ने सोचा। लेकिन, उसका सोचना ठीक था ! जब वह वहाँ पहुँचा, समूची गली छान डाली, कहीं वाल्ज़ीन को नहीं पाया। एक पतली-सी रस्सी के सहारे वाल्ज़ीन दीवार को फाँद चुका था ! जावर्ट ने सोचा, उसकी आँखों ने धोखा दिया—वाल्ज़ीन किसी दूसरी गली से निकल चुका है !

इस दीवार को पकड़कर वाल्ज़ीन जिस अहाते में पहुँचा, वह एक गिरिजाघर का अहाता था। उस गिरिजाघर में वही आदमी नौकर था, जिसकी वाल्ज़ीन ने, जब वह मेयर था, गाड़ी के नीचे से प्राण-रक्षा की थी ! उसने वाल्ज़ीन को कुछ दिनों तक तो छिपाए रहा। फिर, हल्ला-गुल्ला शान्त होने पर अपना भाई कहकर गिरिजाघर में नौकर रखवा दिया था। कोर्जटी यहीं के स्कूल में पढ़ने लगी। वाल्ज़ीन को रुपए की क्या कमी थी—हाँ, यहाँ छिपने का अच्छा मौका मिला। वह बड़े प्रेम से कुदाल चलाता, बागवानी करता, उधर उसकी कोर्जटी फूल की तरह खिलती गई !

जब कोर्जटी की यहाँ की शिक्षा खतम हो गई, वह सयानी हुई और वाल्ज़ीन को अपने लिए कोई खटका नहीं रहा, तब वह फिर शहर में मकान लेकर रहने लगा। हाँ, इस बार बहुत चौकन्ना रहता क्योंकि जावर्ट इस शहर में ही विराजमान था।

शाम को शहर से दूर एक सुनसान में वे दोनों टहलने जाते। इसी समय कोर्जटी ने एक

नौजवान को देखा, वह उस पर रीझ गई !

वह कौन था ?

नाम था उसका मैरियस। चढ़ती जवानी—बहुत ही सुन्दर। वह अपने ननिहाल में रहता। उसकी माँ मर चुकी थी—उसके नाना की एकमात्र वही सन्तान रही। अतः, अपने इस नाती को, जो उसके पूरे धन का भी एकमात्र उत्तराधिकारी था, वह अपने ही यहाँ रखता। लेकिन, केवल यही कारण कहना भी, वाजिब नहीं होगा। बात यों है कि मैरियस के पिता से मैरियस का नाना सख्त नाराज़ रहता—अतः, वह नहीं चाहता था कि वह अपने पिता के पास रहे। बूढ़े की नाराजी का कारण भी विचित्र था। मैरियस का पिता प्रजातन्त्रवादी था और नेपोलियन की सेना में काम कर चुका था। नेपोलियन ने उसकी वीरता पर प्रसन्न होकर उसे फौज का ऊँचा अफ़सर बना दिया था और बड़े रुतबे की एक उपाधि दी थी। नेपोलिययन के पतन के बाद, राजतंत्रवालों के निकट, उस वीर पुरुष ने सिर नहीं झुकाए, फलतः वह एक जगह नज़रबन्द किया गया था। मैरियस का नाना राजतंत्रवादी था और अपने इस दामाद की पिछली करनी और हालात की हिमाकत पर जलता था। वह अपने उत्तराधिकारी पर उसकी छाया भी नहीं पड़ने देना चाहता था। उसने शुरू से ही मैरियस के दिल में उसके पिता के प्रति ऐसी-ऐसी धारणाएँ बिठला दी थीं कि यह लड़का भी अपने बाप से घृणा करता था। उसे पिता के नाम पर उसका नाम लेते हुए भी कुछ शर्म लगती थी !

पर, पिता को अपने इस बेटे के लिए बड़ा स्नेह था। इसी स्नेह के मारे उसने उसे नाना के पास ही रहने दिया—मैं तो भिखमंगा हो चला हूँ, नाना उसे अपार सम्पत्ति देगा, वह सुख से रहेगा । पर, कभी-कभी वह उसे देखने के लिए बड़ा ही व्याकुल हो उठता। वह जानता था कि उसका बेटा अपने सम्पन्न और धार्मिक नाना के साथ रविवार को गिरिजाघर में जरूर ही आएगा—अतः वह जब-तब छिपकर गिरिजाघर में आता, और उसे आँख-भर देख जाता।

जब वह मरने लगा, उसने मैरियस ने नाना को लिखा—आखिरी बार भी उससे भेंट करने देते तो बड़ी अच्छी बात होती। नाना का हुक्म पाकर मैरियस चला, लेकिन, जब तक आवे, वह बेचारा मर चुका था। जब मैरियस को वहाँ पहुँचकर पता चला कि उसका बाप किस प्रकार उसके लिए तड़पते हुए मरा है, किस तरह वह रविवारों को उसे चुपके देखने जाया करता था, और जब उसका आखिरी खत मिला, जिसमें बहुत ही प्यार और फख्र के साथ उसका उल्लेख था, तो वह विमुग्ध हो गया। जिन्दगी भर की घृणा को इस मौत ने प्रेम में परिणत कर दिया। वह जब नाना के पास लौटा, तो वह दूसरा ही मैरियस था—पितृभक्त ! पिता के आखिरी पत्र के अनुसार उसने अपने को नेपोलियन की दी हुई पदवी से भी विभूषित कर लिया।

इसे वह बुड्ढा कैसे मंजूर करता ? दोनों में ठन गई। एक राजभक्ति में सराबोर—दूसरा पितृभक्ति में ! दो तलवारें लड़ गईं—एक चिनगारी निकली। दोनों दो ओर। मैरियस अपने नाना के घर को छोड़कर एक साधारण नागरिक का जीवन व्यतीत करने लगा !

इसी समय उसकी आँखें कोर्जटी से लड़ी थीं !

अनुभवी वाल्ज़ीन ने इसे ताड़ लिया ! लेकिन, वह इससे खुश नहीं हुआ। वह इसकी कल्पना भी नहीं कर सकता था कि कोर्जटी उससे दूर हो। नहीं, यों कहिए कि कोर्जटी को उसको छोड़कर कोई दूसरा प्यार भी करे—यह भी उसके बर्दाश्त के बाहर था। जीवन-भर का संचित प्रेम, सन्तान-प्रेम के रूप में कोर्जटी पर वह अहर्निश बरसा रहा था ! कोई दूसरा दस्तन्दाज़ी क्यों करे !

यह मालूम होते ही, उसने उस तरफ का टहलना-बुलना ही छोड़ दिया। डेरा भी बदल दिया ! लेकिन, क्या सच्चे प्रेम को कोई भी विघ्न-बाधा अपने पथ से रोक सकती है !

तुम्हें ढूँढ़ ही लेंगे कहीं-न-कहीं !

वे मिलते, हँसते-बोलते, और उस दिन की कल्पना करते जब वे एक-दूसरे के हाथों में, सदा के लिए बँध जाएँगे। हृदय से बिक ही चुके थे !

वाल्ज़ीन पेरिस छोड़ने को तैयार हुआ !

मैरियस जब नाना के घर से निकला था, वह तरह-तरह की मुसीबतों में जिन्दगी गुज़ार रहा था। कोर्जटी के प्रेम ने उसके जलते हृदय के लिए शीतल जल का काम किया था। जब उसे मालूम हुआ, अब वह भी छीनी जा रही है, वह जिन्दगी से निराश हो गया। वह सोचने लगा, किस तरह वह अपने को खत्म करे !

अरे, ऐसा मौका मिल गया !

पेरिस में प्रजातंत्रवादी नवयुवकों का एक गिरोह था। उन लोगों ने एक दिन सशस्त्र विद्रोह शुरू किया। मैरियस उसमें शामिल हो गया। वह वहाँ का नेता चुन लिया गया। जिस समय दोनों तरफ से गोलियाँ चल रही थीं—मैरियस को ख्याल हुआ, कोर्जटी को एक खत लिख दिया जाए। उसने जल्दी में एक पुर्ज़ा लिखकर एक लड़के को उसके घर की ओर भेज दिया—जिसमें लिखा था, आज की लड़ाई में मेरा अन्त निश्चित है—तुम खुश रहो, यही अन्तिम कामना है।

वह खत वाल्ज़ीन के ही हाथ में आया। वह उसी समय रवाना हुआ। प्रजातंत्री सेना में वह भी शामिल हो गया—उसके करतब देखकर सब दंग थे ! अरे, इस बूढ़े में इतना जोश !

बीच में लड़ाई रुक जाने पर वाल्ज़ीन जब प्रजातंत्रियों के अड्डे पर बैठा था, उसने देखा, कोई आदमी वहाँ बाँध-बूँधकर रखा गया है। यह कौन है—जावर्ट ! मैरियस ने कहा—इसे गोली से उड़ाना है। वाल्ज़ीन ने कहा—यह काम मेरे सुपुर्द ! वाल्ज़ीन ने जो करामातें की थीं, उनको देखते कौन उसे स्वीकार करता ?

लेकिन, वाल्ज़ीन ने जावर्ट की हत्या की ? नहीं, उसे ले जाकर छोड़ दिया !

"मुझे मत छोड़ो। गोली मार दो," यह जावर्ट ने दाँत पीसते हुए कहा।

वाल्ज़ीन हँसते हुए बोला—"इन्स्पेक्टर साहब, रास्ता नापो रास्ता !"

वाल्ज़ीन, मैरियस या सब लोगों की चेष्टा के बाद भी प्रजातंत्री हार ही गए ! मैरियस को कितनी गोलियाँ लगीं। वह बेहोश हो गया ! वाल्ज़ीन उसकी अधमरी लाश को कंधे पर लादकर युद्ध-क्षेत्र से भागा। पर सवाल तो था—आगे कहाँ ? चारों ओर राजतंत्री सेना जीत रही थी। जिसे देखती, गोली मार देती।

इसी समय उसे म्युनिसिपैलिटी की जमीन के अन्दर की नाली का मुँह दीख पड़ा। वह जानता था, यह नाली शहर के बाहर जाकर निकली है—वह लाश लिए उसमें घुसा !

नाली में कीचड़ है, कूड़े-करकट हैं, कंकर-पत्थर, शीशे के टुकड़े—क्या-क्या नहीं हैं ? उनके ऊपर सड़ा पानी बह रहा है। रात-अँधेरा। एक बूढ़ा एक लाश को लिए जा रहा, जा रहा है ! कहाँ जा रहा है, किस ओर जा रहा है, उसे क्या पता ? वह बढ़ा जा रहा है, इतना ही उसे ज्ञात है !

अब पानी बढ़ता जा रहा है, कीचड़ बढ़ती जाती है ! कमर तक, छाती तक, गर्दन तक। क्या वह लौटे ? लौटे तो कहाँ ? 'बढ़े चलो,' 'बढ़े चलो' ! लाश को दोनों हाथों से ऊपर उठा लिया और बढ़ा ! नाक तक पानी, समूचा सिर तक डूब गया, लेकिन तेजी से उसके पैर बढ़ते ही जाते हैं ! और···

आखिर में फिर थाह—होते-होते कमर भर ! अब तो घुटने भर ही ! क्या वह नाली

के अन्त में है!

इतने ही में आगे से किसी के आने की आहट मालूम पड़ी। अरे, इस नाली में कोई मेरे ऐसा दूसरा अभागा भी हो सकता है ! वह उसके निकट आता है ! कहता है, अच्छा यार, हिस्सा मुझे भी दो, तो राह बता दूँ। इतना कहकर वह उसकी देह टटोलने लगता है, जो कुछ रहता है, ले लेता है, फिर उसे नाली के एक मुँह के निकट ले आता है। पास से कुंजी निकालकर, ऊपर से म्युनिस्पल आफिसरों द्वारा बन्द किए गए ताले को खोलता है, उसे ऊपर कर देता है फिर ताले को बन्द कर लेता है।

यह कौन आदमी था ?

लेकिन अभी मूल किस्सा ही चले !

मैरियस की लाश लिए वाल्ज़ीन निकला। उसने देखा, वह उस जगह है जहाँ से नदी नज़दीक है। वह नदी के किनारे आया। लाश को एक जगह रखकर, पहले उसने अपने हाथ-मुँह, कपड़े-लत्ते धोए। फिर, इस चिन्ता में कि क्या करूँ, इस लाश को कहाँ ले जाऊँ, उसने उसके कोट की जेबों में हाथ डाले। उसे एक पुर्जा मिला, जिसमें लिखा था, कोई मेरी लाश पाए, वह उसे इस शहर के नामी रईस अमुक व्यक्ति के पास पहुँचा दे।

वह खुश हुआ। क्योंकि न तो वह लाश को यों ही छोड़ना चाहता था, न अपने घर ले जाना चाहता था !

लाश को कन्धे पर लेकर वह ज्योंही आगे बढ़ा—पीछे से एक आदमी कहता है, 'खड़े रहो' ! यह जावर्ट था।

वाल्ज़ीन ने कहा—जावर्ट, हाँ, मैं मुजरिम हूँ, डाकू हूँ, सबकुछ हूँ। लेकिन एक बात मानो ! इस लाश को ठीक जगह पर पहुँचाने दो। एक बार तुमने एक निरपराध स्त्री की हत्या कर डाली थी। फिर न कहीं यही हो। यह आज भी लड़ाई में घायल हुआ था और इसका यह पता है। उसने पुर्जा उसके हाथ में दे दिया। पुर्जे पर जो नाम लिखा था, उसकी अवहेलना जावर्ट नहीं कर सकता था।

घोड़ागाड़ी लेकर लाश पहुँचा दी गयी। बूढ़े ने जब नाती को देखा, पहले तो चीख उठा। पर यह जानकर कि अब भी जान है, डाक्टर को बुला भेजा।

इधर, वाल्ज़ीन ने कहा—जावर्ट, एक बात मेरी और मानो ! मुझे अपनी बेटी से मिल लेने दो—क्या तुम इसे मंजूर कर सकते हो ?

वाल्ज़ीन को लेकर जावर्ट उसके घर पहुँचा। लेकिन, जब वाल्ज़ीन बेटी से मिलकर नीचे आया, जावर्ट गायब था।

जावर्ट इस बूढ़े के देवतापन पर दंग था। वह जाकर नदी में कूद गया—आत्महत्या कर ली।

न तो वह कर्तव्य छोड़ सकता था, न इसे पकड़ सकता था ? उफ़ !

उधर डाक्टरों के दवा-दारू से मैरियस चंगा हुआ। इधर, वाल्ज़ीन ने सब घटना कोर्जटी से कही ! हाँ, यह नहीं बताया कि मैंने ही मैरियस का उद्धार किया है।

बहुत दिनों तक मैरियस शय्याशायी रहा। कोर्जटी को लेकर वाल्ज़ीन आया करता।

मैरियस और कोर्जटी की शादी हुई।

लोगों के आश्चर्य का ठिकाना नहीं रहा, जब वाल्ज़ीन ने शादी के दिन कोर्जटी और मैरियस के नाम से पाँच लाख चौरासी हजार रुपए जमा किए। अरे, यह बूढ़ा तो अजीब निकला !

बड़ी हँसी-खुशी में दिन कटने लगे।

एक दिन वाल्ज़ीन मैरियस के घर आया और मैरियस को एकान्त में ले जाकर कहा—आप मुझे जानते हैं, यह लड़की मेरी नहीं है। यह मेरी पोष्यपुत्री है। और, मैं सुप्रसिद्ध मुज़रिम वाल्ज़ीन हूँ।

वाल्ज़ीन, सुप्रसिद्ध डाकू, जेल में उन्नीस वर्ष रहनेवाला, एक साधू के घर में चोरी करनेवाला, फिर मेयर को मारकर उसका छः लाख रुपया लेनेवाला, फिर जावर्ट की हत्या करनेवाला—और ऐसा आदमी मेरा ससुर। नहीं, हर्गिज नहीं।

बूढ़े ने उस दिन से मैरियस के पास आना भी छोड़ दिया। कोर्जटी को भी उसने मना कर दिया। कोर्जटी के लिए अब मैरियस सब कुछ था।

मैरियस को चिन्तायें खाये जाती—

उस लड़ाई के मैदान से ले आकर कौन मुझे नाना के घर पहुँचा गया।

क्या यह सचमुच वाल्ज़ीन है ?

उसे दोनों का पता चला। एक दिन एक आदमी उसके निकट आया। वह वही होटलवाला था, जिसने कोर्जटी को नाना तरह की तकलीफें दी थीं।

और यह वही आदमी था, जो उस दिन नाली में वाल्ज़ीन से मिला था। होटल में फेल करने पर वह अब चोरी-डकैती का पेशा करता था।

वह आया तो था, वाल्ज़ीन का सर्वनाश करने, किन्तु हो गया हित।

उसने समझा था कि वाल्ज़ीन ने परिचय नहीं दिया होगा। लेकिन यहाँ बात दूसरी थी।

उसके पास जो सबूत थे, उससे पता चला, उसका उद्धारक वाल्ज़ीन ही है। और यह आदमी कहने को ही मुजरिम है, लेकिन है देवता। इसने चोरी तो की थी; लेकिन उस चोरी ने ही उसकी आँखें खोल दीं। वही मेयर था। जावर्ट ने तो उसके अहसानों से दबकर खुद आत्महत्या कर ली।

मैरियस के चेहरे से दो झरने झर रहे थे।

तुरत कोर्जटी को बुलाकर वह वाल्ज़ीन से क्षमा माँगने चला।

पर, उस समय वाल्ज़ीन किसी दूसरे ही पुरुष से क्षमा माँग रहा था।

कोर्जटी और मैरियस के इस रुख़ ने उसके दिल को चूर कर दिया था। वह तिल-तिलकर गलने लगा। बीमार पड़ा—आज अपने सामने उस पादरी के शमादान को रखे वह एकटक उस ओर देख रहा था। उसका नौकर और उसकी रसोई बनानेवाली बुढ़िया दाई करुण नेत्रों से उसकी ओर देख रही थी।

कोर्जटी और मैरियस को देखते ही उसके भावनाप्रवण हृदय में तूफान पैदा हो गया। उसने दोनों के सिरों पर हाथ रखकर सदा के लिए आँखें मूँद लीं।

2

रानी की चोरी

होमर—ग्रीस

ग्रीस देश में स्पार्टा एक जगह है। यहाँ के लोग बड़े कद्दावर और लड़ाके होते थे।

स्पार्टा के राजा का नाम था मिनिलौस। मिनिलौस की रानी थी हेलन। हेलन बहुत ही सुन्दरी थी। समूचे ग्रीस देश में वैसी सुन्दरी कोई नहीं थी। ऐसी सुन्दरी कि कोई उससे शादी

करना नहीं चाहता। सोचता, इसके चलते कोई खतरा आए, तो कौन जान आफत में रखे। जब मिनिलौस को उसके दूसरे पड़ोसी राजाओं ने यह इत्मीनान दिलाया कि अगर तुम पर कोई खतरा आएगा, तो हम लोग तुम्हारी मदद करेंगे, उसने हेलन की बाँह पकड़ी।

हेलन और उसके पति बड़े आनन्द से रहने लगे। दोनों दोनों को चाहते, दोनों दोनों पर बलिहार जाते।

ग्रीस-देश के नज़दीक ही, एशिया माइनर में, ट्रोजा नामक एक राज्य था, जिसकी राजधानी ट्राय नामक नगर में थी। ट्राय के राजा का नाम प्रियाम था। प्रियाम के दो लड़के थे—हेक्टर और पारिस। हेक्टर बहादुरी के लिए और पारिस खूबसूरती के लिए नामी था।

एक बार पारिस स्पार्टा आया। उसके पिता ने किसी राजकाज के मामले में उसे भेजा था। संयोग की बात, मिनिलौस राजधानी से बाहर था। किन्तु पारिस की सेवा-बन्दगी में कोई कमी नहीं की गई। रानी हेलन ने अपने पति की ग़ैरहाजिरी में अपने इस राज-अतिथि को बड़े ही आदर-सत्कार से रखा।

पर, खूबसूरत पारिस, इस खूबसूरत रानी पर मोहित हो गया। दाँव-पेंच से उसे कैद कर लिया और उसे लेकर अपने देश को चलता बना।

स्पार्टा की रानी ट्रोजा की बन्दिनी बनी—भला इस बात को ग्रीसवाले कैसे बर्दाश्त करते ? यों तो ग्रीस उस समय कितने छोटे-छोटे राज्यों में बँटा था, पर, इस मसले पर सभी एक हो गए। इज्जत का सवाल था। फिर, एक बात और भी तो थी। मिनिलौस तो इन्हीं दिनों की याद कर हेलन से शादी नहीं करता था। जब इन्होंने उसे इत्मीनान दिलाया था, तो अब उसके वचन की टेक तो इन्हें निबाहनी ही थी।

समूचे ग्रीस के वीर-सूरमे इकट्ठे हुए ! हर आदमी के चेहरे पर उत्साह था—और हर एक के उत्साह में अपने को बलिदान कर देने की आकांक्षा झलक रही थी। सबने मिलकर ट्राय के राजा के भाई अगमेयनन को अपना सेनापति चुना !

ग्रीस और एशिया माइनर के बीच समुद्र लहरा रहा है। नावों पर सवार होकर ग्रीस-सैनिक ट्राय की ओर चले ! उनकी नावें समुद्र की लहरों को चीरती हुई बढ़ रही थीं, उनकी जय-ध्वनि से आसमान की छाती फट रही थी !

समुद्र-तट पर पहुँचते ही, इन्होंने ट्राय पर धावा बोल दिया। ट्राय नगर पर घेरा डाल दिया गया। यह घेरा दस वर्षों तक चलता रहा। बीच-बीच में भयंकर मुठभेड़ और लड़ाइयाँ जारी रहीं।

नौवें वर्ष में ग्रीकों की सेना में एक विचित्र फूट पड़ गई। गर्चे इस सेना का सेनापति अगमेयनन था, किन्तु ग्रीक सेना में सबसे बड़ा योद्धा था—अचिलस। एक दिन अचिलस और अगमेयनन में एक छोटी बात के लिए कहा-सुनी हो गई। अचिलस के एक गुलाम को अगमेयनन ने पकड़वा मँगाया था। इसी बात पर बात बढ़ गई ! अचिलस ने अपने को लड़ाई से हटा लिया। अपने खीमे में जाकर आराम करने लगा। किसी भी लड़ाई में साथ नहीं देता।

ग्रीकों की इस फूट से ट्राजनों ने फायदा उठाया। अब वे बढ़-बढ़कर धावे बोलते और काफी नुकसान पहुँचाते। होते-होते ऐसा मालूम होने लगा, कि ग्रीकों की हार होगी ही !

अचिलस का एक दिली दोस्त था—नाम था उसका पैट्रोक्लस। इस फूट से होती हुई हानि उससे नहीं देखी गई। अपनी जान देकर भी उसने इस फूट को दूर करना और अपने देश को जिताने का निश्चय किया।

एक दिन वह अहले सुबह उठा और अचिलस का जिरह-बख्तर पहनकर लड़ाई में आ

डटा। अचिलस के जिरह-बख्तर को ट्राजन भूले नहीं थे। उन्होंने समझा, अचिलस फिर युद्ध-भूमि में आ गया। इसकी कल्पना ने ही उन्हें भयभीत कर दिया। ग्रीक सेना में भी बड़ा उत्साह छा गया ! ट्राजनों को इन्होंने खदेड़ते-खदेड़ते शहर के फाटक तक पहुँचा दिया ! पर, यह क्या हुआ ? फाटक तक वह वीर-प्रवर पहुँचा ही था कि घायल हुआ, गिर पड़ा और सदा के लिए चल बसा।

अपने मित्र की मृत्यु की खबर ज्योंहो अचिलस को मिली, वह गुस्से से तिलमिला उठा। वह पिछली बातों को भूल गया। मित्र की मृत्यु का बदला--उसके दिमाग में एक यही बात चक्कर काटने लगी। दूसरा जिरह-बख्तर तैयार किया गया। उसे पहनकर वह बड़े धूमधाम से मैदाने-जंग में आया।

इन दस वर्षों में ऐसी घनघोर लड़ाइ कभी नहीं हुई थी। एक ओर था ग्रीकों का सबसे बड़ा योद्धा अचिलस, जो अपने दोस्त की मृत्यु के कारण, क्रोध से पागल हो रहा था। दूसरी ओर था ट्राजन-नरेश का बड़ा बेटा हेक्टर, जिसके मुकाबले का लड़ाका उस देश में कोई नहीं था। जमकर लड़ाई हुई। भालों और तलवारों के वार पर वार होने लगे। मालूम होता था, मानो दो पगले दल खून की होली खेल रहे हो। हाहाहूहू और चीख-कराह से आसमान काँप रहा था। एक-एक घड़ी एक-एक प्रलय के कान काट रही थी।

होते-होते हेक्टर गिर पड़ा--अचिलस विजयी हुआ। ग्रीकों की जयध्वनि से दिशाएँ थर्राने लगीं।

क्रोध में पागल अचिलस ने हेक्टर की लाश को अपने रथ में बाँधा और उसे ट्राय-नगर के चारों ओर तीन बार घुमाया। अन्त में, उसने लाश को उसके बाप के पास भेजवा दिया। प्रियम अपने पुत्र की लाश देखकर फूट-फूटकर रोने लगा। हेक्टर की स्त्री रोई, हेक्टर का भाई, इन फसादों की जड़, पारिस रोया और रोई उसके साथ ही स्पार्टा की रानी हेलन ! हाँ, हेलन भी रोई--वीरों के लिए कौन नहीं रोता ?

किन्तु, हेक्टर के मरने से ट्राय वीर-विहीन नहीं हो गया था। वरन्, उल्टे उन्होंने दूने जोश से अपने शहर की रक्षा करने की शपथ-सी खा ली। अचिलस लाख कोशिश करता रहा, उसकी एक न चली !

जहाँ बहादुरी थक चली, वहाँ अक्लमंदी की जीत हुई। अचिलस की तलवार जहाँ बेकाम साबित हुई, वहाँ कुलिसस की अक्ल काम कर गई।

ट्राय शहर के चारों ओर बहुत मजबूत शहर-पनाह बनी थी। उसका फाटक बहुत ही मजबूत था। ट्राजन उस फाटक से निकलकर ग्रीकों से खूब लड़ते; किन्तु जब दिक्कत आती या आराम करना होता, उस फाटक से फिर शहर में चले जाते। यह साफ था, कि जब तक किसी तरह ग्रीक-सेना शहर में नहीं पहुँच पाती, ग्रीकों का जीतना नामुमकिन है।

कुलिसस ने एक तरकीब सोची। उसने एक बड़ा-सा काठ का घोड़ा बनवाया। घोड़ा चार पहिए लगे हुए एक गाड़ी पर खड़ा किया गया था। घोड़ा काफी बड़ा था। उस घोड़े के पेट में कुछ चुने हुए ग्रीक-सैनिक जा बैठे थे।

एक दिन ट्राजनों ने देखा, ग्रीक-सेना अपने पूरे साजो-सामान के साथ समुद्र किनारे जा रही है। यही नहीं, नाव पर चढ़कर वह ग्रीस की ओर रवाना हो रही है ! यह क्या बात है--अचरज में वे डूबने-उतराने लगे।

इतने ही में उनकी नजर एक बड़े-से काठ के घोड़े पर पड़ी। यह क्या चीज है, जिसे छोड़ ग्रीकों ने रास्ता नापा।

झुंड-के-झुंड लोग फाटक से निकले। काठ के घोड़े के नजदीक आए। उसमें पहिए लगे

थे ही। इस विचित्र चीज को खींचकर अपने शहर की ओर ले चले—हँसते, किलकारियाँ भरते। वे बेचारे क्या जानते थे कि यह काठ का घोड़ा नहीं, उनके शहर की फूटी किस्मत है, जिसे स्वयं खींचकर लिए जा रहे हैं।

दिन-भर, दिन-भर क्या, जब तक लोगों को नींद ने जबर्दस्ती सुला नहीं दिया, इस घोड़े के नजदीक लोगों की भीड़ बनी रही। कोई मुँह देखता, कोई पूँछ—किन्तु मतवाले उसकी पीठ पर भी चढ़ जाते—अफसोस, उसके पेट में क्या है, इस बात को जानने की सूझ किसी में न आ पाती !

आधी रात। समूचा शहर सुनसान। ग्रीक-सेना, जो भागने का बहाना कर रही थी; लौट आई है और समूचे शहर को घेर चुकी है और किसी बात की प्रतीक्षा में है—क्या बात है वह ?

धीरे-धीरे घोड़े का पेट फटता है और उसमें से कुछ ग्रीक-सैनिक निकल पड़ते हैं।

वे हौले-हौले फाटक के नजदीक पहुँचते हैं। पहरेदार को कैद करते हैं, चाबी लेते हैं, फाटक खोल देते हैं।

एक तुमुल ध्वनि के बीच ग्रीक-सेना ट्राय-नगर में प्रवेश करती है। और उसी तरह भयानक संहार करने लगती है !

सोनेवाले उठते हैं, किन्तु घबराहट में वे क्या करें ?

ग्रीक-सेना का समूचे शहर पर कब्जा हो जाता है।

हेलन अपने पति से मिलती है।

ग्रीकों की सेना विजय से पागल बनी, हँसती, उछलती अपने देश पहुँचती है। समूचे ग्रीस में आनन्द की लहरें छा जाती हैं।

जिस तरह वाल्मीकिजी अपनी रामायण में सीता-हरण और लंका-विजय की गाथा गाकर अमर हो चुके हैं, उसी तरह ग्रीकों की यह विजय गाथा 'होमर' नामक एक बहुत पुराने कवि ने गाई है ! होमर यूरोप का वाल्मीकि है। वह भी यूरोप का अमर कवि समझा जाता है।

3

टिलटिल की शादी

मेटरलिंक–बेल्जियम

एक था लकड़हारे का लड़का। बाप-माँ के साथ जंगल में रहता। लकड़ी काटकर गाँव में बेच आता। उसी से उनकी गुज़र चलती। लड़के का नाम था—टिलटिल। उसकी उम्र सोलह वर्ष की हो चली थी।

एक दिन वह अपने घर में सोया था। उस दिन पूर्णिमा की चाँदनी थी। खिड़की से चाँदी छन-छनकर उसके बिछावन पर आ रही थी।

अचानक, उसने अपने दरवाजे पर 'खट-खट' की आवाज़ सुनी—जैसे कोई दरवाजा खोलने को बुला रहा हो। कौन है ? उसने कहा। फिर बोला—"ज़रा ठहर जाओ, मैं अपने कपड़े सम्हालकर आया।"

"तुम पड़े रहो, तकलीफ करने की जरूरत नहीं, मैं आई।"

उसने देखा, दरवाजा बन्द ही है, लेकिन एक बुढ़िया घर में घुसी आ रही है। बुढ़िया ने आते ही कहा—"तुम मुझे पहचानते हो, मैं वही परी हूँ। याद है न, सात वर्ष पहले तुम्हारे

पास एक दिन आई थी। अहो, तुम तो अब जवान-से हो चले !" ज़रा-सा रुककर उसने फिर कहा—

"आज एक बहुत जरूरी काम से तुम्हारे पास आई हूँ, बेटा ! लेकिन एक बात—कोई हम लोगों की बात सुन तो नहीं रहा है ?"

टिलटिल परी को पहचान गया। उसने बता दिया कि उसके माँ-बाप उस बड़े घर में सोए हैं। उसकी बहन छोटे से कोनिया घर में सोई है और वह यहाँ सोया था। इस समय सभी सोते होंगे। जहाँ तक उसका खयाल है, कोई नहीं सुन रहा होगा !

"ख्याल-व्याल की बात नहीं, टिलटिल ! तुम्हें पूरा विश्वास है न ? क्योंकि मैं जो कुछ कहने जा रही हूँ, उस पर तुम्हारी जिन्दगी का सुख-दुख निर्भर है।"

टिलटिल के विश्वास दिलाने पर, परी ने उससे पूछा—"अच्छा, बताओ, तुम किसी को प्यार करते हो ?"

"क्यों नहीं प्यार करता, माँ को प्यार करता हूँ। पिताजी को प्यार करता हूँ। बहन को प्यार करता हूँ—मुझे तो अपना काम भी प्यारा ही लगता है।"

"तुम निरे लकड़हारे ही रहे ? मैं जानना चाहती हूँ कि किसी लड़की से तुम्हारा प्रेम हुआ है कि नहीं ?"

"मुझे नहीं मालूम।"

"वाह रे नहीं मालूम ?—हज़रत आपकी उम्र वह हो चली है, जब आपको यह मालूम होना चाहिए। जो इस उम्र में यह नहीं जाने, वह गोबरगणेश है, उल्लू है, गधा है।" कहते-कहते वह उत्तेजित हो चली थी, लेकिन, फिर अपने को मुलायम करके बोली—"टिलटिल, मुझे झाँसा नहीं दो। मेरे सामने झूठ बोलना अपने को धोखा देना है ! मैं तुम्हारे हित के लिए पूछ रही हूँ ! खैर, यही बताओ कि जितनी लड़कियों को तुमने देखा है—उनमें सबसे खूबसूरत कौन जँची।"

"कई लड़कियाँ खूबसूरत हैं !"

"अच्छा, उन्हीं सबका नाम लो !"

"सबके नाम तो नहीं जानता, वे छः हैं—चार उस गाँव में, एक जंगल में और एक उस पुल के पास !"

"वे खूबसूरत क्यों जँचीं, जानते हो ? तुम उन्हें मन ही मन प्यार करते हो। लेकिन हाँ, क्या वे भी तुम्हें प्यार करती हैं ?"

"मैं क्या जानूँ ? शायद उन्हें यह खबर भी नहीं हो कि मैं उन्हें प्यार कर रहा हूँ। हो सकता है, मुझे उन्होंने देखा तक न हो !"

परी ने हँसकर कहा—"इसका पता तुरत लग जाता है। मैं अभी उन्हें बुलाती हूँ। तुम जल्दी कपड़े पहन लो। और लो यह टोपी, इसको सिर पर रख लो।"

टिलटिल ने ऐसा ही किया ! तब परी ने उसके हाथ में चीलम रख दिया। और बताया कि उन छहों के रूप की कल्पना करके चीलम को घुमाओ, वे आ जाएँगी।

"छहों को एक साथ ? वे तो झगड़ने लगेंगी !"

"इस लोक में कोई किसी से नहीं झगड़ता ! बुलाओ !"

चीलम को घुमाते ही टिलटिल के अचरज का ठिकाना नहीं रहा ! वे छहों सुन्दरियाँ एक-एक कर आने लगीं ! सबसे पहले उसके पड़ोसी लकड़हारे की लड़की आई—आते ही वह टिलटिल के गले से लिपट गई। उसने बताया कि वह टिलटिल के प्रेम में मरी जा रही है। "जब यह हालत थी, तब तुमने मुझसे कहा था क्यों नहीं ?" टिलटिल ने पूछा। उसने

कहा—"भला, उस लोक में ऐसा कहना क्या उचित समझा जाता है ?" इसी समय दूसरी लड़की आई—वह कसाई की लड़की थी। आते ही उसने कहा—"खैर, तुम याद रखते हो टिलटिल—गनीमत है ! मैं तो समझती थी, शायद तुम जानते भी नहीं होगे कि मैं तुम्हें प्यार करती हूँ।" इतने ही में उसका ध्यान पहली लड़की की ओर गया—"अच्छा तू है, री, तो क्या तू भी टिलटिल को चाहती है ?" लकड़हारे की लड़की ने जवाब दिया—"हाँ ! क्या इससे तू मुझ पर नाराज़ हो रही है।" "बिलकुल नहीं—हम दोनों इसे प्यार करेंगे"—बूचड़ की लड़की ने ऐसा कहकर एक मीठी थपकी लकड़हारे की लड़की के गाल पर लगाई और फिर टिलटिल को चूमकर हँस पड़ी !

इसी तरह, वह होटल में काम करनेवाली लड़की, वह आटा पीसनेवाली लड़की, वह भिखमंगे की लड़की और अन्त में शहर की वह रईस की लड़की आई। रईस की लड़की को आते देखते ही टिलटिल जैसे सहम गया और परी से कहा—"वह बहुत धनी है, क्या मुझसे बात करेगी।"

"करेगी और घुल-घुलकर। याद रखो, तुम उस लोक में नहीं हो। यहाँ आदमी अपने हृदय का भाव छिपा नहीं सकता और न ही कोई किसी को बड़ा-छोटा समझ सकता है। मनुष्य के हृदय में जो घमण्ड, क्रोध आदि भाव होते हैं, वे भी मरने के बाद नहीं रह पाते।"

वह लड़की बहुत सज-धजकर आई थी। उसे देखते ही टिलटिल ने कहा—"कुमारीजी, आइए !" वह नाराज होकर बोली—"कुमारीजी—यह क्या बेवकूफी की बात ! मेरा नाम रखकर पुकारो ! टिलटिल—तुम नहीं जानते, तुम्हारे लिए मेरा हृदय कितना व्याकुल रहता है ! याद है, तुम उस दिन पहले मेरे बंगले पर लकड़ी बेचने गए थे ! सच कहूँ, वहाँ तुम्हें देखती ही, मैं आशिक हो गई। मालूम होता है, तुम्हें भी बहुत प्रेम हुआ था, क्योंकि तब से तुम बराबर जाते रहे और मेरी ओर भीगी आँखों से देखा किए। क्यों ठीक है न ?"

ऐसा कहकर वह टिलटिल के गले से बेतरह लिपट गई और उसे चूमने लगी !

जब छहों लड़कियाँ और टिलटिल इस प्रकार एक-दूसरे से मिलने-जुलने, हँसने-हँसाने में लगे थे, कि परी बीच में आ धमकी और टिलटिल से कहने लगी—"बेटा, बहुत आमोद-प्रमोद हो चुका। अब काम पर आओ। आज रात में ही चुनाव कर लेना है कि इनमें किससे तुम शादी करोगे ? यह प्रश्न बहुत नाजुक है। यह मौका जिन्दगी में एक ही बार आता है। और इसी पर दो प्राणियों का सुख निर्भर करता है।"

"तो क्या आज ही मुझे चुन लेना है ? और एक ही चुनना ?"

परी ने कहा—"चुनना तो आज ही है। किन्तु इस चुनाव में तुम स्वतंत्र नहीं हो। सबसे पहले तुम्हें अपने पुरखों से राय लेनी होगी और तुम्हारे लड़कों का तो जबर्दस्त हाथ रहेगा ही।"

"मेरे पुरखे ?—मेरे लड़के ?"

"हाँ, तुम्हारे जो पुरखे मर चुके हैं, उनसे राय लेना मुनासिब है न । अपने खानदान का उन्हें कुछ कम ख्याल नहीं है। और लड़कों की पूछते हो, सो तुम्हारे एक-दो नहीं, हजारों लड़के-लड़कियाँ हैं !" टिलटिल के आश्चर्यचकित चेहरे को देखकर उसने फिर कहा—"घबराओ नहीं टिलटिल—तुम्हें सबसे भेंट हो जाती है !"

ऐसा कहकर बुढ़िया उठने ही को थी कि उसी समय घर में अजीब सूरत घुसती हुई दिखी ! मनुष्य से दुगुनी ऊँचाई—जैसे एक छोटी-सी मीनार हो। चेहरा भी नहीं। एक भूरे लबादे से ढँकी-सी ! उसे देखकर सभी डर-से गए, लेकिन बुढ़िया ने कहा—"घबराओ नहीं, यह भाग्य है ! मैं इसको साथ लाना भूल गयी थी। यह भी साथ चलेगी।"

इसी समय दरवाजे पर खटखट हुई !

"कौन है, क्या दरवाजा खोला जाए ?"

लेकिन दरवाजा खोलने की जरूरत नहीं हुई। एक स्त्री की प्रतिमा-सी भीतर घुसी ! बिलकुल प्रतिमा-सी–उजली पोशाक ! चेहरा, हाथ, मुँह, आँख, केश, भौं सब निर्जीव-सा ! वह दरवाजे पर ही खड़ी रही। टिलटिल ने कहा–"यह क्या है ?"

"शायद तुम अपनी किसी प्रेमिका को भूल गए हो, यह वही है"–परी ने कहा। टिलटिल उसके निकट गया, उसे देखा। उसे कुछ याद नहीं आया। फिर उससे पूछा–लेकिन प्रतिमा-सी गुमसुम ! परी ने कहा–"जब तक तुम्हें उसकी याद न आ जाए, बेचारी निर्जीव ही रहेगी !"

टिलटिल ने एक बार फिर देखा और कहा–"मुझे तो जरा भी याद नहीं !"

"खैर, अब वक्त बीता जा रहा है। चलो, हम लोग चलें ! दरवाजा तो यह रोके हुई है, हम लोग खिड़की से निकल चलें।" परी ने ऐसा कहा और सबको लेकर रवाना हो गई।

सब पुरखों के देश में पहुँचे। वहाँ टिलटिल ने देखा कि एक अजीब ढंग का गाँव बसा है। वहाँ हर जमाने के मकान हैं, जिनकी सूरत-शक्ल अजीब है। यह उन्नीसवीं सदी के किसान का मकान है, यह अट्ठारहवीं सदी की एक दूकान है, यह सत्तरहवीं सदी के शहर का मकान है, यह सोलहवीं सदी का जेलखाना है, यह पन्द्रहवीं सदी की अट्टालिका है, यह तेरहवीं सदी की कुटिया है, यह ग्यारहवीं सदी का गिरजाघर है--यों ही अनगिनत मकान हैं ! परी ने बतलाया कि इन सबमें उसके पुरखे रहते हैं–जिस जमाने में वे जिस मकान में थे, यहाँ उनके वैसे ही मकान हैं। टिलटिल आश्चर्यचकित हो उन नकानों को देख रहा था कि उसने अपनी दादी और दादा को अपने झोंपड़े से निकलकर आते देखा। टिलटिल को देखते ही उसकी दादी बहुत तेजी के साथ आगे बढ़ी और उसे छाती से लगा लिया; फिर बोली–"ओहो, तू आ गया, कैसा तगड़ा हो गया है तू, हाँ, हाँ, यही उम्र तो है जब लड़कियाँ पसन्द की जानी चाहिए। और, ये लड़कियाँ हैं–मैं तेरी सुरुचि की तारीफ करती हूँ, टिलटिल, बहुत ही सुन्दर हैं ये लड़कियाँ !" वह बोल ही रही थी कि बीच ही में टिलटिल के दादा ने कहा कि "मुझे चुनने को कहा जाए, तो मैं उसे चुनूँ--वही, सबसे खूबसूरत है !" "चुप रहो, तुम्हें इस चुनाव में कोई अधिकार नहीं है। !" दादी ने बूढ़े को डाँट दिया और टिलटिल से कहा--"जो हम लोगों में से सबसे बूढ़े हैं, उन्हीं को चुनने का अधिकार है–वे लोग अब आते ही होंगे ! हाँ, यहाँ जो जितना ही बूढ़ा है, वह उतना ही नवजवान है–उम्र के साथ यहाँ जवानी बढ़ती जाती है"–यह सुनकर टिलटिल को बहुत आश्चर्य हुआ।

इसके बाद एक-एक कर पुरखे आने लगे। दादी ने बताया कि पुरखों की संख्या का तो कोई ठिकाना ही नहीं है, लेकिन, सब नहीं आएँगे। उनमें कुछ दूसरे लोकों में भ्रमणार्थ गए हैं। जो लोग आए, उनका परिचय दादी ने टिलटिल को दिया। उसके कोई पुरखे बहुत धनी थे, कोई बहुत गरीब; किसी ने गिरजाघर की रोटी पर गुजर की थी, तो किसी ने चोरी तक की थी। अपने पुरखों में चोर को देखकर टिलटिल को बहुत खेद हुआ–लेकिन, दादी ने कहा–"उन्होंने कोई अपराध नहीं किया था, टिलटिल ! क्या करते, अपने बच्चों को जिन्दा रखना था और जिन्दगी का सामान कुछ लोगों ने हथिया रखा था, तो चोरी न करें तो क्या हो ?" उसके पुरखों में कोई बीमार थे, कुछ बड़े पहलवान। कुछ पूरे सन्त स्वभाव के, कुछ अलबेले छैले ! अन्त में दो बड़े विचित्र पुरखे आए। एक बड़े लम्बे-तगड़े थे, लेकिन, चमड़ा पहने हुए, हाथों में बरछा लिए ! बिल्कुल जंगली-से और दूसरे तो पूरे बनमानुस समझिए--नंगधड़ंग, समूचे शरीर में बाल। उन्हें देखकर टिलटिल ने कहा–"नहीं, ये हमारे पुरखे नहीं हो सकते, मैं बाज आया इन पुरखों से !" इस पर उसके दादा साहब बहुत बिगड़े–"तू

पुरखों का अपमान करता है रे—आज बड़ा सभ्य बना है, लेकिन, याद रख तुम लोगों में जितने सद्गुण हैं, सब इन्हीं से प्राप्त हुए हैं !'' टिलटिल डर के मारे चुप हो रहा।

इतने ही में सबसे बड़े पुरखे टिलटिल के निकट आए, टिलटिल ने उन्हें प्रणाम किया, उन्होंने आशीर्वाद दिया। उन्होंने टिलटिल को प्यार करते हुए कहा—''बच्चा, मुझे देखकर मत डर, न घृणा कर ! तू मुझे जितना भयावना और घृणित समझता है, उतना मैं नहीं हूँ। फिर, जो कुछ भी हूँ, तू मेरा है, मैं तेरा हूँ। हम लोग कितने दिनों तक एक साथ रह चुके हैं और आज भी रह रहे हैं।'' ''मैं आपके साथ कभी नहीं रहा ! आपको मैं पहचानता भी नहीं हूँ''—टिलटिल ने कहा ! बड़े पुराने पुरखे हँसते हुए बोले—''तू नहीं पहचानता है, लेकिन, तो भी तू मेरे साथ उस दिन भी था, जब मैं तेरी पृथ्वी पर था और आज जब तू पृथ्वी पर है, मैं तेरे साथ रहता हूँ !'' यों ही बहुत बातें होती रहीं। टिलटिल ने कहा कि ख़ैर आप मेरे पुरखे हैं, लेकिन, आपको क्या हक है कि मेरी पत्नी का चुनाव आप करें—यह अधिकार तो मुझे होना चाहिए। इस पर बड़े पुरखे ने बताया कि अधिकार तो तेरा ही है—और हम लोग क्या हैं ? हमारा ही तो तू रूप है। इसलिए हमारा चुनने का मतलब है, तेरा स्वयं चुनना। लेकिन, चूँकि तुझे अभी अनुभव नहीं, अतः, हम तेरी मदद करते हैं। यदि हमसे मदद न लोगे, स्वयं पछताओगे। ख़ैर, यों वाद-विवाद के बाद लड़की के चुनाव का प्रश्न आया। लड़कियाँ एक-एक कर पेश की गईं।

लड़कियों के आने पर, बड़ा ही गड़बड़झाला मचा। अलग-अलग पुरखों की अलग-अलग राय हुई। धनी पुरखे ने मेयर की लड़की को पसन्द किया, किसान पुरखे ने लकड़हारे की लड़की को, यों ही, किसी ने कसाई की लड़की को तो किसी ने भिखमंगे की लड़की को, तो किसी ने आटा पीसनेवाली की लड़की को। ये लड़कियाँ जिन-जिनने उन्हें पसन्द किया था, उनकी गोद से लपक पड़ीं और आरज़ू-मिन्नत करने लगीं कि मेरी शादी टिलटिल से करा दीजिए। इस गड़बड़झाले को देखकर 'बड़े पुरखे' ने बिगड़कर और पुरखों से कहा—''तुम लोगों को दस्तन्दाज़ी करने का कोई हक नहीं, जब कि मैं यहाँ हूँ। लड़कियो, एक-एक कर मेरे निकट आओ।'' लड़कियाँ आतीं, बड़े पुरखे के पैर छूतीं, गिड़गिड़ातीं, लेकिन एक-एक को वह रद्द करते गए और अन्त में बोल उठे—''इनमें कोई भी ऐसी नहीं है, जिससे तेरी शादी हो टिलटिल !'' लड़कियाँ सिसकती खड़ी रहीं—टिलटिल था हक्का-बक्का। इसी समय वह पाषाण-प्रतिमा-सी सूरत आकर उनके सामने खड़ी हो गई। उसे देखते ही टिलटिल झल्ला उठा, लेकिन बड़े पुरखे ने कहा—''यही है; यही है, जिससे तेरी शादी होनी चाहिए।'' इतना कहकर वह आगे बढ़े और उस प्रतिमा के मुँह से घूँघट को हटाया। देखने में बड़ी सुन्दरी—लेकिन, निष्प्राण ! ''टिलटिल, याद करो इसे—यही तुम्हारी सच्ची प्रेमिका है''—किन्तु लाख कोशिश करने पर भी याद नहीं आई।

''खैर, यह तो मेरी राय हुई—लेकिन, इसमें असल राय तो होती है, सन्तानों की, अतः अब तुम जल्दी सन्तान-लोक में जाओ !''—बड़े पुरखे ने आज्ञा दी। परी के साथ सभी चले।—वह प्रतिमा भी पीछे-पीछे चली। भाग्य भी साथ लगा रहा।

सब सन्तान-लोक में पहुँचे। एक बहुत बड़ा प्रासाद है। खूब हवादार—रोशनी से चमचमाता हुआ। सब उसमें घुसे—और बड़े हाल में जाकर खड़े हो गए—हाँ, वह प्रतिमा एक ओर छिप रही। उनके पहुँचते ही, एक बच्चे के सिर ने पर्दे की ओर से झाँका और फिर आवाज सुनाई दी—''इधर आओ, इधर आओ, ये यहाँ खड़े हैं।'' बस—सात-आठ लड़के दन-दन कर निकल आए। उनमें से जो सबसे बड़ा था, वह आगे बढ़ा और टिलटिल का हाथ पकड़कर कहने लगा—''दादाजी, प्रणाम !'' ''दादा—कौन दादा है !''—टिलटिल बोला। बच्चे ने हँसकर

कहा—"आप हैं मेरे दादाजी !" "मैं दादा हूँ ?—क्या मैं अभी दादा हो चला ?" टिलटिल आश्चर्य में डूबता-उतराता बोला। बच्चे ने कहा—"आप दादा ही नहीं हैं, दादा से भी अस्सी दर्जे ऊपर हैं, अभी तो वे लोग आने को ही हैं !"—इतना कहकर वह बच्चों से फिर हँसते हुए बोला—"और, ये क्या हमारी दादी हैं ?" टिलटिल ने कहा—"तुम्हें ही इनमें से एक चुनना है !"

फिर क्या था, सभी बच्चे उन लड़कियों की ओर टूट पड़े और सबके हाथ पकड़-पकड़कर चिल्लाने लगे, मैं इसे दादी बनाऊँगा ! इन पर बड़े बच्चे ने उन बच्चों को डाँटा और कहा कि हमें चुनने का कोई हक नहीं, जिन्हें चुनना है, वे सबसे पीछे आएँगे। इसके बाद लड़कों का टाल लग गया—सभी आते और टिलटिल को 'परदादा' और न जाने क्या-क्या कहकर पुकारते, टिलटिल लज्जित होता। अन्त में पाँच लड़के आते दीखे। बड़े बच्चे ने कहा—"बस, चुननेवाले आ गए !"

"क्या मेरे पाँच बच्चे होंगे ?"—टिलटिल ने पूछा ? "पाँच ही नहीं, छः। अभी सबसे छोटा तो आने ही को है।" उस बच्चे ने फिर कहा—"इस लोक में जो सबसे बड़ा बच्चा होता है, वह सबसे छोटा समझा जाता है—समझे न दादाजी !" टिलटिल गुमसुम था—उसके मुँह से आवाज़ ही नहीं निकलती थी। ये पाँचों लड़के आकर उन छः लड़कियों की ओर देखने लगे। इतने ही में उनमें से सबसे बड़ा बच्चा उठा—"भैया, भैया, माँ कहाँ है ?"

छोटे ने कहा—"क्या तुम नहीं देखते !"

सबने कहा—"कहाँ, कहाँ देख रहा हूँ भैया !—भैया कहाँ है ? कहाँ है, बता दो भैया !"

उनका यों कहना था कि छहों लड़कियाँ उन्हें गोद में लेकर कहने लगीं—मैं तुम्हारी माँ हूँ, मैं तुम्हारी माँ हूँ, लेकिन बच्चे कहते, उहूँ, तुम मेरी माँ नहीं हो। कहाँ है मेरी माँ ! बच्चों की आँखों में आँसू झलकने लगे—लड़कियाँ व्याकुल होकर उन्हें सीने से लगाने लगीं। किन्तु, वे छटपटाकर उनकी गोदों से भागने की चेष्टा करने लगे। आखिर उन्हें छोड़ देना पड़ा। फिर पाँचों साथ ही उस हौल से चले। वे कहाँ जा रहे हैं ? सबसे छोटे की तलाश में। माँ को सबसे ज्यादा वही पहचानता है न ?

पाँचों बच्चों के साथ टिलटिल, छहों लड़कियाँ, परी और भाग्य भी हौल से निकलते हैं। हौल में केवल वह प्रतिमा छिपी रहती है। इतने ही में सबसे छोटा कहाँ से दौड़ता-कूदता आता है और हौल में घूर-घूरकर देखता है। दौड़कर वह प्रतिमा के निकट पहुँचता है और उसका हाथ पकड़कर कहता है—"हाँ, हाँ, तू छिपी हुई थी ? मेरी प्यारी अम्मा, तू छिपी हुई थी ? लेकिन मैंने ढूँढ़ लिया न ? ओहो, तू इतनी ठंडी क्यों है ? तू बोलती क्यों नहीं है ?" बच्चे की बातें सुनते ही, प्रतिमा में मुस्कुराहट आई। उसकी नसों में खून दौड़ने लगा, उसने बच्चे को गोद में उठा लिया, चूमा-चटकारा ! बच्चा भी उससे किलोलें करता, कभी उसे गुदगुदाता, कभी बालों को उलझाता। फिर उसने कहा—"मैं उन पाँचों को भी बुला लाता हूँ मैया, वे तुम्हारी तलाश में बेचैन हैं !" किन्तु इतने ही में उन बच्चों के आने की आहट सुनाई पड़ती है। छोटा भी ठहर जाता है। सबको देखते ही, छोटा चिल्ला उठता है—"यह है मैया, यह है !" सब बच्चे दौड़कर निकट आते हैं। प्रतिमा, जो अब चलती-फिरती स्त्री हो गई थी, उन्हें गोद में लेने को हाथ बढ़ाती है; लेकिन सभी आप ही उछलकर उसके अंग-अंग से लटक जाते हैं और 'मैया, मैया' चिल्लाते उसे बार-बार चूम रहे हैं।

इसी समय टिलटिल अपने साथियों के साथ पहुँच जाता है। सभी बच्चे टिलटिल को घेर लेते हैं और कहते हैं—"यह है मेरी मैया—बाबूजी, ज़रा इसे चूमिए न ! कितनी सुन्दर है मेरी मैया !" टिलटिल तो स्तम्भित-सा हो जाता है। वह बार-बार उसकी याद करने की कोशिश करता है, किन्तु कर नहीं पाता बच्चे झुँझलाते हैं और माँ से जाकर चिपक जाते

हैं। इतने ही में हौल में धीरे-धीरे अन्धकार होने लगता है और जब प्रकाश होता है तो टिलटिल देखता है, न तो प्रतिमा रूप में वह स्त्री है और न बच्चे।

परी ने कहा—''अब चलो, काम खतम हो गया। वही तुम्हारी पत्नी है, तुम जल्दी उसकी याद करना।'' परी ने फिर सभी को उनके घर पहुँचा दिया।

भोर में टिलटिल गाढ़ी नींद में सोया था कि उसकी माँ ने उसके दरवाजे को खटखटाया—''बेटा, उठो, आज अतिथि आनेवाले हैं।'' टिलटिल उठा, देखता है, वह अपने कपड़ों को पहने हुए है। क्या बात है; क्या मैं कपड़ों सहित सो गया था, पर, इस पर तर्क करने की फुर्सत कहाँ थी ! जल्दी किवाड़ खोलकर बाहर गया। माँ ने कहा—''हमारे एक पड़ोसी थे, वही गुलाबी रंग के मकानवाले—जिनके दरवाजे पर फुलवाड़ी थी, जिसमें सूर्यमुखी फूल खिले रहते थे।''

''हाँ-हाँ उनके एक बच्ची भी थी। मैंने एक बार उसे पंडुक पकड़कर दिया था !'' टिलटिल ने कहा।

''वही-वही तो, वही आ रही है। पाँच-छः वर्ष हुए, बाहर चले गए थे। खूब पैसे कमाए हैं। अब यहीं रहेंगे। तुम्हारे पिता ने उन्हें निमंत्रण दिया है। तुम्हारे पिता होशियार हैं—तुम जानते ही हो। उनकी खूब खातिरदारी होनी चाहिए। क्योंकि एक बहुत बड़ा काम उनसे सध सकता है। वह लड़की अब शादी करने लायक हो गयी है।'' उसकी माँ बोलती जा रही थी कि उनके आने की आहट मालूम हुई। टिलटिल ने कहा—''मैं अपने नए कपड़े पहन लूँ ?'' ''नहीं, नहीं, इसी में तुम अच्छे लगते हो !''—माँ ने कहा।

अतिथि आए—एक बूढ़े सज्जन, उनके साथ एक लड़की। लड़की देखते ही टिलटिल चौंक उठा ? ऐं—यह तो वही है ! वही प्रतिमा ! रात की सारी कहानी उसकी आँखों के आगे नाचने लगी।

अतिथियों से टिलटिल और उसके माँ-बाप मिले। कुशल-क्षेम के बाद टिलटिल के बाप ने उनसे अपनी गायों को देखने का आग्रह किया—अपनी सुन्दर गायों को दिखलाए बिना उन्हें चैन कहाँ ? माँ-बाप और पुरुष-अतिथि तो बथान की ओर बढ़े—टिलटिल और वह लड़की एक-दूसरे को देखते ही रहे। उन लोगों ने इन्हें जाने के लिए नहीं रोका। उनके चले जाने पर टिलटिल उस लड़की के निकट गया और बोला—

''ओहो, तुम हो ! मैं तुम्हें देखते ही पहचान गया। तुम बड़ी हो गई हो, तुम्हारी सुन्दरता भी बढ़ गई है !''

''मैं भी तुम्हें देखते पहचान गई—तुम भी तो अब बड़े और सुन्दर हो चले हो''—लड़की ने कहा।

फिर तो घुल-घुलकर बातें होने लगीं। और उतने ही तक संतोष कहाँ—दोनों ने दोनों को चूमा। फिर टिलटिल ने कहा—''छः होंगे ! लेकिन, हम लोग उनकी परवरिश कर ले जाएँगे।''

''क्या छः ?''—वह लड़की चकराती हुई बोली।

''छः बच्चे, क्या रात की बात तुम भूल गईं ?''—टिलटिल ने कहा।

''रात की बात—ओह, तुम पागल हो गए हो ! रात तो मैं बाबूजी के निकट सोई थी !''

बात बढ़ती—लेकिन, इतने ही में टिलटिल के माँ-बाप और उस लड़की के पिता आ रहे थे। दोनों चुप रहे—लेकिन, दोनों की आँखों में एक-दूसरे के लिए लालसा, उत्कंठा और प्रेम झलक रहा था।

और कुछ दिनों के बाद दोनों की शादी हो गई।

4

गरीब की लड़की

चौसर–इंग्लैंड

इटली में सलूसस नाम का एक राज्य था। उस देश के राजा का नाम था वाल्टर।

वाल्टर बड़ा ही नेक राजा था। उसकी प्रजा उसको बहुत चाहती—क्यों न चाहे, वह भी उसे बहुत ही सुख से रखता।

वाल्टर काफी जवान हो चला था, किन्तु उसने शादी नहीं की थी। कहता—प्रजा के सुख-दुःख जानने से ही फुर्सत नहीं मिलती, शादी करूँ तो कैसे !

पर उसकी प्रजा अपने राजा का यों कुँआरा जीवन व्यतीत करना कैसे बर्दाश्त करती ! वह जोरों से कहने लगी, राजा हमारे, तुम शादी जरूर करो। अपने लिए नहीं, तो हमारे लिए। तुम्हारे खून का जो पैदा होगा, वह हम पर तुम्हारे ही ऐसा प्रेम से राज करेगा। हमें तुम्हारी सन्तान चाहिए, ओ हमारे राजा।

अच्छा, तुम मेरी शादी चाहते हो ? तो करो तैयारियाँ, मैं शादी करूँगा। उसने एक तारीख भी ठीक कर दी।

किन्तु यह शादी होगी किससे—कौन वह सौभाग्यवती राजकुमारी है, जो ऐसे प्रजा-वत्सल राजा की रानी होगी ? लोग इसका जवाब चाहते ? राजा मुस्कुरा देता, कहता, तैयारियाँ करो तैयारियाँ ! मैंने ऐसी रानी चुन रखी है, जिसके मुकाबले की नारी इस सूर्य-मण्डल के अन्दर नहीं मिल सकती।

तैयारियाँ होने लगीं—खूब धूमधाम से !

प्रजा के नेता बड़ी तादाद में बुलाए गए ही, मित्र राजाओं को भी न्यौता पड़ा। निश्चित तारीख को राजधानी में ऐसा समाँ देखने में आया, कि क्या कहना ? रथ-घोड़े दौड़ रहे हैं। बाजे-गाजे बज रहे हैं। घर-घर, द्वार-द्वार खूब सजाए गए हैं। रंगीली-भड़कीली पोशाकों की भरमार है। निश्चित समय पर बारात भी चली। लेकिन यह बारात आखिर जा कहाँ रही है, कोई नहीं बता सकता। कोई-कोई कहते, राजा दिल्लगी तो नहीं कर रहा है ? लेकिन ऐसा समझदार राजा इस तरह का वचन क्यों कहेगा ?

बारात चलती जा रही है—आगे-आगे राजा का रथ है।

बारात एक छोटे-से गाँव से गुज़र रही है। गाँव में एक कच्चा कुआँ है, जिस पर एक गरीब की लड़की पानी भर रही है। राजा का रथ उसको देखते ही ठहर जाता है। बारात रुक जाती है। राजा रथ से उतरता है, उस कुएँ पर पहुँचता है और उस लड़की की ओर देखकर हँसते हुए कहता है, यही है मेरी दुल्हन—प्यारी ग्रीसेल्दा !

ग्रीसेल्दा—वह गरीब की लड़की, घबराई हुई यह तमाशा देख रही थी—राजा की बात सुनते ही, मूर्च्छित होने लगी। राजा ने दौड़कर उसे थाम लिया। राजा की गोद में ग्रीसेल्दा का सिर है, लोग उसकी मूर्च्छा दूर करने के नाना तरह के उपचार कर रहे हैं।

यह कौन दौड़ा आ रहा है—? यह तो ग्रीसेल्दा का पिता है। ग्रीसेल्दा की मूर्च्छा छूट चली थी। वह शरमाई हुई खड़ी है। पिता को देखते ही उसकी ओर दौड़ी और उसके कलेजे से चिपक गई। राजा ने आगे बढ़कर उसके पिता से पूछा—ग्रीसेल्दा को मैं अपनी रानी बनाने को आया हूँ, आपकी आज्ञा होती है ?

बेचारा बूढ़ा। उसको काटो तो खून नहीं। क्या राजा दिल्लगी कर रहा है ? हमारे प्यारे

राजा, गरीबों से इस तरह की दिल्लगी क्या मुनासिब है ?

दिल्लगी—यह दिल्लगी नहीं है बाबा ! यह बारात आपके दरवाजे पर आई है। मैं निश्चित कर चुका हूँ, मेरी शादी होगी तो ग्रीसेल्दा से, नहीं तो मैं आजन्म कुँआरा ही रहूँगा।

बूढ़े ने कुछ सोचा। फिर कहा—अच्छा, जैसी आपकी मर्जी। ग्रीसेल्दा आपकी है। पर, इस बारात की खातिर मैं कैसे करूँ—कुछ पहले खबर तो देनी थी—समासत्तू ही सही, कुछ तो करता।

राजा हँस पड़ा। बाराती हँस पड़े। ग्रीसेल्दा को भी अपने बाप के भोलेपन पर हँसी आई—संकोच के मारे वह आँखों से ही हँसी। और, इसी हँसी-खुशी में राजा की शादी हुई।

प्रजा ने कहा—राजा हो तो ऐसा ? अपनी प्रजा से ही अपनी रानी चुनी। वाह !

राजा-रानी सुख से रहने लगे। दोनों के प्रेम का क्या कहना ?—जैसे कबूतर के जोड़े हों, जहाँ देखो एक साथ चोंच मिलाके नाचते, गाते, उड़ते !

कितने ही वर्ष यों ही बीते।

किन्तु, यह क्या—थोड़े दिनों में राजा के स्वभाव में एक विचित्र परिवर्तन हो गया। अब धीरे-धीरे रानी की ओर से वह उदासीन रहने लगा। रानी बेचारी परेशान—वह उसे खुश रखने की हर तरह कोशिश करती, किन्तु, फल कुछ नहीं होता। और इसकी चरम सीमा तब आ पहुँची जब रानी को एक बेटी हुई। राजा ने कहा—मेरी प्रजा तुमसे सन्तुष्ट नहीं; वह तुम्हारी बेटी को तो देखना भी पसन्द नहीं करेगी। तब हो क्या—राजा ने आज्ञा दी, रानी ने मान लिया। उसकी यह पहली सन्तान उससे हटा दी गई और कहाँ भेज दी गई, इसका उसे पता भी नहीं बताया गया। बेचारी रानी, चुपचाप अपने आँसुओं को पी गई—गर्चे सबसे अच्छा उसे अपना खून पीना लगता।

कुछ दिनों के बाद, रानी को एक बेटा हुआ—बेटा, चाँद का टुकड़ा। रानी निहाल हो गई। किन्तु, उसका यह सुख भी क्षणिक था। राजा ने उसका यह बेटा भी छीन लिया। छीन लिया और न जाने कहाँ भेज दिया।

और, मानो घाव पर, कलेजे में गहरे लगे घाव पर, नमक छिड़कने के लिए राजा ने एक दिन कहा—ग्रीसेल्दा, अच्छा हो, तुम पिता के घर चली जाओ। मेरी गृहस्थी तुमसे नहीं चल सकती; मैं दूसरी शादी करूँगा। जब तक तुम रहोगी, कोई अच्छे खानदान की लड़की मेरे घर आना नहीं चाहेगी।

यह आज्ञा क्या थी, मानो उसके सिर पर वज्र गिरना था ! किन्तु उसके पापी प्राण न निकले—न निकले। एक दिन जो ग्रीसेल्दा रानी की तरह राजमहल में आई थी, भिखारिन की तरह वह अपने घर लौटी। वही फूस की कुटिया, वही छोटा-सा आँगन। हाँ, शर्म के मारे वह अब पानी भरने नहीं निकलती।

अपनी रानी के प्रति होनेवाला यह अत्याचार प्रजा को बहुत खला—उसने कुछ भनभन भी की। किन्तु, जब नई रानी को उसने देखा, वह मुग्ध हो गई। नई रानी बहुत खूबसूरत थी और जवानी ने उसकी खूबसूरती पर रोगन कर दिया था। चमकता चाँद-सा उसका चेहरा, वाह ! नई रानी के साथ उसका भाई भी आया।

किन्तु, बेचारी ग्रीसेल्दा के दुखों का अभी अन्त नहीं होनेवाला था। उसकी आखिरी परीक्षा भी होनी ही थी। राजा ने उसे बुला भेजा कि आओ, नई रानी की अगवानी में जो जलसा होनेवाला है, उसे तुम्हें ही सम्पन्न करना होगा। एक तो सौत लेकर कलेजे पर बिठाना, दूसरे उसके लिए हँस-हँसकर उत्सव मनाना—भला, हृदयहीनता की भी कोई हद होनी चाहिए !

खैर, ग्रीसेल्दा आई और इस तरह उत्सव में जुट गई जैसे उसकी बेटी की शादी हो।

अतिथियों को आश्चर्य होता कि इस स्त्री का कैसा कलेजा है—इतनी मुसीबत और यह हँसी !

जब उत्सव खतम हुआ, राजा ने ग्रीसेल्दा को बुलाया और कहा—कहो, हमारी यह नई रानी कैसी है ?

बहुत ही अच्छी, बहुत ही खूबसूरत, मेरे राजा—रानी ने कहा—ऐसी खूबसूरत स्त्री मैंने आज तक नहीं देखी थी। यह युग-युग जीए, इसका सुहाग अमर हो। आप दोनों युग-युग तक सुखी रहें। किन्तु, एक बात, मेरे राजा ! यह इतनी नाजुक है कि आपको सावधान करना मैं जरूरी समझती हूँ। कृपा कर आप इस पर उन मुसीबतों को न ढाएँ, जो मुझ पर ढाते रहे हैं। मैं गरीब की, किसान की लड़की ठहरी—दुखों को, मुसीबतों को सहना, मेरी पैदाइशी आदत है। पर, यह राजकुमारी, राजदुलारी···

उफ, बहुत हुआ, बहुत हुआ, ग्रीसेल्दा—बस करो—अब ज्यादा नहीं लजाओ। राजा चिल्ला पड़ा। यही नहीं, उठा, ग्रीसेल्दा को छाती से लगा लिया और आँसू उसकी आँखों से जारी हो गए। बेचारी ग्रीसेल्दा भौचक थी, शायद उतनी ही भौचक, जितनी वह शादी के दिन हुई थी, जब राजा ने उसे अपनी रानी बनाने की बात कही थी। इसके बाद राजा ने ग्रीसेल्दा को अपने निकट बिठलाया और उसके बालों पर हाथ फेरते कहा—मेरी रानी, तुम्हीं मेरी रानी हो। और यह लड़की—यह कौन है, जानती हो ? जरा इसका चेहरा तो देखो और उसके बाद आईने में अपना चेहरा देखो ! इतना कह राजा ने नई रानी को पुकारा और दोनों को घसीटकर आईने के निकट खींच लाया । फिर बोले—ग्रीसेल्दा, देखो, यह तुम्हारी बेटी है, और बेटी, यह है तुम्हारी अम्मा। दोनों स्त्रियाँ हक्का-बक्का। राजा ने हँसते हुए कहा और, ग्रीसेल्दा, तुमने अपने बेटे को पहचाना कि नहीं ?

राजा ने बताया कि किस तरह ग्रीसेन्दा के धैर्य की परीक्षा लेने के लिए उसने उसके दोनों बच्चों को उससे हटाया। हटाकर उन्हें पढ़ने को भेज दिया। फिर, कैसे विवाह के बहाने उन दोनों को धूमधाम से बुलाया।

ग्रीसेल्दा सुन रही थी, उसकी आँखों से आँसू जारी थे। इन आँसुओं में दुख था या सुख ?

चौसर अँगरेजी कविता के पिता हैं। उनकी कविता-पुस्तक की यह एक दिलचस्प कहानी है।

5

सच्चा राजकुमार

टाल्सटाय—रूस

राजकुमार का नाम था नेरवल्यु डौव। माँ-बाप का इकलौता बेटा। बड़ा ही सुन्दर। सुनहले मोलायम बाल, चाँद-से चमकते चेहरे में नीली-नीली खूबसूरत आँखें ! हँसमुख। शरीर भी भरा-पूरा। प्रतिभाशील भी वैसा ही—अपनी क्लास में सबसे ज्यादा नम्बर लाता।

एक बार कालेज की छुट्टी हुई। छुट्टी भी बिताना और उपाधि प्राप्त करने के लिए एक लेख भी तैयार करना। वह अपनी काकी के पास देहात में गया। उस शान्त वातावरण में दोनों ही काम मज़े में सध सकते थे न !

उसकी काकी की एक छोटी-सी बालिका-दासी थी। यह बेचारी अनाथ लड़की थी। उसके माँ-बाप मर चुके थे। उसकी काकी ही मानो उस लड़की की सबकुछ थीं। लड़की खूबसूरत,

सुडौल शरीर की, बड़ी चपल; साथ ही, अपने काम में बड़ी सफाई रखती थी। उससे सब कोई खुश रहते। उसका नाम था कातूशा।

नेरवल्यु डौव इस कातूशा के साथ चाची के बगीचे में, खेतों में, नदी के किनारे खूब खेलता। आँख-मिचौनी, चोरिया-लुकिया, क्या-क्या खेल न होते !

कॉलेज खुला। नेरवल्यु डौव शहर में चला गया। कातूशा उसकी काकी के काम-धन्धे में लगी।

कई बरस बीत गए।

जब राजकुमार नेरवल्यु डौव जवान हो चला, तब वह सम्राट् की सेना में भर्ती हो गया। उस सेना में एक अच्छा पद उसे मिल गया। उसकी कार्यदक्षता, कर्त्तव्यपालन से सभी खुश थे।

इतने ही में रूस और उसके एक पड़ोसी देश में लड़ाई छिड़ी। नेरवल्यु डौव को हुक्म हुआ—तुम युद्धक्षेत्र में जाओ।

युद्ध-क्षेत्र में जाने के पहले जरा काकी से क्यों न मिल लूँ? न जाने क्या हो ? हो सकता है, फिर कभी लौटना न पड़े, वहीं खेत रह जाएँ? वह काकी के घर पहुँचा।

बसंत ऋतु है। पृथ्वी फूलों से लदी है। हवा में गन्ध है, सुरसुरी है। जाड़ा नहीं; तो भी रह-रहकर शरीर काँप-सा उठता है। दिमाग़ में आधा पागलपन-सा छाया रहता है। एक तो जवानी, दूसरा बसन्त, तीसरा यह कल्पना कि फिर न जाने इस भूमि को देखने का मौक़ा मिलता है कि नहीं !

और, इस पर भी यह कातूशा !—जिसमें जवानी अपने पूरे ओज पर थी। आँखों में मस्तानापन—मुस्कान में जादू ! लेकिन, तो भी, कितनी भोली—कितनी सरल हृदय ! उसे शायद मालूम भी नहीं कि उसमें कौन-सा परिवर्तन हो चला है।

राजकुमार उस पर मोहित हो गया—वह अपने को काबू में नहीं रख सका। थोड़े दिनों के सैनिक जीवन ने ही उसकी जिन्दगी के संयम को खतम कर दिया था। एक रात को वह कातूशा के कमरे में चुपचाप घुसा और उसके 'ना-ना' करते रहने पर भी मनमाना किया। शायद मन-ही-मन वह भी राजकुमार को चाहती थी।

भोर में चलते समय राजकुमार ने सौ रुपए का नोट उसकी जेब में जबर्दस्ती डाल दिया। कातूशा की आँखें नीची थीं—उसमें से झर-झर आँसू गिर रहे थे। राजकुमार अपने घोड़े पर सवार हुआ और चलता बना।

दस-बारह बरस बीत गए।

राजकुमार युद्धक्षेत्र से लौट आया है। कुछ दिनों तक तो वह आवारागर्दी में बेतरह फँसा रहा, लेकिन अब उससे भी उसका मन उचट गया है। फौज में अनिवार्य सबके रहने की अवधि भी पूरी हो चुकी थी। उसे कोई अच्छी सरकारी नौकरी मिल सकती थी, लेकिन, वह उसमें भी नहीं फँसना चाहता। वह अब गृहस्थ जीवन व्यतीत करना चाहता है। एक अच्छे ख़ानदान की लड़की है, उसकी उसी से शादी की बातचीत चल रही है।

एक दिन राजकुमार को एक समन मिला—आप जूरी मोकर्रर किए गए हैं, कल जज अव्वल के इजलास में हाजिर होइए।

कचहरी के मामलों में भी उसकी कोई खास दिलचस्पी नहीं थी। लेकिन, जब एक कर्त्तव्य लादा गया है, तो उसको निभाना चाहिए। जूरी द्वारा न्याय होने की पद्धति का वह हिमायती भी था। इसलिए भी वह खुशी-खुशी कचहरी गया।

कुछ और जूरी भी थे। सबके साथ वह इजलास पर बैठा। जज बैठे—उनके किरानी बैठे।

एक-एक कर मुद्दई, मुद्दालेह, गवाह, आदि आते और उनके मुकदमे सुने जाते।

इतने में एक स्त्री कठघरे में लाई गई। उसको देखते ही, राजकुमार को अपनी आँखों पर सन्देह होने लगा। क्या यह वही है ? नहीं—यह कोई दूसरी है ? उहूँ—वही है ! वही आँखें, वही होंठ, वही ठुड्डी, वही दाँतों की पंक्ति। कुछ मोटी हो चली है, ऊँचाई भी शायद कुछ ज्यादा है—लेकिन, शरीर का गठन वही ! वही तो है—कातूशा !

लेकिन अदालत में इस स्त्री का नाम था मास्लोवा। वह एक होटल में रंडी की तरह से रखी गयी थी। एक दिन एक धनी व्यापारी उस होटल में आया। उसने एक रंडी तलब की। मास्लोवा उसको पेश की गई। वह कई दिन रहा। मास्लोवा को सदा अपने पास रखता।

उस व्यापारी के पाँच-सात दिन आने के बाद, अकस्मात् एक दिन एक लाश उस होटल के नजदीक की नाली में मिली। वह लाश उस व्यापारी की थी।

मुकदमा यह था कि मास्लोवा ने ज़हर देकर उस व्यापारी को मार दिया है। उस व्यापारी के पास बहुत रुपए थे। मास्लोवा को इसका पता चल गया था। इसलिए उसने उसे विष दे दिया। इस विष देने में उसने होटल के दो नौकरों की भी मदद ली थी, जिन्हें उसने रुपए में आधे दे दिए थे। ये रुपए उन नौकरों ने अपने नाम से बैंक में जमा किए थे। मास्लोवा के पास रुपए बरामद नहीं हुए थे, लेकिन, उसकी उँगली में एक हीरे की अँगूठी मिली थी, जो उस व्यापारी की थी।

मास्लोवा का बयान था कि यह अँगूठी उसके पास ठीक थी, लेकिन इसे उस व्यापारी ने उसे खुद दिया था। वह जानती थी कि उसके पास बहुत रुपए हैं, क्योंकि एक बार उसने मास्लोवा को ही अपने ट्रंक से रुपया निकाल लाने के लिए कुंजी दी थी, लेकिन उसके रुपए पर इसने कभी लालच नहीं किया। ज़हर की बात तो वह नहीं जानती, लेकिन, एक बार जब उसने पानी माँगा था, तो मास्लोवा उन नौकरों से पानी लेने आई थी। उन्होंने गिलास में पानी दिया था, जिसे लेकर वह व्यापारी को पिला आई थी। पानी पीकर व्यापारी सो गया। मास्लोवा बहुत थकी थी, वह अपने कमरे में चली गई। इसके बाद क्या हुआ, वह नहीं जानती—उसे, फिर, उस व्यापारी के पास जाने को नहीं कहा गया।

उन दोनों नौकरों ने कई बयान बदले थे—दारोगा के निकट कुछ, मैजिस्ट्रेट के सामने कुछ, जज के सामने कुछ। उनके इस बयान-परिवर्तन पर ख़याल करके और मास्लोवा ने जिस तरह शुद्ध हृदय से साफ-साफ कहा था, उस पर ध्यान देने से, जज को, जूरियों में से अधिकांश को और दर्शकों को भी ऐसा विश्वास हो गया था कि मास्लोवा ज़रूर ही निर्दोष है। लेकिन, अजीब बात थी ! जज साहब को उस दिन अपनी एक प्रेमिका से मिलना था, इसलिए वह जल्दी में थे और जूरी को कानूनी बातें समझाते समय एक मुख्य बात बताना भूल गए। इधर जूरियों में से कोई व्यापारी था, कोई जमींदार था, कोई दूकानदार था, कोई पेंशनयाफ्ता फौजी अफसर था, कोई अध्यापक था। सबको कोई-न-कोई अपना काम था। सब जूरी के काम को एक बेगारी का काम समझते थे। जब तक मुकदमा होता रहा, कोई जम्हाई लेता रहा, कोई झपकी लेता रहा, कोई गुनगुनाता रहा, कोई इधर-उधर ताकता रहा। और अब सबको जल्दी थी कि कैसे यह ख़तम हो और घर जाएँ। सबसे विचित्र बात यह रही कि जूरियों का जो फोरमैन था, वह पहले से ही जैसे कसम खाए हुए हो कि मास्लोवा को ज़रूर सज़ा हो ! यों ज़ज की जल्दबाजी, जूरियों की असावधानी और फोरमैन की शैतानी से, गर्चे राजकुमार ने बहुत ज़ोर लगाया, तो भी मास्लोवा को सज़ा हो ही गई—चार वर्ष सख्त कैद की, जो साइबेरिया में जाकर काटनी होगी।

कचहरी से जब राजकुमार लौटा, उसके मस्तिष्क में एक अजीब उथल-पुथल मच

रही थी।

यह औरत निस्सन्देह कातूशा ही थी। उसने दो-एक बार राजकुमार की ओर ग़ौर से देखा भी था। अब उसे याद आया कि उसकी काकी ने एक बार चर्चा होने पर कहा था कि वह लड़की (कातूशा) बड़ी शैतान निकली, न जाने कहाँ से गर्भ ले आई। काकी ने उसे निकाल दिया। उस गाँव की एक विधवा के पास वह कुछ दिन ठहरी। वहीं उसे एक बच्ची हुई। इसके बाद न जाने उस बच्ची का क्या हुआ और न जाने वह कहाँ चली गई। राजकुमार ने सोचा—ओहो, उसे आखिर में एक रंडी की जिन्दगी बितानी पड़ी ! क्या करती बेचारी ? जिस हालत में मैंने उसे छोड़ा था, उसका तो यही नतीजा था ? तो क्या यह सब मेरे उस पाप का ही परिणाम नहीं है ? पाप किया मैंने और फल भोग रही है, वह बेचारी ! मैंने रुपए तो दे दिए थे। लेकिन यह तो मानो जले पर नमक छिड़कना था। क्या किसी की इज्जत की कीमत रुपए से चुकायी जा सकती है ?

राजकुमार कभी अपने को कोसता, कभी अपने धन को कोसता, जिसके मद में आकर ऐसी कार्रवाइयाँ होती हैं। कभी जूरियों को कोसता और कभी जज को कोसता घर लौटा। उसके हृदय में जैसे एक लालटेन-सी जल उठी—मुझे इसका प्रायश्चित करना होगा। और प्रायश्चित का क्या रूप हो—दो ही हो सकते हैं ? एक तो इस धन से अपने को दूर कर लेना चाहिए, जिसके चलते ये सब शैतानियाँ होती हैं—दूसरा, यह कि मैं उसे इस कैद से छुड़ाने की कोशिश करूँ और उससे विवाह कर लूँ। रंडी से विवाह ?—हाँ, रंडी से, क्यों उसे रंडी मैंने ही बनाया है न ?

राजकुमार सबसे पहले उस जज से मिला। जज ने स्वीकार किया कि हाँ, ज़रा जल्दी में वह मुकदमा समझा नहीं सका था। लेकिन, आखिर में क्या करता, जूरी की बात तो माननी ही थी उसे। अपील की जानी चाहिए, उसने भी राय दी। राजकुमार अपने शहर के सबसे बड़े वकील से मिला और उसे जरूरी कागज़ात के दाम और फीस देकर जेल में कातूशा से मिलने चला। राजकुमार ही ठहरा, बड़े-बड़े लोगों से उसकी दोस्ती थी, जेल में भेंट करने का प्रबन्ध आसानी से हो गया।

जेल के फाटक पर कातूशा उससे मिलने आई। जेल की पोशाक में थी, लेकिन इतने पर भी वह कितनी सुन्दरी लगती थी। राजकुमार ने पूछा—तुम मुझे पहचानती हो ? दो-एक मिनट उसने उसे सिर से पैर तक देखा, फिर जैसे काँप-सी उठी। राजकुमार ने कहा—कल जूरियों में मैं भी था—मेरा ख्याल है, तुम निर्दोष हो। जज का भी ऐसा ही ख्याल है, लेकिन कानून के फेर में तुम पड़ गई हो। खैर, मैं तुम्हारे मुकदमे की अपील करने जा रहा हूँ। कातूशा ज़रा भी नहीं बोली। राजकुमार ने चलते समय कहा—माफ करना कातूशा, मेरे ही चलते तुम्हारी यह हालत हुई है। मैं इसका प्रायश्चित करूँगा। कातूशा फिर भी कुछ न बोली। ज़रा मुस्कुराई और इशारे से कुछ रुपए माँगे, राजकुमार ने धीरे-से दे दिये।

इस समय कातूशा को उसने निकट से देखा। उसने अनुभव किया कि कुलटा स्त्रियों में जो एक फाहशापन रहता है, वह कातूशा में विद्यमान है। एक बार उसने सोचा, क्या ऐसी स्त्री से मुझे शादी करनी चाहिए ? लेकिन, फिर उसकी अन्तरात्मा बोल उठी—नहीं, तुम्हें प्रायश्चित करना ही होगा। इस फाहशापन के दोषी भी तुम्हीं हो।

इस मुकदमे के सिलसिले में उसे कातूशा से कई बार जेल में मिलने का मौका मिला। पहले कातूशा तो वही फाहशापन दिखलाती रही, पीछे, जब राजकुमार ने अपना दृढ़ निश्चय प्रकट किया कि वह उससे शादी करेगा ही, तब उसने देखा, धीरे-धीरे उसमें काफी परिवर्तन हो रहे हैं। राजकुमार से उसने रुपए माँगे थे शराब और सिगरेट पीने के लिए, अब उसने

इन दोनों चीजों को भी छोड़ दिया। राजकुमार की इच्छा से उसने अस्पताल में नर्स का काम करना शुरू कर दिया। इस परिवर्तन से राजकुमार अत्यन्त प्रसन्न हुआ।

अब राजकुमार की 'हिय की आँखें' खुल चुकी थीं। जिस समाज में उसे रहना पड़ रहा है, वह कितना भीषण और भयावह है, उसे पद-पद पर मालूम पड़ने लगा था। जिन्हें बड़े लोग कहा जाता है, सब शराब और दुराचार में फँसे हैं। औरतों में शील और सतीत्व नाम की चीज नहीं रह गई है—नाज़-नखरे, ऐश-आराम से वे मरी जा रही हैं। पुरुष जैसे-तैसे खूब पैसा बटोरना और उन पैसों से गुलछर्रे उड़ाना चाहता है। सरकार के जितने मोहकमे हैं, घूसखोरों और खुशामदियों से भरे हैं। जेब भरे और तरक्की मिलती जाए, यही उनके अरमान हैं। उनमें हृदय नहीं रह गया है, वे मशीन-से हो चले हैं। और, उस मशीन में गरीब, बेबस, निरपराध पिस रहे हैं।

जेल में आने-जाने से उसे यह भी पता चला कि एक कातूशा ही नहीं है, जो बेकसूर चक्की में पिस रही है। ज्यादातर कैदी ऐसे ही हैं। निर्धनता और अज्ञानता के कारण वे जेलों में निर्दयता से सड़ाए जा रहे हैं और जिनके पास पैसे हैं, वे दुनिया भर में कुकर्म करके भी गुलछर्रे उड़ा रहे हैं।

धन-धन का यह विषम बँटवारा ही इन सबके मूल में है। वह इस निर्णय पर पहुँचा और निर्णय किया, वह पहले अपने को निर्धन बनावेगा। ज्यादातर उसकी जमींदारी थी—उसने सोचा, खेत भगवान की देन है, मेहनत उस पर किसान करते हैं, फिर हमें क्या हक़ है, कि हम उनसे मुफ्त की मालगुजारी वसूलें। उसने अमेरिकन लेखक हेनरी जौर्ज की एक किताब पढ़ी थी, जिसमें लिखा था, ज़मीन पर व्यक्तिगत अधिकार ही सब फसादों की जड़ है। उसने अपने को इस अधिकार से मुक्त करना चाहा। वह अपनी जमींदारियों में गया।

वहाँ पहुँचकर उसने किसानों की जो दुर्गत देखी, उससे उसका हृदय और भी द्रवीभूत हो गया। जो दुनिया के अन्नदाता हैं, उनकी यह दुर्गत ! न भरपेट खा पाते हैं, न भर देह पहन पाते हैं; शरीर के नाम पर हड्डियों का ढाँचा है। सबसे बढ़कर उनमें अज्ञान कितना है ? वाजिब भी है। जिन्हें पेट के ही लाले पड़े हों, उनके दिमाग में भूसा नहीं हो तो क्या हो? जब राजकुमार ने उनसे कहा कि जमीन मैं तुम्हें दे दूँगा, तुम एक पंचायत कायम कर लो और उसी को मालगुजारी दिया करो, जो तुम्हारे सुख-सुविधा के काम में ही खर्च की जाएगी, तो उन्हें आश्चर्य ही नहीं हुआ, उन्होंने अस्वीकार भी कर दिया। वह समझते थे कि ज़मींदार हमसे कोई बेईमानी खेलने जा रहा है। खैर, बड़ी दिक्कत से बहुत समझा-बुझाकर उसने लोगों को राजी किया और उन्हें ज़मीन सौंपकर बहुत ही निश्चिन्त हो, शहर में लौटा।

राजकुमार इस समय मास्को में रह रहा था, लेकिन अपील की सुनवाई, सिनेट में; पीटर्सबर्ग में होती थी। इसलिए वह पीटर्सबर्ग गया। कुछ और निरपराधों की अपील भी उसने की थी। पीटर्सबर्ग के बड़े लोगों के समाज की खराबियाँ देखकर तो उसे धनियों के जीवन से और भी घृणा हुई। खैर, वह अपने काम में लगा रहा—अफसरों और दरबारियों से मिलता रहा। लेकिन, अफसोस, और मुकदमे में तो उसे कुछ सफलता भी मिली, पर, कातूशा की अपील खारिज़ हो गई।

अब क्या हो ?—वह तो पहले से ही निर्णय कर चुका था कि यदि उसकी अपील खारिज़ भी हो गयी, तो भी वह अपने निर्णय पर दृढ़ रहेगा और कातूशा के साथ साइबेरिया जाएगा, वहीं शादी करेगा और उसके साथ वहीं जंगल में मंगल करेगा। हाँ, राजकुमार ऐसा निर्णय कर चुका था—उसकी 'हिय की आँखें' खुल गई थीं। साइबेरिया का वह भयानक जंगल, वह भयानक जाड़ा उसके लिए अब क्या था ?

लौटकर वह मास्को आया। जेल में वह कातूशा से मिलने गया। कातूशा अस्पताल में रहती थी न ? वह अस्पताल पहुँचा। लेकिन यह क्या ?—उसे मालूम हुआ, कातूशा वहाँ से हटा दी गई है, क्योंकि वह एक डाक्टर से प्रेम का नाता जोड़ रही थी।

राजकुमार पर जैसे वज्र गिरा ! क्या कातूशा अब तक नहीं सुधरी ? क्या वह मुझे धोखा देगी ? जो कुछ करे—मैं तो अब आखिर तक उसका साथ दूँगा ही—वह अपने कर्त्तव्य से च्युत हो, मैं क्यों अपने निर्णय से हटूँ ? उसने ऐसा सोचा।

खैर, जेलर ने कातूशा से उसकी भेंट करा दी। कातूशा जिस समय उसके सामने आई, उसका चेहरा फक़ था, उसकी आँखों में नमी थी। राजकुमार के सामने आते ही, उसने पूछा—अस्पताल में मेरे बारे में कुछ सुना है न ? राजकुमार के हृदय में कातूशा की इस बेवफाई पर अब भी क्रोध था ! उसने बेरुखी से सिर हिलाया। कातूशा उसका रुख देखकर ज्यादा नहीं बोली—उसका गला भर आया। राजकुमार ने उससे कहा—कातूशा, मैं तुम्हारे साथ साइबेरिया चलता हूँ, अपने निर्णय पर मैं दृढ़ हूँ। तुम्हें जिन सामानों की जरूरत हो, कहो। कातूशा के हृदय में तूफान उमड़ रहा था—बहुत मुश्किल से वह कह सकी—मुझे कोई खास चीज की जरूरत नहीं है।

क्या सचमुच कातूशा ने उस डाक्टर से प्रेम किया था? नहीं, यह बिल्कुल गलत बात थी। कातूशा खूबसूरत थी और यह मशहूर बात थी कि वह रंडी है। अतः वहाँ के मनचले डाक्टर ने उससे एक दिन छेड़खानी करनी चाही। कातूशा ने उसे ऐसा धक्का दिया कि वह चारों खाने चित गिर गया। शोर हुआ, और जैसा होता है, डाक्टर साहब को तो किसी ने कुछ नहीं कहा—कातूशा बदनाम कर दी गई।

खैर, निश्चित दिन को कैदियों का एक बड़ा झुण्ड साइबेरिया के लिए रवाना किया गया। इसी में कातूशा भी थी। उस झुण्ड में साधारण कैदियों के अलावा कुछ राजनीतिक कैदी भी थे—युवक और युवतियाँ दोनों।

उस दिन बड़ी धूप थी। आँखें तिलमिला उठतीं, दिमाग़ चक्कर खाने लगता। तो भी उन सभी कैदियों को बहुत देर तक धूप में खड़ा करके गिनती आदि ली गई; फिर, वहाँ से स्टेशन तक पैदल हाँका गया। उनमें कुछ बहुत कमजोर थे, कुछ बीमार थे। नतीजा यह हुआ कि पाँच कैदी रास्ते में ही लू लगने से मर गए। राजकुमार ने उनमें से दो को अपने सामने मरते देखा—उफ़, उनके शरीर की हड्डियाँ बता रही थीं, वे अपने समय में कितने मजबूत रहे होंगे ! उनके मरे हुए चेहरे से भी उनके पूर्व सौन्दर्य का कुछ अन्दाज़ मिल सकता था। हाय ! मानवता का यह महान् अपमान !

हज़ारों मील तक तो ये लोग रेल पर लाए गए, फिर पैदल रवाना हुए। राजकुमार ने पुलिस-अफसर से मिलकर कातूशा को राजनीतिक कैदियों के साथ चलने का प्रबन्ध करा दिया। राजनीतिक कैदी पढ़े-लिखे थे। उनमें कुछ स्त्रियाँ भी थीं, जो बड़ी सुशिक्षिता थीं। उनकी संगत में कातूशा सुधर जाएगी, इसका उन्हें भरोसा था।

यों तो, कातूशा राजकुमार से मिलने के दिन से ही अपने को सुधार रही थी, लेकिन, इनकी संगति ने तो उसे और भी उन्नति की ओर अग्रसर किया। अब तक भी उसकी इच्छा विलास की ओर थी, लेकिन, इन लोगों की त्याग-तपस्या ने उसकी इस इच्छा को भी ख़तम कर दिया। अब वह सेवा-मार्ग की ओर क़दम उठा रही थी। लेकिन, एक बात अब उसे बड़ा कष्ट देती। क्या राजकुमार उसे सचमुच में प्यार करते हैं, या वह अपने कर्त्तव्य का पालन-मात्र कर रहे हैं ? मान लिया, वह महान् हैं, अपने कर्त्तव्य के लिए इतना बड़ा त्याग कर रहे हैं, लेकिन, क्या मुझे उचित है कि उनके गले मैं अपने को मढ़ूँ ? फिर, कल तक तो उनका मेरे

प्रति सन्देह था ही, क्या आगे भी उनके मन में सदा मेरे पूर्व जीवन का खटका नहीं बना रहेगा ? क्या इस हालत में उनका जीवन सन्तुष्ट और सुखी रहेगा ? उसकी अन्तरात्मा कहती--कातूशा, तू राजकुमार को स्वतंत्र छोड़ दे, वह तुम्हारे लिए बहुत कुछ कष्ट उठा चुका, अब उसे आराम करने दे, चैन से रहने दे।

राजनीतिक कैदियों में से एक युवक था—वह अपनी सिद्धान्तप्रियता, सौम्यता और सदाचार के लिए बहुत ही नामी था। उसका नाम था—साइमनसन। इस यात्रा में कई दिन तक कातूशा इसके साथ रही थी। उसने देखा, यह युवक उसकी ओर खिंचा-सा आ रहा है, और न-जाने क्यों, वह भी उसकी ओर आकृष्ट हो रही थी।

रास्ते में एक पड़ाव था। राजकुमार यद्यपि इन लोगों के साथ चलता था, लेकिन उसे अपने साजो-सामान के साथ अलग ठहरना पड़ता था। इधर पुलिस ने उसे कातूशा से बातचीत करने से मना कर दिया था, क्योंकि ख़बर थी, उसी रास्ते उनका एक अफसर जानेवाला है। उस पड़ाव पर उसने कातूशा से भेंट करना चाहा। रात हो गई थी। पुलिस अफसर को थोड़ा घूस देने से ही काम चल गया। वह उस कमरे में आया, जहाँ राजनीतिक कैदी थे। उन लोगों से बातें होने लगीं। राजनीतिक कैदियों में से दो उसे बहुत ही प्यारे जँचे—एक युवक, जो खाँसी से बहुत बीमार था और एक युवती, जो दुबली-पतली, बड़े सौम्य स्वभाव की थी। अच्छे घराने की, लेकिन, पक्की क्रान्तिकारिणी ! कातूशा ने पहले भी उससे इस महिला-रत्न का परिचय दिया था। यह ऐसी स्त्री थी, जिसे सेवा में ही आनन्द आता था और जो शादी की बिल्कुल जरूरत नहीं समझती थी—पक्की ब्रह्मचारिणी, चेहरे से तेज टपकता।

उनसे बातें ख़तम करके जब वह चलने को हुआ, साइमनसन ने कहा, आपसे मुझे निश्चित में बातें करना है। कुछ एकान्त में जाकर उसने कहा--मैं कातूशा को प्यार करता हूँ, यदि मैं उससे शादी करूँ, तो आपको उज्र हो सकता है ? राजकुमार भौचक। क्या बोले ? कहा—यह तो कातूशा पर निर्भर करता है ! 'अच्छा, उसी को भेज देता हूँ'--यह कहकर वह युवक चला गया और कातूशा आई। और आते ही पूछा, किसलिए बुलाया ? राजकुमार ने कहा—मैंने बुलाया तो नहीं, खैर, यह क्या बात है ? साइमनसन कह रहा था, वह तुमसे शादी करना चाहता है ?—कातूशा ने आँखें डबडबाकर कहा—"मैं और शादी ?—मुझसे शादी करके कोई सुखी हो सकता है ? यह साइमनस्न की महत्ता है !" "मैं भी तुमसे शादी करने को तैयार हूँ"—राजकुमार ने कहा। वह फूट पड़ी—"राजकुमार, मुझ पापिष्ठा को माफ करो" और वह वहाँ से चल दी।

एक पुलिसवाले ने आकर कहा—मुलाक़ात का वक्त ख़तम हो गया है, चलिए। वहाँ से हृदय में एक तूफान लिए राजकुमार अपने डेरे पर आया।

कल होकर यह पूरा काफ़िला साइबेरिया के उस शहर में पहुँचा, जहाँ से इनको अगल-अलग भेजा जाता। रास्ते में राजकुमार ने उसे खाँसीवाले राजनीतिक कैदी को और उस रमणी को देखा—खाँसीवाला बहुत ही बेचैन था। उसकी बीमारी बहुत बढ़ गई थी। उस रमणी ने कहा—राजकुमार, आप आगे जाइए और उस शहर में पहुँचकर गवर्नर से कहिए कि इन्हें वह अस्पताल में रख ले और मुझे इनकी परिचारिका की तरह रहने दे—यदि कानूनी अड़चन हो, तो मैं इसके लिए इनसे शादी करने को भी तैयार हूँ ! रास्ते में राजकुमार ने कातूशा को साइमनसन से बातें करते हुए देखा—उनका चेहरा घोर गम्भीर हो रहा था।

शहर में पहुँचकर राजकुमार गवर्नर से मिला। फिर अपनी डाक खोली। डाक से पता चला, कातूशा के लिए उसने फिर सम्राट् से जो दया की अपील की थी, वह मंजूर हो गई है—सख्त कैद की सज़ा हटा दी गई, लेकिन, उसे चार वर्ष साइबेरिया के इसी भूभाग में

स्वेच्छानुसार रहना होगा। योंही गर्चे नियम नहीं था, तो भी, गवर्नर ने फिर बुलाकर वचन दिया कि वह उस राजनीतिक कैदी और उस रमणी के लिए इन्तज़ाम कर देगा।

शाम को वह जेल में गया। जेल में महामारी फैली हुई थी, बहुत लोग मर रहे थे। आदमी कुत्ते की मौत मर रहा था—लेकिन, देखनेवाला कोई नहीं। जेलर उसे जेल दिखा रहा था, इतने ही में एक निकट की कोठरी पर उसकी नज़र पड़ी, जिसमें लिखा था—'मौत घर'। उत्सुकतावश वह उसमें घुसा—देखा, तीन लाशें पड़ी हैं। उनमें वह एक लाश—यह तो उसकी जानी-पहचानी लाश है ! वह ज़रा आगे बढ़ा—देखा, वह तो उस राजनीतिक कैदी की लाश थी—चेहरा समूचा पीला पड़ गया था, लेकिन, उस पर सन्तोष की एक साफ झलक-सी दीख पड़ती थी। उसके होंठ तो अब भी मुस्कुराते दीखते थे ! आह—कितना सुन्दर था यह चेहरा जिसे मौत ने और भी सुन्दर बना दिया था ! हाँ, यह विचित्र बात थी—लेकिन, चेहरा सुन्दरतम दीख पड़ता था, इसमें शक नहीं।

उसकी आँखों में आँसू भर आए। वह जेल के फाटक पर आया। कातूशा को बुलवाया। उसे खबर दी कि तुम्हारी सज़ा हटा दी गई है। केवल चार वर्ष तक जलावतन रहना पड़ेगा, बोलो, अब हमें क्या करना चाहिए ? कातूशा ने जवाब दिया—"इस परिश्रम के लिए मैं आपको कितना धन्यवाद दूँ राजकुमार, लेकिन, मुझे अब क्या सोचना रह गया—जहाँ साइमनसन जाएगा, वहाँ मैं जाऊँगी ?" "और मेरे साथ नहीं ?"— "नहीं, राजकुमार, आप मेरे लिए बहुत कुछ कष्ट उठा चुके। अब ज्यादा कष्ट आपको नहीं दूँगी।" कातूशा की आँखों में पानी था—राजकुमार के हृदय में तूफान नहीं, एक शान्ति थी।

दुनिया के पीड़ितों की सेवा में आत्मोत्सर्ग—उसने उसी समय निश्चित कर लिया !

नोट—यह संक्षिप्त कहानी, रूस के महान लेखक टाल्स्टाय की 'रिसरेक्शन' नामक उपन्यास की है। टाल्स्टाय की और कितनी ही पुस्तक हैं।

6

मिस्र की शाहज़ादी

जौर्ग—जर्मनी

आज से ढाई हज़ार वर्ष पहले की बात है।

उस समय मिस्र-देश बहुत ही भरा-पूरा था—अन्न से, सोने से, रत्न से। हिन्दुस्तान की ही तरह उसका भी भाग्य-सूर्य उस समय सातवें आसमान में चमकता था।

मिस्र-देश के राजा का नाम था—अमासिस। अमासिस ने ग्रीस देश के एक नौजवान को अपनी विदेशी सेना का सेनापति बना रखा था। यह बात न तो राजा की प्रजा को पसन्द थी और न उसके बेटे को ही। उसका बेटा 'सामतिक' तो इस नौजवान से जलता रहता।

एक बार इस नौजवान सेनापति से चूक हो गई। उसने कुछ बकरी के बच्चों को पानी में डुबाकर मार डाला। बकरी का बच्चा मिस्र में बहुत ही पवित्र समझा जाता—उसे वे अपने देवता पर चढ़ाते। देवता की बलि को यों मार डालना—यह इस विदेशी नौजवान की शैतानी नहीं तो क्या है ? प्रधान न्यायाधीश ने उसे फाँसी की सज़ा दे दी। बकरी के बच्चे के लिए सेनापति को फाँसी—सुनने में तो अचरज-भरा मालूम होता है। लेकिन उस ज़माने की हर चीज़ अचरज-भरी ही होती थी।

खैर, राजा ने दस्तन्दाज़ी की। नौजवान के प्राण तो बच गए, लेकिन हुक्म हुआ, यह देश छोड़कर तुम चले जाओ।

यह नौजवान राजधानी से अपनी एक मात्र बेटी के साथ अपने देश के लिए रवाना हुआ। समुद्र किनारे के एक शहर में पहुँचा। अभी ग्रीस की ओर जानेवाले जहाज में देर थी। अतः, वह वहीं ग्रीस देश की एक विधवा के पास ठहर गया। विधवा कभी अपनी सुन्दरता के लिए नामी थी। आज भी वह बहुत सम्पन्न थी। उस शहर में बहुत से ग्रीक बसते थे—वह उनकी बेताज की रानी थी। उसने उन दोनों को शरण दी।

इस नौजवान सेनापति के राजधानी से बाहर होने के थोड़े ही दिनों के बाद फारस-देश के राजा का भाई मिस्र में आया। फारस-देश का राजा मिस्र की शाहज़ादी 'ताचोत' से शादी करना चाहता था—इसलिए उसने अपने भाई को भेजा था। फारस-देश भी उस समय बहुत ही तरक्की पर था। मिस्र-नरेश ने फारस-देश को अपनी बेटी देने में ज़रा भी उज्र नहीं किया। हाँ, इतना-सा संशोधन इसमें करना चाहा कि फारस-नरेश 'ताचोत' से शादी न करके उनकी सबसे खूबसूरत बेटी 'नितेसिस' का पाणिग्रहण करें, जिसे फारस-नरेश ने मान लिया।

'नितेसिस' के इस विवाह के उपलक्ष में, एक दिन राजमहल में बहुत बड़ा भोज हुआ। फारस-नरेश का भाई भी उसमें हाज़िर हुआ। उसके सामने नितेसिस और ताचोत आईं। दोनों की पोशाक, उनकी सूरत-शक्ल, उनकी नाज़ोअदा देखकर फारस का युवराज मुग्ध हो गया। उसने नितेसिस के निकट जाकर उसे सादर प्रणाम किया और कहा—ओ मेरी रानी, ओ मेरी भाभी, आप अपने देश छोड़ने पर ग़मगीन न हों। आपके पति, मेरे भाई, बहुत बड़े बहादुर हैं, वे आपको अपने हृदय का पूरा प्रेम देंगे। मेरी माँ अभी जीवित हैं। वह आप-सी पतोहू पाकर फूली नहीं समाएँगी। मैं भी आपकी ख़िदमत को हाजिर रहूँगा ही, फिर क्या चिन्ता, क्यों फिक्र ?

जिस समय युवराज ये बातें नितेसिस से कह रहा था, ताचोत उसके मुँह की ओर एकटक देख रही थी। वह युवराज पर मुग्ध हो चली थी। युवराज का हृदय भी उसकी ओर पहली नज़र में ही आकृष्ट हो चुका था। नितेसिस से बातें कर अपनी जगह पर बैठने के पहले उसने ताचोत की ओर देखा—उसकी आँखों में स्नेह था। ताचोत बेचारी सिर नवाकर रह गई।

युवराज कुछ दिनों तक मिस्र में पहुनाई के मज़े उड़ाता रहा। एक दिन विचार हुआ, समुद्र किनारे चला जाए। सभी उसी शहर में आए जहाँ वह ग्रीक सेनापति अपने घर जाने की प्रतीक्षा में टिका था। फारस के युवराज आए हैं, उनका आदर-सत्कार तो होना ही चाहिए, यह सोचकर उस शहर की सबसे मशहूर अधिवासिनी उसी विधवा ने उन्हें निमन्त्रित किया। रात में उसके घर बहुत बड़ा भोज हुआ। भोज में उस नौजवान सेनापति की लड़की भी थी। वह बड़ी ही सुन्दरी थी। उसे देखते ही युवराज का हृदय उसकी ओर बेतहाशा खिंच गया—उसे यह याद भी नहीं रहा कि वह अपना दिल कुछ ही दिन पहले 'ताचोत' को दे चुका है। वह इतना मुग्ध हो गया कि उस विधवा से उसने अकेले में प्रार्थना की कि इस लड़की की शादी मेरे ही साथ कर देना—मैं शीघ्र ही अपनी भाभी को अपने देश पहुँचाकर लौटूँगा।

उस भोज में ताचोत भी थी। युवराज की यह तोताचश्मी उससे छिप न सकी। अपने प्रेमी की यह कार्रवाई उसे बहुत ही खली। भोज के बाहर आकर वह फूट-फूटकर रोने लगी। उसकी बहन इस मर्म को जान गई थी। उसने उसे धैर्य दिलाया, कहा—मैं फारस जा रही हूँ, युवराज को अपने कब्जे में कर लूँगी और तुमसे शादी करा दूँगी, फिर हम दोनों एक ही साथ रहेंगे।

इसके तीन दिन के बाद ही, नितेसिस अपने देवर के साथ अपनी ससुराल को रवाना

हुई। उसकी बिदाई के दिन सामंतों और प्रजाओं की एक बड़ी भीड़ इकट्ठी हुई—किसकी आँखें उस दिन गीली नहीं हुईं।

सात सप्ताह के बाद दुलहिन का यह जत्था फारस की राजधानी, बेबिलोन पहुँचा। नगर में प्रवेश करने के पहले ही नितेसिस ने अपनी मिस्री पोशाक उतारकर फारसी पोशाक पहन ली। रेशम और ज़री की उस पोशाक में उसका सौन्दर्य खिल-सा पड़ा। वह साक्षात् रूप की रानी मालूम पड़ती।

इसी समय उजले घोड़ों को कुदाते-फँदाते दो सौ घुड़सवार उसके रथ के निकट आकर खड़े हो गए। उनका नेता एक काले घोड़े पर सवार था। यह काला घोड़ा चाँदी-सोने के जेवरों से लदा था। सवार के अंग-अंग से रतन चमक रहे थे। गोरे बदन का वह दुबला-पतला नौजवान था, लेकिन उसकी आँखों से तेज बरस रहा था। वह अपना घोड़ा फँदाकर नितेसिस के रथ के निकट आ गया, उसकी ओर भर-नजर देखा, फिर हाथ से इस जुलूस को आगे बढ़ने का इशारा किया।

जब जुलूस आगे बढ़ा, पहले से ही अपने साथ लाए हुए दुभाषिए से उसने कहा—शाहजादी को कह दो, मैं उन्हें देखकर बहुत खुश हूँ। मुझे दुख है कि मैं उनकी भाषा में बातें नहीं कर सकता, क्योंकि मैं केवल, फारसी, असीरिया और हिन्दुस्तानी भाषा जानता हूँ। किन्तु, जब तक वह दुभाषिया कुछ बोले, नितेसिस ने कहना शुरू किया—महाराज, मैं आपकी बात समझ गई। रास्ते में मैंने थोड़ी फारसी सीख ली है। मुझे बड़ी खुशी हुई कि यह दासी आपको पसन्द आई—न जाने मैंने कौन-सा पुण्य किया था ?

नितेसिस के सौन्दर्य पर तो वह मुग्ध था ही, अब उसकी यह उद्योगशीलता देखकर और भी खुश हुआ। अपने राजमहल के सबसे सुन्दर भवन में उसने उसे रखवाया। फारस में नियम था कि जब तक दुलहिन वहाँ की रीति-रस्म खासकर पूजा-विधि न जान ले, राजा शादी नहीं कर सकता।

महल में नितेसिस का जीवन बहुत ही शान्ति और आनन्द के साथ कटने लगा। राजा की माँ और उसकी बहन नितेसिस के साथ रहतीं। उनसे वह फारसी ज़बान अच्छी तरह सीखने की चेष्टा करने लगी। राज-पुरोहित रोज़ आते और रीति-रस्म, पूजा विधि आदि की शिक्षा देते। राजा बहुत ही कम आता, लेकिन जब आता तो तरह-तरह की पोशाक, जेवर, रत्न आदि की भेंट दे जाता। नितेसिस उनका प्रेम देखकर बलिहार जाती और उत्सुकता से उस दिन की प्रतीक्षा करती, जब उसकी शादी होगी और वह राजा को आत्मार्पण करेगी।

उस ज़माने में राजा बहुत-सी शादियाँ किया करते। फारस का राजा भी अपवाद नहीं था। उसकी भी कितनी ही रानियाँ थीं। किन्तु, जब से मिस्र की शाहज़ादी आई, उसने उन रानियों को भुला दिया। एक तो सौत काठ की भी खराब होती है, फिर शाहज़ादी की यह सुन्दरता और राजा का यह आकर्षण। वे मन ही मन उससे जलने लगीं और सोचने लगीं कि किस प्रकार उसे बर्बाद किया जाए। उसके इस षड्यंत्र में शाहज़ादी की नौकरानियाँ भी शामिल हो गईं—क्योंकि नितेसिस उन नौकरानियों की जरा-भी परवाह नहीं करती।

और, उनका षड्यंत्र आखिर सफल हुआ।

फारस का राजा यों तो प्रजा-प्रिय था, लेकिन उसके भाई बार्तजा को प्रजा कहीं ज्यादा चाहती। फारस-नरेश इस बात से अपने भाई से मन ही मन जलता। इधर उसके मन में एक और सन्देह हो चला था। मिस्र की शाहज़ादी को हमारे भाई से प्रेम है। इस बात ने तो मानो आग में घी डाल दिया। उसने युवराज को एक जंगली जाति को जीतने के लिए हुक्म दिया—उसे विश्वास था, यह वहीं मारा जाएगा।

लेकिन हुआ, ठीक उलटा। युवराज सेना लेकर वहाँ गया और उन जातियों को जीतकर बड़ी धूम-धाम से लौटा। उसके लौटने पर ऊपरी दिखावट से उसने बड़ा प्रेम दिखलाया और कहा--मेरे जन्म-दिवस पर तुम्हारी जो ख्वाहिश हो, माँगना।

जन्म-दिवस खूब धूमधाम से मनाए जाने का प्रबन्ध हुआ। इस दिन पहली बार नितेसिस राजा के साथ गद्दी पर बैठनेवाली थी। राज भर के सामन्त इकट्ठे हुए। दरबार सोने-चाँदी से जगमग कर रहा था। निश्चित समय पर राजा अपनी जरी पोशाक पहने वहाँ आया। फिर नितेसिस आई--उसका रूप देखकर सभी मुग्ध हो गए। राजा-रानी के पहुँचने के बाद पूजा-विधि शुरू हुई। मन्त्रोच्चार, गीत-नाद से मण्डप गूँज उठा। मिस्र में जब पूजा होती तो वहाँ कोई चूँ तक नहीं बोलता। पूजा की इस विधि से नितेसिस ने कुछ अन्यमनस्कता-सी अनुभव की। एक कारण और भी था। उसी समय उसे मालूम पड़ा कि मिस्र से दूत आया है, जो उसके पिता का ख़त लाया है। वह बड़ी बेचैन थी कि कब महल में लौटे और चिट्ठी पढ़े। लेकिन, उनकी सौतों ने उसकी अन्यमनस्कता का कुछ दूसरा ही अर्थ लगाया--उन्होंने कहना शुरू किया, नितेसिस ने इस देश की प्रजा का अपमान किया है।

संयोग देखिए, जब शाहज़ादी अपने महल में पहुँची और चिट्ठी पढ़ी, वह बेहोश हो गयी। उस चिट्ठी में लिखा था, कि मिस्र-नरेश अन्धे हो चले थे और उसकी बहन ताचोत बहुत बीमार थी, उसके बचने की कोई उम्मीद नहीं थी, क्योंकि कोई वैद्य उसकी बीमारी पहचानने में असमर्थ है। वह बीमारी नितेसिस जानती थी लेकिन वह क्या कैसे करे ? जिस समय वह रो रही थी, उसकी दासियों और सामंतों ने देख लिया। उन्होंने कानाफूसी शुरू की, राजा के जन्म-दिवस पर उनकी यह दुलारी रानी रो रही हैं।

रात में फिर दरबार लगा। फिर नितेसिस राजा के साथ बैठी। इस समय उसका चेहरा उतरा हुआ था, गर्चे वह उसे छिपाने की कोशिश कर रही थी। किन्तु, दुर्भाग्य अकेले नहीं आता, आखिर वही हुआ, जो होना था।

दरबार करने पर राजा ने अपने भाई को बुलाकर, कहा--मैं तुम पर खुश हूँ। मुझसे जो माँगना हो, माँगो। इस पर उसके भाई ने उसके कान में धीरे से कहा, मैं मिस्र देश में रहनेवाली एक ग्रीक लड़की से शादी करना चाहता हूँ। मुझे आज्ञा दीजिए। राजा का भ्रम कुछ दूर होता नजर आया। वह चिल्ला पड़ा, दरबारियो, मेरा भाई मिस्र देश में रहनेवाली एक ग्रीक-कुमारी से शादी करना चाहता है, मैं उसे सानन्द आज्ञा देता हूँ। किन्तु, राजा की बात खतम होते-ही-होते लोगों ने देखा, नितेसिस बेहोश होकर गिर रही है। वह बेचारी तो यह समझकर बेहोश हो गई कि अब उसकी बहन ताचोत की शादी युवराज से नहीं हो सकेगी, और यों, अब वह बेचारी नहीं बचेगी। लेकिन, इसका अर्थ राजा ने यह समझा कि ठीक इसका मेरे भाई से प्रेम है, इसी से यह बात को बर्दाश्त नहीं कर सकी। वह आग-बबूला हो उठा। तुरत दरबार खतम किया। शाहज़ादी को उसके महल में भेज दिया और हुक्म दिया कि वह अकेले रखी जाए, जो उसके निकट जाएगा, उसका सिर उड़ा दिया जाएगा।

मानो, इस आग में घी डालने की गरज से, सौतिनों और दासियों ने एक और प्रबन्ध किया। युवराज की सूरत-शक्ल के एक नौजवान को, ठीक उसी की पोशाक पहनाकर शाहज़ादी के महल की खिड़की से कूदकर निकल भागने का इन्तजाम किया और कुछ आदमियों को गवाह रखकर यह स्वाँग रच ही डाला। जो नहीं जानते थे, वे भ्रम में आ गए। चारों तरफ धूम मच गई, युवराज मिस्र की शाहज़ादी के मकान की खिड़की से कूदकर भागते हुए देखे गए हैं।

राजा ने यह सुनते ही हुक्म दिया, मेरे भाई को कल फाँसी हो और उस बदमाश शाहज़ादी

को गदहे पर चढ़ाकर बेबिलोन में घुमाया जाए और कोड़ों से पीटा जाए।

मिस्र की शाहज़ादी, अनुपम सुन्दरी नितेसिस को इसकी खबर दी गई। पहले तो वह सन्नाटे में आ गई—फिर, मुस्कुराई। वह जानती थी, मिस्र की शाहज़ादी का जीते-जी अपमान नहीं हो सकता। वह अपनी इज्जत-आबरू बनाना जानती है। उसने पूछा, मुझे राजमहल से कब गदहा पर चढ़ाकर घुमाने को ले जाया जाएगा, ज़रा उसके लिए थोड़ी तैयारी कर लूँ। उसकी बातें सुनकर सबको ताज्जुब हुआ। उसको बता दिया गया कि कल तीसरे पहर तुम्हें बाहर जाना पड़ेगा।

दूसरे दिन दोपहर को इधर युवराज की फाँसी की तैयारी हो रही थी, उधर नितेसिस को गदहे पर घुमाने का इन्तजाम। बेबिलोन की गलियों में आदमियों की भीड़ लगी थी। सभी अचरज में थे, सभी कुतूहल में थे। इसी समय बेबिलोन के राजमहल के सामने एक विदेशी आकर बेतहाशा चिल्लाने लगा—मुझे राजा के सामने ले चलो, मुझे उससे एक जरूरी सन्देश कहना है। वह पेश किया गया—वहाँ उसने राजा को कहा—आपके राजमहल में शायद आज कोई गड़बड़ी हुई होगी, मैंने एक आदमी को जो शहर के बाहर एक कुंज में छिपा हुआ था, गिरफ्तार किया है—वह आपसे कहेगा—हुक्म हो तो। पेश किया गया वह एक आदमी, जो ठीक युवराज ऐसी पोशाक पहने हुए था उसने बताया कि मैं ही कल राजमहल में अपनी प्रेमिका से जो नई रानी की दासी है, गुपचुप मिलने गया था। वहाँ की एक बाँदी ने मुझसे कहा था कि युवराज-ऐसा भेष बनाकर आना।

तब राजा की आँखें खुलीं—उसने युवराज को छोड़ देने और नई रानी (शाहज़ादी) को महल में ही स्वतंत्र रहने का हुक्म दिया। किन्तु, यह क्या—यहाँ तो शाहज़ादी पलंग पर बेफिक्र सोई हुई है—यह उसकी आखिरी नींद थी।

शाहज़ादी ने तब तक ज़हर खा लिया था।

जब राजा को मालूम हुआ, वह दौड़ा हुआ गया। वहाँ उसने शाहज़ादी का लिखा ख़त पाया—प्रमाण में उसने अपने मैके से आई वह चिट्ठी भी नत्थी कर दी थी।

राजा फूट-फूटकर रोने लगा और रोने लगा युवराज। किन्तु अब क्या हो, अब तो चिड़िया उड़ गयी थी।

एक जर्मन लेखक, जौर्ग इबर यह प्रेम-कहानी लिखकर अमर हो चुका है। इस प्रेम-कहानी का कितनी ही भाषाओं में अनुवाद हो चुका है। यहाँ संक्षेप में ही उसे लिखा गया है।

7

अलबेले बहादुर

सर्वेन्टस—स्पेन

स्पेन के एक गाँव में एक अधेड़ सज्जन थे। लगभग पचास वर्ष के, शरीर दुबला था जरूर—किन्तु, काफी मजबूत थे। सवेरे उठने और शिकार खेलने के आदी। उनको सबसे बड़ा शौक था किताबें पढ़ने का। किताबों में भी बहादुरों की कहानियों की किताबें ही उन्हें रुचतीं, पुराने जमाने के वे बहादुर किस तरह किलों को फतह करते, किस तरह कुमारियों के लिए लड़ाइयाँ लड़ते, किस तरह शरणागत की रक्षा के लिए प्राणार्पण करते—ये बातें उनकी नस-नस

में ताज़ा खून दौड़ा देतीं। इन किताबों के वे इतने शौकीन थे कि अपनी जमीन का बहुत बड़ा हिस्सा उन्होंने किताबों के दाम चुकाने में बेच लिया था।

उनका नाम था डौन क्वीक्ज़ोट ! घर में एक भतीजी, एक दासी और एक नौकर था—जिसे आप पीर-बवर्ची-भिश्ती खर सब समझ लीजिए।

डौन महाशय को समूचा गाँव बहुत ही श्रद्धा से देखता। किन्तु, किताबों की उनकी इस चाट ने लोगों को उनकी बुद्धिमानी के बारे में बहुत सन्देह में डाल दिया। लोग देखते कि किताबों के चलते वह अपने को बिल्कुल बर्बाद करने पर लगे हुए हैं—लोगों को यह भी इत्मीनान हो गया था कि कुछ आदमी उनके इस पुस्तक-प्रेम से बेजा फायदा उठाते हैं। वे अंट-शंट जो पुस्तक भी लाते और उनसे मनमाना दाम वसूलते—और यह दाम दिया जाता जमीन बेचकर। लोगों ने उन्हें समझाना शुरू किया, किन्तु कौन मानता है।

इन किताबों के बेहद पढ़ने से कहिए, या लोगों के द्वारा बार-बार छेड़खानियाँ किए जाने से, एक दिन उन्होंने एक नई ही स्कीम बनाई। उन्होंने अपने को भी पुराने ज़माने के एक बहादुर के रूप में संसार में पेश करने का निश्चय किया—लोगों को दिखला दिया जाए कि इस युग में भी वैसे वीर हो सकते हैं।

घर में, दादा-परदादा के जमाने का, एक जिरह-बख्तर रखा था, आपने उसे निकाला। उसमें जंग लग गए थे, जिसकी सफाई की। जहाँ-जहाँ मरम्मत की जरूरत थी, यथासम्भव मरम्मत कर ली। सबसे अधिक मरम्मत की जरूरत थी शिरस्त्राण में। उसका आगे का वह हिस्सा, जिसमें आँख के लिए छेद बने होते हैं, बिल्कुल गायब था। आप कहीं से कूट का एक टुकड़ा ले आए और सात दिन के घनघोर परिश्रम के बाद उसे दुरुस्त कर लिया। लेकिन जब तैयार हो गया, तो आपने सोचा कि क्या यह कूट तलवार की चोट बर्दाश्त कर सकेगा ? जाँच ही क्यों न कर ली जाए। अपनी तलवार निकालकर आपने एक हाथ लगा ही दिया—कूट कटकर गिर पड़ा। सात दिन की मेहनत पर पानी फिर गया।

पानी फिरा तो फिरा, आगे के धोखे से तो बचे। आप इस बार कहीं से लोहे का पतला चदरा ले आए और उससे शिरस्त्राण की कमी की पूर्ति कर ली।

लेकिन, पुराने ज़माने के बहादुर तो घोड़े पर विजय को निकलते थे। उनके अस्तबल में एक दुबला-पतला मुर्दार घोड़ा था। आपने उसे अच्छी तरह देखा-सुना, और इस निश्चय पर पहुँचे कि प्राचीन वीरों के घोड़ों का वह मज़े में मोकाबला कर सकता है ? खैर, घोड़ा तो हुआ, अब उसका नाम तो रखना चाहिए, क्योंकि पुराने बहादुर अपने घोड़ों का कुछ-न-कुछ नाम जरूर रखते थे। चार दिन-रात के उधेड़बुन के बाद एक नाम सूझ गया—उसका नाम उन्होंने 'उड़न-बछेड़ा' रखा। 'उड़न-बछेड़ा'—वह नौजवान घोड़ा, जो उड़ता हुआ-सा चले। इससे छोटा क्या नाम रखा जाता ?

और यह तो हुआ उसका नाम। अपना नाम भी तो कुछ भड़कीला होना चाहिए। पुराने ज़माने के बहादुर अपना नाम अपने राज्य के साथ रखते थे, इसलिए उन्होंने अपना नाम रखा 'माँचा-नरेश डौन क्वीक्ज़ोट, वीर-बहादुर'। नाँचा उनके गाँव का नाम था। गर्चे अपने गाँव के वह जमींदार भी नहीं थे, लेकिन इससे क्या, बहादुर तो गरीब घर में ही जन्मा करते और अपनी भुजा के बल दुनिया से अपनी शान मनवाते हैं।

खैर, यह समस्या भी खतम हुई। पर, एक बात तुरत उनकी अनुभवी दिमाग में आ गई। पुराने बहादुरों की एक प्रेमिका होती थी, जिसके चरणों में वे विजय में प्राप्त की गई वस्तुओं की भेंट चढ़ाते थे। अच्छी बात तो यह होती कि किसी राक्षस को मारकर उसके द्वारा कैद की गई कुमारी को मुक्त किया जाता और उसे प्रेमिका बनाया जाता—पर, इस समय तो किसी

तरह काम चलाना ही पड़ेगा। उनके गाँव में एक स्त्री थी, जो काफी खूबसूरत थी। अपने मन ही मन उसे ही अपनी हृदयेश्वरी मान लिया। उस स्त्री का मैका टोबोसो नामक गाँव में था। इसलिए उसका नाम आपने 'टोबोसो की राजकुमारी' रख छोड़ा।

यों साजोसामान से लैस होकर एक दिन अहली सुबह आप अपने उड़न बछेड़े पर दिग्विजय को रवाना हुए। ज्योंही आप गाँव से बाहर निकले, आपको एक बात याद आ गई। पुराने जमाने के बहादुर को एक प्रकार का संस्कार कराना होता था, जिसके बिना न तो वे किसी दूसरे बहादुर से अकेले द्वन्द्व-युद्ध कर सकते थे और न काला बख्तर पहन सकते थे। तो क्या फिर घर लौटा जाए ?—नहीं, आगे बढ़ा जाए, ज्योंही पहला मौका मिला, यह संस्कार कर लिया जाएगा।

भर दिन 'उड़न-बछेड़ा' चलता रहा। शाम को वह एक सराय के निकट आया। उड़न-बछेड़ा तो थक गया था ही, माँचा-नरेश भी कम नहीं थके थे। आपको सराय की जरूरत थी। किन्तु, बहादुर क्या साधारण सराय में आराम करते हैं? वे तो किसी किले को फतह करके ही उसमें आराम ले सकते हैं ? हमारे इस बहादुर ने इस सराय को ही किला मान लिया—जिसके चारों कोने पर चार बड़े बुर्ज हैं। कितने ही कंगूरे हैं, जिन पर सोना चमक रहा है। दीवार मोटी और अभेद्य है, सराय का दरवाजा क्या है, किले का बड़ा फाटक है, जिसके सामने हमारे बहादुर का यह विशालकाय घोड़ा खड़ा है; कसर है तो यही कि फाटक के बुर्ज से कोई प्रहरी नहीं झाँकता और न बिगुल बजाकर किले के लोगों को इस महान् शत्रु के आगमन की खबर देता है।

संयोग की बात। उसी समय एक सूअर के चरवाहे ने अपने सूअरों को इकट्ठा करने के लिए अपनी तुरही बजाई। बस, यही तो बिगुल है—हमारे उड़न-बछेड़े के बहादुर ने समझ लिया। जब दुश्मन तैयार हैं, तो मैं क्यों पीछे रहूँ—आपने अपने घोड़े को आगे बढ़ाया और ठीक दरवाजे पर खड़ा कर दिया। उस समय दो स्त्रियाँ दरवाजे पर खड़ी थीं—वे इस बहादुर की सूरत-शक्ल और इस तरह घोड़े को बेतरह आगे बढ़ते देख भागीं। उनका भागना था कि आपने अपना घोड़ा खड़ा कर दिया और अपने शिरस्त्राण के अगले भाग को मुँह से उठाकर अपने रुखड़े, धूल-भरे चेहरे को प्रकट करते हुए कहा—"देवियो, आप मत भागें। आप डरें नहीं, मैं आपका कोई नुकसान नहीं कर सकता। हम बहादुरों का बाना अबलाओं की रक्षा रहा है। आप तो ऊँचे घराने की ललनाएँ मालूम पड़ती हैं, भला आपको मैं तकलीफ दूँगा ?"

दोनों स्त्रियों ने इस अलबेले बहादुर के खूसट चेहरे को, अटपटी पोशाक और मक्खीमार घोड़े को एक बार फिर गौर से देखा, और उसकी बातों पर गौर करती हुईं ठहाका मारकर हँस पड़ीं।

उनकी यह हँसी देख हमारे बहादुर को जैसे गुस्सा आ गया। आप बोले—देवियो, औरतों का भूषण उनकी भद्रता और नम्रता होती है,—यों बिना कारण के हँसना तो निरी बेवकूफी है ! जरा रुककर आपने फिर कहा—लेकिन ऐसा नहीं समझिए कि मैं आपका अपमान कर रहा हूँ, मैं तो आपकी सेवा करने को उत्सुक हूँ, कुछ बताइए।

बहादुर डौन के इस व्याख्यान ने उन स्त्रियों की हँसी को और बढ़ा दिया। किन्तु, ज्यों-ज्यों उनकी हँसी बढ़ती, त्यों-त्यों हमारे बहादुर का क्रोध भी बढ़ता जाता और सम्भव था कि कुछ घटना घट जाती कि सराय का मालिक वहाँ आ पहुँचा। वह मानव-स्वभाव का पारखी था। उसने झुककर हमारे बहादुर को सलाम किया, फिर घोड़े से उतरकर सराय में चलने और आतिथ्य ग्रहण करने की प्रार्थना की। आपने इस सराय के मालिक को इस महान दुर्ग का दुर्गपति समझ लिया और शान से कहा—दुर्गाधिपति, दुनिया में बहुत कम चीजें हैं, जिनकी मुझे

जरूरत होती है—हथियार ही एक चीज है जिसकी मेरे नजदीक कीमत है और मेरा आरामगाह तो युद्धभूमि ही है।

अपने उड़न-बछेड़े की देखभाल के तिए सराय के मालिक को बार-बार आगाह करते हुए आप सराय के भीतर पहुँचे। साथ में वे दोनों नवयुवतियाँ भी थीं। उनको इस अलबेले बहादुर में पूरा लुत्फ मिल रहा था—खूब दिल्लगियाँ करतीं, हँसतीं।

सराय में पहुँचकर सबसे पहला काम था, ज़िरह-बख्तर उतारना। आपने किसी तरह उसे उतारा। पर शिरस्त्राण का उतारना मुश्किल था—एक तो बहादुर का कोई चिन्ह शरीर में सदा रहना चाहिए; दूसरे, शिरस्त्राण पुराना था, किसी-किसी कदर से फीते-वीते से लपेटकर उसे सिर पर रखा गया था। उतारने में सम्भव है, फीते को काटना पड़ता। पर भला, यह आपको कैसे बर्दाश्त होता। आपने निश्चय किया कि शिरस्त्राण सिर पर ही रहे। पर कठिनाई एक थी, जब तक शिरस्त्राण उतारा नहीं जाता, गर्दन झुकाना मुश्किल था। फिर खाना कैसे खाया जाएगा। दोनों स्त्रियों ने यह भार अपने ऊपर लिया। भोजन के वक्त जब अपने हाथों से निवाले बना-बनाकर इस वीर बहादुर के मुँह में रखतीं; कैसा मज़ेदार लगता। देखनेवाले हँसते-हँसते लोट-पोट हो रहे थे, पर हमारे वीर बहादुर को हँसी की क्या परवाह ! इन गरीबों पर क्रोध क्या किया जाए, ये तो दया के पात्र हैं—आप यह सोचकर खून का घूँट पी गए।

रात में जब सोने का वक्त हुआ, आपने सराय के मालिक को बुलाया और उसको लेकर अस्तबल में गए। वहाँ उसके पैरों पर साष्टांग गिर पड़े। जब सरायवाले ने इस आजिज़ी का सबब पूछा तो आपने बताया कि पूरा बहादुर कहलाने में एक कसर रह गई है—जिरह-बख्तर पहनने का जो संस्कार होता है, उसे आपने बाज़ाप्ता नहीं किया है, वह उसे कराने में मदद दे। इस संस्कार के अनुसार बहादुर कहलानेवाले को अपना ज़िरह-बख्तर किसी मन्दिर में रखकर रात-भर उनका पहरा देना होता। अगर कोई जिरह-बख्तर लेने आवे (उसके प्रतिद्वन्द्वी बहादुर ऐसा प्रायः करते थे) तो उससे युद्ध किया जाए। युद्ध में विजयी होने पर बाज़ाप्ते मंत्रों के साथ जिरह-बख्तर धारण किया जाए।

सराय में मन्दिर कहाँ—पर सराय के मज़ाकिए मालिक ने कहा—यह संस्कार कुएँ पर भी हो सकता है। हमारे अलबेले वीर बहादुर कुएँ पर पहुँचे। वहाँ अपना जिरह-बख्तर रख दिया और तलवार लेकर चारों ओर पहरा देने लगे।

जब थोड़ी रात थी, एक खच्चरवाला उठा और यात्रा शुरू करने से पहले अपने खच्चर को पानी पिला लेने के इरादे से कुएँ की ओर बढ़ा। उसको देखते ही हमारे बहादुर चिल्ला उठे—"अरे कायर, ठहर, ठहर—तू अपने को बहादुर समझता है और मेरा जिरह-बख्तर उठाने आया है। ठहर जा—तलवार निकाल और मुझसे लड़ ले, तब मेरे जिरह-बख्तर को छूना। जानता नहीं, मैं माँचा-नरेश डौन क्वीक्ज़ोट वीर बहादुर हूँ।"

किन्तु, उस खच्चरवाले ने इनकी बड़बड़ की जरा परवाह न की। वह बढ़ता ही गया और कुएँ पर पड़े इनके जिरह-बख्तर को पैरों से रौंदता-ठुकराता अपना डोल कुएँ में डाल दिया। भला उसकी यह गुस्ताखी माँचा-नरेश कैसे बर्दाश्त करते ! तेज़ी से आगे बढ़े और पीछे से एक ऐसा भाला जमाया कि बेचारा बेतहास गिरा। उसे गिराकर, अपने जिरह-बख्तर को फिर ठौर-ठिकाने से रोक, आप इस शान से घूमने लगे कि किसी बड़े बहादुर प्रतिद्वंद्वी को ठिकाने लगाया हो।

कुछ देर में उस खच्चरवाले का साथी आया। आपने उसे भी यों ही धमकाया और आखिर में उस पर भी अपने भाले का वार कर ही दिया। भाला लगते ही वह चिल्ला उठा। उसकी चीख सुन लोग दौड़े। लोगों को देख आप यों पैंतरे बदलने लगे, जैसे एक महान् सेना

उन पर चढ़ी आ रही हो। लोग इनके पैंतरे देखकर डर गए—सबने समझा, पागल है। ईंट-पत्थर के टुकड़े इन पर बरसाकर इनके पागलपन का इलाज करने लगे।

पत्थर चल रहे हैं और आप अपनी ढाल से बचाव कर रहे हैं। कभी इधर कूदकर जाते हैं, कभी उधर। खैरियत यही हुई कि हल्ला-गुल्ला सुनकर सराय का मालिक आ पहुँचा। उसने लोगों को शान्त किया और इनसे आकर कहा—खतम कीजिए, अब चलिए, संस्कार हो जाए। वक्त हो गया है, किसी खेत में भी संस्कार किया जा सकता है।

सराय का मालिक, वे दोनों युवतियाँ, एक और बच्चा और हमारे अलबेले बहादुर सभी एक खेत में पहुँचे। मंत्र पढ़ने के लिए शास्त्र चाहिए। सराय का मालिक अपने हिसाब-किताब की बही ले आया था।

बीच में अलबेले बहादुर बिठलाए गए। एक मोमबत्ती जलाकर बच्चे के हाथ में रख दी गयी। दोनों स्त्रियाँ अलबेले बहादुर के अगल-बगल में खड़ी हुईं। सराय के मालिक ने अपनी उसी शास्त्र-पुस्तक (हिसाब की बही) से एक मंत्र पढ़ा। मंत्र को दुहराते हुए अलबेले बहादुर को घुटना टेकना पड़ा। घुटना टेकने के बाद सराय का मालिक फिर एक मंत्र बड़बड़ाया, उनके पीछे गया और पीठ पर एक हल्का धौल लगाया। धौल खाकर वीरबहादुर ज़रा तिलमिलाए, किन्तु, बोलते क्या—यह तो एक विधि थी। इसके बाद सराय के मालिक ने तलवार निकालकर उसके सिर पर घुमाई; फिर उन युवतियों में से एक को आज्ञा दी कि वह अपने हाथ से तलवार उनकी कमर में बाँध दे। जिस समय एक युवती उनकी कमर में तलवार बाँध रही थी, दूसरी आरती करती, गीत गाती, हँसती और जब-तब उनके गाल में हुदुक्का लगा देती। अन्त में उनका 'उड़न-बछेड़ा' मँगाया गया और उसी पर सवार कराकर कहा गया—माँचा-नरेश डौन क्वीक्ज़ोट वीरबहादुरजी, अपनी राह नापिए।

इसके बाद हमारे यह अलबेले बहादुर किस तरह कभी पनचक्की से लड़ा किए, कभी सौदागरों से लतिआए गए, कभी सिंह से खम ठोके, कभी भेड़ों पर टूटे, और अन्त में दिमाग को ठंडा कर घर लौट आए और शान्त होकर घर-गृहस्थी देखने लगे। यह कहानी 'डौन-क्वीक्जोट' नाम की एक बड़ी पुस्तक में है, जिसे स्पेन के बड़े ही मसखरे लेखक 'सर्वेन्टस' ने लिखा है।

परिशिष्ट

8

सच्ची दोस्ती

शेक्सपीयर

अन्टोनियो एक बहुत बड़ा व्यापारी था। वह दिल का भी उतना ही बड़ा धनी था। वेनिस-नगर में उसका घर था। यह नगर समुद्र के किनारे था। उसका व्यापार ज्यादातर विदेशों से, जहाजों पर, होता।

अन्टोनियो जितना ही बड़ा धनी था, उसका मित्र बैसेनियो उतना ही अधिक गरीब। गरीब होने पर भी वह उन सभी गुणों से भरा-पूरा था जो मनुष्य को भलेमानस बनाते हैं। एक बार उसने बड़े तपाक से कहा था—"मेरे धन मेरी नसों में दौड़ते हैं।" मतलब यह कि

बाहरी धन उसके पास नहीं थे, लेकिन हृदय के धन का वह कुबेर था।

तमाशा देखिए, गरीब बैसेनियो का धनी दिल एक धनी की लड़की से जा टकराया। उसका नाम था पोर्शिया। पोर्शिया जितनी खूबसूरत थी, उतनी ही गुणवन्ती भी। वह बेलमोन्ट-नगर में रहती थी।

बैसेनियो ने अपने मित्र अन्टोनियो से कहा–दोस्त, कुछ रुपए का इन्तज़ाम कर सकते हो ? पोर्शिया के पास यह फटेहाल सूरत लेकर जाना तो अच्छा नहीं होगा। अगर उसने भी मुझे पसन्द किया, तब तो रुपए का क्या कहना ? और यदि ऐसा न हुआ, तो समझना दोस्त के नाम पर यह रक़म गई !

अन्टोनियो–उदार अन्टोनियो–भला ऐसे मौके को क्यों चूकता ? उसने कहा–परवाह नहीं, जितना चाहे लो।

लेकिन एक दिक्कत थी, जिसे उसने अपने मित्र से भी नहीं बतलाया। उसके पास नक़द पैसे इस समय नहीं थे, जो कुछ था, उसका सामान जहाज पर लदकर विदेश गया था। खैर, उसने कर्ज लेना मुनासिब समझा। सोचा, हर्ज क्या है ? जहाज तो लौट ही चला। आते ही चुका दूँगा।

बेनिस में एक महाजन था, बड़ा ही मक्खीचूस और काइयाँ। वह अन्टोनियो से बहुत नाराज़ भी रहता था। क्योंकि अन्टोनियो के चलते उसके रोज़गार में खलल पड़ता। वह मक्खीचूस महाजन जहाँ कड़े-से-कड़े सूद पर रुपए लगाता, वहाँ अन्टोनियो बिना सूद के ही लोगों को रुपए दे देता।

जब अन्टोनियो उसके निकट पहुँचा और कुछ रुपए के लिए चर्चा की, वह बड़ा खुश हुआ ? सोचा, यार अच्छे फँसे हैं, इन्हें मज़ा चखाने का यही मौका है। पर, बाहरी बनावट से बोला–"वाह क्या कहना, आप रुपया चाहें और मैं न दूँ, यह भी कोई बात है ! लेकिन" यहाँ वह फिर हँसा, और जैसे कि दिल्लगी कर रहा हो, उसने कहा–"लेकिन, एक शर्त है। आपको यह शर्त करनी होगी कि तीन महीने में मेरे रुपए दे देंगे और यदि नहीं दे सके, तो अपने शरीर का आधा सेर मांस आपको देना होगा–कहिए, मंजूर है।" वह ठठाकर हँस पड़ा।

अन्टोनियो इस काइयाँ महाजन–शाइलौक–को अच्छी तरह जानता था। लेकिन, उसे तो अपने जहाज़ों पर पूरा विश्वास था ही फिर, बैसेनियो की जरूरत भी टाली नहीं जा सकती थी। यदि समय पर वह पोर्शिया के पास नहीं पहुँचता, तो, सम्भव है, वह किसी दूसरे की बाँह पकड़ ले।

शर्त लिख दी, रुपए लिए।

बैसेनियो रुपए लेकर अपने दोस्त ग्रेसियानो के साथ पोर्शिया के पास चला।

पोर्शिया के पास उस समय कुँआरों का जमघट लगा रहा। बड़े-बड़े छैल-छबीले उसे रिझाने की तरह-तरह की कोशिशें करते।

लेकिन बेचारी पोर्शिया भी तो अपना पति चुनने को स्वतंत्र नहीं थी। उसका पिता मरते समय, उसे तीन संदूकचे सौंप गया था। उसमें एक सोने का था, जिस पर लिखा था, "जो मुझे चुनेगा, मनमानी चीज़ पाएगा।" दूसरा संदूकचा चाँदी का था, उस पर लिखा था–"जो मुझे चुनेगा, वह अपनी योग्यता के अनुसार पाएगा" और तीसरा संदूकचा काँसे का था, जिस पर लिखा था–"जो मुझे चुने, उसे अपने और सर्वस्व को खतरे में डालने को तैयार रहना पड़ेगा।" इस आखिरी संदूकचे में पोर्शिया की तस्वीर थी। बूढ़े बाबा ने पोर्शिया को कह रखा था कि जो यह काँसे का संदूकचा चुने, उसे ही अपना पति बनाना।

जो छैल-छबीले, बाँके-छैले आते, सोने के संदूकचे पर ही टूटते। टूटते और अपना-सा

मुँह लेकर लौटते।

आज बैसेनियो की बारी है। पोर्शिया इस भलेमानस नौजवान पर लट्टू है। वह चाहती है, इसी से मेरी शादी हो लेकिन उसकी लाचारी उसे बुरी तरह खल रही है। कभी-कभी वह अपने पिता पर भी कुढ़ती है। उन्हें क्या सूझा, जो मुझे इस बन्धन में रख दिया। खैर, उसका निर्वाह तो करना ही है—पिता की आखिरी इच्छा को वह कैसे ठुकराए।

अहा-हा—बैसेनियो ने काँसे के सन्दूकचे को ही चुन लिया।

अब पोर्शिया बैसेनियो की है, और बैसेनियो पोर्शिया का।

दोनों सुख से रहने लगे। सुख से, मौज से, आनन्द से।

कि एक दिन एक डाकिया एक चिट्ठी दे गया। चिट्ठी अन्टोनियो की थी। उसमें लिखा था—"मेरे जहाज सभी डूब गए, मैं शाइलौक को समय पर रुपए नहीं चुका सका, अब वह मुझसे मेरे शरीर का आधा सेर मांस माँग रहा है क्योंकि इसी शर्त पर उसने रुपया दिया था। खैर, मुझे इसकी परवाह नहीं, मैं खुशी-खुशी मरूँगा, लेकिन, तुम ज़रा अपनी झलक तो दिखा जाओ !" बैसेनियो यह चिट्ठी पाते ही फूट-फूटकर रोने लगा। पोर्शिया ने यह कहानी सुनी। वह भी उदास हुई। लेकिन बैसेनियो को ढाढ़स बँधाकर उसने वेनिस भेजा। कह दिया, यदि सर्वस्व देकर भी अपने दोस्त को बचा सको तो जरूर बचाना !

और, क्या पोर्शिया वहीं बैठी रही ?

उसका चचेरा भाई डाक्टर बेलारियो बहुत बड़ा नामी वकील था। उसने उससे वकील का चोगा मँगवा लिया और अपनी सेविका नेरिसा के साथ वह भी वेनिस को चल पड़ी।

वेनिस में कचहरी लगी हुई है। अन्टोनियो, बैसेनियो शाइलौक, ग्रैसियानो, वेनिस का राजा और बहुत से दर्शक बैठे हुए हैं कि नेरिसा वकील के किरानी के भेष में वहाँ आ पहुँचती है और एक चिट्ठी पेश करती है। चिट्ठी डाक्टर बेलारियो की थी। उसमें लिखा था, "चूँकि मैं बीमार हूँ, इस मौके पर आ नहीं सकता, लेकिन मैं अपने नौजवान दोस्त डाक्टर बाल्थजर को भेज रहा हूँ। आप रोम के नामी वकीलों में से हैं और इस मुकदमे में मुदालह की ओर से पैरवी करेंगे।"

यह वकील और कोई नहीं, पोर्शिया थी, जो अपने भाई की पोशाक पहनकर सोलह आने वकील बन रही थी।

इस नए वकील ने मज़ेदार बहस की। पहले तो उसने इस शर्त को खुलासा किया और बताया कि अन्टोनियो को आधा सेर मांस देना ही होगा और वह भी जिस अंग का भी शाइलौक चाहे। शाइलौक अपनी ओर इस वकील की राय झुकती देख खुशी में चिल्ला उठा—ओफ्फोह !—आज तो स्वयं धर्मराज न्याय करने को पहुँचे हैं ! फिर, पोर्शिया के यह पूछने पर कि तुम्हारे पास मांस काटने के औजार हैं न और है तराजू भी; शाइलौक अपना छुरा निकालकर उसे पिजाने लगा। वह कलेजे का मांस लेगा—कलेजे का; वह खुश हो रहा था, खुश—क्योंकि आज उसका दुश्मन खतम होगा, जो बेसूद का रुपया देकर उसका रोजगार खराब करता और उसे गालियाँ सुनवाता था। शाइलौक आनन्द से पागल-सा हो गया था।

किन्तु, इतने ही में पोर्शिया ने गम्भीर वाणी में कहा—अच्छा महाजनजी, आप अपना छुरा, अपना प्याला और अपना तराजू सम्हालिए; लेकिन एक बात···

शाइलौक चौंका—क्या बात ! पोर्शिया ने कहा, देखिए इस शर्त में आधा सेर मांस लिखा है, आप छुरे से काट लीजिए, लेकिन याद रखिए, यदि आधा सेर से तिल बराबर भी आपने ज्यादा काटा, तो फिर, आपकी···

ऐं-ऐं—शाइलौक चिल्ला उठा।

और यही नहीं, आप केवल मांस ही ले सकते हैं, देखिए, एक बूँद भी खून गिरा, तो आपकी खैर···

शाइलौक बड़बड़ाता हुआ कचहरी से भागा—किन्तु पोर्शिया ने कहा—पकड़ो, पकड़ो। महाजनजी, आप भागते कहाँ हैं ? अभी कानून की कई बातें बाकी ही हैं।

बेचारा शाइलौक चुपचाप खड़ा, हाकिम का मुँह देख रहा है। लोग खुशी में उछल-कूद रहे हैं। उसके मुँह पर हवाइयाँ हैं।

पोर्शिया ने कहा—जनाब हाकिम से मेरी एक और गुजारिश है। वेनिस के कानून में लिखा है कि जो कोई किसी नागरिक की जान लेना चाहे, उसकी पूरी सम्पत्ति जब्त कर ली जाएगी, उसमें से आधा राजा को मिलेगा और आधा उसे, जिसे वह मारना चाहता था और उसकी जान भी उस मारे जानेवाले की कृपा पर ही निर्भर रहेगी।

अब शाइलौक के पाँव थर-थर काँप रहे थे। उसके दाँत निकल आए थे, वह बच्चों-सा चिल्लाना चाहता था।

खैर, पोर्शिया ने उसकी रक्षा कर ली। बोली—यदि तुम अपनी पूरी सम्पत्ति अपनी बेटी को लिख दो, तो ये सब कसूर क्षमा कर दिए जाएँ। शाइलौक अपनी बेटी को बुरी तरह सताता था, क्योंकि वह बेचारी एक भलेमानस नौजवान पर मुग्ध थी और उससे शादी करना चाहती थी। लेकिन अब दूसरा चारा क्या था ? उसे उसी जगह बेटी के नाम वसीयत कर देनी पड़ी।

अब कचहरी खतम हुई, लोग इस नए वकील, जिसकी अभी मसें भी नहीं भींचती थीं, की बुद्धिमानी पर वाह-वाह कर रहे थे। कहते—जैसा रूप, वैसी ही बुद्धि। अन्टोनियो की क्या बात, बैसेनियो भी यह नहीं पहचान सका था कि यह वकील उसी की पोर्शिया है। वह बार-बार वकील को धन्यवाद देता और कहता, आपने मेरे दोस्त की जान बचाई, आप जो माँगिए, मैं दूँ।

पोर्शिया सुनती थी, मुस्कुराती थी, टालती थी। बहुत जिद किए जाने पर आखिर उसने कहा—अच्छा तो यह अँगूठी मुझे दे दीजिए। बैसेनियो ने भावावेश में आकर अँगूठी दे दी। उसे शायद याद भी नहीं आया कि यह उसकी शादी की अँगूठी है, प्रेम-प्रतीक है, इसे देना मुनासिब नहीं।

पोर्शिया उसी दिन बेलमौंट लौट आई। दूसरे ही दिन बैसेनियो अपने दोस्त अन्टोनियो को लिए बेलमौंट आया। अन्टोनियो की बड़ी खातिर पोर्शिया ने की।

इधर अन्टोनियो आराम कर रहा था, उधर पोर्शिया और बैसेनियो में लड़ाई हो रही थी। पोर्शिया कहती थी, तुमने अँगूठी क्या की—उफ़, तुमने मुझे धोखा दिया; यह अँगूठी किसी प्रेमिका को दे आए हो। बैसेनियो कसमें खाता, कहता—अँगूठी मैंने वकील को दी—क्या करता, जब माँग बैठा तब उस समय इन्कार करना मेरे बूते के बाहर था।

झूठे हो—तुमने किसी स्त्री को दे दी है।

तुम्हारी कसम, मैं सच कह रहा हूँ ?

''सच कह रहे हो ? और, मैं साबित कर दूँ तब ?'' इतना कह पोर्शिया ने अपनी उँगली दिखला दी, अँगूठी कैसी चमक रही थी वही तो है।

इनकी यह प्रेम-कलह सुनकर अन्टोनियो भी वहाँ आ गया था। दोनों को यह अँगूठी देखकर महान् आश्चर्य हुआ। किन्तु, आश्चर्य चरम सीमा पर तो तब पहुँचा, जब पोर्शिया ने अन्टोनियो को एक चिट्ठी दी, जिसमें लिखा था कि अन्टोनियो के वे जहाज सुरक्षित, बन्दरगाह पर लग गए हैं, जिन्हें उसने एवं सभी ने डूबा हुआ समझ लिया था। तूफान आया था जरूर, किन्तु, जहाज डूबते-डूबते बच गए थे।

अँगूठी की वह दिलचस्प कहानी—जहाज की यह खुशखबरी—फिर आनन्द का क्या कहना !

शेक्सपीयर अँगरेजी का सबसे बड़ा कवि है—उसने कितने नाटक लिखे हैं। उसके एक नाटक की यह सुन्दर कहानी है।

9

नटखट लड़का

डेफो

उसका जन्म इंग्लैंड के यौर्क नामक नगर में 1632 में हुआ था। पिता धनी थे। उन्होंने चाहा, उनका यह सुपूत वकील बने। लेकिन लड़का कुछ दूसरा ही बनना चाहता था और बन गया कुछ तीसरा ही।

वह लड़का समुद्र की सैर करना और यदि सम्भव हो, तो बड़ा व्यापारी बनना चाहता था। उस समय यूरोप के व्यापारी जहाजों पर सवार हो अफ्रीका, अमेरिका आदि सोने की तलाश में निकला करते थे—यह लड़का भी कुछ ऐसा ही स्वप्न देखता।

एक दिन वह अपने शहर के बन्दरगाह पर टहल रहा था। सामने एक जहाज खड़ा था। दरयाफ्त करने से पता चला, यह लंदन जाएगा। किसी से पूछा, न ताछा; वह चुपचाप सवार हो गया।

लेकिन वह जहाज रास्ते में ही टूट गया। किसी तरह उसके सवार बच पाए। यह लड़का भी बचा। पर, अपनी पहली यात्रा में ही यह विघ्न देखकर वह उदास नहीं हुआ। जब उसको मालूम हुआ, एक दूसरा जहाज अफ्रीका जा रहा है, वह उस पर जा बैठा। उस जहाज का कप्तान इस छोटे बच्चे पर बहुत खुश हुआ। बिना भाड़े के ही उसे अफ्रीका ले गया—वहाँ से क्या-क्या लाना चाहिए, कह बताया। जब यह लड़का लौटा, इसके पास हजारों रुपए का सोना था।

वह चाहता, तो उस रुपए से कारोबार करता, धनी बनता। लेकिन उस पर भी सैर करने का ही पागलपन सवार था। वह फिर एक जहाज़ से रवाना हुआ।

यह जहाज़ अफ्रीका जा रहा था, कि बीच में ही डाकुओं के एक दल ने चढ़ाई कर दी। इस लड़के को गिरफ्तार किया गया। सारा सपना पानी का बुलबुला साबित हुआ। हज़रत को कई वर्षों तक उस डाकू का गुलाम बनकर रहना पड़ा।

एक दिन डाकू ने कहा—नाव लो और मछली मार लाओ। वह मछली मारने चला। साथ में दो गुलाम और भी थे। बहाना करके किसी तरह नाव को बीच समुद्र में ले गया, और वहाँ एक गुलाम को पीछे से समुद्र में ढकेलकर और दूसरे को, जो अभी लड़का ही था, साथ लेकर चलता बना।

वह महासमुद्र, यह छोटी-सी नाव ! लेकिन, हिम्मत नहीं हारी। हिम्मत हारने का मानी था जिन्दगी भर की गुलामी; उससे तो मौत अच्छी।

रास्ते में एक जहाज़ जाते हुए दिखाई पड़ा। जहाजवालों को इस पर दया आ गई, वह जहाज अमेरिका जा रहा था। उसने इस लड़के को चढ़ा लिया।

अमेरिका पहुँचकर, इसने खेती-बारी शुरू की। अच्छा गृहस्थ हो चला—किन्तु, फिर इसके

सिर पर भूत सवार हुआ। वह किसी साहसिक यात्रा की धुन में लगा।

हाँ, यहाँ तक बढ़ आए और यह नहीं जाना, इस लड़के का नाम क्या था ?—इसका नाम था रौबिन्सन क्रूसो।

रौबिन्सन ने वहाँ के कुछ उत्साही लोगों से बातचीत करना शुरू किया। उसने उन्हें इतमिनान दिलाया कि यदि एक जहाज़ का इन्तजाम हो, तो मैं अफ्रीका जा सकता हूँ और वहाँ से सोना, हाथी दाँत, शुतुरमुर्ग के पर, बहुत बड़े परिमाण में ला सकता हूँ। जिन्दगी-भर खेती-गृहस्थी में टख-टख करते रहने से क्या फायदा ? एक बार जरा किस्मत क्यों न अजमाई जाए।

आखिर रौबिन्सन की बात सब पर हावी हुई। वह अब जवान हो चुका था, इसलिए अब लड़कपन का दोष नहीं लगाया जा सकता था। जहाज़ तैयार हुआ। तेरह समर्थकों के साथ एक दिन यह जहाज़ बड़ी-बड़ी उम्मीदों और अरमानों को लिए हुए, अमेरिका से रवाना हुआ।

एक दिन, दो दिन—बारह दिन तक जहाज़ चलता रहा। तेरहवें दिन आसमान में कुछ भयंकर लाल-लाल बादल दिखे और कुछ ही क्षणों में एक भयंकर तूफान आ धमका। तूफान जहाज़ को कहाँ किस तरफ बहाए ले जा रहा है, कुछ पता नहीं चलता। यहाँ तक कि एक-दो आदमी लहरों में बह भी गए—एक आदमी ज्वर से मर गया।

तूफान शान्त होने पर रौबिन्सन ने देखा, उसका जहाज़ अपने रास्ते से बहुत दूर चला आया है। अपने आदमियों को ढाढ़स दे, फिर जहाज़ को रास्ते पर लाया। एक बार फिर समुद्र को चीरता उसका जहाज़ अपनी उद्देश्य-दिशा की ओर जा रहा है।

पर, कुछ ही दिनों में फिर तूफान आया, और इस बार साधारण तूफान नहीं, चक्करदार तूफान, जो जहाज़ों का दुश्मन होता है। रौबिन्सन का जहाज़ कभी इधर जाता, कभी उधर—कभी चक्कर खाता, कभी गोते खाते-खाते बचता। बारह दिनों तक यही हालत रही। सबसे बुरी बात यह थी कि बारह दिनों के अन्दर कहीं किनारे का नाम-निशान भी नहीं दीखा।

तेरहवें दिन एक मल्लाह चिल्ला उठा—वह किनारा दीख पड़ता है ! इस हलचल में भी आनन्द की एक लहर-सी दौड़ गई। सब किनारा देखने को दौड़े, कि इतने ही में जहाज़ एक चट्टान से टकराता-सा मालूम पड़ा। एक भयंकर धड़ाका—फिर चूर-चूर ! कहाँ जहाज़, कहाँ उसके सवार !

जब होश में आया, रौबिन्सन ने अपने को किनारे पर पड़ा पाया। समुद्र में तरंगें उसी तरह गरज रही थीं। जहाज़ डूब चुका था। उसका टूटा मस्तूल कभी-कभी तरंगों पर उठता-गिरता मालूम पड़ता। साथियों का तो कोई पता ही नहीं था।

सबसे पहले रौबिन्सन ने अपने को वहाँ से हटा लेना ज़रूरी समझा क्योंकि सम्भव था, फिर ज्वार आवे और उसे बहा ले जाए। वह दौड़कर एक चट्टान पर चढ़ गया। शाम हो रही थी। अब उसे ख्याल आया, वह रहेगा कहाँ और कैसे ? उसके कपड़े भीग गए थे। खाने को पास में कुछ था नहीं। पीने का मीठा पानी भी मिलेगा कि नहीं, कौन कहे—समुद्र का खारा पानी तो पिया नहीं जा सकता।

और, पानी तो सबसे ज़रूरी था। पहले वह उसी की खोज में निकला। नज़दीक ही एक झरना मिला। छककर पानी पी लिया और शाम होते-होते एक घने पेड़ पर चढ़कर, उसकी ऐसी तिकठी डाली पर सो गया जहाँ से नींद पड़ने पर भी वह गिर न सके।

दिन भर का—कई दिनों का—थका-मारा, ऐसी नींद आई कि कल उठा तो दिन काफी चढ़ गया था।

उसने देखा, समुद्र शान्त हो चला है। उसका डूबा हुआ जहाज़ लहरों के जोर से किनारे

की ओर और बढ़ आया है। पाल, मस्तूल सब तो चूर-चूर हो चले थे, केवल पेटी का हिस्सा उतरा रहा था। क्यों न तैरकर देखा जाए कि उसमें कुछ बचा है कि नहीं ? क्योंकि यहाँ खाने-पीने या आराम का कोई सामान तो है नहीं।

वह तैरकर वहाँ पहुँचा। सबसे पहले उसे आश्चर्य हुआ 'म्याऊँ-म्याऊँ' की आवाज़ सुनकर। दो बिल्लियाँ अब भी बच गई थीं और बच गया था एक कुत्ता भी। बिस्कुट के कुछ डिब्बे और बारूद के कुछ थैले दीखे। दिन-भर का भूखा था ही—सबसे पहले बिस्कुट भर-पेट खा लिया। फिर जहाज़ से दो-तीन तख्ते लेकर 'तिकठी' बनाई और उसी पर कुत्ते, बिल्लियाँ और बिस्कुट-बारूद के कुछ डिब्बे-थैले को लेकर वह किनारे आया।

लगातार ग्यारह दिनों तक वह इसी प्रकार तिकठी पर जहाज़ के निकट जाता और वहाँ से सामान लाया करता। बारहवें दिन, जब भोर में वह उठा, देखा, जहाज़ का पता नहीं है—ज्वार के वेग में न जाने वह कहाँ बह गया था। किन्तु, उसे सन्तोष था कि इन ग्यारह दिनों में वह खाने की चीजें, औज़ार और हथियार, बारूद आदि काफी मिकदार में ले आया था।

अब, उसे घर बनाने की सूझी। यह सोचना बिल्कुल फिजूल था कि तुरत कोई दूसरा जहाज़ आएगा और उसे त्राण मिलेगा। फिर, समुद्र के ऐसे टापुओं में भयंकर जंगली जानवर और उनसे भी भयंकर नर-भक्षी जंगली आदमी होते हैं। उनसे रक्षा का इन्तजाम तो करना ही था। जहाज़ से लाई चीज़ें भी, सुरक्षित नहीं रखी जाएँ, तो खराब हो जातीं।

तलाश करके उसने एक ऐसी चट्टान पर अपनी झोंपड़ी बनाने का निश्चय किया, जहाँ से समुद्र मज़े से देखा जा सकता था। समुद्र देखा जाए—यह तो पहली शर्त चाहिए क्योंकि ऐसा न हो कि कोई जहाज़ इस रास्ते से गुज़र जाए और रौबिन्सन को खबर न हो, और यों उद्धार की जड़ ही कट जाए।

चट्टान पर उसने अपना तम्बू ताना, जो जहाज़ के पाल से उसने तैयार किया था। तम्बू के पीछे चट्टान का उठान था, अतः उस ओर से खतरा नहीं था। सामने उसने बीस गज का एक अर्द्धवृत्त तैयार किया। उस अर्द्धवृत्त पर उसने थोड़ी-थोड़ी दूर पर साढ़े पाँच फीट ऊँचे छड़ गाड़ दिए। छड़ों का ऊपरी भाग उसने काफी नुकीला बना दिया था। इन छड़ों के बाद छोटे-छोटे छड़ों की एक कतार और थी, जिनके बीच में भी नुकीले छड़ थे। जहाज़ के रस्सों से इन छड़ों को इसने इस तरह ताना-बाना बुन दिया, कि यह दुर्भेद्य हो चला। आने-जाने के लिए उसने रास्ता भी नहीं छोड़ा। एक सीढ़ी बना ली, जिस पर होकर वह बाहर निकलता या भीतर आता। जब भीतर आता, सीढ़ी भीतर कर लेता। यों उसका यह गढ़ अजेय था।

उस उमड़ी चट्टान में एक गुफा थी। उस गुफा को उसने खोदकर अधिक बड़ा बना लिया और उसमें अपने बारूद को सौ बोरों में बन्द कर रख दिया। बोरों को इस तरह रखा कि कहीं संयोग से किसी बोरे का बारूद भड़के तो दूसरे बोरे पर असर न डाल सके। एक छोटी-सी गुफा में उसने अपना रसोईघर बनाया।

कहीं वह यह न भूल जाए कि कब आया और कितने दिन आए हुए हुए, उसने एक लम्बे खम्भे के ऊपरी सिरे पर खोद दिया—"मैं यहाँ 30 सितम्बर, 1659 को आया।" उस खम्भे को उसने अपने तम्बू के सामने गाड़ दिया। प्रतिदिन उस खम्भे पर वह एक छोटा-सा निशान बना देता, सातवें दिन वह कुछ बड़ा निशान बनाता, जिसका अर्थ होता रविवार।

अपना किला अच्छी तरह तैयार कर लेने के बाद उसने टेबल और कुर्सियाँ भी बना लीं।

टापू में घूमते हुए उसे पता चला कि यहाँ बकरियाँ, जंगली बिल्लियाँ और खरहे-चूहे, कौवे एवं चिड़ियाँ काफी हैं। अपनी बन्दूक से वह इसका शिकार करता—मांस खाता और चमड़ा

सुखाकर रखता जाता।

वर्षा ऋतु शुरू हो गई थी कि एक दिन उसने अपने आँगन में कुछ-कुछ हरे-हरे अँकुरे उगे देखे। यह क्या है ? यह तो गेहूँ और धान के पौधे हैं ! कुछ पुराने बोरों को, जिनमें आटा और चावल थे, उसने एक दिन आँगन में झाड़ा था—मालूम होता है, उसी में एकाध गेहूँ और धान साबुत बच गए थे। वे ही उग आए हैं। रौबिन्सन ने इनकी रक्षा शुरू की—आखिर पौधे बढ़े, उनमें बाल आए, पके ! किन्तु, चार वर्षों तक उनका एक दाना भी उसने मुँह में नहीं रखा। उनकी खेती बढ़ाता रहा, बढ़ाता रहा। चार वर्षों के बाद जब काफी मिकदार में चावल और गेहूँ उपजाने लगे, तब कहीं उसने उन अन्नों को मुँह में रखा।

यों ही धीरे-धीरे उसने बकरियों को पालना शुरू किया, जिनसे उसे मांस के साथ ही दूध भी मिल जाता।

अब कभी-कभी रोटी और खीर भी बनती, उड़ती।

उसने एक छोटी-सी डोंगी भी पुराने वृक्ष के धड़ को खोद-खादकर, तैयार कर ली थी। उस डोंगी पर वह इस टापू के भिन्न-भिन्न भागों की सैर करता। इस टापू के बगल में ही एक दूसरा टापू था। वहाँ उसने एक 'बंगला' तैयार कर लिया था—परिवर्तन के ख्याल से वह कभी-कभी वहाँ भी जाता, बैठता, आराम करता।

जो कपड़े थे, धीरे-धीरे फट-फुट चले थे। जो चमड़े उसने संयोग रखे थे, उन्हीं से पोशाक तैयार की। सिर पर बकरी के चमड़े की ऊँची, बेशक्ल की टोपी; आधी जाँघ तक आनेवाला एक जाकेट, एक बूढ़े बकरे के चमड़े की जाँघिया और एक जोड़ा जूता। एक पट्टे से वह अपनी कमर को कसे रहता, जिसमें एक आरी और एक कुल्हाड़ी लटकती रहती। एक पट्टा उसके कंधे से कमर तक तिरछा लटकता, जिसकी ओर पर बारूद का झोला होता। पीठ पर टोकरी और कंधे पर बन्दूक। चमड़े का एक छाता भी बना लिया था, जो धूप और बरसात में काम आता।

यों ही पन्द्रह वर्ष बीत गए।

एक दिन वह समुद्र के किनारे टहल रहा था कि अचानक उसने आदमी के पैर के चिन्ह देखे—उसे देखते ही वह ऐसा चौंक उठा, जैसे फन फैलाए गेहुँअन साँप को देखा हो। कुछ देर तक वह उसे गौर से देखता रहा, फिर जोरों से भागा। भागकर वह अपने किले में आया। रात-भर उसे नींद नहीं आई—तीन दिन तक बाहर नहीं निकला।

यह किसके पद-चिन्ह हैं ! क्या यहाँ नर-भक्षी जंगली आदमी आते हैं? यदि उन्होंने मुझे देख लिया तो ? क्या इसी टापू में मेरी हड्डियाँ सड़ेंगी ?

कुछ दिनों के बाद जब आकाश खूब साफ था, बगल के टापू से वह अन्तरिक्ष की ओर देख रहा था, तो मालूम पड़ा जैसे दूर पर किनारा-सा मालूम पड़ता है। एक दिन जब वह टापू में घूम रहा था, उसने आदमी की कुछ झोंपड़ियाँ और हड्डियाँ देखीं तो क्या, निकट में ही कोई बड़ा-सा टापू और है, जहाँ वे नर-भक्षी मनुष्य रहते हैं ? उसने अपनी खैरियत समझी कि उस टापू के निकट उसका जहाज़ नहीं टूटा, नहीं तो उसकी यह सारी गृहस्थी कहाँ से जुटती—अब तक तो उसकी हड्डियाँ भी सड़-गल गई होतीं।

तेईसवें वर्ष में एक दिन कुछ जंगली आदमियों को उसने प्रत्यक्ष देखा। उनको देखते इसके प्राण सूख गए। वह एक झाड़ी में छिप रहा। जब वे अपनी नावों से चले गए, यह डरते-डरते वहाँ आया। देखा, अभी-अभी किसी जिन्दा आदमी को उन्होंने मारकर खाया है। खून के कतरे, मांस के लोथड़े, ताज़ा हड्डियाँ—जहाँ-तहाँ बिखरे थे। वह काँप उठा—काँप उठा।

अब वह खूब सावधान रहता। जब बाहर निकलता, बन्दूक को भरकर। बारूद और

गोलियाँ काफी परिमाण में ले लेता। चौकन्ना होकर चारों ओर देखते चलता।

एक दिन उसने फिर एक डूबे हुए जहाज़ को किनारे पर लगा देखा। उस जहाज़ से उसे काफी बारूद और गोलियाँ मिल गईं।

दो वर्ष और बीते।

जब वह एक दिन टापू में शिकार को गया, कुछ नर-भक्षियों को उसने फिर देखा। उनके साथ दो कैदी थे, जिन्हें वे बाँधे हुए थे। एक के तो उन्होंने टुकड़े-टुकड़े कर दिए और खाने लगे। दूसरे का बन्धन कुछ ढीला पड़ गया। वह भागा। भागा रौबिन्सन की ओर ही। रौबिन्सन ने अपनी जान देकर भी इस शरणागत की रक्षा का निर्णय किया। बन्दूक चढ़ाई और उस कैदी का पीछा करते हुए नर-भक्षियों पर गोली दाग दी। गोली की आवाज़ सुनते ही, वे तो भागे। यह बेचारा कैदी भी थर-थर काँपने लगा। रौबिन्सन ने उसे पुचकारा, बुलाया। उसे लेकर अपने किले में आया। चूँकि यह आदमी शुक्रवार को मिला था, उसका नाम 'शुक्र' रख दिया, शुक्र अपने मालिक को बहुत ही प्यार करता—कुछ दिनों में तो वह अँगरेजी के कुछ शब्द भी सीख गया।

एक से दो होने पर रौबिन्सन को कम खुशी नहीं हुई। अब साथ-साथ दोनों खेती करते, शिकार करते, सैर करते, कभी-कभी नाच भी लेते।

इसी हँसी-खुशी में, एक दिन जब दोनों जा रहे थे, फिर कुछ नर-भक्षी दीख पड़े। इस बार भी उनके साथ कुछ कैदी थे। उन कैदियों को वे मारने की तैयारी कर ही रहे थे कि इन दोनों ने गोलियाँ दागीं। वे भागे। जब निकट आकर देखा, तो उसमें एक गोरा दीख पड़ा। अपने रंग के आदमी को दो दर्जन वर्षों से भी ज्यादा दिन पर देखकर जो खुशी रौबिन्सन को हुई, उसका क्या कहना ! पता चला, यह गोरे साहब स्पेन के हैं—इनका भी जहाज़ टूट गया था। एक टापू में इन्होंने भी अपनी किलेबन्दी कर रखी है। वहाँ के अधिवासियों से एक छोटी-सी सेना भी बना ली है। इधर उन नरभक्षियों से इनका युद्ध चल रहा था। युद्ध में ये पराजित हो गए थे, अतः पकड़ लिए गए थे और यदि आज रक्षा न होती तो खतम ही हो चुके थे। कैदियों में एक शुक्र का पिता भी था।

अब तो काफी परिवार बन गया। पर, यह परिवार थोड़े ही दिनों में फिर उजड़ गया। एक दिन नर-भक्षियों से सामना करते हुए वह स्पेन के सज्जन और शुक्र का पिता वीरगति को प्राप्त हुए।

रौबिन्सन और शुक्र, फिर दो ही रह गए।

इतने दिनों की तपस्या पूरी हुई। एक दिन, जब रौबिन्सन ने एक अँगरेजी जहाज़ को अपने टापू के किनारे लगते देखा, वह उस ओर दौड़ा, किन्तु, यह क्या—तीन आदमियों को किनारे पर बाँध-बूँधकर छोड़ता हुआ, जहाज़ समुद्र की ओर भागा जा रहा है ! रौबिन्सन ने उनके निकट जाकर उनका बंधन काटा। वे उस जहाज़ के अफसर थे। जहाज़ियों ने विद्रोह कर दिया था और इन अफसरों को कैद कर, जहाज़ पर कब्ज़ा कर रखा था।

किन्तु, थोड़ी देर के बाद हम फिर उस जहाज़ को किनारे से लगते देखते हैं। वे अफसर, रौबिन्सन और शुक्र उस पर सवार होते हैं। वह जहाज़ इंग्लैंड पहुँचता है। रौबिन्सन की शादी होती है। वह घर-गृहस्थी में लगता है लेकिन उसका जी फिर उचटता है। वह फिर जहाज़ लेकर चलता है, अनेकों घटनाएँ होती हैं,—ये बातें डैनियन डेफो की 'रौबिन्सन क्रूसो' नामक बड़ी पुस्तक में मिलती हैं। डेफो इस किताब को लिख, अमर हो गया। वह अपने देश के कहानी-लेखकों का अग्रदूत समझा जाता है।

संसार की मनोरम कहानियाँ

[1948-50 ई.]

1
स्वप्न-वासवदत्ता

मगध की राजकुमारी पद्मावती, अपनी माँ के दर्शन के लिए राजगृह से तपोवन में आई थी। वृद्धा महारानी अब इस तपोवन में ही ज्ञान-ध्यान में जीवन बिता रही थी। माँ के दर्शन पा, कुछ दिनों तक तपोवन के शान्त वातावरण में टहल-घूमकर अब राजकुमारी राजधानी लौटने की तैयारी में थी। लौटने के पहले उसने घोषणा कराई कि जिस तपोवन वासी को जिस किसी वस्तु की इच्छा हो, वह माँग ले।

कोई तपस्वी तो सामने नहीं आया, हाँ, एक आदमी एक युवती को लेकर पहुँचा और बोला—

"राजकुमारी, मैं ब्राह्मण हूँ, यह मेरी बहन है, इसका पति विदेश गया है, इसे आप थाती की तरह रखें। जब इसके भाग्य लौटेंगे, मैं आकर इसे ले जाऊँगा।"

राजकुमारी ने इस युवती की ओर देखा। उफ़, कितनी सुन्दर ! मालूम होता, स्वर्ग के प्रभु इन्द्र ने उपहार के रूप में इसे पृथ्वी पर भेजा है। ऐसी सौन्दर्यमयी रमणी को थाती के रूप में रखना क्या कम उत्तरदायित्व की बात है ! किन्तु; अपनी घोषणा को याद करके राजकुमारी ने इसे रख लिया।

वह युवती कौन थी ? और कौन था उसका वह भाई ?

यह युवती कोई साधारण स्त्री नहीं थी। यह थी वत्सराज उदयन की प्यारी पत्नी और उज्जयिनी के महाराज प्रद्योत की दुलारी पुत्री वासवदत्ता। और जिसने अपने को उसका भाई बताया था, वह उसका भाई नहीं था, बल्कि उसके पति का प्रधानमंत्री यौगन्धरायण था। तो उन्हें यह छद्म रूप क्यों धारण करना पड़ा था ?

वत्सराज उदयन अपनी राजधानी, कौशाम्बी में बड़े शान्तिपूर्वक राज्य कर रहे थे कि उनके पड़ोस के राजा आरुणि ने उन पर चढ़ाई की। उदयन बड़े ही बलवान थे, यौगन्धरायण बड़े ही चतुर। उदयन की ननिहाल विदेह में थी और ससुराल अवन्ती में। इन दोनों से उन्हें सब प्रकार की सहायता मिल सकती थी। किन्तु, आरुणि ने इतने प्रबल वेग में, इस तरह आकस्मिक आक्रमण कर दिया था कि उन्हें कौशाम्बी छोड़कर भाग जाना पड़ा। वहाँ से भागकर मगध की सीमा से सटे हुए, लावणक नामक जनपद में आ बसे थे।

उन दिनों मगध की प्रभुता देश भर में प्रसिद्ध हो रही थी। सब उसका लोहा मान चुके थे। मंत्रि-प्रवर यौगन्धरायण ने सोचा कि यदि किसी तरह मगधराज दर्शक की अनुजा पद्मावती के साथ वत्सराज उदयन का विवाह हो जाए, तो फिर कौशाम्बी का सिंहासन उदयन के लिए सुलभ हो जाए।

किन्तु, यह हो कैसे ? उदयन अपनी पत्नी वासवदत्ता को प्राणों से भी अधिक प्यार करते हैं। क्या ऐसी सती-साध्वी सुन्दरी स्त्री के सिर पर सौत बैठाने का पाप-कर्म करने की कल्पना भी वह कर सकते हैं ? फिर मगधराज दर्शक ही अपनी बहन को सौतवाले घर में कैसे दे सकेंगे ? और, जब अवन्ती-नरेश, प्रद्योत को यह खबर लगेगी कि उनकी प्यारी पुत्री के सिर पर सौत बैठा दी गई है, तो क्या वह वत्सराज उदयन को क्षमा कर सकेंगे ?

इन सभी बातों पर सोच-विचार करने के बाद यौगन्धरायण ने एक युक्ति निकाली। उसकी इस युक्ति से पति-परायणा वासवदत्ता भी सहमत थी। और, उदयन के दूसरे मन्त्री

रुमण्वान को भी इसमें सम्मिलित कर लिया गया था।

एक दिन जब वत्सराज उदयन आखेट को निकले तब यौगन्धरायण भेष बदलकर महारानी वासवदत्ता के साथ वहाँ से निकल गया और शिविर में आग लगवाकर यह अफवाह फैला दी कि इसी आग में वासवदत्ता और यौगन्धरायण, दोनों जल मरे। जब उदयन आखेट से लौटे तो अपनी रानी और मन्त्री की इस अकाल मृत्यु का समाचार सुनकर विक्षिप्त हो उठे और अपने को भी आग की लपटों में डाल देना चाहा। किन्तु रुमण्वान ने बहुत ही अनुनय-विनय करके उन्हें रोका और सदा छाया की तरह उनके साथ रहकर सान्त्वना देने की चेष्टा करने लगा।

इधर पद्मावती के साथ वासवदत्ता राजगृह आई। वह थोड़े ही दिनों में राजकुमारी की अंतरंगिनी-सखी बन गई। राजकुमारी पद्मावती उसके आचार-व्यवहार को देखकर बार-बार सोचती कि मेरी यह नई सखी अवश्य ही किसी उच्च कुल की है, और राजकुल से भी इसका सम्बन्ध निश्चित है। किन्तु, बार-बार पूछे जाने पर भी वासवदत्ता इस बात की जरा भी झलक नहीं देती। हाँ, यद्यपि राजकुमारी का पूर्ण प्रेम और सौहार्द्र उसे प्राप्त था, तब भी जब-जब वह सोचती कि यह स्त्री मेरी सौत होनेवाली है तब-तब विह्वल और व्याकुल हो जाती। पर, वासवदत्ता सच्चे अर्थों में सती नारी थी। अपने पति की मंगलकामना के लिए वह सबकुछ करने को तैयार थी।

वासवदत्ता से फुर्सत पाकर यौगन्धरायण अब इस प्रयत्न में लगा कि किसी प्रकार शीघ्र-से-शीघ्र उदयन का विवाह पद्मावती के साथ हो जाए। उदयन सब तरह से ही योग्य वर था, इसमें सन्देह नहीं—देखने में सुन्दर, बहुत ही बलवान, कलाप्रेमी और उच्चकुलीन। यद्यपि वह राज खो चुका था, किन्तु अपने बल-कौशल से वह फिर कौशाम्बी के स्वर्ण-सिंहासन पर बैठेगा; यह सभी जानते-मानते थे। अतः मगधराज दर्शक को जब मालूम हुआ कि उदयन अब विधुर हो चुके हैं और अब वह पद्मावती से विवाह करना चाहते हैं, तो उसने भी तुरत ही स्वीकृति दे दी।

वत्सराज उदयन राजगृह पधारे। विवाह का शुभ मुहूर्त निश्चित हुआ। राजधानी और राजमहल में आनन्द-बधावा बजने लगा। पद्मावती ने सुन रखा था कि उदयन, वासवदत्ता को कितना प्यार करते थे; इसलिए ऐसा पति पाकर वह भी फूली नहीं समाती थी। किन्तु इस आनन्द और उत्साह के बीच वासवदत्ता की क्या दशा हो रही थी, कल्पना कीजिए। विवाह के दिन राजभवन के अन्तःपुर में उसका मन नहीं लगा, तो उससे सटे बगीचे में वह चली गई और एक लता-कुंज में बैठकर सोचने लगी—हाय, आज आर्यपुत्र मेरे लिए पराए हो गए ! धन्य है वह चकवी जो अपने पति से अलग होने पर मर जाती है, परन्तु, मैं एक अभागिनी हूँ जो पति से अलग रहने पर भी जीवित हूँ, और आर्यपुत्र के दर्शनों की लालसा न जाने कितने दिनों तक मुझे जीवित रखेगी ?

वासवदत्ता इस तरह की चिन्ता कर रही थी कि एक दासी उसे ढूँढ़ती उस जगह पहुँची और बोली कि हमारी महारानी कहती हैं आप उच्चकुल में उत्पन्न, स्नेह-शील और सब कार्यों में अत्यन्त निपुण हैं, अतः विवाह के समय राजकुमारी के पहनाने के लिए मंगल-माला आप ही गूँथें। वासवदत्ता माला गूँथने लगी। एक वनस्पति हाथ में लेकर उसने दासी से पूछा—"यह कौन-सी वनस्पति है ?"

दासी ने कहा—"सदा-सुहागिन।"

"तो मैं ढेर की ढेर इसे गूँथे देती हूँ।" फिर दूसरी वनस्पति हाथ में लेकर पूछा—"और यह क्या है ?"

'सौत-सालिनी।''—दासी ने कहा !

''इसे मैं न गूँथूँगी।''

''क्यों आर्ये ?''

''इसलिए कि राजा की पहली रानी तो मर चुकी है, तो फिर इसे गूँथने का क्या लाभ ?'' दासी यह उत्तर पाकर चुप हो गई।

इस प्रकार किसी-किसी तरह से वह माला गूँथी गई। पद्मावती ने वह माला उदयन को पहनाई, विवाह-कार्य सम्पन्न हुआ। उदयन राजगृह में ही रहकर नई पत्नी के साथ सुख और आनन्द का उपभोग करने लगे। उन दोनों के इस सुख और आनन्द को वासवदत्ता दूर-दूर से ही देखती। पद्मावती द्वारा बार-बार आग्रह किए जाने पर भी वह कभी उदयन के सामने नहीं होती। सदा यही कहती—''मेरे पति विदेश गए हैं। सौभाग्यवती स्त्री के लिए यह उचित नहीं कि वह पर-पुरुष के सामने जाए।'' दूर-दूर रहकर भी वह इसका अनुभव करती थी कि उदयन नई पत्नी को पाकर अपने को कृतकृत्य तो मान रहे हैं, किन्तु वासवदत्ता की याद उन्हें रह-रहकर क्षुब्ध और चिन्तित बना डालती है। उदयन वीणा बहुत अच्छी बजाते थे। वासवदत्ता के निकट बैठकर वह घंटों वीणा सुनाया करते। एक दिन पद्मावती ने उनसे कहा—''सुना, आप वीणा बहुत अच्छी बजाते हैं। क्या कृपा कर''''

यह सुनते ही उदयन की आँखें छलछला उठीं, वह उठ खड़े हुए और एकान्त में जाकर घंटों अनमने से बने रहे। जब वासवदत्ता को सारी कहानी मालूम हुई, वह रात भर रोती-बिसूरती रही। यह कैसा विधि-विधान था कि एक ही राजभवन में दो प्रेमी-प्रेमिका—एक-दूसरे पर मरनेवाले, एक-दूसरे के लिए सबकुछ न्योछावर करनेवाले—दिन-रात रहते हों, किन्तु, वे आपस में मिल नहीं पाते, मिल नहीं सकते।

उदयन की यह पत्नी-भक्ति पद्मावती के हृदय में उनके लिए और भी स्नेह और श्रद्धा उत्पन्न करती और वह बार-बार सोचती कि धन्य है वह पत्नी, जिसे उसका पति मृत्यु के इतने दिनों बाद भी नहीं भूल सका। वह मन-ही-मन वासवदत्ता की कल्पना-मूर्त्ति बनाती और उस पर अपनी श्रद्धांजलि अर्पित करती।

एक दिन विचित्र घटना हो गई। महाराज उदयन को खबर की गई कि पद्मावती के सिर में पीड़ा हो रही है। वह एक एकान्त कक्ष में शय्या पर लेटी है। वासवदत्ता के विछोह का दुःख था ही, नई पत्नी बीमार पड़ी; यह जानकर उदयन को बहुत ही दुःख हुआ और वह उस कक्ष की ओर दौड़े। किन्तु, वहाँ जाकर देखते हैं कि शय्या सूनी पड़ी है। राजा उसी शय्या पर बैठकर पद्मावती की प्रतीक्षा करने लगे कि अचानक उन्हें नींद आ गई। इधर जब वासवदत्ता को मालूम हुआ कि पद्मावती के सिर में पीड़ा है और वह उस एकान्त कक्ष में शय्या पर पड़ी है तो झटपट वहाँ जा पहुँची।

रात का समय था। चारों ओर अन्धकार छाया हुआ था। एक ओर एक छोटा-सा दीपक जल रहा था, जिससे स्पष्ट कुछ दिखाई नहीं देता था। वासवदत्ता ने उदयन को पद्मावती समझ लिया और यह देखकर खुश हुई कि उसे नींद आ गई है। वह शय्या के नीचे भूमि पर ही बैठना चाहती थी; परन्तु, उसने सोचा कि इस तरह दूर बैठने से स्नेह का अभाव सूचित होता है; इसलिए शय्या पर ही बैठना उचित है। फिर वह सोचने लगी कि पद्मावती के पास आने पर आज मेरा हृदय कितना पुलकित हो रहा है। आधी शय्या भी इसने कदाचित् इसीलिए छोड़ दी है कि मैं इसके पास लेटूँ। वासवदत्ता धीरे-से आधी शय्या पर लेट गई।

वासवदत्ता अभी-अभी लेटी ही थी कि निद्रित अवस्था में ही उदयन बड़बड़ा उठे—हा वासवदत्ते ! हा वासवदत्ते !

वासवदत्ता यह सुनते ही चौंक पड़ी। यह पद्मावती नहीं, स्वयं आर्यपुत्र हैं ! क्या आर्यपुत्र ने मुझे देख लिया ? यदि ऐसा हुआ तो अनर्थ हो गया। हाय ! यौगन्धरायण का सारा परिश्रम और कौशल व्यर्थ गया।

उदयन इस समय भी स्वप्नावस्था में वासवदत्ता के मधुर प्रेम की याद कर रहे थे–वासवदत्ते··· अवन्ती-कुमारिके··· बोलो··· बोलो।

अब वासवदत्ता ने अच्छी तरह समझ लिया कि आर्यपुत्र सो रहे हैं और स्वप्न में ही पुकार रहे हैं। पहले तो उसकी इच्छा हुई कि वह वहाँ से चल दे, फिर उसे ध्यान हुआ कि आर्यपुत्र बहुत दिनों के बाद ऐसी अवस्था में मिले हैं, फिर क्यों न कुछ देर यहाँ ठहरकर अपने नेत्र और हृदय तृप्त कर ले ?

वह इतना सोच ही रही थी कि उदयन फिर स्वप्न में ही बोल उठे–''वासवदत्ते, प्यारी ! तुम बोलती क्यों नहीं हो ? बोलो।''

वासवदत्ता के मुँह से अनायास ही निकल गया–''नाथ, मैं बोलती तो हूँ। क्या आज्ञा है?'' उदयन ने स्वप्नावस्था में ही कहा–''क्या तुम मुझसे कुपित हो ?''

वासवदत्ता–''नहीं नाथ, मैं तो सिर्फ दुःखित हूँ।'' उदयन–''यदि कुपित नहीं हो, तो तुम्हारे शरीर पर अलंकार क्यों नहीं है ?''

वासवदत्ता–''क्या इतने पर भी आप मेरे शरीर पर अलंकार ढूँढ़ते हैं ?''

इसी तरह कुछ देर तक उदयन बड़बड़ाते रहे और वासवदत्ता उन्हें जवाब देती रही। उदयन ने अन्त में व्याकुलता से हाथ फैला दिए, वासवदत्ता का आलिंगन करने के लिए। वासवदत्ता ने सोचा कि अब यहाँ अधिक ठहरना उचित नहीं। यदि कोई देख लेगा, तो एक कांड ही मच जाएगा। वह झट शय्या से उठकर खड़ी हो गई। उदयन के दोनों हाथ शून्य में कुछ टटोलकर फिर शय्या के नीचे लटक गए। वासवदत्ता ने सोचा कि जाने के पहले इनका हाथ तो शय्या पर उठाकर रख दूँ। यह सोचकर ज्योंही उसने उदयन के हाथ पकड़े त्योंही 'वासवदत्ते, वासवदत्ते, ठहरो-ठहरो' कहते हुए उदयन जग पड़े। वासवदत्ता जल्दी से मंडप के बाहर निकल गई। उदयन भी उसके पीछे दौड़े। परन्तु तब तक उनकी नींद अच्छी तरह टूटी नहीं थी, इसलिए अँधेरे में ठोकर खाकर गिर पड़े।

इस घटना के बाद उदयन को विश्वास-सा हो गया कि वासवदत्ता अवश्य जीवित है। किन्तु, इस विषय में अधिक उधेड़बुन करने का उन्हें समय नहीं मिल सका, क्योंकि दूसरे ही दिन उन्हें यह समाचार मिला कि इनके मंत्री रुमण्वान ने आरुणि पर आक्रमण करने के लिए बहुत बड़ी सेना तैयार कर ली है। वह सेना कूच कर चुकी है और उसकी मदद में मगध की भी चतुरंगिणी सेना जा रही है। मगध की विजयिनी सेना की सहायता अवश्य विजय दिलाएगी, यह उदयन को विश्वास हो गया, और उन्होंने शीघ्र ही युद्धक्षेत्र के लिए प्रस्थान कर दिया।

युद्ध में उदयन की विजय हुई, और आरुणि मारा गया। वत्सदेश पर फिर उनका शासन स्थापित हुआ और कौशाम्बी नगरी के स्वर्ण-सिंहासन पर अपनी नई महारानी, मगधकुमारी पद्मावती के साथ वह आसीन हुए। पद्मावती और उदयन दोनों के दिन आनन्द से कटने लगे।

थोड़े दिनों के बाद उज्जयिनी से दो दूत आए और उन्होंने महाराज उदयन से मिलने की आकांक्षा प्रकट की। उन दोनों दूतों में से एक थी वासवदत्ता की धात्री-देवी वसुन्धरा। वसुन्धरा ने उज्जयिनी की राजमाता की ओर से वासवदत्ता के आकस्मिक और कारुणिक निधन पर शोक प्रकट किया और उसका एक पुराना चित्र उदयन को दिया, कि वह हमेशा इस स्वर्गीय पत्नी को देखते रहें। वासवदत्ता का चित्र देखकर उदयन की आँखों में आँसू छलछला आए।

पति की यह अवस्था देख उस चित्र को पद्मावती ने ले लिया और बड़े ध्यान से देखने लगी। फिर उसने आश्चर्य के स्वर में उदयन से पूछा—"आर्यपुत्र, क्या यह चित्र सचमुच आर्या का ही है ?" उदयन रुँधे हुए गले में पूरा 'हाँ' कह भी नहीं सके थे कि पद्मावती का चेहरा खिल उठा और वह विस्मय के स्वर में फिर बोली—"क्या सचमुच यह आर्या ही का चित्र है ?" उदयन ने पूछा—"आर्या का चित्रपट देखकर तुम इस तरह हर्षित और उद्विग्न क्यों हो रही हो ?"

पद्मावती ने कहा—"इस चित्र से हू-ब-हू मिलती हुई एक महिला आपके रनिवास में ही है।" उदयन ने जल्दी से पूछा—"क्या वासवदत्ता के इस चित्र से हू-बहू मिलती हुई ?"

"जी हाँ, बिल्कुल यही रूप, यही आकृति, यही रंग।"

पद्मावती की बात भी नहीं होने पाई थी कि उदयन ने कहा—"वह कहाँ है ? क्या मेरी वासवदत्ता जीवित है ? देवी, शीघ्र उसे बुलाओ।"

पद्मावती ने कहा—"किन्तु, महाराज, वह किसी पर-पुरुष के सामने नहीं होती। जब मेरा विवाह भी नहीं हुआ था, तभी एक ब्राह्मण आया और अपनी बहन को थाती की तरह मुझे सौंप गया। उसने कहा था—इसका पति विदेश गया है। तब से पति की स्मृति में बिसूरती हुई वह देवी मेरे साथ ही रहती है।"

जब उदयन ने सुना कि वह ब्राह्मण की बहन है—तब वह हताश हो गए। उन्होंने सोचा—एक रंग-रूप के दुनिया में कितने ही लोग होते हैं। हो सकता है, यह देवी वासवदत्ता की आकृति से मिलती-जुलती कोई ब्राह्मणी होगी। राजा ऐसा सोच ही रहे थे कि एक भृत्य आकर बोल उठा—"महाराज, सिंहद्वार पर एक ब्राह्मण खड़ा है और कहता है, मैं अपनी बहन को राजकुमारी पद्मावती के यहाँ रख गया था, उसी को लेने आया हूँ।"

महाराज ने उस ब्राह्मण को बुला लाने की आज्ञा दी और पद्मावती से कहा कि तुम जाकर उसकी बहन को ले आओ। पहले वह ब्राह्मण पहुँचा और आते ही विनयपूर्वक बोला—"महाराज की जय हो !"

उदयन को ऐसा लगा कि यह स्वर उनका पहचाना हुआ है। वह कुछ सोच ही रहे थे कि पद्मावती वासवदत्ता को लिए हुए पहुँची, जिसने घूँघट से अपना समूचा मुँह ढँक रखा था। पद्मावती ने कहा, "यही देवी उस ब्राह्मण-देवता की बहन हैं।"

"संयोग से दो साक्षी भी यहाँ आ गए हैं। उन्हीं के समक्ष यह थाती सौंपी जाय"—उदयन ने कहा। पद्मावती ने वासवदत्ता के मुँह का घूँघट हटा दिया और ब्राह्मण की तरफ देखती हुई बोली, "लीजिए, यही है न आपकी बहन ?"

वासवदत्ता को देखते ही धात्री वसुन्धरा चिल्ला उठी—"अरे, यह तो हमारी राजकुमारी है।"

अब तो समूची राजसभा में हलचल मच गई थी। उदयन सिंहासन छोड़कर वासवदत्ता को गले लगा रहे थे और वह उनके चरण छूने को झुकी जाती थी। यौगन्धरायण अपने छद्मवेश को छोड़कर चिल्ला रहे थे—"महाराज की जय हो, महाराज की जय हो।" और रानी पद्मावती, वासवदत्ता को अँकवार में लेती हुई कह रही थी—"बहनजी, यह सिंहासन आपका है, यहाँ बैठिए।"

जब राजा उदयन को मालूम हुआ कि यह सारा कर्मजाल यौगन्धरायण ने बुना था, तो उनके आनन्द की सीमा नहीं रह गई और उन्होंने भूरि-भूरि शब्दों में अपनी कृतज्ञता प्रकट की। यौगन्धरायण ने कहा—

"महाराज, मैंने तो एक योग्य सेवक का कर्त्तव्य मात्र पालन किया है। ईश्वर से मेरी

प्रार्थना है कि हिमगिरि और विन्ध्य पर्वत जिस वसुन्धरा के दो कुण्डल हैं, और जिसकी हरी-भरी सीमा रत्नाकर तक है, उसके एकच्छत्र शासक होकर और प्रजा मात्र के प्रेमपात्र बनकर आप सदा उस पर शासन करते रहें।''

2

कुमुद-कुमारी

अति प्राचीन युग की बात है। चीन देश के चिआओ चाउ नामक स्थान में ताउसुन नामक एक व्यक्ति था। एक दिन दुपहरिया में वह सोया हुआ था। उस दिन धूप बड़ी तेज थी, कि उसने देखा, उसके बिछावन के निकट एक आदमी सिपाहियाना वेश में खड़ा है।

ताउ ने उससे पूछा—''तुम कौन हो, कहाँ से आए हो ?'' उस आदमी ने बड़े अदब से बताया कि उसके मालिक ने उसे इसलिए भेजा है कि वह ताउ को आमंत्रित करके बुला लावे। ताउ ने जानना चाहा कि उसका मालिक कौन है, किन्तु वह व्यक्ति इसी पर ज़ोर देता रहा—''हुजूर, निकट ही तो वह रहते हैं, आप वहाँ चलिए तो।''

ताउ उस आदमी के साथ रवाना हुआ और अंततः ऐसे स्थान में पहुँचा जहाँ ऊँचे-उजले मकानों की कतार पर कतारें थीं। हर मकान के चारों ओर नींबू के खूबसूरत वृक्ष लगे थे, जो इतने सघन थे कि उनके बीच में जगह-जगह कुंजें बन गई थीं। वह आदमी ताउ को उन मकानों में से एक ऐसे मकान में ले गया, जिसका आकार कुछ भिन्न था। वहाँ ताउ ने देखा कि ठाठबाट बिल्कुल राजसी है। दास और दासियों के झुंड खड़े हैं या कामों में लग गए हैं। ताउ बेचारा चकित खड़ा था कि एक भारी-भरकम आदमी ने उसके सामने आकर उसे सलाम किया और कहा—''आप आ गए ! हमारे महाराज बहुत दिनों से आपकी प्रतीक्षा में थे। आपके गुण और आपके परिवार की कुलीनता से वह बहुत ही प्रभावित हैं।''

''आपके राजा हैं कौन ?''—ताउ ने उत्सुकता और विस्मय के भाव से पूछा।

''कुछ ही क्षणों में वह आपके सामने होंगे''—उस आदमी ने जवाब दिया और उसी समय ताउ ने देखा, दो सुन्दरियाँ अपने हाथों में स्वागत के झंडे लिए उसकी ओर आ रही हैं। वे दोनों ताउ के नजदीक आकर झुक गईं और फिर उसे राजभवन की ओर ले चलीं। बहुत-से द्वारों और तोरणों को पार करता हुआ ताउ वहाँ पहुँचा, जहाँ राजा स्वर्ण-सिंहासन पर बैठा था। ताउ को देखते ही राजा खड़ा हो गया, आगे बढ़कर उसे गले लगाया और उसे अपने सिंहासन पर बगल में बिठाया। बेचारा ताउ तो आश्चर्यचकित हो रहा था। राजा ने परिचारकों को आज्ञा दी कि माननीय अतिथि के लिए भोजन और पेय-पदार्थ लाए जाएँ, और ताउ से कहा—''आप घबरा क्यों रहे हैं ? कासिया का दरबार हमेशा प्रतिभावानों की तलाश में रहता है। आप मेरे पड़ोस में रहकर भी हमसे दूर थे, आश्चर्य की बात तो यह है।''

राजा की यह बात सुनकर ताउ को और भी आश्चर्य हुआ। वह याद करने लगा कि क्या उसने कासिया दरबार का नाम कभी सुना है ? किन्तु अपनी स्मरण-शक्ति पर बार-बार दबाव डालकर भी वह कासिया की याद नहीं ला सका। तब तक भोजन और पेय की सामग्रियाँ आ चुकी थीं। राजा के आग्रह पर ताउ खाने और पीने लगा। जब वह खा-पीकर मस्त बन गया तो उसने देखा—एक अभूतपूर्व सुन्दरी, रेशमी परिधान और सोने-हीरे के आभूषणों से जगमग करती हुई, उसकी ओर आ रही है। अभी सोलह-सत्रह बरस की होगी—कुमुद की तरह छोटा-सा खूबसूरत, पीलापन लिए हुए उजला उसका चेहरा और पाँव इतने छोटे-छोटे कि मालूम

होता वह ज़मीन पर नहीं, हवा में तैरती हुई आ रही है। उसे देखते ही ताउ के मुँह से निकला—"उफ, कुमुद-कुमारी !"

"कुमुद-कुमारी ?"—राजा चिल्ला उठा—"आपने कैसे जाना कि मेरी बेटी का नाम कुमुद-कुमारी है ? मालूम होता है, विधाता का कोई विधान है, जिससे आप इसका नाम जान गए हैं।"

ताउ क्या जवाब देता, क्योंकि राजकुमारी का कुमुद-सा चेहरा देखकर, अचानक मुँह से यह निकल पड़ा था। और अब उसकी आँखें राजकुमारी के चेहरे पर इस तरह गड़ी थीं कि दुनिया में कहाँ क्या हो रहा है, इसकी भी खबर नहीं। राजा उसकी इस भाव-प्रवणता को देखकर और प्रसन्न हुआ। किन्तु, वह इतने सस्ते अपनी बेटी ताउ को सौंपने को राजी नहीं था। राजा के इशारे पर राजकुमारी वहाँ से हटकर चली गई और राजा ने ताउ से कहा—"अब आप अपने घर पर जा सकते हैं। हाँ, यदि आपने हमें याद रखा तो निकट भविष्य में फिर आप यहाँ आ सकेंगे। सबकुछ आपकी स्मृति पर निर्भर करता है।"

ताउ वहाँ से लौटा, घर पर पहुँचा। जब उसकी नींद टूटी तो उसने देखा—बेला ढल चुकी है, धूप मद्धिम हो चुकी है और लोग अपने-अपने खेतों की ओर जा रहे हैं। ताउ भी अपने खेत में गया, किन्तु क्या अब खेती-बारी में उसका मन लग सकता था ?

उस संध्या को उसने जल्दी-जल्दी भोजन किया और पबेरे ही दीपक बुझाकर वह सो गया। किन्तु न उसे नींद आई और न राजा का दूत आया। यों ही दिन भर ताउ उस राजकुमारी का ध्यान धरता और रात में उसी की प्रतीक्षा में तारे गिनता रहता। अब धीरे-धीरे उसे विश्वास होने लगा था कि सारी बातें सपने की थीं। सपनों के पीछे दौड़ना बुद्धिमानी नहीं, कि एक दिन फिर वैसी ही घटना घटी।

उस दिन ताउ अपने मित्र के घर सोया था कि वह दूत फिर उसके सामने हाजिर हुआ और बताया कि राजा उसे बुला रहे हैं। वह झटपट तैयार हो गया और मकानों और दरवाजों को पार करता हुआ राजा के सामने पहुँचा और जाते ही उनके चरणों पर गिर गया। राजा ने हँसकर उसे उठाया। गले लगाया। अपने बगल में बिठाया और कहा—"मैं जानता हूँ युवक, तुम मेरी बेटी पर आसक्त हो। तुम उसे अपनी सहचरी बनाना चाहते हो। तो सुनो, मैं तुम्हें यह आनन्दप्रद समाचार सुनाना चाहता हूँ कि मेरी बेटी भी तुम्हें पसन्द करती है और तुम दोनों विवाह-बंधन में बँधो, इससे बढ़कर मेरे लिए और क्या सुख की बात हो सकती है ?"

राजकुमारी के विवाह की तैयारियाँ होने लगीं। एक शुभ तिथि को उसका विवाह सम्पन्न हुआ।

सुहागरात में राजकुमारी कुमुद ताउ के साथ शय्या पर लेटी हुई थी। आज उसका सौन्दर्य दर्शनीय था, वन्दनीय था। लाल रेशमी साड़ी से घिरा उसका मुखमंडल ऐसा दीख रहा था, मानो, उषा में पूर्णचन्द्र खिल आया हो। जब वह बोलती थी, कुमुद के शतशः फूल झड़ते नजर आते थे, और जब कभी शय्या से नीचे उतरकर चलती थी, तो मालूम होता था, सामने ही कोई झरना झर-झर कर रहा हो।

ताउ ने राजकुमारी की ठुड्डी पकड़कर कहा—"कुमुद-कुमारी, मेरे हृदय की रानी ! तुम्हारे इस मुखमंडल को देखकर मृत्यु को भी भुला देना आसान है। लेकिन, जरा बताओ तो, यह सबकुछ सत्य है या मैं सपना देख रहा हूँ ?"

धीमी और मधुर आवाज में कुमुद-कुमारी ने कहा—"यह सपना कैसे हो सकता है, मेरे प्यारे ! जब कि हम दोनों प्रत्यक्ष इस शय्या पर इतने निकट हैं। आप मेरे हृदय की धड़कन तक गिन सकते हैं।"

लेकिन, ताउ को विश्वास नहीं हुआ। जब वह भोर में उठा तो एक फीता लेकर सोई हुई राजकुमारी के पैर और उँगलियाँ तथा उसके घेरे को नापने लगा। राजकुमारी की आँखें खुल गईं। वह हँसती हुई चिल्ला उठी–"अरे, पागल हो गये हैं क्या ?"

उसी समय कुछ दासियाँ दौड़ती हुई आईं और हाँफती हुई बोलीं–"भागिए, भागिए; एक राक्षस राजप्रासाद में घुस आया है। राजा भाग गए, मालूम होता है–सर्वनाश होकर रहेगा।"

ताउ वहाँ से दौड़ा, और जहाँ राजा था, वहाँ पहुँचा। ताउ को देखते ही राजा रो पड़ा और बोला–"अब आप हमारे दामाद हैं, हमें बचाने का कोई उपाय कीजिए।" ताउ ने पूछा–"आखिर बात क्या है ?" राजा ने ताउ के हाथ में एक कागज रख दिया। यह एक घोषणापत्र था, जिसका भावार्थ यों था–

"महामहिम महाराजा की सेवा में, महामंत्री नीलपंख का निवेदन है कि एक महाभयानक राक्षस आ रहा है और सम्राट एवं साम्राज्य की रक्षा के लिए यह आवश्यक है कि हम लोग राजधानी छोड़कर कहीं चले जाएँ। यह राक्षस पहले-पहल पाँचवें शुक्लपक्ष की छठी तिथि को पीत-द्वार पर देखा गया था और तब से यह महामहिम के 13800 प्रजा-जनों का भक्षण कर चुका है। यह 10000 फीट लम्बा है, इसका सिर पहाड़ की तरह है, आँखें समुद्र की तरह और आकार अजगर की तरह। जब यह सिर उठाता है, बड़े-बड़े महल इसके मुँह में समा जाते हैं, और जब यह पूँछ उठाकर पटकता है तो घर और दरवाजे भूकम्प की तरह भहरा पड़ते हैं। अब यह तेजी से राजभवन की ओर बढ़ रहा है, इसलिए महामहिम महाराज से इस दासानुदास नीलपंख का निवेदन है कि शीघ्र राजधानी छोड़कर, किसी सुरक्षित स्थान में चले जाएँ।"

ताउ घोषणापत्र पढ़ ही रहा था कि एक दूत ने आकर कहा–"राक्षस आ पहुँचा।" राजभवन में हलचल मच गई। राजा ने ताउ से कहा–"अपने को बचाइए।" ताउ समझ नहीं रहा था कि क्या करे, कि राजकुमारी आ पहुँची और बोली–"आप जहाँ भी जाएँ, मुझे लेते चलें।" ताउ के लिए इससे प्रसन्नता की बात और क्या हो सकती थी ? वह कुमुद-कुमारी को लिये-दिये वहाँ से भागा और अपने घर में आ गया।

थोड़े दिन बीते। कुमुद-कुमारी ने ताउ से कहा–"तो अब हम लोग पिताजी को भी क्यों न बुला लें ? कासिया का दरबार अब आपकी इस कुटिया में लगे तो कैसा अच्छा हो ?"

"कासिया का दरबार, और मेरी कुटिया में ! तुम पागल हो गई हो क्या राजकुमारी ! वे लोग यहाँ रहेंगे कहाँ ? इतनी जगह कहाँ है मेरी कुटिया में ?"

ताउ का कहना समाप्त भी नहीं हुआ था कि कुमुद-कुमारी जोरों से रोने और कहने लगी–"उफ, मुझे धोखा हुआ, तुम ऐसे क्रूर हो। यदि यह पता मुझे होता तो तुमसे कभी शादी नहीं करती।" ताउ ज्यों-ज्यों उसे समझाने की कोशिश करता, त्यों-त्यों वह और जोरों से रोती जाती, और, इसी रोने-चिल्लाने में ताउ की नींद टूट गई।

नींद टूटने पर भी ताउ के कानों में भन्न-भन्न-सी आवाज आ रही थी। वह चकित होकर चारों ओर देखने लगा तो पाया, दो-तीन मधुमक्खियाँ उसके तकिए पर भन्न-भन्न करती हुई, चक्कर काट रही हैं और जब वह घर से बाहर निकला तो देखा कि उसकी सीढ़ी के नीचे मरा हुआ साँप पड़ा है।

3

उड़न-बछेड़ा

एक था राजा, बड़ा प्रतापी, बड़ा न्यायी। उसकी प्रजा शान्ति से रहती, सुख से रहती।

राजा के तीन लड़कियाँ थीं। तीनों लड़कियाँ बड़ी दुलारी, बड़ी सुन्दरी।

एक दिन राजा अपने दरबार में बैठा था कि तीन साधु आए। एक के पास सोने का मोर था, दूसरे के हाथ में काँसे की बिगुल और तीसरे के पास था आबनूस का घोड़ा। पहले साधु ने कहा कि मेरा यह मोर, हर घंटे बीतने पर आपसे आप कूक उठेगा। दूसरे ने कहा—इस बिगुल को बजा दीजिए, दुश्मन आपसे आप पराजित होकर भाग जाएँगे और तीसरे ने कहा—जो मेरे इस घोड़े पर चढ़ ले, उसे यह मनमानी जगह पर पहुँचा देगा। तीनों ने एक साथ कहा—अगर आपको विश्वास न हो तो इनकी जाँच कर लीजिए।

मोर और बिगुल की जाँच कर ली गई। साधुओं ने जैसा कहा था, वे वैसे ही उतरे। राजा ने उन दोनों साधुओं से पूछा—''इसके बदले में आप क्या चाहते हैं ?'' साधुओं ने उनकी दो कन्याओं को माँगा। राजा ने अपनी दो कन्याएँ सौंपकर ये दो अलभ्य वस्तुएँ प्राप्त कीं। अब घोड़े की जाँच की बात रही।

राजा को एक ही बेटा था, बड़ा साहसी, बड़ा पराक्रमी। उसने कहा—''पिताजी, इसकी जाँच मैं करूँगा।'' ऐसा कहकर वह घोड़े पर उछलकर चढ़ गया। लेकिन न घोड़ा हिल-डोल रहा है, न चल-फिर रहा है। साधु ने कहा—''जरा ठहरिए।''

वह घोड़े के निकट गया और कहा—''इस सुई को घुमा दीजिए, यह घोड़ा आपको लेकर उड़ जाएगा।''

सुई घुमाई गई और घोड़ा सीधे ऊपर आसमान की ओर। एक आसमान, दूसरा आसमान, तीसरा आसमान, वह सीधे सातवें आसमान में जा पहुँचा। अब राजा का बेटा चिन्तित हुआ। साधु ने उतारने का उपाय तो बताया ही नहीं, अब तो मैं गया। लेकिन, देखना चाहिए घोड़े के शरीर में कोई खास चिन्ह है या नहीं, जिसे आजमाया जाए। उसने गौर से देखा तो पाया कि जिस तरह उसके दाहिने कंधे पर की सुई घुमाने पर वह उड़ चला था, उसी तरह का एक चिन्ह उसके बाएँ कन्धे पर है। उसने उस सुई को घुमाया और पाया कि उसका घोड़ा बेतहाशा नीचे उतर रहा है।

जब वह पृथ्वी के बिल्कुल निकट पहुँचा तो उसने देखा—नीचे एक शहर है, बहुत ही सुन्दर, बहुत ही सजीला। शहर के चारों ओर बगीचे लगे हैं। बीच में कतार से बड़ी-बड़ी अट्टालिकाएँ खड़ी हैं। यह शहर उसके लिए बिल्कुल अपरिचित लग रहा था। उधर सूरज डूबने जा रहा था। क्यों न इसी शहर में रात भर विश्राम करूँ ? लेकिन, ठहरूँ तो किसके घर में ? कौन जाने, वे स्वागत करेंगे या जान ही ले लेंगे ? लेकिन उतरना तो है ही, इसलिए इस शहर की जो सबसे बड़ी अट्टालिका थी, उसी की छत पर उसने अपने घोड़े को उतार दिया।

अन्धकार हो चला था। वह छत पर बैठा हुआ नीचे की ओर देख रहा था कि इस भवन के आँगन में क्या हो रहा है। थोड़ी देर में आँगन में दीपावली-सी जगमगा उठी। दासियों का एक वृत्त-सा बना था। सबके हाथ में थाल। थाल में दीप-मालिकाएँ और बीच में एक अपूर्व सुन्दर रमणी, जिसके मुख की ज्योति इन सहस्रों दीपों के आलोक को भी कम कर रही थी। यह उस नगरी के राजा की कन्या थी। अभी कुँवारी, जिसे पाने के लिए देश-देश के राजा तड़प रहे थे।

राजकुमारी को देखते ही, राजकुमार छत पर से नीचे उतरा। राजकुमारी की रक्षा के लिए जो हिजड़े तलवार लिए खड़े थे, उनमें से एक की तलवार लेकर उसने सभी हिजड़ों को खदेड़ दिया और तलवार हिलाते विजयी की तरह राजकुमारी के निकट पहुँचा। उसे झुककर अभिवादन किया और कहा—"मैं आपका सेवक हूँ। जो आज्ञा हो, करूँ !" राजकुमारी भयभीत हुई। वह डर गई कि मेरे पिता का कोई दुश्मन तो यहाँ नहीं आ पहुँचा, जो मेरा अपहरण कर पिता को अपमानित करना चाहता है। किन्तु उसकी सखियों ने ही समझाया—यह व्यक्ति भद्र कुल का मालूम होता है। यह रूप, यह गति, यह शील, सत्कुल में उत्पन्न व्यक्तियों में ही पाया जा सकता है। हाँ, यह आश्चर्य की बात जरूर है कि यह यहाँ पहुँचा कैसे !

इधर यह सब बातें हो रही थीं, उधर हिजड़े राजा को खबर कर आए। राजा दौड़ता हुआ पहुँचा और यहाँ आकर देखता है कि उसकी बेटी एक नौजवान के सामने खड़ी है, जिसके मुख-मण्डल पर उसकी आँखें गड़ी हैं। राजा के आगमन की आहट पाकर राजकुमार ने उसे देखा और राजकुमारी से पूछा—"क्या यह आपके पिताजी हैं ?" और, ज्योंही राजकुमारी ने सिर हिलाया, राजकुमार शान से आगे बढ़ा और अपनी तलवार राजा के चरणों पर रखकर प्रणाम किया। राजा जान चुका था, देख चुका था कि वह कैसा बलवान है, कैसा रूपवान है। अब वह उसके इस शिष्ट व्यवहार पर मोहित हो गया और बोला—"युवक, तुम मनुष्य हो या जिन ? यदि मनुष्य हो तो किस तरह हमारे महल में प्रवेश कर सके ? और, बिना मेरी आज्ञा के मेरी कन्या से इस तरह बातचीत करना क्या सभ्योचित है ?"

राजकुमार ने कहा—"मैं मनुष्य हूँ और राजकुमार हूँ। आपकी पुत्री विवाह के योग्य हो गई है और मुझसे बढ़कर दूल्हा और कौन मिल सकता है ? अपने पराक्रम से मैं यहाँ पहुँचा हूँ। अब अपनी बेटी का दान देकर मुझे आप अपना दामाद बनाइए।" राजकुमार की बातें सुनकर राजा मुस्कुराया और बोला—"राजकुमार, किसी राजकुमारी को प्राप्त करने के लिए शब्द-चातुर्य ही नहीं चाहिए, भुजबल भी चाहिए ।" यह सुनकर राजकुमार कड़ककर बोल उठा—"राजन्, मेरी भुजाओं की शक्ति की परीक्षा आप चाहते हैं, तो रातभर मुझे विश्राम करने दीजिए। कल प्रातःकाल आप अपनी सारी सेना एकत्र कीजिए। यदि मैंने उन्हें पराजित किया तो राजकुमारी मेरी हुई, नहीं तो मेरी जान गई।"

रातभर राजा के सेनापति और मन्त्री सेना एकत्र करते रहे। इधर राजा राजकुमार से देश-विदेश की बातें सुनता रहा। जब भोर हुई, राजधानी में चारों ओर राजा की सेना एकत्र हो चुकी थी। राजकुमार भी इनसे लड़ने को तैयार हो चुका था। उसने राजा से कहा—"मेरा घोड़ा इस महल की छत पर है, पहले उसे नीचे उतरवा दीजिए, फिर मेरा रणकौशल देखिए।"

घोड़ा ! छत पर ? और जब कुछ आदमी ऊपर चढ़कर घोड़े को ले आए तो राजा और उसके सभासद ठट्ठा मारकर हँस पड़े—"जरूर ही यह राजकुमार पागल है। भला इस काठ के घोड़े पर चढ़कर यह लड़ेगा ?" किन्तु, राजकुमार ने कहा—"हँसिए मत। अभी-अभी इसकी करामात देख लीजिएगा।"

राजकुमार वहाँ से आगे बढ़ा—उछलकर घोड़े पर चढ़ा और राजा को अभिवादन कर ज्योंही सुई दबाई कि घोड़ा आसमान में फुर्र-से उड़ गया। राजा, सभासद, मन्त्री, सेना—सभी देखते रह गए और वह घोड़ा राजकुमार को लेकर उनकी आँखों से ओझल हो चुका था।

घोड़े को लेकर दूसरे दिन राजकुमार अपनी राजधानी में लौटा जहाँ उसके वियोग में उसके माँ-बाप शोक मना रहे थे। राजकुमार को पाकर उनके आनन्द का ठिकाना नहीं रहा। राजकुमार ने पूछा कि वह साधु कहाँ है ? तो पता चला कि राजा ने उसे कैद करवा रखा है। राजकुमार के कहने पर साधु को जेल से तो निकाला गया, किन्तु राजकुमारी के साथ उसका

विवाह करने की बात पर राजा किसी तरह राजी नहीं हो सके। साधु मन-ही-मन राजा से इसका बदला चुकाने के लिए मनसूबे बाँधने लगा। और, उसका मौका तुरन्त ही आ गया।

जब राजकुमार उस अज्ञातपुरी से रवाना हुआ था तो वहाँ का राजा कुछ देर तो हक्का-बक्का खड़ा रहा, फिर वह अपनी बेटी के पास गया। राजकुमारी को पता लग चुका था कि राजकुमार उड़कर चला गया है। वह बेतहाशा रो रही थी, और बाप के समझाने-बुझाने पर भी उसका शोक कम नहीं हुआ। इधर राजकुमार के हृदय में भी राजकुमारी के लिए रह-रहकर एक दर्द-सा पैदा होता, और यद्यपि उसके पिता ने कह दिया था कि वह फिर उस घोड़े पर न चढ़े, तो भी एक दिन वह उस घोड़े पर सवार हुआ, सुई घुमाई और उस अज्ञातपुरी में पहुँच ही गया। उसको पाकर राजकुमारी के आनन्द का ठिकाना नहीं रहा। लेकिन, राजा नहीं चाहता था कि उसकी बेटी आँखों से दूर हो। इसलिए एक दिन राजकुमारी को चुपके-चुपके घोड़े पर बिठाकर वह ले उड़ा।

अपनी राजधानी में पहुँचकर उसने सोचा कि अपनी दुल्हन को ठाठ-बाट से ही राजधानी में ले जाना चाहिए। इसलिए उसे अपने एक बगीचे में रख दिया, घोड़े को भी वहीं छोड़ दिया और खुद अपने पिता को खबर देने चला। पिता इस समाचार को सुनकर बड़े प्रसन्न हुए और झटपट बारात सजाकर दुल्हन को लाने उस बगीचे की ओर रवाना हुए। किन्तु यह क्या ? न वहाँ वह राजकुमारी थी, न वहाँ घोड़ा था। मालियों से पूछने पर पता चला कि राजकुमारी को घोड़े पर चढ़ाकर वह साधु चम्पत हो चुका है।

बात यों हुई कि राजकुमार जब अपने पिता के पास गया कि वह साधु घूमता-घामता बगीचे में पहुँचा। घोड़े को देखते ही उसने पहचान लिया कि यह तो मेरा दिया हुआ आबनूस का घोड़ा है। वह घोड़े को अच्छी तरह देख रहा था कि कहीं इसका कल-पुर्जा खराब तो नहीं हो गया है कि उसके कानों में राजकुमारी के गहनों की झंकार पड़ी। राजकुमारी को देखते ही वह सब समझ गया और उसके निकट जाकर बोला—"चलिए, मैं आपको बुलाने आया हूँ। राजकुमार की अभूतपूर्व तैयारियाँ हो चुकी हैं !"

भोली-भाली राजकुमारी उसकी बातों में आ गई और साधु ने उसे घोड़े पर चढ़ाकर उड़ा दिया। जब राजधानी से घोड़ा आगे बढ़ा तो राजकुमारी चिल्लाने लगी, रोने-पीटने लगी। लेकिन, अब क्या हो सकता था ? कितने ही देश और समुद्र को पार करते हुए साधु ने उसे एक टापू में उतारा। साधु अब उसे तरह-तरह से समझाने-बुझाने लगा। लेकिन, वह बेचारी तो मरी जा रही थी। आह, जिसके लिए अपने पिता को छोड़ा, उसे भी खोकर—आज इस दढ़ियल साधु के पाले पड़ गई हूँ—हाय, कैसा मेरा भाग्य है ! वह फूट-फूटकर, चिंघाड़ मारकर रो रही थी।

संयोग ऐसा कि ठीक उसी समय उस टापू का राजा वहाँ शिकार करने को आया था। एक स्त्री का यह करुण रुदन सुनकर वह अपने परिचारकों के साथ वहाँ आ पहुँचा। जब साधु से उसने पूछताछ की तो साधु ने कह दिया—"यह मेरी पत्नी है, मायके की याद में रो रही है।" किन्तु, राजकुमारी ने उसे झुठलाया और राजा को बतलाया कि किस तरह इस बुड्ढे ने मुझे धोखा दिया है। राजा इन दोनों को घोड़ेसहित अपनी राजधानी में ले आया। साधु को जेल में डाल दिया। घोड़े को एक कोठरी में बन्द कर उस पर पहरा बैठा दिया और राजकुमारी को रनिवास में भेजकर उस दिन की प्रतीक्षा करने लगा, जब वह उससे विवाह करने को राजी हो जाएगी।

इधर राजा और राजकुमार बारात लेकर खाली हाथ राजधानी वापस लौटे। राजा ने राजकुमार को तरह-तरह से धैर्य दिलाने की चेष्टा की। किन्तु, वह सफल नहीं हो सके।

राजकुमार एक दिन राजकुमारी की तलाश में योगी वेश बनाकर अपनी राजधानी से निकला, और नगर-नगर, देश-देश, उसे ढूँढ़ने लगा। राजकुमारी के मायके में भी गया, किन्तु वहाँ भी राजकुमारी नहीं थी। जब स्थल पर वह नहीं मिली, तब समुद्र के द्वीप-द्वीप में उसकी खोज करने लगा।

एक दिन वह टापू में एक वृक्ष के नीचे बैठा था कि वहाँ व्यापारियों का एक काफ़िला आ गया, और उन लोगों ने आपस में बातें शुरू कीं जिसमें आबनूस के घोड़े, उस साधु और राजकुमारी की चर्चा आई। राजकुमार ने उनसे पूछा कि यह कहाँ की बात है ? और, उनसे पता पाकर वह उस टापू में जा पहुँचा।

उस टापू में पहुँचकर वहाँ के राजा से मिलने की इच्छा से वह राजधानी की ओर चला। वहाँ का नियम था कि सन्ध्या के बाद कोई राजधानी में प्रवेश नहीं करता था। किन्तु, उस बेचारे को कहाँ मालूम ? रात में वह राजधानी में घुसने की कोशिश कर रहा था कि पहरेदारों ने उसे पकड़ लिया और उसे जेलखाने में डाल दिया। उसी जेल में वह साधु बाबा भी डाले गए थे। साधु बाबा और राजकुमारी को लेकर वहाँ बड़ी चर्चा थी। यहीं उसे मालूम हुआ कि राजकुमारी पागल हो गई है और वहाँ के राजा ने यह डुगडुगी पिटवाई है कि जो राजकुमारी को अच्छा करेगा, वह मुँहमाँगा इनाम पाएगा।

दूसरे दिन जब वह जेलर के सामने लाया गया तो उसने कहा–"मुझे राजा के पास ले चलिए। मैं पागलपन का ऐसा इलाज जानता हूँ कि राजा की भावी पत्नी को बात की बात में अच्छा कर दूँगा।" वह राजा के सामने पेश किया गया; फिर मरीज के पास लाया गया।

राजकुमारी पागल नहीं हुई थी, वह तो अपने धर्म के बचाव के लिए पागलपन का बहाना मात्र किए हुए थी। जब कोई उसके सामने जाता, वह खाँव-खाँव कर काटने दौड़ती। राजकुमार को देखते ही हक्का-बक्का हो गई। राजकुमार ने देखा कि अब तो सारा खेल बिगड़ना चाहता है इसलिए वह जोर-जोर से उसे डाँटने लगा और उसके कान में कुछ मंत्र कहने लगा। यह मंत्र और कुछ नहीं था, भाग निकलने की वह तरकीब बता रहा था।

राजकुमारी को झाड़-फूँक करके राजकुमार ने राजा से कहा–"कुछ नहीं है। इसे जिन लग गया है। यह जिन तभी दूर होगा जब इसे घोड़े सहित वहाँ से लाया जाए, जहाँ वह पहले मिली थी। वहाँ मैं उस जिन को बाँधकर एक पहाड़ की खोह में रख दूँगा, फिर वह अच्छी हो जाएगी।"

दूसरे ही दिन राजा, राजकुमारी, घोड़ा, राजकुमार, राजा के सभासद और परिचायक और शहर के झुंड-के-झुंड लोग वहाँ एकत्र हुए, जहाँ यह पहले मिली थी। राजकुमार तरह-तरह के मंत्र पढ़ता, कभी घोड़े के अंग-अंग में फूँकता, कभी राजकुमारी के कानों में आकर मंत्र कहता। जब उसे विश्वास हो गया कि घोड़े का कोई पुर्जा खराब नहीं हुआ है तो वह राजकुमारी को लेकर घोड़े पर चढ़ गया, और लोगों से कहा–"आप लोग जोर-जोर से चिल्लाइए। अब जिन साक्षात् प्रकट होनेवाला ही है।" लोगों ने चिल्लाना शुरू किया। राजकुमार ने सुई घुमाई और वह घोड़ा आकाश की ओर उड़ चला।

अपने कौशल पर खुश होते, राजकुमार राजधानी पहुँचा। तरह-तरह के बधावे बजने लगे। नृत्य, संगीत, उत्सव और उत्साह के बीच दोनों का विवाह हुआ, और दोनों आनन्द से रहने लगे।

4

पंडुक का जोड़ा

उन दोनों के प्रेम के बीच में पंडुक का एक जोड़ा था और वे पंडुक के जोड़े की तरह ही, एक-दूसरे को प्यार करते रहे, एक-दूसरे पर मरते रहे, एक-दूसरे के लिए कुहकते रहे। उनकी हृदय-द्रावक कूक से जंगल कूक उठा, सारा संसार कूक उठा। फिर बिछड़े हुए पंडुक के जोड़े की तरह ही वे एक-दूसरे पर बलिदान हो गए। आज भी जहाँ दो प्रेमी-प्रेमिका की चर्चा की जाती है, उन दोनों के नाम लोगों की जिह्वाओं पर नृत्यशील हो उठते हैं।

लैला, रात की मुक्ता !

उसका मुख-मण्डल, मानो आकाश में पूर्ण चन्द्र। लम्बे काले-काले केश, अमारात्रि की कालिमा को भी मात करनेवाले। उसकी नीली आँखें, जो भीतर के अनुराग में बल-सी रहीं। जब वह अपने अधर खोलती, मालूम होता, गुलाब की दो पंखुड़ियाँ खुल गईं और सच बात तो यह है कि वह खुद एक गुलाब की कली थी, जो स्वर्ग से तोड़कर, इस पृथ्वी पर इसलिए भेजी गई थी कि यहाँ वह कुचल दी जाए, मसल दी जाए, इस बेरहमी के साथ कि उसकी सुगंध से सारी दुनिया मह-मह उठे और वह सुगन्ध शाश्वत बन जाए।

लैला एक धनी परिवार की लड़की थी। उसके पिता बसरा के सरदार और एक बड़े कुनबे के मुखिया थे। अपनी बहादुरी के लिए वह अपने देश में नामी थे। ऐसे बाप की इस अनोखी बेटी से ब्याह करने की किसे कामना नहीं होती ? लैला को पाने के लिए बड़े-बड़े राजकुमार, शाहजादे लैला के पिता के पास पहुँचते किन्तु, लैला को पाना क्या इतना आसान था ?

एक दिन लैला अपने पिता के साथ एक उत्सव में गई थी। उस उत्सव में देश-देश के लोग पहुँचे हुए थे। कैस ने लैला को देखा, और लैला ने कैस को। दोनों एक-दूसरे पर बलिहार। लेकिन, क्या वे दोनों मिल सकते थे ? दोनों के बीच में एक दीवार खड़ी थी—खानदानी दुश्मनी की दीवार। कैस और लैला के वंशधरों में एक बार ठन गई थी। उनके देश का नियम बन गया था कि एक बार दो खानदानों की लड़ाई ठन जाए तो वह पुश्त-दर-पुश्त जारी रहती थी। उत्सवों के अवसर पर वे एक-दूसरे से मिलते थे। किन्तु, उत्सव समाप्त और फिर शत्रुता का आरम्भ।

बेचारा कैस चमन लौटा, लैला बस्रा आई। कैस का शिकार छूटा, औज-मौज छूटा। वह दिन भर उदास बैठा रहता। उसकी आँखें किसी को ढूँढ़ती रहतीं; दिन में भी, रात में भी। बेटे की यह हालत देखकर बाप चिन्तित। उसे सम्हालने के लिए वह उसके मित्रों को भेजता। कितनी लड़कियों को भी भेजा। वे लड़कियाँ खूबसूरत थीं, लुभावनी थीं। लेकिन, कैस के कान न मित्रों की सलाह सुनते, न आँखें दुनिया में किसी दूसरी लड़की को देखना चाहतीं।

लैला की हालत भी अच्छी नहीं थी। जब से उत्सव से लौटी, वह भी दिन-रात अनमनी बनी रहती। सखियाँ उसे घेरे रहतीं, उसका दिल बहलाने के लिए तरह-तरह के उपाय करतीं। किन्तु, लैला के मन-प्राण तो कहीं अन्यत्र जा बसे थे। वह किसी की बात सुने तो कैसे ?

लैला ने पंडुक की एक जोड़ी पाल रखी थी। दोनों पंडुक उसके हाथ पर, उसके कंधे पर, उसक सिर पर फुदकते रहते, कूकते रहते। कभी-कभी लैला उनमें से एक पंडुक को अपनी छाती से लगाए रखती और दूसरे को बगीचे की तरफ उड़ा देती। बगीचे में जाकर पेड़ की फुनगी पर बैठ वह अकेला पंडुक जोरों से कू-कू करने लगता। उसकी कूक में इतना दर्द होता

कि मालूम पड़ता कि उस नन्हे-से जानवर का कलेजा उसके मुँह से निकल जाएगा। उसकी यह दर्दीली कूक सुनकर, हाथ का पंडुक छटपट करने लगता, पंख फरफराने लगता, हाथ से निकलकर उड़ जाने की कोशिश करता। उसकी बेचैनी से द्रवित होकर लैला जब उसे छोड़ देती वह तेजी से पंखों को फरफराता, कू-कू करता, अपने साथी से जा मिलता। फिर दोनों बहुत देर तक डाली की एक ही टहनी पर सटकर बैठ जाते, कू-कू करते और फिर लैला के पास पंखों को फरफराते हुए पहुँच जाते।

लैला सोचती—आह, ये पंडुक ! कैसा प्रेम है इनका ? भगवान जिसके हृदय में प्रेम दे, उसे पंख भी दे दे। अगर मुझे भी पंख होते तो इन पंडुकों की तरह उड़कर अपनी जोड़ी से जा मिलती।

लैला के पंडुकों के इस जोड़े की कहानी कैस को मालूम थी। कैस सोचता, यदि किसी तरह इन पंडुकों में से एक को पकड़ पाए तो उसी के द्वारा अपना प्रेम-संदेश लैला के पास भेज दे। किन्तु पंडुकों में से एक उसके हाथ आए तो कैसे ? वह इसी उधेड़बुन में था कि उसके नौकर जईद ने अपने मालिक को चिन्ता में देखकर कहा—"मेरे आका, आप चिन्ता न करें। मेरे पिता चतुर चिड़ीमार थे। मैं भी उस विद्या को जानता हूँ। आप निश्चिन्त हों, मैं उसे पकड़कर लाता हूँ।"

जईद गया और तीसरे ही दिन लैला के एक पंडुक को पकड़कर वापस आया। कैस ने पंडुक को बार-बार गले लगाया, उसका मुख चूमा, उसके पंख सहलाए ! फिर उसके पैर में एक पुर्जा लिखकर बाँध दिया। पुर्जे में अपने प्रेम का परिचय देते हुए कैस ने लैला को बताया था कि आज रात में तुम उस झरने के पास आओ, जहाँ प्रेमी-प्रेमिकाएँ शाश्वत काल से मिलते आए हैं—यदि तुम मुझे प्यार करती हो तो अवश्य आना।

इधर एक पंडुक के बगीचे में चले जाने और वहाँ जईद के द्वारा पकड़े जाने के कारण दूसरा बेचैन था। वह बार-बार लैला के पास से बगीचे में जाता और बगीचे से लैला के पास आता। उसकी कूक से मालूम होता, सारी दिशाएँ रो पड़ेंगी। लैला की आँखें तो रोते-रोते सूज गई थीं। क्या इसका जोड़ा कहीं मारा गया ? बचे हुए पंडुक को अपने कलेजे से सटाए लैला बैठी हुई थी कि अचानक हवा में फरफराहट सुनाई पड़ी और एक ही क्षण में वह पंडुक का जोड़ा लैला के हाथ पर बैठा, अपने जोड़े से चोंच मिला रहा था। इतने ही में लैला का ध्यान उस पंडुक के पैर की ओर गया। उसने झटपट उस पुर्जे को खोला और पढ़ते ही वह बाग-बाग हो गई। उसने तय कर लिया कि वह कैस से जरूर मिलेगी। बिना मिले रह भी तो नहीं सकती थी।

चाँदनी रात थी। समूचा संसार ज्योत्स्ना में नहा रहा था। लैला घर से पिछले दरवाजे से बाहर निकली। बगीचे में आई। फिर जंगल पहुँची और झरने के पास पहुँचकर उत्सुकता से देखने लगी कि कैस कहाँ है !

"ओहो, तुम आ गईं"—कुंज से निकलकर कैस चिल्ला उठा। दोनों, दोनों से लिपट गए। दोनों के शरीर मिले हुए थे, दोनों के हृदय मिले हुए थे। आकाश में चन्द्रमा हँस रहा था। नीचे सारी धरती हँसती हुई मालूम देती थी।

यों ही कितनी बार दोनों प्रेमी-प्रेमिका उस झरने के पास मिलते रहे। एक दिन कैस ने कहा—"प्यारी; इस तरह छिप-छिपकर हम लोग कब तक मिलते रहेंगे ? भला इस राजपाट का क्या अर्थ ? इससे तो अच्छा था कि हम लोग कहीं वीरान में रहते, कंद-मूल खाते और यदि कभी कुछ अनाज मिल जाता तो मैं जलावन इकट्ठा करता; तुम रोटी सेंकती। उस रोटी से मीठी दुनिया में और क्या चीज हो सकती ? चलो, हम लोग घर-बार छोड़ें और प्रेम का अलख

जगावें।''

''क्या आज ही ?''—लैला ने उत्सुकता से पूछा।

''नहीं, परसों।''—कैस ने कहा—''परसों मैं दो घोड़े लाऊँगा जिन पर चढ़कर हम लोग रातों-रात बहुत दूर निकल जाएँगे।''

किन्तु वह परसों की रात उन दोनों की जिन्दगी में कुछ दूसरे ही रूप में आई। जब कैस घोड़ों को लेकर वहाँ पहुँचा तो पाया; वहाँ लैला नहीं है। वह रात भर प्रतीक्षा करता रहा। कई रात प्रतीक्षा करता रहा, किन्तु, लैला नहीं आई। लैला क्यों नहीं आई, वह कहाँ रह गई, वह कहाँ खो गई ? मैं उसे ढूँढूँगा, उसे पाकर ही दम लूँगा। 'लैला,' 'लैला,'—वह चिल्लाने लगा। कुंजों में, गुफाओं में, जंगलों में, बियाबानों में वह ढूँढ़ता फिरता और चिल्लाता—'लैला,' 'लैला,' यह स्पष्ट था, कि वह अपने होश में नहीं था, वह खब्त हो चला था, पागल हो चला था। जो कल तक कैस कहा जाता था, अब वह मजनूँ कहा जाने लगा। मजनूँ—प्रेम का पागल।

लैला क्यों नहीं आई ? लैला के रूप पर एक नवयुवक मर रहा था। उसका नाम था—इब्नसलाम। इब्नसलाम ने लैला के बाप के कान भर दिए और वह लैला को लेकर उसी दिन अपने राज्य की एक पहाड़ी पर चल दिए थे इसलिए कि लैला की तबीयत, जो यहाँ खराब रहती है, वहाँ सुधर जाएगी। कैस से बिछुड़कर लैला का स्वास्थ्य क्या सुधर सकता था ? लेकिन बूढ़े माँ-बाप अपने जवान बेटे-बेटियों की भावनाओं को समझते, तो दुनिया में इतना कुहराम क्यों मचता ?

जब कैस के पिता को मालूम हुआ कि उसका बेटा लैला के प्रेम में पागल है तो वह शत्रुता की सारी बातें भूलकर लैला के पिता के पास उस पहाड़ी पर ही पहुँचे, और आरजू-मिन्नत की, कि आप अपनी बेटी से मेरे बेटे को ब्याह दें। किन्तु, लैला के पिता ने यह कहकर टाल दिया कि अभी आपका बेटा तो पागल हो चुका है, उसका दिमाग सम्हलने दीजिए, फिर देखा जाएगा।

कैस के पिता निराश होकर लौट रहे थे कि रास्ते में नौफल के सरदार से उनकी भेंट हुई। उस सरदार ने कैस के पिता को कहा कि लैला का पिता सीधे मुँह बात करनेवाला नहीं है। चलिए, मैं आपकी मदद करूँगा। हम लोग फौज लेकर चलें और जबर्दस्ती कैस की शादी लैला से कराएँ। प्रेम की दुनिया में अब युद्ध ने प्रवेश किया।

उधर इब्नसलाम लैला के पिता से बार-बार आग्रह करने लगा कि लैला की शादी मुझसे कर दीजिए। लैला के पिता भी यही चाहते थे। वह इब्नसलाम को पसन्द करते थे किन्तु, यहाँ तो लैला कसम खाए बैठी थी कि मैं शादी करूँगी तो अपने मजनूँ से, नहीं तो जिन्दगी भर कुँवारी रहूँगी। उसने पंडुकों के जोड़े की जगह एक नई चिड़िया पाल रखी थी, जो सिखाए जाने पर उसकी आवाज की नकल कर सकती थी। लैला ने उसे 'मजनूँ' कहना सिखा दिया था। अब वह चिड़िया उसके कंधे पर बैठकर हमेशा—'मजनूँ,' 'मजनूँ' उसके कान में कहा करती। इधर महल में 'मजनूँ,' 'मजनूँ', चल रहा था, और उधर जंगल में 'लैला,' 'लैला'।

नौफल की सहायता से कैस के पिता ने बसरा पर चढ़ाई की। बसरा की सहायता में इब्नसलाम पहुँचा था। घमासान लड़ाई। अन्ततः चमन की सेना बसरा के दरवाजे के निकट आ गई। कैस के पिता ने लैला के पिता को कहला भेजा—''अब सिर्फ रात भर की मोहलत देता हूँ। कल भोर में आप अपनी बेटी को सुपुर्द कीजिए या अपनी राजधानी का सर्वनाश अपनी आँखों देखिए।''

भोर हुई। किन्तु, चारों तरफ एक दूसरा ही दृश्य था। इब्नसलाम ने यह झूठी खबर उड़ा दी कि मजनूँ मर गया। इस खबर से चमन की सेना में मायूसी छा गई। उस मायूसी की हालत

में ही इब्नसलाम ने उन पर छापा मार दिया। कैस के पिता युद्ध-भूमि में मारे गए, बसरा की विजय हुई। और, सबसे बड़ी विजय हुई इब्नसलाम की। क्योंकि यह जानकर कि मजनूँ मर गया, लैला ने पिता के घोर आग्रह पर इब्नसलाम से शादी करना मंजूर कर लिया। दोनों की शादी हो गई, दोनों पिछली बात भूलकर आनन्द से रहने लगे।

कैस का सेवक जईद कुछ दिनों तक तो अपने मालिक की तलाश में इधर-उधर मारा-मारा फिरता रहा। लेकिन, जब कैस से भेंट नहीं हो सकी और उसकी मृत्यु की खबर जहाँ-तहाँ सुनाई पड़ने लगी तो वह अपने मालिक की प्रेयसी लैला के पास ही आकर रहने लगा। लैला भी जईद को पाकर बहुत खुश हुई—कम-से-कम अपने भूतपूर्व प्रेमी का एक स्मृतिचिन्ह तो उसके पास सदा रहने लगा।

एक दिन जईद लैला के महल में था तो उसे एक आदमी ने चुपचाप आकर खबर दी कि मजनूँ अभी तक जिन्दा है। व्यापारी का वेश धरकर वह देश-विदेश घूमता रहा और अब निकट की मरुभूमि में जईद की प्रतीक्षा कर रहा है। जईद आज शाम को उससे जरूर मिले। जईद ने लैला से कुछ नहीं कहा। उसके पंडुकों के जोड़े में से एक को लेकर वह झटपट रवाना हो गया, और संध्या समय मरुभूमि में अपने मालिक को पाकर फूला नहीं समाया।

इधर शाम को लैला ने 'कूकू-कूकू' शब्द से चौकन्ना होकर पंडुक की ओर देखा तो उसने पाया कि एक पंडुक गायब है। लैला की आँखों में आँसू भर आए। पुरानी घटना उसकी आँखों के सामने नाचने लगी। आह ! एक वह भी दिन था जब इसी तरह उसका एक पंडुक गायब हो गया था। दूसरा पंडुक इसी तरह 'कू-कू' कर उठा था और थोड़ी देर में जब पहला पंडुक लौटा था, तो कैस का मिलन-संदेश लेकर। हाय ! वही कैस उसके प्रेम में मजनूँ बन गया, जंगल-जंगल की खाक छानता रहा और आखिर में उसका नाम रटते हुए, 'लैला-लैला' पुकारते हुए, चल बसा। उसके विरह में उस बेचारे ने जान दे दी, और वह दूसरे की पत्नी बनकर यहाँ राजसुख भोग रही है ! उफ, ऐसी प्रेमिका पर धिक्कार ! ऐसी जिन्दगी पर धिक्कार !!

इसी तरह वह प्रलाप-विलाप कर रही थी कि फिर 'कूकू-कूकू' की आवाज हुई और उसने देखा, दूसरा पंडुक आकर उसके कन्धे पर बैठ गया। पंडुक के पैर में आज भी एक पुर्जा था। यह पुर्जा मजनूँ का था। मजनूँ ने उसे आज भी बुलाया था। उस जंगल में, उस झरने के निकट।

लैला पगली-सी चली। महल के पिछले दरवाजे से बाहर निकली और जंगल की तरफ बेतहाशा दौड़ी। थोड़ी दूर जाने पर उसका कपड़ा काँटे से उलझ गया, वह रुकी और उसी समय उसके दिमाग में आया—आह ! यह मैं क्या कर रही हूँ ? मैं दूसरे की स्त्री हूँ। क्या पति को धोखा देना उचित है ? कर्त्तव्य की पुकार हुई—कर्त्तव्य, कर्त्तव्य। कर्त्तव्य की जीत हुई, प्रेम पराजित हुआ। रोती हुई, सिसकती हुई लैला फिर अपने महल में लौट आई।

ऊपर मजनूँ लैला की प्रतीक्षा कर रहा था। जईद ने उसे बताया कि किस तरह लैला महल से तो चली थी, लेकिन कर्त्तव्य की भावना ने फिर उसे महल में लौटा दिया। मजनूँ, फिर मजनूँ बना हुआ वहाँ से चला—जंगल-जंगल, देश-विदेश की खाक छानने।

दो बरस और बीते। भाग्य ने पलटा खाया। इब्नसलाम बीमार पड़ा और मर गया। इब्नसलाम की मृत्यु की खबर मजनूँ को मिली तो वह फिर चमन की ओर दौड़ पड़ा। वह चुपचाप उस साढ़े चार महीने के बीत जाने की प्रतीक्षा करता रहा, जब तक कि विधवा को नई शादी की इज़ाजत नहीं होती। इस साढ़े चार महीनों तक वह दूर के जंगल में बैठा, लैला के महल की ओर ताका करता।

अन्त में वह रात आई जब दोनों उस झरने के किनारे फिर मिलनेवाले थे जहाँ शाश्वत काल में अनेकों प्रेमी-प्रेमिकाओं का मिलन होता आया है। लैला अपने महल से चली। उसके कपड़े अस्तव्यस्त, उसके बाल इधर-उधर बिखरे। छाती जोरों से फूलती और बैठती। यह जंगल, यह झरना, और वह मजनूँ ! लैला दौड़ गई, मजनूँ को छाती से लगा लिया, किन्तु यह क्या ? मजनूँ के दिमाग में फिर पुरानी सनक आ गई। एक बार उसने लैला के चेहरे को अच्छी तरह देखा, फिर झकझोरकर उसे पीछे ठेल दिया। लैला गिर पड़ी, मजनूँ भाग चला—वही 'लैला, लैला' पुकारते हुए।

लैला गिरते ही बेहोश हो गई थी, जब उसे होश हुआ, उसने सुना, दूर पर कोई पुकार रहा है—'लैला,' 'लैला' !

लैला घर आई, बीमार पड़ी, दिन-दिन छीजती गई, और एक दिन ऐसा भी आया, जब मृत्यु उसके सामने खड़ी थी। मरने के पहले उसने कहा—"मेरी लाश उस झरने के निकट दफन कर देना और मजनूँ जहाँ कहीं भी हो, मेरा यह अन्तिम सन्देश कहला देना—मैं उस आलोकपुरी को जा रही हूँ, जहाँ शाश्वत वसन्त है, जहाँ प्रेमी-प्रेमिका मिलकर बिछुड़ते नहीं हैं, प्रेम का अमृत पीकर मस्त रहते हैं, आनन्द मनाते हैं। मजनूँ, तुम मुझे वहीं पाओगे, कब आओगे ?"

लैला के सन्देश को पवन देवता ने ढोकर मजनूँ के पास पहुँचा दिया। एक भोर में दो छायाए उस झरने के निकट जाती हुई दिखाई पड़ीं—उनमें एक था मजनूँ और दूसरा जईद। जईद को पीछे छोड़कर मजनूँ आगे दौड़ गया और जाकर लैला की कब्र से लिपट गया। जईद सुन रहा था, मजनूँ कह रहा था—"लैला, लैला, प्यारी, मैं आया, आया। आलोकपुरी में अपने मुख-मण्डल को तब तक रात की चादर से ढँके रखो प्यारी, जब तक मैं आ नहीं जाता। लैला ! प्यारी, मैं आया।"

उधर सूरज की किरणें छिटकीं। जईद कब्र के निकट आकर देखता है कि उसका मालिक सदा के लिए आँखें मूँद चुका है।

5

चोंच-कटा गौरैया

प्राचीन युग में जापान के एक पहाड़ी प्रदेश में एक परिवार रहता था। परिवार में सिर्फ दो प्राणी थे—पत्नी और पति। पति बेचारे की जान साँसत में रहती थी, क्योंकि उसकी पत्नी बड़ी गुस्सैल थी और ईर्ष्यालु भी। वह बात-बात पर चिल्लाती और पति को डाँटती। उम्र में भी वह अपने पति से बड़ी थी, ऐसा कहा जाता था। पति बेचारा दुबका-सा रहता। उसका कोई दोस्त भी नहीं था, सिर्फ एक गौरैया पाल रखा था उसने। इस गौरैया के साथ भी उस चुड़ैल का अच्छा व्यवहार न था।

एक दिन ऐसा संयोग हुआ कि बेचारा बूढ़ा खेत में काम करने गया और घर पर उसकी पत्नी रह गई। उस दिन कुछ कपड़े धोने थे, इससे बुढ़िया की तबीयत और भी बिगड़ी हुई थी, क्योंकि कपड़े धोने से उसकी पीठ मे दर्द होने लगता था। उसने कुछ माँड़ी बनाई और उसे लाल-कठौते में ठंडा होने को रखकर कपड़े धोने चली गई। जब वह लौटती है तो देखती है—गौरैया कठौते के कोर पर बैठा, माँड़ी खाए जा रहा है। गुस्से में वह दौड़ी, गौरैया को पकड़कर कैंची से उसकी आधी चोंच काट डाली।

"चोरी करने का यही फल है"—वह चिल्ला उठी—"खबरदार, अब मेरे आँगन में न

आना।''

गौरैये को उसने हवा में फेंक दिया। बेचारा गौरैया खून-खून हो चला था। एक-दो बार वह आँगन के ऊपर ही चक्कर काटता रहा, फिर गृहस्वामिनी की क्रुद्ध-मुद्रा देख चलता बना—सदा के लिए।

जब बूढ़ा खेत से लौटा, तो अपनी पत्नी की इस करतूत पर बहुत नाराज हुआ। दोनों में रात तक बोलचाल, झगड़े-टंटे होते रहे। लेकिन यह सब व्यर्थ था, क्योंकि अब गौरैया लौटनेवाला नहीं था। पति-पत्नी फिर किसी तरह मिल-जुलकर गृहस्थी चलाने लगे।

उसके महीनों बाद एक दिन बूढ़ा पहाड़ की चोटी पर किसी काम से गया था कि उसने सुरीली आवाज में सुना—''नमस्ते, मेरे मालिक !'' और बूढ़े ने देखा, उसका पुराना गौरैया उसके सामने चहक रहा है। जब से उसकी पत्नी ने उसकी चोंच काट डाली थी; गौरैये में एक अजीब परिवर्तन हो चला था। अब वह आदमी की तरह बोल सकता था।

बूढ़े और गौरैये में परस्पर अभिवादन हुआ—जापानी प्रथा के अनुसार, बहुत ही झुक-झुककर, बड़ी ही नम्रता से दोनों मिले। फिर गौरैये ने बूढ़े से निवेदन किया कि मेरी पुत्रियों को भी घर चलकर दर्शन दीजिए।

गौरैये का घर दूर नहीं था। बहुत ही खूबसूरत घर बना था—बाँस का घर, घर के सामने छोटा-सा बगीचा, जिसमें छोटे-छोटे झरने उछल रहे थे। फिर गौरैये की पत्नी ने बूढ़े का बड़ा आदर-सत्कार किया। प्याले में मकई की लप्सी दी। फिर मक्खन, मिश्री फल और मिठाइयाँ। गौरैये की बड़ी बेटी ने चाय तैयार की और बड़े अदब से झुककर बूढ़े के हाथ में पेश किया।

बूढ़ा अचरज में डूबा जा रहा था। वह चाय की प्याली पीता जा रहा था और, जब गौरैये ने आग्रह किया कि एक-आध दिन रह जाइए; तो बूढ़े ने एक सप्ताह के लिए डेरा डाल दिया। वह दिन भर गौरैये की बेटियों के साथ शतरंज खेलता और रात में डटकर खाता और मधु और मदिरा पीकर खुर्राटे भरता। गौरैये की पत्नी और पुत्रियों के नाच-गान का लुत्फ अलग से उठाता।

जिस दिन वह चलने को तैयार हुआ, गौरैया दो टोकरे उसके निकट लाया और कहा—इनमें से एक आप सौगात के रूप में ले जाएँ। टोकरों में एक बड़ा और भारी था; दूसरा छोटा और हल्का। बूढ़ा एक तो लालची नहीं था, फिर वह शिष्टता के नियमों को जानता था। उसने छोटा टोकरा ही लिया।

जब वह घर पहुँचा, तो इतने दिन की अनुपस्थिति के बाद पहुँचने पर उसकी पत्नी को आनन्द कहाँ से होता। वह तो लगी बुड्ढे को डाँटने। बूढ़े ने अपनी इस यात्रा की दिलचस्प कहानी कहकर किसी तरह उसका मुँह बन्द किया और सौगात का टोकरा उसके सामने रख दिया।

टोकरे को खोलते ही दम्पती के आनन्द की सीमा न रही। बुढ़िया तो नाच उठी। सोना-चाँदी, हीरे-मोती आदि से टोकरा भरा था। उसमें एक टोपी थी, जिसको पहन लेने पर आदमी को कोई देख नहीं सकता था। एक जादू की किताब थी जो मनचाही वस्तु दिला सकती थी। एक रुपए का थैला था जो कभी खाली नहीं होता था।

बुढ़िया ने कहा—''तुम उल्लू हो, बड़ा टोकरा क्यों नहीं लाए ? नहीं तो हम और भी मालोमाल हो जाते।'' बूढ़े ने समझाया कि ज्यादा लालच न करो; जो मिल गया है, हम दोनों के लिए वही बहुत है। मगर बुढ़िया माननेवाली कहाँ थी ? पैर में पुआल का चप्पल और सिर पर कागज का छाता—वह झटपट गौरैये के घर की ओर चल पड़ी। अपने पति से वह जान चुकी थी कि वहाँ का रास्ता कौन है, अतः वहाँ पहुँचने में उसे ज्यादा देर न लगी।

गौरैया उसको देखकर प्रसन्न न हुआ, तो भी उसे घर के भीतर ले जाकर चाय पिलाने लगा। गौरैये की पत्नी और पुत्रियाँ तो उसके सामने तक न हुईं। चलते समय उसे सौगात कौन देता ? लेकिन, वह तो खुद माँग बैठी। लाचार गौरैये ने दो टोकरे लाकर रख दिए। बुढ़िया बड़ा टोकरा उठाकर भागी। विदा के समय अभिवादन करने की शिष्टता भी उसने शीघ्रता में न दिखलाई।

घर पर आकर उसने अपने पति को खूब डाँटा—"देखो, मैं कैसी होशियार हूँ। उसमें तुमसे दूनी चीजें जरूर होंगी।" ऐसा कहकर टोकरे का ढक्कन उसने हटा दिया।

कहाँ सोना-चाँदी, हीरे-मोती ! अरे, समूचे टोकरे में तरह-तरह के बर्रे, हड्डे, बिच्छू और साँप भरे थे। बुढ़िया चिल्ला उठी और भागना ही चाहती थी कि उसमें से एक पंखवाला साँप निकला। बुढ़िया के कंठ में लिपट गया और इतने जोरों से कस दिया कि बुढ़िया जीभ निकालकर मर गई।

थोड़ी देर के बाद ही सारे विषैले जानवर लोप हो गए। बूढ़ा आनन्द से रहने लगा। उसने अपने लिए एक खूबसूरत मकान बनवाया। बेटे को वह प्रायः बताता कि लालच करने का क्या फल होता है और शिष्टता से व्यवहार करने पर किस प्रकार सदा लाभ ही लाभ होता है।

अमृत की वर्षा

[1952 ई.]

1

अमृत की वर्षा

विद्याधरों के राजा जीमूतकेतु बुढ़ापा आने पर अपना राज्य अपने बेटे जीमूतवाहन को सौंपकर जंगलों में तपस्या करने चले गए। जीमूतवाहन बड़ा ही पितृभक्त था; वह पिता से मिलने प्रायः ही तपोवन में जाया करता।

धीरे-धीरे उसका मन भी जंगलों में रमता गया। वह अब ज्यादा जंगलों में ही रहना पसन्द करता। उसका मित्र आत्रेय उसे समझाता, तो वह कहता—भाई, पिता की सेवा का पुण्य और फिर प्रकृति का यह आनन्द। चन्दन वृक्षों की सुगन्ध, झरनों का कलकल, मृगछौनों की उछल-कूद, ऋषियों का सामगान, ऋषिकुमारों का वेदपाठ—अरे भाई, सुनो, वह तोता तक वेद दुहरा रहा है ! कहो, इसे छोड़कर राजधानी में क्या रखा है ? वहाँ मंत्रिगण तो राज्य चला ही रहे हैं।

एक दिन दोनों मित्र इसी तरह बातें कर रहे थे कि अचानक उन्हें वीणा की झंकार सुनाई पड़ी। दूर पर गौरी का मन्दिर था। वीणा के स्वर को पकड़कर जब वे वहाँ पहुँचे, देखा, एक लड़की वीणा बजा रही है। लड़की का रूप-रंग बताता था, वह निश्चय ही कोई राजकुमारी है।

वह सिद्धराज विश्वास की कन्या थी। नाम था—मलयवती। वह योग्य पति पाने के लिए गौरी की आराधना कर रही थी।

दोनों ने एक-दूसरे को देखा। दोनों एक-दूसरे पर बलिहार हो गए। सिद्धराज को जब यह खबर मिली, उनके आनन्द का ठिकाना नहीं रहा। उन्होंने अपनी बेटी का ब्याह जीमूतवाहन से कर दिया।

दोनों पिता की सेवा के साथ-साथ जंगल में मंगल मना रहे थे कि संवाद आया, उनके राज्य पर एक प्रमादी राजा ने चढ़ाई कर दी है। किन्तु, जीमूतवाहन का हृदय धीरे-धीरे इन सारे सांसारिक झंझटों से दूर होता जाता था। उसने साफ कह दिया कि यदि मेरे शत्रु को इसी में सुख मिलता है, तो उसे यह राज्य प्राप्त करने दो। मैं तो सिर्फ पिताजी की इच्छा के कारण अब तक राज्य का स्वत्वाधिकारी बना हुआ हूँ। मेरी चलती, तो कब न यह राज्य प्रजा को सौंप दिया होता ! फिर युद्ध करके सहस्रों निरपराध लोगों की हत्या करने की कल्पना से ही मैं काँप उठता हूँ।

जीमूतवाहन उन लोगों में से था, जो सोचते कि एक दिन मनुष्य इतना ऊँचा उठ जाएगा कि न कोई राजा होगा, न कोई प्रजा। कोई किसी से लड़ाई-झगड़ा नहीं करेगा। सभी शान्ति से, सुख से रहेंगे।

लेकिन जंगल की सारी शान्ति में जीमूतवाहन को एक बात खटकती। जब एक दिन वह मलयवती के साथ शीतल शान्त कुंज में बैठा था, उसने कहा—एक बात के लिए मेरा चित्त जब-तब चंचल हो जाता है कि यहाँ परोपकार करने का सुअवसर नहीं मिलता। स्वयं अपने सुख में जीवन बिता देना, क्या यह भी कोई जीवन है !

और, इसके लिए भी एक दिन एक अपूर्व अवसर वहीं आ गया।

वे जंगल में घूमते-घूमते एक पहाड़ी पर चढ़ गए। नीचे समुद्र हिलोरें ले रहा था, ऊपर पहाड़ की सुफेद-सुफेद चोटियाँ थीं। कहाँ समुद्र की वे लहरें और कहाँ वे चोटियाँ ! दोनों के बीच में खड़ा, वह बहुत देर तक प्राकृतिक आनन्द लेता रहा। फिर पहाड़ी की चोटियों को

देखकर भाव-मुग्ध हो, बोला—कितना सुन्दर ! मालूम होता है, हिमालय की बर्फीली चोटियों में से एक को उखाड़कर यहाँ रख दिया गया है।

किन्तु, काश ये बर्फीली चोटियाँ होतीं। जीमूतवाहन को मालूम हुआ, यह सुफेदी बर्फ की नहीं; हड्डियों के ढेर की है। गरुड़ देवता नागों को खा जाया करते। तब एक दिन नागों के राजा वासुकि ने उनसे कहा—आप यहाँ-वहाँ धावा कर हमारे राज्य को क्यों आतंक और भय में डाले रहते हैं। हम प्रतिदिन एक नाग भेज देंगे, उसे ही खाइए। गरुड़ द्वारा खाए गए नागों की हड्डियाँ ही वहाँ बर्फ-सी चमक रही थीं।

यह जानकर जीमूतवाहन को बहुत दुःख हुआ। उसने बड़े कड़े शब्दों में वासुकि की निन्दा की—कैसा है वह राजा, जो अपनी प्रजा को इस प्रकार मृत्यु के मुँह में भेजता है और स्वयं आनन्द मनांता है। वासुकि के एक हजार सिर और दो हजार जिह्वाएँ हैं। क्या वह एक जिह्वा से भी यह नहीं कह सकता था कि मेरी प्रजा के बदले तुम मेरा ही भक्षण करो ?

जीमूतवाहन को चिन्ता हुई। मलयवती को उसने अपने पिता की कुटिया में जाने की आज्ञा दी और स्वयं वह भी व्याकुल होकर इधर-उधर घूमने लगा।

कि, इसी समय उसके कानों में एक स्त्री के रोने की आवाज सुनाई दी। वह उस ओर बढ़ा। देखा, एक नाग युवक आगे-आगे बढ़ा जा रहा है और पीछे-पीछे एक वृद्धा स्त्री रोती हुई आ रही है। युवक उस वृद्धा का एकमात्र पुत्र था। आज गरुड़ के निकट जाने की इस नाग की बारी थी। बूढ़ी रोती, चिल्लाती, छाती पीटती, सिर पटकती अपने बेटे को मना कर रही थी कि वह गरुड़ का भोजन नहीं बने, बुढ़िया को ही मरने के लिए जाने दे।

आगे बढ़कर जीमूतवाहन ने बुढ़िया को धीरज दिलाया और स्वयं गरुड़ के निकट जाकर उसका भोजन बनने को तैयार हुआ।

बुढ़िया ने मना किया, युवक ने भी रोका; किन्तु जीमूतवाहन ने उनकी एक न सुनी। शादी में मिली लाल चादर ओढ़कर वह पहाड़ की चोटी पर चढ़ गया। लाल चादर ही मरनेवाले की निशानी होती थी। बुढ़िया और युवक ने लाल चादर नहीं दी, तो जीमूतवाहन ने अपनी ही लाल चादर से यह काम लिया। उसने कहा—धन्य है यह मेरी शादी की चादर, जिसे ओढ़कर मैं एक शुभ कर्म में अपना बलिदान देने जा रहा हूँ।

उसी समय आकाश में शोर हुआ और अपने विशाल पंखों से हवा को मथता हुआ गरुड़ दिखाई पड़ा। वह सीधे पहाड़ की चोटी पर टूटा और लाल चादर से ढँके जीमूतवाहन की छाती में चोंच घुसाकर गरम-गरम लहू पीने लगा।

"पीओ, खूब पीओ ! मन भर पीओ। इतना पीओ और खाओ कि तुम्हारी भूख सदा के लिए शान्त हो जाए और फिर किसी निरीह प्राणी का लहू पीने की इच्छा नहीं हो। मेरे शरीर में काफी मांस और रक्त है।"

जीमूतवाहन बड़े उत्साह से, आनन्द से कह रहा था। उसकी वाणी सुनकर गरुड़ सहम गया। अरे, यह क्या बात है ? पहले जो नाग आते थे, वे रोते थे, चिल्लाते थे, तड़पते थे। आरजू-मिन्नत करते थे। यह कौन है जो अपना हृदय-रक्त देकर भी आनन्द मना रहा है ? गरुड़ ने कहा—

"महात्मा, तुम कौन हो ? कठोर चोंच से मैंने तुम्हारे हृदय का रक्त निकाला। परन्तु अपने धैर्य के बल से इस समय तुम मेरे हृदय का रक्त खींच रहे हो ?"

तब तक वह नाग युवक वहाँ दौड़कर पहुँच चुका था। उसने गरुड़ से बताया कि तुम्हारे खाने के लिए आया हुआ नाग मैं हूँ। यह महात्मा तो विद्याधरों के वंश के तिलक राजकुमार जीमूतवाहन हैं।

अब तो गरुड़ के पश्चात्ताप की सीमा नहीं रही।

उधर मलयवती अपने ससुर के आश्रम में पहुँचकर सास-ससुर के साथ जीमूतवाहन की प्रतीक्षा कर रही थी। जब बहुत देर हुई, तो उनके मन में शंकाएँ उठने लगीं। कहीं कोई दुर्घटना न घटी हो, वे यही सोच रहे थे कि वह बुढ़िया रोती हुई उनके निकट पहुँची और बताया कि किस प्रकार जीमूतवाहन ने अपने को गरुड़ के निकट बलिदान के लिए समर्पित कर दिया है।

बूढ़े राजा, बूढ़ी रानी और मलयवती सबके सब पहाड़ की चोटी की ओर दौड़े और वहाँ देखा कि जीमूतवाहन का शरीर क्षत-विक्षत होकर पड़ा है और गरुड़ एक ओर सिर झुकाए बैठा है।

सबके सब रोने लगे। जीमूतवाहन को अब भी होश था। उसने इन्हें समझाया कि परोपकार के लिए अर्पित प्राण के नाश पर रोना नहीं चाहिए। यह शरीर कभी जानेवाला ही था। किसी के प्राण की रक्षा में जा रहा है तो शोक की क्या बात ?

गरुड़ की दशा विचित्र हो रही थी ! वह पश्चात्ताप से मरा जा रहा था। राजा-रानी से उसने क्षमा चाही; फिर जीमूतवाहन से बोला—"महात्मन्, मैं तो पश्चात्ताप की आग में जला जा रहा हूँ। बताइए, मैं इस ज्वाला से कैसे छुटकारा पा सकूँगा ?"

"पक्षिराज, मेरे लिए चिन्ता न करो। जो होना था, सो हुआ। हाँ, अगर तुम्हें सचमुच पश्चात्ताप हो रहा है, तो यह प्रतिज्ञा करो कि आज से फिर तुम ऐसा कुकर्म नहीं करोगे। किसी जीव के लहू और मांस पर जीना भी कोई जीना है ! सब जीवों को अपना-सा ही जीव समझो, हत्या करने के बदले उनकी रक्षा करो—बस सच्चा प्रायश्चित यही है।"

गरुड़ ने ऐसी प्रतिज्ञा की। जीमूतवाहन के चेहरे पर आनन्द की लहर दौड़ गई। किन्तु यह क्या, शीघ्र ही उसका शरीर शिथिल होने लगा और उसने आँखें मूँद लीं—सदा के लिए ! मृत्यु के बाद भी उसके चेहरे पर आनन्द अठखेलियाँ कर रहा था।

जीमूतवाहन की मृत्यु से हाहाकार मच गया। राजा, रानी, मलयवती, नागयुवक, उसकी वृद्धा माँ, सब रोने लगे। गरुड़ की आँखों में भी आँसू की धारा बहने लगी। जीमूतवाहन की माता, आकाश की ओर देखकर, कहने लगी—"कहाँ हो देवताओ ? कहाँ है तुम्हारा अमृत ? मेरे बेटे ने जो बलिदान किया, यदि उसे जीवित रखने में तुम्हारा अमृत काम नहीं आया, तो फिर वह कहाँ, कब काम आएगा ?"

अमृत का नाम सुनते ही गरुड़ को जैसे भूली बात याद आ गई। उसने कहा—"आप लोग यहाँ धैर्य रखें। मैं अभी स्वर्ग जाता हूँ और अमृत लाता हूँ। यदि देवताओं ने अमृत नहीं दिया, तो मैं अपने पंख की मार से सारे वायुमण्डल में उथल-पुथल मचा दूँगा। अपनी चोंच से इन्द्र को सिंहासन से खींचकर नीचे पटक दूँगा। सारे देवलोक को जीतकर एक नया अमृत-देश बसा दूँगा।"

गरुड़ तेजी से उड़ा और यह क्या, वह देखिए, आकाश में देवताओं के वायुयान उड़ रहे हैं, अमृत की वर्षा हो रही है और जीमूतवाहन पूरे स्वस्थ होकर इस तरह उठ रहे हैं जैसे गाढ़ी नींद से सोकर उठे हों।

जब जीमूतवाहन की यह कीर्ति-कथा फैली, तो जो राजा उनके राज्य पर चढ़ाई करनेवाला था, उसने भी उनके सामने आकर आत्मसमर्पण किया।

2

दिनों की कहानी

सप्ताह के सात दिन—सब जगह एक-से हैं, किन्तु अलग-अलग जगहों में उन दिनों के अलग-अलग महत्त्व हैं। उनकी कहानियाँ भी अलग-अलग हैं। अपने यहाँ सातों दिन, सात देवता के प्रतीक हैं। उनमें कुछ बुरे हैं, कुछ भले हैं। इस घराने में सबसे बड़े हैं रवि, और सबसे बुरे हैं शनि। जब किसी पर विपत्ति आती है, लोग कहते हैं, शनि लग गया है।

चलिए देखें, पश्चिमी देशों में इनकी क्या कहानियाँ हैं।

दिनों में रवि-वार वहाँ भी सबसे बड़ा, सबसे पवित्र है। रवि यानी सूरज देवता। जब सृष्टि हुई, मानव आया, उसने सूरज की पूजा प्रारम्भ की। अपने यहाँ गायत्री का मन्त्र सूर्य की स्तुति है। हर देश में यही हुआ। जब दिनों का नामकरण होने लगा, पहले दिन को उन लोगों ने भी सूरज देवता के नाम पर ही रविवार रखा।

लेकिन नहीं; कहानी का यह ढंग नहीं। हम लोग जरा कल्पना से काम लें और चलें उड़कर उस देश में, जहाँ इन सात दिनों का बसेरा है।

हम लोग 'दिनों के देश' में पहुँचे। देखिए, यह ऊँची अट्टालिका। कितनी ऊँची, कितनी शानदार ! जरा ऊपर देखिए, सात कँगूरे हैं उस पर। और नीचे देखिए सात बड़े-बड़े कमरे हैं। इस सात कमरों में सातों दिन निवास करते हैं। किन्तु अपने देश के दिनों की तरह वे सबके सब देवता ही नहीं हैं, उनमें देवियाँ भी हैं।

सबसे पहले कमरे में घुसिए। यह रविवार का कक्ष है। नमस्कार रविवारजी ! कैसी तबीयत है आपकी ? आपको देखकर कितनी प्रसन्नता हुई। अपने परिवार में आपके ऐसा जनप्रिय कोई नहीं। यह आप ही की कृपा है कि आज हमें फुर्सत मिली है कि आपकी सेवा में पहुँचे। देखिए इस बच्चे को, यह आपसे ही आपके बारे में कुछ सुनना चाहता है।

ओ हो, बच्चे, मस्त रहो ! तुम आए, बड़ा अच्छा किया। यों ही आया करो, इसीलिए तो सप्ताह में एक दिन की छुट्टी मैंने दे दी है। मेरा हाल क्या पूछते हो ? जानते ही हो, अपने लोक का सबसे पुराना सदस्य मैं ही हूँ। सबसे बुजुर्ग, इसलिए सबसे पूजा पाता रहा हूँ। जब लोगों ने समय को सप्ताह में बाँटने का तय किया, मुझसे प्रार्थना की, पहले दिन का नाम मुझ पर ही रखने दिया जाए। मैंने हाँ कर दी, किन्तु एक शर्त रख दी। शर्त यह रखी कि जो दिन मेरे हिस्से का हो, उस दिन कोई काम नहीं किया जाए। छुट्टी रहे, पूरी छुट्टी। बच्चे स्कूलों में न जाएँ, बड़े दफ्तरों में न जाएँ। सब खेलें, कूदें, मौज करें। हाँ, जो लोग धार्मिक जीवन बिताना चाहें, वे व्रत करें, उपवास रहें, मन्दिरों में जाएँ, प्रार्थना करें। किन्तु, एक काम हरगिज न करें, वह है काम ! एक दिन काम मत करो, आराम करो, या जो करो—कहो बच्चे, मेरी यह शर्त तुम्हें पसन्द है कि नहीं ?

बच्चों के लिए भला इससे अच्छी शर्त क्या हो सकती है? छः दिनों की कैद के बाद जैसे उन्हें आज रिहाई मिलती हो। रविवार किसे पसन्द नहीं—किन्तु उनमें सबसे अधिक पसन्द है, बच्चों को। अतः बच्चो, रविवारजी को एक बार फिर नमस्कार करो और चलो दूसरे कमरे में।

अरे, दूसरे कमरे में तो एक देवीजी हैं। हाँ, देवीजी ही तो। यह सोमवार का कमरा है। सोम मानी चन्द्रमा। चन्द्रमा पश्चिम में देवी हैं। गोरी, ठण्डी, दिन भर घर के काम-धन्धों में फँसी; रात में भी चर्खा कातना नहीं भूलतीं। चन्द्रमा देवी सूरज देवता की पत्नी हैं। 'प्रणाम,

देवीजी !' अरे, यह सुनते ही वह बिगड़ पड़ीं। क्यों आए हो, कहाँ से आए हो ? देखो मुझे फुर्सत नहीं। मेरे पति ने तुम्हें बहका दिया है। कल दिन भर खेला किए, आज़ पढ़ने का दिन आया, तो दौड़ पड़े यहाँ। मेरे पतिदेव, तुम जिन्हें सूरज देवता कहते हो, पूरे निकम्मे हैं। कुछ करते नहीं और न लोगों को कुछ करने देते हैं। उनके दिन का सारा काम मुझी को करना पड़ता है। मुझे काम करने दो और जाओ, तुम भी काम करो! बात करने की भी मुझे फुर्सत नहीं।

भागो भाई, भागो यहाँ से। यह चन्द्रमा देवी बड़ी अजीब हैं, अजीब है इनकी कहानी। अँगरेजी में इन्हें 'मून' कहते हैं, उसी मून का संक्षिप्त 'मन' और उसमें 'डे' लगाकर 'मन्डे' बन गया। किन्तु, इस देवी को पहले 'डायना' कहते थे। डायना से अपने देश की डाइन मत समझो। बेचारी भली, बड़ी सूधी। सूरज देवता के रथ से चिनगारियाँ छूटती हैं; यह चाँदी के रथ से शीतलता बरसाती हुई चला करती हैं। कभी-कभी यह बच्चों को जंगल में दिखाई पड़ती हैं। बच्चों से इन्हें स्नेह कम नहीं। बच्चे देखते, देवी के हाथ में तीर-धनुष हैं और कन्धे पर तरकश। किन्तु वे कभी बच्चों को डराती तक नहीं, उन्हें मारने की क्या बात ! वे उन्हें दुलारतीं, हलरातीं और लोरियाँ गा-गाकर सुनाती हैं। अपने देश में भी जब बच्चे नहीं सोते हैं, तो माँ उन्हें चन्द्रमा दिखलातीं और तरह-तरह की लोरियाँ गाकर सुलाती हैं।

तीसरे कमरे में वह एक नौजवान है किन्तु यह क्या ? उसके एक ही हाथ है ? एक हाथ क्या हुआ ?

यह श्रीमान् दिन का बड़ा बेटा मंगलवार है। जो अंग्रेजी में 'ट्यूजडे' कहलाता है। इसने हाथ कैसे खोया, इसकी बड़ी मनोरंजक कहानी है।

पुराने जमाने में एक भेड़िया था—बड़ा भयानक, बड़ा खूँखार, बड़ा कटाह। जिसे पाया, उसे काट खाया। सारा संसार उससे तबाह था। उसे बिना फँसाए, संसार का कल्याण नहीं था। एक नौजवान था, नाम था टायर। टायर ने प्रतिज्ञा की, इस भेड़िए को वह काबू में करके रहेगा। उसे फँसाने के लिए एक रस्सा बनवाया गया। दुनिया की जितनी कठोर चीजें हैं, उन्हीं को लेकर वह रस्सा बनवाया गया—बिल्ली का पंजा, औरत की दाढ़ी, पत्थर की जड़, मछली की साँस, भेड़िए की रग, चिड़ियों की थूक। इस रस्से को तोड़ना असम्भव था, किन्तु सवाल था उसे इसमें बाँधे कौन ? टायर इस रस्से को लेकर आगे बढ़ा, भेड़िए के निकट गया। भेड़िया उस पर लपका, टायर ने उसके मुँह में अपना एक हाथ डाल दिया। भेड़िया मांस और लहू का स्वाद लेने लगा, उधर टायर ने उसे दूसरे हाथ से बाँध डाला। टायर को देवताओं ने पुरस्कार दिया। वह सूरज और चन्द्रमा के बाद तीसरा दिन बनाया गया। टायर से ही ट्यूज बना। ट्यूज-डे पश्चिमी सप्ताह का तीसरा दिन बना।

इस महल के बीच के कमरे में वह कौन है ? वेडनेस-डे—बुधवार ! वोडेन या ओर्भ्डन एक बहुत बड़ा देवता था। वह सोने और चाँदी के महल में रहता। उसके कन्धों पर दो गरुड़ बैठे रहते, जिन्हें वह समय-समय पर संसार की खोज-खबर लेने को पृथ्वी पर भेजता। वह सदा परियों से घिरा रहता। वे परियाँ जिरह-बख्तर पहनकर, हाथ में बर्छे और ढाल लिए खड़ी रहतीं। वह उन्हें भी कभी-कभी पृथ्वी पर भेजता जब कोई महायुद्ध ठनता। ये परियाँ वीरों की आत्माएँ इकट्ठी करके ले जातीं और तब भोज जुटता। वोडेन खाता नहीं, परियाँ खातीं और वह उनके मुख से उन वीरों की कहानियाँ सुनता। यही वोडेन अब पश्चिम के चौथे दिन का देवता बन गया है। वह बड़ा भला है, वीर-पूजक है। लोगों को ढाढ़स देता है—घबराओ नहीं, काम किए जाओ। सप्ताह के चार दिन बीत गए, फिर छुट्टी का दिन नजदीक आ गया।

पाँचवें कमरे में थर्स-डे—बृहस्पतिवार है। 'थर्स' शब्द 'थोर' से बना है। थोर बहुत बड़ा

पहलवान देवता था। इसलिए कोई कठिन काम शुरू करना हो, तो आज ही करो। अपने बृहस्पति तो विद्या के देवता हैं; आज विद्या का प्रारम्भ होता है। किन्तु थोर बल का देवता था। उसके पास एक ऐसा हथौड़ा था जो किसी से उठ नहीं सकता था। एक बार यह हथौड़ा खो गया। उसे एक राक्षस ने चुराकर रख दिया। थोर उसकी खोज में निकला। पता चला, वह राक्षस कहता है, मैं यह हथौड़ा तभी दूँगा; जब फ्रेयादेवी मुझसे शादी करेंगी। फ्रेयादेवी का रूप बनाकर थोर उस राक्षस के घर पहुँचा। राक्षस बहुत खुश हुआ, उसके खाने-पीने का प्रबन्ध किया। जब राक्षस ने देखा कि यह खूबसूरत देवी एक ही बैठक में एक पूरा साँड़ और आठ रेहू खा गई, तो उसके अचरज की सीमा नहीं रही। किन्तु, उसका अचरज सीमा पर तब पहुँचा, जब उस देवी ने उस हथौड़े को उठाकर एक ही वार में उसके सिर को चकनाचूर कर दिया।

किन्तु, उसके बाद थोर के अचरज की बारी आई। जब वह एक बिल्ली को उठाने लगा, तो वह उससे उठ नहीं सकी क्योंकि वह तो शेषनाग था जो सारे संसार को अपने में लपेटे हुए है। ज्योंही एक सींग में रखे पानी को पीने लगा, वह तो समाप्त ही नहीं हो रहा था क्योंकि उस सींग का सम्बन्ध सातों सागर से था।

यहाँ याद रखिए, वोडेन पिता है और थोर पुत्र। फ्रेयादेवी वोडेन की पत्नी और थोर की माँ थी।

छठे कमरे में फिर एक देवी दिखाई दे रही हैं। यह देवी फ्रिगा हैं—इन्हीं के नाम पर फ्राई-डे बना है। कहा जाता है, फ्रिगादेवी को ईर्ष्या हुई कि फ्रेयादेवी के पति और बेटे तो दिन में शुमार कर लिए गए, किन्तु उनकी पूछ नहीं हुई। तब देवताओं ने एक दिन उनके नाम पर भी रख दिया। इनका दिन भी पवित्र माना जाता है। मुसलमानों के लिए तो यह सबसे अधिक पवित्र है। किन्तु पश्चिम में लोग कोई शुभ कार्य इस दिन को शुरू करना पसन्द नहीं करते।

अब चलते-चलाते देख लीजिए दिन की दुनिया के इस राजमहल के आखिरी कमरे को। हम लोग देर से पहुँचे हैं; देखिए, यहाँ अब छुट्टी मनाई जा रही है। इस दिन आधे दिन ही काम होता है, आधे में आराम। सैटर-डे का देवता सैटर्न है। यह अद्भुत देवता था। इसने अपने ही बच्चों को मारकर भोजन किया और सदा इसके व्यवहार क्रूर रहे। किन्तु, इसके दिन में क्रूरता नहीं है। रोमन लोग इस दिन खूब शराब पीते और राग-रंग मनाते थे। आज भी साढ़े पाँच दिन के कामों से थके लोग खेल-कूद, नाच-गान में अपना शेष समय बिताते हैं।

हमारे पुरखे : हमारे पड़ोसी

[1948-50 ई.]

हमारे पुरखे

[मनु से गांधी तक]

चील-झपट्टा

महाभारत के बाद भारत में कोई बड़ा राज्य नहीं बन पाया था। सारा देश छोटे-छोटे टुकड़ों में बँटा था। कहीं-कहीं छोटे-छोटे राजा राज्य करते, कहीं-कहीं प्रजातंत्र राज्य थे।

इसी समय ग्रीस देश में एक नौजवान ने सिर उठाया। बड़ा साहसी, बड़ा लड़ाकू। मसें भी अच्छी तरह नहीं भीगी थीं कि वह पहाड़ी चील की तरह देश-देश पर झपट्टे मारने और उन्हें अपने चंगुल में करने लगा।

मिस्र को जीता, अरब को जीता, फारस को जीता, फिर तूफान की तरह भारत पर आ टूटा।

सरहद को कब्जे में किया, पंजाब पर दखल जमाया। आगे बढ़ना चाहता था, लेकिन उसकी फौज रुक गई। सिंध को सर करता वह फिर अपने देश को लौट चला।

यह सिकन्दर के नाम से इतिहास में मशहूर है। सिकन्दर के मरने के बाद उसका सेना-नायक सेल्युकस उसके जीते हुए भारत के भागों पर राज्य करने लगा।

भारत पर विदेशी राज्य ? लेकिन इन छोटे-छोटे राज्यों में दम कहाँ था कि उस कलंक को दूर करते।

ठीक उसी समय पाटलिपुत्र में एक नौजवान था—जिसके हृदय में साहस हिलोरें लेता, जिसकी नसों में कुछ करने की बेचैनी दौड़ा करती।

लेकिन वह करे क्या ? पाटलिपुत्र की गद्दी पर नन्द नामक एक विलासी राजा बैठा था जो दिन-रात मौज में डूबा रहता। नन्द इस नौजवान की जान का भी ग्राहक बना था। एक विलासी राजा एक कर्मठ नौजवान को फूटी आँखों से भी देख सकता है ?

इस नौजवान का नाम चन्द्रगुप्त था। चन्द्रगुप्त एक दिन पाटलिपुत्र के बाहर चिन्ता में मग्न घूम रहा था कि देखा, एक आदमी कुश के पौधे को उखाड़कर उसकी जड़ों में मट्ठा दे रहा है।

"यह क्या कर रहे हैं आप ?"

"यह कुश मेरे पैर में गड़ गया था—मैं इसे जड़मूल से खत्म कर देता हूँ। मट्ठा देने से इसके अंकुर आ नहीं सकते।"

बस, इसी आदमी से मेरा काम चलेग । चन्द्रगुप्त ने सोचा और उसे नन्द से भिड़ा दिया। नन्द द्वारा अपमानित किए जाने पर उसने प्रतिज्ञा की—"मैं अपनी शिखा नहीं बाँधूँगा, जब तक नन्द को वंश-सहित सत्यानाश में मिला न दूँगा।"

यह चाणक्य था। अब चन्द्रगुप्त और चाणक्य में गठबंधन हुआ। कहा जाता है, जिस समय सिकन्दर पंजाब में था, चन्द्रगुप्त उससे मिला था और उसकी फौज में संगठन और लड़ाई के तरीके की उसने अच्छी तरह देखभाल की थी।

चन्द्रगुप्त और चाणक्य ने पंजाब से ही संगठन शुरू किया। वहाँ संगठन पूरा होने और सफलता प्राप्त होने पर वह पाटलिपुत्र पर आ धमका। नन्द क्या खाकर चन्द्रगुप्त का मुकाबला करता ? हाँ, उसका मंत्री बड़ा चतुर था, किन्तु चाणक्य ने अपनी नीति-चातुरी से उसे अपने

में मिला लिया। पाटलिपुत्र की गद्दी पर चन्द्रगुप्त बैठा, नन्द-वंश के नाम पर कोई आँसू गिरानेवाला भी न रहा।

पाटलिपुत्र की गद्दी पर बैठकर चन्द्रगुप्त निश्चिन्त नहीं हुए। उन्होंने बहुत बड़ी सेना इकट्ठी की और पंजाब की ओर चील-झपट्टे की चाल से ही चल पड़े।

जब सेल्युकस को मालूम हुआ कि चन्द्रगुप्त लड़ने के लिए आ रहा है, उसने भी बड़ी सेना इकट्ठी की। सिन्धु नदी के तट पर घनघोर लड़ाई हुई। इस बार ग्रीक सैनिकों और सेनापतियों ने हिन्दुस्तान की तलवार के पानी का अन्दाज़ा पाया। सेल्युकस ने हार मान ली। अपनी बेटी का ब्याह चन्द्रगुप्त से कर दिया और अपने राजदूत मेगास्थनीज को चन्द्रगुप्त के दरबार में रख, आप भारत की सीमा छोड़कर चला गया।

मेगास्थनीज के वर्णनों से मालूम होता है कि चन्द्रगुप्त ने कितना बड़ा, कैसा मजबूत और किस प्रकार का भरा-पूरा राज्य कायम किया था। चन्द्रगुप्त ने पाटलिपुत्र से पंजाब तक एक राजपथ बनवा दिया था। उसने बड़ी-बड़ी नहरें खुदवाई थीं, बड़े-बड़े बाँध बँधवाए थे। उसके राज में डाक का प्रबन्ध था, अस्पताल का भी प्रबन्ध था। उसका शासन ऐसा पक्का था कि कहीं चोरी का नाम तक नहीं था। प्रजा सभी तरह सुखी और सम्पन्न थी।

महाभारत के बाद सबसे बड़ा राज्य चन्द्रगुप्त ने ही कायम किया। पाटलिपुत्र को उसने ऐसा महत्त्व दिया कि लगभग एक हजार वर्ष तक सारे भारत का सूत्र पाटलिपुत्र के हाथों में रहा।

प्रश्न

1. तुम्हारी राय में बड़ा कौन था—सिकन्दर या चन्द्रगुप्त ?
2. चन्द्रगुप्त का राज्य कैसा था ?
3. चाणक्य का स्वभाव कैसा था ?

देवानाम् प्रियः

एक राजा—जो सब राजाओं से निराला, संसार में निराला, इतिहास में निराला।

सोने के सिंहासन पर बैठकर भी जो साधुओं-सा जीवन बिताता था। हमारा राज्य कैसे फैले, इसकी चिन्ता न कर जो हमेशा सोचता था, संसार में धर्म कैसे फैले ? प्रजा से कर कितना वसूल हो, इस पर जिसका ध्यान नहीं था, बल्कि जो हमेशा कोशिश करता था कि प्रजा किस तरह सुखी और सदाचारी बने। जिसने अपनी बेटी और बेटे को भी धर्म के लिए न्योछावर कर दिया था।

इतिहास इस राजा को अशोक के नाम से हमारे सामने रखता है। अशोक चन्द्रगुप्त के पोते थे।

कहा जाता है, शुरू में अशोक बड़े ही कठोर स्वभाव के थे। उन्होंने अपने सौ भाइयों की हत्याएँ कराई थीं और छोटे-छोटे राज्यों को बेरहमी से कुचल डाला था।

विजय की इस दिन-दिन बढ़नेवाली इच्छा से ही उन्होंने कलिंग पर चढ़ाई की। कलिंगवालों ने इनका मुकाबला किया। नतीजा यह हुआ कि उस युद्ध में लाखों आदमी मारे गए। विजय होने पर अशोक ने देखा कि चारों ओर लहू की नदियाँ बह रही हैं और घायलों की चीख-पुकार से आसमान कराह रहा है।

इस युद्ध ने अशोक की आँखें खोल दीं। उन्होंने प्रतिज्ञा की कि आज से युद्ध नहीं

करूँगा। धर्म की विजय ही सबसे बड़ी विजय है। अब बाकी जिन्दगी इसी काम में बिताऊँगा।

अशोक ने बौद्ध धर्म स्वीकार किया और इस धर्म के प्रचार में उन्होंने वह कर दिखाया जिसकी कल्पना भी नहीं की जा सकती थी।

अशोक का राज्य हिमालय से लेकर गोदावरी नदी तक और ब्रह्मपुत्र से सिन्धु तट तक फैला हुआ था। इस विशाल राज्य में उन्होंने बौद्ध धर्म की शिक्षा का व्यापक प्रबन्ध किया।

बुद्ध के जीवन से सम्बन्ध रखनेवाले स्थानों पर उन्होंने स्मारक खड़े किए। सारनाथ में धर्मचक्र-प्रवर्तन का जो स्मारक बनवाया; उसी के चक्र का चिन्ह अब हमारे राष्ट्रीय झंडे पर रखा गया है।

1. भोजन या यज्ञ के लिए किसी जीव की हिंसा नहीं होनी चाहिए। 2. माता-पिता की आज्ञा माननी चाहिए एवं उनकी सेवा में लगा रहना चाहिए। 3. भाइयों, पड़ोसियों और कुटुम्बियों के साथ अच्छा व्यवहार करना चाहिए। 4. विद्वान और साधुओं का सत्कार करना चाहिए। 5. गरीबों और नौकरों के साथ कभी बुरा सलूक नहीं होना चाहिए। 6. दूसरे धर्म के माननेवालों की निन्दा कभी नहीं करनी चाहिए। 7. सदा काम, शुद्ध भाव, उपकार की याद और दृढ़ भक्ति—इन्हें कभी नहीं भूलो।

अशोक ने पत्थर के लाटों पर ऐसे ही अच्छे-अच्छे उपदेश खुदवाकर जगह-ज़गह उन्हें खड़ा कर दिया। लोग इन उपदेशों पर चलें, इसके लिए खास कर्मचारी नियुक्त किए।

अपने राज्य में तो धर्म का प्रचार किया ही, अशोक ने विदेशों में भी धर्मप्रचारक भेजे। पश्चिम के मिस्र, ग्रीस, सीरिया, फारस आदि देशों से पूरब में बर्मा, मलाया, स्वर्णदीप तक और दक्षिण में सिंहल से उत्तर में हिमालय के उस ओर तक अशोक के धर्मदूत पहुँचे थे।

धर्म के प्रचार के लिए अपनी बेटी और बेटे को भी दूर देशों तक भेजने में अशोक ने आनाकानी नहीं की। अपने बेटे महेन्द्र और अपनी बेटी संघमित्रा को उन्होंने सिंहल भेजा था।

अपनी लाड़ली बेटी संघमित्रा को गंगा होकर समुद्र के रास्ते सिंहल भेजा था। संघमित्रा की नाव जब गंगा में जाने को तैयार खड़ी थी, अशोक स्वयं छाती भर पानी तक गए और उसके हाथों बोधि-वृक्ष की एक डाल सिंहल में रोपने के लिए भेजी।

संघमित्रा और महेन्द्र के चलते सारा सिंहल बौद्ध-धर्म में दीक्षित हुआ। बोधि-वृक्ष की वह डाल एक विशाल वृक्ष के रूप में आज भी वहाँ कायम है।

लाटों में हर जगह अशोक के लिए—'देवानाम् प्रियः—प्रियदर्शी अशोक' ऐसा लिखा गया है। ऐसा राजा देवताओं का प्रिय नहीं, तो कौन हो ?

प्रश्न

1. अशोक को 'देवानाम् प्रियः' क्यों कहा जाता है ?
2. अशोक का राज्य कितना बड़ा था ?
3. अशोक ने लाटों पर जो उपदेश खुदवाए उनमें से चार बताओ।

विक्रम का सिंहासन

ज्यों-ज्यों भारत में धन-धान्य बढ़ता गया, त्यों-त्यों विदेशियों की ललचाई आँखें इसकी ओर दौड़ने लगीं।

ग्रीकों की आफत दूर हुई, तो कुछ दिनों के बाद मध्य एशिया की दो जातियों ने भारत पर धावे पर धावे करना शुरू किया। वे हूण और शक के नाम से मशहूर हैं। वे बड़े खूँखार, बड़े भयानक थे। लोगों को लूटते, कत्ल करते, गाँवों को, शहरों को जलाकर खाक बना देते। खून की होली खेलने में उन्हें मज़ा आता।

उनकी इस नई आफत से जिन्होंने भारत को बचाया, उन्हें भारत की जनता ने विक्रमादित्य की उपाधि दी। विक्रमादित्य—जिसका प्रताप सूरज की तरह चमके। पीछे कई प्रतापी राजाओं ने अपने नाम के साथ इस उपाधि को जोड़ा। पन्द्रह विक्रमादित्यों की चर्चा हमारे इतिहास में है।

किन्तु उनमें दो प्रसिद्ध हैं—एक मालवा के विक्रम जो कहानियों के राजा भरथरी के भाई थे। और दूसरे पाटलिपुत्र के चन्द्रगुप्त द्वितीय।

भरथरी जब संन्यासी हो गए, विक्रम उनकी जगह उज्जयिनी की गद्दी पर बैठे। उन्हीं का चलाया हुआ विक्रम संवत है। विक्रम ने भारत के उत्तर-पश्चिम कोने से आते हुए विदेशियों के धावों को ही नहीं रोका, उन्हें बहुत दूर तक खदेड़ भी दिया। पंचानवे शक-सेनापतियों को उन्होंने तलवार के घाट उतारा था।

विक्रम बड़े योद्धा ही नहीं थे, बड़े न्यायी, बड़े उदार, बड़े गुणज्ञ भी थे।

विक्रम का सिंहासन, न्याय का सिंहासन समझा जाता था। उनके न्याय की कहानियाँ आज भी लोगों की जिह्वाओं पर हैं।

विक्रमादित्य ने अपने दरबार में नौ बड़े-बड़े विद्वानों को एकत्र कर रखा था, जो नव-रत्न कहलाते थे। उन नवरत्नों में कालिदास का स्थान सबसे ऊँचा था।

भारत का नाम संसार के इतिहास में जिन लोगों के चलते आदर का स्थान पाएगा, उनमें कालिदास भी हैं। कालिदास की कविता पर मुग्ध होकर विक्रमादित्य ने अपना आधा राज्य उन्हें दे दिया था, ऐसा कहा जाता है। कालिदास की कविता पर कितने ही राज्य न्योछावर किए जा सकते हैं।

कालिदास की 'शकुन्तला' को पढ़कर जर्मनी का प्रसिद्ध कवि गेटे—'सुन्दर', 'अति सुन्दर' कहकर चिल्ला उठा था। कालिदास का मेघदूत कल्पना की उड़ान के आखिरी छोर पर जा पहुँचा है।

विक्रमादित्य की उपाधि पानेवाले यह चन्द्रगुप्त ग्रीक-विजेता चन्द्रगुप्त से चार-पाँच सौ साल बाद हुए। शकों का राज्य उस समय मालवा तक फैल गया था—'शकों को भगाकर ही मैं दम लूँगा'—इस प्रतिज्ञा के साथ चन्द्रगुप्त शक-विजय के लिए पाटलिपुत्र से रवाना हुए।

कल्पना कीजिए वह दृश्य !

पाटलिपुत्र से एक बड़ी सेना शकों को भारत से भगाने के लिए जा रही है। हाथी, घोड़े, रथ, पैदल—झुंड के झुंड, दल के दल। उनका नेतृत्व कर रहा है एक नौजवान ! रथ पर बैठा—तीर-धनुष लिए।

सेना पश्चिम की ओर चलती है, फिर दक्षिण तरफ मुड़कर विन्ध्या को पार करती है। कितनी नदियाँ, कितनी घाटियाँ ! अब मालवा की समतल भूमि—यहाँ एक-एक इंच के लिए खून की नदी बहाई जाती है।

और खून की उस बाढ़ में दुश्मन पीछे हटता जा रहा है। मालवा से गुजरात ! अब सामने अरब समुद्र लहरा रहा है। सेना रुकती है—आराम के लिए नहीं, जहाजों और नावों के इन्तजाम के लिए।

अरब समुद्र को चीरते हुए बेड़े बढ़ते हैं, सौराष्ट्र से भी दुश्मनों को हटने को मजबूर

करते हैं। तब दुश्मन उत्तर की ओर भागता है।

सिन्धु को पार किया गया, सीमा-पर्वतों की चोटियों को अब लाँघा जा रहा है।

पत्थर पर खून के धब्बे, बर्फ पर खून के धब्बे ! और देखिए—दुश्मन अपने खून की आखिरी बूँद देकर हमारे देश से सदा के लिए जा रहा है।

फिर सारा देश 'चन्द्रगुप्त विक्रमादित्य' की जय से क्यों न गूँज उठे ?

चन्द्रगुप्त ने शकों को इस तरह भगाया कि फिर हिन्दुस्तान की ओर देखने की हिम्मत उनमें न हुई।

प्रश्न

1. दोनों विक्रमादित्य में तुम्हें कौन पसन्द हैं ?
2. कालिदास की दो प्रसिद्ध पुस्तकें कौन हैं।

पुरुष से जीते : स्त्री से हारे !

भारत में बौद्ध धर्म का जन्म हुआ। संसार में आज भी बौद्ध धर्म माननेवालों की भरमार है। किन्तु हिन्दुस्तान में कहीं बौद्ध धर्म का नामोनिशान नहीं। यह गजब की बात कैसे हुई ?

यह जादू किया एक ऐसे पुरुष ने, जो सिर्फ बत्तीस साल तक जीवित रहा। हाँ, बत्तीस साल पूरे भी नहीं हुए थे कि वह इस संसार से चल बसा।

न उसके पास कोई राज्य था, न सेना थी। सिर्फ अपनी विद्वत्ता के बल पर उसने ऐसी सफलता पा ली। वह कौन था ?

वे थे शंकराचार्य। शंकर का जन्म दक्षिण के केरल प्रान्त में हुआ था। बचपन से ही उनमें प्रतिभा फूटी पड़ती थी। पाँच साल की उम्र में उनका जनेऊ हुआ और आठ साल के होते-होते वह घर से निकल पड़े।

विद्वानों से मिलते, विद्याध्ययन करते वह हिमालय की तलहटी में पहुँचे। वहाँ बाजाप्ता संन्यास लिया और बहुत दिनों तक तपस्या की। ज्ञान की कमी थी नहीं, तपस्या ने सोने को कुन्दन बना दिया। फिर क्या था, शंकर दिग्विजय करने को निकले।

उस समय भारत के कोने-कोने में जहाँ जो विद्वान् थे, शंकर उनके पास पहुँचते और उन्हें शास्त्रार्थ में परास्त कर अपने मत का अनुयायी बनाते। भारत में ऐसा कोई विद्वान् न बचा, जिसने शंकर से हार स्वीकार न की।

शंकर इतने दूरदर्शी थे कि इन्होंने भारत के चारों ओर पर चार मठ अपने अनुयायियों के खोले। बद्रिकाश्रम में, द्वारिका में, पुरी में, शृंगगिरि में। इन चारों स्थानों पर आज तक शंकर के मठ कायम हैं जिनके प्रधान आज भी शंकराचार्य ही कहलाते हैं।

उस समय न रेल थी, न सवारी का कोई तेज जरिया। तो भी किसी तरह बिजली की चाल से शंकराचार्य ने अपना यह धार्मिक दिग्विजय पूरा किया, यह देखकर दाँतों उँगली काटनी पड़ती है। यदि बीस साल की उम्र में दिग्विजय शुरू हुआ होगा, तो कुल बारह साल में ही शंकर का इतना बड़ा प्रभाव हो जाना—सचमुच अचरज की बात है।

शंकर की सफलता का रहस्य यह है कि उन्होंने भारतीय दर्शन को दुविधा के दल-दल से निकाला और बौद्ध धर्म के सभी लोकप्रिय आचारों को लेकर फिर वैदिक धर्म की जड़ गहरे में जमा दी।

जिस समय शंकर दिग्विजय को निकले, कथा है, अपने जीवन में एक बार ही वह परास्त हुए और वह भी एक स्त्री से !

बिहार में मंडन मिश्र नामक एक प्रकांड पंडित थे। शंकर जब उनके गाँव में आए और पूछा कि मंडन पंडित का घर किधर है, तो एक पानी भरनेवाली ने जवाब दिया–

"जिस घर के सामने टँगे पिंजड़े में तोता-मैना इस पर बहस कर रहे हों कि संसार सत्य है या असत्य, समझना, मंडन मिश्र का घर वही है।"

वह घर मिला। मंडन मिश्र ने शंकर की चुनौती स्वीकार की। लेकिन हार-जीत का फैसला कौन करेगा ?

मंडन मिश्र की पत्नी भारती बड़ी ही पंडिता थी। शंकर ने उसे ही पंच मान लिया। शास्त्रार्थ शुरू हुआ। अन्त में मंडन मिश्र के पैर डगमगाए। लेकिन भारती ने कहा–"अभी तो आपने आधे अंग पर विजय पाई है–मुझसे शास्त्रार्थ कीजिए, जब मैं हार मानूँगी, तब हमारी हार होगी।"

भारती और शंकर में कितने दिनों तक शास्त्रार्थ होता रहा। अन्त में भारती ने कुछ ऐसे प्रश्न किए जिनका उत्तर शंकर नहीं दे सके, क्योंकि बचपन से ही वे ब्रह्मचारी थे। शंकर ने कहा–"अभी शास्त्रार्थ बन्द रहे; वह ज्ञान प्राप्त कर मैं फिर आऊँगा।"

अन्त में भारती ने शंकर से हार मानी, लेकिन बिहार पंडिता की याद बिहार की बेटियों के लिए क्या कम उत्साह देनेवाली है ?

प्रश्न

1. शंकराचार्य ने कौन-सा जादू किया ?
2. मंडन और भारती की कहानी संक्षेप में कहो।

भारत का द्वारपाल

जयचन्द मन ही मन अपने मौसेरे भाई पृथ्वीराज से जलता था। इसलिए जब उसने अपनी बेटी संयुक्ता का स्वयंवर किया तो पृथ्वीराज को बुलाया ही नहीं। हाँ, उनकी एक मूर्ति बनवाकर द्वारपाल की जगह उसे खड़ा करा दिया।

कहते हैं, संयुक्ता पृथ्वीराज से ही विवाह करना चाहती थी। उसने जयमाल उस मूर्ति के गले में ही डाल दी।

संयुक्ता के इस प्रेम की खबर पृथ्वीराज को थी। वह गुप्त वेश में वहाँ पहुँचे हुए थे। संयुक्ता को उठाकर उन्होंने अपने घोड़े पर चढ़ा लिया और चलते बने। जिन्होंने रास्ता रोकना चाहा, वे तलवार के घाट उतरे।

पृथ्वीराज की मूर्ति द्वारपाल की जगह खड़ी कराकर जयचन्द ने सोचा था, वह उनकी बेइज्जती कर रहा है। लेकिन इस अपमान में भी एक सत्य छिपा था।

पृथ्वीराज जयचन्द के द्वारपाल नहीं थे–लेकिन वह समूचे भारत के द्वारपाल तो थे ही।

उस समय भारत पर विदेशियों की चढ़ाइयाँ शुरू हो गई थीं। किन्तु, पृथ्वीराज के सामने उनकी एक नहीं चल रही थी। दिल्ली के सिंहासन पर बैठकर वे उन्हें मुँह की खाने को मजबूर कर रहे थे।

पृथ्वीराज के पिता का नाम सोमेश्वर था। सोमेश्वर अजमेर के अधिपति थे। उनका

विवाह दिल्ली-पति अनंगपाल की कन्या से हुआ था। अनंगपाल के सिर्फ दो लड़कियाँ थीं—दूसरी कन्या का विवाह कन्नौज हुआ था, जिससे जयचन्द पैदा हुआ।

अनंगपाल बूढ़े होने पर तपस्या करने चले गए और अपनी गद्दी पृथ्वीराज को सौंप दी। जयचन्द इससे बहुत नाराज़ हुआ था।

पृथ्वीराज देखने में जितने सुन्दर थे, बल और साहस में भी उसी प्रकार बेजोड़ थे। उन्होंने बहुत राजाओं को जीतकर दिल्ली में एक मजबूत राज्य कायम करने की कोशिश की। क्योंकि वह समझते थे कि विदेशियों के प्रवाह को दिल्ली के सिंहासन से ही रोका जा सकता है।

किन्तु उन राजाओं में इतनी दूरदर्शिता कहाँ थी ?

इधर विदेशी छापामारों का नेता शहाबुद्दीन गौरी बार-बार भारत की सीमा में घुस आता और दिल्ली पर कब्जा करने की कोशिश करता। कहा जाता है, सात बार उसने कभी खुलेआम, कभी छिपकर, चढ़ाई की और सातों बार पराजित हुआ। कई बार पृथ्वीराज ने उसे पकड़ भी लिया, लेकिन बन्दी की हत्या नहीं होनी चाहिए—यह समझकर उसे छोड़ देते रहे।

अन्त में जम्मू के राजा विजयदेव और कन्नौज के जयचन्द गौरी से जा मिले और उन्हें लेकर गौरी ने दिल्ली पर चढ़ाई की। जहाँ कौरव-पांडवों की लड़ाई हुई थी, वहीं पृथ्वीराज और गौरी की सेना आ गुँथीं।

घमासान लड़ाई हुई। एक दिन जब भोर में पृथ्वीराज पूजा-अर्चा कर रहे थे, उसी समय गौरी की सेना ने चढ़ाई कर दी। पृथ्वीराज की सेना के पैर उखड़ गए। पृथ्वीराज साधारणतः हाथी पर चढ़कर लड़ा करते। संकट देख, वे घोड़े पर चढ़कर भागे, किन्तु एक विश्वासघाती ने धोखा दिया। वे पकड़ लिए गए।

कुछ लोग कहते हैं, वे वहीं मार डाले गए। कोई कहता है, गौरी इन्हें पकड़कर अपनी राजधानी, गजनी ले गया और उन्हें अन्धा करके मार डाला।

पृथ्वीराज का मरना क्या था, भारत के द्वारपाल का उठ जाना था। अब विदेशियों को रोकनेवाले कोई नहीं था।

प्रश्न

1. पृथ्वीराज नहीं हारते, तो क्या होता ?
2. जयचन्द ने किस प्रकार देश-द्रोह किया ?

मुगल-पठान

इस बार जो विदेशी आए, वे थोड़े दिनों में विदेशी नहीं रहे। वे भारत में ही बस गए, भारतीय बन गए।

उनमें से दो जातियाँ बड़ी मशहूर हुईं—पठान और मुगल।

पठान जाति ने हमें शेरशाह दिया, मुगल जाति ने अकबर। भारत के इतिहास में ये दो जगमगाते रत्न हैं, इसमें कोई शक नहीं। शेरशाह बिहार के रहनेवाले एक साधारण जागीरदार के लड़के थे। उनका नाम फरीद था; किन्तु एक दिन जब वह सासाराम में जंगल में शिकार खेल रहे थे, एक शेर उनके सामने आ खड़ा हुआ। फरीद ने अपनी तलवार के एक ही वार से उसके दो टुकड़े कर दिए। तभी से वह शेरखाँ कहलाने लगे और जब उन्होंने दिल्ली के तख्त पर कब्जा किया, वह शेरशाह कहलाए।

दिल्ली की गद्दी पर उन दिनों अकबर के पिता हुमायूँ थे। हुमायूँ कमजोर आदमी थे। शेरखाँ ने उनके खिलाफ विद्रोह किया। हुमायूँ उन्हें सर करने को दौड़े—किन्तु, खुद सर हो गए।

कहते हैं, हुमायूँ ने अपना दूत जब शेरखाँ से मिलने को भेजा, तब उसने देखा कि शेरखाँ अपने सैनिकों के साथ कुदाल लेकर जमीन खोद रहे हैं। दूत बेचारे को काटो तो खून नहीं। यह कैसा सेनापति जो खुद कुदाल चला रहा है ?

शाहाबाद के चौसा गाँव में हुमायूँ की सेना से लड़ाई हुई। हुमायूँ हार गए, शेरखाँ ने उनका पीछा करना शुरू किया। गंगा पार करते समय हुमायूँ डूब ही गए थे कि एक भिश्ती ने अपनी चमड़े की मशक देकर उनकी जान बचाई।

शेरशाह हुमायूँ को भारत से खदेड़कर दिल्ली की गद्दी पर बैठे। सिर्फ चार साल उन्होंने राज्य किया। किन्तु यह राज्य ऐसा था कि आज तक उनकी चर्चा होती है।

शेरशाह ने कलकत्ता से पेशावर तक की उस सड़क की मरम्मत कराई जिसे चन्द्रगुप्त ने बनवाया था। यही सड़क आजकल 'ग्रेण्ड ट्रंक रोड' के नाम से मशहूर है। मालगुजारी की जो रीति उन्होंने चलाई, उसी आधार पर आज तक मालगुजारी ली जाती है। चोर-डाकुओं की तो उन्होंने जड़ खोद दी।

अब शेरशाह ने कालिंजर पर चढ़ाई की, बारूदखाने में आग लग गई। शेरशाह मोर्चे की निगरानी में हमेशा की तरह वहाँ खड़े थे। वह भी आग में झुलस गए, किन्तु तो भी अपने सैनिकों को उत्साह दिलाते रहे। उधर कालिंजर पर उनकी विजयपताका फहराई, इधर उनके प्राण-पखेरू उड़ गए।

शेरशाह के बाद दिल्ली की गद्दी पर फिर मुगलों का कब्जा हुआ। हुमायूँ के सुपुत्र अकबर ने उस गद्दी पर बैठकर इतिहास में अपना नाम सोने के अक्षरों में लिखवा लिया।

हुमायूँ जब भारत से भागे चले जा रहे थे, अमरकोट में अकबर का जन्म हुआ। हुमायूँ के पास ऐसा कुछ नहीं था कि वह पुत्र के जन्म-उत्सव पर अपने दरबारियों को देते। उनके पास थोड़ी कस्तूरी थी, उसे ही बाँट दिया और दुआ दी कि मेरे बेटे का यश कस्तूरी की सुगन्ध की तरह संसार में फैले।

और यही हुआ। संसार के एक दर्जन बड़े और नेक शासकों में अकबर की गिनती होती है।

अकबर जब चौदह साल के थे, तभी दिल्ली की गद्दी पर बैठे। इस छोटी-सी उम्र में ही उन्होंने बता दिया कि वे कैसे बहादुर और अच्छे शासक हैं। उनके पिता के मंत्री ने बगावत कर दी, अकबर ने उसे परास्त किया। जब वह कैद करके लाया गया, लोग समझते थे, इसका सर धड़ से उड़ा। लेकिन अकबर ने उसे आदर से पास बैठाया और अच्छी पेंशन देकर मक्का में रहने का इन्तजाम कर दिया।

विक्रमादित्य के बाद अकबर ने ही अपने दरबार में नवरत्न जुटाए थे। बीरबल, रहीम, तानसेन, मानसिंह, टोडरमल, अबुलफजल आदि उसके रत्न थे। अकबर-बीरबल की कहानियाँ तो आज भी घर-घर प्रसिद्ध हैं।

अकबर ने इस्लाम और हिन्दू-धर्म में मेल-मिलाप कराने की कोशिश की। अपने राज्य में गोवध बन्द कर दिया। हिन्दुओं पर से जजिया टैक्स हटाया; अपने महल में मंदिर बनवा दिए। राज्य के बड़े-बड़े ओहदे देने में धर्म का भेद-भाव नहीं रखा। उनके प्रधान सेनापति थे मानसिंह, उनके खजांची थे टोडरमल; उनके प्रधान सहचर थे बीरबल। उनके दरबार में हिन्दी की धूम थी। वह खुद हिन्दी में कविता करते थे। उनके दरबार में कितने ही हिन्दी कवि थे, जिनमें प्रमुख थे रहीम और गंग।

तानसेन ने अकबर के दरबार में रहकर संगीत की जो रीत चलाई, आज तक वही रीत भारत में चली आ रही है। चित्रकारी से भी अकबर को बहुत शौक था और बहुत-से चित्रकारों को उन्होंने अपने दरबार में आश्रय दे रखा था।

इस्लाम में संगीत और चित्रकला की सख्त मनाही है, किन्तु अकबर ने इस पर ध्यान नहीं दिया। वह कला के परम उपासक थे। फ्तहपुर सीकरी में उन्होंने एक नई राजधानी बनाई जिसकी इमारतें कला के बढ़िया नमूने हैं।

अकबर ने पचास वर्षों तक राज्य किया। कहा जाता है, बीरबल की मृत्यु की खबर जब उन्हें लगी, वे बेहोश होकर गिर गए और तब से बिछावन पर से उठे नहीं।

प्रश्न

1. फरीद का नाम शेरखाँ क्यों पड़ा ?
2. अकबर ने हिन्दुओं और मुसलमानों में एकता लाने के लिए क्या-क्या किया ?
3. शेरशाह ने कौन-कौन-से बड़े काम किए ?

घास की रोटी

जब तक चित्तौर का उद्धार न कर लूँगा, तब तक न कभी पलंग पर सोऊँगा, न कभी थाल में खाऊँगा—बिचाली ही मेरी सेज होगी और पत्तल पर ही भोजन, न दाढ़ी मुड़वाऊँगा, न बाल, क्योंकि मेरे घर में तो मातम है। सिर पर कलंगी कैसी ? शरीर पर गहने कैसे ? चित्तौर, चित्तौर ! तुम्हारा उद्धार करके ही प्रताप भोगविलास की ओर ध्यान देगा।

और जिन्दगी भर प्रताप ने यह प्रतिज्ञा निबाही, क्योंकि मुगलों की सेना के मुकाबले वह चित्तौर फिर नहीं ले सके।

अकबर की मेल-जोलवाली नीति ऐसी थी कि सारे देश के राजाओं और सामन्तों ने उसकी अधीनता स्वीकार कर ली, किन्तु प्रताप का झंडा सबसे अलग उड़ता रहा—सबसे अलग, सबसे ऊँचा।

प्रताप ने हुक्म दिया—राजपूतो, समतल में तुम मुगलों का मुकाबला नहीं कर सकते, इसलिए चलो पहाड़ी दर्रों में ! नगर छोड़ो, गाँव छोड़ो, जंगल पकड़ो, पहाड़ पकड़ो ! वहीं हम घास की रोटी खाएँगे, पेड़ के नीचे सोएँगे और वहीं से दुश्मन को छापे मार-मारकर तबाह-बर्बाद कर देंगे। तकलीफें होंगी, होंगी—आजादी के लिए कोई भी तकलीफ बड़ी नहीं।

मेवाड़ की समतल-भूमि सूनी हो गई। अरावली की घाटियाँ गुलज़ार हुईं। बहादुरों ने पहाड़ी खोहों को ही राजधानी बना दिया।

अकबर के सेनापति मानसिंह शोलापुर जीतकर लौट रहे थे। मानसिंह के मन में उत्सुकता हुई, देखूँ—प्रताप क्या कर रहे हैं ? वे अकेले कमलमीर पहुँचे। प्रताप ने आगे बढ़कर उनका स्वागत किया। किन्तु जब भोजन का समय हुआ, सिर-दर्द का बहाना करके प्रताप ने साथ नहीं दिया। मानसिंह का क्रोध जग गया, बिना खाए चल पड़े। कुछ ही दिनों में एक बड़ी सेना लेकर अकबर का बेटा सलीम प्रताप से भिड़ने को आ पहुँचा।

हल्दी-घाटी ! हल्दी-घाटी में वह लड़ाई हुई। चारों ओर पहाड़ियाँ, बीच में बालू का मैदान। इसी मैदान में दोनों ओर की सेनाएँ आ जुटीं। मुगल-सेना की क्या गिनती ? प्रताप ने बाईस हजार राजपूतों को युद्ध-भूमि में उतारा था।

दिन भर घमासान लड़ाई—प्रताप खोज रहे थे, मानसिंह कहाँ हैं ? मानसिंह की जगह सलीम को देखा। वह हाथी पर था। प्रताप ने घोड़े को इशारा किया—घोड़े की टाप हाथी के सिर पर और प्रताप का भाला हौदे पर ! पीलवान मारा गया; हाथी भागा। सलीम की जान बची। लेकिन प्रताप, अब अपनी जान बचाइए।

"यही प्रताप है"—मुगल-सेना में शोर मच गया। सैनिकों ने उन्हें घेर लिया, तीन बार उनका घेरा तोड़कर वह निकले, किन्तु घिर गए। शरीर में सात घाव लग चुके थे। अब देर न थी कि प्रताप जमीन पर आ रहते। इसी समय एक अजीब घटना हुई। झाला के सरदार मन्ना झट आगे बढ़े और प्रताप के सिर से मुकुट और कलंगी उतारकर अपने सिर पर रखा और लड़ते हुए एक ओर निकले। लड़ाई के जोश में किसे देखने-पहचानने की सुध थी ! मुगलों ने मुकुट-कलंगी देखकर समझा, यही प्रताप है और उन्हें टुकड़े-टुकड़े कर डाला।

इधर प्रताप अपने चेतक घोड़े को उड़ाते, युद्धभूमि से बाहर निकले। लेकिन यह क्या—दो घुड़सवार उनका पीछा कर रहे हैं ? प्रताप चेतक को बेतहाशा उड़ाते जा रहे हैं, लेकिन चेतक अब थक चुका है—यह घायल भी है।

"ओ नीले घोड़े के सवार, रुको !"

यह किसकी बोली ? प्रताप का छोटा भाई शक्ता—वह मुगलों से मिला हुआ था। तो आओ, तुम्हीं मारो, राजपूत के हाथ से तो मरूँगा, किन्तु यह क्या हो रहा है ? शक्ता उनके चरणों पर गिर रहा है। उसने क्षमा माँगी, बताया, पीछा करनेवाले दो मुगल सवारों को मैंने मार डाला है। इतने में चेतक बेहोश होकर गिर गया—मर गया। शक्ता अपना घोड़ा देकर मुगल-सेना में वापस लौट गया। यों प्रताप तो बच गए, लेकिन इस युद्ध में सिर्फ आठ हजार राजपूत बचे। जो बचे, वे भी घायल। उस पर विजयी मुगल जान के गाहक। अब क्या हो ? छोड़ो मेवाड़—चलो, सिन्धु के कछार में। वहीं मस्तों की टोली बसेगी। देखिए, प्रताप अपने सारे कुटुम्ब के साथ सिन्धु की ओर जा रहे हैं !

भामाशाह—भामाशाह ! "कहाँ जा रहे हो, मेरे प्यारे राणा ! लो, मेरी सारी सम्पत्ति। इसी से अपने थके वीरों को पालो, नई फौज जुटाओ, राजस्थान की लाज रखो !" प्रताप का काफिला फिर मुड़ा।

इस बार प्रताप ने अच्छी-खासी फौज इकट्ठी की। बहुत से दुर्ग वापस लिए। उदयपुर भी हाथ में आया; किन्तु चित्तौर न लौटा, न लौटा !

कहा जाता है, अकबर भी प्रताप की इस वीरता पर मुग्ध हो गया। उसने कहा—प्रताप ऐसे वीर योद्धा से छेड़खानी अच्छी नहीं। फिर अकबर के बेटे ने विद्रोह कर दिया था, अब घर की आग बुझाई जाए, या बाहर की। प्रताप कुछ निश्चिंत हुए। किन्तु उनके मन से चित्तौर की कसक न गई। जब मर रहे थे, अपने बेटे को बुलाकर कहा—शपथ खाओ कि बिना चित्तौर लिए भोग-विलास में मन नहीं दोगे।

उसने कसम खाई, उसके सामन्तों ने कसम खाई—किन्तु जिसे राणाप्रताप न कर सके, उसे अमरसिंह क्या खाकर करते ? हाँ, आज तक प्रताप के नियमों को उनके वंशधर निबाह रहे हैं—पलँग पर सोते हैं तो भी नीचे बिचाली बिछा देते हैं, सोने-चाँदी की थाल में पत्तल रखकर खाते हैं।

प्रश्न

1. राणाप्रताप की वीरता का वर्णन करो।
2. हल्दी-घाटी की लड़ाई क्यों हुई ?

दो ताज

मुगल-राज्य ने हमें ऐसी दो चीजें दी हैं, जिनका जोड़ मिलाना मुश्किल है। एक है ताजमहल—आगरे में बनी वह खूबसूरत इमारत, जिसे देखकर ही लोगों का मन मोह जाता है।

यह इमारत अकबर के पोते, शाहजहाँ ने बनवाई थी। इसको बनवाने में तीन करोड़ रुपए लगे और यह तीस वर्षों में तैयार हुई।

रंग-रंग के पत्थर एशिया के कोने-कोने से मँगाए गए। तरह-तरह के जवाहर इकट्ठे किए गए। अच्छे-से-अच्छे कारीगरों को बुलाया गया। फिर अपनी देख-रेख में शाहजहाँ ने यह इमारत तैयार कराई।

शाहजहाँ की प्यारी पत्नी का नाम था—मुमताज महल। उसी की यादगारी में यह इमारत तैयार कराई गई। कहते हैं, एक रात मुमताज ने सपना देखा, उसके पेट से मरा बच्चा हो रहा है। वह व्याकुल होकर उठी। शाहजहाँ से बोली—अब मैं मरूँगी। आप मेरी दो इच्छाएँ पूरी करें। एक, आप दूसरी शादी न करें। दूसरी, मेरी कब्र पर ऐसी इमारत बनावें जो मेरे नाम को अमर कर दे।

शाहजहाँ ने दोनों शर्तों को पूरा किया, किन्तु जिन बच्चों की ममता के कारण मुमताज ने ऐसी प्रतिज्ञा पति से कराई, उन बच्चों ने शाहजहाँ को कष्ट ही कष्ट दिए। उनमें औरंगजेब सबसे बढ़कर द्रोही निकला। उसने अपने दो भाइयों को कत्ल करा दिया और बाप को कैद कर लिया। कैदखाने में डाले जाने पर शाहजहाँ ने बेटे से यही प्रार्थना की थी कि मेरे कैदखाने में एक छेद करवा दो, जहाँ से ताजमहल को देखा करूँ।

बहुत से यात्री भारत में यही दो चीजें देखने आते हैं—एक हिमालय, दूसरा ताज। हिमालय—संसार का सबसे बड़ा पहाड़; ताज—संसार की सबसे खूबसूरत इमारत !

जिस समय पत्थरों का यह ताज बन रहा था, उस समय अक्षरों का एक पूरा ताज तैयार हो चुका था।

अक्षरों का ताज ! हाँ, अक्षरों का ताज। वह ताज है तुलसीदासजी का रामचरितमानस—जिसे साधारणतः तुलसीदास की रामायण के नाम से पुकारा जाता है।

कालिदास के बाद तुलसीदास ही ऐसे कवि हुए जिनकी कविता को भारतीय जनता ने अपनी कविता मानकर सिर-आँखों पर लिया। हिन्दी-भाषी भारत में शायद ही कोई गाँव या घर हो, जहाँ तुलसीदासजी की कोई पुस्तक न हो और शायद ही कोई आदमी हो, जिसकी जिह्वा पर तुलसीदास की एक-आध चौपाई न हो।

तुलसीदासजी का बचपन एक अनाथ बच्चे की तरह कटा। वे एक-एक दाने के लिए तरसते, कोई छाछ दे देता तो उसे अमृत समझते। जब वे भीख माँगते फिर रहे थे, एक साधु का ध्यान उनकी ओर गया और उन्होंने इस बच्चे को पढ़ाया-लिखाया। बड़े होने पर तुलसीदासजी ने शादी की, किन्तु गृहस्थ-जीवन सुखमय न रहा। इसलिए वह साधु हो गए।

साधु होने पर निश्चिन्त होकर उन्होंने कविता की ओर ध्यान दिया। अपने आराध्यदेव राम को लेकर ही उन्होंने कविताएँ लिखना शुरू किया। किन्तु यहाँ भी लोगों ने इन्हें तंग किया। इनकी हिन्दी-कविताएँ ज्यों-ज्यों जनता मे प्रचार पाने लगीं, त्यों-त्यों संस्कृत के पंडित इनके विरोधी होते गए। बुढ़ापे में बीमारियाँ भो हुईं जिनसे इन्हें बहुत कष्ट हुआ।

जिस तरह शाहजहाँ ने देश-देश के रंग-बिरंग के पत्थर और जवाहरात मँगाकर ताजमहल को सँवारा, उसी तरह तुलसीदास ने वेद, पुराण, दर्शन, नीति, काव्य, सब ग्रन्थों से सूक्तियाँ लेकर अपने 'रामचरितमानस' को अपूर्व ग्रन्थ बना दिया। पत्थर तो भिन्न-भिन्न जगहों में थे

ही, किन्तु ताजमहल में इस तरतीब से वे लगे कि एक अपूर्व शोभा की सृष्टि हुई। यों ही ये सूक्तियाँ, 'मानस' में आकर इस तरह निखर पड़ी हैं कि यह हिन्दी की सर्वश्रेष्ठ पुस्तक बन गई है।

तुलसीदास ने लम्बी उम्र पाई थी। उनका देहान्त काशी में हुआ था।

इन दो ताजों के कारण मुगल-राज्य का गर्व के साथ उल्लेख किया जाएगा।

प्रश्न

1. भारत मं दो ताज कौन-कौन से हैं ?
2. आगरे का ताजमहल क्यों बनाया गया ?
3. हिन्दी की सर्वश्रेष्ठ पुस्तक कौन-सी है ?

पहाड़ी चूहा

''नहीं नहीं, मैं उस पहाड़ी चूहे को देखना ही चाहता हूँ—चाहे जिस तरह हो।'' और हाथी हाथी से फँसता है।

राजा जयसिंह ने यह जिम्मा अपने ऊपर लिया। वे दौड़े-दौड़े दक्षिण आए, महाराष्ट्र के सिंह शिवाजी से भेंट की और तरह-तरह की आरजू-मिन्नत करके उन्हें दिल्ली ले चलने को तैयार किया।

शिवाजी का जन्म एक छोटे-से मराठा सामंत के घर हुआ था। जिस समय इनका जन्म हुआ, इनकी माता को इनके नाना ने कैद में रखा था। हाँ, बाप ने बेटी को कैद कर रखा था। क्योंकि वह अपने दामाद से नाराज़ था और इस तरह उन्हें अपने कब्ज़े में करना चाहता था।

जिस गढ़ में यह माँ जीजाबाई कैद की गई थी, उसमें एक देवी पूजी जाती थीं। देवी का नाम था शिवा। इसी देवी के नाम पर माँ ने अपने बेटे का नाम शिवाजी रखा।

बचपन से ही लोगों ने अनुभव किया, यह साधारण बालक नहीं है। खेल में, आखेट में, कसरत में, घुड़सवारी में--इस बच्चे का मन लगता था। संयोग से जिस व्यक्ति के हाथ में इस बच्चे की देख-रेख सौंपी गई थी, उस ब्राह्मण कोरण्डदेव ने भी वीर और साहसी बनाने के लिए एक भी उपाय न छोड़ा।

जिस समय शिवाजी सिर्फ उन्नीस वर्ष के थे, उन्होंने बीजापुर के एक दुर्ग पर कब्जा कर लिया।

शिवाजी ने एक बड़ी चतुराई दिखलाई। मावली जाति उस समय छोटी जाति समझी जाती थी, किन्तु उस जाति में बहादुरी कूट-कूटकर भरी हुई थी—खासकर पहाड़ी लड़ाई में तो इसका मुकाबला करना मुश्किल था। शिवाजी ने इस जाति को मिलाया। इनको लेकर फौज बनाई और फिर दुर्ग जीतने लगे।

पहाड़ों पर कहाँ ये रहते हैं, कहाँ छिपते हैं, कैसे निकलकर टूट पड़ते हैं और फिर दुश्मनों के दाँत खट्टे कर किस तरह और कहाँ छिप जाते हैं, यह जानना मुश्किल था। इन्हीं गुणों को देखकर शिवाजी के दुश्मन पहाड़ी चूहा कहकर उनका तिरस्कार करते थे।

बीजापुर के शासकों ने इन्हें सर करना चाहा। अपने बड़े सेनापति अफजल खाँ को इनके मुकाबले में भेजा। उसकी बड़ी सेना से आमने-सामने लड़ना, पत्थर पर सिर टकराना था।

शिवाजी ने नीति से काम लिया। उससे अकेले मिलने गए और जब वह इनके निकट आया, तो बघनखे से उसकी अंतड़ियाँ निकाल लीं।

अब शिवाजी इतने बलवान और प्रभावशाली हो गए थे कि दिल्लीपति औरंगज़ेब ने अपने मामा शाइस्ता खाँ को उनके मुकाबले में भेजा। खाँ साहब को भी बुरी तरह मुँह की खानी पड़ी।

''नहीं, नहीं; मैं उस पहाड़ी चूहे को देखना ही चाहता हूँ,'' औरंगज़ेब ने पैर पटकते हुए कहा।

और जयसिंह की आरज़ू-मिन्नत पर शिवाजी दिल्ली चले। साथ में कुछ विश्वासी सरदार थे। जब दिल्ली पहुँचे और औरंगज़ेब के दरबार में दाखिल हुए, शिवाजी भाँप गए कि दाल में काला है और दूसरे ही दिन उन्हें मालूम हो गया कि वे तो दिल्ली नगरी में कैद हैं।

पहाड़ी चूहा आप ही चूहेदानी में आ फँसा—औरंगज़ेब और उसके दरबारी यह सोचते और मगन होते।

दिन बीतने लगे, सप्ताह बीतने लगे। पहाड़ी चूहा बीमार पड़ गया है—इस खबर से तो औरंगज़ेब की खुशी का पारावार नहीं रहा। आप ही मरेगा, हत्या के दोष से भी बचा—वह सोचता।

''हुजूर, पहाड़ी चूहा भाग गया।''—जब एक दिन उसके दूतों ने यह खबर दी तो औरंगज़ेब के होश गायब हो गए। ''भाग गया ! गायब हो गया ! कैसे भागा ?'' वह जोरों से चिल्लाने लगा। तब तक शिवाजी दिल्ली से योजन की दूरी पर थे।

जब शिवाजी ने देखा, दुश्मनों ने हमें छकाया है तो उन्होंने भी उसे छकाने की ठानी। बीमारी का बहाना किया और गरीबों में टोकरे के टोकरे मिठाइयाँ बँटवाना शुरू किया। कुछ दिनों तक जब टोकरे निकलते, तो देख लिए जाते, किन्तु पीछे यह देखरेख छोड़ दी गई। इधर कहा जाने लगा कि दिन-दिन शिवाजी की तबीयत खराब होती जा रही है। दुश्मन जब शिवाजी की मृत्यु की खबर सुनने की प्रतीक्षा में थे, एक दिन मिठाई के एक टोकरे में बैठकर वह चंपत हो गए।

थोड़ी दूर जाने पर, दाढ़ी-मूँछ मुड़ा, संन्यासी का वेश धारण कर शिवाजी मथुरा, प्रयाग, पुरी होते हैदराबाद के रास्ते महाराष्ट्र पहुँचे। इनके पहुँचते ही फिर तो महाराष्ट्र भर में बिजली-सी दौड़ गई। जो मराठे विरोधी थे, वे भी आ मिले।

औरंगज़ेब ने फिर भी कितनी बार छल और बल का आसरा लिया किन्तु शिवाजी की चतुराई और बहादुरी के सामने उसकी एक न चली। अपने सामने ही उसने मुगल-साम्राज्य के पतन का आरम्भ देखा। अकबर की नीति के विरुद्ध प्रजा में धार्मिक भेदभाव के जो बीज उसने बोए, उसका फल उसे चखना पड़ा। महाराष्ट्र में शिवाजी के नेतृत्व में एक राज्य कायम हुआ, जिसने मुगल-साम्राज्य की धज्जियाँ उड़ा दीं—छोटे-से पहाड़ी चूहे ने मुगल-साम्राज्य के विशाल पहाड़ को टुकड़े-टुकड़े कर डाला।

प्रश्न

1. पहाड़ी चूहा किसे और क्यों कहते हैं ?
2. शिवाजी से तुम क्या सबक सीखते हो ?

देवी बलिदान चाहती है

"सत्य श्री अकाल, जो बोले सो निहाल !"

इस नारे से सारा पंजाब गूँजने लगा। आज भी यह नारा पंजाब को गुंजित करता रहता है।

पंजाब के वीरों को यह नारा दिया गुरु गोविन्द सिंह ने। गुरु गोविन्द सिंह गुरु नानक के प्रधान शिष्यों की पीढ़ी में थे। गुरु नानक ने जिस धर्म को चलाया वह 'सिख' या 'खालसा' धर्म के नाम से प्रसिद्ध हुआ।

गुरु नानक का धर्म बहुत ही सीधा-सादा, छोटे-से-छोटे आदमी को ऊपर उठानेवाला, सब तरह के लोगों में प्रेम पैदा करनेवाला था; किन्तु इस धर्म की उन्नति भी उस समय के मुगल शासक बर्दाश्त करने को तैयार नहीं थे। उन्होंने सिखों और सिख-गुरुओं को तरह-तरह की तकलीफें दीं। कितनों के सिर तक उड़ा डाले।

गुरु गोविन्द सिंह के पिता ने जब उन अत्याचारों से ऊबकर पंजाब को छोड़ दिया और पटना में आकर बसने लगे, तो यहीं पटना में गुरु गोविन्द सिंह का जन्म हुआ।

गुरु गोविन्द सिंह ने होश सम्हालते ही देखा कि इन शासकों के सामने साधारण जनता इस तरह दुबकी पड़ी है, मानो, वे बाज हों और ये चिड़ियाँ। गुरु गोविन्द ने प्रतिज्ञा की—

चिड़ियों से मैं बाज मराऊँ,
तब गुरु गोविन्द सिंह कहाऊँ !

और सचमुच गुरु गोविन्द ने यह कर दिखलाया। धर्म के जो प्यारे लोग कल तक कफनी और माला लिए फिरते और सभी अत्याचारों को हँसते-हँसते बर्दाश्त करते थे, उनके शरीर पर अब जिरह-बख्तर थे और हाथों में थीं दुधारी तलवारें। उनके मुँह से गुरु-ग्रंथ का सुमिरन ही नहीं, अब 'सत्य श्री अकाल' का नारा निकलता, जिसे सुनकर दुश्मनों की छाती दहल उठी !

..."लेकिन देखना चाहिए, इनमें यह वीरता दिखावटी है या सच्ची"—इसलिए गुरु गोविन्द सिंह ने एक दिन अपनी धर्म-सेना को एक जगह एकत्र किया।

यह देखिए, सामने ये सिख-वीरों की बड़ी जमात जुटी है। बीच में एक तम्बू खड़ा है। तम्बू के अन्दर युवा गुरु गोविन्द साधना में लीन हैं। भीतर से कभी-कभी 'जपजी' के कुछ शब्द सुनाई पड़ते हैं, फिर सन्नाटा छा जाता है। भीतर कुछ गम्भीर चीज जरूर हो रही है। इसी समय लोग देखते हैं—गुरु गोविन्द तलवार झुलाते बाहर आते हैं और सिखों से पुकारकर कहते हैं—"देवी बलिदान माँग रही है—जो अपना सिर दे सकें, वे आगे बढ़ें। हमारे बलिदान से देवी प्रसन्न हो गई तो हमारे सामने फिर कौन टिक सकेगा।"

देवी बलिदान चाहती है, सिर देना पड़ेगा—अरे यह क्या ? सब लोग भौचक होकर एक-दूसरे का मुँह देखने लगते हैं। किन्तु उनके कानों को फाड़ती यह आवाज फिर गूँज उठती है—

"देवी बलिदान माँग रही है, जो सिर देना चाहे वह आगे बढ़े ! बढ़ो !! बढ़ो !!"

एक सिख बढ़ता है। यह कौन ? अरे यह तो वह आदमी है, जिसे कल तक हम छोटी जाति का होने के कारण अपने से छोटा समझ रहे थे।

वह आगे बढ़ा, तम्बू के भीतर गया। तलवार का छप-सा शब्द हुआ; फिर खून की धारा तम्बू के भीतर से निकलकर बाहर की जमीन को सींचने लगी।

हाँ-हाँ, देवी बलिदान माँग रही है; दूसरा कौन है,—वह आगे बढ़े—बढ़ो ! बढ़ो !!

एक दूसरा बढ़ा, उसी की तरह का मामूली आदमी। फिर तम्बू में छप-छप शब्द; फिर खून की लाल धारा।

फिर गुरु की ललकार—तीसरा बढ़ा, चौथा बढ़ा, पाँचवाँ बढ़ा, छठा बढ़ा, सातवाँ बढ़ा—तम्बू से निकली खून की धारा मोटी होती जा रही है—सामने की जमीन लाल-लाल हो रही है।

बस अब नहीं—देवी खुश हो गई। बोलो—सत्य श्री अकाल। वाह गुरुजी की फतह, वाह गुरुजी की फतह ! और यह क्या, वे सातों शहीद वीर भी तम्बू से बाहर खड़े मुस्कुरा रहे हैं। क्या ये जी उठे ? हाँ, जी उठे ! आओ, सभी अमृत पीओ। शदारत का अमृत पीओ, सिंह बनो, सिंह।

आज से सभी सिंह कहलाएँगे ! सिंह—सिंह के सामने कोई आदमी क्या खाकर टिक सकता है।

गुरु गोविन्द सिंह ने देवी के नाम पर अपने सिखों की यह परीक्षा ली थी।

वहाँ कुछ बकरे बाँध दिए गए थे, उन्हीं में से एक को हर बार कत्ल कर दिया जाता था।

किन्तु इस परीक्षा ने साबित कर दिया कि सिख किस धातु के बने हैं। गुरु गोविन्द सिंह जिन्दगी भर लड़ते रहे; उनके दो छोटे-छोटे बच्चों को दीवार में चुनवा दिया गया। उन्हें भी पंजाब छोड़कर भागना पड़ा। किन्तु शहीदों के खून ने रंग पकड़ा—उन शासकों का नाम भी आज कोई नहीं जानता, लेकिन सारा पंजाब आज भी 'सत्य श्री अकाल' और 'वाहे गुरुजी की फतह' से गूँजा करता है।

प्रश्न

1. गुरु गोविन्द ने क्या प्रतिज्ञा की ?
2. गुरु गोविन्द ने देवी के नाम पर सिखों की कैसी परीक्षा ली ?

ये फिरंगी !

मेरे सिपहसालार, लो, यह मेरी पगड़ी तुम्हारे कदमों पर ! मैं तुम्हारे हाथों को चूमता हूँ। तुम सोचो, यह क्या करने जा रहे हो ?

ये फिरंगी—मुझे इनका रवैया अच्छा नहीं मालूम पड़ता। तिजारत करने को ये आए; लेकिन आज इनकी हर चाल डंका पीट-पीटकर कहती है कि उनके दिमाग पर बादशाहत का भूत सवार है।

बादशाहत का भूत ! और यह बादशाहत का भूत इनसे सब कुकर्म करवाकर रहेगा। ये तुम्हारे भी नहीं रहेंगे, ओ मेरे सिपहसालार ! बंगाल को बचाओ, हिन्दुस्तान को बचाओ।

लेकिन, मीरजाफर कहाँ तैयार हो सका सिराजुद्दौला की इस विनती पर विचार करने के लिए ?

अपनी वीरता के कारण यह छोटे-से पद से उठता-उठता बंगाल का प्रधान सेनापति बन गया था और अब वीरता पर प्रभुता का नशा छा चुका था। सिराजुद्दौला को हटाकर खुद नवाब बनने के लिए यह फिरंगी कप्तान क्लाइव से साँठ-गाँठ कर चुका था और उसकी इस साँठ-गाँठ में कई हिन्दू-मुसलमान देशद्रोही शामिल थे।

1757 में पलासी के मैदान में जो लड़ाई हुई उसने भारत में अँगरेजी राज्य की नींव रख दी। सिराजुद्दौला के सेनापति की हैसियत से ही मीरजाफर अँगरेजी पलटन से लड़ता रहा। किन्तु यह तो दिखाऊ लड़ाई थी। छोटी-सी पलटन लेकर भी क्लाइव जीत गया। दुनिया में डौंडी बज गई कि अँगरेज इतने अच्छे लड़ाके होते हैं। किन्तु क्लाइव ने जो घिनौनी साजिशें की थीं, उनकी ओर कौन ध्यान देता ?

बेचारा सिराज भागा। वह पकड़ा गया और बेरहमी से कत्ल किया गया। मीरजाफर बंगाल का नवाब बना; लेकिन इसके लिए अँगरेज अफसरों को उसे लगभग साठ लाख रुपए देने पड़े—सिर्फ क्लाइव ने बीस लाख रुपए घूस में लिए थे।

किन्तु देशद्रोहियों को उसका फल भी भुगतना पड़ता है। मीरजाफर को भी भुगतना पड़ा। उसका बेटा मीरन एक फौजी पड़ाव में एक दिन बिजली गिरने से मर गया।

उसके फिरंगी नायबों ने ऐसी खबर उड़ाई, लेकिन कहा जाता है, उस दिन आसमान में न कहीं बादल था और न किसी ने बिजली की कड़क ही सुनी।

इकलौते बेटे की मृत्यु ही जैसे काफी नहीं थी, इसलिए उन्हें बंगाल की नवाबी गद्दी से भी उतार दिया गया।

मीरजाफर ने पूरे चार साल भी नवाबी नहीं की थी कि एक दिन अँगरेज गवर्नर मुर्शिदाबाद आ धमका और बातों-बातों में ही बताया कि आपसे राज-काज ठीक से नहीं चल रहा है। इसलिए अपने दामाद मीर कासिम के लिए नवाबी की गद्दी खाली कर दीजिए तो अच्छा हो। नवाब ने विचार करने के लिए समय माँगा। रात भर उन्हें नींद नहीं आई। जब भोर में उठे तो देखा, उनका महल फिरंगी पलटन से घिरा हुआ है। उन्होंने चुपचाप अपनी सील-मुहर फिरंगी सेनापति को सौंप दी।

मीर कासिम को यह इनाम इसलिए मिला था कि उसी ने सिराजुद्दौला को कत्ल किया था। नवाब होने पर कुछ दिनों तक तो वह मूर्ख फिरंगियों का पेट भरता रहा। लेकिन सबकी एक हद होती है। आखिर मीर कासिम की भी अँगरेजों से ठन गई। मुर्शिदाबाद से भागकर वह मुंगेर आया और वहाँ युद्ध की तैयारियाँ करने लगा। अँगरेजों ने पीछा किया तो वह पटना भागा। पटना आकर उसने यहाँ रहनेवाले सभी अँगरेजों को कत्ल कर एक कुएँ में डलवा दिया। अँगरेजों का क्रोध और भड़का। उन्होंने उसे बिहार से भी निकाल बाहर किया और अन्त में मीर कासिम भी भिखमंगों की तरह भटक-भटककर मरा।

प्रश्न

1. मीरजाफर ने क्यों धोखा दिया ?
2. फिरंगियों ने कैसे बंगाल और बिहार पर अधिकार किया ?
3. धोखा देने का क्या फल हुआ ?

अस्सी वर्षों की हड्डी में

"अस्सी वर्षों की हड्डी में जागा जोश पुराना था।"

हाँ, बाबू कुँअर सिंह अस्सी वर्ष के बूढ़े हो गए थे जब भारत में अंग्रेजी राज्य के खिलाफ पहली क्रान्ति हुई।

पलासी के युद्ध के बाद से भारत में यथार्थतः अंग्रेजों का ही बोलबाला रहा। और, उन

सब सालों में जो कुछ हुआ, वह इतना बुरा था कि इनके विरोध में एक भयानक क्रान्ति की ज्वाला धधक उठी।

बिहार और बंगाल की दीवानी के नाम पर उन्होंने वहाँ के किसानों को तबाह-तबाह कर दिया। जमीन की मिल्कियत किसानों के हाथों से छीनकर एक मुट्ठी जमींदारों के हाथ में सौंप दी और इतने अधिकार दे दिए कि किसानों के खून की एक-एक बूँद चूसी जाने लगी। अवध में पहुँचे, तो लखनऊ की बेगमों की आबरू भी नहीं बची। मध्यभारत के कई मराठे राज्यों पर अपना कब्ज़ा जमा लिया। महाराज रणजीत सिंह ने सिखों का जो विशाल राज्य कायम किया था, उसे भी टुकड़े-टुकड़े कर दिया।

जनता तबाह, राजघराना तबाह, फौज में भी बेचैनी। अचानक 1857 में क्रान्ति की ज्वाला धू-धू जलने लगी।

दिल्ली का आखिरी बादशाह, अवध का अजीमुद्दौला, मराठों में तातियाँ टोपे, नानासाहब और लक्ष्मीबाई, बिहार में बाबू कुँअर सिंह—ये ही इस क्रान्ति के प्रमुख नेता थे। निस्संदेह यह क्रान्ति असफल हुई—बादशाह बहादुरशाह कैद करके बर्मा भेज दिया गया। उसके बेटों को कत्ल कर दिया गया। लक्ष्मीबाई लड़ते-लड़ते शहीद हुई। तातियाँ को फाँसी दी गई। नानासाहब और अजीमुद्दौला लापता हो गए और कुँअर सिंह ने वीरगति पाई। इस बेरहमी से क्रान्ति को कुचल दिया गया कि अंग्रेजी राज की उम्र नब्बे बरस और बढ़ गई।

क्रान्ति-नेताओं में बाबू कुँअर सिंह का व्यक्तित्व सबसे निराला था। बचपन से ही दबंग, अक्खड़ ! शान पर जान देनेवाले, आन पर मर मिटनेवाले ! छोटा-सा राज्य था; लेकिन बड़ों की पगड़ी सामने आते ही उतर जाती थी।

क्रान्ति हो गई है—मेरे सरदार, चलिए, हमारा नेतृत्व कीजिए। जब क्रान्तिकारियों की टोली ने उन्हें जा घेरा और ऐसी प्रार्थना की तब कुँअर सिंह 'नाहीं' करनेवाले नहीं थे। जगदीशपुर में क्रान्ति का झंडा लहराने लगा। युद्ध का मारू बाजा बज उठा। झटपट आरा पहुँचे और भोजपुर की उस वीर-नगरी को क्रान्ति के गढ़ के रूप में परिणत कर दिया। अंग्रेज़ी राज एक बँगले में सिमटकर रह गया।

क्रान्ति के पहले झपट्टे में तो अंग्रेजों के होश फाख्ता हो गए थे, किन्तु धीरे-धीरे देशद्रोहियों को इकट्ठा कर क्रान्ति को कुचलने का वे आयोजन करने लगे।

इधर कुँअर सिंह पश्चिम की ओर इसलिए बढ़े कि उधर के क्रान्तिकारी नेताओं से सम्पर्क कायम किया जाए। इस क्रान्ति के लिए सबसे बड़े दुर्भाग्य की बात यह रही कि अपने-अपने क्षेत्रों में लोगों ने कमाल कर दिखलाया, लेकिन सम्मिलित रूप में वे विचार न कर सके, न कोई योजना बना पाए। शक्तियाँ बिखरी रह गईं। उन बिखरी शक्तियों को दबाना उनके लिए आसान हो गया, जिनका संगठन फौलाद की तरह पक्का था।

एक बार जब बाबू कुँअर सिंह गंगा पार कर रहे थे, अंग्रेजों की एक गोली उनके हाथ में आ लगी। उन्होंने झट तलवार निकाली और उस बाँह को काटकर गंगा की धारा में डाल दिया—गंगा मैया, लो, दुश्मन की गोली से अपवित्र बनी इस बाँह को तुम्हीं पवित्र बना सकती हो।

बुढ़ापे का शरीर—इस घाव से बीमार पड़ गए और जगदीशपुर लौट आए। घाव अच्छा नहीं हुआ। विद्रोही वीर कुँअर सिंह ने सदा के लिए आँखें मूँद लीं। उनकी मृत्यु के बाद अंग्रेज जगदीशपुर पर चढ़ आए और उनके महल और मन्दिर तोप से उड़ा दिए गए।

बूढ़े कुँअर सिंह चले गए, लेकिन बिहार के नौजवानों के लिए एक जलती हुई कहानी छोड़ गए।

प्रश्न

1. बाबू कुँअर सिंह ने बुढ़ापे में क्यों लड़ाई छेड़ी ?
2. बाबू कुँअर सिंह से क्या पाठ सीखते हो ?

स्वराज्य की ओर

1857 का विप्लव दबा दिया गया, किन्तु क्या आदमी या देश की आत्मा को भी दबाया जा सकता है ?

तलवार छीन ली गई, तो जबान तो थी।

और उस जबान को सिर नवाइए जिस पर पहले-पहल 'स्वराज्य' का शब्द आया।

स्वराज्य–स्वराज्य हमें चाहिए। यह कहा एक बूढ़े वशिष्ठ ने जो धर्म से पारसी थे। उनका नाम था दादाभाई नौरोजी। सचमुच वह स्वराज्य के दादा थे।

नौरोजी दादा बम्बई के रहनेवाले थे। बड़े खानदान से; बड़े अच्छे आदमी। देश की गुलामी की कसक थी दिल में।

1885 में पहले पहल कांग्रेस का जलसा बम्बई में हुआ। दादाभाई उसकी नींव मजबूत करनेवालों में से थे। उनकी यह धारणा थी कि यदि ठीक ढंग से स्वराज्य की बात अंग्रेजों तक पहुँचाई जाए, तो वे स्वराज्य देकर रहेंगे।

इसीलिए वह विलायत गए और कुछ उदार-हृदय अंग्रेजों की मदद से पार्लियामेंट के मेम्बर चुने गए। एक हिन्दुस्तानी के लिए यह काम गौरव की बात नहीं थी।

दादाभाई के व्याख्यानों का अच्छा असर हुआ। किन्तु, कहीं सिर्फ माँगने से स्वराज्य मिला करता है ?

और ज्यों-ज्यों स्वराज्य में देर हो रही थी, हिन्दुस्तान के नौजवान उतावले हो रहे थे। बम्बई के ही निकट पूना में वहाँ के कलक्टर को दिन-दहाड़े एक नौजवान ने गोली मार दी।

उधर कर्जन ने बंगाल को दो टुकड़ों में बाँटकर, बर्रे के छत्ते को उकसा दिया था। सारे बंगाल में 'वन्देमातरम्' की गूँज और स्वदेशी की धूम थी।

ऐसे ही मौके पर 1905 में जब कांग्रेस का जलसा हुआ, तो उसके सभापति चुने गए–हमारे दादाभाई नौरोजी। अपने इसी भाषण में उन्होंने पहली बार 'स्वराज्य' शब्द का प्रयोग किया।

दादा के स्वराज्य के रुतबे को बुलंद कर दिया, लोकमान्य तिलक ने यह कहकर–स्वराज्य हमारा जन्मसिद्ध अधिकार है।

बूढ़े दादा पर तो प्रहार नहीं किया गया; किन्तु लोकमान्य तिलक को तो छः साल की सजा भुगतकर इसकी कीमत अदा करनी पड़ी।

किन्तु यह तो हमारे बापू के भाग में था कि वह दादाभाई के मुँह से निकले और लोकमान्य तिलक द्वारा पवित्र किए गए 'स्वराज्य' शब्द को पूर्ण रूप में हमारे सामने रख जाएँ।

प्रश्न

1. क्या आदमी या देश की आत्मा को दबाया जा सकता है ?
2. कांग्रेस का पहला जलसा कहाँ और कब हुआ ?
3. स्वराज्य को मूर्त रूप में हमारे सामने किसने रखा ?

जन-गण-मन

जब हमारी राष्ट्रीय सेना मारू राग में 'जन-गण-मन अधिनायक जय हे' बैंड पर बजाने लगती है, तो किस प्रकार हमारे रोंगटे खड़े हो जाते हैं ?

इस अलौकिक गान का रचयिता कौन है ?

कवीन्द्र रवीन्द्र।

फ्रांस में महर्षि रोम्याँ रोलाँ ने कहा था—"गाँधी और रवीन्द्र एक ही हिमालय से निकलकर पूरब और पश्चिम की ओर बहनेवाली गंगा और सिन्धु की दो धाराएँ हैं। दोनों भारतीय संस्कृति की उत्तमोत्तम देन हैं।"

गाँधीजी ने हमें राष्ट्र दिया; रवीन्द्र ने हमें राष्ट्रगान दिया।

बंगाल के एक धनी परिवार में कवीन्द्र का जन्म हुआ था। बचपन से ही यह पता चलता था कि यह बच्चा एक दिन संसार में सर्वश्रेष्ठ कलाकारों में गिना जाएगा।

माँ-बाप बच्चे को किताब-स्लेट में फँसाना चाहते। बच्चा एकटक से नारियल के झुरमुटों, उन पर चमकनेवाली ओस की बूँदों और उन्हें रंगीन बनानेवाली सूर्य-किरणों को देखता रहता।

घर पर कुछ पढ़ाकर विलायत भेजा गया—वहाँ भी किताब रटने में इसका मन नहीं लगा।

घर लौटकर किशोर रवीन्द्र कविताएँ लिखने लगा। सोलह साल के होते-होते इसकी कवि-प्रतिभा की धूम मच गई।

और उस दिन तो सारा संसार चकित-विस्मित रह गया, जब उसने सुना कि हिन्दुस्तान के एक कवि को सवा लाख रुपए का नोबेल पुरस्कार मिला है।

यह पुरस्कार कवीन्द्र रवीन्द्र को उनकी सर्वश्रेष्ठ कृति 'गीतांजलि' पर मिला था।

किन्तु कवीन्द्र रवीन्द्र सिर्फ कवि ही न थे। वे एक ऋषि थे और ऋषियों की तरह की ही उनकी जिन्दगी थी।

उनके ऐसा खूबसूरत आदमी शायद ही कभी देखने को मिलता है। गुलाब ऐसे चेहरे पर बर्फ-सी सफेद दाढ़ी तो सोने में सुगन्ध ऐसी प्रतीत होती थी।

कलकत्ते में खानदानी राजमहल था। लेकिन उसे छोड़कर एक देहात में चले गए और वहाँ शान्तिनिकेतन की स्थापना की। शान्तिनिकेतन हिन्दुस्तान की सबसे पहली और सबसे अच्छी शिक्षण-संस्था है। ग्रामीण वातावरण में भारतीय गुरुकुलों के आदर्श पर आधुनिकता की छाप लिए कला और साहित्य की उत्तमोत्तम शिक्षा देनेवाली यह संस्था अपूर्व है, अनोखी है।

इनकी साहित्यिक-कृति से प्रभावित होकर सरकार ने उन्हें 'सर' की उपाधि दी थी। जब पंजाब हत्याकांड हुआ, आपने उस उपाधि को लौटा दिया। उस समय कवीन्द्र ने जो पत्र सरकार को लिखा, उसके अक्षर-अक्षर से उसकी तेजपूर्ण देशभक्ति टपकती है।

साहित्य का ऐसा कोई अंग नहीं, जिस पर उन्होंने कलम न चलाई हो। नाटक, उपन्यास, कहानी, निबन्ध, आलोचना, भ्रमण, यहाँ तक कि विज्ञान तक पर उन्होंने कलम उठाई और सब क्षेत्रों में कमाल कर दिखाया।

वाल्मीकि, व्यास, कालिदास, तुलसीदास—बस कुछ ही ऐसे नाम हैं जिन्हें हम रवीन्द्र के साथ ले सकते हैं।

कवीन्द्र रवीन्द्र ने संसार के प्रायः सभी प्रमुख देशों का भ्रमण किया था। वे जहाँ-जहाँ गए, भारतीय प्रतिभा की धाक जमा दी। विदेशों में भारतीयों के लिए समान भाव पैदा करने का सबसे बड़ा श्रेय कवीन्द्र रवीन्द्र को ही है।

संसार-भ्रमण के बाद उन्होंने शान्तिनिकेतन में 'विश्व-भारती' नाम की एक संस्था खोली,

जिसका आदर्श था एक जगह पर संसार की सारी संस्कृतियों का समन्वय कराने की कोशिश करना। विश्वभारती में संसार के विद्वानों का आगमन प्रायः ही हुआ करता था।

अपने अन्तिम दिनों में कवीन्द्र को सभी लोग 'गुरुदेव' के नाम से पुकारते थे। गाँधीजी भी इसी नाम से उन्हें सम्बोधित करते थे।

गुरुदेव ने लम्बी आयु पाई थी। अस्सी साल की उम्र में उनकी मृत्यु हुई।

प्रश्न

1. रोम्याँ रोला ने क्या कहा था ?
2. कवीन्द्र रवीन्द्र के विषय में क्या जानते हो ?
3. 'विश्व-भारती' क्या है और कहाँ है ?

बापू

हमारे, तुम्हारे, देश के, राष्ट्र के बापू !

हाँ, गाँधीजी हमारे राष्ट्र के पिता थे। यह जो हमारा आज का राष्ट्र है; उसको जन्म उन्होंने ही दिया। जन्म दिया, पाला-पोसा, बड़ा किया, आजाद किया।

कांग्रेस कायम हो चुकी थी; स्वराज्य की माँग हो रही थी; किन्तु स्वराज्य इस तरह माँगने से नहीं मिलता, यह दिन-दिन साबित होता जा रहा था।

कुछ नौजवानों ने रिवाल्वर ताने, कुछ ने बम पटके—किन्तु जिस देश के हाथ से हथियार छीन लिए गए हों, वह अस्त्रों की लड़ाई में कैसे जीते ?

बापू आए ? उन्होंने एक नया हथियार देश के हाथ में दिया।

हम हिंसा नहीं करेंगे, अंग्रेजों से घृणा भी नहीं करेंगे। लेकिन उनके राज्य को चुपचाप बर्दाश्त भी नहीं करेंगे। हम उनके कानून तोड़ेंगे, उनके राज्य को नहीं चलने देंगे। हम लाठियाँ खाएँगे; गोलियाँ खाएँगे, फाँसी पर चढ़ेंगे; लेकिन हम स्वराज्य लेकर दम लेंगे।

छोड़ो स्कूल, छोड़ो कालेज, छोड़ो वकालतखाना, छोड़ो नौकरी—इस सरकार से पूरा असहयोग करो; क्योंकि यह शैतानी सरकार है।

इसने कहा था—'हम तुम्हें स्वराज्य देंगे'—दिया है काला कानून, पंजाब का हत्या-कांड, खिलाफत का नाश। हिन्दू, मुसलमान, सिख, ईसाई—सभी मिलो। इस सरकार को हटाओ।

बापू की वाणी में जादू था—1921 के वे दृश्य ! मालूम हुआ, सोया हुआ, मरा हुआ राष्ट्र जग पड़ा, जी उठा। गुलाम हिन्दुस्तान दम तोड़ रहा है। नए हिन्दुस्तान का जन्म हो रहा है।

नया हिन्दुस्तान, आज़ाद हिन्दुस्तान।

हिन्दू-मुसलमान मिलो, अछूतों को गले लगाओ, चरखा चलाओ, सिर्फ कानून ही नहीं तोड़ना है, रचनात्मक काम करना है।

चरखा—झोंपड़ी में सड़ते-गलते चरखे को महलों तक पहुँचा दिया बापू ने। अरे यह क्या ? चरखे को राष्ट्रीय झंडे पर रख दिया। नीले आसमान को भी चरखा गुलजार करता रहा।

जेल, जुरमाने, जप्ती, लाठी, बेंत, गोली—लेकिन क्या ? हिन्दुस्तान बढ़ता जा रहा है।

1930। फिर एक बार गुत्थमगुत्था। नमक पर टैक्स—यह कैसी बात ? नमक-कानून तोड़ दो। गाँव-गाँव नमक बनाओ। ऐसी हलचल मची कि लंदन का सिंहासन हिल गया। अंग्रेजी

बादशाह ने हमारे नंगे फकीर बापू से बढ़कर हाथ मिलाया।

लेकिन अंग्रेजों का दिल अभी तक साफ नहीं हुआ था। हिन्दुस्तान लौटते-लौटते फिर ठन गई। बापू जेल में—सारा देश जेल में।

लो, स्वराज्य लो—अंग्रेजों ने एक नकली स्वराज्य हमारे सामने रखा।

बापू ने उस नकली को असली की नींव बना दिया।

हिन्दुस्तान के आठ सूबों में कांग्रेसी राज्य ! यह क्या हो गया ? बहुत लोगों ने मान लिया, यही स्वराज्य है। किन्तु बापू ने कहा—नहीं, अभी स्वराज्य दूर है, एक मोर्चा लेना पड़े और शायद···

और वह मोर्चा आकर रहा। 9 अगस्त 1942। खुली बगावत—'अंग्रेजो, भारत छोड़ो।'

बापू ने फिर जेल-यात्रा की और उधर रेल की पटरियाँ उखड़ रही हैं, तार काटे जा रहे हैं, थानों पर कब्जा किया जा रहा है। अंग्रेजी राज्य को कोने-कोने से खदेड़ा जा रहा है।

अंग्रेजी राज नंगा नाच कर रहा है—गाँव जलाए जा रहे हैं, गोलियाँ चलाई जा रही हैं—बच्चे, बूढ़े, औरतें—किसी को छोड़ा नहीं जा रहा है। गाँव-गाँव में गोरे सैनिक ऊधम मचा रहे हैं।

खुली बगावत, तो लो, हमने उसे सदा के लिए कुचल दिया।

लेकिन यह 1857 नहीं था। यह नया हिन्दुस्तान था—बापू का हिन्दुस्तान था। चिराग जलता रहा—आहुतियाँ पड़ती रहीं।

और पाँच बरस के बाद फिर अगस्त आया, 15 अगस्त, 1947। इस बार अगस्त आया स्वराज्य का सन्देश लेकर। अंग्रेजों ने भारत छोड़ दिया।

आजाद हिन्दुस्तान ! कितनी सदियों के बाद हिन्दुस्तान का राज्य हिन्दुस्तानियों के हाथ में आया और जनता के हाथ में तो इतिहास में पहली बार आया।

चारों ओर उत्सव, किन्तु यह क्या ?

जो आग छोटे पैमाने पर बंगाल बिहार, बम्बई और सरहद में धधक चुकी थी; वह पंजाब में धू-धू जलने लगी। हिन्दू, सिख, मुसलमान—उफ़ ! खून की नदियाँ बहने लगीं !

खून की नदियाँ बह रही थीं। और बापू की आँखों से आँसू की नदियाँ।

रोको—रुको। इस घरेलू लड़ाई को रोको। घर की बर्बादी को रोको। हिन्दुओ, सबसे पहले तुम रोको, क्योंकि तुम बड़े भाई हो।

बापू चिल्लाते रहे, रोते रहे।

उनके आँसू धधकती आग पर पानी छिड़क रहे थे। उनकी पुकार उबलते क्रोध को शान्त कर रही थी कि—आह··· !

आह ! 30 जनवरी, 1948 ! बापू की हत्या कर दी गई।

बापू ! बापू ! बापू !—सारा देश रो उठा। हाय, बापू हमारे बीच नहीं रहे। लेकिन रोने-धोने से काम नहीं चलता। हम बापू के बताए रास्ते पर चला करें, चला करें, चला करें।

प्रश्न

1. बापू ने हमें क्या सिखाया ?
2. बापू की मृत्यु ने तुम्हें क्या शिक्षा दी ?

हमारे पड़ोसी

[लावजे से माओत्से तुंग तक*]

रोम या मृत्यु

गेरीबाल्डी का जन्म मल्लाह के घर में हुआ था, और ज्योंही उन्होंने होश सँभाला, जहाज़ पर खलासी के रूप में भर्ती हो गए।

खलासी से होते-होते कप्तान !

लेकिन अब कप्तान साहब के दिमाग में समुद्र ही नहीं है—उनके दिमाग में उनके देश की हालत उथल-पुथल मचा रही है। इटली ! इटली !—इतना सुन्दर तू इसलिए हुआ कि विदेशी तुम्हें टुकड़े-टुकड़े बाँट लें। रोम, रोम ! सीजर का रोम ! तू कब तक विदेशियों के बूटों के नीचे दबता रहेगा ?

मेजिनी ने एक गुप्त दल बना रखा था। उस दल का नाम था—'नौजवान इटली !' गेरीबाल्डी नौजवान इटली में शामिल हो गए।

नौजवानी का गरम खून, गरम दिमाग। तय किया गया—एक जंगी बेड़ा तैयार कर चुपचाप सेवाय पर चढ़ दौड़ा जाए।

लेकिन बात खुल गई, भंडा फूट गया। कप्तान की वर्दी फेंककर किसान का फटा-चिटा लबादा पहना और भागे अपने घर की ओर। घर पहुँचे तो चाची ने समझा कि कोई भिखारी है। माँ को भी पहचानने में दिक्क्त हुई। 'बेटा, यहीं रहो हम तुम्हें आँखों में छिपा रखेंगे।' लेकिन गेरीबाल्डी उन्हें संकट में क्यों रखते।

इटली से फ्रांस—और फ्रांस से अमेरिका।

अमेरिका में उन दिनों सोना बरस रहा था। यूरोप के लोग वहाँ जाते, थोड़ा हाथ-पैर डुलाते और मालामाल हो जाते। लेकिन गेरीबाल्डी का जन्म धन इकट्ठा करने के लिए नहीं हुआ था। किसी तरह दिन काट रहे थे कि ब्राजिल के बादशाह के विरोध में प्रजा ने विद्रोह किया। गेरीबाल्डी ने अपनी छोटी-सी नाव पर विद्रोह का झंडा उड़ा दिया।

इस नाव को लेकर एक जहाज़ पर धावा कर दिया और उस पर कब्जा कर लिया। इस जहाज़ पर खाने-पीने को कुछ नहीं था। इसलिए कुछ ही दिनों में भूखों मरने की नौबत आई। बंदरगाहों में जा नहीं सकते थे। दूरबीन से देखा, समुद्र के किनारे से कुछ दूर पर एक झोंपड़ी है। जहाज़ को समुद्र में ही छोड़कर तैरते हुए किनारे पहुँचे। भूख से व्याकुल उस झोंपड़े में पहुँचे, तो पाया, परी ऐसी खूबसूरत एक लड़की है—उसने दाँते की कविता सुनाई, भर पेट खिलाया और चलते समय एक पूरा बैल भूनकर दे दिया।

लेकिन, एक दिन भी अच्छी तरह खा-पी नहीं सके थे कि दो तोप-जहाज़ों ने इस विद्रोही जहाज़ पर चढ़ाई कर दी। जमकर लड़ाई होने लगी। गेरीबाल्डी की गर्दन में एक गोली आ लगी; वे घायल होकर मरे हुए-से गिर पड़े।

कई दिनों के बाद आँखें खुलीं, तो पाया, वे कैद कर लिए गए हैं। क्रान्तिकारी कैद रह

---

* बेनीपुरी ने पुस्तक के 'हमारे पड़ोसी' खंड का उपशीर्षक 'लावजे से लेनिन तक' दिया था। लेकिन पुस्तक की पांडुलिपि में लेनिन संबंधी उनका लेख बेहद फटी-चिटी हालत में था, इसलिए उसे प्रकाशित नहीं किया गया है। इस परिवर्तन के कारण उपशीर्षक बदलकर 'लावजे से माओत्से तुंग तक' कर दिया गया है।—संपादक

सकता है ? एक रात में एक घोड़े पर चढ़कर भागे। किन्तु अफसोस, फिर पकड़ लिए गए। लात, घूँसा, बेंत, कोड़ा–कुछ उठा नहीं रखा गया। फिर उल्टा बाँधकर जेल की छत से लटका दिया गया। इस पीड़ा को गेरीबाल्डी भी नहीं भूले।

इस जेल से छुटकारा मिला, तो फिर लड़ाई में जम गए। जहाँ कहीं स्वतंत्रता के लिए–प्रजातंत्र के लिए–लड़ाई होती, गेरीबाल्डी कूद पड़ते।

वे देखने में खूबसूरत, लम्बे, तगड़े, चमकीले बाल, सुन्दर दाढ़ी, डर का नाम नहीं जानते, निराशा की क्या बात, मृत्यु से भी बेपरवाह ! घर-बार की चिन्ता नहीं, भूख-प्यास की चिन्ता नहीं; जख्म या बीमारी की चिन्ता नहीं। लड़ो–लड़ते चलो, बस एक यही धुन।

उनको पत्नी भी ऐसी ही मिली। एक दिन जहाज़ पर जा रहे थे, किनारे पर एक लड़की को खड़ा देखा। उसके पास जाकर बोल उठे–तुम मेरी हो सकोगी ? वह लड़की साथ लग गई। युद्ध में, विपता में–सब जगह साथ रहती। तोप चलाती, तलवार चलाती–वीर को वीर पत्नी मिली।

बारह वर्ष तक दक्षिण अमेरिका में लड़ते रहने के बाद गेरीबाल्डी अपने देश में लौटे। अब उनके पास युद्ध का अनुभव था। उनका नाम भी मशहूर हो चला था। उन्होंने नौजवानों की एक स्वयं-सेना तैयार की और रोम पर चढ़ दौड़े–जहाँ से प्रजातंत्र की घोषणा की। अब क्या था–फ्रांस की सेना ने रोम पर घेरा डाल दिया–पाँच महीने तक अड़े रहे, लेकिन अन्त में रोम छोड़ना पड़ा। फ्रांस, आस्ट्रिया और स्पेन की सेनाओं ने उनका पीछा किया। इसी भाग-दौड़ में उनकी पत्नी बीमार पड़ी, जिन्हें वह मरते हुए छोड़कर आगे बढ़े।

प्रश्न

1. खलासी से कप्तान होनेवाला वीर कौन था ?
2. गेरीबाल्डी ने अपने देश के लिए क्या-क्या किया ?

लाश को फाँसी

जिसे दो साल पहले राजकीय ठाट-बाट से इंग्लैंड की सबसे शानदार श्मशान भूमि में दफनाया था, उसी की लाश को कब्र से निकालकर फाँसी पर चढ़ाया गया। भोर नौ बजे से शाम छः बजे तक यह लाश फाँसी पर लटकती रही, फिर उसे एक गंदे नाले में डाल दिया गया।

ऐसी घटना संसार में बहुत ही कम हुई होगी। और यह हुई उस आदमी के साथ जिसे इंग्लैंड का राज-मुकुट राजसिंहासन अर्पित किया गया था, किन्तु जिसने प्रजातंत्र के नाम पर इतने बड़े सम्मान को ठुकरा दिया था।

उसका नाम था क्रामवेल। वह एक पदवीधारी बड़े आदमी का बेटा था। बड़ी अच्छी शिक्षा मिली थी उसे। अट्ठारह साल की उम्र में वह पार्लियामेंट का मेम्बर चुना गया। पार्लियामेंट में उसने राजा के अत्याचारों के खिलाफ आवाज़ उठाई और जब समय आया, प्रजातंत्र के लिए हथियार उठाने में भी उसे झिझक नहीं हुई।

क्रामवेल ने प्रजातंत्र की रक्षा की, राजा को फाँसी पर लटका दिया गया, इंग्लैंड में सामंतशाही का नाश किया और उसे उन्नति और शक्ति के उस रास्ते पर लाकर खड़ा किया, जिस पर छोटा-सा इंग्लैंड संसार के बड़े देशों में गिनती पाने लगा।

पार्लियामेंट ने जब उसे अपना रक्षक चुना, वह लड़ाई का हाल कुछ नहीं जानता था।

लेकिन थोड़े दिनों में ही उसकी लौह-वाहिनी वैसा कमाल दिखाने लगी, जिस पर किसी भी सेनापति को गर्व हो। राजपक्ष की सेना को वह जहाँ पाता, मार भगाता। युद्धभूमि में वह खुद तलवार लेकर आगे बढ़ जाता और कई बार तो वह जरा-से के लिए बाल-बाल बचा था। सेना भेड़ नहीं होती कि आप पीछे से हाँकें–आप आगे बढ़िए, वह आप से भी आगे बढ़ जाएगी। ऐसा वह कहता ही नहीं था, उसने करके भी दिखा दिया।

क्रामवेल कहा करता था कि किसी सिद्धान्त के लिए लड़नेवाला एक सैनिक दस साधारण सैनिकों से अच्छा है। बड़े लोगों को फौज में लेने से कोई फायदा नहीं। छोटा, गरीब, जरूरतमन्द–जो जानता हो कि हम किसलिए लड़ रहे हैं और अपने उद्देश्य को प्यार करता हो–वही सच्चा सैनिक है।

वह हमेशा अपने पास बाइबिल रखा करता था और उसके व्याख्यानों में इस धर्म-ग्रंथ का ऐसा पुट रहता था कि साधारण जनता और सैनिक उसे धर्म का अवतार मानकर पूजते थे।

इंग्लैड के राजा को ही उसने फाँसी पर नहीं लटकाया, स्कौटलैंड के राजा को भी गद्दी से भगा दिया। फिर वह आयरलैंड की ओर दौड़ा और वहाँ के विद्रोहियों को भी चूर-चूर कर दिया। स्कौटलैंड की लड़ाई में उसके सिर्फ बाईस आदमियों की मृत्यु हुई और इसके बदले उसने दस हजार आदमियों को कैद किया और हजारों को तलवार के घाट उतारा।

अपने विजयी रक्षक को राजा बनाने के लिए पार्लियामेंट कानून तक पास किया किन्तु क्रामवेल ने इस बड़े सम्मान को आदर के साथ अस्वीकार कर दिया।

लेकिन थोड़े ही दिनों के बाद क्रामवेल का पार्लियामेंट से झगड़ा हो गया। वह तुरन्त सुधार चालू करना चाहता था किन्तु पार्लियामेंट में बहस-पर-बहस होती रहती थी। उसकी सफलता ने उसके बड़े-बड़े दुश्मन बना दिए थे। तंग आकर उसने पार्लियामेंट को ही बर्खास्त कर दिया।

इंग्लैंड का सर्वेसर्वा होकर भी वह बहुत ही सादगी से रहता। स्वार्थ उसे छू नहीं गया था। इंग्लैंड का रुतबा संसार के सामने बढ़े, इसी चिन्ता में वह लगा रहता। उसी के जमाने में इंग्लैंड समुद्र का राजा बना। धर्म के बारे में व्यक्तिगत आजादी का नियम उसी ने बनाया।

उसके मरने के बाद राजा के खानदान के लोग फिर इंग्लैंड लौटे। चार्ल्स द्वितीय गद्दी पर बैठा। उसने क्रामवेल और उसके दामाद की लाशें कब्र से निकलवाईं और उन्हें फाँसी पर लटकाकर बाप का बदला चुकाया। किन्तु क्रामवेल का नारा तो तब तक इतिहास में प्रजातंत्र के रक्षक के रूप में अमर हो चुका था।

प्रश्न

1. क्रामवेल ने इंग्लैंड के लिए क्या-क्या किया ?
2. क्रामवेल की लाश को किसने फाँसी दी ?

आँधी बोई, तूफान काटा

जिस जर्मनी को लेकर कैसर और हिटलर ने संसार में तूफान बरपा किए, उसकी नींव डाली थी बिस्मार्क ने।

बिस्मार्क के पहले जर्मनी टुकड़े-टुकड़े में बँटी हुई थी। उसने उन टुकड़ों को लेकर इस्पात

के ढाँचे के रूप में परिणत कर दिया।

वह एक जमींदार का लड़का था। देहात में पढ़कर बर्लिन में पढ़ने-लिखने आया। बर्लिन की शहरी जिन्दगी उसे भाती नहीं थी। पढ़ने की अपेक्षा विदेशी लोगों से परिचय प्राप्त करने और उनकी भाषा सीखने की ओर उसका ज्यादा ध्यान रहता। लड़ने-झगड़ने में भी कम मुस्तैदी नहीं। अमेरिकनों और अंग्रेजों से उनका रहन-सहन और उनकी भाषा सीखी और छब्बीस बार कुश्ती में सिर्फ एक बार ही वह हराया जा सका।

कानून की पूरी पढ़ाई खत्म कर कुछ दिनों तक सरकारी नौकरी की, कुछ दिनों तक फौज में भी काम किया। फिर अपनी जमींदारी के काम में लगा और विदेशों की खूब सैर की।

सरकारी नौकरी में रहते समय उसने देखा, किस तरह बड़े अफसर वक्त बरबाद करते हैं। एक बार वह अपने बड़े अफसर से मिलने गया, उन्होंने उसे दो घंटे तक बिठाए रखा। भेंट होने पर अफसर ने पूछा—क्या चाहते हो ? बिस्मार्क ने जवाब दिया—आया तो था छुट्टी माँगने; लेकिन अब मेरा इस्तीफा ले लीजिए।

जब जर्मनी में क्रान्तिकारी लहर चली, बिस्मार्क के जौहर खुलने लगे। क्रान्ति को कुचलने में उसने सरकार की पूरी मदद की। तो भी क्रान्ति सफल हुई—प्रजातंत्र कायम हुआ। किन्तु बिस्मार्क ने उस प्रजातंत्र को एक खिलौना बना छोड़ा।

बिस्मार्क प्रशिया की धारासभा में पहुँचा और वहाँ हमेशा राजपक्ष का समर्थन करता रहा। धीरे-धीरे उसका प्रभाव बढ़ता गया। एक बार वह इंग्लैंड आया तो उसे देखकर डिसराइल ने कहा था—''इस आदमी से होशियार रहना। यह जो कहता है, करके रहेगा।''

और वह दिन दूर नहीं रहा जब वह प्रशिया का प्रधानमंत्री बन गया।

इस पद पर पहुँचकर उसने जर्मनी को एक सूत्र में बाँधने का प्रयत्न किया। सबसे पहले आस्ट्रिया के प्रभुत्व को उसने खत्म किया। आस्ट्रिया से जो आखिरी लड़ाई हुई, उसे देखने को बिस्मार्क स्वयं युद्धभूमि में गया था। जब लड़ाई कुछ निर्णयात्मक रूप नहीं ले रही थी, बिस्मार्क घोड़ा दौड़ाकर सेनापति के पास पहुँचा और सिगार-केस बढ़ाया। सेनापति ने सबसे अच्छा सिगार चुन लिया। बिस्मार्क ने कहा—अब मुझे इत्मीनान हो गया।

इस विजय ने बिस्मार्क की धाक बढ़ा दी। सभी छोटे-बड़े जर्मन-राज्य प्रशिया से आ मिले। सबके प्रतिनिधियों को मिलाकर 'राइख्टाग' नाम की धारासभा कायम की गई और प्रशिया के राजा को कैसर की उपाधि से सम्राट घोषित किया गया।

फिर बिस्मार्क ने फ्रांस की ओर नजर उठाई। फ्रांस को अन्दाजा नहीं था कि बिस्मार्क ने कुछ ही दिनों में जर्मनी को क्या बना दिया है। दोनों देशों में लड़ाई शुरू हुई। बिस्मार्क वैसा प्रधानमंत्री नहीं था, जो सेक्रेटेरियट में बैठकर सिर्फ हुक्म जारी करता रहे। वह अपने पूरे स्टाफ के साथ युद्धभूमि में चला गया और वहीं से राजकाज का संचालन और लड़ाई की गतिविधि का संरक्षण करता रहा। अन्त में खबर आई—फ्रांस के सम्राट आपसे मिलने आ रहे हैं।

बिना दाढ़ी बनाए, पुराने कोट को ही पहने, जूते में युद्धभूमि में लगी कीचड़ लिए वह नेपोलियन से मिला। नेपोलियन ने उससे विनती शुरू की। बिस्मार्क ने सीधा जवाब दिया—राजनीति में भावुकता के लिए जगह नहीं है सम्राट् ! आत्मसमर्पण कीजिए और मुझे ये प्रान्त दे दीजिए—क्योंकि ये जर्मनी के प्रभाव क्षेत्र में है।

और हीला-हवाला होता देख वह सेना के साथ पेरिस तक दौड़ गया और अपनी माँग पूरी करके की लौटा।

अब एक विशाल जर्मन-साम्राज्य बन चुका था। बिस्मार्क की लालसा पूरी हो चुकी थी।

सम्राट् विलियम प्रथम भी मर गया, जिसे बिस्मार्क ने कैसर बनाया था। उसके बेटे विलियम द्वितीय ने देखा—मैं तो नाम का सम्राट् हूँ—सब कुछ बिस्मार्क है। उसने छेड़-छाड़ शुरू की।

"क्या मैं समझूँ कि मेरे कारण आपको असुविधा हो रही है ?" बूढ़े मंत्री ने पूछा। नौजवान सम्राट् ने जवाब दिया—"हाँ !" और उसी समय इस्तीफा देकर बिस्मार्क अपनी जमींदारी में लौट आया। मरते समय तक बिस्मार्क में वही शान और तेज बना रहा।

यही विलियम द्वितीय 1914 के महायुद्ध का पिता था। जर्मनी बुरी तरह कुचली गई और जो गत बाकी थी, उसे हिटलर ने पूरी करा दी।

प्रश्न

1. बिस्मार्क का जीवन कैसा था ?
2. बिस्मार्क की क्या लालसा थी ?

वह विचित्र राजा !

हाँ, हाँ, वैसा विचित्र राजा दुनिया में शायद ही कोई हुआ हो। और विचित्र बात यह है कि यही राजा आजकल के रूस की नींव डालनेवाला था।

बड़ा लम्बा, बड़ा तगड़ा। जैसा विशाल शरीर; वैसा ही विशाल दिमाग। अपनी धुन का पक्का। जो तय किया, करके छोड़ा। न किसी बात का डर, न किसी काम के लिए शरम।

राजा था, लेकिन अपने हाथों से मजदूरी करने में भी नहीं हिचकता। साधारण लोगों के साथ खाता-पीता, शराब पीता।

उस समय रूस बहुत पिछड़ा हुआ देश था। यूरोप में होकर, मालूम होता, जैसे कभी वहाँ पछवाँ हवा जाती ही नहीं। इस राजा ने जिसका नाम पीटर था, सोचा कि वह अपने देश को उठाकर रहेगा और उसने कर दिखाया।

हमारा देश तब तक उन्नति नहीं करेगा, जब तक हमारे पास बंदरगाह न हों, जहाज न हों। टर्की की तरफ चढ़ दौड़ा और काला समुद्र में एक बंदरगाह जीत लिया। उत्तर तरफ दौड़ा और बाल्टिक समुद्र के किनारे की जमीन जीतकर वहाँ बंदरगाह बनाए।

बंदरगाह से ही क्या होगा, जहाज चाहिए। दौड़ा-दौड़ा हालैंड आया और वहाँ जहाज के एक कारखाने में कुली की तरह काम करने लगा। लाल फतुही, उटंगा जाकिट और खलीता पाजामा पहनकर दिन-भर काम करता और रात में कारीगरों के साथ शराब पीता, हँसता-खेलता। हालैंड से इंग्लैंड आया। वहाँ तीन महीने रहकर जहाजी कारखाने में काम किया और बहुत कुछ सीखकर अपने देश लौटा। अपनी मृत्यु के पहले रूस के लिए उसने एक हजार जहाजों का एक अच्छा-खासा बेड़ा तैयार कर दिया था।

यूरोप के पश्चिमी देशों के भ्रमण से वह नए-नए विचार लेकर रूस वापस आया और उन्हें काम में लाना शुरू किया। जमीन तक झूलते हुए रूसी चोगे को हटाकर नए ढंग के पाजामा, कोट पहनने के लिए उसने हुक्म जारी किया और पुलिसवालों के हाथ में कैंची दे दी कि जो चोगा पहनकर निकले, उनके चोगे को घुटने से नीचे तक काटकर फेंक दो। चोगे के साथ-साथ दाढ़ी पर भी आफत आई। लम्बी दाढ़ी रखने के लिए पहले जुर्माना; उससे भी काम न चला, तो यहाँ भी कैंची का प्रयोग।

विवाह का पुराना नियम हटा दिया—जब तक पहले से दुलहिन और दूल्हा एक-दूसरे

को देख न लें, तब तक शादी न की जाए। औरतें घर से निकलकर बाहर की हवा खाएँ। औरतों के लिए क्लब खोल दिए गए, जहाँ बड़े लोगों को अपनी स्त्रियाँ जरूर भेजनी पड़ती थीं।

पीटर ने धर्म-गुरुओं का प्रभाव कम कर दिया; सामन्तों को नई जिन्दगी बिताने के लिए मजबूर किया; उद्योग-धन्धों को हर तरह से उत्साहित किया, बनिज-व्यापार को पूरी सहायता की और फौज का संगठन बिल्कुल नए ढंग से किया।

काम करने की उसमें अजीब ताकत और धुन थी--वह थकता ही नहीं था। जैसे एक बार जब वह दिनभर की दौड़-धूप के बाद एक शहर में पहुँचा तो, वहाँ का अजायबघर देखने का उसे शौक चर्राया और रातभर मशाल बातकर यह विचित्र राजा उन विचित्र जानवरों को देखता रहा।

हमारे देश में भी किताबें छपें, अखबार निकलें। बस राजमहल में ही खुद अपने हाथों से प्रेस खड़ा कर दिया और खुद सम्पादक बनकर अखबार निकालने लगा।

अपनी पुरानी बीबी को तलाक देकर एक दर्जिन से शादी कर ली। यह बहुत कुरूप औरत थी और थी स्वभाव से मर्दानी। लेकिन पीटर के लिए बड़ी अच्छी जीवनसंगिनी सिद्ध हुई। इतिहास में यह कैथराइन के नाम से मशहूर है।

बुढ़ापे में बीमार पड़ा--डाक्टरों के इलाज से कुछ न हुआ। एक दिन डाक्टरों को घूँसे मारकर भगा दिया। बीमारी में भी वह सफर में निकला जहाँ एक नहर बनवा रहा था। नहर की देखभाल करते समय देखा, एक आदमी डूब रहा है। झट पानी में कूदकर उसे निकाल लाया। बहुत जाड़ा पड़ रहा था, एक तम्बू में सो गया। वहीं बुखार आया और राजधानी पहुँचकर मर गया।

हाँ, उसने रूस के लिए एक नई राजधानी समुद्र के निकट बसाई जो उसके नाम पर पीटर्सबर्ग कहलाई। पीछे यही राजधानी लेनिनग्राड कहलाने लगी है।

प्रश्न

1. पीटर के बड़प्पन का क्या कारण था ?
2. पीटर ने रूस में क्या-क्या सुधार किये ?

जो जिन्दा जलाई गई

उफ, मैं लड़की क्यों हुई ? भगवान ने मुझे मर्द क्यों नहीं बनाया ? तब मैं उन विदेशियों को दिखा देती कि फ्रांस के लोहे की धार कितनी तेज है।

इस तरह सोचते-सोचते वह सो गई। झपकी लगी थी कि मालूम हुआ, भगवान का दूत उसके नजदीक आकर कह रहा है--जोन, बेटी, उठो। फ्रांस का उद्धार तुम्हारे हाथों में लिखा है। उठो, अपनी इन भेड़ों को मैदान में चरने दो। अब तुम्हें फौज लेकर आगे बढ़ना है--उठो, उठो···

जोन आँखें मींजती हुई उठी। यह कैसी बात ? अब मैं क्या करूँ ? वह अपने प्रान्त के गवर्नर के पास पहुँची। उन्होंने कहा--लड़की पागल हो गई। इसके कान ऐंठ दो।

मेरे कान कौन उमेठ सकता है ? कहे देती हूँ, मुझे भगवान ने भेजा है--मैं फ्रांस का उद्धार करूँगी। कुछ लोगों ने कहा--लड़की डर रही है, कुछ गूढ़ बात जरूर है। गवर्नर साहब

को भी उसकी बातें सुननी पड़ीं। उन्हीं से एक घोड़ा लिया; जिरह-बख्तर लिया, तलवार ली, और रण-चण्डी के वेश में चली राजा के पास।

राजा दरबार में बैठा था। उसकी कोई खास पोशाक नहीं थी; वह गद्दी पर नहीं था। मामूली आदमी की तरह सबके बीच बैठा था कि जोन पहुँची और झट राजा के चरणों पर झुक गई।

अरे, यह जादू जानती है क्या ?—नहीं, नहीं; मैं डायन नहीं। मुझे भगवान ने हुक्म दिया है कि मैं फ्रांस का उद्धार करूँ और राजा को रोम के गिरजाघर में ताज पहनाऊँ। राजा, मुझे सेना दो, मैं जीतकर दिखा देती हूँ।

राजा चार्ल्स खुद अंग्रेजी फौज से जीत नहीं सकता था। वह हार चुका था, थक चुका था। यह भी देख लिया जाए, उसने ऐसा सोचा और फौज की एक छोटी-सी टुकड़ी उसे दी।

जोन ने उस छोटी-सी टुकड़ी में जान फूँक दी। सिपाही सब समझने लगे, हम भगवान के काम में जा रहे हैं। कितना उत्साह, कैसा साहस ? पहले धावे में ही अंग्रेजी फौज की शेखी गुम हो गई। ओरलियन्स से वे भगा दिए गए। राजा को रोम के गिरजाघर में ले जाकर उसने ताज पहनाया।

अब पेरिस की ओर—जोन ने कहा और फौज लेकर चल पड़ी। जब पेरिस की मीनारें दूर से दिखाई पड़ीं, जोन आनन्द से नाच उठी। फौज कम थी, तो भी उसने धावा बोल दिया।

देवी की तरह जोन इस लड़ाई में काम कर रही थी; यहाँ-वहाँ दौड़ती; सैनिकों को उत्साहित करती, जहाँ कमजोरी देखती, वहाँ कूद पड़ती। लेकिन यह क्या, दुश्मन का एक तीर उसकी जाँघ में आ लगा और वह घायल होकर गिर पड़ी।

आज नहीं, तो कल घायल होकर वह खेमे में पड़ी थी और अपने सैनिकों को उत्साहित कर रही थी। किन्तु इधर उसके खिलाफ फ्रांस का वही राजा षड्यंत्र कर रहा था जिसके सिर पर इसने मुकुट रखा था। अंग्रेजों ने बुरी हालत देखकर उससे सुलह कर ली; उसने अपनी सेना को हुक्म दिया कि पेरिस से लौट आओ।

जोन का जख्म भर चुका था, वह राजा के पास पहुँची। बड़ी विनती की, हाथ जोड़े, भगवान की कसमें खाईं—किन्तु कौन सुनता है ? तब वह नाराज होकर निकली और अपनी खास सेना इकट्ठा कर अंग्रेजों से छिटपुट लड़ाई लड़ने लगी। होशियार अंग्रेज अपने को बचाते रहे। अन्त में धोखा देकर उसे घेर लिया। उनके घेरे से इस देवी को निकालने के लिए उसके सैनिकों ने एक भी उठा नहीं रखा। लेकिन, आखिर यह पकड़ ही ली गई।

और उसके बाद ? अंग्रेजों ने चार्ल्स को थोड़ी घूस और दे दी और इस देवी पर झूठमूठ का मुकदमा चलाकर जिन्दा जला दिया।

उफ़, वह दृश्य। सरेबाजार एक खंभे से, जोन को बाँध दिया गया। उसके चारों तरफ लकड़ियाँ रख दी गईं। आग लगा दी गई। आग धू-धू कर जलने लगी। जोन छटपटा रही थी और अंग्रेज सैनिक ठहाका मारकर हँस रहे थे।

लेकिन जलकर भी—जोन कहानी बन गई—सिर्फ फ्रांस के लिए नहीं, सारे संसार के लिए। जहाँ, किसी लड़की की देशभक्ति याद आती है, जोन की मूर्ति आँखों के सामने घूमने लगती है।

प्रश्न

1. जोन कौन थी ?
2. अंग्रेजों ने उसे क्यों जिन्दा जला दिया ?

देश की आजादी के लिए

'जौर्ज जाओ। भगवान जो काम तुमसे लेना चाहते हैं, उसे पूरा करो। जाओ बेटा, भगवान की कृपा और माँ का आशीर्वाद हमेशा तुम्हारी रक्षा करेगा।''

जॉर्ज वाशिंगटन की बूढ़ी माँ ने अपने बेटे से यह तब कहा था जब वह अपने देश की आजादी की लड़ाई में सेनापति बनकर जा रहे थे। जॉर्ज वाशिंगटन अपनी माँ को बहुत प्यार करते थे और हर काम में उनकी आज्ञा लेना जरूरी समझते थे। माँ का यह आशीर्वाद पूरा हुआ। जॉर्ज वाशिंगटन को सफलता मिली। उनके सेनापतित्व में अमेरिका की सेना ने अंग्रेजी सेना को मार भगाया। अमेरिका स्वतंत्र हुआ। स्वतंत्र अमेरिका ने उन्हें राष्ट्रपिता के नाम से पुकारना शुरू किया—जिस तरह भारत ने गाँधीजी को।

वाशिंगटन का जन्म अमेरिका के वर्जीनिया प्रदेश में हुआ था। उनके पूर्वज इंग्लैंड से आकर अमेरिका में आ बसे थे। अच्छी खेती-बारी थी। वाशिंगटन थोड़ा पढ़-लिखकर अपनी खेती-बारी देखा करते। घोड़े पर चढ़ना, लोमड़ी का शिकार करना, वर्जीनिया का अच्छा तम्बाकू पीना—वाशिंगटन के ये ही शगल थे। लम्बा खूबसूरत जवान, टकुए की तरह सीधा, हँसमुख, लहराते हुए सुनहले बाल—उनका रूप भी काफी आकर्षक था।

इंग्लैंड से उन्हें लड़ना पड़ेगा, यह उन्होंने सोचा भी नहीं था। कुछ दिनों के लिए वहीं अंग्रेजी सेना में भरती हुए थे और कर्नल बनाए गए थे। लेकिन इंग्लैंड की हठधर्मी ने उन्हें भी अंग्रेजों के खिलाफ तलवार उठाने को बाध्य किया। जब उन्हें क्रान्ति का प्रधान सेनापति बनाया गया तब उन्होंने कहा था—''यह सोचना भी कँपा देता है कि भाई की तलवार भाई की छाती में घुसेड़े जाने के लिए निकले और अमेरिका की हरी-भरी भूमि खून से लाल-लाल हो उठे। लेकिन आज सवाल है कि यह करो या गुलाम बने रहो—तो देशभक्त के लिए चुनाव करने में क्या देर हो सकती है ?''

वाशिंगटन ने भी चुनाव कर लिया और वह समरभूमि में कूद पड़े। अमेरिका के क्रान्तिकारियों के पास न कोई संगठन था न सेना। सेना के लिए अफसर चाहिए, गोली-बारूद चाहिए, ट्रेनिंग की सहूलियतें चाहिए, फौजी बैरक चाहिए, भोजनालय चाहिए, अस्पताल चाहिए। वाशिंगटन को इन सबका प्रबन्ध खुद सोचना और करना पड़ा। छः वर्षों तक लड़ाई होती रही, तब कहीं अमेरिका स्वतंत्र हुआ।

स्वतंत्र अमेरिका ने अपने सेनापति को सबसे बड़ा सम्मान यह दिया कि अमेरिकन प्रजातंत्र के प्रथम राष्ट्रपति वही चुने गए। पाँच वर्षों तक उन्हें राष्ट्रपति रखकर ही अमेरिकनों को सन्तोष नहीं हुआ—दूसरी बार भी उन्हें ही राष्ट्रपति चुना। जब तीसरी बार उन्हें सभापति चुना जा रहा था तब वाशिंगटन ने साफ इन्कार कर दिया। उन्होंने एक मित्र को लिखा—''अब मैं अपने घर पर रहना चाहता हूँ—जहाँ शाम को अपने पूरे परिवार के साथ बैठकर गपशप किया करूँ।''

अमेरिका के इस राष्ट्रपिता की मृत्यु अचानक हुई। एक दिन वह घोड़े पर सैर को निकले। बर्फ जोरों की पड़ने लगी। इससे इन्हें ठंड लग गई; बुखार हुआ और दो ही दिनों में चल बसे। मरने के कुछ क्षण पहले तक उन्हें होश था। सबको समझाया-बुझाया, डाक्टरों को धन्यवाद दिया; अपनी नब्ज पर हाथ रखा और सदा के लिए आँखें मूँद लीं।

वाशिंगटन के नाम पर ही अमेरिका ने अपनी राजधानी के शहर का नाम वाशिंगटन रखा।

प्रश्न

1. वाशिंगटन के विषय में क्या जानते हो ?
2. वाशिंगटन के जीवन से तुम्हें क्या शिक्षा मिलती है ?

आदमी या हौआ

हाँ, वह अजीब आदमी था।

दूध पीता हुआ बच्चा उसका नाम सुन ले, तो दूध छोड़कर दुबक जाए माँ की गोद में। पानी पीते हुए घोड़े के सामने उसका नाम कह दीजिए, घोड़ा मुँह ऊँचा करके चारों ओर देखने लग जाए !

अंग्रेज लोग उससे घृणा करते थे। एक बार एक अंग्रेज सेनापति उसके सामने गया। उसने लिखा है, ''अगर वह कहता कि तुम पीठ के बल लेट जाओ, मैं उस पर लात धरकर आगे बढ़ूँगा, तो मैं चट लेट जाता, इसमें कोई शक नहीं ! उफ़, वह सचमुच कमांड करने के लिए जन्मा था !''

उसका नाम आज भी लोगों पर रोब बरसाता है।

नेपोलियन—बचपन में वह दुबला-पतला, लजीला-सा लड़का था। जो कोई उससे छेड़खानी करता, उसे दाँत से काटने या ठोकर लगाने से वह कभी नहीं चूकता। जब वह नौ साल की उमर में सैनिक विद्यालय में भेजा गया; वह बड़ी लगन और धुन से सारी चीजें सीखता ! रोम के वीरों की कथा पढ़ने में वह अघाता नहीं था। उसने अपनी माँ को लिखा था—

''हाथ में तलवार और जेब में होमर के काव्य को लेकर मैं सारे संसार को जीत लेने का सपना देख रहा हूँ।''

जिस समय वह सैनिक विद्यालय से निकलकर फौज में छोटा अफसर बना था, फ्रांस में क्रान्ति की आग धू-धू करके जल रही थी। उसने अपनी आँखों से देखा था कि किसं तरह लोगों ने राजा-रानी के महल पर धावा किया, किस तरह उसे घसीटकर पेरिस लाए और फिर किस तरह उसे फाँसी पर लटका दिया। वह कहा करता कि क्यों नहीं इन पागलों को गोलियों से भून दिया जाता है। जब क्रान्तिकारियों को उसकी प्रवृत्ति की खबर लगी, उसे फौज ने बरखास्त कर दिया।

लेकिन फिर जब इन पर प्रहार होने लगे, इन्होंने इस नौजवान को अपनी रक्षा का भार दिया। उसने क्रान्ति-विरोधियों को भूनकर नए प्रजातंत्र की रक्षा की। फिर वह इटली भेजा गया जहाँ उसने बड़ा नाम कमाया। वह इटली की सेना का सेनापति बना दिया गया। इसी समय उसने एक स्त्री से विवाह किया जो उम्र में उससे सात साल बड़ी थी।

यूरोप छोटा है—मैं मिस्र और भारत को जीतने जा रहा हूँ। वह एक सेना लेकर मिस्र पहुँचा। जब वह पिरामिड के सामने पहुँचा, उसने अपनी फौज को खड़ी कराकर कहा—''दोस्तो, देखो, चार हजार शताब्दियाँ तुम्हारी ओर उत्सुक्रता से झाँक रही हैं ! तुम्हें बता देना है, फ्रांस के सैनिक कैसे होते हैं ?'' और इन सैनिकों ने चुटकियों में मिस्र जीतकर बता दिया कि वे क्या हैं !

अब हम चलें हिन्दुस्तान ! क्लाइव के सपने को हम चूर करें—उसने सोचा। किन्तु पाया

कि अंग्रेज भी बैठे नहीं हैं, उन्होंने उसे चारों ओर से घेर लिया है।

अच्छा, तो यूरोप में ही हम अंग्रेजों को सबक सिखाएँगे—ऐसा सोचकर वह फ्रांस आया। फ्रांस में क्रान्ति की लहर खत्म हो चुकी थी। चारों ओर अव्यवस्था थी—किसी की जान या माल खतरे से खाली नहीं ! नेपोलियन को मौका हाथ आया। धीरे-धीरे वह सारे विरोधियों को दबाकर फ्रांस का सम्राट् बन गया।

तब सारे यूरोप को जीतने में वह पिल पड़ा। क्रान्ति से जो जोश नौजवानों में जगा था, उसका उपयोग साम्राज्य बनाने में वह करने लगा। जब एक बार वह सेना लिए जा रहा था, रास्ते में आल्प्स पहाड़ पड़ा। सेना रुक गइ, सेनानायक ने कहा—अब आगे बढ़ना असम्भव है।

''असम्भव ! असम्भव शब्द को कोष से निकाल दो।'' अपना घोड़ा फँदाते हुए वह आगे बढ़ा और देखते-देखते इस बर्फीले पहाड़ को सेना सहित पार कर गया।

जर्मनी, आस्ट्रिया, स्पेन, पुर्तगाल, इटली, हालैंड—सब उसके ताबे में आ गए। रूस के जार ने ज़रा सिर उठाया तो छः लाख सेना लेकर वह उस ओर दौड़ा और मास्को पर कब्जा करके ही रुका। लेकिन रूस की यह जीत ही उसकी हार हो गयी। रूसवालों ने अपने शहरों को खुद जला डाला, रास्ते के गाँवों को उजाड़ दिया। नेपोलियन को न खाना मिल सका, न विश्राम। फिर वहाँ का भयंकर जाड़ा। वहाँ से लौटा तो सिर्फ एक लाख सैनिक बच गए थे।

यही मौका अंग्रेज देख रहे थे। नेपोलियन की ताकत जब घट गई, तब चढ़ दौड़े। नेपोलियन ने लड़ने में कोई कसर न की, किन्तु वह थका हुआ था, उसकी फौज थकी हुई और निराश थी। वह हार गया। अंग्रेजों ने उसे कैद कर एक टापू में रख दिया।

उसका जन्म भी एक टापू में हुआ था, वह मरा भी एक टापू में ही। किन्तु थोड़े दिनों में ही कुछ ऐसा हड़कम्प मचा दिया कि आज भी जब वीरता और निर्भीकता की चर्चा आती है, उसकी तस्वीर लोगों की आँखों के सामने नाचने लगती है।

प्रश्न

1. नेपोलियन ने अपनी माँ को क्या लिखा ?
2. नेपोलियन में कौन-सी खूबी थी कि उसने इतनी सफलता प्राप्त की।

मजदूर राष्ट्रपति

थोड़ी पूँजी से व्यापार शुरू कर करोड़पति बन जानेवाले लोगों की दुनिया में कमी नहीं; लेकिन जिसने मजदूर की हैसियत से जिन्दगी शुरू की, वह राष्ट्रपति हो जाए—ऐसा उदाहरण बहुत कम मिलता है।

फिर लिंकन की प्रसिद्धि मजदूर राष्ट्रपति की हैसियत से ही नहीं है। उनके ऐसे चरित्रवान, सेवा-परायण, दयालु और दृढ़ व्यक्ति इतिहास में बहुत कम पाए जाते हैं। उन्होंने ही अमेरिका को दो टुकड़ों में बँटने से बचाया; भले ही इसके कारण उन्हें आतताई की गोली का शिकार होना पड़ा। और, लिंकन न होते, तो आज अमेरिका की जो ताकत, दबदबा है, वह उसे प्राप्त नहीं होता।

घोर जंगल में, लकड़ी के कुंदों से बने एक भद्दे घर में, लिंकन का जन्म हुआ। लेकिन थोड़े दिनों के बाद इस घर को छोड़कर, उसके माँ-बाप दूसरी रियासत में जा बसे। नए घर

के बनाने में लिंकन का भी हाथ था। दस साल के ये थे, तो भी कुल्हाड़ा, आरी और बसूला चलाने में अपने पिता की ऐसी मदद करते कि वह भी वाह-वाह कर उठते।

बचपन में ही लिंकन की माँ मर गई—पिता ने दूसरी शादी की। यह सौतेली माँ देवी निकली। उसने लिंकन को स्कूल भेजा और तरह-तरह से उन्हें उत्साहित करती रही। यह बुढ़िया अन्त में अपने इस सौतेले बेटे के अमेरिका के राज-सिंहासन पर बैठने का आनन्द भोग सकी।

लिंकन पढ़ने-लिखने में बहुत ही मन लगाते। कागज, कलम या स्लेट-पेंसिल का वह जमाना नहीं था। लिंकन उजली मिट्टी का टुकड़ा लेकर कुदाल की फलिया पर या लकड़ी के तख्ते पर लिखा करते।

सोलह साल में लिंकन जवान हो चले थे—छः फीट चार इंच की लम्बाई, बड़े-बड़े हाथ, लम्बी-लम्बी टाँगें। पहली नौकरी मिली नाव खेने की। घटवार के पास किताबें बहुत थीं। दिन भर नाव खेते; रात में देर-देर तक पढ़ते-लिखते। जब सब किताबें खत्म कर लीं, वहाँ से चले दूसरी नौकरी की तलाश में। घोड़े की साईसी की, खेत में मजदूर का काम किया, कसाईखाने में भी थोड़े दिनों तक नौकरी की और पीछे परचून की एक दूकान पर सौदा बेचने लगे।

किन्तु चाहे जिस पेशे में रहे—पढ़ना-लिखना न छोड़ा। और धीरे-धीरे राजनीति में भी दिलचस्पी लेने लगे। व्याख्यान देने में इनकी पटुता दिन-दिन खिलती गई। उनकी ओर लोगों का ध्यान भी खिंचने लगा। यह सादगी, यह ईमानदारी, भलमनसाहत—हम लोग उन्हें अपने यहाँ से चुनकर धारासभा में भेजें; लेकिन पहली बार खड़ा होने पर वह हार गए। किन्तु जहाँ चाह वहाँ राह। दो साल के बाद वे धारासभा में पहुँच ही गए।

इस जमाने में लिंकन अमीन का काम कर रहे थे। उनका एक दोस्त अच्छा अमीन था, पैसे भी काफी कमा लेता था। उससे किताबें ले आए; छः हफ्ते में सारी किताबें पढ़ डालीं। फिर किसी तरह जरीब और परकार खरीदकर अमानत के पेशे में पिल पड़े।

जब धारासभा के सदस्य चुने गए तब इतने पैसे भी नहीं थे कि भले आदमी की तरह पोशाक बनवा सकें। कर्ज करके पोशाक बनवाई। किन्तु जब धारासभा में पहुँचे और बोलने का मौका मिला तब सबने इनकी प्रतिभा का लोहा मान लिया। उन्हीं की प्रेरणा से लिंकन ने वकालत पढ़ना शुरू किया और थोड़े दिनों में वकील बन गए। वकालत की तैयारी के सिलसिले में एक बार बीस मील दूर जाकर एक मित्र से किताब ले आए और रास्ते में ही कितने पन्ने कंठस्थ कर लिए।

वकालत चलने लगी। अदालत पर उनके चरित्र और भाषण-पटुता का रोब छाने लगा। कभी झूठा मुकदमा अपने हाथ में नहीं लेते। कुछ पैसे हुए तो सबसे पहला काम यह किया कि अपने बाप की जमीन को लाखिराज कराकर बड़े भाई को दे दिया।

गुलामी और शराब—लिंकन इन दो चीजों से सख्त घृणा करते। हब्शियों को गुलाम रखकर अमेरिका में जो घोर अत्याचार इन पर किए जाते, लिंकन की आत्मा उनसे विद्रोह कर उठती थी। गुलामी के खिलाफ उन्होंने कई भाषण ऐसे दिए कि जिनको उनके पार्टीवाले भी बर्दाश्त नहीं कर सके। किन्तु सच्चाई को जोरों से चिल्ला करके कहा जाना, लिंकन ने अपना धर्म बना लिया।

सभाओं में, बातचीत में धारासभा में लिंकन अपनी बात कहते जाते। अन्त में इसी प्रश्न पर अमेरिका में गृहयुद्ध मचने का समय दीख पड़ने लगा। इसी समय लिंकन को उनके दोस्तों ने राष्ट्रपति के पद के लिए खड़ा कराया और लिंकन को भी आश्चर्य हुआ, जब वह चुन लिए गए।

गुलामी के बल को शक्तिमय उपायों से सुलझाने की कोशिश में लिंकन लगे थे कि

दक्षिणवालों ने विद्रोह खड़ा किया। ऐसा मालूम होने लगा कि अमेरिका दो टुकड़ों में बँटकर रहेगा। भाई ही भाई के खून की धारा बहावें—यह दृश्य देखकर लिंकन का कलेजा दहलता। वे फूट-फूटकर रोते। लेकिन अपने आदर्शों से डिगनेवाले भी वे नहीं थे।

और अन्त में लिंकन के आदर्शों की जीत हुई। विद्रोहियों को कुचल दिया गया, गुलामों को आजादी मिली। देश टुकड़ों में बँटने से बचा। सारे अमेरिका में 'पिता लिंकन' के जय-जयकार की धूम थी।

लिंकन के मित्रों को खतरा था कि कहीं इनकी हत्या न कर दी जाए। लेकिन लिंकन कभी मृत्यु से नहीं डरे। इस विजय के बाद शान्ति के उपलक्ष में एक समारोह होने जा रहा था। उसमें शामिल होने को लिंकन जा रहे थे कि एक व्यक्ति ने उन्हें गोली मार दी। दूसरे दिन वे अमरलोक को चल बसे।

लेकिन अपने पीछे संसार भर के लिए लिंकन एक चिन्ह छोड़ गए कि किस तरह एक गरीब आदमी भी आगे बढ़ सकता है और किस तरह अपने आदर्श पर मर जाना ही सबसे अच्छी जिन्दगी है।

प्रश्न

1. लिंकन के बारे में क्या जानते हो ?
2. लिंकन ने कौन-कौन से बड़े काम किये।

टर्की का पिता

मैं कुछ करके रहूँगा'—बचपन में वह अपने पढ़ाकू साथियों से कहा करता था। और उसने ढ़ने-लिखने में कभी ध्यान नहीं दिया, तब भी वह कुछ होकर रहा—सिर्फ कुछ क्यों, वह तो अपने देश का पिता कहलाकर मरा।

जब पढ़ने-लिखने की ओर उसका ध्यान नहीं जाते देखा तो माँ ने फौजी स्कूल में भेज दिया। वहीं उसके जौहर खुलने लगे। अपने फौजी स्कूल के नामी जवानों में वह गिना जाने लगा। उसका नाम था मुस्तफा।

—शिक्षक ने कमाल की उपाधि दी थी।

फौजी स्कूल से फौजी कालेज में अए। वहाँ एक गुप्त संस्था थी जो चाहती थी कि टर्की को दकियानूस खलीफा के चंगुल से हटाकर यूरोप के देशों की तरह वहाँ प्रजातंत्र कायम किया जाए। मुस्तफा कमाल इस संस्था में काम करने लगा।

लेकिन बात खुल गई। सभी साथियों के साथ कमाल भी कैदी बनाया गया। लेकिन इनके विरोध में टर्की में बड़ा आन्दोलन हुआ, तब वह छोड़ा गया।

1914 की लड़ाई में टर्की ने जर्मनी का साथ दिया। कमाल ने कई मोर्चों पर विजय प्राप्त की। रूस की फौज को ही नहीं हराया, अंग्रेजों के भी दाँत खट्टे कर दिए। लेकिन अन्त में जर्मनी हार गई। टर्की की लाश पर यूरोप के देशों की ललचाई आँखें पड़ीं।

अंग्रेजों ने तो सबसे अच्छा मौका देखा। उन्होंने टर्की की गद्दी पर एक कमज़ोर आदमी को बिठाकर अपना उल्लू सीधा करना शुरू किया। टर्की के कई महत्त्वपूर्ण स्थान ग्रीस को दे दिए।

कमाल का कमाल यहीं से शुरू होता है। उसने खलीफा की कुछ परवाह न की और

एक ही झपाटे में ग्रीस से अपने प्रान्त छीन लिए। उसकी सेना इस तरह आँधी की तरह बढ़ती गई कि यूरोप के देशों को उससे सुलह करने को लाचार होना पड़ा।

यूरोप के चंगुल से अपने देश का उद्धार करके उसने टर्की में प्रजातंत्र कायम किया, खलीफा का पद उठा दिया और वहाँ एक नई जिन्दगी का दौर-दौरा शुरू किया।

लाल झब्बेदार तुर्की टोपी को गुलामी का चिह्न बनाकर उसे पहनना जुर्म करार दिया। लम्बी-लम्बी दाढ़ी को असभ्यता का चिह्न बताया। चुस्त यूरोपीय पोशाकों का चलन कराया। एक से ज्यादा औरत से शादी करने पर कैदखाने की सैर की व्यवस्था की। औरतों के मुँह से बुरका हटाया। उन्हें नाचने-गाने के लिए उत्साहित किया।

टर्की भाषा से अरबी शब्दों को भी हटा दिया। कुरान का तरजुमा टर्की भाषा में कराकर उसी में नमाज़ पढ़ने की परिपाटी चलाई। फारसी लिपि को हटाकर लैटिन लिपि का बोलबाला कराया।

सब विद्याओं की पढ़ाई के लिए स्कूल-कालेज खोले। विज्ञान की ओर खास ध्यान दिया। उद्योग-धंधों की उन्नति के लिए एक भी उपाय नहीं छोड़ा।

जिस समय वह धार्मिक सुधार करता था, वहाँ के मुल्लों ने उसके विरोध में जबर्दस्त आवाज बुलंद की। किन्तु उसने सबके मुँह बन्द किए—या तो उन्हें जेल भेज दिया या फाँसी पर लटका दिया।

टर्की को लोग 'यूरोप का बीमार' कहा करते थे। वही टर्की एक जीवित-जाग्रत राष्ट्र बन गया। इस राष्ट्र को बनानेवाला मुस्तफा कमाल था। अन्त में टर्की की जनता ने उसे प्यार से 'आता तुर्क' कहना शुरू किया था जिसका अर्थ होता है—टर्की का पिता।

प्रश्न

1. टर्की का पिता कौन कहा जाता है ?
2. कमाल पाशा के विषय में तुम क्या जानते हो ?

नए चीन का विधाता

जब सारा संसार उन्नति के पथ पर बढ़ा जा रहा था, चीन पर मंचुओं का राज्य था, जो चीन को पुरानी परम्पराओं में बाँधे हुए थे।

साधारण जनता अफीम खाकर सोई रहती, राज्य करनेवाले तरह-तरह के गुलछर्रे उड़ाते। इधर विदेशियों की नज़र चीन पर पड़ चुकी थी। वहाँ अमेरिका और इंग्लैंड के अड्डे बनते जाते।

संसार का सबसे बड़ा देश—संसार में सबसे बड़ी जिसकी आबादी—संसार में सबसे पुरानी जिसकी सभ्यता, वह चीन इस तरह पिछड़ा रहे, विदेशियों के चंगुल में फँसता जाए—एक नौजवान के हृदय में ये बातें हिलोरें लेने लगीं।

नौजवान का नाम था—सन-यात-सेन। डा. सन-यात-सेन के नाम से संसार के कोने-कोने में उसकी प्रसिद्धि थी।

अपने देश में जो कुछ सीखना था, उसे सीखकर उसने विदेशों में जाकर सीखना शुरू किया। छोटा-सा जापान तरक्की कर रहा था। उसने जापान को अच्छी तरह देखा। इंग्लैंड गया, अमेरिका गया। नई विद्याएँ सीखीं—नई सभ्यता की करामातें देखीं।

इस मंचू-राज्य को हटाना पहला काम है। बिना प्रजातंत्र कायम किए चीन का उद्धार

हो ही नहीं सकता। डा. सन-यात-सेन ने इसी के लिए एक दल का संगठन शुरू किया।

इस दल का नाम रखा गया—कौमिंगतांग। कौमिंगतांग हमारे देश की कांग्रेस की तरह चीन के लोगों की सबसे बड़ी राष्ट्रीय संस्था है।

किन्तु कौमिंगतांग सिर्फ अहिंसात्मक रूप से काम नहीं करती थी। डा. सन-यात-सेन ने बहुत से नौजवानों को विदेशों में जाकर फौजी शिक्षा लेने की प्रेरणा दी। बहुत-से अस्त्र-शस्त्र इकट्ठे किए। स्वयंसेवकों की एक जबर्दस्त टोली इकट्ठी की और बड़ी कशमकश के बाद मंचू-राज्य की हुकूमत को दूर ही कर दिया।

नए प्रजातंत्र के सामने डा. सन-यात-सेन ने तीन काम रखे, जो डा. सन-यात-सेन के तीन सिद्धान्त के नाम से प्रसिद्ध हैं।

पहला काम—विशुद्ध राष्ट्रीयता। चीन में छोटे-छोटे सामन्त भरे पड़े थे। उनकी अलग-अलग सेना, उनकी अलग-अलग हुकूमत। मंचू-राज्य को वे नाम के लिए कुछ कर और मौका पड़ने पर कुछ फौज भेज दिया करते। इन सामन्तों को खत्म कर एक केन्द्रीय सरकार कायम की जाए और सारे देश के लोगों में एक ही राष्ट्रीयता का भाव भरा जाए—डा. सन-यात-सेन की यह पहली इच्छा थी।

उनकी इस इच्छा को पूरा किया उनके प्रधान शिष्य च्यांग-काई-शेक ने। सभी सामन्तों को सर कर उन्होंने नानकिंग में एक केन्द्रीय सरकार का संगठन किया।

दूसरा काम—पूर्ण प्रजातन्त्र। इस नई राष्ट्रीय सरकार का संगठन प्रजातन्त्र के आधार पर हो। और तीसरा काम—सब सुख से रहें। सब आदमियों के लिए खाने-पीने, पहनने-ओढ़ने और रहने-सहने का पूरा प्रबन्ध किया जाए।

राष्ट्रीय सरकार कायम होने के बाद ही डा. सन-यात-सेन चल बसे। बाकी दो उद्देश्यों को लेकर उनके शिष्यों में फूट पड़ गई। जिन विदेशियों को चीने से फायदे थे, उन्होंने इस फूट को और बढ़ाया। आज तो चीन में भयानक गृहयुद्ध फैला हुआ है।

लेकिन इस अंधकार में भी प्रकाश की कोई रेखा है तो डा. सान-यात-सेन की जीवनी—अपने को मिटाकर, उन्होंने नये चीन को जन्म दिया। उनका पुण्य-प्रताप चीन की रक्षा जरूर करेगा।

हर रविवार को राष्ट्रीय सरकार के सभी पदाधिकारी डा. सन-यात-सेन की समाधि के निकट एकत्र होते हैं और उनके तीनों सिद्धान्तों की चीन में स्थापना करने की शपथ लेते हैं।

साहस के पुतले

[1935-36 ई.]

एवरेस्ट की चोटी पर

अचानक चारों ओर बादल छा आए। बादल-बादल ! घोर गड़गड़ाहट ! बिजली कौंधी, चतुर्दिक् काँप उठा। मानो शंकर ने क्रुद्ध हो अपनी जटा खोली हो। बचाओ अपने को ओ मानवो ! धृष्ट गुस्ताख मानव-सन्तानो !

कुछ देर बाद फिर आकाश साफ–फिर सूर्य हँसा, फिर बर्फिस्तान चमका। किन्तु वे दो काले दाग ! उनका कहीं पता नहीं !–वे क्या थे, क्या हुए ?

हिमालय हमारे यहाँ देवभूमि समझा जाता है। तिब्बती लोगों की भी यही धारणा है। उनका यह भी कहना है कि देवता यह बर्दाश्त नहीं कर सकते कि कोई आदमी उनकी भूमि में पैर रखे। एक तो उन्होंने बड़े-बड़े कुत्ते पाल रखे हैं, जो उस ओर किसी को बढ़ने ही नहीं देते–और, यदि कोई बढ़ भी पाया, तो उनके तीर-कमान का शिकार हुआ।

ये दो दाग नहीं थे–दो मनुष्य थे, जो एवरेस्ट की चोटी पर पहुँचने के लिए आगे बढ़ रहे थे और अति दूर होने के कारण, अपने मित्रों द्वारा दूरबीन से देखे जाने पर भी काले दाग-मात्र ही मालूम पड़ते थे।

तो, हम मान लें कि देवताओं ने इन दोनों को इस गुस्ताख़ी की सज़ा दे दी ?

किन्तु, हमारे-आपके मानने से क्या होगा ? वे या उनके साथी तो देवता-भूत-जैसी बेवकूफों की चीजों पर विश्वास नहीं करते। वे तो हिमालय को पत्थर और बर्फ का एक पहाड़-मात्र मानते हैं, और जिस हिम्मत के बल पर उन्होंने दोनों ध्रुव को पद-मर्दित किया है, उसी के बल पर एवरेस्ट की चोटी पर भी अपने चरण-चिह्न अंकित कर देना चाहते हैं।

जब बादल खुला, थोड़ा दिन बाकी था। इस समय यदि कोई उन्हें खोजने जाए भी, तो वह शाम तक लौट नहीं पाएगा।

वे क्या करें ? अपने इन दो बहादुर साथियों के लिए वे बहुत चिन्तित हैं, किन्तु करें तो क्या ?

इतने ही में, फिर आकाश आच्छन्न दीखा और बर्फ की वर्षा होने लगी।

दो घंटे तक लगातार !

उधर सूर्य डूबने जा रहा है–उसकी अन्तिम किरणों से समूचा हिम-प्रदेश स्वर्णमय बन रहा है।

उन्होंने दूरबीन निकाली। इधर-उधर, नीचे-ऊपर, अगल-बगल–चारों ओर नजर दौड़ाई, वे कहीं नहीं दीख पड़े। कहीं नहीं–कहीं नहीं।

उदासी और बेचैनी में सारी रात कटी।

भोर हुई, फिर खोज-ढूँढ़। किन्तु, कोई पता नहीं।

उन्हें यह समझते देर न लगी कि उनके इन दो साथियों की क्या हालत हुई !

क्योंकि अभी दो वर्ष पहले की घटना उनकी आँखों में घूम ही रही थी।

ये कौन थे–कौन-सी थी वह घटना

न जाने मनुष्य-स्वभाव में कौन-सी खूबी है कि कुहरे का भेदन करना–किसी गुप्त रहस्य का पता लगाना उसे बहुत ही भाता है। वह इसके लिए बड़ा-से-बड़ा संकट भी झेल लेता है।

रहस्योद्घाटन की इस प्रवृत्ति के कारण भिन्न-भिन्न देशों का अन्वेषण हुआ; बीहड़-से-बीहड़ जंगलों, ऊँचे पहाड़ों के कोने-कोने छाने गए; ध्रुव-देशों तक का पता लगाकर

ही दम लिया गया। फिर, दुनिया में अकेला एवरेस्ट ही ऐसी जगह क्यों रह जाए, जहाँ के बारे में हमें कोई पता न हो ? भला, मनुष्य इसे कैसे बर्दाश्त करता !

बहुत दिनों से इस बारे में सोचा-विचारा जा रहा है।

जनरल ब्रूस नामक एक साहसी अंग्रेज इसी उद्देश्य से लगातार बीस बरसों तक एवरेस्ट के आसपास चक्कर लगाता और उसके सम्बन्ध की जानकारी हासिल करता रहा। 1914 में तो वह एक दल लेकर एवरेस्ट की ओर प्रस्थान भी करनेवाला था; किन्तु उसी साल यूरोप में महायुद्ध छिड़ गया। दुनिया के सभी कामों में जिस तरह गड़बड़-घोटाला हुआ, उसके इस आयोजन की भी वही गति हुई।

किन्तु, उसकी हौसले की आग कभी बुझी नहीं। हृदय के किसी कोने में वह धू-धू करती रही।

आखिर, 1921 में, जब महायुद्ध पूरी तरह शांत हो गया था, उसने फिर तैयारी शुरू की। उसे इस काम में यूरोप के सबसे ऊँचे पहाड़ आल्प्स पर चढ़नेवाले साहसियों के क्लब से और लंदन की राजकीय भूगोल-समिति से भी मदद मिली।

एक वर्ष में पता लगाया गया कि आखिर एवरेस्ट पर चढ़ने का कौन-सा रास्ता अच्छा होगा।

'एवरेस्ट' नेपाल और तिब्बत के बीच में है। नेपाल से जाने में अच्छा होगा, या तिब्बत से ? अच्छी राह तिब्बत की ही ओर से है, किन्तु उसके लिए उस रहस्यभूमि तिब्बत होकर तीन सौ मील की पैदल यात्रा पूरी करना अति आवश्यक होता है, फिर, तिब्बत के शासक 'दलाई लामा' से आज्ञा भी लेनी ही चाहिए।

इन सब कठिनाइयों को सुलझाते हुए, उसी राह से, 1922 में, साहसिकों का पहला जत्था जनरल ब्रूस के ही नायकत्व में चला।

इस महा कठिन यात्रा के उपयुक्त सभी सामान उन्होंने एकत्र कर लिए थे।

सबसे पहली बात तो यह है कि एवरेस्ट सभ्य आबादी, शहर, रेल, तार आदि से बहुत दूर है। अतः खाने-पीने, पहनने-ओढ़ने आदि दैनिक आवश्यकताओं की चीजों को भी प्रचुर परिमाण में ले गए बिना नहीं चलता।

फिर वह बहुत सर्द स्थान है। सर्दी से बचने या यों कहिए कि शरीर में जीवनोपयुक्त गर्मी बनाए रखने के लिए काफी इन्तजाम करना पड़ता है। एक खास किस्म की बत्तख के पर से भरे बिछावन, तकिए आदि बनाने होते हैं। खीमे को गरम रखने के उपाय करने होते हैं; कीमती-से-कीमती ऊनी कपड़े का व्यवहार करना पड़ता है; तो भी हाथ और पैर यों ठिठुरने लगते हैं कि मानो निर्जीव हो गए !

भारी दिक्कत यह है कि एवरेस्ट पर चढ़ने के लिए जो उपयुक्त ऋतु है, वह बहुत ही छोटी होती है। यानी कुल छः सप्ताहों की। यदि छः सप्ताह में आप चोटी पर नहीं पहुँच पाए तो फिर लौटिए—अब दूसरे साल ही चेष्टा करने का मौका मिलेगा।

पर, सब कठिनाइयों का राजा तो यह है कि एवरेस्ट की ऊँचाई इतनी अधिक है कि वहाँ की हवा बहुत पतली होती है, जिससे साँस लेने में बड़ी कठिनाई पड़ती है—पग-पग पर मालूम होता है कि फेफड़ा फट गया। अतः कुछ डेग बढ़कर थोड़ी देर रुकना और साँस लेने के लिए प्रयत्न करना पड़ता है। कभी-कभी आदमी बेहोश होकर गिर जाता है।

इसके लिए आवश्यक यह होता है कि चढ़नेवाले अपने पास ऑक्सीजन नामक वायु-तत्त्व से भरी हुई पेटियाँ रखें। इन पेटियों को पीठ पर बाँधकर और नली द्वारा मुँह और नाक से पेटी का सम्बन्ध जोड़कर ऊपर बढ़ना होता है। निस्संदेह कुछ देर के बाद यह पेटी भी खाली

हो जाती है और फिर दूसरी पेटी का इस्तेमाल करना पड़ता है। ये हवा से भरी पेटियाँ बोझ को और बढ़ा देती हैं।

यों इस चढ़ाई के लिए प्रचुर सामान लेने होते हैं और इन प्रचुर सामानों के लिए आदमियों और जानवरों का एक बड़ा काफ़िला भी साथ रखना जरूरी ही होता है।

ब्रूस की इस पार्टी में तेरह गोरे चढ़ाकू, साठ देशी कुली और गाय, खच्चर, झबरी गाय ('याक' नामक जानवर, जिसकी पूँछ का चँवर बनता है), गधे आदि तीन सौ बीस पशु भी थे।

सोलह हजार फीट पर चढ़कर उसने पहला अड्डा जमाया और अधिकांश पशु और सामान वहाँ रख दिया। कुछ आदमी भी वहीं छोड़ दिए। इसके बाद ज्यों-ज्यों आगे बढ़ता गया, दो अड्डे उसने और कायम किए। तीसरा अड्डा इक्कीस हजार फीट पर बना।

अब केवल आठ हजार बच रहे। बार-बार उसे तय करने के प्रयत्न होते रहे।

अन्त का प्रयत्न तीन बहादुर आदमियों का था—मल्लौरी, क्रैफोर्ड और सोमरवेल का।

4 जून, 1922 को ये आगे बढ़े।

किन्तु ज्योंही थोड़ी दूर गए थे, घनघोर बर्फ की वर्षा शुरू हुई। जिस समय उन्होंने अड्डा छोड़ा था उस समय भी ऋतु खराब थी। किन्तु एक तो समय बरबाद न करने के ख्याल से, दूसरे इस विचार से कि थोड़ी देर में ये बादल छँट जाएँगे, उन्होंने कूच कर दिया था।

पर, वर्षा हुई और खूब। लगातार छत्तीस घंटे तक बर्फ के गोले बरसते रहे।

संयोग अच्छा यह था कि ये लोग अभी बहुत दूर नहीं गए थे। अतः वहाँ से लौटकर अपने अड्डे तक ये आ सके। नहीं तो···

पर, 'नहीं तो'··· की परवाह साहसी नहीं करते हैं न ?

तीसरी सुबह। आकाश साफ। ये तीन बहादुर अंग्रेज चौदह कुलियों को लेकर रवाना हुए। घड़ी में आठ बजे थे। वे चार दलों नें विभक्त होकर चले—सबसे आगे एक दल, उसके कुछ पीछे दूसरा, फिर तीसरा और चौथा दल सबके पीछे।

बर्फ पर चलना था। किन्तु, बर्फ इस हालत में थी कि उस पर पैर अच्छी तरह जम सके। दनादन बढ़ते गए—बढ़ते गए। डेढ़ बजे दिन तक छह हजार फीट तय कर लिए।

अहा, वही सामने सबसे आखिरी चोटी दिखाई पड़ती है न ! कुल दो हजार फीट से कुछ ही ज्यादा रह गए हैं। यानी, एक-तिहाई मील के लगभग।

एक-तिहाई मील ! कहने में कितना छोटा—सुनने में कितना आसान ! किन्तु, इस दो हजार फीट ही में तो सारी करामात है।

यह क्या ? अकस्मात् भीषण शब्द ! ऊपर से नहीं, नीचे से, उनके पैर के नीचे से ! कड़ाक्—कड़कड़-कड़कड़ कड़क् !

देखते हैं, जिस बर्फ पर ये लोग खड़े थे, वह नीचे खिसक रही है।—तेज़ी से खिसक रही है। फिर एक जबर्दस्त धक्का; कोई इधर गिरे, कोई उधर। और सबको लेकर वह बर्फ की चट्टान चली जा रही है भयानक गति से नीचे की ओर।

संयोग ही कहिए—डेढ़ सौ फीट नीचे आकर वह चट्टान रुक गई।

सबसे आगे थे मल्लौरी, सोमरवेल, क्रैफोर्ड और कुली। चट्टान के रुकते ही उन्होंने अपने को सँभाला। थोड़ी ही चेष्टा से वे बर्फ में से अपने को निकाल सके।

चारों खड़े हैं !

किन्तु उनके पिछले साथी ?

इन्होंने देखा, उनमें से कुछ बहुत नीचे बर्फ से लथपथ पड़े हुए हैं। दौड़कर इन लोगों

ने उन्हें निकाला। पर ये तो दूसरे दल के लोग हैं ! तीसरे और चौथे दल के लोग कहाँ हैं ? क्या वे नीचे के पहाड़ी खड्ड में फेंक दिए गए ?

सब नीचे दौड़े। कुछ दूर आगे बढ़ने पर उनके कुछ चिह्न दिखाई पड़े। वे लोग बड़ी तेज़ी से मुलायम बर्फ को खोदने लगे। खोदते-खोदते तीन साथियों को उसके बीच से निकाला, वे सब सौभाग्य से जीवित थे। किन्तु बहुत चेष्टा, बड़ी मिहनत के बाद जिन सात साथियों को निकाला, वे एवरेस्ट के बलि चढ़ चुके थे ! बर्फ में ढँक जाने के कारण उनका दम घुट गया—प्राण-पखेरू उड़ गए।

अपने साथियों के भाग्य पर रोते, वे नीचे अपने अड्डे पर आए।

उसके बाद ही वर्षा-ऋतु प्रारम्भ हो गई। उन्हें वापस आना पड़ा।

एवरेस्ट जीत गया—मनुष्य हार गए। एवरेस्ट की सेना में कितने ही प्रबल लड़ाके हैं। एक तो वह खड़ंग चट्टानों की किलेबन्दी से घिरा है; फिर बर्फ, बर्फीला तूफान, अन्धापन, भयानक सर्दी, पहाड़ी बीमारियाँ, हड्डीतोड़ थकावट—एक-से-एक जुझार सेनापति हैं उसके। वह मनुष्य—दो पैर, दो हाथवाले, साढ़े तीन हाथ के जीव—से जीत न जाए, तो क्या ? इसीलिए तो किसी-किसी ने उसे 'मनुष्य-भक्षी' के नाम से भी पुकारा है।

पर, मनुष्य, मनुष्य है,—और पहाड़, पहाड़।

एवरेस्ट और उसके सेनापति लड़ते तो हैं, किन्तु अन्धे की तरह!

मनुष्य हारता है, किन्तु वह अपनी हारों से अनुभव हासिल करता है। अपनी त्रुटियाँ दूर करने और आगे के लिए फिर नई तैयारी करने की योग्यता भी तो है उसमें !

''पुनः करो उद्योग !
पुनः करो उद्योग।''

दो वर्ष बाद !

वही महीना। फिर एवरेस्ट के निकट एक काफ़िला जमा हुआ है।

पहले के अनुभव के आधार पर सामानों में बहुत-कुछ परिवर्तन है। आदमियों में भी। हाँ, नायक वही है। परिचित सूरतों की भी कमी नहीं।

इस बार सत्ताईस हजार फीट की दूरी तक अड्डे कायम हो गए हैं !—यह छः नम्बर का अड्डा है।

6 जून को मल्लौरी और इरविन नामक दो साहसी युवक, पाँच कुली और एक दूसरे साथी मिस्टर ओडेल के साथ रवाना हुए और रात काटी पाँच नम्बर के अड्डे में।

सातवीं जून !

मल्लौरी और इरविन पाँच नम्बर के अड्डे से रवाना हुए छः नम्बर के अड्डे की ओर। ओडेल पाँच ही नम्बर के अड्डे में रह गया, जहाँ जरूरी सामान, वक्त-जरूरत के लिए, रखे गए थे।

इस अड्डे से पश्चिम रुख जाना था और वहाँ से दूर-दूर तक दीख पड़ता था।

शाम को कुली वापस आए और मल्लौरी का यह सन्देश पढ़ सुनाया कि वे दोनों बड़े मज़े में आगे बढ़ रहे हैं।

आठवीं जून। भोर में मौसम बड़ा ही अच्छा रहा। ओडेल पाँच और छः नम्बर के अड्डों के बीच की पहाड़ी के निरीक्षण को निकला। किन्तु, ज्योंही थोड़ी दूर तक वह आगे बढ़ा था कि बादल घिर आए और कुहरा इतना घना हो गया कि निकट के आदमी भी नहीं सूझ पड़ते थे।

बारह बजकर पचास मिनट पर जब बादल खुला, ओडेल ने पश्चिम ओर नज़र दौड़ाई। देखा, दो काले दाग धीरे-धीरे आगे बढ़ रहे थे।

ये ही वे दो काले दाग थे !—ये थे मल्लौरी और इरविन ! बाद में क्या हुआ, शुरू में ही लिखा जा चुका है।

ये दो वीर आत्माएँ एवरेस्ट की बलि चढ़ गईं ! किन्तु, बहुत लोगों का अनुमान यह है कि ये दोनों एवरेस्ट की चोटी तक पहुँच चुके होंगे—ओडेल ने इन्हें 28000 फीट से ऊपर तक देखा था। उधर कुल 1140 फीट तो बच गए थे—जिन्हें इन्होंने पार भी कर लिया हो तो आश्चर्य नहीं।

सम्भव है, ये एवरेस्ट पर अपने चरण-चिह्न जड़कर वापस लौटे हों, बीच ही में संध्या हो गई हो; दोनों किसी चट्टान के सहारे सोए हों; रात ही में इतनी बर्फ पड़ी हो कि बर्फ ही इनकी कब्र बन गई हो !

दक्षिणी ध्रुव का अन्वेषक

''रुक जाओ !''

आनन्द में आधा पागल होकर इनके नेता ने कहा—''हमने दक्षिणी ध्रुव पा लिया है !''

वह अपनी डायरी में लिखता है—

''अहा ! वह कैसी पवित्र घड़ी थी। ऋतु के थपेड़े से चूर, बर्फ की मार से बेहोश पाँच आत्माओं ने ध्रुव का आलिंगन किया; अपने प्यारे देश नार्वे की पताका फहराई, और फिर उसे इतिहास में पहली बार, दक्षिणी ध्रुव की छाती पर गाड़ दिया !''

पाँचों वहीं बैठ गए। उत्सव के भोजन की तैयारी हुई। किन्तु इस जन-हीन बर्फानी प्रदेश में ज्यादा क्या चीजें मिलतीं ? कुछ सूखे फल, 'सील' का मांस, कुछ चाकलेट—और, सिगार ! किन्तु आज इनमें कितना स्वाद था ! निस्संदेह इन्होंने अपने लिए, और अपने देश के लिए, संसार के इतिहास में, एक अमर स्थान बना लिया है।

ये कौन थे ?

इनके नेता का नाम था रोल्ड एमंडसेन !

एमंडसेन—हिम्मत का पुतला ! शरीर भी वैसा ही मिला था उसे। छः फीट से ज्यादा ऊँचा, शरीर इस्पात का बना। सुन्दर भड़कदार चेहरा, नीली खूबसूरत आँखें ! भला, ऐसा शरीर रखकर भी कुछ इतिहास न बनाया गया, तो यह किस काम का ? शक्ति और सौंदर्य मौज उड़ाने या धौंस जमाने की चीज नहीं है न ?

यौवन में प्रवेश करने के साथ ही उसमें कुछ करने की धुन समाई। वह ऐसा मौका खोजने लगा, जब अपनी शक्ति और साहस का परिचय वह दे सके। उसका जन्म 1872 ई. में हुआ था। कालेज की डिग्री लेकर उसने डॉक्टरी सीखी। उसी समय ध्रुवों की तलाश के लिए प्रयत्न-पर-प्रयत्न हो रहे थे। उसके दिल में यह बात बैठ गई। वह देखने लगा कि मैं भी इन दुर्गम देशों को देखूँ।

इसके लिए जहाजी विद्या जानना जरूरी था। वह एक जहाज पर भर्ती हुआ—बड़ी मिहनत और चौकसी से वह सीखने लगा। परीक्षा भी पास की।

इतने ही में बेलजियम के एक साहसी व्यक्ति ने दक्षिणी ध्रुव की खोज में अपने साथ चलने के लिए यूरोप के कुछ नौजवानों का आह्वान किया। एमंडसेन ऐसा मौका कब चूकता ?

उसने दरखास्त दी। दरखास्त मंजूर। 1897 में एक जहाज यूरोप के किनारे से रवाना हुआ—इसमें यूरोप के कितने ही देशों के उत्साही युवक शामिल थे। कई अभावों के कारण यह दल दक्षिणी ध्रुव का पता तो नहीं लगा सका—किन्तु, इस यात्रा में एमंडसेन को कितने ही उपयोगी अनुभव हुए।

1901-2 में जब एक दूसरा यात्री दल उत्तरी ध्रुव की ओर चला, तो इसमें भी वह शामिल हुआ। उसके अनुभव अब पूरे हुए।

किन्तु, दूसरों के पीछे कब तक चला जाए? दूसरों के आसरे पर बढ़नेवाले लोग अमरलत्ती के समान होते हैं, जो वृक्ष से अलग की जाते ही सूख जाती है।

1903 में उसने स्वतन्त्र अन्वेषण के लिए निर्णय किया और 17 जून को एक जहाज लेकर रवाना हो गया। इस अन्वेषण में उसने कई बातों के पता लगाने का निश्चय किया था।

कम्पास की सुई सदा उत्तर की ओर रहती है, इसका कारण क्या है? कहा जाता है, उत्तरी ध्रुव में चुम्बक-शक्ति है, जिसके कारण वह सुई, दिशा-परिवर्तन होने पर भी, उत्तर ही की ओर रुख करती है। उस चुम्बक-प्रदेश का निश्चित पता लगाना।

उत्तर-पश्चिम के रास्ते अटलांटिक महासागर से पैसेफिक महासागर पहुँचना सम्भव है कि नहीं, इसका निश्चय करना।

निस्संदेह यह एक साहसमय काम था। किन्तु एमंडसेन तो 'साहस का पुतला' था ही। हाँ, वह इसके अतिरिक्त भी कुछ था। उसमें धैर्य भी परले सिरे का था; और किसी कार्यक्रम की छोटी-छोटी बातों का लेखा-जोखा भी वह पहले से तैयार कर लेता था।

सैंतालिस टन का छोटा-सा जहाज़—कुल सात सवार ! और, इतने बड़े साहस का काम !

उसने पहले अटलांटिक को पार किया और उत्तरी अमेरिका के उत्तर-पूर्व किनारे पर पहुँचा। फिर, ग्रीनलैंड और बैफिन-द्वीप के बीच से गुजरता हुआ, बूथिया प्रायद्वीप में आया। यहाँ वह उन्नीस महीने रहकर गहरा निरीक्षण करता रहा और उसके आधार पर उसने धोषित किया कि सर रौस ने चुम्बक-प्रदेश के स्थायी स्थान की जो बात कही है, वह गलत है—वह तो अनवरत गतियों का एक केन्द्र मात्र है।

उसका यह अनुसन्धान ही उसे अमर बनाने के लिए काफी था। किन्तु उसे इतने से संतोष कहाँ ?

वह अपने दूसरे उद्देश्य—उत्तर-पश्चिम रास्ते—की खोज में निकला।

सैकड़ों वर्षों से साहसी जहाजी उत्तरी ध्रुव के रास्ते अटलांटिक महासागर से पैसेफिक महासागर में आने की चेष्टा करते रहे और असफल होते रहे हैं। सर फ्रैंकलिन ऐसे साहसी अंग्रेज भी इसी चेष्टा में प्राण गँवा चुके थे।

एमंडसेन का छोटा-सा जहाज इसी दुर्गम पथ को पार करने लगा। वह कनाडा के उत्तरी किनारे से चला। किन्तु दिन, महीने, वर्ष बीतते गए; उसकी कोई खबर न मिली। उस समय तक वह इतना प्रसिद्ध भी नहीं हो पाया था कि उसके लिए अधिक चिन्ता की जाती। दुनिया उसे भूलने लगी—देश भी भूलने लगा। लोगों ने समझा, एक सिर-फिरा था, गया !

किन्तु, 1905 में, अकस्मात् अलास्का के ईग्ल-सिटी में वह दीख पड़ा। फिर एक बार लोगों का ध्यान उसकी ओर आकृष्ट हुआ। किन्तु वह फिर लोगों की आँखों से ओझल हुआ; क्योंकि तब तक उसकी यात्रा पूरी नहीं हुई थी, और 1906 में जब फिर संसार के सामने हुआ, तो वह सफलता प्राप्त कर चुका था और चारों ओर उसकी प्रशंसा की धूम थी। एक साधारण तुच्छ व्यक्ति की हैसियत से उठकर अब वह संसार का एक महान पुरुष था ! भिन्न-भिन्न देशों से उसे बधाइयाँ मिलने लगीं, भिन्न-भिन्न देशों से व्याख्यान देने के निमंत्रण भी मिले।

इस यात्रा में एमंडसेन ने एस्कीमो जाति के बारे में बहुत बातों का पता लगाया। एक बड़ी जाति के बीच में अट्ठारह महीने रहने पर भी उसने केवल चार जन्म और दो मृत्यु की घटनाएँ सुनीं। दोनों मृत्युएँ आत्महत्या से हुई थीं। एस्कीमो-स्त्रियों के गाने ने भी उसे बहुत आकृष्ट किया।

कुछ दिनों के बाद एमंडसेन ने उत्तरी ध्रुव की यात्रा का निश्चय किया।

उसका विचार था कि पाँच वर्षों तक उत्तरी ध्रुव देश में रहा जाए और ध्रुव के निश्चित स्थान का पता लगाने के अतिरिक्त वहाँ की भौगोलिक बातों का पूरा अध्ययन किया जाए।

इस बात की घोषणा करते हुए उसने अपने देशवासियों से चन्दे के लिए अपील की। चन्दे की वर्षा-सी होने लगी। वहाँ के राजा-रानी ने पन्द्रह हजार रुपए भेजे।

रुपए इकट्ठे हो जाने पर एमंडसेन तैयारी में लगा। ध्रुव-देशों के लिए सब उपयुक्त साधन जुटाए गए। सबसे कठिन प्रश्न था, वहाँ किस जानवर से सामान ढोने या सवारी करने का काम लिया जाए। घोड़े, बैल, हिरन, कोई भी वहाँ काम नहीं दे सकते। एमंडसेन ने एक बार सोचा कि ध्रुव देशों के कुछ जंगली भेड़ियों को पालकर उनसे यह कार्य लिया जाए—किन्तु, वे बनैले जीव पोस माननेवाले नहीं थे। तब उसने कुत्ते की आजमाइश शुरू की और उसमें सफल हुआ।

उसका जहाज़ सज-सजाकर तैयार हुआ कुत्तों का एक बहुत बड़ा झुण्ड, बर्फ-गाड़ियाँ, तम्बू, बर्फ पर पहनने के जूते, खाने-पीने की सामग्री आदि से समूचा जहाज़ भरा था। कुछ अति साहसी साथी उसकी आज्ञा पर मृत्यु का पंजा पकड़ने को बद्ध-परिकर थे।

किन्तु, आखिरी समय यह क्या हुआ ? एक दिन संसार भर में इस खबर से शोर मच गया कि सुप्रसिद्ध अन्वेषक पियरी ने अपने देश के 'तारों और धारियोंवाले झंडे' को उत्तरी ध्रुव पर गाड़ दिया।

एमंडसेन पर क्या बीती होगी, कल्पना कीजिए उसका वर्षों का स्वप्न और तैयारियाँ धूल में मिल गईं।

किन्तु, ऐसे ही अवसर पर तो आदमी को 'धातु' की परीक्षा होती है। वह कच्चा लोहा नहीं था। उसकी फौलादी इच्छा के लिए दुनिया में कोई बाधा नहीं थी।

उसने मन-ही-मन निश्चय किया—न उत्तरी ध्रुव, दक्षिणी ही सही ! किन्तु उसका निश्चय ध्रुव है।

अब वह चुपचाप इसकी तैयारी में लगा। हाँ, बारह महीनों तक अपने आदमियों से भी उसने इसे छिपाकर रखा। नक्शे को देखकर आने-जाने के रास्ते के बारे में पूरा ब्योरा तैयार किया। यह ब्योरा इतना सही निकला कि जितने दिन में उसने पहुँचने का अंदाज किया था उसमें सिर्फ एक दिन की गलती निकली—यानी वह एक दिन पहले ही दक्षिणी ध्रुव पर पहुँच गया।

1910 का सितम्बर। एक छोटा-सा जहाज़, जिस पर नार्वे का झंडा शान से फहरा रहा है, मदीरा-द्वीप के बन्दरगाह पर खड़ा है। वहाँ के आदि-निवासी बड़ी उत्सुकता से इस जहाज़ को घूर रहे हैं—क्योंकि खबर है, यह जहाज़ उत्तरी ध्रुव का पता लगाने जा रहा है। इसके जहाज़ी भी ऐसा ही कहते हैं।

किन्तु, जहाज़ का जो नायक है, कुछ दूसरा ही सोच रहा है।

आज ही दोपहर में कूच करना है। पूरी तैयारी हो चुकी है। इसी समय नायक सभी जहाज़ियों को सामने बुलाता है। सब उत्सुकता से उसकी ओर देखते हैं। उसकी बगल में जहाज़ का कप्तान खड़ा है, जिसके हाथ में एक नक्शा है।

नायक बोला—भाइयो, उत्तरी ध्रुव का पता लग चुका। अब हम जूठी पत्तल को क्यों चाटें ? चलिए, अब दक्षिणी ध्रुव ! जो होना ङोगा, होगा ! बोलिए—आपमें कौन-कौन तैयार हैं ?

सब हक्का-बक्का !

घबराइए नहीं—दक्षिणी ध्रुव की पूरी तैयारी मैंने कर ली है। हिम्मत चाहिए, विजयमाला हमारे गले में है। बोलिए !

एक-दो-तीन ! एक-एक कर सबने कहा—जैसी आपकी मर्जी—हम तैयार हैं। हम तैयार हैं—बढ़िए आगे, कोई परवाह नहीं।

जहाज़ दक्षिणी ध्रुव की ओर चला।

ठीक उसी समय अंग्रेज कप्तान स्कॉट भी दक्षिणी ध्रुव के अन्वेषण के लिए चल चुका था।

14 जनवरी 1911 को एमंडसेन का जहाज़ रौस समुद्र के किनारे पर पहुँचा—जहाँ से दक्षिणी ध्रुव का 1000 मील का पैदल बर्फानी रास्ता रह गया।

ठीक उसके विपरीत किनारे से स्कॉट भी पैदल चल चुका था। अब बात थी कि कौन पहले पहुँचता है। विजय-मुकुट किसके सिर पर पड़ता है ! स्कॉट के या एमंडसेन के—इंग्लैंड विजयी होता है या नार्वे ?

गर्मी की ऋतु बर्फ-गाड़ियों पर यात्रा करने, स्थान-स्थान पर अड्डे कायम करने, खाने-पीने, ओढ़ने आदि का सामान जुटाने आदि में बीती। 22 अप्रैल को चार महीने की रात होने के पहले, आखिरी बार सूर्य के दर्शन हुए।

हाँ, ध्रुव-प्रदेश में रात और दिन बड़े-बड़े होते हैं। ठीक ध्रुव के निकट तो छः महीनों की रात और छः महीने के दिन होते हैं।

इन चार महीनों की नीरसता को काटने के लिए एमंडसेन अपने साथ तीन हज़ार उत्तमोत्तम पुस्तकें लाया था। यही नहीं, ग्रामोफोन, कुछ अन्य बाजे और एक गानेवाली चिड़िया भी लाया था। रात में कुत्तों की क्रमिक आवाज़ें भी कुछ कम मनोरंजन नहीं करतीं।

24 अगस्त को फिर सूर्य दीखा। इसके अन्दर एमंडसेन, उसके साथी और उसके कुत्ते भी भले-चंगे रहे।

पूरी तैयारी कर 28 अक्टूबर को आखिरी कूच किया गया।

कुल पाँच आदमी, चार बर्फ-गाड़ियाँ, बावन कुत्ते और चार महीने के सामान। बस, इतने ही का था यह ऐतिहासिक काफ़िला।

प्रतिदिन तीस मील रास्ता रौंदा जाने लगा। हर अक्षांश-रेखा पर एक भण्डार बना दिया जाता जिसमें लौटने में उपयोग किया जा सके।

नवम्बर के अन्त में ध्रुव के पहाड़ी प्रदेश में प्रवेश किया। इसके लिए ग्यारह हजार फीट की ऊँचाई तक इन्हें पार करनी पड़ी।

जिस दिन ध्रुव के अन्वेषण में ही प्राण देनेवाले शैकल्टन की बनाई सीमा-रेखा को ये पार कर गए—उस दिन इनके आनन्द का आर-पार न रहा।

अब एक ही चिन्ता थी। ध्रुव के निकट पहले कौन पहुँचता है ? स्कॉट का दल या ये लोग।

14 दिसम्बर 1919 का प्रभात बड़ा सुहावना था। न किसी ने भर पेट भोजन किया, न किसी ने ज्यादा गुफ्तगू की। उत्सुकता से सब स्तब्ध थे। अब हम लक्ष्य के निकट हैं—अब लिया, अब लिया !

दिन के तीन बजे, एमंडसेन चिल्ला उठा—"रुक जाओ !" यही ध्रुव है। कहीं प्राण नहीं, कहीं कोई जीव नहीं। नीरव, निस्पन्द !

अरे! यही वही जादू का देश है, जिसके फेर में कितने ही दुर्धर्ष साहसियों ने अपने प्राण अर्पित कर दिए थे ?

उस समय अपनी भावना को वह लिखता है—"मैं यह नहीं कह सकता कि मेरे जीवन का उद्देश्य पूरा हो गया। हाँ, मैं इतना ही कह सकता हूँ कि मेरी ऐसी विपरीत स्थिति में शायद ही कभी किसी को पड़ना पड़ा हो। बचपन से ही मैं उत्तरी ध्रुव के अन्वेषण के लिए लालायित था—किन्तु आज मैं खड़ा हूँ दक्षिणी ध्रुव पर ! भला इस गोरखधंधे का भी कोई हिसाब है ?"

एमंडसेन और उसके साथी तीन दिन तक वहाँ ठहरे।

चौथे दिन कुछ कागजात, थोड़ी खाने-पीने की चीजें, कुछ कपड़े वहाँ हिफाजत से रखकर लौटे। यह इसलिए कि कहीं स्कॉट आवे और उसे इनका अभाव हो, तो इनसे काम चलाए।

कितनी महत्ता !

समुद्र-तट से ध्रुव तक का रास्ता 1860 मील का था। आने-जाने में उन्हें 99 दिन ही लगे।

1912 के मार्च में जब यह खबर संसार को लगी—चारों ओर से प्रशंसा और बधाई की झड़ी लग गई। संसार ने उसे अपने महापुरुषों की पंक्ति में गिना, उसके देश ने उसे अपनी सर्वोत्तम संतानों में समझा।

किन्तु, कैसी विचित्रता है कि 'दक्षिणी ध्रुव के विजेता' को इस विजय के सोलह वर्ष बाद उत्तरी ध्रुव की बलि चढ़ जाना पड़ा

हाँ, 1928 में, दुनिया यह खबर सुनकर स्तब्ध रह गई कि वायुयान पर उत्तरी ध्रुव की यात्रा करते हुए, एमंडसेन सदा के लिए हमारी आँखों से ओझल हो गया—उसका कोई पता तक नहीं चला।

पहले उसने उत्तरी ध्रुव की विजय की ही तो तैयारी की थी। दक्षिणी ध्रुव की विजय के बाद भी उत्तरी ध्रुव का आकर्षण नहीं गया ! उससे हृदय को बार-बार अपनी ओर खींचता रहा !

इतने ही में संसार में यह खबर फैली कि 'नोबिल' नामक उड़ाका उत्तरी ध्रुव की खोज में गया था; किन्तु उसका पता नहीं मिल रहा है !

एमंडसेन का हृदय तड़प उठा। एक तो उत्तरी ध्रुव का इतने दिनों का आकर्षण—फिर मानवता की यह पुकार ! एक वायुयान लेकर वह खोज में चला।

छः सप्ताह के बाद नोबिल की खबर तो लग गई, किन्तु एमंडसेन उसी खोज में गायब हुआ, सो आज तक पता नहीं।

दक्षिणी ध्रुव के इस विजेता की साहसिकता पर मुग्ध हो, मानो उत्तरी ध्रुव ने उसे सदा के लिए अपने हृदय में बसा लिया।

दोनों ध्रुवों से आवाज़ उठती है एमंडसेन की जय ! उसके देश नार्वे की जय !!

अफ्रीका के अन्तःप्रदेश में

"अभी अफ्रीका जाइए और लिविंग्स्टन का पता लगाइए।"

एक युवा पत्रकार। उम्र यही 30 के लगभग। शरीर का दुबला-पतला, किन्तु हिम्मत का

पुतला। पेरिस के एक होटल में अमेरिका के सुप्रसिद्ध पत्र-पति 'मिस्टर ब्रेनेट' के सामने खड़ा है। ब्रेनेट—सुप्रसिद्ध पत्र 'न्यूयार्क-हेरल्ड' का मालिक। उसने आगे कहा—''खर्च की परवाह मत कीजिए, जितने और जौन से सामान आप मुनासिब समझें, लें और शीघ्र प्रस्थान करें। लिविंग्स्टन का पता लगाने का श्रेय हमारे अखबार को मिलना चाहिए !''

इस पत्रकार का नाम—'स्टानली' था। इसके लिए ऐसा काम कोई नया नहीं था। अपने पत्रकार-जीवन में उसने कितने ही ऐसे काम किए थे। वह इस पत्र का युद्ध-संवाददाता था। तोपों की छाया में बैठकर अपने पत्र के लिए लेख लिखने का मज़ा वह आए दिन उठाया करता। घोर-से-घोर स्थानों की यात्राएँ वह कर चुका था। अविसीनिया के नरभक्षी-प्रान्तों से लेकर तिब्बत के बर्फीले प्रदेश तक को अपने कठोर पदों से वह मर्दित कर चुका था। सुसज्जित कमरे में, चमचमाती टेबुलों पर बैठकर आकाश-पाताल के कुलाबे मिलानेवाले पत्रकारों में वह नहीं था। वह ऐसा पत्रकार था जिससे किसी पेशे की कदर बढ़ती है।

और, वह उन मनुष्यों में था, जो अपना भाग्य आप बनाया करते हैं। एक गरीब घर में जन्मा। अभागा ऐसा कि दुनिया में साँस लेते ही बाप को खो दिया। मातृ-प्रेम से भी उसे उसी उम्र में वंचित होना पड़ा। अपनी मार्मिक आत्मकथा में उसने लिखा है—''बचपन का आनन्द मैंने जाना भी नहीं—किसी का प्यार पाने का सौभाग्य मुझे नहीं हुआ।'' दस वर्ष की उम्र तक वह दयालु पड़ोसियों की कृपा दृष्टि से थोड़ा-बहुत पढ़ता रहा। भूगोल और नक्शे उसके प्रिय विषय थे। पर स्कूलों की पढ़ाई में उसकी रुचि नहीं थी। अनुशासन के नाम पर वहाँ बच्चों की स्वाभाविक प्रवृत्तियों की जैसी हत्या होती है, उसे उसका विद्रोही मन बर्दाश्त नहीं कर सकता था।

उसका जन्म 1842 ई. की 10वीं जून को इंग्लैंड के वेल्स प्रदेश में हुआ था। उस समय यूरोप से जहाज़ पर जहाज़ अमेरिका जाते थे और हर साहसी आदमी एक बार अपना भाग्य आजमाने के लिए वहाँ पहुँचना जरूरी समझता था। अमेरिका के धन और वहाँ की विचित्रताओं की अनेक कहानियाँ घर-घर प्रचलित थीं। इन कहानियों ने इस बच्चे को भी उत्साहित किया। वह एक दिन अपने घर से भागा। वहाँ से लीवरपूल आया। लीवरपूल से एक जहाज़ अमेरिका के लिए तैयार था। उसने उसी पर नौकरी कर ली—नौकरी क्या, उसे तो अमेरिका पहुँचना था, जो शर्त मालिकों ने कही, उसने 'हाँ' कर दी। मामला खत्म।

'हिम्मते मरदाँ मददे खुदा'—की कहानी सोलह आने चरितार्थ हुई। ज्योंही वह अमेरिका पहुँचा, एक भलेमानस व्यापारी से उसकी भेंट हुई। उस व्यापारी से उसकी इतनी घनिष्ठता हुई एवं जिन्दगी में पहली बार उसने इतना प्यार पाया कि उसने खानदानी उपाधि (रोलैंड) सदा के लिए परित्याग कर उसकी 'स्टानली' की उपाधि धारण कर ली। इतिहास में उसका नाम 'सर एच. एम. स्टानली' के रूप में प्रचलित है।

किन्तु, 'अभागा गया बारात—वहाँ भी मिला मट्ठा भात' ! यही हालत हुई। वह व्यापारी मर गया। एक बार वह फिर आश्रय-विहीन हो गया। इतने में अमेरिका में राज्यक्रान्ति हुई। उसने प्रजातन्त्री सेना में अपना नाम लिखाया। उस समय उसकी उम्र कुल बीस वर्ष की थी। बड़ी बहादुरी से लड़ा वह, किन्तु आखिर राजतन्त्री सेना के हाथों कैद हो गया। कैद होने पर वह बुरी तरह बीमार पड़ा। उसकी बुरी हालत देख, राजपक्षवालों ने उसे उसके देश में वापस भेज दिया। यहाँ आने पर उसकी तबीयत अच्छी हुई। किन्तु उसका दिल तो बसा हुआ था अमेरिका में। खासकर वहाँ इस समय भीषण युद्ध छिड़ा हुआ था। राजतन्त्र और प्रजातन्त्र, दोनों अपने-अपने बल की आजमाइश कर रहे थे। प्रजातन्त्र का पुजारी 'स्टानली' इस समय घर पर कैसे बैठा रहता ?

वह अमेरिका पहुँचा। प्रजातन्त्र की नौ-सेना में उसने नाम लिखाया। कई युद्धों में उसने ऐसी बहादुरी दिखाई कि लोग दंग रह गए।

एक घटना यों है–

एक रात उसके जहाज़ और शत्रुपक्ष के जहाज़ में भयंकर गोलाबारी हो रही थी। उसी समय जरूरत समझी गई कि कोई किसी तरह जाए और उस जहाज़ के साथ तार का सम्बन्ध लगा दे। अँधेरी रात में लाल-लाल गोले साँय-साँय करते आते–कभी यहाँ और कभी वहाँ गिरते। मृत्यु की उन चिनगारियों से खेल करने का साहस किसमें है !

स्टानली ने न आगे देखा, न पीछे–वह निधड़क समुद्र में कूद पड़ा और तूफानी लहरों से युद्ध करता, गोलों की अग्नि-वर्षा से अपने को बचाता, तैरता हुआ, उस जहाज़ के निकट पहुँच ही गया और उससे तार का सम्बन्ध लगा चुपके-चुपके फिर लौट आया। एक तो समुद्री लहर, दूसरे गोलों की वर्षा, तीसरे शत्रुपक्ष यदि उसे देख पाता–फौरन उसके टुकड़े-टुकड़े कर डालता; किन्तु जो हिम्मत के धनी हैं–उनके लिए खतरे तो खिलवाड़ हैं।

स्टानली जैसे शत-सहस्र बहादुरों की दुस्साहसिकता, कर्म-पटुता और कर्त्तव्यनिष्ठा के चलते अमेरिका में प्रजातन्त्र की ध्वजा फहरा उठी।

इस युद्ध के बाद, स्टानली फिर किसी साहसमय कार्य की खोज में निकला।

यात्रा करने का उसमें बेहद शौक था। वह यूरोप में घूम-फिरकर कुस्तुन्तुनिया पहुँचा और वहाँ से दो अमेरिकन साथियों के साथ तिब्बत के अलंघित पथ की ओर बढ़ा। वहाँ पर कई बार वह मरते-मरते बचा। डाकुओं ने उसे कई बार लूटा।

इसके बाद उसने 'सुदूर पश्चिम' की भी यात्रा की। इस यात्रा में उसने एक बड़ा मज़ेदार काम किया। जब उसने देखा कि पैदल लौटने में कठिनाई होती है, तो जंगल से उसने कुछ चौड़े काठ इकट्ठे किए और उन्हें एक साथ बाँध-बाँधकर एक बेड़ा-सा बना लिया और उसी पर चढ़कर कई सौ मीलों की दूरी उसने समाप्त कर दी। बीच में कई बार खतरे के अवसर भी आए, किन्तु वह उनका सानन्द सामना करता बढ़ता चला।

अपनी इन यात्राओं का वर्णन जब उसने पत्रों में छपवाया, लोग उसकी कलम पर मुग्ध हो गए। दुनिया ने देखा, इस युवक के हृदय में जितना साहस है, उसकी कलम में भी उतनी ताकत है। घटनाओं की ऐसी तस्वीरें खींच देता कि लोग पढ़कर मन्त्र मुग्ध-से हो जाते।

जिस समय जेनरल हैंकोक ने 'सुदूर पश्चिम' के लिए अपनी विजय-यात्रा प्रारम्भ की, स्टानली, 'न्यूयार्क-ट्रिब्यून' के युद्ध-संवाददाता की हैसियत से, उसके साथ गया था। इस बार जब उसने युद्ध-वर्णन लिखा, लोगों ने उसका लोहा–'जन्मजात युद्ध-संवाददाता' के रूप में मान लिया। अब तो कितने ही पत्र उसे अपना संवाददाता बनाने को उत्सुक हो चले। इनमें 'न्यूयार्क हेरल्ड' के मिस्टर गौर्डन ब्रेट ने उसे बहुत ही प्रभावित किया और उन्हीं की नौकरी उसने स्वीकार कर ली।

जब अविसीनिया में अंग्रेजों का धावा हुआ, वह वहाँ भी गया और वहाँ की घटनाओं का ऐसा सजीव चित्रण अपने पत्र में छपवाया कि उस पत्र की प्रसिद्धि बहुत बढ़ गयी। उसकी अपनी यात्रा-पार्टी थी; स्वतन्त्र रूप से उसने यात्रा की थी।

उसके बाद ही, उसे यह नई जिम्मेवारी का काम सौंपा गया। इस महान् कार्य ने उसके हृदय को और भी आह्लादित किया। वह तैयारी में लगा। एक चतुर पत्रकार की तरह, उसने संसार में यह प्रकट नहीं होने दिया कि वह लिविंग्स्टन की खोज में अफ्रीका जा रहा है। वह चाहता था कि वह एक बार ही संसार को चकित-विस्मित कर दे। लोग समझें कि कोई पत्रकार भी ऐसा हो सकता है। उसने घूम-फिरकर अफ्रीका पहुँचने का निश्चय किया।

वह पेरिस से स्वेज आया। स्वेज पार कर फारस होते हुए वह बम्बई पहुँचा। बम्बई से उसने कई लेख छपवाए, जिनसे एशिया के इस भू-भाग के राजनीतिक रहस्यों पर भी प्रकाश पड़ता था। उसके लेखों से बड़ी हलचल मची—क्योंकि उसने कई ऐसे भेदों को प्रकट किया, जिनका छुपाया जाना कुछ प्रमुख शक्तियों के स्वार्थ के लिए आवश्यक था।

बम्बई से रवाना हो, 1871 की जनवरी में, यह नौजवान पूर्वी अफ्रीका के तट पर पहुँचा। दो गोरे जहाज़ी और दो सौ आदि-निवासियों की पार्टी लेकर अफ्रीका की उस 'अंध-भूमि' में उसने प्रवेश किया !

वह लिविंग्स्टन कौन था, जिसकी खोज में स्टानली जा रहा था।

वह एक अंग्रेज अन्वेषक था। उसी को सौभाग्य प्राप्त था कि मध्य-अफ्रीका के भीतरी हिस्से का पता संसार को दे। किन्तु, इधर कई वर्षों से उसका कुछ पता नहीं चलता था। ऐसी अफवाह उड़ी थी कि उसे अफ्रीका के आदि-निवासियों ने मार डाला। क्या सचमुच लिविंग्स्टन मार डाला गया ?

नौ सौ मील के घनघोर जंगल और दलदली भूमि को पार कर 'उजीजी' नामक स्थान में पहुँचने का पहला कार्यक्रम स्टानली ने बनाया। अपनी दूरदर्शिता से उसने ऐसा अन्दाजा लगाया कि लिविंग्स्टन का पता इस रास्ते उसे अवश्य मिलेगा।

बड़े ही उत्साह से यह यात्रा प्रारम्भ की गई। किन्तु, कुछ दिनों में ही यह पता चल गया कि उसे किन-किन कठिनाइयों का सामना करना है। कठिनाइयों का अन्दाज इसी से लगाइए कि थोड़े ही दिनों के बाद उसके आदिवासी अनुचर घबड़ा उठे और कुछ तो विद्रोह करने पर उतारू हो गए। खैर, किसी तरह वे शान्त किए गए। किन्तु कब तक ?

उसके संकट दिन-दिन बढ़ते गए।

किन्तु असन्तोष, दगाबाजी, भूख, जंगली पशुओं की चढ़ाई और वहाँ के बाशिन्दों की पद-पद की लड़ाई के बीच स्टानली आगे बढ़ता गया। दो बार उसे भयानक पेचिश का शिकार होना पड़ा, जिससे वह मरते-मरते बचा।

वह आगे बढ़ ही रहा था कि उसकी राह 'मिरम्बो' नामक एक हब्शी योद्धा ने रोक दी—जो 'मध्य-अफ्रीका का नेपोलियन के नाम से प्रसिद्ध था। स्टानली को लाचार हो, यह राह छोड़कर दूसरी राह से आगे बढ़ना पड़ा। इन सब विपत्तियों से बढ़कर यह बात हुई कि उसके दो गोरे साथियों में से एक ने उसका साथ छोड़ दिया और उसके दल में विद्रोह तो आए दिन की बात हो गया।

पस्त-हिम्मत और भग्न हृदय स्टानली एक रात अपने तम्बू में पड़ा हुआ था। असफलता का पूरा निश्चय हो चुका था। उसने दल की रफ्तार बड़ी धीमी थी, खाना-खुराक में कमी हो रही थी, भूख का सीधा सामना था। तो भी आज तक लिविंग्स्टन के बारे में जरा भी भनक नहीं मिली थी। उसकी सारी वीरता, सारे निश्चय, सारे साहस का क्या यही फल होना था ?

वह, निराश हो, अपनी यात्रा समाप्त करने का निश्चय करनेवाला ही था कि एक छोटी-सी पुस्तक की साधारण पंक्तियों ने उसके हृदय में फिर उत्साह का संचार कर दिया। और, मानो, उसके उत्साह को स्वर्ण-मुकुट पहनाने के लिए ही उसके कुछ ही दिन बाद उसे खबर मिली कि एक गोरा आदमी 'उजीजी' की ओर अवश्य है।

द्विगुण उत्साह, अपूर्व उमंग से स्टानली आगे बढ़ा।

वह—वह सामने 'उजीजी' है !,

उत्साह में उसके पैर भूमि पर नहीं पड़ रहे थे—मालूम होता था, उसमें पर लग गए होंगे।

सारे दल में भी आनन्दोन्माद छाया था। झंडे उड़ रहे थे, बन्दूकों के फायर हो रहे थे, आनन्द के नारे लगाए जाते थे।

गाँव में पहुँचते ही, एक ऊँचे कद का हब्शी उनके सामने आया। उसने अंग्रेजी में बातचीत की—वह लिविंग्स्टन का विश्वासपात्र नौकर 'सूसी' था !

थोड़ा और आगे !

एक मध्यवयस्क गोरा आदमी—शरीर में लाल फलालैन की फतुही, कमर के नीचे भूरा पाजामा, सिर पर नीली टोपी ! स्टानली ने अपना टोप सिर से उतारा, उसके निकट झुक गया और कहा—"डाक्टर लिविंग्स्टन—आप ही··· ?"

"हाँ, मैं ही हूँ !"—उस वयस्क पुरुष ने अपने सिर से टोपी उतारते हुए कहा।

और, स्टानली आगे बढ़ा, उससे हाथ मिलाया, और स्नेह-गद्गद स्वर में बोला—"ईश्वर की कृपा है, जो मैं आपको पा सका।"

"मेरा भी सौभाग्य है कि तुम्हारा स्वागत यहाँ कर सका।"

फिर तो घुल-घुलकर बातें हुईं। एक-दूसरे ने अपनी-अपनी कहानी सुनाई। उन कहानियों में उमंग थी, उत्साह था; निराशा थी, विषाद था; दुःख थे, सुख थे; आँसू थे और थी हँसी।

स्टानली ने लिविंग्स्टन से आग्रह किया कि अब आप लौटे चलिए। किन्तु, वह तैयार नहीं हुआ। वह अपने अन्वेषण को और आगे बढ़ाना चाहता था। चार महीने तक स्टानली उसके साथ रहा, और इस अरसे में दोनों ने मिलकर सात सौ मील की सम्मिलित यात्राएँ कीं। फिर, लिविंग्स्टन वहाँ से उत्तर टांग्यानिका की ओर रवाना हुआ और स्टानली, उसके कितने ही अमूल्य कागजात को अपने साथ लेता हुआ, जंजीबार की ओर लौटा।

'न्यूयार्क-हेरल्ड' में, मोटे-मोटे शीर्षकों में, लिविंग्स्टन के जीवित रहने का समाचार छपा और छपने लगा स्टानली का इस अभूतपूर्व यात्रा का विचित्र वर्णन। किन्तु संदेहशील अंग्रेज-जाति ने उसकी यात्रा-कहानी पर विश्वास नहीं किया। उन्होंने स्टानली को झूठा और फरेबी माना तथा खुलेआम उसकी निन्दा की। किन्तु, जब इंग्लैंड पहुँचकर उसने लिविंग्स्टन के सारे कागज-पत्र पेश किए तब सबको लज्जित होना पड़ा और उसकी कीर्ति-कथा गाई जाने लगी।

महारानी विक्टोरिया ने एक सोने की नसदानी देकर उसे सम्मानित किया।

इसके बाद तो मानो अफ्रीका से उसे स्नेह-सा हो गया। वह बार-बार यात्रा-दल लेकर वहाँ जाता और नए-नए प्रदेशों का पता लगाता। लिविंग्स्टन की मृत्यु के बाद तो उसने, मानो, अफ्रीका के नए देशों का पता लगाना अपनी विरासत समझ लिया। इस यात्राओं में वह कभी भयानक मलेरिया, असाध्य पेचिस, बिगड़ैल हब्शियों की लड़ाइयों, जंगली जानवरों की सीनाजोरी आदि को बर्दाश्त करता—कभी जंगलों, कभी झीलों, कभी नदियों, कभी पहाड़ों की धूल छानता रहा। पर जब इंग्लैंडवालों ने कुछ शिथिलता दिखलाई, तो वह बेलजियम के राजा से मिला और कंगो-फ्री-स्टेट को उनके राज्य में शामिल कर 'चट्टान-तोड़क' की उपाधि प्राप्त की।

जब उसका शरीर इन बार-बार की यात्राओं से थका, तो उसने शादी की और दो वर्षों तक भिन्न-भिन्न सभ्य देशों में घूमकर अपनी यात्रा-कहानियों से लोगों का मनोरंजन करता रहा।

10 मई, 1904 ई. में उसकी मृत्यु हुई।

नई दुनिया की ओर

एक छोटा-सा बच्चा—समुद्र के किनारे बैठा हुआ अगाध जलराशि को निहार रहा है।

कैसा सुन्दर, नीला समुद्र। बड़ी-बड़ी तरंगें उठ रही हैं। वे एक-पर-एक लदी किनारे आतीं और चट्टान पर सिर पटक विलीन हो जातीं। पानी से नमकीन-सी गंध आती, जो उसकी रगों में खून की रफ्तार तेज कर देती।

फिर, जब इन तरंगों को कुचलते, समुद्र की छाती को चीरते, बड़े-बड़े जहाज आते-जाते; तब कैसा लगता ?

क्या वह इन जहाज़ों पर नहीं चढ़ पाएगा ? क्या इन जहाज़ों पर चढ़कर 'परियों के देश' में पहुँच वहाँ की 'राजकुमारी' से ब्याह नहीं कर सकेगा ?

जहाज़-घाट पर नाना देश के लोगों की भरमार रहती। रसिक जहाज़ी नाना प्रकार के देशों की नाना भाँति की कहानियाँ सुनाते। कहानियाँ सुनकर वह व्याकुल हो जाता।

वह स्वप्नदर्शी था—नाना प्रकार के जागते सपने देखता।

किन्तु, उसमें ऐसी हिम्मत थी कि वह इन सपनों को सत्य बना दे। उसने ऐसा ही किया।

उसका नाम था 'क्रिस्टोफर कोलम्बस'। इटली देश के 'जिनोआ' नामक नगर का रहनेवाला। 'जिनोआ' समुद्र के किनारे बसा हुआ है और उस समय वह संसार के बड़े-बड़े बन्दरगाहों में था।

बाप ने उसे स्कूल में भेजा, जहाँ उसे गणित, लैटिन भाषा और भूगोल पढ़ाए जाते। भूगोल तो उसे बहुत ही प्रिय था। पीछे भौगोलिक नक्शे बनाने में वह बहुत होशियार हो गया था।

किन्तु, साफ बात है, पढ़ने में उसका मन नहीं लगता था। समुद्र-यात्रा ! समुद्र-यात्रा !! उसके दिमाग में समुद्र-यात्रा घर कर चुकी थी। और कुल चौदह वर्ष की उम्र में ही उसे जब जहाज़ पर काम करने का मौका मिला, झट स्कूल छोड़ वहाँ जा भर्ती हुआ।

समुद्र-यात्रा के द्वारा वह संसार में नाम कमाना चाहता था—कुछ साहस दिखाने के लिए वह छटपटा रहा था। वह साधारण जहाज़ी तो होना नहीं चाहता था। अतः अपने भावी जीवन की तैयारी वह जहाज़ की नौकरी के समय भी करता रहा।

ड्यूटी से छुट्टी मिली कि वह अध्ययन में जुटता। ज्योतिष, इतिहास, और भूगोल; ये थे उसके प्यारे विषय। नक्शे बनाने और जहाज़ी चार्ट तैयार करने में तो वह इतना उस्ताद हो गया कि इससे पैसा भी पैदा कर लेता।

अट्ठाईस वर्ष की उम्र में उसने जिनोआ छोड़ दिया और लिसबन पहुँचा जो उस समय भूगोल-विद्या का केन्द्र समझा जाता था। भूगोल के अध्ययन और नक्शे की देखभाल से उसके दिल में यह बात घर कर गई कि संसार चूँकि गोल है, इसलिए जहाज़ यदि सीधे पश्चिम की ओर ले चला जाए तो एक-न-एक दिन वह हिन्दुस्तान में पहुँच ही जाएगा।

हिन्दुस्तान उस समय रत्नों का भण्डार समझा जाता था। वहाँ जल्दी-से-जल्दी पहुँचने की राहें ढूँढ़ी जा रही थीं।

उसने सोचा कि यदि राह ढूँढ़ निकाली, तो वह धनवान होगा ही, संसार में उसका नाम अमर हो जाएगा।

लिसबन पुर्तगाल की राजधानी है। वहाँ पहुँचकर उसने बहुत-से भूगोलवेत्ताओं से बातें कीं, कितने ही के चरणों में बैठकर उसने बहुत-कुछ सीखा भी। किन्तु, बहुत ही कम लोग थे, जो उसके इस विचार से सहमत थे।

इसी समय, उसकी शादी एक सुप्रसिद्ध जहाज़ी की पुत्री से हुई। उसको अपने ससुर के बनाए हुए कुछ नक्शे वहाँ मिले। जब उन नक्शों का उसने अध्ययन किया, उसे अपने विचार की सत्यता पर पक्का विश्वास हो गया

किन्तु, इस महान अभियान के लिए पैसे चाहिए—दो-तीन जहाज़ हों, कुछ चतुर जहाज़ी हों, खाने-पीने के पूरे सामान हों, लड़ाई के सामान भी चाहिए—न जाने रास्ते में, या वहाँ पहुँचने पर कैसे लोगों से सामना हो जाए।

किसी राजा या धनी को अपने पक्ष में करने की धुन में लगा। इसके लिए वह सात वर्षों तक एक दरबार से दूसरे दरबार तक, एक धनी के द्वार से दूसरे धनी के द्वार पर, मारा-मारा फिरता रहा। किन्तु किसी ने ध्यान न दिया। किसी ने उसे पागल समझा, किसी ने सनकी। किसी ने उसकी इस 'बेवकूफी' पर दया प्रकट की, किसी ने दिल्लगी उड़ाई।

पुर्तगाल के राजा जॉन, स्पेन के राजा फर्डिनेंड, इंग्लैंड के राजा हेनरी—सबके दरबारों में उसकी प्रार्थना पहुँची, किन्तु कहीं भी सफलता न मिली। कुछ अमीरजादों को भी उसने राज़ी करना चाहा, किन्तु वे भी टरका गए। इन खयाली महलों में कौन अपनी गाँठ की पूँजी बरबाद करे ?

सात वर्षों की दौड़-धूप के बाद वह उस गिरजाघर में आया, जहाँ उसने अपने बेटे को इस गरज से सुपुर्द किया था कि निश्चिन्त होकर वह किसी धनी को राजी कर सके। सात वर्ष पहले जिस तरह उसकी बातों को ध्यान से सुनकर, उसके साहस के लिए प्रशंसा करते हुए, उसके बेटे को सहारा देने को वहाँ का उदार-हृदय पादरी तैयार हुआ था, उसी प्रकार आज फिर उसने उसकी निराशाओं की लंबी कहानी को सहानुभूतिपूर्ण हृदय से आद्योपान्त सुना।

''अच्छा, एक बार मैं भी तुम्हारे लिए कोशिश कर देखता हूँ''—उस भले आदमी ने कहा। वह स्पेन की रानी का धर्मगुरु था। अपनी शिष्या को उसने एक खत लिखा, जिसमें कोलम्बस की कल्पना का समर्थन किया गया था और एक बड़े साम्राज्य की प्राप्ति की आशा दिलाई गई थी।

रानी ने, या तो धर्मगुरु की आज्ञा से, या साम्राज्य के लालच से, या स्त्री-सुलभ नवीनता-उपासना से प्रेरित होकर, धन-जन देना स्वीकार किया।

कल्पना कीजिए उस क्षण की, जब सात वर्षों के प्रयास के बाद, निराशा-ही-निराशा मिलने के उपरान्त, उसने सुना होगा, आखिर एक व्यक्ति ऐसा मिला जो उनकी मदद कर सकेगा !

कोलम्बस, रानी से मिलने गया। किन्तु यह क्या ? उसने रानी के सामने ऐसी कठोर शर्तें क्यों रखीं ? उसने कहा—''इस यात्रा में जो धन मिलेगा, उसमें मेरा भी हिस्सा होना चाहिए और उस देश का गवर्नर भी मैं ही बनाया जाऊँ।''

बात यों थी कि कोलम्बस को अपने उद्देश्य में पूरा विश्वास था, और थी उसमें दूरदर्शिता—'मेहनत करूँ मैं, मज़े उड़ावें दूसरे—ऐसा क्यों ?'

रानी के दरबारियों ने कुहराम मचाया। कोलम्बस वहाँ से चल दिया।

किन्तु, वह थोड़ी ही दूर गया था कि रानी का दूत दौड़ता हुआ आया और उससे फिर दरबार में चलने का अनुरोध किया।

रानी ने उसकी शर्तें मान लीं और उसे 'महासागर का सेनापति' की उपाधि दी।

3 अगस्त 1492। आज ही कोलम्बस की यात्रा शुरू होगी। तीन जहाज़ खड़े हैं। कई महीनों से वह अपनी यात्रा के सामान जुटा रहा था।

जहाज़ पर नौ सौ जहाज़ी थे। कोई भी भला आदमी उसका साथी होने को तैयार न

था। सभी समझते थे, वह तो मौत के मुँह में जा रहा है, उसका साथ कौन दे ? अतः जेलखाने से लम्बी सज़ावाले कैदी जहाज़ी के रूप में लिए गए थे। उन्होंने जेल-यातनाओं की अपेक्षा जहाज़ पर अज्ञात देश की ओर जाना अच्छा समझा था—शायद कहीं वह देश मिल जाए ! यहाँ तो जिन्दगी भर कोल्हू में पिसना ही होता न !

शायद ही कोई यात्रा इतनी करुणाजनक स्थिति में शुरू की गई हो। स्त्रियों और पुरुषों के झुण्ड बन्दरगाह पर खड़े आँसू बहा रहे थे। वे समझते थे, ये बहादुर लोग काल के गाल में जा रहे हैं। जहाज़ों पर के कैदी जहाज़ी भी छोटे-छोटे दलों में विभक्त हो, किनारे की ओर देखते, आँसू बहा रहे थे। क्या फिर वे अपनी जन्मभूमि के दर्शन कर सकेंगे ?

किन्तु उनमें एक आदमी था—जिसके हृदय में इस समय भी आनन्द और उत्साह अठखेलियाँ कर रहा था। न उसमें भय था, न विषाद। कितने वर्षों के बाद तो उसकी अभिलाषा पूरी हुई है। और, सफलता तो रखी हुई है। उसके नक्शे, उसका भौगोलिक ज्ञान, कुछ प्रमुख विशेषज्ञों की सम्मतियाँ, सब उसके पक्ष में हैं। ज़रूरत थी हिम्मत की, सहायता की। सहायता मिल गई—हिम्मत तो उसके रग-रेशे में भरी पड़ी है। वह आनन्द में मग्न जहाज़ के डेक पर टहल रहा है। प्रभावशाली ऊँचाई, फौलादी शरीर-रचना, लाल बाल, बुद्धि से भरी नीली आँखें, भड़कदार चेहरा और गम्भीर मूर्ति—किसको न वशीभूत कर लेता वह ?

अनुकूल हवा पाकर कोलम्बस का जहाज़ पश्चिम की ओर बढ़ता गया।

हाँ, जहाज़ से मतलब आजकल का जहाज़ न समझा जाए, जो इस्पात के बने होते और इंजिन के बल चलते हैं। उस समय काठ की बड़ी-बड़ी नावें ही जहाज़ कहलाती थीं, जो पाल के सहारे हवा की अनुकूलता पाकर चलती थीं।

कनारी-द्वीप में पहुँचकर वह एक महीना ठहरा और अपने जहाज़ को फिर से लैस कर लिया। तब, पुरानी दुनिया को आखिरी सलाम कर, वह अज्ञात देश की ओर बढ़ा।

दिन-पर-दिन बीते। अब हफ्ते-पर-हफ्ते बीतते हैं ! किन्तु ज़मीन का पता नहीं। वे दिन-दिन स्पेन से दूर होते जा रहे हैं—कहाँ जा रहे हैं ?

कोलम्बस प्रतिदिन के रास्ते का हिसाब रखता। उसे अपने विचार पर पूरा विश्वास था।

किन्तु, उसके आदमी ! पहले तो वे घबराए, पीछे विद्रोह के लक्षण दीखने लगे—"हमारे कप्तान का माथा फिर गया है"—वे कहने लगे—"अरे, हवा तो सदा पूरब की ओर से ही बहती आई है फिर हमारे जहाज़ स्पेन को लौटेंगे कैसे ?—यह अपने तो डूबेगा ही—हम लोगों को भी ले डूबा, बदमाश !"

छोटी-छोटी साधारण घटनाओं से अपशकुन की बातें सोची जातीं। अब कोलम्बस दूरी के दो हिसाब रखता—एक उनसे बताता, जो कम होता; और सही हिसाब स्वयं छिपाकर रखता।

किन्तु, विद्रोह की भावना दिन-दिन बढ़ती ही गई। एक दिन तो उनमें से कुछ ने निश्चय किया कि कोलम्बस को समुद्र में फेंक दें और वापस चलें।

पर जो लोग मुसीबत या झंझट से घबराते हैं, कोलम्बस उनमें नहीं था। कभी रोब से, कभी प्यार से, उन्हें शांत करता रहा।

एक दिन कुछ चिड़ियाँ उड़ रही थीं—कोलम्बस ने अपने साथियों से कहा—देखो, अब जमीन नजदीक है ! इनकी जान में जान आई। एक दिन हरी घास पानी पर तैरती हुई मिली—उससे भी धीरज बँधाया। एक दिन काठ का एक सूखा टुकड़ा उतराता मिला—उस पर हाथ की बढ़िया खुदाई की हुई थी। कोलम्बस ने बताया, कहो, मेरी बात ठीक निकलती आ रही है कि नहीं ? नजदीक ही कहीं मनुष्य की बस्ती जरूर है। और, उनका ढाढ़स और बढ़ाने के लिए उसने यहाँ तक कहा—बस तीन दिन और चले चलो, यदि इसके बाद भी जमीन न

मिली, तो हम लौट चलेंगे।

1492 के 11 अक्टूबर को कोलम्बस ने सब लोगों से ताकीद की कि चौकसी से चारों ओर देखते रहना। उसे इसका भय था कि ऐसा न हो, दो द्वीपों के बीच से हमारे जहाज़ निकल जाएँ और हम फिर दूसरे महासागर में पहुँचकर व्यर्थ प्राण दें। उसने यह भी घोषित किया कि जो आदमी पहले-पहल जमीन देखने की सूचना देगा, उसे इनाम मिलेगा।

किन्तु यह इनाम भी मिला कोलम्बस को ही। एक दिन आधी रात के दो घंटे पहले, वह अंधकार की ओर एकटक देख रहा था कि उसे मालूम हुआ, दूर पर एक रोशनी है, जो धीरे-धीरे खिसक रही है, जैसे कोई उसे ले जा रहा हो। उत्तेजना में आकर उसने नजदीक के आदमी को अपने निकट बुलाया और अपनी काँपती उँगली से उस ओर दिखाने लगा। किन्तु, वह रोशनी अकस्मात् लुप्त हो गई और चार घंटे तक कोलम्बस इस फिक्र में बेचैन रहा कि आँखों ने कहीं उसे धोखा तो नहीं दिया है। किन्तु, धोखा नहीं था। भोर के दो बजे दूसरे जहाज़ पर से तोप छूटने की आवाज सुनाई दी—जिसका अर्थ था, ज़मीन देख ली गई ! भावावेश में आकर कोलम्बस घुटने टेककर बैठ गया और अपनी इस संकट-मुक्ति के लिए प्रार्थनाएँ करने लगा।

12 अक्टूबर को कोलम्बस ने जो सुख अनुभव किया, उसका वर्णन लेखनी नहीं कर सकती। पहली बार उसने नई दुनिया के दर्शन किए। उसकी अथक हिम्मत, उसकी धुन और लगन, उसकी कर्मशक्ति—सब उस विजय की घड़ी में उसकी आँखों के सामने नाचने लगीं ! उसने अविश्वासी दुनिया को बता दिया कि वह झूठी थी, यह सच्चा था। हाँ, दुनिया जो कहती थी, वह झूठा साबित हुआ; कोलम्बस ने जो स्वप्न देखा, वह सत्य निकला।

उसके सामने एक हरा-भरा द्वीप था। समुद्र के किनारे नंगे आदि-निवासी खड़े आश्चर्य के साथ इन जहाज़ों की ओर देख रहे थे। इन स्पेन-निवासियों का गोरा चेहरा, लम्बी दाढ़ी, भड़कीली पोशाक देख उन्होंने शायद समझा, ये देवता हैं और सीधे स्वर्ग से उतरे हैं। जब ये लोग छोटी नाव पर चढ़कर द्वीप में उतरे, तो वे लोग जंगलों में भाग गए और तब तक नहीं लौटे; जब तक इशारों और व्यवहारों से यह सिद्ध न कर दिया गया कि ये लोग उनके मित्र हैं, शत्रु नहीं।

कोलम्बस ने इस भूमि पर स्पेन की राष्ट्रध्वजा फहराई और उसका नामकरण 'सान सालवंडर' किया। द्वीप को घूम-फिरकर अच्छी तरह देखा भी। आदि-निवासियों को मालाएँ और गहने दिए, जिनके बदले में उन्होंने सोना और रुई दी। उसके बाद वह 'हाइटी' और 'क्यूबा' गया। 'वेस्ट-इंडीज' द्वीप को उसने 'शिपैगो'—जापान—समझा और यह कल्पना की कि भारत यहाँ से दस दिन की यात्रा की दूरी पर है। उसकी गणना में ही भूल हो गई थी। जमीन के वृत्त को उसने बहुत छोटा खयाल कर लिया था।

हाइटी-द्वीप में जाते समय उसका एक जहाज़ टूट गया। अतः वह, अपने जानते, भारत की यात्रा को स्थगित कर स्पेन लौटा। वह बेचारा यह नहीं समझता कि भारत खोजने के बदले उसने एक दूसरा महादेश ही खोज डाला है, जो पीछे चलकर संसार की राजनीतिक और अर्थनीति में इतनी उथल-पुथल मचावेगा। अपने साथियों में से चवालिस को उसने उपनिवेश बसाने के लिए वहीं छोड़ दिया और अपने साथ वहाँ के कुछ आदिवासियों को और वहाँ की अन्यान्य अपूर्व चीजों को, लेकर घर लौटा।

सात महीने की गैरहाजिरी के बाद ये दोनों जहाज़ सन् 1493 में 15 मार्च को स्पेन पहुँचे। कोलम्बस का जो स्वागत हुआ, उसका क्या कहना ! शहरों में लोगों की भीड़ इतनी जमा होती कि चींटी का निकलना मुश्किल होता। अपने साथियों के अतिरिक्त वह छः आदिनिवासियों

को भी अपने साथ जुलूस में ले चलता, एवं विचित्र चिड़ियों और जानवरों के पिंजड़े भी उसके साथ ले जाए जाते। राजा के दरबार में जो उसकी कदर हुई उसका तो कहना ही क्या ! रानी ईसाबेला और उसके पति राजा फर्डिनेंड उसकी यात्रा-कहानी सुनकर मुग्ध हो गए और आगे के अन्वेषणों में पूरी मदद देने का वादा किया।

इसके बाद दो बार उसने और यात्राएँ कीं। इस तीसरी यात्रा के समय तो शरीर से लाचार हो चुका था, किन्तु उसकी हिम्मत और जिज्ञासा अभी नहीं शांत हुई थी। उसकी आँखों की रोशनी खराब हो गई थी। गठिया ने उसे अपाहिज बना डाला था। यात्रा की कठिनाइयाँ, बेहद गर्मी, प्यास की जलन आदि उसके शरीर पर अपने स्थायी चिह्न बना चुके थे। पर उसका हृदय अब भी उत्साह से भरा था। उसका दिमाग अब भी दूर की चीज स्पष्ट देख सकता था।

किन्तु आह री बेवफा दुनिया ! इस हिम्मत के पुतले को भी तेरे हाथों क्या-क्या न जिल्लतें उठानी पड़ीं।

उसके कुछ साथियों को उसके यश और वैभव पर ईर्ष्या होने लगी। उसके कुछ साथी आदिवासियों को बेरहमी से लूटना चाहते थे, जिसमें कोलम्बस बाधा डालता था—वह चाहता था कि इनके साथ प्रेम और सहानुभूति का बर्ताव हो। अतः वे लोग भी विद्रोही बन गए। नतीजा यह हुआ कि कोलम्बस के विरुद्ध अनेक अंट-संट बातें राजा-रानी से कही गईं और उसकी गिरफ्तारी के लिए वहाँ वारंट कटा ! संसार का यह महान् उपकारक कड़ियों से कसकर स्पेन लाया गया।

स्पेन आने पर इसने सभी बातें राज्य और जनता के सामने स्पष्ट रखीं। छुटकारा भी आखिर मिला। दूसरा होता तो इस कृतघ्नता से पागल हो जाता; हिम्मत हारकर बैठ तो जाता ही। पर कोलम्बस क्यों बैठने चला ! इसकी आँखों में इस बुढ़ापे में भी 'भारत' घूम रहा था—वह चाहता था भारत का पता लगा ले, तब मरे ! किन्तु क्या उसके यह सौभाग्य बदा था ?

1502 में चौथी बार फिर उसने यात्रा की। इस बार भी कई नए द्वीपों का पता लगाया। किन्तु, जमैका पहुँचते-पहुँचते उसका जहाज़ टूट गया। निराश हो, वह फिर स्पेन लौटा। इधर स्पेन की रानी मर चुकी थी। राजा मंत्रियों के फेर में पड़ गया—कोलम्बस की बात सहृदयता और सहानुभूति से कौन सुने !

लोगों से विस्मृत, भग्न-हृदय, स्वास्थ्यहीन और अत्यन्त निर्धन अवस्था में, संसार के सर्वोत्तम पुत्रों में से एक, कोलम्बस, 20 मई को 1506 ई. में, इस धराधाम को छोड़कर, सदा के लिए कीर्ति-लोक को चला गया।

कोलम्बस को धन तो काफी प्राप्त हुआ था—किन्तु, उसका बहुत बड़ा हिस्सा अपनी जन्मभूमि 'जिनोआ' नगर की उन्नति के लिए देकर वह अन्त में भिखारी के रूप में ही मरा। उसकी महत्ता का एक प्रमाण शायद यह भी है।

संसार की परिक्रमा

भारत-महासागर का एक छोटा-सा द्वीप। निस्तब्ध रात्रि ! समुद्र का गर्जन मृत्यु का मंत्र पढ़ रहा है।

थोड़े-से जहाज़ी, अपने डूबे हुए जहाज़ से बचने पर, नाव के द्वारा किनारा पाकर, काँपते हुए खड़े हैं। वे कहाँ हैं ? उनके भाग्य में क्या लिखा है ?

सूर्योदय हुआ; किन्तु उनका भाग्य तो और भी अंधकारमय प्रतीत हुआ। उनके सामने, डूबे हुए उनके जहाज़ के मस्तूल, जब-तब दिखलाई पड़ते हैं, जिन्हें देखकर उनकी पीड़ा और बढ़ती है। नावें हैं, किन्तु छोटी-छोटी। उनसे किनारा पा गए, यही बहुत। समुद्र का पार करना क्या संभव है उनसे ?

नजदीक ही तो भारत है। क्यों न कुछ लोग नाव पर वहाँ जाएँ और जहाज़ ले आवें ? उस समय तक भारत में उनके देश-भाई पहुँच चुके थे और वहाँ अड्डा बना चुके थे।

किन्तु, महासमुद्र क्या नाव से पार किया जा सकता है ?

उनका साहसी कप्तान तैयार हुआ। किन्तु, दूसरी बाधा सामने मुँह बाए खड़ी है।

"आप तो जाते हैं—हमें क्या जंगलियों के शिकार बनने को छोड़े जा रहे हैं ? यह नहीं होगा। हमें भी ले चलिए; या साथ ही मरिए !"

"ले चलिए, या साथ ही मरिए;"—इसी का शोर था। कोई भी सुननेवाला नहीं। कप्तान परेशान। विनती की; आश्वासन दिया, धमकी दी—पर, मर्ज बढ़ता गया ज्यों-ज्यों दवा दी।

इतने ही में एक युवक अफसर सामने आया। उसके चेहरे से कुलीनता टपकती थी। उसने कहा—"अच्छा साहब, मैं अपने आदमियों के साथ ठहरूँगा; किन्तु आप शपथ खाइए कि आप तुरंत ही मदद भेजिएगा।"

यह कौन था ? यह जहाज़ कहाँ का था ? उनका क्या हुआ ?

संक्षेप में यह जहाज़ पुर्तगाल का था। उस समय पुर्तगाल के जहाज़ी अफ्रीका से लेकर भारत तक आते-जाते थे। समुद्र पर दो देशों का ही राज्य था—पुर्तगाल का या स्पेन का।

वह नाव, समुद्र की लहरों से युद्ध करती, आखिर भारत पहुँची। वहाँ से जहाज़ आया। सबकी रक्षा हुई।

वह कौन था, जिसके चलते इस विपत्ति के समय सबकी रक्षा हो सकी—जिसने आपत्तियों को गले लगाना स्वीकार किया था ?

वह पुर्तगाल का ही रहनेवाला एक अमीरजादा था—बड़े बाप का बेटा, आनन्द-विलास में पाला-पोसा गया। राजदरबार में उसकी पहुँच थी। रानी के दरबारियों में उसकी गिनती थी। औज-मौज, शान-शौकत का क्या पूछना ?

उस समय पुर्तगाल की राजधानी 'लिसबन' साहसी लोगों का बसेरा-सा बना हुआ था। कोलम्बस के अमेरिका-अनुसंधान के बाद, मानो, एक तूफान-सा खड़ा हो गया था। जहाज़-पर-जहाज़ यूरोप से रवाना होते। उनमें कितने ही सोने-चाँदी से भरे हुए लौटते। किन्तु ऐसे जहाज़ों की भी कमी नहीं थी, जिनका कोई पता न चला—जो सदा के लिए लोक-लोचनों से दूर हो गए।

इस नौजवान दरबारी के दिल में साहसिकता तरंगें मारा करती। 'अज्ञात देश' का पता लगाने के लिए इसके भीतर भी पुकार उठती। यह विलास का जीवन—छिः ! खाना-पीना, हँसना-खेलना—फिर सदा के लिए आँखें मूँद लेना, यह भी कोई जीवन है ? अरे कुछ ऐसा भी काम करो कि संसार में तुम्हारा नाम अमर हो जाए—दुनिया कहे, अमर हो 'मैगलन!'—जय हो उसकी जन्मभूमि की !

1504 में, जब वह कुल चौबीस वर्ष का था, उसे मालूम हुआ, एक जहाज़ भारत की ओर जा रहा है। भारत का पता तब तक वास्को-डि-गामा नामक उसके एक साहसी देश-भाई ने लगा लिया था। किन्तु, इस बार, एक बहुत बड़ा जहाज़—फौजी जहाज़—इसलिए भेजा जा रहा था कि भारत को विजित कर उस पर पुर्तगाल का झंडा गाड़ा जाए। उस पर जो सेनापति जा रहे थे, उन्हें 'भारत के वायसराय' की उपाधि पहले ही दे दी जा चुकी थी। कहना न होगा

कि जहाज़ पर जाना मृत्यु को निमंत्रण देने चलना था–एक तो समुद्र की विकरालता–दूसरे, भयानक युद्ध की सम्भावना। किन्तु, 'मैगलन' भी तो वीर था–पथ के काँटे तो वीरों को और भी उत्साहित करते हैं।

जहाज़ रवाना हुआ ! उदार हृदय रानी, उसकी सुन्दरी सहेलियाँ, सबने मना किया। किन्तु मैगलन चला–चला !

उसका जहाज़ अफ्रीका पहुँचा। अफ्रीका में हब्शियों से लड़ाई हुई। मैगलन ने बड़ी बहादुरी दिखलाई। किन्तु, 'बहादुरी का तगमा' तो मिला उसे भारत में–वह जख्मी हुआ। युद्ध का पदक–अर्थात् शस्त्र के घाव का चिह्न–उसके शरीर पर पहले-पहल देखा गया।

'हिन्दुस्तान का वायसराय' बना दिया जाना, एक बात थी; और भारतीयों से जीतना, दूसरी बात। कहा जाता है; घनघोर लड़ाई हुई। पुर्तगालों के छक्के छुड़ा दिए गए।

इसके बाद मैगलन ने मलाया और मलक्का के अन्वेषण में भी भाग लिया। मलक्का उस समय 'मसालों का भण्डार' समझा जाता था–लोग उसे 'नई दुनिया' से भी ज्यादा धनी द्वीप समझते थे।

किन्तु, मैगलन का नाम तो मशहूर हुआ उसके दूसरे ही काम से। वही पहला जहाज़ी है, जिसने संसार की पूरी परिक्रमा की ! –निस्संदेह, अपनी इस परिक्रमा में ही उसे प्राण भी गँवाने पड़े। उसको आदिवासियों ने मार डाला–किन्तु, उसकी कीर्तिकथा आज भी अमर है।

मलक्का से लौटकर, सात वर्षों के बाद, वह अपने देश लौटा। उसका खूब सम्मान हुआ। उसके बाद वह मोरक्को गया–वहाँ भी उसने पूरी वीरता दिखलाई।

किन्तु, इसी समय एक घटना ऐसी हो गई, जिसने उसके जीवन की दिशा को ही बदल दिया। कुछ लोग उसके विरुद्ध राजा के कान भरने लगे। राजा ने उसे बुलवाया। उसने सफाई दी–किन्तु, राजा सन्तुष्ट न हुआ। सजा तो नहीं मिली; किन्तु राजा की प्रसन्नता उसने सदा के लिए खो दी।

इससे उसका चित्त बहुत ही दुःखित हुआ। वह क्या करे ? जिस राजा के राज-विस्तार के लिए उसने अपनी जान हथेली पर ली, उसी की यह बेवफाई ? उसका हृदय, मालूम होता, जैसे बैठा जा रहा हो। वह उद्विग्न होने लगा। और, इसी उद्विग्नता में, उसने एक भयानक निर्णय कर लिया–उसने अपने देश को सदा के लिए छोड़ दिया।

वह स्पेन पहुँचा। वहाँ के राजा से बातें कीं और एक अति साहसपूर्ण योजना उसने राजा के सामने रखी।

जैसा पहले कहा जा चुका है, उस समय स्पेन और पुर्तगाल ही ऐसे दो देश थे, जो समुद्र के राजा थे। इन दो देशों में परस्पर सुलह हो गई थी, जिसके अनुसार पुर्तगालवाले पूर्व दिशा–अफ्रीका, भारत आदि–की ओर, और स्पेन पश्चिम दिशा–अमेरिका की ओर, जितना चाहें, अपना फैलाव कर सकते थे। इधर, पीछे पता चला कि भारत की ओर जितना धन है, उतना अमेरिका की ओर नहीं। किन्तु, इस शर्त के अनुसार स्पेनवाले इस ओर जा नहीं सकते थे।

मैगलन ने उन्हें–स्पेनवालों को–एक नई तरकीब बताई। कोलम्बस के ही समान उसकी भी धारणा थी कि पृथ्वी गोल है, और यदि पश्चिम की ओर से ही लगातार चला जाए तो पूरब में पहुँचना निश्चित है। वह इस धारणा को कार्यरूप में परिणत करना चाहता था। यदि ऐसा हो जाए तो सन्धि की शर्तें भी बरकरार रहेंगी और स्पेन का व्यापार भी चमक उठेगा। कहना न होगा कि इस लाभप्रद बात को वहाँ के राजा ने स्वीकार कर लिया।

सितम्बर 1519 में मैगलन ने पाँच जहाज़ों के साथ इस महायात्रा के लिए प्रस्थान किया।

हाँ, यह महायात्रा ही थी—बेचारे को प्राण भी तो देने पड़े !

पाँच जहाज़ क्या, खूब बड़ी-बड़ी नावें, जो पाल केवल उड़ाती चलती थीं। उन पर करीब तीन सौ आदमी थे। पाँचों में से जो सबसे बड़ा जहाज़ था, उसका वजन तीन हजार मन से ज्यादा न था। जहाज़ों पर खाने-पीने एवं आदि-निवासियों को लुभाने के लिए खिलौने आदि चीजें भी पर्याप्त परिमाण में थीं।

जहाज़ रवाना हुआ; दक्षिण अमेरिका आ पहुँचा। 'मैगलन' खुश हुआ—क्योंकि अज्ञात प्रदेश की ओर तो उसे बढ़ना था।

किन्तु, इस खुशी के बीच ही उसने एक विचित्र आभास पाया। उसे मालूम हुआ, उसके कुछ मातहत अफसर मन-ही-मन षड्यन्त्र कर रहे हैं और कभी विद्रोह कराकर ही छोड़ेंगे। उनमें से एक के ऊधम शुरू भी हो गए थे। पर, मैगलन भी ऐसा-वैसा जीव नहीं था। खतरों का सामना वीरता से करने में ही तो उसे मज़ा आता था। तभी तो, अभी अठारह महीने भी शादी किए नहीं हुए थे कि वह इस अनन्त पथ पर चल पड़ा था।

उसने उस अफसर को बुलाया और फौरन गिरफ्तार कर उसे एक कोठरी में रख दिया।

उसका बेड़ा आगे बढ़ा।

वह दक्षिण अफ्रीका के किनारे-किनारे चला, जहाँ से कोई मुहाना उसे फिर पुरानी दुनिया में पहुँचा देगा—ऐसी उसकी धारणा थी। जाते-ही-जाते, रास्ते में जाड़े की ऋतु आ पहुँची। अपने जहाज़ों के साथ पाटगोनिया के बन्दरगाह पर, लंगर डालकर; वह अच्छे दिन की प्रतीक्षा में रम गया।

पर, अच्छे दिन तो अभी बहुत दूर थे !—हाँ, कुछ बुरे लक्षण स्पष्ट दीख पड़ने लगे। उसके कुछ अफसर फिर बाग़ी हुए—जहाज़ी लोगों में भी असंतोष की सुगबुगाहट मालूम पड़ने लगी। उसने उन्हें समझाया—"देखो, बहुत कुछ रास्ता हम पार कर चुके—थोड़ी-सी कसर रह गई है। थोड़ी हिम्मत करो, फिर तो विजय-मुकुट हमारे सिर पर है। कितनी कीर्ति मिलेगी। धन भी कुछ कम नहीं हाथ आएगा। अरे, खाली हाथ क्या लौटना ? लोग क्या कहेंगे—हिम्मत करो जवानो !"

कुछ दिनों के लिए लोग शान्त हुए। किन्तु बकरी की माँ कब तक खैर मनाएगी ? इतने ही में खाने-पीने की चीजों में भी कमी होने लगी—मानो बारूद में आग लग गई ?

एक अँधेरी रात में विद्रोह का डंका बज उठा। एक-दो-तीन—हाँ, तीन जहाज़ों पर विद्रोहियों के झंडे फहरा रहे थे।

यही वक्त था मैगलन की धातु की पहचान का।

वह घबराया नहीं; हिम्मत नहीं खोई। दिन-भर वह चुपचाप रहा। शाम होते ही अपने सभी अनुचरों को लेकर वह विद्रोहियों पर टूट पड़ा। गम्भीर रात्रि ! जनहीन देश ! समुद्र की छाती पर तलवारें झनझना रही हैं। विद्रोहियों के छक्के छूट गए। कुछ मारे गए—कुछ ने हथियार रख दिए। उनके एक नेता को खुलेआम फाँसी दी गई। दूसरे नेता को उस जनहीन देश में अकेले रोने और मरने को छोड़ जहाज़ों के साथ वह आगे रवाना हुआ।

जो प्रेम नहीं कर सका, तलवार ने वह कर दिखाया।

जहाज़ फिर आगे बढ़े। कुछ आगे जाने पर एक जहाज़ टूट गया। तो भी वह बढ़ता चला।

अकस्मात् एक दिन उसने एक मुहाना देखा—जिसका पानी शान्त था। वह हर्ष से उछल पड़ा। आखिर, उसने पुरानी दुनिया का नया रास्ता पा ही लिया ! या, उसकी आँखें धोखा दे रही हैं ? क्या सचमुच यह मुहाना ही है ? उसने दो जहाज़ों को आगे बढ़कर देखने को

भेजा। जब वे दोनों जहाज़ लौटे और उसके अफसरों ने कहा—सचमुच उस ओर महासमुद्र है, तो उसके आनन्द की सीमा न रही ! उसकी मनोदशा उस समय वैसी ही थी, जैसी कोलम्बस की उस समय, जब उसने पहले-पहल अमेरिका की भूमि देखी थी।

बढ़ो, दोस्तो, ले लिया !

किन्तु, यह क्या, एक दिन, दो दिन, तीन दिन—यह महासमुद्र तो नहीं, यह तो कोई खाड़ी है।

जहाज़ियों का धैर्य एक बार और टूटा—उन्होंने बड़ी विनती की, लौट चलिए—दूसरी बार बड़े जहाज़ों के साथ आवेंगे। किन्तु यह सनकी कब माननेवाला।

एक महीने तक जहाज़ आगे बढ़ते रहे—बढ़ते रहे। आगे-आगे उस साहसी-शिरोमणि का छोटा-सा जहाज़ था। हाँ, वह सबसे आगे था।

28 नवम्बर, 1520। तोपें एक साथ गरज उठीं।

मैगलन ने देखा—उसके सामने एक विस्तृत प्रशान्त समुद्र है। हाँ, बिल्कुल प्रशान्त। कितना निश्चल—कितना निस्पन्द !

उसने उस समुद्र का नाम ही 'प्रशान्त महासागर' रख दिया।

कितने दिनों के बाद आज उसकी मनोकामना पूरी हुई—उसकी आँखों से आनन्दाश्रु बह रहे थे।

अब द्विगुण उत्साह से जहाज़ आगे बढ़ाए जा रहे थे। पृथ्वी की परिक्रमा पूरी होने ही को है—'स्वर्णभण्डार' भारत और 'मसालों का देश' मलक्का भी अब दूर न होगा।

पूरे नब्बे दिनों तक वे आगे बढ़ते गए। इसके अन्दर ही खाने-पीने का सामान चुकने लगा। कुछ दिनों तक अधपेटा चला। जब पूरी फाकाकशी का मौका आया—सूखे चमड़े उबाल-उबालकर खाए जाने लगे। जहाज़ पर जितने चूहे थे, वे भी पापी पेट में डाल दिए गए। आखिर जूतों को भी खाने से लोग बाज नहीं आए !

इतने ही में एक द्वीप दीखा—शायद वह गुआम द्वीप था। वहाँ खाने-पीने की चीजें ली गईं। किन्तु, आदिनिवासियों ने युद्ध ठान दिया—लाचार, मैगलन को फिलिपाइन द्वीप की ओर बढ़ना पड़ा।

क्यूबा के आदिवासी राजा से उसने दोस्ती की। उस राजा के साथ एक दूसरे द्वीप के राजा की लड़ाई चल रही थी; वह हार रहा था। अतः उसने अपने को ईसाई बनाया और मैगलन से प्रार्थना की कि वह उसके शत्रु के साथ लड़े। धर्मोन्माद और विजय-कामना से प्रेरित मैगलन ने इसे स्वीकार कर लिया। और, यही उसके लिए घातक सिद्ध हुआ।

शत्रुपक्ष की सेना बहुत बड़ी थी। मैगलन और उसके साथियों ने बड़ी वीरता दिखाई। स्वयं मैगलन ने कितने ही आदिनिवासियों के सिर धड़ से अलग किए। किन्तु, आखिर संख्या-बल भी तो कोई चीज है ! एक पर दो काफी—यहाँ तो एक-एक पर सौ थे।

शत्रुओं से युद्ध करता हुआ मैगलन वहीं काम आया। दुष्टों ने उसकी लाश भी वापस न दी।

मैगलन के बाद उसके दो बहादुर नायकों ने बड़ी वीरता से लड़ाई की—किन्तु, उन्हें 'क्यूबा के नरेश' ने ही धोखा दिया, जिनकी ओर से वे लड़ रहे थे। भोज के बहाने उसने उन दोनों को बुलाया और वहीं तलवार के घाट उतार दिया।

जो जहाज़ी बचे थे, वे एक जहाज़ पर आग लगाकर, बाकी दो जहाज़ों को लेकर भागे। कुछ ही दिनों में 'मसाले के देश' में पहुँचे। वहाँ पहुँचते-पहुँचते एक जहाज़ और खराब हो गया।

आठवीं सितम्बर को, केवल एक ही जहाज़, जिसमें इतने छेद हो गए थे कि किसी भी समय डूब सकता था, स्पेन पहुँचा।

एक ओर 'मैगलन की जय' का घोष हो रहा था—दूसरी ओर उसके लिए आँसू बहाए जा रहे थे।

किन्तु, मैगलन तो अपना नाम अपने खून की रोशनाई से इतिहास के पृष्ठों पर लिख चुका था। वह आज भी अमर है ! उसकी हिम्मत, उसकी बहादुरी, खतरे का सामना करने की उसकी शक्ति, सुख-विलास त्यागकर, ज्ञान की खोज में किया गया उसका यह अन्वेषण आज भी दुनिया के विज्ञ लोगों की जबान पर है।

अन्वेषण की बलिवेदी पर

चारों ओर बर्फ-ही-बर्फ है। ठण्डक के मारे लहू की दौड़ रुक-रुक जाती है। हवा के झोंके उस पर और गजब ढा रहे हैं—कलेजे की कौन कहे, हड्डियों तक में कम्पन पैदा कर देते हैं।

पाँच अंग्रेज यात्री—साहस के पुतले—दक्षिणी ध्रुव को देखकर अपने कैम्प को लौट रहे हैं। दक्षिणी ध्रुव के निकट जब उन्होंने देखा कि उनके पहले ही नार्वे के 'रोल्ड एमण्डसेन' का दल वहाँ पहुँचकर और अपने देश का झण्डा उस बर्फ के आवास स्थान पर खड़ा कर, लौट चुका है; तब उनका दिल बैठ गया। जिस गौरव के लिए वे अपनी जान की बाजी लगाकर वहाँ पहुँचे थे, वह गौरव पाना अंग्रेज जाति की तकदीर में नहीं लिखा था। वे हताश हो लौट रहे हैं।

उस पर भी दैव की मार ! दिन-दिन, क्षण-क्षण, मौसम खराब होता जा रहा है। दिन-भर ठण्डी हवा के प्रचण्ड झोंके चलते हैं, जो चाबुकों की मार से भी अधिक दुखदायी हैं ! रह-रहकर उनके लहू का प्रवाह रुकने-सा लगता है, जिससे शरीर में हजारों बिच्छुओं के काटने की-सी पीड़ा होती है; उनके पैर के नीचे की ठण्डी बर्फ गरम किए हुए लोहे की तरह जलाती है और एक पग भी आगे चलना दूभर कर देती है। रात तो और गजब ढाती है—टेम्परेचर (ताप-मान) नार्मल 78 डिग्री नीचे चला आता है—ओफ ! ऐसा जाड़ा !

तो भी वे बढ़ते चले आ रहे हैं—चले आ रहे हैं। इतने ही में उनका सबसे मजबूत साथी—'एडवर्ड इवान्स' गिर पड़ता है; उनका सिर चूर-चूर हो जाता है, बेचारा वहीं वीरों की मृत्यु मरता है। फिर भी शेष चारों आगे बढ़े आ रहे हैं। अब उनमें से एक—'कैप्टन ओट्स'—बर्फ के थपेड़ों की चोट से बीमार पड़ जाता है। वह देखता है—मृत्यु निकट है, किन्तु साथियों के सामने यदि मरता हूँ तो ये सब घबड़ा जाएँगे; अतएव चुपचाप अपने तम्बू से वह साहसी अंग्रेज—मनुष्य जाति का रत्न—अकेले मरने को निकल पड़ता है, उस समय जब बर्फ की आँधी अपने ओज पर थी। फिर किसी ने उसे नहीं देखा।

कुल तीन बच गए—वे फिर आगे बढ़े अपने कैम्प की ओर; किन्तु मृत्यु हँसती है, वह उन्हें स्वर्ग की ओर ले जाना चाहती है। आखिर मनुष्य ही की तो शक्ति ठहरी, कब तक लगातार काम दे सके ? तीनों थक जाते हैं—इतना थकते हैं कि एक कदम भी आगे बढ़ना उनके लिए कठिन—असम्भव—हो जाता है। ओहो ! कुल ग्यारह मील आगे उनका कैम्प है; वहाँ भोजन, वस्त्र, सबकी प्रचुरता है। किन्तु वहाँ वे पहुँच नहीं सकते, उनमें थोड़ी भी शक्ति नहीं बच गई है, बर्फ की एक प्रचंड आँधी ने उनकी रही-सही हिम्मत भी नष्ट कर दी।

'कैप्टन स्कॉट'—उनका नेता—अब मरने की तैयारी करता है। 1212 में 24 मार्च को

वह अपना अन्तिम संदेश अपने देश की जनता के नाम लिखने बैठता है। उसके दो साथी उसकी बगल में, उस छोटे-से तम्बू में, अन्तिम साँस गिन रहे हैं—कैप्टन स्कॉट कभी उनकी ओर देखता है, कभी अपनी ओर। चित्रकला में निपुण अर्द्धांगिनी, छोटा भोला-भाला बच्चा, इंग्लैंड में बना साफ-सुथरा घर, उसके स्वागत करने को तैयार वीर पूजक अंग्रेज जाति का बड़ा समूह, नीली जैकेटवाली मेमें और भूरी पोशाकवाले साहब—सबके चित्र एक-एक कर उसकी आँखों के आगे आते हैं। एक बार उसकी आत्मा सिहर उठती है—पुनः वह सँभल जाता है। वह लिखता है—

"मैं नहीं समझता कि किसी मनुष्य को भी हम लोगों के जैसा पूरा एक महीना अपने जीवन में बिताना पड़ा होगा। सब चीजें हम लोगों के खिलाफ साबित हुई हैं। शिकायत करने का हमारे लिए कोई कारण नहीं, हम ईश्वर की आज्ञा के निकट सिर झुकाते हैं। यदि हम जीते, तो अपने साथियों की कठिनाई, सहनशीलता और साहसिकता के वे किस्से सुनाते जिनको सुनकर हर अंग्रेज का हृदय विचलित हो जाता। हाँ, इन स्फुट पंक्तियों और हमारे प्राणहीन क्षत-विक्षत शरीरों के देखने से कुछ बातों का पता लग सकेगा।"

इस प्रकार वह साहसी अंग्रेज-कप्तान, उस जनहीन बर्फीले भूखंड में, वीरगति को प्राप्त हुआ। वह मरकर भी जी गया। हारकर भी जीत गया। आज संसार भर में उसके साहस के गीत गाए जाते हैं—कीर्त्तिर्यस्य स जीवति !

कैप्टन स्कॉट का जन्म इंग्लैंड के डेवन प्रदेश के आउट लैंड्स नामक स्थान में हुआ था। 1868 ईस्वी में जून छः को उसने पहले-पहल संसार और प्रकाश के दर्शन किए थे। उसके पूर्वज इंग्लैंड की जल सेना में नाम कमाए हुए थे। बचपन से ही सामुद्रिक जीवन उसे प्यारा था। सन् 1880 ई. में वह जल सेना में भर्ती हुआ और अपने पौरुष से उसने 'कमांडर' का प्रतिष्ठित पद प्राप्त कर लिया।

जब वह 32 वर्ष की पूरी जवानी पर था, एक दिन इंग्लैंड के 'राजकीय-भूगोल-परिसर' के सभापति से उसकी भेंट हुई। सभापति महाशय ने उसको बतलाया कि दक्षिणी-ध्रुव की खोज के लिए एक दल संगठित किया जा रहा है। स्कॉट का साहसी हृदय इस दल में सम्मिलित होने के लिए ललक उठा। सभापति की राय से उसने सरकार को एक प्रार्थना पत्र दिया कि इस दल का प्रधान मुझको बनाया जाए।

स्कॉट के साहस से लोग खूब परिचित थे। एक जहाज़ी कुली से होते-होते वह कमांडर हो चला था। यही नहीं, लोग उसकी उन्नति का भावी चित्र और भी आकर्षक समझते थे। सन् 1900 ईस्वी की नवीं जून को उसे स्वीकृति पत्र मिल गया, पहली बार 1901 के अगस्त में स्कॉट 'द डिस्कवरी' नामक जहाज़ पर दक्षिण ध्रुव की ओर चला और 1904 के सितम्बर में लौटा। इस बार ध्रुव पर पहुँचने का कार्यक्रम उसने नहीं बनाया था; अतः ध्रुव तक तो यह नहीं पहुँच सका किन्तु उसके आसपास के स्थानों का जहाँ तक उसने पता लगाया, उसका मूल्य वैज्ञानिक मूल्य दृष्टि से बहुत था। सच बात तो यह है कि स्कॉट की इस यात्रा से पहले दक्षिणी ध्रुव के विषय में लोग एकदम अंधकार में थे।

स्कॉट की खोज-ढूँढ़ से पता चला कि उत्तरी ध्रुव अतल और अपार समुद्र के बीच है जहाँ पानी का विस्तार सैकड़ों मील तक जमकर बर्फ बन गया है। अतएव, उत्तरी ध्रुव तक पहुँचने के लिए लोगों को अधिकांश राह जहाज़ पर ही काट लेनी पड़ती है। जहाँ तक जहाज़ जा पाता है, जहाज़ पर जाना होता है, शेष राह—सैकड़ों मील बर्फ से पटी है, उस बर्फ पर पैदल जाना पड़ता है। बर्फ के नीचे जैसा पहले कहा जा चुका है, अतल समुद्र लहराया करता है। कैसी विचित्र लीला है प्रकृति की !

दक्षिणी ध्रुव की बात इससे जुदा है। वह एक विस्तृत भूखंड के बीच स्थित है। उसके चारों ओर बड़े-बड़े पहाड़ हैं, जिनमें से किसी-किसी की शाखा पन्द्रह हजार फीट तक ऊँची है। इन पहाड़ी शाखाओं पर, और उनके बीच की जगहों में, बर्फ का अखंड राज्य है—जहाँ देखो, वहाँ बर्फ-ही-बर्फ ! कैप्टन स्कॉट के दल ने इस भूभागों को नापा और इनके सच्चे नक्शे बनाए।

इस यात्रा में स्कॉट अपने बारह साथियों के साथ, पहाड़ों और बर्फीले चट्टानों की—एक हजार मील से अधिक दूर की—पैदल यात्रा करके, समुद्री सतह से नौ हजार फीट ऊँचे तक पहुँच गया था। तब वह अपने अन्य साथियों को छोड़ केवल दो को साथ लेकर आगे बढ़ा था। इस बार एक ऐसी घटना हो गई थी कि दक्षिणी ध्रुव की इस पहली ही यात्रा में स्कॉट के जीवन का अन्त हो गया होता। वह घटना यों है—

एक दिन वे तीनों बर्फ से युद्ध करते हुए एक बर्फीली चट्टान पर आगे बढ़ रहे थे कि अकस्मात् एक पहाड़ी दरार में उनके पैर पड़ गए—उनकी सब चौकसी व्यर्थ गई। भाग्य से वे तीनों ही बर्फ पर चलनेवाली 'स्लेज' नामक गाड़ी पर थे—इसी से उनकी रक्षा भी हुई। स्कॉट और 'इवान्स' नामक उसका साथी—ये दो उस दरार में गिर पड़े। किन्तु 'स्लेज' उस दरार के मुँह पर अटक गई, इसी से तीसरा आदमी 'लैशली' उसमें गिरने से बच गया।

अब स्कॉट ने अपने को उस दरार में बारह फीट नीचे लटका हुआ पाया—उसके नीचे सैकड़ों फीट का गर्त्त मुँह बाए उसे निगलने को तैयार था। किन्तु 'स्लेज' से बँधा हुआ रस्सा उसके साथी इवान्स को नीचे मृत्यु-मुख में गिरने से रोके हुआ था। अलौकिक साहस से स्कॉट ने दरार में उधड़े हुए बर्फ के एक टीले पर अपने पैर जमाए और इवान्स को बगल में खींच लिया। फिर जहाज़ पर काम करते समय प्राप्त अनुभव के बल पर उस रस्से के सहारे वह उछलकर उस दरार से ऊपर निकल आया और लैशली की मदद से इवान्स को भी बाहर कर लिया। यह सब इतना जल्दी हुआ था कि जब फिर तीनों ऊपर खड़े होकर इस घटना पर सोचने लगे, उन्हें महान् आश्चर्य मालूम हुआ।

इसी यात्रा में स्कॉट, शैकल्टन और विल्सन के साथ, दक्षिणी ध्रुव के 463 मील के निकट तक पहुँच गया था। अब तक इतनी दूरी तक कोई नहीं पहुँच सका था।

जब स्कॉट घर लौटा, उसकी प्रसिद्धि का कोई ओर-छोर न था। वह इंग्लैंड के जीवित सर्वश्रेष्ठ साहसी यात्रियों में समझा जाने लगा। इतना होने पर भी उसने जैसी नम्रता और भद्रता दिखलाई, वह अपूर्व थी। इन सब यशों का स्वाभाविक हकदार वह अपने साथियों को ही बतलाता था। जब उसे कैप्टन की उपाधि मिली एवं सम्राट सप्तम एडवर्ड ने उसे निमंत्रण दिया, उसने अत्यन्त संकोच प्रकट किया। लौटने के एक महीना बाद ही वह 'विक्टोरियन आर्डर' का कमांडर भी बना दिया गया।

1908 में स्कॉट ने अपना विवाह कुमारी कैथलिन ब्रूस नामक एक भद्र महिला से कर लिया। कुमारी ब्रूस चित्रकारी और मूर्ति-निर्माण-कला में प्रसिद्धि प्राप्त कर चुकी थीं। दम्पति का जीवन अब बड़े ही आनन्द से कटने लगा। कुछ दिनों के बाद 'पीटर' नामक एक पुत्र भी पैदा हुआ।

1908 ई. में ही स्कॉट के शैकल्टन नामक पहले साथी ने पुनः दक्षिण ध्रुव का धावा किया। किन्तु वह सफल न हो सका, ध्रुव से 97 मील दूर से ही वह लौट आया।

1909 की जनवरी में शैकल्टन की असफलता का समाचार स्कॉट को मिला। उस समय वह अंग्रेजी जल-सेना के एक प्रधान पद पर था, कोई भी ऐसे पद को छोड़ना नहीं चाहता, किन्तु स्कॉट के दिमाग में तो दक्षिण ध्रुव की धुन सवार थी। पहली बार वह अपार कष्ट सह

चुका था; किन्तु साहसी तो उसे ही कहते हैं, जो कष्टों को न्योता दे—उनसे युद्ध करे—उनको जीते, भले ही मृत्यु हो जाए किन्तु पीछे पैर न रखे।

स्कॉट ने पुनः दक्षिण ध्रुव की इच्छा प्रकट की। जल-सेना के पद से इस्तीफा दे दिया और तैयारी में तुल पड़ा।

इस यात्रा के खर्चे के लिए उसके पास रुपए नहीं थे, उसने चन्दा माँगना शुरू किया। स्कॉट के ऐसे संकोची पुरुष के लिए चंदा इकट्ठा करना महा कठिन कार्य था, किन्तु उसका सहायक तो उसका साहस था। लोग उसकी साहसिकता पर मुग्ध थे। रुपए मिल गए—योग्य आदमी भी मिले, और 1910 में पहली जून को उसका 'टेरा-नौवा' नामक जहाज़ लंदन से दक्षिण महासागर की ओर चल पड़ा।

इस बार स्कॉट ने चुन-चुनकर अच्छे और अनुभवी लोगों को अपने साथ लिया था—यात्रा के उपयुक्त सभी सामग्रियाँ जहाज़ में भरी पड़ी थीं। 1911 के प्रारम्भ में यह जहाज़ पुनः दक्षिण ध्रुव के निकट पहुँचा।

जहाज़ पर जितने अनुभवी विद्वान थे, नई-नई वैज्ञानिक खोज करने लगे। इस बार की यात्रा में दक्षिण ध्रुव में कुछ खनिज पदार्थ और कोयला भी प्राप्त हुआ, जिनसे सिद्ध किया गया कि पहले यहाँ जंगल-झाड़ भी रहे होंगे, सम्भवतः मनुष्य भी रहते हों—जो आज बर्फिस्तान है, वह कभी गुलिस्तान भी रहा होगा।

इस बार भी कई दुर्घटनाएँ सामने आईं। एक बार स्कॉट अपने कुत्तों के साथ खोज-ढूँढ़ कर रहा था कि अचानक उसके कुत्ते एक दरार में धबाधब गिर पड़े। भाग्य से स्कॉट बच गया, नहीं तो उस बर्फ की समाधि में वह अनन्तकाल के लिए सो जाता। कई घंटों के कठिन परिश्रम से वे कुत्ते निकाले जा सके। यों ही एक दिन सब लोग समुद्र के ऊपर जमी हुई बर्फ पर डेरा डाले पड़े थे कि अकस्मात् रात में बर्फ के टुकड़े-टुकड़े होने लगे। लोग घबड़ा गए। झटपट सामान ले-लादकर किनारे की ओर भागे। बर्फ के बड़े-बड़े ढोके उनके भागने में भी विघ्न डालने लगे; किन्तु ईश्वर की कृपा से किसी तरह किनारे पर पहुँच गए। हाँ, तीन घोड़े बर्फ में ही फँस मरे।

1911 के सितम्बर में ध्रुव तक पहुँचने की—700 मील शेष राह की—यात्रा प्रारम्भ हुई। राह भर में जगह-जगह ठहरने के लिए कैम्प खड़े कर दिए गए। 1912 की पहली जनवरी को स्कॉट और उसके आठ साथी दक्षिण ध्रुव से केवल 170 मील की दूरी पर थे। तीसरी जनवरी को जब वे दस हजार फीट ऊँची सतह पर थे, स्कॉट ने ध्रुव के निकट पहुँचने का अन्तिम धावा प्रारम्भ करने को सोचा। तीन साथियों को वहीं कैंप में छोड़ दिया; और स्वयं चार अन्य साथी तथा एक महीने की रसद लेकर आगे बढ़ा।

सन् 1912 में 18 जनवरी को वे सब ध्रुव के निकट पहुँच गए। किन्तु जैसा पहले कहा जा चुका है, वहाँ पहुँचने पर उन्होंने देखा कि नार्वे के एमंडसेन नामक यात्री का दल वहाँ पहुँचकर अपना तम्बू और अपने देश का झंडा गाड़कर, लौट गया है। अतएव, वे सब उदास हो, वहाँ से अपने कैम्प की ओर लौटे। किन्तु इतने ही में मौसम इतना खराब हो गया; बर्फ की आँधी का ऐसा प्रकोप हुआ कि इन पाँचों को वीर-गति प्राप्त करनी पड़ी।

जब स्कॉट और उनके साथी बहुत दिनों तक न लौटे, उसके तीनों शेष साथी रोते-झींकते वापस आए। इंग्लैंड में जब यह दुखद समाचार मिला, लोग व्याकुल हो गए और उनका यथार्थ पता पाने को साहसी लोगों का दल उमड़ पड़ा। लोग जानते थे कि जहाँ पर स्कॉट की ऐसी दशा हुई है, वहाँ हमारी भी बुरी-से-बुरी गति हो सकती है, किन्तु इससे क्या ? अपने देश के एक अपूर्व नर-रत्न के अन्तिम भाग्य का पूरा पता न लगा लेना—क्या इंग्लैंड की चमकती

हुई शान में बट्टा नहीं लगता !

आखिर आठ साहसी, तेरह दिनों तक ध्रुव के निकट छानबीन करते-करते उस स्थान पर उस तम्बू में पहुँचे, जहाँ स्कॉट और उसके दो अन्य साथी मरे पड़े थे। सजल नयनों से उन्होंने उनकी ओर देखा और घुटने टेककर उनकी वंदना की—उनके चरण छूकर अपने को धन्य समझा। फिर तीनों की लाश को वहीं बर्फ की कब्र में दफना दिया।

बड़े-से-बड़े महल 'ताजमहल' भी—स्कॉट जैसे साहसी वीरों की समाधि बनकर उनको यथार्थ सम्मान नहीं दे सकते। दक्षिण ध्रुव के निकट बनी वह बर्फ की एकांत समाधि, प्रलय तक लोगों को अंग्रेजों की साहसिकता की कीर्ति-कथा सुनाती रहेगी।

उपनिवेश की स्थापना

सात समुन्दर तेरह नदी पार, बहुत दूर, तक ऐसे देश में—देश में क्या, घनघोर जंगल में—चालीस नौजवान यह कौन-सा काण्ड कर रहे हैं ? किसी के हाथ में कुल्हाड़ी है, किसी के हाथ में फावड़ा ! सब मधुमक्खी की तरह व्यस्त हैं—नानो दीन-दुनिया की इन्हें खबर नहीं ! ये क्या कर रहे हैं—ये कौन हैं ?

ये हैं वे लोग, जो किसी देश का सितारा चमकाते हैं। आज हम यूरोपवालों की तरक्की देखकर दाँतों उँगली काटते हैं, उनका राज्य-विस्तार देखकर कभी चकित होते हैं, कभी गालियाँ भी देते हैं। किन्तु, क्या कभी हमने यह सोचा है कि उनकी जो यह तरक्की है, दुनिया भर में जो उनकी विजय-पताकाएँ फहरा रही हैं, सो क्या—यों ही ? उन देशों की सन्तानों—खासकर उनके नौजवानों की कर्तृत्व-शक्ति ने ही उन्हें आज यह गौरवमय स्थान प्रदान किया है।

आज से लगभग सवा तीन सौ वर्ष पहले की बात है। ये चालीस नौजवान, अपने प्रिय देश फ्रांस के एक अमूल्य रत्न—चैम्पलेन नामक नौजवान के नेतृत्व में, अपने देश के औद्योगिक विकास के लिए नए देश की तलाश में, घर से निकले। समुद्र-तरंगों से युद्ध करते, अनेक प्रकार के संकट सहते, ये आखिर वहाँ पहुँचे जिसे हम आज 'कनाडा' कहते हैं। आज कनाडा अंग्रेजों के अधिकार में है—वहाँ की सभ्यता और संस्कृति, ऐश्वर्य और वैभव, हमारी आँखों को चकाचौंध में डाल देते हैं। किन्तु, उस समय कनाडा का यह नामकरण भी नहीं हुआ था और न वहाँ पहले-पहल अंग्रेज ही पहुँचे थे। कनाडा पर प्रथम पैर रखा था फ्रांसीसी नौजवानों ने और उन्होंने इस मुल्क को अपने प्यारे देश के नाम पर 'नया फ्रांस' नाम दिया था। 'नए फ्रांस' को अपने देश की ही तरह सुसभ्य बनाने का श्रीगणेश ये लोग आज कर रहे हैं !

इन्होंने धीरे-धीरे एक खूबसूरत बगीचा लगा लिया। बगीचे में मकान बन गए—ग्रीष्म-निवास अलग, हेमन्त-निवास अलग। बगीचे के चारों ओर हल्की किलेबन्दी भी कर दी गई। बीच में एक तालाब भी खोद लिया गया, जिसमें मछलियाँ पाल दी गईं। इस घोर वन्यभूमि में यह 'सभ्यता का उपनिवेश' बस गया।

इस दल के नेता 'चैम्पलेन' का जन्म 16वीं शताब्दी के तृतीय चतुर्थांश में हुआ था। उसका पिता भी, कहा जाता है, जहाजी था। उसमें पिता का यह गुण कूट-कूटकर भरा था। इसके अलावा वह एक विकट योद्धा और साहसी अन्वेषक था। यही नहीं, वह पहला आदमी था, जिसने भूगोल को वैज्ञानिक रूप में समझने और लिखने का आरम्भ किया था। उसकी डायरी भूगोल की एक अमूल्य देन है।

बचपन से ही उसे जहाजी बनने का शौक था। वह कहा करता—"नौजवानों को तो

जहाज़ी बनना चाहिए, इसमें अद्भुतता भी है, साहस भी है। दब्बू और डरपोक बनकर घरेलू जीवन बिताना—भला यह कोई जिन्दगी है।''

उस समय स्पेन देश अपने जहाजी पराक्रमों के कारण प्रख्यात हो रहा था। चैम्पलेन के एक चाचा स्पेन के राजकीय बेड़े के एक प्रतिष्ठित अफसर थे। वह उन्हीं के पास चला गया और उन्हीं की उदारता से छोटी-सी अफसरी पाकर, वह पहले-पहल अमेरिका की ओर रवाना हुआ। यह पहली यात्रा 1599 में हुई थी और रास्ते में तीन महीने लगे थे। अमेरिका के 'वेस्ट इन्डीज' नामक द्वीप-पुंज में पहुँचकर उसने वहाँ की चीजों का अध्ययन करना शुरू किया।

अभी तक जितने यात्री आए थे, सबने अन्ट-सन्ट वर्णन किया था—उनके वर्णन में सींग-पूँछ का कोई ठिकाना न था। 'चैम्पलेन' ने सिलसिलेवार ढंग से लिखना शुरू किया। वहाँ के पशु-पक्षी, वहाँ के पेड़-पौधे, वहाँ के बन्दरगाह, वहाँ के अधिवासी और उनका रहन-सहन तथा अब तक अन्धकार में पड़े भूभाग या उपकूल—सबका वर्णन उसने पूर्ण वैज्ञानिक ढंग से किया। पहले के वर्णनों के बारे में उसने लिखा है—''मेरा विश्वास है कि उन्होंने जो लिखा है, उसको स्वयं देखा नहीं, केवल दूसरों के कहे पर लिख दिया, और वे कहनेवाले भी यों ही किसी के कहने के फेर में थे।'' उसने अपना जो यात्रा-वर्णन लिखा है, उसमें 1000 पृष्ठ हैं और उसमें 60 से अधिक नक्शे हैं। सौभाग्य से वह सुरक्षित बचा हुआ है, जिसकी छपी प्रति 1857 में प्रथम-प्रथम निकली।

दो बरसों के बाद 'चैम्पलेन' अपने देश लौटा। उसने स्पेन का पल्ला छोड़ दिया और अपने देश के एक सुप्रसिद्ध व्यापारी से साँठ-गाँठ कर इस बार लौटा, तो अपना कार्यक्षेत्र 'कनाडा' को बनाया, जहाँ एक उपनिवेश की स्थापना करते उसे हम देख चुके हैं।

गर्मी के दिन हँसी-खुशी से कट गए। चूँकि यह पहला प्रयत्न था, इसलिए त्रुटियों की तो कमी नहीं थी। और, प्रकृति तो आपकी त्रुटियों के लिए आपको क्षमा नहीं कर सकती। उसका चक्र तो कठोर है। अपनी पूर्ण कठोरता के साथ जब हेमन्त पधारा तब चैम्पलेन और उसके साथियों के होश गुम ! दिन-रात बर्फ गिरती—ऐसी कि घर में रखी चीजें भी जम जातीं। घर को गरम रखने के लिए जो ईंधन उन्होंने इकट्ठा किया था, वह भी धीरे-धीरे चुक गया। जंगल वहाँ से कुछ दूर था, और इस बर्फ की वर्षा में कोई जाता कैसे वहाँ ? पानी का भी अभाव था—बर्फ गला-गलाकर पीते। खाने-पीने की तकलीफों का क्या कहना, पहले से मांस नमक लगाकर रख दिया गया था, उसी से काम चलता। जिस दिन ऋतु अनुकूल रहती कहीं थोड़ा शिकार हो जाता। इसलिए चैम्पलेन ने एक बड़ा ही अनोखा और उत्साहपूर्ण ढंग अख्तियार किया था।

उसने 'अच्छे दिनों की शृंखला' नामक एक प्रतियोगिता कायम की थी। हर आदमी बारी-बारी से पदाधिकारित्व की जंजीर एक-एक दिन के लिए अपने गले में डालता और उस दिन का पूर्ण मालिक वही समझा जाता ? उसका काम था कि लोगों को शिकार पर ले जाए, खाने-पीने की चीज बनवाए, लोगों को अधिक-से-अधिक आराम पहुँचावे। प्रतियोगिता में हर आदमी एक दूसरे से अधिक शिकार जुटाना—अधिक आराम पहुँचाना चाहता। यों, राम-राम करके हेमन्त बीता।

हेमन्त बीतने पर, चैम्पलेन वहाँ के आदि-निवासियों से हेलमेल बढ़ाने में लगा। उसका विश्वास था कि यहाँ पर यदि उपनिवेश बसाना है तो इनसे घनिष्ठता बढ़ाना, इन्हें शिक्षित बनाना बहुत जरूरी है। ये आदिवासी बिल्कुल अजीब लोग थे। चैम्पलेन के शब्दों में ये 'जंगली पशु' मात्र थे। न इन्हें प्रतिज्ञा करते देर, न उसे तोड़ते। झूठे भी परले सिरे के। और, सबसे

बढ़कर यह कि बदला लेने में तो ऐसे क्रूर कि कई पुश्त तक खदेड़ मारें। चैम्पलेन ने इनकी कई कहानियाँ लिखी हैं।

एक दिन जब चैम्पलेन और उसके साथी जलयात्रा कर रहे थे, उसके कुछ नाविक जमीन पर सोने के लिए किनारे पर चले आए। उसके एक दिन पहले ही इन्हें अँगूठी, माला, छुरी आदि के उपहार चैम्पलेन ने दिए थे। अतः ये लोग निश्चिन्त थे कि आक्रमण नहीं होगा। पर, भोर होते ही, 400 आदिवासियों ने उन्हें घेर लिया और अपने तीर का निशाना उन्हें बनाना शुरू किया। कितने ही फ्रांसीसी मारे गए। हो-हल्ला सुनकर जब चैम्पलेन अस्त्र-शस्त्र के साथ दौड़ा, वे भाग गए।

खैर, उन मृत व्यक्तियों को वहीं दफन कर, उनकी कब्र पर ईसाई मत के नियमानुसार 'क्रूस' खड़ा कर, वे लोग लौट आए। किन्तु ज्योंही वे अपनी नाव तक पहुँचे कि आदिनिवासी उन कब्रों के निकट गए, क्रूस उखाड़कर फेंक दिया, भीतर से लाश निकाली और उसे आग में भूनने लगे। चैम्पलेन दौड़कर आया और अपने उन साथियों की लाशों को छीना।

किन्तु चैम्पलेन का विश्वास था कि ये लोग सुसभ्य बनाए जा सकते हैं। इनमें काफी बुद्धि है। यदि सहानुभूति और प्रेम से इन्हें शिक्षा दी जाए, तो ये खेती-बाड़ी कर सकते हैं एवं अच्छे सैनिक भी बन सकते हैं। अतः दोनों प्रकार की शिक्षा वह इन्हें देने लगा। और धीरे-धीरे उसे सफलता भी मिलने लगी।

इनमें कुछ लोग तो ऐसे निकले, जो उसके लिए प्राणार्पण भी कर सकते थे। जब एक बार उसके साथी देशवासी ही, ईर्ष्या-वश, चैम्पलेन की हत्या करने को उतारू हुए, मुख्यतः अपने इन विश्वस्त आदिवासी अनुचरों के चलते ही बच पाया।

कुछ दिनों के बाद चैम्पलेन ने क्यूबेक नामक स्थान पर एक बहुत ही मजबूत किला बनाया और अपने इस नए उपनिवेश की राजधानी भी इसे ही रखा।

इस नगर की स्थापना के बाद तो चैम्पलेन और भी तत्परता से उपनिवेश-स्थापन में लगा। नावों पर चढ़-चढ़कर उसने सेंटलौरेंस, ओटावा आदि महानगरों, वहाँ की कितनी नदियों, कई बड़ी-बड़ी झीलों, कितने ही जगतप्रसिद्ध झरनों और उपजाऊ भूभागों का पता लगाया। आदि-निवासियों के साथ भी उसका हेलमेल बढ़ता गया। अब तो वे अपने आपसी झगड़े के निबटाने के लिए भी उसे निमंत्रित करने लगे।

चैम्पलेन में सबसे बड़ी खूबी यह थी कि वह अपनी प्रतिज्ञा कभी खाली नहीं जाने देता। एक बार केवल दो फ्रांसीसी जवानों को लेकर अपने मित्र आदि-निवासियों के साथ, उनके प्रतिद्वन्द्वी से मैदान में जा डटा। और, अपनी अद्भुत संगठन-शक्ति, अलौकिक पराक्रम और बन्दूकों की सहायता से वह विजयी बनकर लौटा। लोगों को आशंका थी कि वह जीता नहीं लौटेगा।

इसके अन्दर वह कई बार अपने प्यारे देश फ्रांस को भी लौटा। जब-जब लौटा, उसका हार्दिक स्वागत हुआ। अन्त में तो इस नए देश का, जो पहले 'नए फ्रांस' कहलाता है, वह गवर्नर बना दिया गया। वही कनाडा का पहला गोरा गवर्नर था।

इधर, ज्यों-ज्यों विशाल विस्तृत भूभाग का पता यूरोप के अन्य देशवालों को लगा, वे भी अपने जहाज-पर-जहाज इस ओर भेजने लगे। हालैंड, स्पेन, इंग्लैंड, सबने अपने भाग्य आजमाए। इन लोगों से चैम्पलेन को बार-बार युद्ध भी करना पड़ता। इन युद्धों में चैम्पलेन ने बड़ी बहादुरी दिखलाई और उन्हें खदेड़ता रहा।

किन्तु, जिस प्रकार भारत में भी फ्रांसीसी पहले बड़े प्रबल थे, पर अंग्रेजों ने उनकी सत्ता मिटा दी, उसी प्रकार 'नया फ्रांस' में भी, अंग्रेजों ने आखिर चैम्पलेन को पराजित किया ही।

चैम्पलेन क्या करता ? जिस समय इन लोगों ने क्युबेक पर चढ़ाई की, उसके पास खाने का सामान तक न था। उसने आत्मसमर्पण कर दिया। वह कैद कर लिया गया और कैदी के रूप में ही इंग्लैंड लाया गया--1629 ई. में। उस समय, फ्रांस और इंग्लैंड में, भीषण युद्ध चल रहा था किन्तु तमाशा यह रहा कि जिस समय कनाडा में यह मुठभेड़ हुई, उसके दो महीने पहले ही फ्रांस और इंग्लैंड में सुलह हो चुकी थी ! अतः इंग्लैंड पहुँचते ही वह मुक्त कर दिया गया।

मुक्त होने पर वह फिर स्वदेश 'फ्रांस' लौटा। कुछ दुष्टों ने उसके खिलाफ फ्रांस में बखेड़ा उठाया था, किन्तु उसने स्थिति साफ कर दी। वह फिर गवर्नर बनाकर भेजा गया। जब वह क्युबेक लौटा, वहाँ के आदिनिवासियों एवं उसके देशवासियों ने दिल खोलकर उसका स्वागत किया। बड़े आनन्द से वह वहाँ रहने लगा।

किन्तु, इस आनन्द का वह अधिक दिनों तक उपभोग न कर पाया। दो वर्ष के बाद ही वह इस धराधाम से चल बसा—क्यूबा में ही, 25 दिसम्बर को, सन् 1635 में।

चैम्पलेन ने 'हेलेन वौले' नाम की एक बहुत ही सुन्दरी रमणी से शादी की थी। जब वह 12 वर्ष की ही थी, यह शादी हुई थी, यद्यपि 22 वर्ष की होने के बाद वह अपने पति के पास रहने को कनाडा आई। दम्पति में बहुत प्रेम था, किन्तु कोई सन्तान न थी। चैम्पलेन की मृत्यु से हेलेन को इतना दुख हुआ कि वह संसार के सभी सुखों को लात मार फकीरन बन गई।

चैम्पलेन कितना बड़ा दूरदर्शी था, इसका अन्दाजा इसी से लग सकता है कि उसने आज से तीन सौ वर्ष पहले ही 'पनामा' डमरूमध्य के बारे में लिखा था—

''यदि पनामा-डमरूमध्य की यह पतली-सी गरदन काट डाली जाए, तो दक्षिणी समुद्र से दूसरे समुद्र में जाने का जहाजी रास्ता खुल जाए और हजारों मील के चक्कर और परेशानी से हम बच जाएँ।''

यों, 1602 ई. में उसने जिस योजना की नींव डाली, वह 1914 ई. में आकर कार्य-रूप में परिणत हुई। आज पनामा-डमरूमध्य को काटकर एक बहुत बड़ी नहर बना दी गई है, जिससे एक समुद्र से दूसरे समुद्र में जहाज मज़े से आते-जाते हैं। इस नहर ने अटलांटिक और प्रशान्त महासागर को मिला दिया। यह 40 मील लम्बी और 300 से 1000 फीट तक चौड़ी है। जहाजों के लिए सात घंटे का रास्ता है। 15 अगस्त 1914 को नहर का उद्घाटन हुआ; पर 1917 से जहाजों के आने-जाने की विशेष सुविधा हो गई। 12 जून 1920 को बड़े समारोह से विशेष उद्घाटन-महोत्सव हुआ।

उत्तरी ध्रुव तक

लगातार तेईस वर्षों के प्रयत्न के बाद—

एक वर्ष, दो वर्ष नहीं, पाँच-दस वर्ष नहीं; लगातार तेईस वर्षों तक वह कोशिश-पर-कोशिश करता रहा।

वह ग्रेजुएट था। नौ-सेना का कप्तान था। उसके भी स्त्री थी—बहुत ही प्यारी, बहुत ही सुन्दरी। उसके बच्चे भी थे। फिर, उसे क्या धुन समाई थी यह ?

वर्ष-के-वर्ष बर्फ पर गुजारना। शीत ग्रीष्म, वसन्त, शरद, सब एक-सा बर्फ की दुनिया में काट देना ! दुनिया से दूर, ऐश-आराम की चीजों से दूर। बर्फ के तूफान—हड्डियों को गला देनेवाली ठंड !—हाँ, हड्डियों को गला देनेवाली ठंड। उसकी आठ अँगुलियाँ—एक-दो-तीन-चार-पाँच-

छः-सात-आठ अँगुलियाँ बर्फीली सर्दी से गल चुकी थीं।

किन्तु, वह लगा रहा। एक बार, दो बार, तीन बार—असफलता-ही-असफलता। पर, चौथी बार !—चौथी बार विजय-माल उसके गले में थी। वह विजयी हुआ !

किन्तु, यह तो संयोग ही समझिए कि वह विजयी हुआ। नहीं तो यह तो ऐसी जगह थी जहाँ कितने ही साहसियों ने प्राण गँवाए थे। निस्संदेह इसने भी अपनी जान हथेली पर ही रख ली थी। पर, साहस की जय, वह केवल जीता ही नहीं बचा; वह इतिहास में अमर भी हो गया।

वह अमर हुआ, और अमर हुआ उसका देश !

उत्तरी ध्रुव की छाती पर उसके देश की सितारों और धारियोंवाली पताका आज भी फहरा रही है। उसकी एक-एक फहरान कहती है—वीरभूमि अमेरिका की जय !

उत्तरी ध्रुव की खोज शताब्दियों पहले से यूरोपियन यात्रियों को अनुप्राणित करती रही है।

किन्तु 19वीं शताब्दी के प्रारम्भ से तो नियमित प्रयत्न शुरू किए गए।

दो बार तो इंग्लैंड के सपूतों ने भागीरथ प्रयत्न किए; दो बार नार्वे के साहसी सुतों ने। किन्तु, उनके देशों का यह सौभाग्य नहीं हुआ कि वहाँ उनके झंडे फहराएँ।

'रौस' और 'पेरी' नामक अंग्रेज यात्रियों ने सन्, 1818 और 1821 में, दो बार यात्राएँ कीं—बहुत दूरी पार भी कर ली, बहुत कष्ट भी सहे। एक बार वे जहाज़ लिए जा रहे थे कि दो मील तक पानी के ऊपर, सात इंच मोटी बर्फ जम गई जिसे निरन्तर तीन दिनों तक आरी से काटकर वे पार कर सके।

शीत का अन्दाज इसी से लगाइए कि एक बार उनका एक आदमी हाथ में बिना दस्ताना लगाए टहलने निकल पड़ा। थोड़ी ही देर में उसकी अँगुलियाँ गलती-सी मालूम हुईं। दौड़कर उसने पानी में हाथ रखा, तुरन्त ही पानी उसके हाथ के चारों ओर जम गया। वे अँगुलियाँ गल गईं, काटकर उन्हें अलग ही करना पड़ा ! दूसरी बार की यात्रा में उन्हें अपने पाँच साथियों की भी बलि देनी पड़ी।

'पैरी' के आने में, पहली बार, जब विलम्ब होने लगा तो 'फ्रैंकलिन' नामक साहसी युवक आगे बढ़ा। उसकी तो और भी दुर्गत हुई। एक जगह जब वह डेरा डाले हुए था, लकड़ी घट गई। वहाँ कुछ पेड़ थे, कुल्हाड़ी लेकर उसके आदमी चले काटने। किन्तु ज्योंही कुल्हाड़ी चलाई, इस्पात की धार 'टन' से टूटकर जाने कहाँ उड़ गई ! भीषण जाड़े के कारण लकड़ी लोहे से भी ज्यादा सख्त बन गई थी।

खैर, जैसे-तैसे फ्रैंकलिन आगे बढ़ा। डोंगियों के सहारे 550 मील तक की यात्रा की उसने। इतने ही में, ऐसी भयंकर बर्फीली आँधी उठी कि उसके भोजन के सामान नष्ट हो गए। लौटा डेरे की ओर। रास्ते में भूख के मारे जूते का चमड़ा तक उन्हें चबाना पड़ा। जब जूते भी चुक गए, तो खाली पेट लौटा। पाँच दिन की फाकाकशी के बाद डेरे पर आया—तो देखता है, उसके साथी, रास्ता देखकर, चलते बने हैं। अब क्या हो ? हिरन की कुछ सूखी हड्डियाँ और चमड़े इधर-उधर बिखरे थे—उन्हें ही इकट्ठा कर शोरबा बनाया गया। संयोग से, उनका एक साथी, खोजता-खोजता पहुँचा, जिससे भेंट हो गई—नहीं तो, इस बार फ्रैंकलिन गया ही था।

किन्तु फ्रैंकलिन की मृत्यु तो वहीं बदी थी। 1828 की दूसरी यात्रा में भी विफलता पाकर वह 1845 में, जब वह साठ वर्ष का था, फिर उत्तरी ध्रुव की ओर चला।

साठ वर्ष का बुड्ढा—चला है, वह काम करने, जिसे नौजवान भी नहीं कर पाए थे।

इस बार, दो जहाजों पर तीन वर्ष का सामान लेकर वह चला था।

किन्तु वे जहाज बर्फ में ऐसे फँसे कि सब सामान चुक जाने पर भी टस-से-मस न हुए। तब, हारकर, फ्रैंकलिन अपने साथियों को लेकर, पैदल चला। पैदल चलकर वह समुद्र के तट पर पहुँच चुका था; किन्तु वहाँ से भी कोई उपाय स्वदेश लौटने का नहीं था। सबके सब एक-एक कर, भूख के मारे, वहीं मर गए। कल्पना कीजिए, उनकी इस छटपटाहट की, उनकी इस हृदय-वेधक मृत्यु की।

किन्तु धन्य तो हैं वे लोग, जो इन बातों को जान-सुनकर भी उस ओर बढ़ते रहें। नार्वे के 'नैन्सन' और 'एमंडसेन' उन्हीं धन्य पुरुषों में थे।

एमंडसेन तो एक बार असफल हो, दूसरी बार तैयारी ही कर रहा था कि 'पियरी' की सफलता की खबर मिली। तब वह चल पड़ा दक्षिणी ध्रुव को और उसका पता लगाकर ही छोड़ा। हाँ, उत्तरी ध्रुव की ओर का उसका आकर्षण कम नहीं हुआ, और वह 1928 ई. में, वायुयान द्वारा एक भूले हुए उड़ाकू ध्रुव-यात्री की खोज करता हुआ सदा के लिए लोगों की आँखों से ओझल हो गया। ध्रुव ने उसे अपने अचल लोक में स्थान दिया क्या ?

नैन्सन ने दो बार यात्राएँ कीं और यद्यपि दोनों बार असफल रहा, तथापि ध्रुव सम्बन्धी हमारे ज्ञान को बहुत बढ़ा दिया। उसी ने यह पहले-पहल पता लगाया कि बेरिंग-द्वीप के उत्तर से ध्रुव की ओर सदा बर्फ खिसका करती है, अतः यदि कोई जहाज वहाँ ले जाया जाए, और यों ही छोड़ दिया जाए तो वह उत्तरी ध्रुव होते अटलांटिक समुद्र में आप-ही-आप पहुँच जाएगा। अपनी दूसरी यात्रा (1893) में। उसने इसे आजमाया भी। उसका जहाज उत्तरी ध्रुव की ओर चला भी—किन्तु, वह ठीक सीध में जाकर, तिरछा बह गया। अतः उसे जहाज छोड़कर पैदल चलना पड़ा। बहुत प्रयत्न के बाद जब ध्रुव तक वह नहीं पहुँच पाया, अपने घर की ओर लौटा। रास्ते में उसे बहुत से संकट बर्दाश्त करने पड़े—कई बार ध्रुव देश के भालुओं से भी उसका मुकाबला हुआ, पर जैसे-तैसे वह समुद्र-तट पर पहुँचा, जहाँ उसकी प्रतीक्षा में एक दूसरा जहाज लगा था—जिसके कारण फ्रैंकलिन की-सी दुर्गति से वह बच गया।

'पियरी'—विजयी पियरी—का ध्रुव प्रेम तो एक अजीब बात रहा है।

उसका जन्म 1856 ई. में हुआ था और कुल 14 वर्ष की उम्र में ही वह ग्रेजुएट हो गया था। वह बड़ा मिहनती और प्रतिभाशाली था।

1881 में वह अमेरिका की नौ-सेना में एक कप्तान के रूप में भर्ती हुआ। किन्तु न जाने किस अज्ञात प्रेरणा ने उसका ध्यान सदा के लिए उत्तरी ध्रुव की ओर खींच लिया।

1886 में, ध्रुव-देश की जानकारी के लिए उसने उसके पड़ोसी प्रदेशों का अध्ययन शुरू किया और ग्रीनलैंड की उत्तरी सीमा तक पहुँचकर उसी ने संसार को पहले-पहल बताया कि ग्रीनलैंड एक द्वीप है। इस यात्रा में शीत-प्रदेशों की जलवायु और जीवन के सम्बन्ध में उसने बहुत-से अनुभव हासिल किए।

1891 में उसके नायकत्व में, एक संगठित अन्वेषक-दल, उत्तरी-ध्रुव की खोज के लिए, तैयार किया गया। उस दल में सात व्यक्ति थे, जिनमें एक थी उसकी वीरांगना धर्मपत्नी ! इस यात्रा में बहुत-सी अज्ञात राह पाकर, नए सामान के लिए वह लौट आया, और 'मेरी ध्रुव यात्रा' नाम की एक पुस्तक लिखकर प्रकाशित की। 1893 में उसने दूसरी यात्रा की। इस बार भी उसकी पत्नी उसके साथ थी। इस यात्रा के समय ही उसे एक कन्या-रत्न प्राप्त हुआ।

पियरी की इस साहसिकता पर मुग्ध होकर, 'अंग्रेजी पत्रकारों के नेपोलियन' लॉर्ड नौर्थक्लिफ ने उसे दो जहाज ध्रुव-यात्रा के लिए भेंट किए। 'पियरी-ध्रुव यात्रा-समिति' नाम की एक संस्था की भी स्थापना हुई और चार वर्षों का कार्यक्रम बनाकर इस बार की यह तीसरी

यात्रा शुरू की गई।

इस बार की यात्रा में उसने जहाज को सुरक्षित समुद्र में ही छोड़ दिया और ज्यादातर अपनी यात्रा बे-पहिए की बर्फ-गाड़ी पर की। वहाँ के आदि-निवासी 'एस्कीमो' लोगों से भी उसने बड़ी सहायता ली।

किन्तु पहले वर्ष में ही उसके पैर बर्फ के कारण बेतरह घायल हुए। यही नहीं, पैर की आठ अँगुलियाँ तो उसने सदा के लिए खो दीं।

पैर की आठ अँगुलियाँ—कितनी अमूल्य चीज ! किन्तु, इस साहस के पुतले ने इतने पर भी पीछे पाँव नहीं रखा। लगातार चार वर्षों तक वह ध्रुव की यात्राएँ करता रहा। इन चार वर्षों में छः-छः महीनेवाली रात की भीषण शीत भी वह बर्दाश्त करता रहा।

पर, तो भी, ध्रुव तक वह नहीं पहुँच पाया !

वह घर लौटा !

उसके देशवासियों ने अपने इस देशरत्न का दिल से स्वागत किया। उसकी प्रजातंत्री सरकार ने उसे 'कमांडर' की उपाधि दी। वह वहाँ की 'राजकीय भूगोल-समिति' का सभापति बनाया गया—जो एक विरल सम्मान का सूचक है।

उसकी चौथी यात्रा 1905 में हुई। खास ध्रुव प्रदेश तक पहुँचने लायक 'रूजवेल्ट' नामक एक जहाज तैयार कराया गया। ध्रुव प्रदेश के उपयुक्त यह पहला जहाज था, जो अमेरिका में ही तैयार हुआ। इस जहाज की बनावट में पियरी ने अपने सारे अनुभवों से काम लिया था। सामान इकट्ठा करने के सम्बन्ध में भी उसने बुद्धि और अनुभवों का प्रचुर उपयोग किया था। इस बार की यात्रा की अवधि केवल दो वर्षों की थी।

जुलाई महीने (1905) में 'रूजवेल्ट' जहाज न्यूयार्क से रवाना हुआ।

किन्तु, लगभग दो वर्षों की अनुपम साहसिकता के बाद भी ध्रुव नहीं मिला—नहीं मिला। हाँ, वह इस बार वहाँ तक पहुँच सका था, जहाँ से ध्रुव कुछ ज्यादा दूर नहीं था। 1907 में उसने, लौटकर, एक पुस्तक छपवाई—'ध्रुव के निकटतम स्थान तक !'

पाँचवीं बार ! और इस बार—'कार्यं वा साधयामि शरीरं वा पातयामि !'

और, कार्य ही सधा !

इस बार उसके हाथ अमेरिका के कुछ अति साहसी पुरुष भी थे।

1908 की जुलाई में वही पुराना जहाज़ 'रूजवेल्ट' नए उत्साह और उमंग से रवाना हुआ।

5 सितम्बर को उनका जहाज 'शेरिडन-अन्तरीप' में था। वहाँ से सब सामान 'कोलम्बिया-अन्तरीप' के लिए रवाना किया गया, जहाँ उन्होंने जाड़े की ऋतु गँवाई।

1909 में पहली मार्च को पियरी ध्रुव की ओर रवाना हुआ।

7 अन्वेषक, 97 एस्कीमो, 133 ग्रीनलैंड के कुत्ते और 10 बर्फ गाड़ियाँ—यही थी उसकी पार्टी।

उसने इन सबों को छः दलों में बाँट दिया, जो एक सिलसिले में—एक के पीछे दूसरा दल—आगे बढ़ते। अगले दल का काम था—रास्ता पसन्द करना और उसका चिह्न बताते जाना। उसी चिह्न पर दूसरा दल बढ़ता—जिसका अनुसरण तीसरा करता—यों ही सिलसिला था। सामान चुक जाने पर, एक-एक दल लौटा दिया जाता, जो फिर सामान लेकर आ जुटता।

5 मार्च 1901। छः महीने के बाद फिर सूर्य चमका ! उसी के साथ मानो पियरी का भाग्य भी चमका।

उसकी पार्टी दनादन आगे बढ़ती गई।

अब तक पियरी ने अपनी शक्तियों को पूर्णतः संचित कर रखा था। जो मशक्कतें उठाई

थीं, उसके बहादुर साथियों ने। किन्तु जब पता चला कि अब कुल 140 मीटर की दूरी रह गई है, वह मानो सपने से जागा।

जागा, अपने रापने को सत्य करने के लिए !

तब तक उसके सभी साथी थक गए थे। अतः उनमें से केवल एक 'हैन्सन' को उसने साथ लिया। चार एस्कीमो भी उसके साथ थे। प्रतिदिन 10 घंटे चलकर वह 25 मीटर को दनादन पार करता गया। एक दिन 12 घंटे चलकर 30 मीटर को तय कर सका था।

6 अप्रैल को वह चिर-वांछित उद्देश्य-स्थल पर पहुँच गया।

यहाँ वह 24 घंटे ठहरा। नाप-जोख की। सब प्रकार से उसने यह निश्चय कर लिया कि यही ध्रुव है। बस, अपने देश का झंडा उसने उस पर फहरा दिया।

उसकी कीर्ति-पताका आज तक फहरा रही है वहाँ !

जान हथेली पर

[1938 ई.]

सुनिए

आगे के पृष्ठों में आप विदेशों के कुछ ऐसे वीरों की कथाएँ पढ़ेंगे, जिन्होंने 'जान हथेली पर' की कहावत को बिलकुल चरितार्थ किया था।

इनमें छोटे-छोटे बच्चे हैं, छोटी-छोटी लड़कियाँ हैं, स्वयं नौजवान हैं, और हैं हमारे बूढ़े बाबा भी ! यों ही झोंपड़ों से लेकर प्रासादों तक में हम इन्हें विचरते पाते हैं। वीरता–वयस, लिंग, वर्ग–किसी भी भेद-भाव पर निर्भर नहीं करती। यह स्वर्गीय चीज़ है–जब, जहाँ जिस पर चमक जाए।

हमारे देश में भी ऐसी वीर आत्माएँ पैदा होती रही हैं ! विदेशों की यह कहानियाँ हमें इस क्षेत्र की ओर और भी प्रेरित करें ! इस समय हमारे प्यारे देश को ऐसे पुत्र-पुत्रियों की अज़हद ज़रूरत है।

–लेखक

1

अलबेले साझीदार

"उँह, क्या उदास पड़े हो दोस्त, ज़रा हँसो तो—बालक मैकी ने अपने बीमार साथी के खाट के निकट जा, उसके बगल में बैठते हुए, कहा। अपनी दोनों बैसाखियों को उसने उस खाट से उँगठा दिया था।

"सचमुच यह दुख की बात है कि तुम्हें दिन-रात खाट पर पड़े रहना पड़ता है। कम-से-कम मैं बैसाखी के सहारे चल तो लेता हूँ न—" फिर उसने कहा—"लेकिन, दोस्त, घबराओ मत। डाक्टर कहता था कि धीरे-धीरे तुम भी बैठने लगोगे। तब हम दोनों यहाँ से निकलकर साझे में दुकानदारी करेंगे !"

उसका बीमार साथी अभी तब मैकी की बातों को सुन ही रहा था। वह—डैनी—बोला—"यह क्या बक रहे हो दोस्त, भला मैं किस काम का साझेदार होऊँगा !"

"किस काम का ?—वाह, तुम दुकान पर बैठे रहना और बेचना। मैं और सब काम कर लिया करूँगा। मेरा ख्याल है, तुम अच्छी तरह सौदा बेच सकोगे। नफे में हम दोनों आपस में आधा बाँट लेंगे।"

डैनी मुस्कुराया। बोला—"पानी में मछली, नौ-नौ कुटिया बखरा ? अरे, पहले यहाँ से अच्छे होकर निकलें भी तो ?"

"निकलोगे क्यों नहीं ? कष्ट है, थोड़े दिनों में इससे छुटकारा मिल जाएगा। हाँ, तुम उदास मत रहा करो—जरा बोलो, हँसो, दोस्त !"

दोनों के मुँह पर ही हँसी नहीं थी—उनका हृदय, रोम-रोम हँस रहा था।

उसी रात को दोनों 'साझीदार'—मैकी और डैनी—बराबर की खाटों पर सोए थे। दूसरे बचे रोगी भी अपनी खाटों पर पड़े खुर्राटे ले रहे थे कि अकस्मात् अस्पताल में शोर-गुल होने लगा। शोर-गुल सुनकर कुछ बच्चे अपनी खाटों पर उठ बैठे। लेकिन, अस्पताल की नर्स ने कहा—"घबराओ मत, सो जाओ, कुछ नहीं है।"

सभी लड़के लेट गए।

"दोस्त साझीदार, सुनते हो न ? नर्स कहती है, कुछ खतरा नहीं है। लेकिन खतरा भी हो तो कोई चिन्ता नहीं। मैं हूँ ही, तुम्हारा बाल बाँका भी नहीं होने दूँगा—" यह अभिमान और प्रेम-भरी बात मैकी की थी। डैनी कुछ नहीं बोला, केवल हूँ, कहकर रह गया।

अचानक शोर-गुल बढ़ने लगा। 'आग-आग' की चिल्लाहट होने लगी। इसी समय तीन आग बुझानेवाले उस कमरे में घुसे और नर्स एवं जितने लड़कों को वे ले जा सकते थे, लेकर चलते बने। कुछ लड़के उनके पीछे दौड़े। बच गए केवल दो—मैकी और डैनी।

डैनी ने कहा—"मैकी, मैकी, दोस्त तुम भी भाग जाओ; शायद वे लोग अब नहीं लौटेंगे।"

अब उस कमरे में धुआँ आ रहा था, आग चटचट हू-हू करती आ रही थी ही। मैकी उठा, अपनी बैसाखी सम्हाली फिर डैनी के निकट आकर बोला—"दोस्त साझीदार, मेरी गर्दन पकड़ो, मैं तुम्हें ले चलता हूँ।"

"अपनी जान भी मत गँवाओ ! दोस्त, तुम जाओ—मेरा जो होना…"

"होना-वोना नहीं—गर्दन पकड़कर लटक जाओ।" मैकी की बोली में आज्ञा का आभास

था। डैनी चुपचाप उसकी गर्दन से लिपट गया।

खट्-खट्-खट्-खट्-खट्-खट् !

इधर जब तीनों आग बुझानेवाले नर्स और लड़कों को लेकर बाहर आए, अस्पताल के मन्त्री ने पूछा—"भीतर कोई रह तो नहीं गया।"

"दो बच्चे रह गए हैं"—उन्होंने उदास होकर कहा।

अस्पताल में आग लगी जानकर बहुत से लोग वहाँ इकट्ठे हो गए थे। जब उन्होंने सुना कि दो बच्चे भीतर ही हैं, वे चिल्लाने लगे। औरतें तो रोती और सिर धुनतीं—कोई उन बच्चों को निकाले रे, हाय रे ! बच्चे !!!

लेकिन किसकी हिम्मत थी, जो अब उस कमरे के भीतर जाए ! आग धू-धू करके जल रही थी, मालूम होता, प्रलय की आग है !

रोना-चिल्लाना—हाय-हाय-

अचानक, इसी समय लोगों ने बरामदे पर खट्-खट् की आवाज सुनी और देखा एक बच्चा दूसरे बच्चे को अपनी गर्दन पर लटकाए, बैसाखी के सहारे आ रहा है। चारों ओर से आनन्द-ध्वनि उठने लगी, कि इतने ही में बैसाखीवाला बच्चा मैकी गिर पड़ा—एक तो साथी का बोझ, दूसरे संगमरमर का फर्श, उसकी बैसाखी फिसल गई।

पर अब उसकी रक्षा के लिए लोगों की कमी नहीं थी। दौड़कर लोग आगे बढ़े, उन्हें उठा लाए। मैकी बेचारा तो बेहोश हो गया था। दोनों को सुरक्षित स्थान पर रखा गया।

जब मैकी की आँखें खुलीं, बोला—"डैनी कहाँ है।"

"यहीं तुम्हारी बगल में—वह देखो।"

मैकी ने उस ओर देखा, फिर उसकी आँखें झिप गईं। उसके मुँह से केवल इतना ही निकला—'हम लोग साझीदार हैं।'

2

आँचल में बारूद

[अमेरिका की बात है, डेढ़ सौ वर्ष पहले की।]

कुछ गोरे एक किले में बन्द थे। अमेरिका के आदि अधिवासियों ने विद्रोह कर दिया था। वे किले के चारों ओर, खाई-खन्दक में, पेड़-झाड़ में छिपे बैठे थे। इस प्रतीक्षा में थे कि कब मौका मिले और किले पर चढ़ दौड़ें। चढ़ दौडे और इन गोरों को जिन्दा भूनकर खा जाएँ।

गोरे थोड़े थे। किला ही सहारा था और सहारा था यह कि उन्होंने जो खबर भेजी है, वह उनके जातिभाइयों को मिलेगी, वे दौड़कर आवेंगे, उनका उद्धार करेंगे।

कल भोर तक वे जरूर आ जाएँगे। लेकिन, सवाल है, रात कैसे कटे। उनके पास बन्दूकें तो हैं, लेकिन बारूद चुक गई है। बिना बारूद बन्दूक तो लाठी से भी बुरी चीज़।

और, बारूद भी है—लेकिन, कहाँ ? किले से थोड़ी दूर पर जो लकड़ी की झोंपड़ी है, उसी में, जल्दी-जल्दी में ये लोग किले में भाग आए। हड़बड़ी में किसी को याद ही न रहा कि बारूद का भण्डार लेते चलें।

कोई किले से जाए और बारूद लाए। कौन जाए ? चारों ओर अमेरिकन जंगली अपने तीर-धनुष और गोरों से ही खरीदी हुई बन्दूकें लिए चौकस हैं। जो जाएगा, क्या लौटेगा ?

लौटे या न लौटे—किसी को तो जाना चाहिए ही। कुछ नौजवानों ने अपने को पेश किया, किन्तु सेनापति ने उन्हें रोका, तुममें से एक भी ऐसा नहीं है जिसे मैं जाने दे सकूँ ! हम लोग हैं ही कितने—उसमें से भी एक-दो का कम हो जाना तो किले को उन बर्बरों के हाथ में सौंपना है !

उफ़—अगर रात में उन्होंने चढ़ाई कर दी ! सेनापति फिर उसाँसें ले रहा है। लोग तरह-तरह की सलाहें दे रहे हैं।

"मैं जा रही हूँ !" यह एक लड़की के कोमल कंठ से निकली आवाज़ थी। सब लोग उस ओर मुड़े। यह थी सेनापति की लड़की—जेन ! जेन ने लोगों को अपनी ओर मुखातिब हुए देखकर कहा—"मैंने आप लोगों के मशविरे सुने हैं ! बस, अब एक ही उपाय है—मैं जाऊँ और ले आऊँ। मैं चली—"

"यह हो नहीं सकता। इतने मर्दों के रहते एक औरत की जान को हम खतरे में नहीं डाल सकते।"

"नहीं डाल सकते, यह ठीक है। लेकिन, मर्दों में फिजूल है कौन, जिसे इस काम के लिए फुरसत दी जाए। और, किले की रक्षा में औरतों का भी तो कोई हिस्सा होना ही चाहिए !"

जेन की बात सुनकर उसके पिता सेनापति ने कहा—"यह ठीक कह रही है; जाने दो !"

सब कोई कभी जेन का मुँह देख रहे हैं, कभी सेनापति का। सेनापति का चेहरा इस समय मनोविज्ञानियों के अध्ययन की साम्ग्री हो रहा था।

जेन चली। किले का दरवाजा धीरे से खोला गया। उसने बाहर इधर-उधर लोमड़ी की तरह एक बार पूरी चौकसी से देखा। फिर, हिरन-सी छलाँग भरती उस झोंपड़ी के निकट पहुँची। धीरे से उसका दरवाजा खोल भीतर घुसी। आँचल में जितना समा सकती थी, बारूद भर ली, फिर, बारूद की उस गठरी को छाती से चिपकाए चली। जब वह थोड़ी दूर चली, जंगलियों को कुछ आहट लग गई। एक साथ ही तीर और गोली की वर्षा उस ओर होने लगी !

तीर और गोली की वर्षा—वह बिजली-सी बल खाती, इधर मुड़ती, उधर झुकती, बचती, बिजली-सी बढ़ी आ रही है। उसका पिता दोनों भवों को एक किए, घोर चिन्ता में, उसके एक-एक कदम उठने को देख रहा है ! किले के लोगों की सभी आँखें उसी ओर हैं। कभी वे चीख पड़ते हैं, कभी वाह-वाह कर उठते थे। आखिर किसी तरह, बचती-बचाती वह किले के दरवाजे पर पहुँची।

खोलो—दरवाजा खुला, भीतर घुसी। एक मिनट की देर होती, तो वह गई थी, क्योंकि उसी समय दरवाजे पर किसी के तीरों और गोलियों की झड़ी-सी लग गई थी।

लेकिन, अब यह किला तो अजेय था। बारूद की कोठी थी, वह मिल गई, अब ये जंगली क्या कर सकते थे ?

3

बहादुर किसान

अपने यहाँ जो स्थान हिमालय का है, यूरोप में वही स्थान आल्प्स का है—गर्चे आल्प्स हिमालय से कहीं छोटा है, लेकिन, यूरोप का वह सबसे बड़ा पहाड़ है।

आल्प्स की तराई में एक नदी थी। यों तो नदी छोटी ही थी, लेकिन, जब आल्प्स की बर्फ गलने लगती, तब यह छोटी नदी झटपती बाघिन का रूप धारण कर लेती।

लगभग एक शताब्दी पहले की बात है। नदी पर लकड़ी का पुल बना हुआ था। पुल के बीच में खेवा वसूलनेवाले के लिए एक झोंपड़ा था। वह वहीं रहता और आने-जानेवालों से खेवा वसूलता।

एक दिन नदी में बड़ी बाढ़ आई—ऐसी बाढ़ कभी नहीं देखी गई थी। पानी छुरी की तरह फनकता। देखते ही देखते उसने पुल को उखाड़ फेंकना शुरू किया। एक पाया, दो पाए, तीन पाए—फिर क्या था, लीजिए न पुल खत्म ही समझिए।

हाँ, जिस पाए पर उस खेवा वसूलनेवाले का झोंपड़ा था; वही अब बच रहा है। खेवा वसूलनेवाला अपने परिवार के साथ उसी में है। इतनी जल्दी पुल खत्म हो जाएगा, बेचारे ने कल्पना भी नहीं की थी। अब, चिल्ला रहा है—बचाओ, बचाओ ! उसकी बीवी-बच्चे तो कोहराम मचाए हुए हैं ही !

किन्तु, जाए कौन ?

अब धीरे-धीरे पाए की एक-एक बत्ती गिरने लगी। समूचा झोंपड़ा पानी के वेग से काँप रहा है—कुछ ही मिनट बाद, और सब खत्म। एक पूरा परिवार—जिसमें निरीह बच्चे भी हैं। किन्तु, जाए कौन ?

वहाँ का जमींदार पहुँचता है। वह कहता है—इन्हें जो उबारेगा, उसे हम एक हजार रुपए देंगे। एक हजार—रकम तो थोड़ी नहीं—लेकिन; जिन्दगी को कौन एक हजार में बेचे ?

उसी समय लोगों ने देखा, एक अधवयस किसान नदी के किनारे की नाव पर सवार हो पतवार सम्हाल रहा है।

नाव का बन्धन खोल दिया—वह किनारे से तीर की तरह निकली—किस ओर, धारा में बहती हुई !

लेकिन, किसान मुस्कुराता है। दोनों हाथों से पतवार सम्हालता है और नाव को धारा के प्रतिकूल मोड़ता है। मनुष्य से और प्रकृति से युद्ध हो रहा था। प्रकृति कहती थी, ढिठाई मत करो, इस पानी में बोर दूँगी ! मनुष्य कहता था, यह नाव तुम्हारी छाती पर चढ़ेगी, कुछ कर नहीं सकती।

कलेजे पर हाथ रखे सब इस युद्ध को देख रहे थे।

नाव झोंपड़े के निकट पहुँची। पाए से बाँधकर उसने एक-एक कर झोंपड़े से निकालकर उस पर सबको चढ़ाया और फिर किनारे की ओर रवाना हुआ। लेकिन, इस बार लौटना ज्यादा मुश्किल था ! नाव छोटी थी, बोझा भारी। ज़रा भी असावधानी हुई, तो प्रकृति की जीत, मनुष्य की हार।

पर, मनुष्य फिर विजयी हुआ !

किनारे पर हजारों लोग उसकी प्रशंसा कर रहे थे। जब वह पसीने से तर-ब-तर निकला और अपने फटे कुर्ते को निकालकर उसी से पंखा झलने लगा, उसी समय वह जमींदार पहुँचा।

उसने हजार रुपए का थैला उसके हाथ पर रख दिया।

किसान मुस्कुराया ! बोला—"आप विश्वास रखिए, मैं रुपए की कीमत पर अपने प्राण का दाव नहीं लगाता। जब तक ये मेरी दो भुजाएँ हैं, मुझे अपनी या अपने बाल-बच्चों की चिन्ता नहीं। आप ये रुपए इस बेचारे को दे दीजिए, जो दूसरी जगह घर-बार बनाए।"

इतना कह, वह जल्दी वहाँ से चल पड़ा। लोग पछताते ही रह गए, आपका नाम क्या है ? किन्तु वह तो नौ-दो-ग्यारह हो गया।

4

पृथ्वी के धधकते हुए गर्भ से

आग-आग के शोर से खान का समूचा हलका गूँज गया। कुली, कर्मचारी, अफसर सब वहाँ आ इकट्ठे हुए और देखा, खान के एक मुँह से धुएँ का अम्बार उठ रहा है। खान जस्ते का था, उसके भीतर आग लग गई थी ! कोई भीतर तो नहीं रह गया, सबकी उत्सुकता और परेशानी इसी की थी ! फोरमैन ने गिनती लेकर कहा—हाँ, दो कुली भीतर ही हैं।

खान के भीतर जाने का एक छेद तो था, लेकिन, सवाल था जाए कौन ? न जाने आग कहाँ तक फैल गई हो ? यह तो दूसरी बात थी कि उन दोनों का उद्धार किया जा सकता है कि नहीं? सवाल यह था, जो जाएगा, वह भी क्या सुरक्षित लौट सकेगा ?

इस जलती खान में जाने का मतलब था मौत से पंजा भिड़ाना ! कोई है हिम्मत का धनी ?

एक छोटा-सा कर्मचारी—मामूली इंजीनियर—आगे बढ़ा। कहा—रस्सा मँगाइए, मैं भीतर जाता हूँ।

अपने समूचे शरीर में भीगा हुआ कपड़ा लपेटकर, रस्से के सहारे वह नीचे उतारा जाने लगा। दस फीट, बीस फीट, तीस फीट, चालीस फीट—इतने ही में उसने रस्से को हिलाकर इशारा किया, बाहर करो। रस्सा खींचा गया, वह ऊपर आते-आते बेहोश हो चुका था !

वह बेहोश ज़मीन पर पड़ा है और नीचे से खट-खट की आवाज सुनाई देती है। नीचे के कुली अभी जीवित हैं। हथौड़े से चोट कर-कर वे रक्षा के लिए बुला रहे हैं। किन्तु, अब कौन जाए ? जानेवालों की जो गत हो सकती है, उसका सबूत है, यह बेहोश इंजीनियर !

अब नीचे से आवाज बन्द हो जाती है। मालूम होता है, वे भी बेहोश हो गए।

छेद द्वारा जो हवा नीचे से आकर निकल रही है, वह इतनी गरम है कि झुलसा दे !

नीचे के दोनों कुलियों के भाग्य की कल्पना कर कितनी आँखें सजल हो उठीं—औरतें तो फूट-फूटकर रोने लगीं।

"रस्सा लाओ, मैं जाता हूँ !" यह आवाज एक कुली की थी।

वह रस्से के सहारे खान के नीचे पहुँचा—सौ फीट नीचे।

तब तक इंजीनियर को होश आ चुका था। होश आते ही खट-खट की आवाज और एक कुली के भीतर जाने की बात सुनकर उसने कहा—नहीं, मैं फिर जाऊँगा। लोगों ने रोका, लेकिन, वह क्यों मानने लगा ? वह भी नीचे पहुँचा।

दोनों उन कुलियों की खोज में चले।

धुएँ से खान भरी हुई थी। गर्मी इतनी थी कि हर डग पर बेहोशी का खतरा था। तो

भी दोनों बढ़ते जा रहे हैं, अन्दाज से उस ओर, जहाँ अन्त में कुलियों की खट-खट की आवाज सुनाई पड़ी थी।

अचानक इंजीनियर ने अपने साथी का कंधा पकड़ा और एक ओर इशारा किया, जहाँ धुँधली-सी कोई ऊँची चीज दीख पड़ती थी। दोनों वहाँ गए। देखा, दीवार के निकट, एक ऊँचे से ढूह पर झुके हुए दो आदमी खड़े हैं। एक तो करीब-करीब बहरा है, दूसरा अंधा और निस्सहाय हो चुका है। एक मिनट की बर्बादी भी नहीं की जा सकती थी। दोनों बेहोश आदमियों को टाँग-टूँगकर छेद के निकट लाए और उसे रस्से में बाँधकर ऊपर खींचने का इशारा किया। वह ऊपर चला।

उसका ऊपर जाना हुआ कि इंजीनियर के साथी ने कहा—"मैं तो चला," और वह बेहोश होकर गिर पड़ा। अब इंजीनियर को दो का उद्धार करना था।

जब रस्सा आया, इस साथी को ऊपर भेज, वह फिर, दूसरे कुली को लाने चला। वह कुली अब तक कुछ होश में था, उसका आधा बोझ अपने कंधे पर लिए इंजीनियर उसे भी छेद के निकट लाया।

वह गर्मी से व्याकुल हो गया था। ठीक से हाथ भी काम नहीं कर रहे थे। लोहे का रस्सा भी गर्म हो गया था। वह किसी क्षण भी बेहोश होकर गिर पड़ सकता था और यों यह खान उसकी समाधि बन सकती थी। लेकिन, अपनी जान का मोह उसे ज़रा भी नहीं हुआ। उसने उस कुली को किसी तरह रस्से में बाँधकर ऊपर भेज दिया और आप प्रतीक्षा करने लगा।

किसकी—मौत की, या रस्से की ?

शायद दोनों की !

दस मिनट, बीस मिनट, आधा घंटा, पौन घंटा, घंटा—दूसरा घंटा भी—लेकिन, रस्सा नहीं आया।

पसीने से वह नहा गया। अंग-अंग शिथिल होने लगे। साँस लेने में भी कठिनाई होने लगी। वह खड़ा नहीं रह सका, बैठ गया। अब तो बैठ जाना पड़ा।

वह लेटा हुआ है—उसकी आँखों में उसकी नवविवाहिता पत्नी की तस्वीर घूम रही है ! क्या मैं उसे नहीं देख सकूँगा ? थोड़ी देर के लिए व्याकुल होता है। फिर, सोचता है, उफ़, मैंने तीन प्राणों की रक्षा की है। मैंने अपना कर्तव्य पालन कर लिया है—मुझे मरने की अब क्या परवाह !

वह अपने असीम बल और शांति का अनुभव करता है।

इसी समय ऊपर का रस्सा उसके बदन को स्पर्श करता है।

रस्सा तो आया—लेकिन, क्या उसमें इतना बल रह गया है कि अपने को रस्से से बाँध सके।

मनोबल को केन्द्रित कर उसने आखिर किसी तरह अपने को रस्से में लपेटा।

उसके बाद क्या हुआ, उसे ज़रा भी मालूम नहीं। उसने जब घंटों बाद आँखें खोलीं; बोल उठा—

वे लोग !

"सभी सानन्द हैं !" यह उसकी पत्नी की आवाज़ थी। वह घूर-घूरकर उसे देखता है, क्योंकि धुएँ ने उसकी आँखों की ज्योति कम कर दी थी।

अमेरिका के मसीरी नगर का यह सपूत धन्य था !

5

हाथ या मोमबत्ती

कोई देश महान कैसे बनता है ? क्या जमीन के उपजाऊपन से, सोने-चाँदी की खानों से, बड़े-बड़े पहाड़ों और लुभावने दृश्यों से ? नहीं ! नहीं !!

किसी देश को महान बनाते हैं उसके नौजवान !

एक छोटे से शहर—रोम ने समूचे यूरोप पर, अफ्रीका के बहुत बड़े हिस्से पर, एशिया के कई हिस्सों पर राज्य किया तो अपने नौजवानों की वीरता और साहसिकता के चलते।

वहाँ के नौजवान अपने देश के लिए किस प्रकार आत्म-बलिदान करने को तैयार रहते थे, उसका एक उदाहरण लीजिए।

पोर्सना नामक एक राजा ने रोम पर चढ़ाई की। कई बार उसने धावा किया, लेकिन वह रोम में प्रवेश नहीं करने पाया। तब उसने रोम की दीवार के बाहर, टिब्बर नदी के किनारे डेरा डाल दिया। उसने सोचा, दीवार के अन्दर की रसद जब चुक जाएगी, रोमवाले आप-से-आप आत्मसमर्पण करेंगे।

सचमुच रसद चुकने लगी। लोग भूखों छटपटाने लगे। पोर्सना की सेना इतनी बड़ी थी, कि उस पर चढ़ाई करके जीतना मुश्किल था और रोम आत्मसमर्पण करे, यह तो और भी अजीब बात थी। ये ऐसी कठिनाइयाँ थीं कि इनका हल करना बहुत ही मुश्किल था।

किसी तरह पोर्सना को मार डालना चाहिए—रोम के तीन नौजवानों ने एक दिन निश्चय किया। उनका नेता पुसियस था। पुसियस हाथ में कटार लेकर रवाना हुआ—पहला प्रयत्न मेरा होगा। उसके बाद एक-एक कर आप लोग जाएँगे और या तो उसे कत्ल करेंगे या आप ही कत्ल हो जाएँगे—लेकिन, जब तक हममें से एक भी बचा रहेगा, यह प्रयत्न नहीं छोड़ा जाएगा।

वेश बदलकर वह किसी तरह पोर्सना की छावनी में घुसा।

उसने देखा, राजा के बैठने की जगह पर एक आदमी खड़ा है और वह सैनिकों को मुशहरा बाँट रहा है। वह आदमी काफी रोबीला और राज्याभूषणों से सुसज्जित था। जरूर यही राजा है—पुसियस ने सोचा और चुपके से नजदीक जाकर उसके कलेजे में अपनी तेज कटार घुसा दी। लोगों ने उसे चारों ओर से पकड़ लिया, किन्तु, तब तक तो कटार अपना काम कर चुकी थी।

लेकिन, यह आदमी राजा नहीं था। यह राजमंत्री था। पुसियस राजा के निकट पेश किया गया। राजा पोर्सना ने जब घटना सुनी, वह क्रोध से जल उठा। आज्ञा दी कि या तो यह आदमी पूरे षड्यंत्र का भंडाफोड़ करे, या इसे जिन्दा जला दो।

जिन्दा जला दो—पुसियस ने यह नादिरशाही हुक्म सुना। सुना और मुस्कुराया। सामने ही आग जल रही थी। वह झट उस आग के निकट गया और अपना हाथ उसकी धधकती लपटों में रख दिया। चट-चट करके रोयें जले. अब चमड़ा जल रहा है, फिर मांस निकल रहा है—इस तरह अपने हाथ को आग में रखे हुए है, जैसे वह मोमबत्ती हो। और हँसता हुआ कह रहा है—बताइए, क्या आपकी आग मुझे जरा भी डरा सकती है।

पोर्सना उस नौजवान की इस आत्मशक्ति पर दंग रह गया ! कहा—तुम्हारे ऐसे देशभक्त को सजा देना देशभक्ति का अपमान करना है ! फिर नौकरों को आज्ञा दी, इसे छोड़ दो और सम्मान के साथ छावनी से बाहर विदा कर आओ ! चलते समय पुसियस से फिर बोला—बहादुर नौजवान, तुमने स्वयं जितना कष्ट उठाया, उससे ज्यादा कष्ट मेरे हृदय को दिए जा रहे हो !

मेरी आत्मा को विद्रोह की आग से भस्म किए जा रहे हो !

पुसियस उसकी इस कदरदानी पर मुग्ध हो गया। उसने कहा—राजा, तुम्हारी तलवार जो नहीं कर सकती थी, वह तुम्हारी इस सहृदयता ने कर दिखाया। सुनो, षड्यंत्र का भंडाफोड़ ! रोम के तीन नौजवानों ने शपथ ली है कि चाहे जिस तरह हो, तुम्हारे प्राण लेंगे—मैं उनका नेता हूँ। पहले मैं ही आया था ! मैं षड्यंत्रकारियों का अगुआ हूँ। मुझे गोली से उड़ा दो। यही उपयुक्त सजा है मेरी।

लेकिन, इसकी इस स्वीकृति ने तो पोर्सना को उसकी ओर अनुरक्त कर दिया। उसने कहा—जिस देश में तुम्हारे ऐसे नौजवान हैं, उसे कोई नहीं जीत सकता।

6

लेखक की पत्नी

शिवाजी के औरंगजेब के क़ैदखाने से निकल भागने की कहानी किसे नहीं मालूम। हम आज भी उनके उन साथियों की हिम्मत की चर्चा करके फूले नहीं समाते, जो अपने पर खतरे लेकर अपने सरदार को बन्धनमुक्त कर सके थे !

हॉलैण्ड के एक सुप्रसिद्ध लेखक की वीर पत्नी ने भी कुछ ऐसी ही करामात कर दिखाई थी।

ग्रोटियस हूगो—वान-ग्रूट हॉलैण्ड का बहुत बड़ा विद्वान लेखक और राजनीतिज्ञ था। इतना बड़ा—कि हॉलैण्ड के राजा भी चाहते थे कि वह उनके दरबार को सुशोभित करे। लेकिन, ग्रोटियस उन लेखकों में था, जो अपनी हृदय की आवाज पर अपने तन-मन को कुर्बान करने में जरा भी हिचक नहीं दिखलाते। उसने बड़ी दिलेरी से हॉलैण्ड की सरकार की फिसड्डी नीति की आलोचना शुरू की। भला, उसकी यह कार्रवाई हुकूमत कैसे बर्दाश्त करती—वह बेचारा पकड़कर सावेस्टीन के किले में रख दिया गया। हाँ, उनके साथ इतनी हमदर्दी दिखलाई कि उनकी स्त्री को उनके साथ रहने का हुकुम दिया गया।

ग्रोटियस की पत्नी बड़ी चतुर और धैर्यशील रमणी थी। एक ओर तो वह नाना तरह के मनोरंजनों की सृष्टि कर अपने पति के इस दुखी जीवन को सुखी बनाने की चेष्टा करती, दूसरी ओर वह इस प्रयत्न में लगी रहती कि कोई उपाय ऐसा निकल आए कि इन्हें जेल से निकाल दूँ।

ग्रोटियस लेखक था—यह किसे नहीं ज्ञात था। उसकी पत्नी ने बड़ी कोशिश करके राजा से यह आज्ञा भी प्राप्त कर ली कि ग्रोटियस को लिखने-पढ़ने की यहाँ पूरी सहूलियत मिले। उसे बाहर से किताबें मँगवाने और वापस करने का हुक्म मिल गया। ग्रोटियस के दोस्त बड़े-बड़े बक्सों में गड्डर-के-गड्डर पुस्तकें भेजा करते, ग्रोटियस उन्हें पढ़ता और पढ़कर फिर भेज दिया करता। अब बक्से आते या जाते, तब किले के अधिकारी उसे खोलकर देख लेते। पहले तो उनका यह देखना कि सिवा पुस्तकों के इनमें कुछ नहीं रहता, पीछे इसकी देखभाल कम कर दी। अट्ठारह महीनों के बाद ऐसा मौका आया कि अब देखे भी नहीं जाते।

यह वीर पत्नी इसी मौके की तलाश में थी। इधर इसने बार-बार बक्से मँगाना और भेजना शुरू किया। बक्सों का इतना हुजूम हुआ कि अब इनकी ओर कोई मुखातिब भी नहीं होता।

एक दिन उसने एक बक्से को अच्छी तरह से साफ किया। उसकी जोड़ों को खूब मजबूत कर दिया। फिर, जगह-जगह छोटी-छोटी सुराखें बना दीं। बक्से का यह इन्तजाम कर वह पति के पास आई और उसने हँसकर कहा—अब किले से बाहर जाइए। "क्या मेरी रिहाई हो गई" पति ने उत्सुकता से पूछा। उस वीर बाला ने जवाब दिया—हाँ, लेकिन सवारी बड़ी विचित्र है !

वह ग्रोटियस को बुलाकर उस बक्से के निकट लाई और कहा—इसमें बैठिए ! ग्रोटियस भौचक हुआ, किन्तु उसने अपनी पूरी योजना उसे बता दी। ग्रोटियस ने कहा—खैर, मैं तो निकल जाऊँगा, लेकिन, यदि तू पकड़ी गई तो ?

"मैं लेखकों-सी बेवकूफ नहीं हूँ !" वह मुस्कुराई। ग्रोटियस को अपनी पत्नी की चतुराई, योग्यता, पतिप्रेम पर पूरा विश्वास था। वह चुपचाप बक्से में बैठ गया। पत्नी ने बक्से को बन्द कर मुँह पर कीलें ठोंक दीं। बस, किताबों से भरा एक बक्सा-मात्र मालूम होता था।

इतने ही में किताब लेने के लिए आदमी आया। उसने देखा, बक्सा सामने पड़ा है, ग्रोटियस के पलंग पर मुशहरी गिरी हुई है, उसे देखते ही ग्रोटियस की पत्नी अपने मुँह पर उँगली रखकर इशारा कर रही है, जिसका अर्थ है, देखो, यह बीमार हैं, हल्ला मत करो ! बेचारा आदमी किताब का बक्सा अपनी पीठ पर लेकर चला; हाँ, ज्यादा बोझ के बारे में कुछ कुड़बुड़ाता चला गया।

थोड़ी ही देर के बाद ग्रोटियस अपने दोस्त के घर में था। और वहाँ से मजदूरों का कपड़ा पहनकर सुरक्षित स्थान के लिए रवाना हो चुका था।

और, इधर वह लेखक की पत्नी !

वह बहुत देर तक उसी तरह मुशहरी गिरे हुए पलंग के निकट खड़ी रही। जो कोई उस ओर से निकलता, उसी तरह इशारा करती। जब उसे विश्वास हो गया कि मेरे पतिदेव अब अपनी सुरक्षा की व्यवस्था कर चुके होंगे, तब वह उस जगह से चली। किले के फाटक पर आई। वहाँ उसने पहरेवालों को डाँटा—तुम लोग इस तरह बेखबर रहते हो, कैदी भाग गया—यह सुनते ही पहरेदारों के होश गायब। वे उस ओर दौड़े, जहाँ ग्रोटियस रखा गया था। यही तो वह चाहती थी। वे उधर दौड़े, यह झट किले से निकल गई और फिर वेश बदल अपने पति से जा मिली !

यदि जरा भी सन्देह होता, भेद खुल जाता, तो बेचारी की क्या-क्या दुर्गति की जाती। लेकिन, वीरता कभी क्या खतरे की परवाह करती है ? प्रेम सदा विजयी होता है।

7

झंडा-चोर

स्वतंत्र राष्ट्र झंडे पर अपना सर्वस्व बलिदान करने को तैयार रहते हैं। उनके लिए उनका झंडा उनकी, उनके पुरखों की, उनके देश की इज्जत का प्रतीक है। उसका जरा भी अपमान वे बर्दाश्त नहीं कर सकते।

रणभूमि में यह झंडा उनके उत्साह को सौ गुना कर देता है। झंडे का झुकना—उनकी पराजय का चिह्न है।

कल्पना कीजिए, दो सेनाएँ लड़ रही हों, प्राणों की बाजी लगाकर। उसके अन्दर किसी

का यह चेष्टा करना कि दुश्मन के झंडे को उसकी जगह से गायब कर हम उसकी हिम्मत तोड़ दें—यह कोई कम हिम्मत की बात है ? यदि वह आदमी देख लिया जाए, तो उसकी एक भी बोटी बच सकती है ?

लेकिन, एक लड़के ने यही कर दिखाया !—और इस एक घटना ने उस दर्जी के लड़के के लिए अंग्रेजी साम्राज्य की जलसेना का प्रधान सेनापति बनने का रास्ता खोल दिया।

× × ×

हाँ, वह दर्जी का लड़का था।

वाइट-टापू के बौंचर्च नामक शहर में, समुद्र किनारे एक दर्जी की दूकान पर बैठा वह कुछ बखिए उधेड़ रहा था। उसका मन उस काम में नहीं लग रहा था, लेकिन, पापी पेट जो न कराए। इस समय मालिक दूकान से कहीं बाहर था, अतः वह हाथ में कपड़ा और सुई-तागा लिए हुए था, लेकिन उसकी नज़र थी समुद्र की तरंगों को कुचलते हुए आनेवाले एक जंगी जहाज़ पर। वह जहाज़ टापू के निकट खड़ा कर दिया गया—शायद जहाज़ियों को कुछ सामान लेना था। जहाज़ का खड़ा होना था कि यह लड़का सुई-तागा-कपड़ा पटककर भागा, समुद्र किनारे आकर एक मछुए की नाव मिली। पतवार खेकर जहाज़ के निकट पहुँचा और अपने को कप्तान के निकट पेश किया—मुझे नौकर रख लीजिए।

उस ज़माने में जहाज की जिन्दगी—खासकर फौजी जहाज़ की—बड़े खतरे की समझी जाती थी। कर्मचारी मुश्किल से मिलते थे। फलतः इस लड़के को भर्ती कर लेने में जरा भी उज्र या देर नहीं की गई।

और, संयोग देखिए, जिस दिन यह लड़का इस जहाज़ पर भर्ती हुआ, उसके दूसरे ही दिन, सुबह-सुबह ही, एक फ्रांसीसी जहाज़ से इसकी लड़ाई शुरू हुई। वह लड़का बड़ी मुस्तैदी से इधर-उधर जाता। जो हुकुम होता, बजा लाता—उस खतरे की घड़ी में उसकी इस तत्परता ने लोगों की आँखों में उसकी कदर बढ़ा दी।

दिन भर लड़ाई चलती रही—कुछ फैसला नहीं हुआ। वह अपने अफसर के पास शाम को जाकर भोले ढंग से बोला—हुजूर, हम लोगों को कैसे मालूम होगा कि दुश्मन हार गए ! कप्तान ने फ्रांसीसी जहाज़ के मस्तूल पर उड़ते हुए झंडे की ओर दिखलाकर कहा—जब वह झंडा उतार लिया जाएगा।

बस, इतना ही—उस लड़के ने कहा और उछलता हुआ वहाँ से चल पड़ा।

आज की तरह उन दिनों, जहाज़ की लड़ाई दूर-दूर से नहीं होती थी। आज तो मीलों दूर पर जहाज़ होते हैं, प्रायः एक-दूसरे को देखते भी नहीं, दूरबीन के सहारे एक-दूसरे पर गोले बरसाते हैं। किन्तु, उन दिनों दोनों पक्ष के जहाज़ निकट-निकट रहते थे—प्रायः दोनों सटे हुए होते थे और एक के जहाज़ी दूसरे पक्ष के जहाज पर कूदकर उस पर कब्जा जमाने की कोशिश करते थे।

यह दर्जी का लड़का कूदता हुआ आया, और फ्रांसीसी जहाज पर, जो सटा ही हुआ था, उछलकर चढ़ गया। दोनों पक्ष के लोग लड़ने में इतने व्यस्त थे कि किसी ने उसे जाते या आते हुए नहीं देखा। वह फ्रांसीसी जहाज पर पहुँचकर चुपके-चुपके उसके मस्तूल पर चढ़ गया। चुपके से झंडा उतारा, और उसे अपने शरीर से लपेट लिया और फिर लुकता-छिपता आकर अपनी जगह पर काम करने लगा।

उसे इस तरह झंडा उतारते हुए तो किसी ने—उसके अपने जहाज़ियों ने भी—नहीं देखा, लेकिन थोड़ी देर के बाद ही उसके कप्तान की नजर जब फ्रांसीसी जहाज के मस्तूल की ओर गई तो, उसने वहाँ झंडा उड़ता न देखकर समझ लिया, विपक्षी ने हार मान ली। जीत के उत्साह

में उसने अपने आदमियों को फ्रांसीसी जहाज पर दौड़ने का हुक्म दिया। अंग्रेज जहाज़ी एक बार ही टूट पड़े। फ्रांसीसी बेचारों ने यह समझा भी नहीं कि क्या हुआ—अचानक धावा होने से उनके होश-हवास दुरुस्त हो गए और उन्होंने आत्मसमर्पण कर दिया।

जिस समय अंग्रेज जहाज़ी विजय का आनन्द मना रहे थे उसी समय वह लड़का कप्तान के निकट पहुँचा और हँसते-हँसते उसके हाथ में फ्रांसीसी झंडा रख दिया। जब कप्तान को पूरी घटना मालूम हुई, वह तो दाँतों उँगली काटने लगा। यह जीत तो इस लड़के की ही बदौलत हुई थी। उसने जल-सेनापति के निकट इस लड़के को पेश किया। सेनापति भी खुश हुआ और उसे एक अच्छे पद पर प्रतिष्ठित किया।

होते-होते, यही लड़का एक दिन समूची अंग्रेजी जलसेना का अध्यक्ष हुआ और इतिहास में इसका नाम जलसेनापति हौप्सन के नाम से मशहूर है।

8

तेजस्वी कलाकार

बर्नार्डपैलिसी—यह था उसका नाम। फ्रांस देश को अपने जन्म से इसने सौभाग्यशाली बनाया था। सोलहवीं शताब्दी की यह बात है।

बर्नार्ड गरीब था। काँच ढालना उसका पेशा था। काँच के खिलौने, बर्तन वगैरह बनाता और बेचता। उससे जो मिलता, अपने बाल-बच्चों की परवरिश करता।

एक दिन वह एक रईस के बंगले पर गया। उसने वहाँ बहुत नए ढंग के बर्तन देखे। कितने सुन्दर, कितने चिकने, कितने साफ। मालूम हुआ, यह चीनी मिट्टी के बर्तन हैं—चीन से ये आए हैं।

क्या यहाँ भी ऐसे बर्तन नहीं बन सकते ?

बस, उसी दिन, एक सनक उसके सिर पर सवार हुई।

तरह-तरह के मसाले वह तैयार करता, उन्हें बर्तनों पर चढ़ाता, फिर उन्हें भट्टी में रखता और उत्सुकता से परिणाम की प्रतीक्षा करता। लेकिन, सदा उसे निराशा ही मिलती।

उसकी पत्नी दुखित होती, उसे डाँटती-फटकारती, वह दाँत निपोड़ देता, फिर लगता उसी काम में ! —चीनी मिट्टी के बर्तन—बस, इसका ही सपना देखता।

दिन, मास, वर्ष—फिर कितने दिन गुजरे। उसके पड़ोसियों ने उसे पागल समझ लिया। वह फटे कपड़े पहने हड्डियों का ढाँचा ऐसा शरीर लिए जब घर से निकलता—सबको—उस पर दया आती। वह इतना दुबला हो गया था कि फिल्ली की मांसपेशी भी खत्म हो चुकी थी—मोज़ा पहनता, तो वह खिसककर पाँव पर आ रहता।

बर्तन पकाने की भट्टी घर के बाहर थी। चिलचिलाती धूप हो, या आँधी-तूफान हो, या घनघोर वर्षा हो, वह भट्टी के निकट बैठा बर्तनों का पकना देखा करता ! उसकी भट्टी सदा जलती रहती—रोज़-रोज़ उसके प्रयोग होते।

एक दिन, उसे मालूम हुआ, सफलता-देवी उसके मस्तक को चूम रही हैं ! जो बर्तन उसने भट्टी में रखे थे, उनका रंग उसके मन के मुताबिक हो रहा था, कि इतने ही में आग बुत गई। वह दौड़कर घर के निकट की बाड़ी में गया। बाड़ी के घर में जो लकड़ी का घेरा था, एक-एक कर उसे उखाड़ लाया और भट्टी पर रखने लगा। जब उससे भी काम चलता

नहीं देखा, तो घर में घुसा और कुर्सी, टेबुल, आलमारी जो कुछ मिला, सबको उठा-उठाकर भट्टी पर रख दिया। लेकिन, अफसोस, आग का ताव खराब हो चुका था—निकट आई हुई सफलता न जाने कहाँ भाग गई।

यों ही, एक दिन फिर उसने देखा, आज फिर वह रंग आ रहा है। इस बार भट्टी उसकी अच्छी थी—आग भी काफी थी। वह दौड़ा हुआ अपने पड़ोसियों को बुलाने गया, देखो, तुम मुझे पागल कहते थे, आज मैं सफल हुआ न ? लेकिन जब पड़ोसियों के साथ वह लौटा, तो देखता है, भट्टी का एक हिस्सा टूटकर गिर गया है, बर्तन बिखरे हैं, आग गायब है। पड़ोसियों ने सचमुच उसे पागल समझा।

लेकिन, बर्नार्ड भी साधारण पुरुष नहीं था। वह डटा ही रहा। सोलह वर्ष की लगातार मेहनत के बाद एक दिन जब उसने भट्टी खोली, उसका स्वप्न सत्य हो चला था ! 'यूरेका' ! उसने अपनी प्यारी पत्नी को प्रेम और उत्सुकता से पुकारा । लो यह चीज़ !—तुम मुझे पागल समझती थीं।

यूरेका ने देखा, सचमुच उसके पति ने असम्भव को सम्भव कर दिखाया है !

उसका यह आविष्कार कितना कीमती था, दाम का अन्दाज इसी से लगाइए कि हाल ही उसकी बनाई एक छोटी-सी तश्तरी दो हजार रुपए में बिकी है।

लेकिन बर्नार्ड की तकदीर में सुख नहीं लिखा था। उस समय फ्रांस में मजहब को लेकर अजीब मारकाट चल रही थी। बर्नार्ड भी अपने मजहबी विचार के चलते गिरफ्तार किया गया, जेल में रखा गया।

संयोग से एक रईस का ध्यान बर्नार्ड की कारीगरी की ओर गया। उसने राजा से कह-सुनकर उसे जेल से छुड़वा दिया। फिर एक बार उसकी भट्टी जलने लगी और जलने लगी फ्रांस की राजधानी में ! वह एक सुखी और सम्पन्न गृहस्थ की तरह दिन बिताने लगा। उसकी पत्नी अपने इस पति पर वारी जाती। उसके बच्चे अपने बाप की बुद्धि पर नाज़ करते। उसके देशवासी उसे कला का अवतार समझते।

बहुत दिन यों ही हँसी-खुशी में गुजरे। वह अस्सी वर्ष का हुआ। वह सोचता; अब इन झंझटों से फुर्सत लूँ।

वह फिर गिरफ्तार किया गया। इस बार फ्रांस का राजा उससे जेल में मिलने आया और कहा कि तुम राजधर्म को मान लो, नहीं तो खेद के साथ, तुम्हें बलिदान करने को मुझे बाध्य होना पड़ेगा।

बूढ़े कलाकार की आँखें उस जेल के अन्धकार में बिल्ली की आँखों-सी चमक पड़ीं—उसने कहा—राजा साहब, मैं अपने विश्वास के लिए मरना भी जानता हूँ।

उसे जिन्दा जलाने के लिए इधर भट्टी तैयार की जा रही थी, उधर जेल में अपनी भट्टी का ध्यान करते हुए वह चल बसा था।

9

बाप-बेटा

दशरथ ने अपने बेटे के लिए प्राण छोड़ दिए—दुनिया में ऐसे उदाहरणों की कमी नहीं है कि बेटे के वियोग में बाप ने तड़प-तड़पकर, तिल-तिलकर, प्राण दिए हैं।

लेकिन, दो रोमन पिता-पुत्र ने जैसा प्रेम दिखलाया है, वह इतिहास में एक खास स्थान

रखता है। उन्होंने साबित कर दिया कि प्रेम मृत्यु से भी ज्यादा शक्तिशाली है।

सीज़र की मृत्यु के बाद रोम में बड़ी गड़बड़ी शुरू हुई। वहाँ दो भाई थे, जो सीज़र के ज़माने में बड़े प्रभावशाली थे—सिसरो और क्विंटस। किसी तरह इन्हें पता चल गया कि रोम के नए कर्त्ता-धर्त्ता उनसे नाराज़ हैं। यही नहीं, उन्होंने उनके नाम सूची में लिख लिए हैं, जिन्हें सवेरे कत्ल कर दिया जाएगा।

एक रात दोनों भाई घर से निकल भागे।

लेकिन थोड़ी ही दूर जाने पर उन्हें यह याद आया कि काफी पैसे नहीं ले लिए। सिसरो तो आगे बढ़ा, क्विंटस फिर रुपए लाने के लिए रोम लौटा। शहर में यह खबर फैल चुकी थी कि ये दोनों भाई भाग गए हैं, अतः उनकी खोज-ढूँढ़ बड़ी सरगर्मी से हो रही थी। तो भी, किसी तरह बच-खुचकर क्विंटस अपने घर पहुँचा।

घर में उसका बेटा था। बेटे ने बाप के लिए काफी द्रव्य इकट्ठे किए और उन्हें वह रवाना ही करनेवाला था कि उसका घर घेर लिया गया। घर में क्विंटस नहीं मिला। बेटे ने कहा—वह नहीं आए, जिसने खबर दी है, उसने राज्य को धोखा दिया है ! पर, उसकी बातों पर वे क्यों विश्वास करते ? उसे ही गिरफ्तार किया और उसे तरह-तरह के कष्ट देकर बाप का पता पूछने लगे।

क्विंटस का सपूत वह साधारण बेटा नहीं था, जो अपने बाप को मौत के मुँह में भेजे। मनुष्य का दिमाग जितने भी कष्टों की कल्पना कर सकता है, सब उस बेचारे पर आजमाए गए। पहले तो अपने को पूरा जब्त रखा, फिर चीखता-चिल्लाता भी। लेकिन, ज्यों ही पूछा जाता, बता, बाप कहाँ है, वह मुकर जाता। मुकर जाता।

लेकिन, उसकी चीख-कराह की आवाज, उसके छिपे हुए बाप के कानों में किसी तरह पहुँची ही। भला, वह ही इसको कैसे बर्दाश्त करता कि उसके सपूत बेटे की यह दुर्गति हो। उससे नहीं रहा गया। वह बाहर आया और अपने को राज्य कर्मचारियों के हाथों में सौंपकर प्रार्थना की कि बेटे को छोड़ दिया जाए। पर, वे दुष्ट ऐसा क्यों करने चले—उन्होंने दोनों पर मुकदमे चलाए। एक पर राजद्रोह का, दूसरे पर विश्वासघात का और दोनों को मौत की सज़ा दी।

बाप-बेटा मौत की प्रतीक्षा सानन्द करने लगे। बेटा खुश था कि मैंने बाप को बचाने की चेष्टा की। बाप खुश था, मैंने पिता का धर्म निबाहा, बेटे की रक्षा में अपने को उत्सर्ग किया। बूढ़े को एक खुशी और भी थी। मैंने ऐसा सपूत बेटा जन्माया।

पर, अब दोनों के दिल में एक इच्छा थी। बूढ़ा चाहता था, पहले मुझे फाँसी दो। दोनों सोचते, थोड़ी देर के लिए भी तो एक के चलते दूसरा बचे लेकिन, हत्याकारियों ने यह झगड़ा बड़ी सहूलियत से फरिया दिया। उन्होंने दोनों को एक ही समय कत्ल कर दिया।

दो लाशें तड़प रही थीं—उनसे लहू बहा जा रहा था। वह लहू नहीं था—प्रेम की गंगा बह रही थी।

10

ट्रेन उलटने से बची

दक्षिणी वर्जीनिया के एक जंगली हिस्से में एक नदी के किनारे झोंपड़ा डालकर, एक बुढ़िया रहती थी। वह थी और उसकी बेटी—बस, दो प्राणियों का ही परिवार था।

उसके घर की बगल से ही रेलवे लाइन गई थी, जो उस नदी को पुल से पार करती थी।

मार्च का महीना था। जोरों से हवा बह रही थी। सूरज की किरणों में भी तीखापन था। पहाड़ की बर्फ गल रही थी ! उस नदी में बाढ़ की हहर-हहर आवाज आ रही थी। बुढ़िया और उसकी बेटी जाँत पीस रही थीं—उसके घर में भी तो हहर-हहर आवाज थी।

रात में माँ-बेटी, थकी-माँदी सो गईं।

आधी रात को एक भीषण आवाज़ से वे जाग पड़ीं। नदी की ओर से आवाज आई थी। दोनों दौड़ीं। देखती हैं—नदी पूरी मौज में है, जोरों से बही जा रही है। उछलती, कूदती और इसी उछल-कूद में उसने पुल की धज्जियाँ उड़ा दी हैं।

इसी समय बुढ़िया के दिमाग़ में एक बात आ गई—वह थरथरा उठी ! ट्रेन आने का वक्त तो करीब है। आधा घंटे से ज्यादा की देर नहीं होगी। नज़दीक में न स्टेशन है, न तार का प्रबन्ध। क्या होगा ? क्या ट्रेन आज नदी में चूर-चूर होगी ? यह एक्सप्रेस ट्रेन होती है, लोगों से ठसा-ठस भरी। उफ—क्या आधे घंटे में यहाँ हजारों जानें बात की बात में चली जाएँगी। बेटी-बेटी ! कुछ उपाय होना चाहिए ! बेटी !

बेटी भी यही चाहती थी—कौन इस तरह का हत्याकांड पसन्द करती। लेकिन सवाल था, किया क्या जाए? उसके घर में गरीबी के सबब, लालटेन है नहीं ! लालटेन रहती, तो, वह उससे खतरे का इशारा करती कि ड्राइवर ट्रेन रोक ले। रात के वक्त सिवा रोशनी के दूसरी किस चीज से सिगनल की जा सकती थी? घर में चिराग है—लेकिन, यह तेज हवा तो उसे एक ही झोंके में बुझा देगी। घर में तेल भी नहीं है कि मशाल बनाए। रेलवे लाइन पर आग जलाकर रोशनी की जा सकती है, लेकिन इसके लिए लकड़ी भी नहीं ! लकड़ी का भण्डार जाड़े में खत्म हो चुका—नया भण्डार अभी इकट्ठा नहीं किया गया।

इसी समय उनका ध्यान अपने घर की दो कुर्सियों और एक चौकी की ओर गया। उनके घर में कुल सामान यही थे। क्या इन्हें चीर-फाड़कर रोशनी की जाए ?

दूसरा कोई उपाय नहीं और दूसरे उपाय के लिए समय भी नहीं है। ट्रेन आ ही चली।

उस अँधेरी रात में ठक-ठक की आवाज आई। बेटी लगातार कुल्हाड़ी चला रही थी। माँ लकड़ी इकट्ठी कर रेलवे लाइन पर रख रही थी।

लकड़ियों को धूनी की तरह सजाकर, माँ ने काँपते हाथों से दियासलाई जलाई। पुरानी, सूखी, सुकाठ लकड़ी—झट आग पकड़ ली। इधर धूनी से ज्वालाएँ उठने लगीं, उधर ट्रेन की गड़गड़ाहट सुनाई पड़ी।

इसी समय बुढ़िया ने एक काम और किया। लाल रंग का उसका घाघरा था। घाघरे से एक बड़ा टुकड़ा फाड़कर एक लकड़ी में उसे बाँधकर उसने झंडी बना ली और आग से कुछ दूर आगे जाकर खड़ी हो गई।

गड़ गड़ गड़ गड़—धड़ धड़ धड़ धड़—गाड़ी बढ़ी आ रही है।

बेटी एक लम्बी लकड़ी लिए धूनी को खूब तेज कर रही है, माँ अपनी उस झण्डी को लगातार हिला रही है।—इतनी दूर पर कि धूनी की रोशनी में झण्डी का हिलना दीख पड़े।

यही नहीं, जब ट्रेन दिखाई पड़ी—वे जोर से चिल्लाने भी लगीं—उतना जोर से, जितना उनका फेफड़ा होने दे सकता था—रोको ! रोको ! रोको !!

इनकी यह तपस्या व्यर्थ नहीं गई।

ट्रेन ने सीटी दी, धीमी हुई और वहाँ आते-आते रुक गई। ड्राइवर, गार्ड, मुसाफिर—सभी ने देखा, यदि इस बुढ़िया और उसकी बेटी ने उनकी रक्षा नहीं की होती, तो कुछ ही कदम

आगे मौत मुँह बाए उन्हें निगलने के लिए खड़ी थी–खड़ी क्या थी, वह चिल्ला रही थी, गरज रही थी, उछल रही थी।

11

कलम का धनी

एक राजा का सिर धड़ से अलग कर, इंग्लैंड का प्रजातंत्र आन्दोलन सदा के लिए खत्म हो चुका था। देशत्राता क्रौमवेल विद्रोही क्रौरवेल करार दिया गया था और उसकी लाश कब्र से खोदकर फाँसी की टिकटी पर चढ़ाई जा चुकी थी। अंग्रेज जाति को जिस पर आज तक नाज है, वही कवि मिल्टन, क्रौमवेल का दोस्त होने के कारण, जेल में सड़ रहा था। राजतंत्र का बोलबाला था, जो ज़बान हिलाता, उसके लिए रौरव-नरक-सा जेलखाने का दरवाजा खुला था।

ऐसे समय में भी एक लेखक ऐसा था, जो राजा की नुक्ताचीनी करने से बाज नहीं आया था। किन्तु, एक तो वह लिखता इस ढंग से था कि उससे कानूनन लड़ा नहीं जा सकता था, दूसरे वह पार्लियामेंट का चुना हुआ सदस्य और बहुत ही प्रभावशाली व्यक्ति था, अतः राजा को उस पर हाथ उठाते बनता नहीं था। राजा की ही नहीं, राजमंत्री की, राजपुरोहित की, वह सब खुशामदी टट्टुओं की खिल्लियाँ उड़ाता।

मित्र उसे कहते, देखो, आफत में पड़ जाओगे। वह कहता, गरीबों को तो आफ़त ही रहती है।

किन्तु, राजा ने एक दूसरा ही उपाय सोचा।

एक दिन राजा का खजांची मार्वेल (लेखक का यही नाम था) के घर पर आया। राजा के खजांची को अपने घर पर आया देख, उसे बहुत आश्चर्य हुआ। आदर-सत्कार के साथ उन्हें बिठाकर उसने पूछा–

"क्या मैं पूछने की ढिठाई कर सकता हूँ कि हुजूर ने हमें किस काम से यह सौभाग्य प्रदान किया है ?"

"मैं राजा का एक सन्देश लेकर आपके पास आया हूँ। वह जानना चाहते हैं कि वह आपकी सेवा किस प्रकार कर सकते हैं ?"–खजांचीजी ने कहा।

"राजा–राजा में वह ताकत नहीं कि वह मेरी सेवा कर सके ।" स्वाभिमानी लेखक ने गर्व से छाती फुलाकर कहा।

अपने काम में चुस्त, खजांची इससे उत्तेजित नहीं हुआ। वह बोला–

"राजा आपको अपने दरबार में कोई प्रतिष्ठित पद देना चाहते हैं, आप जो भी पद पसंद करें।"

"माफ कीजिए, राजा द्वारा दिए गए पद में प्रतिष्ठा होगी, मैं ऐसा नहीं मानता ! मैं तो उसे अप्रतिष्ठा का सामान समझता हूँ। खैर, राजा अगर मेरी प्रतिष्ठा के इतने इच्छुक हैं, तो कह दीजिए, मुझे अपनी एक कर्त्तव्यशील प्रजा रहने दें। इस वक्त मेरे लिए यही बहुत है।"

खजांची ने देखा, यह चट्टान टस-से-मस नहीं होनेवाली है। उसने, अब तक छिपाकर रखे हुए, एक हजार अशर्फियों का तोड़ा निकाला और उसकी मेज पर रखकर कहा–

"राजा ने मुझे आज्ञा दी है कि आपको मैं यह छोटी-सी रकम भेंट करूँ और आपकी खिदमत करने को सदा हाजिर रहूँ। जब आप जितना चाहेंगे, खजाना आपका है !"

मार्वेल हँसने लगा।

"कोषाध्यक्ष महाराज, मुझे यकीन है, आप मेरी दिल्लगी उड़ाने नहीं आए हैं। विश्वास रखिए, राजा के सोने की मुझे जरूरत नहीं। रहने की छोटी-सी झोंपड़ी है ही और खाने को…"

"क्यों भई, कल हम लोगों ने क्या भोजन किया था ?"

अन्दर से एक स्त्री निकली, उसने कहा–

"भेड़ के कन्धे का उबाला मांस तो !"

"और आज क्या खिलाती हो ?"

"कल जो थोड़ा बच गया था।"

खजांची महाशय की फिर हिम्मत नहीं हुई कि कुछ बोले। चुपचाप थैला उठाया और चले आए। राजा से कहा–"दुनिया की कोई भी ताकत उसे जीत नहीं सकती !"

"तो उसे जेल में सड़कर मरना होगा–"

"अब भी वह उससे कुछ अच्छी हालत में नहीं है, महाराज !"

12
नरक-कुंड से

फ्रांस के नयन नामक शहर में एक दिन म्युनिसिपैलिटी की अंदरूनी नाली खराब हो गई। उसकी सफाई जरूरी थी, लेकिन ऐसी नाली की सफाई कम खतरे की नहीं होती। नाली में कौन-कौन-सी गन्दगी नहीं बहती–नरक कुंड ही समझिए। गन्दगी के सड़ने से हवा इस तरह विषैली हो जाती है कि उसमें साँस लेना मुश्किल–मुश्किल क्या, जान का खतरा समझिए। फिर, नाली ज़मीन के बहुत ही नीचे होती है, रस्से के सहारे उतरना और उसी से ऊपर आना !

तो भी यह काम तो करना ही है। और, पेट की ज्वाला से मरते हुए मजदूर इस नरक-कुण्ड में भी जाया ही करते हैं। उस दिन भी चार मज़दूर रस्से के सहारे नीचे गए।

थोड़ी देर तक तो उन्होंने काम किया, लेकिन, अचानक विषैली हवा इस तरह भड़क पड़ी कि चारों-के-चारों बेहोश हो गए। उन्हें यह भी सुधि नहीं रही कि रस्से को पकड़ और हिलाकर ऊपर खींच लेने का इशारा करें।

जब कुछ देर तक उनकी कोई हलचल नहीं मालूम हुई, तो ऊपर के लोगों को सन्देह हुआ। रस्सा खींचा गया, तो वह ख़ाली आया। यह समझने में किसी को कुछ सन्देह नहीं रह गया, कि उन बेचारों की क्या गत हुई है !

"शायद वे अब भी जिन्दा हों–कोई जाए, तो रस्से के सहारे उनका उद्धार किया जा सकता है–" कुछ लोगों के मुँह से आवाज़ निकली। आस-पास के नागरिक इकट्ठे हो गए थे, म्युनिसिपैलिटी के बहुत कर्मचारी भी आ जुटे थे–लेकिन, नाली के अन्दर जाने की हिम्मत किसी में नहीं थी। उस नरक-कुण्ड में कौन प्राण देने जाए। मरने पर भले ही जो कुछ मिले, जिन्दगी में ही यह नरक कौन भोगे ?

उसी समय एक लड़की–दासी-पुत्री–वहाँ आई। उसने सबकुछ सुना। सुनते ही कहा–मैं भीतर जाऊँगी ! लोगों के लाख मना करते रहने पर भी रस्से के सहारे वह नाली के भीतर गई।

नीचे पहुँचकर उसने देखा, वे चारों बेहोश पड़े हैं। लड़की ने जल्दी उनमें से एक को रस्से में बाँधा और रस्सा हिलाकर ऊपर खींचने का इशारा किया। जब वह ऊपर लाया गया,

देखा, बेहोश तो है, लेकिन, उसके प्राण बचे हैं। उसकी परिचर्या होने लगी।

तब तक फिर रस्सा नीचे डाला गया। फिर एक आदमी को उसने बाँधा और ऊपर खींचने के लिए रस्सा हिलाया। वह आदमी भी अभी जिन्दा था।

लेकिन, जब तीसरे आदमी को रस्से से बाँधने की बारी आई, उस लड़की ने अनुभव किया अब उसका हाथ ठीक से काम नहीं कर रहा है। क्या वह भी बेहोश होने जा रही है—विषैली हवा उस पर भी असर दिखाने जा रही है ? वह डरी नहीं, सहमी नहीं। अपने पर पूरा कब्जा रखकर उसने तीसरे आदमी को भी रस्से से बाँध ही दिया। लेकिन यह क्या ? ज्योंही वह उसे ऊपर खींचने का इशारा करने जा रही थी, उसका दिमाग भी चक्कर खाने लगा। वह क्या करे ? रस्से का छोर तो उस आदमी से बँधा है। वह रस्से को पकड़ ले—लेकिन, क्या उसके हाथ काम देते रहेंगे। उसको झट एक युक्ति सूझ गई। अपने बालों को उसने रस्से से बाँध दिया और तब रस्सा खींचने का इशारा किया। इस मरतबा बोझ भारी था—लेकिन, ऊपरवालों ने सावधानी से खींच लिया।

ऊपर आते-आते वह भी बेहोश हो गई। लोग उसकी वीरता, साहसिकता पर मुग्ध थे। जल्दी-जल्दी उसे होश में लाने की तरकीबें की जाने लगीं।

वह होश में आई भी—लेकिन, क्या उसे चारों ओर खड़े हुए लोगों की प्रशंसा-ध्वनि सुनने की सुधि थी। उसने कहा—मुझे फिर नीचे ले चलो, मैं उस चौथे बेचारे को छोड़ नहीं सकती।

उसकी ज़िद माननी पड़ी—वह नीचे ले जाई गई। लेकिन इस बार का उसका प्रयत्न फिजूल गया। बाहर लाए जाने पर वह आदमी बिलकुल मुर्दा पाया गया।

लेकिन इससे उस लड़की की वीरता में क्या कमी आ सकती थी ? इसने तो उसमें और भी चार चाँद लगा दिए।

फ्रांस देश अपनी वीर सन्तान की कद्र करना जानता है। जब यह खबर फ्रांसीसी अखबारों में छपी, उस लड़की को बहुत लोगो ने इनाम भेजे। अच्छे खानदान के एक नौजवान ने उसका पाणि-ग्रहण किया।

13

मौत को हाथ में लेकर

हाँ, इस घटना को इसी शीर्षक में कहा जा सकता है।

क्रीमिया की लड़ाई हो रही थी। वही लड़ाई, जो ग्रीकों और टर्कों के बीच में हुई थी। ग्रीकों की मदद अंग्रेज कर रहे थे, टर्कों की रूस। और, हिन्दुस्तान के बहुत से मुसलमान, जिनमें डाक्टर अंसारी साहब भी थे—यहाँ से टर्कों की मदद में डाक्टरी-जत्था लेकर गए थे।

उसी लड़ाई में अंग्रेजी सेना के एक मामूली कप्तान ने ऐसा काम किया, कि उसका नाम इतिहास में अमर हो गया है।

कप्तान पील को एक ऐसी जगह जाना पड़ा, जहाँ से तोपें लगातार शत्रु सेना पर दागी जा रही थीं। शत्रु भी ईंट का जवाब ईंट से दे रहे थे।

वहाँ पहुँचने के थोड़ी देर बाद ही कप्तान को पता चला कि तोपों के लिए बारूद-गोले की कमी हो रही है। और यदि जल्द ये चीजें नहीं लाई गईं तो, फिर हार निश्चित है।

जान पर जोखिम लेकर बारूद की कुछ पेटियाँ लाई गईं। वे खोली जा रही थीं कि, इतने

ही में, लोगों ने आश्चर्य से देखा, शत्रु-सेना से एक तोप का गोला आ गिरा। सौभाग्य से गोला फटा नहीं था, लेकिन धुआँ निकल रहा था और वह किसी भी क्षण फट सकता था। और, उसके फटने का क्या अर्थ ? यही नहीं कि उसके आघात से कुछ आदमी खतम होंगे, वरन् यह कि इन बारूद की पेटियों में आग लग जाएगी और यहाँ का समूचा तोपखाना खत्म हो जाएगा !

जो लोग बारूद की पेटियाँ खोल रहे थे, वे सब एकटक उस गोले को देखने लगे ! देखने लगे कि बस किस सेकण्ड में वह फूटता है और हम सभी का धुर्रा उड़ा देता है। किसी की समझ में यह बात समा ही नहीं सकती थी कि अब हम लोगों की रक्षा होगी।

कप्तान पील की हाजिर-दिमागी और चरम साहसिकता ऐसे खतरे में भी काम देनेवाली चीज थी। वह झटपट दौड़ा। गोले के निकट पहुँचा। गोले को बहुत धीरे से हाथ में उठाया और फिर बहुत ही होशियारी से आगे बढ़ा। यों तो किसी क्षण गोला फूटनेवाला ही था, जरा भी हलचल लगने पर तो वह और भी शीघ्र भड़कता ! हाथ में धुआँ निकलता हुआ गोला लेकर वह होशियारी से, लेकिन, जल्द-जल्द पैर उठाता भागा जा रहा है और देखनेवालों के सिर के भी बाल खड़े हो रहे हैं ! यह तो साफ मौत को हाथ में लेकर दौड़ना था।

लेकिन, कप्तान पील हाथ में मौत लेकर दौड़ा और अपनी सेना को मौत से बचा लिया !

जब वह बारूद की पेटियों से काफी दूर निकल आया, तब हाथों को अपने सिर से ऊपर उठाकर, उसने बहुत जोर से उस गोले को फेंक दिया।

उसके हाथ से छूटते ही गोला फटा !—लेकिन, तब तक तो कप्तान पील भी सुरक्षित स्थान पर पहुँच चुका था।

यदि पाँच सेकेण्ड की देर हुई रहती, तो पील के हाथों में ही वह गोला फटता।

14

वह छोटी-सी बच्ची !

इतिहास में भी वीरता और उत्सर्ग की ऐसी जिन्दगी थोड़ी मिलेगी।

उस समय इंग्लैंड और स्कॉटलैंड के लोगों में बड़ा जद्दोजहद चल रहा था, जिस तरह कुछ दिन पहले तक हमारे जमाने में, इंग्लैंड और आयरलैंड में चलता था।

वह स्कॉटलैंड के एक रईस की लड़की थी। नाम था उसका ग्रीजेल। उस घर में बच्चों की कमी नहीं थी—अट्ठारह बच्चे थे। लेकिन ग्रीजेल को उसके पिता सबसे अधिक चाहते। वह छोटी-सी बच्ची थी तो क्या, उस पर पिता का ऐसा विश्वास था, कि ऐसे रहस्य की बातें भी उसे बताता जिस पर उसी की नहीं, उसके परिवार की जिन्दगी निर्भर करती थी।

ग्रीजेल का पिता भी इंग्लैंड के राजा के विद्रोहियों में से था। वह कई बार गिरफ्तार किया गया था। ग्रीजेल छोटी थी, लेकिन उसके देश में लहू और आँसू का जो कारोबार चल रहा था, उससे अपरिचित नहीं थी।

जब वह बारह वर्ष की ही थी, तभी उसे बहादुरी का वह काम करना पड़ा, जिसने उसके नाम को अमर बना दिया। यों तो उसकी जिन्दगी ही बहादुरी और जाँ-निसारी की रही है !

ग्रीजेल के पिता का एक नामी दोस्त एडिनबरा के जेल में कैद था। उसका कसूर नहीं

था, लेकिन वह इतना प्रभावशाली था कि उसे स्वतन्त्र रखने में खैरियत नहीं समझी गयी। वह जेल में ही नहीं रखा गया, झूठमूठ के नाना अपराध उस पर लगाए गए और आखिर में उसे फाँसी की सजा हुई। ग्रीजेल के पिता उसे कुछ सन्देश देना-लेना चाहते थे। लेकिन वह सन्देश कौन ले जाए। खुद जा नहीं सकते थे—पकड़ लिए जाएँ, तो उनकी भी वही दुर्गत हो !

"बेटी—तू जाएगी !" उन्होंने हँसते हुए कहा। लेकिन बेटी ने इसे हँसी में नहीं लिया, गम्भीरतापूर्वक इस काम को अंजाम देने का निश्चय किया। सन्देश लेकर वह चली।

जेल के निकट आकर इधर-उधर टहल रही थी कि इतने में जेल में जाने को जेलर आया। जेलर के लिए जब फाटक खुला, वह भी चुपके से घुस गई और जहाँ उसके पिता का दोस्त था, पहुँची। वहाँ पहुँचकर उसने सन्देश उसे दे दिया। उसने उसका जो जवाब दिया, उसे लेकर फिर यों ही मौका पाकर जेल से निकली और घर को लौटी। हाँ, जिस समय वह सन्देश दे रही थी, उसने वहाँ पर एक बच्चे को देखा; जो उससे थोड़ा ही बड़ा था। उस बच्चे ने भी उसे देखा था—दोनों ने दोनों को गौर से देखा। एक देखता, छोटी-सी बच्ची लेकिन कैसी हिम्मतवाली ! दूसरे का दिल कहता—वाह ! अपने बाप का दुख बाँट रहा है।

उस आदमी को फाँसी पर चढ़ाकर अधिकारियों की नज़र अब ग्रीजेल के पिता की ओर मुड़ी। मालूम हुआ, सेना की एक टुकड़ी उनकी गिरफ्तारी को आ रही है। क्या किया जाए—यह प्रश्न था। पिता, माता, ग्रीजेल और एक बढ़ई—चारों ने मिलकर एक योजना तैयार की। घर के किसी आदमी, किसी नौकर-चाकर को इसकी कोई खबर नहीं दी गई—कहीं भेद खुल जाए, इस डर से। चारों अपने भवन से दूर, श्मशान में आए। वहाँ पर एक कब्र खोदी गई। कब्र के अन्दर लेटने का अच्छा प्रबन्ध कर, ऊपर से तख्ता रख, उसे मूँद दिया गया—बस, एक छोटा-सा छेद रखा गया, जिससे होकर हवा जाए और खाना-पानी पहुँचाया जा सके।

जब ये लोग यह कार्रवाई कर भवन में पहुँचे ही थे, कि सैनिक भी आ पहुँचे। उन्होंने घर के कोने-कोने को ढूँढ़ डाला। निराश हुए लेकिन उसके आस-पास चक्कर लगाते रहे—यार जाएँगे कहाँ, कभी तो हाथ में आएँगे ही !

हर आधी रात के बाद ग्रीजेल चुपके से निकलती और खाना लेकर बाप के पास पहुँचाती। जिसमें नौकर-चाकर को मालूम न हो, इसलिए खाना भी बहुत छिपाकर ले जाना होता। प्रायः यह उपाय काम में लाती। उसकी माँ रसोईघर में जाती और ग्रीजेल के लिए एक थाल में खाना लाती। ग्रीजेल अकेले खाने बैठती—जब सब लड़के खाते होते, वह चुपके उठा-उठाकर अपनी गोद में रखती जाती। एक बार तो वह यही कर रही थी कि और बच्चों ने शोर मचाना शुरू किया—अरी, यह तो राक्षसी है, इतना खाना इतना जल्द खा गई।

खैर, सबसे तो मुश्किल था रात में श्मशान में अकेले जाना। वह छोटी बच्ची। डेढ़ मील चलना होता। फिर श्मशान, जिसमें जाते जवानों की नसें भी तन जातीं। रास्ते में भी कम खतरे न थे। सैनिक लोग दिन-रात सुराग में रहते ही। यदि वे जान जाएँ तो क्या जिन्दा छोड़ें ? यही नहीं, यदि किसी दूसरे आदमी ने भी पीछा किया तो भेद खुल जाएगा। कुत्ते बदमाश तो किसी को क्षमा करनेवाले नहीं। इन सबकी आँखों में धूल झोंककर वह जाती। बाप को खाना खिलाती। थोड़ी देर बैठकर उनका दिल बहलाती, उत्साहजनक खबरें सुनाती, ढाढ़स बँधाती।

कुछ दिनों बाद जब सैनिकों के धावे कम हुए, ग्रीजेल ने अपनी माँ के साथ राय की कि पिताजी को घर ले आना चाहिए और यहीं एक गड्ढा खोदकर छिपाकर रखना चाहिए। कुदाल चलाने से घर के दूसरे लोग तो कम से कम जान ही जाते। अतः ग्रीजेल ने—मुख्यतः ग्रीजेल ने ही अपने नखों से खोद-खोदकर गड्ढा बनाया और एक दिन चुपचाप पिता को ले आई। लेकिन उस गड्ढे में कुछ ही दिन बेचारे रहे थे कि नीचे से पानी निकल आया। इधर

फिर सैनिकों की धमक बढ़ने लगी। हारकर उसके पिता ने देश छोड़ने का इरादा किया। ग्रीजेल ने अपने हाथों से सिलकर किसानों का लबादा तैयार किया और उसे पहनाकर अपने प्यारे बाप को रोते-रोते विदा किया।

उनके विदेश जाने की खबर लगते ही अधिकारियों ने उनकी पूरी सम्पति जप्त कर ली। अब तो और मुश्किल गुजरने लगी। ग्रीजेल अपनी माँ को लेकर लंदन पहुँची, दरबार में बड़ी कोशिशें कीं, तो पेंशन मिली।

लेकिन, यह पेंशन भी नहीं रह सकी। उसके पिता भी जीवट के लोग थे। विदेशों में बैठे न रहे। एक सेना तैयार कर स्कॉटलैंड पर चढ़ाई की लेकिन, दुर्भाग्य उनके साथ था, वे हार गए। अब पेंशन भी जप्त।

हारकर वह तो आयरलैंड भाग गए। इधर पूरे परिवार को लेकर ग्रीजेल भी देश से रवाना हुई। हॉलेण्ड आई। हॉलेण्ड में पूरे परिवार की माँ मानो यही ग्रीजेल थी। माँ को धैर्य देती, लोगों के खाने-पीने की व्यवस्था करती। कुछ रुपए ले आई थी, उसी में निर्वाह करती और अच्छे दिन की प्रतीक्षा में रहती। घर के इन झंझटों में से कुछ समय निकालकर गाना सीखती, भाषाएँ सीखती, और छोटी-छोटी, पर मर्मस्पर्शी कविताएँ भी बनाती।

संयोग की बात ! हॉलेण्ड में ही उसके पिता के दोस्त का वह लड़का था, जिसे उसने पहले-पहल जेल में देखा था। वह भी नौजवान हो चला था। हॉलेण्ड के राजा की सेना में एक अफसर था। ग्रीजेल से फिर उसकी भेंट हुई--दोनों में प्रगाढ़ दोस्ती बढ़ी।

उस नौजवान का नाम जॉर्ज बेली था। जॉर्ज बेली के उकसाने से हॉलेण्ड के राजा ने इंग्लैंड पर चढ़ाई की। इंग्लैंड का उस समय का अत्याचारी राजा, जेम्स दूसरा, भगा दिया गया। अब स्कॉटलैंड के विद्रोहियों के दिन जगे। ग्रीजेल के पिता भी आए। उन्हें अपनी रियासत मिली, सरकारी ओहदा मिला।

और ग्रीजेल को ? उसको अपना प्यारा बेली मिला !

15

विज्ञान के शहीद

डाक्टर लैजियर और उनके साथियों का नाम तब तक अमर रहेगा, जब तक दुनिया में विज्ञान का अस्तित्व है। विज्ञान के लिए असंख्य मनुष्यों ने अपनी जिन्दगी कुर्बान की है। डॉक्टर लैजियर पर अर्पित की गई श्रद्धांजलि, उन सबके प्रति अर्पित की गई श्रद्धांजलि है।

जब 'दुश्मन' शब्द का हम प्रयोग करते हैं, हमारे निकट उन आदमियों की सूरत होती है, जो चाहे बल से या छल से हमारा नुकसान करना चाहते हैं ! हम यह कभी नहीं सोचते कि हमारे यथार्थ दुश्मन तीन हैं—मूर्खता, बीमारी और गरीबी। ये तीनों मनुष्य जाति का जितना नुकसान करते हैं, उतना संसार की बड़ी-से-बड़ी लड़ाई में भी नहीं होता।

वे धन्य हैं, जो इन तीनों के खिलाफ लड़ते हैं—वे मानवता के यथार्थ उपासक हैं ! हमारे सेनानायक हैं।

पीला बुखार एक ऐसी बीमारी है, जिसका नाम सुनकर ही लोग काँपते हैं। कुछ दिन पहले तो लोग नहीं जानते थे कि यह बीमारी क्यों होती है, और इसकी क्या चिकित्सा है ? अन्दाज भिड़ाए जाते थे—कुछ बचते थे, बहुत मरते थे। लोग कहते थे, भगवान की यही

इच्छा है।

किन्तु, विज्ञान तो भगवान के भरोसे नहीं बैठ सकता ?

डाक्टर लैजियर और उनके साथी उन दिनों कूबा-टापू के हवाना नगर में थे। कूबा उस समय पीले बुखार का अड्डा था। उस महामारी से वह समूचा टापू उजाड़ हो रहा था। लोगों की समझ में नहीं आता, इससे किस प्रकार त्राण मिले ! सबसे पहले सोचा गया, यह बीमारी गन्दगी से फैलती है। हवाना-शहर की गली-गली, घर-घर की ऐसी सफाई की गई कि क्या कहना ? किन्तु, बीमारी नहीं टली। कूबा अमेरिका के अधीन है। अमेरिका की सरकार बड़ी चिन्तित हुई। उसने एक कमीशन इसकी जाँच के लिए बिठाई। डाक्टर लैजियर उस कमीशन के सदस्य थे—उनके तीन साथी और भी थे।

छानबीन करते-करते वे लोग इस नतीजे पर पहुँचे कि यह बीमारी एक मच्छर के काटने से होती है। खासकर जब मच्छर किसी बीमार को काटने के बाद दूसरे को काटता है, तो उसका जहर और भी तेज हो जाता है। उसका काटना जल्द और जरूर ही कुपरिणाम दिखलाता है।

लेकिन, विज्ञान तो केवल कल्पना पर निर्भर नहीं करता, वह तो प्रयोग चाहता है। सोचा गया कि इसका प्रयोग कर लिया जाए। कुछ मच्छर पाले गए। उन्हें पीले बुखार के बीमारों पर बैठने और काटने का मौका दिया गया। फिर उन्हें लेकर, किसी अच्छे आदमी को कटवाया जाए, यह निश्चय किया गया। लेकिन, वह कौन आदमी हो ? चारों डाक्टरों ने निश्चय किया, 'हम लोग' पारी-पारी से अपने पर ही इन मच्छरों का प्रयोग होने देंगे।

मच्छरों का प्रयोग—मतलब ? मतलब तड़प-तड़पकर अवश्यम्भावी मृत्यु !

सबसे पहले डाक्टर लैजियर ने ही अपने को इस खतरे के लिए पेश किया। चार बीमारों पर अपने डंक को विष से बुझाए मच्छर उन पर छोड़े गए ! लेकिन यह क्या ? वे बीमार नहीं पड़े। तब उनके साथी डाक्टर कैरोल ने कुछ विषैले मच्छरों को अपने ऊपर कटवाया। कुछ दिनों में ही उनको बुखार चढ़ा। तीन दिनों तक तो उनके प्राण अधर में टंगे रहे, अब मरे कि तब, लेकिन धीरे-धीरे वे अच्छे हो चले। ज्योंही उन्होंने बिछावन छोड़ा, लैजियर ने फिर अपने पर कुछ मच्छर छोड़े। तीसरे दिन ही वह बिछावन पर थे। बीमारी बहुत जोर से बढ़ी—यहाँ तक कि बचने की उम्मीद जाती रही। तब डाक्टर लैजियर ने अपने साथी को निकट बुलाया। मच्छरों के बारे में उन्होंने जो कुछ नोट कर रखा था, सब उनके सुपुर्द किया। फिर, इस बीमारी में उन्हें क्या-क्या और कैसे-कैसे लक्षणों से गुजरना पड़ रहा है, सब बतलाया। अपने बारीक से बारीक अनुभवों को भी कहते जाते धीरे-धीरे आवाज ने भी जवाब दे दिया। चौथे दिन बेचारे अपनी पत्नी और दो बच्चों को छोड़कर चल बसे।

उनकी मृत्यु से कूबा में ही नहीं; अमेरिका में भी हाहाकार मच गया। सब उनकी इस शहादत पर बलिहार जाते। चारों ओर उनकी विजय-दुदंभि बजती। मरकर भी उन्होंने अपने को जिन्दा बना लिया।

लेकिन, जरूरत तो यह थी कि इस प्रयोग को और आगे बढ़ाया जाए। सबसे पहले तो अब यह सिद्ध करना था कि सिवा मच्छर के दूसरे किसी भी तरह से यह बीमारी नहीं होती। यदि यह सिद्ध न हो सके, तब डाक्टर लैजियर के बलिदान का कोई अर्थ न था।

हवाना से कुछ दूर, एक टापू में प्रयोगशाला कायम की गई। उस प्रयोगशाला का नाम 'लैजियर-प्रयोगशाला' रखा गया। उसमें दो मकान बनाए गए। एक का नाम 'विषाक्त-मच्छर-गृह' रखा गया और दूसरे का 'विषाक्त-वस्त्र-गृह'। विषाक्त-मच्छर-गृह के दो भाग थे—एक में मच्छर रखे गए थे, दूसरा मच्छर से खाली था।

अब डाक्टरों ने घोषित किया कि इस वैज्ञानिक प्रयोग के लिए जो लोग अपने को बलिदान करना चाहें, आगे आवें। सबसे पहले दो नौजवान सैनिकों ने अपने को उत्सर्ग किया। एक का नाम था किसिंजर, दूसरे का मोरन। डाक्टरों ने इन दोनों को समझाया कि इसमें जाने का अर्थ है—तड़प-तड़पकर मरना, बचने की कोई आंशा नहीं। लेकिन वे लोग डटे रहे। उनकी स्थिरता और दृढ़ता का पक्का सबूत मिल जाने पर उनसे बतलाया कि उन्हें इस बलिदान के लिए अमेरिका की सरकार की ओर से अच्छा पुरस्कार दिया जाएगा, यदि जीते रहे तो उन्हें नहीं तो उनके वारिसों को ! यह सुनते ही दोनों नौजवान बिगड़ पड़े। उन्होंने कहा—साहब, हम लोग अपने को विज्ञान के लिए अर्पित करते हैं, न कि रुपए के लिए। रुपए की चर्चा करके आपने हमारा अपमान किया है। उनकी बातें सुनते ही वहाँ जितने थे, सबने अपनी टोपियाँ उतारकर उनका आदर किया।

दोनों नौजवान मच्छरवाली कोठरी में गए और दो आदमी बिना मच्छरवाली कोठरी में रखे गए। तीन दिन के बाद उन दोनों को बुखार चढ़ा—बुखार, जलन, ज्वाला, तड़प, छटपटाहट, मृत्यु ! लेकिन, एक बार भी उन्होंने अपने चेहरे पर शिकन न आने दिया—मरते समय तक उनके सूखे चेहरे से शहादत की ज्योति फूट रही थी। दूसरी कोठरीवालों को कोई बीमारी नहीं हुई।

अब, दूसरे घर का प्रयोग होना था—'विषाक्त-वस्त्र-गृह' का ! वह घर खूब गन्दा रखा गया था। सोचा गया था कि दो आदमी उन दोनों शहीदों के बिछावन पर उन्हीं के कपड़े पहनकर लगातार बीस दिनों तक सोएँगे। तब तक यह निश्चय नहीं हो पाया था कि विषाक्त कपड़ों से बीमारी फैलती है कि नहीं। सोलह आना उम्मीद समझी जाती थी कि उन कपड़ों में बीमारी के कीड़े जरूर होंगे और जो उन्हें पहनेगा, वह भी प्राण देगा। लेकिन, वाह ! जब फिर प्रयोगकर्ताओं की पुकार हुई, दो नौजवान आ डटे। लगातार बीस दिनों तक उस बन्द घर में, उन मरे हुए बीमारों के कपड़ों को पहनकर, वे डटे रहे। पर, वे बीमार नहीं हुए।

लेकिन, अभी और भी कितने प्रयोग थे !—सबके लिए आदमी आते गए और अन्त में निश्चय हुआ, मच्छरों को मार भगाइए, यह बीमारी भाग जाएगी। कूबा भर में मच्छरों से विस्तृत संग्राम छेड़ा गया। तब से वह टापू निश्चिन्त है। एकाध बार यह बीमारी भड़की, तो, तुरन्त मच्छरों का वंश नाश कर रोक दी गई।

तब से जहाँ-जहाँ पीला बुखार होता है, वहाँ-वहाँ डाक्टर लैजियर और उन नौजवानों के बलिदान से प्राप्त इस प्रयोग का व्यवहार कर न जाने कितने लाख प्राणियों के प्राण बचाए गए हैं।

16

सच्ची दोस्ती

इटली के नजदीक सिसली नामक एक छोटा-सा टापू है। वहाँ डियोनिसियस नामक एक राजा था। वह बड़ा ही प्रजापीड़क, अत्याचारी और क्रूर राजा था। उसका क्रोध एक बार डैमन नामक एक भद्र युवक पर पड़ा। डैमन बड़ा ही सत्यवादी और निर्भीक था। उसने डियोनिसियस के कारनामों की खुल्लमखुल्ला शिकायत की थी।

डैमन को फाँसी की सज़ा हुई। उसने स्थिर होकर सज़ा सुनी। हाँ, राजा से एक निवेदन किया—"मुझे अपने घर जाने दीजिए, जरा बीवी और बच्चों को देख आऊँ।"

राजा हँसा, "तुम मुझे बेवकूफ समझते हो ? क्या हाथ से निकलकर फिर तुम यहाँ आते हो? यह घपला किसी बेवकूफ को देना।"

"आपको एक नागरिक के वचन पर विश्वास करना चाहिए, महाराज !" डैमन ने गम्भीरता से कहा, "और नहीं, तो मैं अपनी जगह अपने एक दोस्त को ज़ामिन रख जाता हूँ।"

उसका दोस्त पिथियस यह खबर सुनते ही राजा के पास आया और उसने यह जमानत की कि यदि डैमन नहीं लौटेगा, तो उसके बदले मुझे फाँसी पर चढ़ा दीजिएगा। क्रूर राजा को आश्चर्य हुआ, ऐसे भी दोस्त हो सकते हैं, जो एक-दूसरे के लिए यों जान ज़ामिन रखे। उसने डैमन को फुर्सत दी—लेकिन, केवल छः घंटे के लिए ! डैमन अपने परिवार का ज्यादा सुख उठाए, वह क्यों पसन्द करे। इतना ही समय दिया कि तेज घोड़े पर वह अपने घर जाए और उनसे देखादेखी करके लौट आए।

डैमन चला। खूब तेज घोड़े पर। उसने मित्र से कहा—मैं चार घंटे में लौटता हूँ, दोस्त ! पिथियस ने कहा—जल्दी क्या है, अच्छी तरह मिलकर आना ! ये दो घंटे की भेंट मेरी ओर से ! लेकिन, यह क्या हुआ, चार घंटे, पाँच घंटे, साढ़े पाँच, और पौने छः—अब छह घंटे भी पूरे हुए, पर, डैमन नहीं लौटा।

पिथियस जेल में बड़ी प्रसन्नता से खड़ा मृत्यु के दूतों की प्रतीक्षा कर रहा है। उसे खुशी है कि उसने अपने दोस्त को पारिवारिक आनन्द उठाने दिया। वह तो मन-ही-मन मना रहा था कि डैमन न आए। अपने मित्र के लिए, उसके परिवार के लिए, प्राण देना—कितने सौभाग्य की बात !

इधर राजा हँसता हुआ जेल में आया। बोला—क्यों हज़रत, आपके दोस्त आए ! कहा था न कि मेरे हाथ से निकले कि नौ-दो-ग्यारह हुए ! कहिए खैर मिज़ाज, चढ़िए फाँसी पर ! उसने फाँसी की तख्ती सजाने का हुक्म दिया।

पिथियस मरने को तैयार था ही—लेकिन, अपने मित्र पर लगाया गया यह लांछन उसे बर्दाश्त क्यों होता ? बोला—महाराज, आपसे अधिक मैं डैमन को पहचानता हूँ, कोई घटना हो गई है, या बीमार पड़ गया है।

तब तक फाँसी की तख्ती सज गई थी। जेलखाने से पिथियस फाँसी की ओर ले जाया जाने लगा। उसकी आँखों में उमंग थी—दिल में आनन्द तरंगें ले रहा था।

लेकिन राजा ढोंग समझकर हँस रहा था। वह मनुष्य की सूक्ष्म भावनाओं को क्या समझे ?

तड़ाक् ! तड़ाक् ! तड़ाक् !

यह तो घोड़े की टाप है। डैमन घोड़े को यों ही छोड़ फाँसी की जगह की ओर दौड़ा। वह पसीने से तर-ब-तर हो रहा था।

रास्ते में उसका पहला घोड़ा गिरकर मर गया था। दूसरे घोड़े का प्रबन्ध करने में देर हो गयी थी।

पिथियस—आ गया, मैं आ गया—वह चिल्ला रहा था।

अब एक अजीब दृश्य उपस्थित हुआ। डैमन कहता—तुम हटो, फाँसी मुझे हुई थी। पिथियस कहता—हो नहीं सकता, अब मैं तैयारी कर चुका। इतना ही नहीं, वह राजा से विनय करने लगा—महाराज, अब देरी मत कीजिए !

दोनों की एक-दूसरे को बचाने के लिए व्याकुलता, आजिज़ी, तत्परता देखकर इधर राजा का तो होश गुम था। क्या दुनिया में ऐसे दोस्त भी हो सकते हैं, जो एक-दूसरे के लिए मृत्यु

का भी सानन्द आलिंगन करें।

काश ! ऐसे दोस्त मुझे मिलते।

—राजा आगे बढ़ा। दोनों को दोनों हाथों से पकड़ लिया। फिर दोनों को एक साथ ही गले से लगाया। कहा—दोस्तो, तुमने मेरी आँखें खोल दीं। तुम दोनों स्वतन्त्र हो, जाओ अपने घर। हाँ, यदि सम्भव हो, तो अपनी दोस्ती का एक-एक जर्रा मुझे भी बख्शना !

इतिहास बतलाता है, डिपोनिसियस का स्वभाव ही इसके बाद बदल गया। इसी एक घटना ने मानवता का महान् द्वार उसके लिए खोल दिया।

17

अन्तिम शहीद

रोम की उन्नति जिस समय अपने पूरे उरूज पर थी, वहाँ अनेक अच्छी बातों के साथ एक अजीब नृशंस प्रथा भी चल गई थी। रोमवालों ने एक बहुत बड़ा पक्का क्रीड़ा-भवन बना रखा था, जिसमें चालीस हज़ार आदमी बैठते। उत्सव के अवसर पर रोम के नागरिक इस क्रीड़ा-भवन में आ जुटते। यहाँ नाटक खेले जाते, तरह-तरह की वीरता और हाथ कौशल के नमूने दिखाए जाते। जंगली भैंसों की लड़ाई, शेरों की लड़ाई भी यहाँ होती। और, सबसे बढ़कर आदमियों की खूनी लड़ाई। दो आदमी अस्त्र-शस्त्र से सुसज्जित होकर क्रीड़ा-भवन के रंगमंच पर आते और एक-दूसरे पर तब तक अस्त्र-शस्त्र चलाते, जब तक कि एक मर न जाए ! यों एक आदमी का खून होता, और लोग तमाशा देखा करते—आनन्द मनाते ! कैसा जघन्य व्यवहार !

धीरे-धीरे इसकी जघन्यता रोमवालों ने भी महसूस की और इस प्रथा को बन्द कर दिया।

लेकिन जब एक बार रोम पर बर्बर गोथ बड़ी सेना के साथ चढ़ आया तब रोमनों के दबंग सेनापति ने एक मुट्ठी वीरों को लेकर गोथों को पलायित होने को बाध्य किया, तब, मानो रोमवाले फिर एक बार दीन-दुनिया भूल गए। अपने सेनापति के सम्मान में उन्होंने बहुत बड़ा उत्सव किया। क्रीड़ा-भवन खचाखच भरा था। नाना तरह के खेल-कौतुक होने लगे। वही नाटक, वही नाच-गान, वही भैंसों की लड़ाई, वही शेर की लड़ाई और अन्त में वही आदमी की लड़ाई।

दो आदमी तलवार और बर्छी लिए रंगमंच पर आए। तालियों की गड़गड़ाहट और आनन्द-ध्वनि से क्रीड़ा-भवन फटा पड़ता था।

एक ने बर्छा फेंका, दूसरे ने ढाल से रोका। दूसरे ने तलवार चलाई, पहला कतरियाकर बच गया। फिर बर्छा। फिर ढाल। लेकिन दूसरे ने इस बार बर्छा चलाया, पहले की जाँघ में लगा। जाँघ से खून गरगर गिरने लगा। क्रोधान्मत्त हो उसने तलवार चलाई, दूसरे की बाँह आधी कटकर गिर पड़ी। अब दोनों पागल-से हो गए। लगातार बर्छे और तलवार चल रहे हैं। खून बह रहा है। कभी चीखते हैं, कभी गरजते हैं।

और उनके हर दावों पर, हर घाव पर, खून की हर बूँद पर, हर चीख पर, हर हुँकार पर लोग आनन्द मना रहे हैं, तालियाँ पीट रहे हैं। मानवता का यह अपमान !

इसी समय लोगों ने देखा, एक बूढ़ा रंगमंच पर चढ़ आया और दोनों के बीच में खड़ा हो, दोनों को समझाने, लड़ाई बन्द करने को कहता-सा है।

जनता, खून की प्यासी जनता, ऐन मज़ा के वक्त यह बाधा पड़ते देख, चिल्ला उठी,

हटो-हटो।

तब वह जनता की ओर मुखातिब होकर यह नृशंस, पशुजनोचित व्यवहार रोकने को समझाने लगा। क्या जनता समझी ? हाँ, समझी—उसने पत्थरों की वर्षा उस पर करके बता दिया, वह क्या समझी ?

इधर वे दोनों मदोन्मत्त वीर भी क्यों चूकते ? हटते हो बूड्ढे कि यह... । बुड्ढा नहीं हटा, लेकिन यह... हुआ। लोगों ने देखा, उनके सुफेद बाल, सुफेद दाढ़ी, सुफेद कपड़े लथपथ हैं—वह पड़ा दम तोड़ रहा है।

यह कौन था ? यह एक तपस्वी था जो आज ही इस शहर में आया था। जब सुना तमाशा है, वह भी देखने गया, लेकिन तमाशा की जगह जब नृशंसता देखी, अपनी जान कुर्बान कर दी।

उसकी यह कुर्बानी, यह शहादत व्यर्थ नहीं गई। रोमवालों में इस शहादत ने मानवता जाग्रत कर दी। उसके बाद फिर वहाँ यह नममेध नहीं हुआ। वह इस प्रथा का अन्तिम शहीद सिद्ध हुआ।

18

लहरों पर घुड़दौड़

कहीं लहरों पर घोड़ा दौड़ाया जा सकता है? क्या गप कही आपने।

मैं कहता हूँ। तुम्हारा कहना भी ठीक है और मेरा कहना भी। दो विरोधी बातें हैं, लेकिन दोनों एक साथ ही सही हैं !

बात यों है !

कुछ वर्ष हुए, पश्चिमी आस्ट्रेलिया के वाल्सक्रिफ नामक नगर में एक लड़की पढ़ रही थी। यह नगर समुद्र के किनारे है। अपने दरवाजे पर से वह विस्तृत समुद्र को देख सकती थी—देखती थी। लेकिन, उस दिन वह पढ़ने में कुछ ऐसी मस्त थी कि उसे समुद्र की ओर देखने की फुर्सत ही नहीं थी।

वह पढ़ रही थी कि उसी समय उसका नौकर दौड़ते हुए उसके निकट आया और बोला, "कुछ मील दूर समुद्र में एक जहाज डूब गया है। हवा जोरों से है। समुद्र की तरंगें भयानक रूप दिखा रही हैं। किसी की हिम्मत नहीं कि नाव लेकर भी जाए !"

सुनते ही मिस ग्रेस—वह लड़की—किताब छोड़कर उठ खड़ी हुई। बाप के अस्तबल में गई। उनके घोड़े पर सवार हुई और वह जिस ओर जहाज डूबने की बात उसने सुनी थी, घोड़े को दौड़ाया। जब वह वहाँ पहुँचती है, देखती है, जहाज यद्यपि समुद्र की तरंगों से लड़ ही रहा है, लेकिन बार-बार वह इस तरह नीचे-ऊपर होता है कि हर बार मालूम होता है कि अब डूबा और सच बात तो यह थी कि उसके डूबने में ज्यादा देर नहीं थी।

जहाज का डूबना निश्चय जानकर जहाज के सवारों ने जहाज में लगी एक नाव पर कुछ आदमियों को चढ़ाकर रक्षा करनी चाही। लेकिन थोड़ी ही देर में, हवा और तरंगों ने उसे जलमग्न कर दिया। कुछ लोग डूब गए और कुछ लोग तैर रहे थे।

मिस ग्रेस ने अपने घोड़े को समुद्र में डाल दिया। घोड़ा भी अच्छा सधा-सा जानवर था। वह तरंगों से लड़ता वहाँ चला, जहाँ वे लोग तैर रहे थे। उनके निकट पहुँचकर उनमें से कुछ

को लेकर किनारे पर मुड़ी। किनारे पर उन्हें रखकर फिर घोड़े को समुद्र में छोड़ा, फिर डूबते आदमियों के निकट पहुँची, फिर कुछ को लेकर किनारे पर आई। यों ही, वह बार-बार जाती और लोगों को लाती रही। किसी भी समय वह घोड़े सहित डूब जा सकती थी, या घोड़े की पीठ से फिसलकर वह खुद ही डूब जा सकती थी, लेकिन, अपनी जान की जरा भी परवाह न कर वह तब तक उनका उद्धार करती रही, जब तक एक-एक तैरनेवालों को किनारे पर न ला सकी।

जब-जब वह समुद्र की ओर लौटती थी, देखनेवाले कहते थे, अबकी वह वापस न आ सकेगी। लेकिन, वाह री चतुराई, हिम्मत, दिलेरी वह तरंगों को कुचलती-सी आ ही जाती थी। एक बार जब वह पाँच-छः आदमियों को लिए हुए लौट रही थी, उसके घोड़े का पैर रस्से में लिपट गया। घोड़ा भड़क उठा—वह भी घबराई—सबने समझा, इस बार गई। लेकिन, बड़े धैर्य से उसने, उन तरंगों में ही रस्से को सुलझाया और यों अपने, अपने जानवर और उन पाँच-छः प्राणियों को बचाया।

उसकी इस साहसिकता पर मुग्ध हो, जनता ने उसे बड़ा ही सम्मानित किया।

लेकिन, अब मैं आपसे पूछता हूँ कि कहिए, हमने जो बात कही थी, वह ठीक है कि नहीं। क्या इस काम को आप समुद्र की लहरों पर घुड़दौड़ नहीं कहेंगे ?

19

वचन की रक्षा के लिए

दुनिया के जिन हिस्सों में सभ्यता का बहुत पहले उदय हुआ, उनमें रोम भी है। रोम एक छोटा-सा शहर है। इस छोटे से शहर के अधिकारियों ने दुनिया के बहुत बड़े हिस्से पर राज किया, उन्हें सुशिक्षित और सुसभ्य बनाया।

रोमवालों ने सबसे पहले अपने पूरे देश—इटली—पर अपनी हुकूमत कायम की। फिर सिसली होते, उनकी नज़र अफ्रीका के एक हिस्से—कार्थेज पर पड़ी।

लेकिन, कार्थेज को जीतना आसान नहीं था। वहाँ वाले भी बहुत वीर, साहसी, सभ्य और सुशिक्षित थे। उन्होंने रोमवालों के छक्के छुड़ा दिए—रोम के प्रधान सेनापति रेगुलस को भी उन्होंने गिरफ्तार कर लिया।

रेगुलस की गिरफ्तारी ने रोमवालों को बहुत ही उत्तेजित कर दिया। वे फौज-पर-फौज कार्थेज भेजने लगे। पाँच वर्ष तक लगातार लड़ाई चलती रही, किन्तु, विजय का फैसला नहीं हुआ।

इन पाँच वर्षों में दोनों तरफ की जो हानियाँ हुईं; उन पर विचार करते हुए कार्थेजवालों ने यह आशा की, अब सुलह हो सकती है। बन्दी सेनापति रेगुलस को अपने दरबार में हाजिर किया और उसे आज्ञा दी—आप हमारे दूत-मंडल के साथ रोम जाइए और अपने देशवासियों पर प्रभाव डालिए कि वे सुलह कर लें, लेकिन जाने के पहले एक रोम-निवासी की तरह प्रतिज्ञा कीजिए कि यदि आप अपने काम में सफल नहीं होंगे, तो दूत-मंडल के साथ ही लौट आएँगे।

रेगुलस जाने को तैयार हो गया। क्या वह सुलह कराकर अपनी जान की रक्षा करना चाहता था ?

जब यह दूतमंडल रोम पहुँचा, यह सुनकर कि इसके साथ रेगुलस भी आ रहा है, रोम के लोग बड़ी सख्या में शहर के बाहर उपस्थित हुए। लेकिन, रेगुलस ने रोम की दीवार के भीतर जाने से इनकार कर दिया—मैं न तो इस शहर का नागरिक रह गया और न इसकी जनसभा का सदस्य। मुझे न तो इस शहर में घुसने का अधिकार है और न जनसभा में बैठने का !

लेकिन, वे लोग उसे शहर में ले जाने से कब माननेवाले थे। शहर के प्रतिष्ठित नागरिकों ने अनुरोध किया कि आप चलिए और जनसभा में अपनी राय हमें दीजिए। ''मैं कहूँ, मेरी राय क्या है—हाँ, यदि आप लोग हुक्म देंगे, तो दूतमंडल के एक सदस्य की ओर से नहीं, अपनी ओर से निवेदन कर दूँगा।''

जनसभा बैठी। रेगुलस ने कड़ककर कहा—

कैदियों के लिए सुलह करने का कोई मतलब नहीं—उनके पास हथियार थे, उन्होंने आत्मार्पण क्यों किया ? उन्हें जहन्नुम जाने दीजिए और तब तक युद्ध जारी रखिए जब तक कार्थेज पर रोम का झंडा नहीं फहरे !

जनसभा के सदस्य, दर्शक सभी मुग्ध रह गए।

रेगुलस की बात मान ली गई।

अपने वचन के अनुसार रेगुलस कार्थेज के लिए रवाना हुआ।

आह रे वह दृश्य !

समूचे रोम के स्त्री, पुरुष, बूढ़े-बच्चे टिम्बर-नदी के किनारे इकट्ठे हैं। नदी में वह जहाज खड़ा है, जिस पर रेगुलस कार्थेज लौटेगा। सभी उपस्थित व्यक्तियों का दिल भरा हुआ, गला रुँधा हुआ और आँखें डबडबाई हुई हैं। जिस समय रेगुलस उनका अभिवादन कर जहाज पर चढ़ने लगा, एक हाहाकार-सा मच गया। करुणा का समुद्र-सा उमड़ पड़ा। कोई उसका हाथ चूमता है, कोई चरण पकड़ता है, कोई चरण की धूल आँखों पर चढ़ाता है, लेकिन वह निर्द्वन्द्व बढ़ा जा रहा है।

कुछ देर में जहाज खुला—रेगुलस ने अपनी जन्म-भूमि को आखिरी बार प्रणाम किया।

हाँ, आखिरी बार—क्योंकि जब वह कार्थेज पहुँचा, दूतमंडल ने उसकी सारी कार्रवाई सुना दी। फिर तो, उनके क्रोध का क्या पूछना ? नाना तरह की यंत्रणाएँ देकर उन्होंने उसे तिल-तिल कर मारा।

कार्थेज विध्वंस हुआ—रोम भी नहीं रहा—लेकिन रेगुलस की कीर्ति अमर है।

20

शीतल जल की तीन प्यालियाँ !

[1]

सर फिलिप सिडनी रानी एलिजाबेथ के राजत्वकाल के रत्न समझे जाते थे। बड़े विद्वान, सैर-सपाटे के शौकीन, मधुर कवि और कलाविद् संगीतकार थे। पहलवानी में भी नाम, घुड़सवारी में भी ख्याति ! सबसे बढ़कर भलेमानस।

एक बार आप एक युद्ध में गए—आखिरी युद्ध ! ऐसी बहादुरी से लड़े कि दुश्मन के भी दाँत खट्टे हो गए। एक घोड़ा मरा, दूसरे पर चढ़े, दूसरा मरा, तीसरे पर! कई घाव लगे, शरीर से खून चू रहा था, लेकिन, तीर की तरह यहाँ-वहाँ घोड़ा दौड़ाए चलते और शत्रु का

संहार किए फिरते। लेकिन आखिर एक सांघातिक गोली आ गयी। घोड़े पर झुक गए। घोड़ा सधा हुआ था--अपने मालिक की हालत समझ पीछे मुड़ा और उनके खीमे में आकर दम लिया।

वीर-शिरोमणि फिलिप अपने खीमे में पड़ा था। उसके सैनिक, समस्त परिवार उसे घेरे हुए था। मालूम होता, अब मौत की घड़ी गिनी जा रही थी। सबके चेहरे पर विषाद सिवा उस वीर के, जो वीरों की मृत्यु पाकर आनन्द-मग्न था। उस दिन बड़ी गरमी पड़ रही थी। फिलिप को जोरों का बुखार था, पीड़ा अलग टीस दे रही थी। उसने आँखें खोलीं--पानी !

बहुत मुश्किल से थोड़ा पानी मिला। एक प्याली में रखकर लोग उसके सामने ले गए। उसने हाथ में प्याली ले ली और उसे होंठों से सटाने ही जा रहा था कि उसकी नज़र, उसके निकट ही पड़े एक दूसरे घायल सिपाही पर पड़ी। सिपाही बड़ी कातर दृष्टि से प्याली की ओर देख रहा था। फिलिप समझ गया। उसने अपनी प्याली उसकी ओर बढ़ा दी और कहा--"सैनिक, तुम्हारी ज़रूरत मेरी ज़रूरत से बड़ी है !"

सर फिलिप सिडनी चल बसे--लेकिन, उनका यह वाक्य संसार के अमर वाक्यों में समझा जाता है !

[2]

आस्ट्रिया के वर्तमान राजवंश के संस्थापक हैप्सबर्ग के रूडौल्फ समझे जाते है ! इतिहास में वह उदार रूडौल्फ के नाम से पुकारे जाते हैं। वीरता के साथ उदारता का ऐसा सम्मिश्रण हुआ था, कि उसने रूडौल्फ की कीर्ति में चार चाँद लगा दिए थे।

दूसरी प्याली की कहानी उसी की है। वह एक बार अपने सैनिकों के साथ एक शून्य बियावान से गुज़र रहा था।

वह और उसके सैनिक प्यास से छटपट कर रहे थे--मालूम होता था, अब जान गई, तब जान गई। इसी समय रूडौल्फ के किसी विश्वस्त सैनिक ने कहीं से एक प्याली पानी ऊपर किया। वह पानी लेकर रूडौल्फ के निकट पहुँचा और उससे विनय की कि इसे ग्रहण कीजिए। रूडौल्फ हँसा। बोला--"क्या मैं अकेले पानी पीऊँगा ? यह हो नहीं सकता, मेरे प्यारे सैनिक ! और इतने पानी में सबको एक-एक बूँद भी तो नहीं मिल सकती। इसलिए..."

उसने प्याली उलट दी, पानी ज़मीन पर आ रहा।

"धरती-माता, यह पानी तुम्हीं लो"--यह थी उसकी आखिरी बात।

[3]

ये तो हुईं दो बड़े आदमियों की प्यालियाँ। अब एक छोटे आदमी की प्याली की करामात भी देखिए--

सतरहवीं सदी में डेनमार्क और स्वीडेन में लगातार लड़ाइयाँ हुआ करती थीं। एक बार दोनों सेनाओं में जब भीषण लड़ाई होकर दोनों ओर के सैनिक अपनी-अपनी जगह पर गए, तब युद्ध-क्षेत्र में एक अजीब बात हुई।

एक घायल डेनमार्क का सैनिक लकड़ी की अपनी बोतल से पानी निकालकर अपने मुँह में लगाने ही जा रहा था कि उसके कानों में 'पानी' की आवाज आई ! वह स्वीडेन का एक घायल सैनिक था--उसकी बगल में ही वह बेतरह घायल होकर छटपटा रहा था।

डेनमार्क के सैनिक को दया आ गई। वह अपने को घसीटकर उस सैनिक के निकट

ले गया और उसे अपनी प्याली देने को हाथ बढ़ाया। लेकिन, स्वीडेन के उस सैनिक ने झट अपनी पिस्तौल कमर से खींची और इस बेचारे पर चला दी। संयोग ही कहिए, उसके कंधे को घायल करती हुई गोली निकल गई। डेनमार्क के सैनिक की जान बच गई !

"दुष्टाधिराज !"—डेनमार्क का यह दुबारा घायल हुआ सैनिक चिल्लाया। "मैं तुम्हें पानी देने जा रहा था और तू मेरा खून पीने को व्याकुल था। अब मैं तुझे सज़ा दूँगा !" इतना कहकर वह हँसा। "और सज़ा क्या होगी ?—क्या मैं भी तेरी खोपड़ी अपनी पिस्तौल से उड़ा दूँ !—नहीं, नहीं, मेरी सज़ा दूसरी होगी ! मैं तुझे पूरी प्याली देने जा रहा था—अब आधी मैं पीऊँगा, आधी तुझे दूँगा।"

इतना कहकर वह आधा पानी पी गया और आधा उन्हीं हाथों की ओर बढ़ाया, जिन हाथों ने उनकी हत्या करनी चाही थी।

21

धन्य बेटी !

सर टॉमस मूर अपने जमाने के सबसे महान अंग्रेज समझे जाते थे। बड़े भारी राजनीतिज्ञ, साथ ही उच्चकोटि के विद्वान। उनका घर उस जमाने की अंग्रेजी संस्कृति का केन्द्र था। राज्य पर भी उनका बहुत दबदबा था—यहाँ तक कि वह राज्य के प्रधान कोषाध्यक्ष बनाए गए थे।

लेकिन किसी कारण उस समय का अंग्रेजी नरेश हेनरी आठवाँ उनसे नाराज़ हो गया। उसने उन्हें जेल में रख दिया। यही नहीं, उन्हें फाँसी पर चढ़ा दिया गया।

जब वह गिरफ्तार कर लिए गए, तब जैसी मदद उनकी पुत्री ने की, वैसी किसी से—उनकी अपनी पत्नी से भी नहीं बन पड़ी।

राजा अब भी उन्हें अपना सबकुछ बनाने को तैयार था, यदि वह राजा की शर्त मान ले। उनकी पत्नी कहती—"भला बताइए, इस जेल में पड़े रहने में, जहाँ चूहे और चीलरों का राज्य है, आपको क्या मिलता है ? राजा की बात क्यों नहीं मानते—वह आज भी आपको अपनी दाहिनी ओर बैठाने को राजी है।"

"प्यारी, तू क्या समझे, आत्मा की पुकार क्या चीज है ! मैं अपनी आत्मा को स्वर्ग की कीमत पर भी नहीं बेच सकता—अन्याय के निकट मेरा यह सिर झुक नहीं सकता।" सर टॉमस ने कहा।

किन्तु, इसी समय मार्ग्रेट कहती—"अम्मा, तू बाबूजी को तंग मत कर ! यह हमारे लिए गुस्ताखी है कि हम बाबूजी की बुद्धि पर शक करें ।"

वह केवल यह कहकर ही सन्तोष नहीं करती। एक ओर वह बाप के मुकदमे की अच्छी तरह पैरवी करती, दूसरी ओर बाप को सब तरह से आनन्दित रखने की कोशिश करती।

लेकिन, एक दिन ऐसा भी आया कि इस लड़की का धैर्य भी खत्म हुआ। जब हुक्म दिया गया कि सर टॉमस को फाँसी दी जाएगी, तब वह फूट-फूटकर रोने लगी। सर टॉमस को फौजी सिपाही घेरे हुए थे। वह उनके बीच से निकल गई। बाप की गर्दन से लिपट गई और चिल्लाने लगी—बाबूजी, ओ मेरे बाबूजी।

सर टॉमस ने उसकी पीठ थपथपाई उसे धैर्य दिया, उसे आशीर्वाद देकर बिदा किया। वह वहाँ से थोड़ी ही दूर गई थी कि पगली सी फिर दौड़ी हुई आई और बाप के गले से

लिपटकर इस व्याकुलता से उन्हें चूमने लगी कि जितने फौजी पहरेदार थे, सबकी आँखों से झरझर आँसू बहने लगे। फिर, बाप ने बड़ी मुश्किल से इसे समझाकर घर भेजा। घर पहुँची कि उसे बाप के हाथ का लिखा, अन्तिम पत्र मिला—एक कागज के टुकड़े पर कोयले से उसने लिखा था (कैदी को कलम दवात कहाँ मिलती)—

"बेटी, तेरे व्यवहार से आज जितना मैं खुश हुआ, वैसी खुशी मुझे कभी नहीं हुई थी। बेटी का सच्चा प्यार जब उमड़ता है, तब वह दुनियावी कायदे को नहीं देखता !"

इस खत से एक खास क़ायदे की ओर इशारा है। गर्चे इंग्लैंड में चुम्बन की प्रथा विशेष है, बाप अपनी बेटी का चुम्बन प्रेमवश करता है। लेकिन, बेटी बाप को स्वयं नहीं चूमती ! बेचारी मार्ग्रेट प्रेम की विह्वलता में शीघ्रता कर बैठी थी—किन्तु, वह कितना मधुर और पवित्र था !

राजा ने सर टॉमस को फाँसी पर ही नहीं चढ़ाया, फाँसी के बाद उनका सिर कटवाकर लन्दन के पुल पर टँगवा दिया ! उफ़—इतने बड़े विद्वान और महान व्यक्ति का यह अपमान !

न जाने कैसे—थोड़ी देर के बाद ही वह सिर वहाँ से गायब था !

राजा ने मार्ग्रेट को पकड़वाया और दरबार में हाजिर कराया। पूछा—"क्या सिर तुम्हारे पास है ?" मार्ग्रेट बोली—"हाँ, मेरे पास है !"

कितनी बड़ी हिम्मत थी। क्या इसकी सज़ा में उसके सिर की भी यही दुर्गति नहीं हो सकती थी ? लेकिन, सच्चा प्रेम अपने सिर की परवाह नहीं करता ! "हाँ, मेरे पास है !" जिस समय मार्ग्रेट के मुँह से यह आवाज निकली, उसके चेहरे से एक अजीब क्रान्ति, एक दिव्य आभा निकल रही थी। वह मार्ग्रेट नहीं थी—राजा और उसके दरबारियों के सामने एक स्वर्ग की देवी खड़ी थी।

हाँ, वह स्वर्ग की देवी थी और उसे इसी रूप में इन जल्लादों को भी स्वीकार करना पड़ा। राजा और उसके दरबारियों के मुँह से सज़ा नहीं निकली। निकल नहीं सकती थी—उसे अपने बाप की यादगार रखने की आज्ञा दी गई।

मार्ग्रेट जब तक रही, अपने श्रद्धेय पिता का यह सिर बड़ी धरोहर की तरह, अपने पास रखे रही और जब मरी तो उसी के साथ, उसके हृदय से सटाकर, उसे भी दफन कर दिया गया।

22

चिड़ीमार की चुप्पी

चिड़ीमार—नाम सुनते ही घृणा हो आती है ! भला जो निरीह चिड़ियों को कम्पा में, जाल में फँसावे, टट्टी की ओट से उनका शिकार करे, जब वे चुपचाप बैठकर गा रही हों, नीचे से अपने सरकंडे से उनका कलेजा बेधे, संक्षेप में तरह-तरह से उन्हें पकड़कर उनसे अपनी जीविका का प्रबन्ध करे—भला, उससे घृणा क्यों न हो ?

लेकिन, उन घृणित मनुष्यों में भी कभी-कभी ऐसी मनुष्यता दीख पड़ती है कि उनके लिए मुँह से धन्य-धन्य निकले बिना नहीं रहता।

यह एक ऐसे ही चिड़ीमार की कहानी है।

एक दिन एक लाश पूर्वी इंग्लैंड के एक तालाब में उतराती हुई मिली। पुलिस ने बड़ी खोज-ढूँढ़ के बाद दो चिड़ीमारों को गिरफ्तार किया और उन्हें अदालत में पेश किया। जजों को ज्यादा छानबीन करने की जरूरत नहीं रही—क्योंकि उनमें से एक ने अपराध स्वीकार कर

लिया। फाँसी पर लटका दिया जाए, उसे यह सज़ा मिली।

चिड़ीमार ने सज़ा को सानन्द सिर चढ़ाया। पर, जो लोग उसके स्वभाव, चलन आदि से परिचित थे, उन्हें यह विश्वास नहीं होता था कि इसने यह कर्म किया होगा। वे इस चेष्टा में लगे कि किसी तरह इसकी जान बचे—सजा से तो मुक्त हो नहीं सकता था, उसने अपराध सकार लिया था। उन लोगों ने अदालत में दरख्वास्त दी कि चूँकि चिड़ीमार की गर्दन की बनावट कुछ ऐसी भद्दी है कि फाँसी देने से उसे बहुत ही कष्ट उठाना पड़ेगा, अतः इसके बदले उसे दूसरी सज़ा मिले। जज ने फाँसी रोक दी और डाक्टरों को जाँच के लिए मुकर्रर किया। लेकिन, डाक्टरों की रिपोर्ट रही कि फाँसी के लायक उसकी गर्दन है—जज ने फिर फाँसी का हुक्म बहाल किया। पर, उसके दोस्त भी क्यों छोड़नेवाले थे। उन्होंने ऊपर की अदालत की शरण ली, कितनी कोशिशें कीं—आखिर में उसे जिन्दगी-भर को सख्त कैद की सज़ा मिली।

अब तो जिन्दगी-भर की सज़ा का मतलब बीस वर्ष की ही समझी जाती है, किन्तु, उस समय वह तीस वर्ष की थी। और ऐसे सजायाफ्तों को कोई छूट भी नहीं मिलती थी। तीस वर्षों तक जेल में सड़ा करो। इस दुनिया से कोई मतलब नहीं, वैसी दुनिया में रहो जहाँ आनेवाला कल गुजरे हुए कल की पीड़ाओं, यंत्रणाओं, उदासियों की पुनरावृत्ति मात्र है ! आदमी, आदमी नहीं रह जाता, वह एक संख्या हो जाता है।

शायद यह चिड़ीमार भी चाहता था कि इसे फाँसी ही दी जाए, यह ज़िन्दगी भी कोई ज़िन्दगी है ? किन्तु हितैषियों का आग्रह जो न कराए।

दिन-दिन करके मास कटे, मास-मास करके वर्ष कटे, एक-दो-तीन करके तीस वर्ष भी कट ही गए। लेकिन, इन तीस वर्षों ने उसे क्या बना छोड़ा था। जब जेल में गया वह एक ताजा-तगड़ा नौजवान था, काले घुँघराले केश, साफ चमकती आँखें, चिकनी आबदार चमड़ी—और जब लौटा—सूखा-सूखा बुड्ढा। मानो वह चिड़ीमार नहीं था, उसकी हड्डी-खलड़ी चलती-फिरती-सूरत में जेल से बाहर आई।

जब वह लौटा, उसका वह साथी चिड़ीमार मर चुका था, जिस पर उसके साथ मुकदमा चला था। अब उसे बतलाने में साथी पर आफत पड़ने का डर नहीं था। जब उससे बहुत आग्रह किया गया कि बताओ, क्या बात थी, तो उसने सच-सच कह दिया कि वह हत्या तो उसके साथी ने ही की थी। लेकिन तुम अपने ऊपर यह अपराध लेकर दो-दो बार फाँसी पर लटकने और तीस वर्षों तक यह यंत्रणा का जीवन व्यतीत करने को क्यों तैयार हो गए ?

''क्या करूँ भाई !—उस दुष्ट ने उत्तेजना में आकर यह कार्रवाई तो कर ली थी, लेकिन, उसे सोचना चाहिए था कि वह अकेला नहीं है, उसकी स्त्री है, उसके बच्चे हैं। उसकी फाँसी के बाद उनकी क्या हालत होती ? मैंने देखा, उसने तो नहीं सोचा, अब मुझे सोचना होगा। मेरा कौन बाल-बच्चा था, मैंने अपने पर उसका अपराध ओढ़ लिया !''

यह कहकर अपने बिना दाँतवाले पोपले मुँह से हँसी निकालने की कोशिश की। हँसी भले ही नहीं निकली हो लेकिन उसकी आत्मा की उज्ज्वलता तो बिखरी पड़ती थी।

23

सच्चा साधु

प्लेग का नाम भला किसने न सुना होगा और सुनकर किसके दिल में न दहशत पैदा हो जाती होगी ! मरना-जीना तो लगा है ही, लेकिन, यह महामारी किस तरह लोगों को तड़पा-तड़पाकर

मारती है और जहाँ जाती है, वहाँ किस तरह सर्वनाश करके ही दम लेती है, यह किसे नहीं मालूम है ?

अजीब बात है। हमारे शास्त्रों में कहीं प्लेग का नाम नहीं। हमारी यह धारणा है कि यह बीमारी विदेशी हमारे देश में लाए—खासकर पश्चिमवाले, जिनके जहाज ज्यादातर बम्बई में लगते और यह बीमारी वहीं से शुरू हुई।

उस पर पश्चिमवाले कहते हैं, यह बीमारी पूरब से उनके देश में आई और उनके शहरों को तबाह-बर्बाद कर गई। खैरियत यही है कि हमारे देश पर वे तुहमत नहीं लगाते—उनकी तुहमत मिस्र देश पर जाती है।

खैर, दो सौ वर्ष पहले यूरोप में यह बीमारी बहुत जोर से फैली। इसने जिस ओर रुख किया, हाहाकार मच गया। शहर-के-शहर साफ, गाँव के गाँव साफ, घर के घर साफ ! न राजा बचे न प्रजा, न वैद्य बचे न रोगी,—जिसको इसने छूआ, मानो काल-सर्प ने छूआ ! दवा बिना, पथ्य बिना, अजी पानी बिना लोग तड़प-तड़पकर मरे।

इटली में 'मिलन' नामक शहर बहुत ही खूबसूरत और आबाद समझा जाता। यह भयानक महामारी वहाँ भी गई और वहाँ भी उसका क्रूर चक्र चलने लगा। समूचे शहर में त्राहि-त्राहि मची, लोग घर-द्वार छोड़कर भागे जा रहे थे—लेकिन, न भागनेवाले बच पाते थे और न रहनेवाले की खैरियत थी !

मिलन में एक मन्दिर था, उसमें एक साधु रहते थे। साधु बड़े ही तपस्वी, ज्ञानी और परोपकारी थे। उनके शिष्यों से सोचा, गुरुजी को हमें आफत से बचाना चाहिए। उनसे कहा—"गुरुदेव, शहर में महामारी फैली जा रही है, श्रीचरण किसी दूसरे स्वास्थ्यप्रद स्थान को चलें।"

"ऐं—तुमने यह क्या कहा ? मैं लोगों को छोड़कर भाग जाऊँ ? साधु का काम तो सेवा करना न है ? भला इससे बढ़कर सेवा करने का मौका और क्या मिल सकता है ?"

साधु ने अपने शिष्यों की एक स्वयं-सेना तैयार की। वह सेना—जो मृत्यु से युद्ध करे ! वह सेना दिन-रात शहर में घूमती रहती। बीमारों को उठाकर अस्पतालों में रखती, मुर्दों को लेकर श्मशान पहुँचाती। किसी को दवा देती, किसी को पथ्य तो किसी को पानी। जिसकी जैसी जरूरत। चार महीने तक प्लेग फैला रहा और चार महीने तक यह सेना बराबर लड़ती रही। स्वयं साधु घर-घर, दर-दर घूमता। उसका शान्त, सौम्य चेहरा ही लोगों को हिम्मत से बुलन्द कर देता। फिर जब वह हँसता हुआ, सबको ढाढ़स बाँधने को कहता, तब क्या कहना ?

चार महीने के बाद जब प्लेग शान्त हुआ, साधु के यश से वायुमंडल गूँज उठा था। जब उसकी मृत्यु हुई उसके शहरवालों ने उसकी मूर्ति बनाकर एक सुन्दर, ऊँची जगह पर स्थापित की—वह मूर्ति दुनिया की सभी मूर्तियों से बड़ी है—112 फीट ऊँची। 75 हाथ की मूर्ति—उफ ! लेकिन, उसने जितना बड़ा काम किया था, उसके मुकाबले तो कोई भी मूर्ति छोटी ही होगी।

एक विचित्र बात यह रही कि उन चार महीनों में इस साधु की स्वयं-सेना का एक भी आदमी हताहत न हुआ—किसी को बीमारी तक न हुई, मरने की कौन बात ! ठीक इसके विपरीत—उस शहर में बड़े आदमी वहाँ से भागकर एक रमणीक बगीचे में रँगरलियाँ मना रहे थे, वे सबके सब वहीं प्लेग के शिकार हुए।

24

भेड़ियों से भिड़न्त

कहानी रूस की है—रूस के उस भाग की, ज्हाँ बर्फ पड़ती है। जाड़े में तो कुछ पूछना ही नहीं। इतनी बर्फ पड़ती है कि चक्केवाली गाड़ियाँ नहीं हाँकी जा सकतीं—चक्के फँस जाएँ। स्लेज नाम की एक प्रकार की बेचक्के की गाड़ी होती है जो बर्फ पर फिसलती चलती है। उसमें घोड़े या कुत्ते जोतकर एक जगह से दूसरी जगह ले जाई जाती है।

रूस के इसी भाग के रोब-रिन नामक शहर से, जाड़े की ऋतु की एक निस्तब्ध रात्रि में, नवाब साहब रूस की उस समय की राजधानी पैट्रोगार्ड के लिए रवाना हुए। उनके साथ उनकी पत्नी, उनके बच्चे और उनका नौकर ऐरिक था—जो साईस का भी काम कर रहा था।

जिस समय वे रवाना हो रहे थे, लोगों ने मना किया कि रास्ते पर बहुत बर्फ होगी और यदि भूखे भेड़ियों का झुंड मिल गया, तब तो मौत ही समझिए। लेकिन नवाब साहब की राय हुई, कम से कम अगले शहर तक चला जाए। नौकर को हुक्म दिया। उसने चाबुक फटकारी, बेचारे घोड़े तेजी से चल पड़े। सड़कों पर घुटने से ज्यादा बर्फ पड़ी थी—और वे मजबूत और तेज घोड़े तेजी से आगे बढ़े।

एक घंटे तक चलने के बाद, जब वे एक जंगल के निकट पहुँचे, नवाब साहब की पत्नी ने कहा—कुछ सुन रहे हो !

नवाब साहब के कान खड़े हुए ! उन्होंने दूर से चिल्लाने-भूँकने की आवाज सुनी। यह आवाज जरूर ही भेड़ियों के झुंड की थी। उस आवाज को सुनकर घोड़ों के कान खड़े हो गए। वे भी तेजी से छलाँग मारते हुए भागे।

लेकिन भेड़ियों की तेजी के आगे घोड़ों की तेजी की क्या बिसात ! फिर इन बेचारों को तो इस बर्फ में एक सवारी भरी गाड़ी खींचनी थी। भेड़िए गाड़ी के निकट आ पहुँचे।

भेड़ियों का यह बड़ा-सा झुंड था। एक भूरे बड़े डील-डौल का भेड़िया उनका नेतृत्व कर रहा था। वह भूरा गाड़ी के निकट पहुँचकर एक ही छलाँग में घोड़े के पैर के नीचे पहुँचा और मालूम हुआ, घोड़े का पैर वह दाँत से पकड़ने ही को है।

नवाब साहब और उनके नौकर ने आवाज सुनते ही अपनी-अपनी पिस्तौलें निकाल ली थीं। ज्योंही भूरे को ज्यादती करने पर उतारू देखा, नौकर ने अपनी पिस्तौल दाग दी। भूरा एक बार जोरों से उछला और गिर पड़ा।

थोड़ी देर के लिए भेड़िए रुके—गाड़ी तेजी से बढ़ी, लेकिन, फिर वे निकट आ पहुँचे। इस बार नवाब साहब और ऐरिक (नौकर) दोनों ने एक साथ ही अपनी पिस्तौलें दागीं। चार भेड़िए मरकर गिरे। उनका गिरना था कि सभी भेड़िए उन पर टूट पड़े और उन्हें चीर-फाड़कर खाने लगे। तब तक गाड़ी फिर कुछ आगे बढ़ गई।

लेकिन अपने इन चार भाइयों से उनकी क्षुधा बुझनेवाली न थी ! उछलते, कूदते, चीखते, चिल्लाते वे फिर गाड़ी के निकट आ गए।

अब एक ही उपाय है—एक घोड़े को खोलकर इनके लिए छोड़ दिया जाए। ऐरिक ने यह कहा और मालिक का हुक्म लेकर सबसे आगे के घोड़े को छोड़ दिया। घोड़ा ज्योंही गाड़ी से अलग हुआ, भेड़िए टूटे। उनको टूटते देखते ही सभी भेड़िए उसके पीछे दौड़े। बड़ी देर तड़ाक्-तड़ाक् की आवाज आती रही। नवाब ने कहा—अब पिण्ड छूटा। उनकी गाड़ी भी पूरी तेजी से अगले शहर की ओर बढ़ रही थी।

पिण्ड छूटा ?—क्या भेड़िए इतने सस्ते जान छोड़नेवाले होते हैं ! फिर हाजिर हुए। ऐरिक की राय से एक घोड़ा और छोड़ा गया। फिर वही घुड़दौड़ और भेड़िया-दौड़ शुरू हुई। इधर गाड़ी बढ़ी जा रही थी।

बस अब दो मील—शहर के बाहर के मकानों की रोशनी भी झुक्-झुक् करती दीख पड़ती थी। नवाब साहब को विश्वास हो गया, लेकिन, एक तो उनके घोड़ों की चाल मंद पड़ रही थी—वे बेचारे थक गए थे। दूसरे फिर भेड़ियों की धमक मिली।

''अब क्या होगा, ऐरिक !'' नवाब साहब की घिग्घी बँधी जा रही थी।

ऐरिक ने कहा—''बस अन्तिम उपाय यह है कि मैं गाड़ी से कूद जाता हूँ। तब तक मैं इन दुष्टों को बझाए रखूँगा, आप घोड़े को दौड़ाकर निकल जाइए और यदि मुझे बचाने की इच्छा हो, तो तुरन्त सहायता के साथ लौटिएगा।''

''जब तक मैं लौटूँगा, तुम्हें वे जीता छोड़ेंगे प्यारे ऐरिक !''

''नहीं छोड़ेंगे, मैं जानता हूँ—लेकिन, दूसरा उपाय क्या है ? या तो सब आदमी मरिए, या एक आदमी को मरने दीजिए। फिर, यदि कहीं कोई पेड़ मिल गया, तो मैं उस पर चढ़कर बच भी जा सकता हूँ।''

नवाब साहब अपने इस स्वामिभक्त नौकर को खोने की कल्पना भी नहीं करने को राजी थे—लेकिन, नौकर तो अपने प्राण देकर उनके पूरे परिवार को बचाने पर उतारू था। और, ज्यादा बहस-मुबाहसे के लिए समय नहीं था ! भेड़िए फिर गाड़ी के दोनों ओर आ गए थे और घोड़े के पैरों पर रह-रहकर झपटने की कोशिश कर रहे थे।

''मैं चला—ज़रा अपनी पिस्तौल चलाइए और रास थामिए !''

नवाब ने काँपते हाथों से रास ली, फिर, अपनी पिस्तौल छोड़ी। पिस्तौल की आवाज़ और रोशनी ने भेड़ियों को थोड़ी देर के लिए चकाचौंध में डाल दिया। तब तक ऐरिक गाड़ी पर से कूदकर एक ओर भागा। भेड़िए उसकी ओर दौड़े। वह बार-बार पिस्तौल की आवाजें करता जाता था।

नवाब साहब की गाड़ी शहर की ओर भागी जा रही थी। कुछ देर के बाद ऐरिक की पिस्तौल की आवाजें बन्द हो गईं। और, तब तक यह भी शहर में पहुँच चुके थे।

ऐरिक को ढूँढा गया—किन्तु, एक जगह लहू के पनारे और पिस्तौल के अलावा और कुछ पता नहीं चला।

अब भी उस रास्ते के किनारे एक बहुत बड़ा पत्थर का स्तम्भ है, जिसमें एक ओर इस वीर-शिरोमणि ऐरिक का नाम खुदा है और दूसरी ओर यह पंक्ति—

''भला, इससे बढ़कर प्रेम और क्या दिखाया जा सकता है। अपने मालिक के लिए अपनी प्यारी जान भी दे दी।''

25

नाविक ! नाविक !

नाविक-नाविक, जरा बता दे, तट है कितनी दूर।

किसी भावुक कवि ने यह पंक्ति लिखी है, जिसमें कोई तरुणी समुद्र की लगातार यात्रा से घबराकर व्याकुल हो नाविक से पूछती है—बताओ तो, किनारा अब कितनी दूर रह गया है।

किन्तु, मेरी इस कहानी का नाविक किससे पूछे कि अब किनारा कितनी दूरी पर है—वह किनारा, जहाँ उसकी तरुणी पत्नी खड़ी राह देख रही होगी और उसके बच्चे 'बाबूजी कहाँ हैं, अम्मा' कहकर शोर मचाते होंगे। क्या वह किनारे तक जीवित पहुँच सकेगा ?

बात क्या है ?

रात का घोर अन्धकार। हवा की साँय-साँय नहीं, लोगों की हलचल नहीं। सभी यात्री सोए हुए हैं और जहाज मन्थर गति से आगे बढ़ रहा है। जहाज की इंजिन का ही जो कुछ शब्द है।

जहाज का रुख किनारे की ओर किए, जहाज का पायलट—नाविक जौन मेनार्ड अपनी जगह पर ही रह-रहकर झपकियाँ लेता था। शायद इन झपकियों में जब-तब उसे कुछ सुन्दर स्वप्न भी दीख पड़ते हैं।

कि, इसी समय, नीचे से आवाज आता है—आग—आग !

न अन्धकार रह गया, न लोगों की नींद रह गयी। उस आग की रोशनी में उनके घबराए चेहरे की एक-एक भावभंगी गिनी जा सकती थी।

अरे, यह क्या हुआ ? दस मिनट—बस दस मिनट में ही यह जहाज किनारे से लग सकता था। लेकिन इसने—इस आग ने सभी उम्मीदों में आग लगा दी।

बेचारा कप्तान घबराकर इधर-उधर दौड़ रहा है। लोगों को धैर्य देता है—बस, दस मिनट की देर है। लेकिन शर्त एक ही है—यदि नाविक-पायलट अपनी ड्यूटी पर डटा रहे।

आग इंजिनघर से उठी थी। कप्तान ने देखा, आग की लपटें नाविक की ओर बढ़ती जाती हैं। उसके निकट तक पहुँच चुकी हैं। क्या वह बेचारा डटा रह सकेगा ?

"मेनार्ड ! क्या अपनी जगह पर हो भाई !" यह आवाज कप्तान की थी।

"हाँ-हाँ, हुजूर !"—नाविक ने मुँह लगे जवाब दिया।

इस जवाब में एक निश्चय, एक दृढ़ता, एक प्रण था। कप्तान ने लोगों से कहा—घबराइए नहीं, ले लिया है हमने !

जहाज अपनी पूरी रफ्तार में किनारे की ओर बढ़ रहा है। नाविक अपना हाथ जहाज-संचालक चक्के पर रखे, किनारे की ओर देख रहा है। उसकी आँखों में घूम रहे हैं वे चुम्बन जो माताएँ अपने बच्चों को देंगी; वे आलिंगन जिनसे मित्र मित्र आपस में मिलेंगे !

ओह, यह सबकुछ निर्भर है इस बात पर कि वह अपनी जगह पर डटा रहे।

लपटें लपलपाती उसकी ओर बढ़ रही थीं। पहले वह उनकी गर्मी महसूस करता था। फिर वह पसीना-पसीना हुआ। अब तो मालूम होता है, उसका चेहरा झुलसा जा रहा है। क्या वह बेहोश हो जाएगा ?

इसी समय नीचे से फिर कप्तान पुकारता है—"मेनार्ड—वाह भाई, डटे रहो !"

लेकिन मेनार्ड के मुँह से क्या आवाज भी निकल सकती है ? उसकी जीभ सूख गई है—कण्ठ रुँध गया है। होंठ एक-दूसरे पर जैसे मिल गए हैं। वह क्या जवाब दे ?

"जौन—बोलते क्यों नहीं ?"

"कोशि-श, कर-र-हा हूँ !"—यह थी, उसकी टूटी आवाज़।

इसी समय उसकी नज़र फिर किनारे की ओर गई। यह किनारा आ गया—ये घर हैं, ये मन्दिरों के कंगूरे हैं। ये सड़क की लालटेनों की रोशनियाँ हैं। ये कुछ नावें जहाज की ओर आ रही हैं।

इतने में ही उसकी आँखें मुँद गईं—उसने देखा, उसका छोटा बच्चा अपनी माँ की गोद में हाथ पसारे उसकी ओर बढ़ रहा है—उसके और बच्चे कुदककर दौड़े आ रहे हैं, उसकी पत्नी

की आँखों में मिलन-आनन्द का जल है।

जहाज नहीं, एक जलता हुआ छोटा-सा पहाड़ किनारे से आ लगा।

अगिनत नावें उससे जा लगीं और एक-एक को जहाज पर से उतारा जाने लगा।

सबको अपनी जान की फिक्र पहले थी—किसी ने खयाल नहीं किया कि आखिर वह नाविक किस हालत में है, जिसके धैर्य और बलिदान ने ही आज सबकी रक्षा की है।

जब करीब-करीब सभी उतर गए थे कि जहाज की इंजिन एकदम फट पड़ी—बेचारा नाविक न जाने किस अगाध की गोद में जा सोया।

लेकिन, आज तक जब कभी किसी जहाज-दुर्घटना की चर्चा होती है, उस वीर नाविक की याद की जाती है।

क्या सुकर्म कभी मरता है ?

26

परोपकारी लड़की

लगभग सौ वर्ष होते हैं, फ्रांस के एक वकील ने एक बड़ी रकम इसलिए जमा कर दी थी कि हर वर्ष फ्रांस के किसी ऐसे गरीब को इनाम दिया जाए, जिसने उस साल सबसे ज्यादा पुण्यकार्य किया हो ! लेकिन, पुण्य से मतलब तीरथ-व्रत नहीं, ऐसा काम जिसमें अपने को भुलाकर दूसरों की सेवा की जाए !

जिन लोगों को वह पुरस्कार मिला है, उनकी सूची बलिदान की उत्कृष्ट तालिका है। उनमें से जो सबसे मशहूर है, वह एक लड़की है।

लड़की देहात की रहनेवाली थी। नाम था उसका मैदलीन सोनिया। सोनिया की पूरी जिन्दगी मानो पीड़ितों के लिए उत्सर्ग थी।

एक अंधी विधवा अपनी कमजोर बच्ची के साथ उसके घर से डेढ़ मील दूरी पर रहती थी। लगातार पन्द्रह वर्ष तक सोनिया रोज उसके पास जाती, खिलाती-पिलाती, हँसाती-बोलाती, उसका बिछावन झाड़ती, कपड़े साफ करती, उसको सब तरह खुश रखने की कोशिश करती।

करीब इतनी ही दूरी पर, लेकिन ठीक विपरीत दिशा में, एक लड़की थी। उसे कुष्ठ हो गया था। उसको सब किसी ने छोड़ दिया था। अट्ठारह महीनों तक सोनिया दिन में दो बार उसके यहाँ जाती, उसे पथ्य देती, उसके घाव धोती, उस पर पट्टी बाँधती। अट्ठारह महीनों के बाद उस गरीब लड़की ने सोनिया की गोद में ही प्राण त्याग किया।

एक दिन भरी, उफनाई बरसाती नदी को तैरकर पार करने की चेष्टा में वह करीब-करीब मर ही चुकी थी। जब उस पर इस दुस्साहस के लिए डाँट पड़ी, तो बोली—

"मैं क्या करूँ ! कल भी उस बेचारे को मैं नहीं देख सकी थी—आज फिर कैसे न जाती !"

वह 'बेचारा' एक बीमार था, जिसकी दवा-दारू की जिम्मेवारी सोनिया ने अपने ऊपर ले रखी थी।

उसे सबसे बड़े खतरे का तो एक जाड़े की रात में सामना करना पड़ा। सोनिया के घर से दूर एक छोटी-सी पहाड़ी थी। उस पहाड़ी के खोह में एक बुढ़िया रहती थी। वह बेचारी बीमार थी। एक शाम को जब सोनिया वहाँ गई, बुढ़िया की हालत खराब देख वहाँ से लौटते

उसे नहीं पार लगा। वह रात में वहीं रह गई। उसके पास कुछ छोटी मोमबत्तियाँ थीं। खोह का दरवाजा बन्द कर, वह मोमबत्तियाँ जलाकर रात काट रही थी कि इतने में दरवाजे पर खरखराहट हुई। दरवाजा क्या था, पत्थर का एक ढोंका रख दिया गया था। जब उसने उस ओर नजर बढ़ाई, ढोंके को थोड़ा हटाकर देखा। एक भेड़िया सिर निकाले सोनिया की ओर देख रहा है ! भेड़िया की खूनी आँखें और लपलपाती जीभ देखकर वह एक क्षण के लिए तो दंग रह गई। लेकिन, ऐसे ही अवसर पर तो धैर्य और बुद्धि कसौटी पर चढ़ती है। सोनिया डरी नहीं, सहमी नहीं, उछलकर दरवाजे पर पहुँची और पत्थर के ढोंके को ठेलकर वहीं बैठ गई। उसको उछलते देखते ही भेड़िया अपना मुँह खींच चुका था—अब भीतर से पत्थर के ढोंके को इस तरह ठेल दिया गया था कि जरा भी जगह नहीं थी कि वह मुँह घुसावे। तो भी वह बार-बार ढोंके को भीतर ठेलने की कोशिश करता ! मनुष्य की गन्ध इतनी निकट देखकर वह बेचारा और भी बेकाबू हो रहा था।

रात-भर सोनिया वहीं ढोंके को ठेले हुए बैठी रही। भोर होते-होते बुढ़िया बेचारी सदा के लिए चल बसी।

अब एक नया सवाल सोनिया के सामने था। क्या वह बुढ़िया की लाश को वहीं छोड़कर घर जाए ? गर्चे दिन हो चुका था, लेकिन यह निर्जन स्थान था—सम्भव है भेड़िया फिर लौटे, या कोई दूसरा जानवर ही पहुँचे। उसने निश्चय कर लिया—झटपट बुढ़िया की लाश को कन्धे पर रखा और आगे बढ़ी।

27

तैराक लड़के

पश्चिमी भारतीय समुद्र के लीवार्ड टापू में एक जहाज एक दिन ठहरा था। अगस्त का सुहावना महीना था। दिन भी सुन्दर था। जहाजियों की इच्छा हुई, ज़रा नाव पर समुद्र की सैर की जाए—नौका नयन का मज़ा लिया जाए।

छोटी-सी नाव पर छैल-छबीलों का जत्था निकला। नाव खेते, जाते जाते वे लोग किनारे से दो मील कैसे निकल आए, इसका पता ही नहीं लगा। खूब मस्त थे। अपने को भी भूले हुए थे, फिर दूरी की क्या बात ?

इतने ही में, अचानक हवा तेज होने लगी—अब सबके होश दुरुस्त हुए। लेकिन, जब तक होश दुरुस्त हों, तब तक हवा तूफान में परिणत हो चुकी थी और चार बार डगमग करने के बाद ही नौका उलट गई।

नौका हलकी लकड़ी की थी, जहाजी तैरना जानते थे ! नाव उलट जाने पर भी वे जीवन की आशा से तैर रहे थे। मरता क्या न करता—या डूबते को तिनके का सहारा।

वे सोचते, तूफान कम होने पर शायद उनकी ओर किसी का ध्यान जाए और वे निकाल लिए जाएँ ?

किन्तु, यह क्या—हवा का रुख उन्हें घोर समुद्र की ओर खींचे ले जा रहा है। फिर, इस समुद्र में शार्क मछली कम नहीं होती—जो आदमी को दाँत के एक ही झोंके में दो टूक कर डालती है ! कहीं किसी शार्क की नजर पड़ी, तब तो कौन उनकी रक्षा कर सकेगा ?

सभी घबराए।

अगर हममें से कोई तैरकर समुद्र किनारे जाए और वहाँ से नावें भेजे तो कल्याण है, नहीं तो समुद्र या शार्क किसी का शिकार तो हम हो ही चुके हैं।

तूफान—दो मील—शार्क—कौन है ऐसा माई का लाल जो सामना करेगा इन तीनों का ! अलग रहने में सम्भव है बच भी जाए, लेकिन, अकेले जाने में तो मौत निश्चित है। सभी ने मन ही मन सोचा, किसी से यह भी साहस नहीं हुआ कि दूसरे से जाने का अनुरोध भी करे।

एक नौजवान—नौजवान क्या, 16-17 वर्ष का लड़का समझिए, बोल उठा—मैं तैरकर किनारे जा रहा हूँ।

इस लड़के का नाम स्मिथ था।

और, मैं तुम्हारा साथ दूँगा—यह था उसका साथी पायर ! पायर दुबला-पतला आदमी था। अच्छी तरह तैरना भी नहीं जानता था। लेकिन, वह यह बर्दाश्त नहीं कर सकता था कि उसके दोस्त की जान अकेले-अकेले जाए ! कम से कम दोनों दोस्त साथ तो मरेंगे—उसने हँसकर कहा।

और लोग स्तब्ध थे। लेकिन, इस जत्थे के अगुए ने कहा—स्मिथ, हम लोग तुम्हें यह राय नहीं दे सकते—देखो ये तरंगें। फिर दो मील की दूरी—और शार्क के दुधारे जबड़े तो भूलने ही की चीज नहीं है ! रहो—सब लोग एक साथ ही मरेंगे।

नहीं-नहीं—मैं जाऊँगा। मरना तो है ही—तो बचने की कोशिश में ही क्यों न मरा जाए ?

स्मिथ ने अपने जूते, और कपड़े निकाल दिए और किनारे की ओर रुख किया—उसके पीछे-पीछे पायर था।

थोड़ी देर तक तो दोनों बड़ी तेजी से आगे बढ़ते गए, लेकिन, पीछे एक साथ चलनेवालों ने देखा, स्मिथ आगे बढ़ गया है, लेकिन पायर धीरे-धीरे पीछे पड़ रहा है।

दोस्त, अब तो मुझसे तैरा नहीं जाता—मुझे छोड़ दो, अब आगे बढ़ो, पायर ने कहा !

किन्तु, क्या स्मिथ ऐसा कर सकता था ! उसने कहा—"दोस्त, यह हो नहीं सकता। लेकिन, तुम घबराओ मत। मेरे कंधे को एक हाथ से पकड़ो और एक हाथ और पैर से तैरते रहो ! तुम्हें दम भी मिल जाएगा, काम भी चलेगा।"

"लेकिन, तुम इससे जल्दी थक जाओगे, जी !"

"नहीं, नहीं, पकड़ो !"

दोनों बढ़े—पायर ने स्मिथ के कंधे का सहारा लिया।

दोनों बढ़ रहे थे, लेकिन, उनका ध्यान एक चीज़ पर और था—शार्क पर! साफ नीले पानी में इस चमकते जानवर को मज़े से देखा जा सकता था।

पायर ने कहा—"देखो दोस्त, ये आ पहुँचे। अब क्या होगा ?"

स्मिथ ने देखा—दो बड़े-बड़े शार्क उनका पीछा कर रहे हैं।

"जोरों से पैर पटकते रहो—रक्षा का यही उपाय है !"

उनके जोरों से पैर पटकते रहने के कारण, या उनकी काली कमीज और ब्रीच के कारण, या न जाने संयोग से—शार्क उसके पीछे तो लगे रहे, लेकिन हमले नहीं किए।

पैर पटकने से तैरने में उन्हें दूना बल लगाना पड़ा। इधर पायर धीरे-धीरे रहा-सहा दम भी खोता जाता था। बेचारे स्मिथ के लिए एक-एक इंच बढ़ना एक कमाल था। लेकिन, बढ़ता गया, बढ़ता गया।

और, जब लगभग उसका दम भी टूट ही रहा था कि उसके पैर के नीचे जमीन मालूम पड़ी ! अहा, हमने पार कर लिया,—स्मिथ चिल्ला उठा।

थाह में आने पर शार्क भी लौट गए थे। किनारे पहुँचकर स्मिथ और पायर नजदीक

के गाँव में दौड़े। मछुआरों को पकड़ा, दो नावें लीं और फिर चल पड़ा साथियों के त्राण में।

तब तक अँधेरा हो चला था—तूफान तो बन्द हो गया था, लेकिन मूसलाधार वर्षा हो रही थी—इसलिए उन्हें बड़ी-बड़ी कठिनाइयाँ हुईं। लेकिन, आखिर समुद्र-तट से छः मील की दूरी पर उन्होंने अपनी उलटी नाव को पकड़ा ही।

सभी साथी फिर हँसते-खेलते जहाज पर आए।

स्मिथ तो इस समय इस जत्थे का दूल्हा हो रहा था। कोई उसे कन्धे पर चढ़ाता, कोई चूमता, कोई हाथ मिलाता, कोई तरह-तरह के उपहार देता।

28

बलिदान की चरम सीमा

मेरे ख्याल से यह बलिदान की चरम सीमा ही है।

देश के नाम पर, कर्त्तव्य के नाम पर, राष्ट्र के नाम पर, रण-भूमि में कूद पड़ना, जलती भट्टी में घुस जाना, फाँसी पर चढ़ना यह उच्चकोटि का बलिदान है, इसमें तो शक ही नहीं और वह देश धन्य है, जहाँ ऐसे लोग पैदा होते हैं।

लेकिन उस बलिदान की कल्पना करें—

जहाँ एक आदमी अपने को तिल-तिल कर मरने को उत्सर्ग कर देता है—तिल तिल कर ! एक दिन, दस दिन, दो महीना, चार महीना, दो बरस, दस बरस की बात नहीं, तुम्हें जिन्दगी भर तिल तिल कर मरना होगा और कहाँ ? ऐसी जगह में, जहाँ तुम्हारे बलिदान को कोई देख नहीं सकेगा, कोई देखेगा भी वह समझ नहीं सकेगा। तुम्हें ऐसी मौत मरना होगा कि न कोई तुम्हारा यश गा सके, न कोई तुम्हारी लाश पर रो सके, न तुम्हारी कब्र की इज्जत कर सके।

कहिए, इसको आप बलिदान की चरम सीमा कहेंगे कि नहीं। बेजलियम देश के साधु डैमियन ऐसे ही बलिदानी वीर थे।

दो भाई थे। दोनों एक-से-एक परोपकारी स्वभाव के। दोनों भाई पढ़ रहे थे, लेकिन पढ़ने का उद्देश्य न तो धन कमाना था, न यश कमाना। जन-सेवा—बस एक ही लक्ष्य था। और सेवा भी कैसे जनों की ? जिनकी सेवा को सभी उत्सुक हैं, उनकी सेवा की तो क्या की ? सेवा तो उनकी जिनकी ओर किसी ने आँख नहीं उठाई ! बड़े भाई ने सुन रखा था, दक्षिण-समुद्र में बहुत से द्वीप हैं जहाँ के लोग अपढ़, अबोध, अज्ञानी हैं। वह सोचता, पढ़-लिखकर वहीं जाऊँगा—उन्हें ज्ञान देने की कोशिश करूँगा। उनके दुख दूर करने की कोशिश करूँगा। लेकिन यह क्या, जब पढ़-लिखकर वह जाने की तैयारी कर चुका, जिस जहाज से जाना था, उससे सबकुछ ठीक हो चुका, तो अचानक बीमार पड़ गया। उस बेचारे के हृदय में कैसा सदमा हुआ होगा, कल्पना करने की बात है।

''भैया, तब तक मैं ही आपकी जगह पर जाऊँ तो कैसा रहे।''—यह छोटे भाई ने कहा, जिसकी पढ़ाई अभी थोड़ी बाकी ही थी।

भाई की आँखें आनन्द से चमक उठीं। वह अपने भाई को उस खतरे की जिन्दगी में कैसे जाने को कहे। लेकिन भाई तो भाई के चेहरे से ही स्वीकृति पा चुका था। उसने अपने अध्यापकों से विदा माँगी। उन्हें भी आश्चर्य हुआ, लेकिन, सबसे ज्यादा आश्चर्य तो हुआ उसके

साथियों को। वे कहते—यह क्या पागलपन सूझा है डैमियन को ! भला यह भी कोई बात है कि अपने देश, प्रिय देशवासी, अपनी प्यारी भाषा सबको तिलांजलि देकर ऐसी जगह जाकर रहना, जो घोर जंगली हैं, नरभक्षी हैं, जो न हमारी भाषा समझें, जिनमें न कोई तहज़ीब है ! एक दिन बड़ी कृपा करेंगे, तो भूनकर खा जाएँगे। उन्होंने डैमियन को समझाया भी, लेकिन—'जी की लगन लगी रे भाई।''

डैमियन साधु का बाना धारण कर एक टापू में पहुँचा। थोड़े दिन वहाँ काम कर चुका था, तो उसे मालूम हुआ, उससे थोड़ी दूरी पर एक टापू और है, जहाँ कुष्ठ-रोग की भयानकता है ! लोग बिना दवा-दारू के तिल-तिल गल-गल कर मरते हैं ! डैमियन ने निश्चय किया, वह वहीं जाएगा।

''उफ—भयानक रोग होता है भाई, मत जाओ !''—लेकिन, जहाँ भयानक पीड़ा हो, वहीं तो सर्वश्रेष्ठ सेवा भी हो सकती है।

सोलह वर्ष तक यह महात्मा उन कोढ़ियों के बीच में रहा। वह उनके घाव धोता, उन पर दवा चढ़ाता, उनके भोजन-पान की व्यवस्था करता, यही नहीं उनके लिए स्वास्थ्यप्रद मकान बनाता और यदि किसी की मृत्यु होती तो उसके लिए कब्र भी वही खोदता। दिन-रात वह इन असाध्य रोगियों के लिए परिश्रम करता। लोग उसे आदमी नहीं, देवता समझते। देवता ऐसी उसकी श्रद्धा करते, उसकी पूजा करते। किन्तु उसे अपने काम का बदला पाने की इच्छा नहीं थी। वह तो सच्चा जनसेवक था, सेवा में ही उसे आनन्द आता। इस श्रद्धा-पूजा से तो वह घबरा उठता—उन्हें मना करता।

और इन सोलह वर्षों की सेवा का जो पुरस्कार वह चाहता था, वह भी मिला। एक दिन वह गरम पानी लिए जा रहा था। पानी उछलकर उसके पैर पर गिरा, लेकिन आश्चर्य उसे ज़रा भी जलन या पीड़ा नहीं मालूम हुई। वह डाक्टर के पास गया। बोला—डाक्टर; क्या मुझे भी कुष्ठ हो गया है। डाक्टर ने अच्छी तरह देखा, फिर भरे हुए गले से कहा—कहते मुझे घृणा होती है लेकिन, हाँ, आपको कुष्ठ पकड़ चुका है। साधुवर डैमियन मुस्कुराया। वहाँ से अपने रोगियों के पास आया। उसने कहा—भाइयो, मुझे एक ही कष्ट होता था—आपके रोग में मैं शामिल नहीं था। अब वह भी हुआ, आज से हममें जरा भी भेदभाव नहीं—हम सब कुष्ठ हैं, हम सब एक-दूसरे को अपना सहयोग दें।

कुष्ठ हो जाने की खबर सुनकर बहुत से शुभचिन्तक डैमियन के पास आए कि आप यहाँ से चले जाइए, दवा कराइए। डाक्टर ने कहा, यहाँ से किसी स्वास्थ्यप्रद स्थान में जाएँ और अच्छी चिकित्सा हो, तो आराम हो सकता है; लेकिन क्या वह साधु-शिरोमणि अपने साथियों को छोड़ सकता था ? वह नहीं गया, नहीं गया। उलटे दूने उत्साह और लगन से सेवा में लगा। जितने दिन भी जीया जाए, जितने दिन भी शक्ति है, सबका उपयोग सेवा में ही होना चाहिए।

इधर रोग दिनोंदिन भयानक होता गया। साधु डैमियन शय्या-शायी हुआ। इस हालत में भी वह रोगियों के लिए चिन्तित रहता, जो उसके निकट पहुँचते, उन्हें सेवा-धर्म की शिक्षा देता।

पैर सड़े, हाथ सड़े, देह सड़ी—एक दिन उसकी पवित्र आत्मा इस सड़े-गले अस्थिपंजर को छोड़कर ज्योतिर्लोक को चल बसी।

धन्य साधु डैमियन—धन्य उसका देश—धन्य उसकी सेवा !

संसार के बड़े-से-बड़े शहीदों में इसकी गिनती होगी !

पद-चिन्ह

[1938 ई.]

मेरे छोटे-छोटे साथियो,

वाणी-मन्दिर से प्रकाशित यह मेरी तीसरी पुस्तक लो। पहली थी, 'जान हथेली पर,' दूसरी, 'फूलों का गुच्छा' और तीसरी यह 'पद-चिन्ह' !

पद-चिन्ह ! कहीं तुम भटक न जाओ, कुराह पर न चले जाओ, इसलिए ये कुछ पद-चिन्ह तुम्हारे आगे रखता हूँ। तुम जो बनना चाहो, साहसी, साहित्यिक, देशभक्त, वैज्ञानिक, मानव-हितैषी—इनमें से किसी पद-चिन्ह को पकड़ लो और बढ़ते चलो। मुझे उम्मीद है, यह तुम्हें सफलता तक पहुँचा देगा।

और, चौथी पुस्तक की प्रतीक्षा करो।

तुम्हारा बड़ा साथी—
श्रीरामवृक्ष बेनीपुरी

जनता-कार्यालय
पटना
26-7-38

1

भारत की खोज में

आज हमारा देश गुलाम है। गुलामी ने हमारे देश के सभी वैभवों को खत्म कर दिया है, हमें कंगाल बना दिया है। किन्तु, एक ज़माना था, जब हमारा देश स्वतंत्र था। हम कला-कौशल में बढ़े-चढ़े थे। हमारे घरों में अन्न-वस्त्र का ही भंडार नहीं था, हीरा-जवाहरात भी चमचमाया करते थे। इन वैभवों को देख-सुनकर विदेशियों के दिल में ईर्ष्या होती थी, लालच होता और वे हमारे देश में पहुँचना चाहते थे, हमसे व्यापार-वाणिज्य का नाता जोड़ना चाहते थे।

यूरोप आज धनी है किन्तु, उसका यह वैभव पहले नहीं था। वहाँ वालों को ज्यों ही मालूम हुआ कि भारत एक ऐसा धनी देश है, वे यहाँ पहुँचने के लिए छटपटाने लगे। बहुतों ने पैदल यात्राएँ कीं, कितने जहाज लेकर दौड़े। उन्हें नाना तरह की मुसीबतों का सामना करना पड़ा, प्राण की बाजी लगानी पड़ी, लेकिन, वे लगे रहे, लगे रहे। ऐसा था हमारे देश का आकर्षण ! ऐसा था हमारा प्यारा देश !

इस सम्बन्ध में एक लड़के का नाम सबसे पहले लिया जाना चाहिए। उसका नाम मोरक्को पोलो था। वह इटली देश के वेनिस नगर का रहनेवाला था। जिस समय उसकी उम्र कुल 15 वर्ष की थी, वह अपने देश से निकला और चीन जा पहुँचा, जहाँ का राजा कुबलय खाँ नामक एक व्यक्ति था। चीन पहुँचकर उसने वहाँ की भाषा सीखी और उसके राजा को अपने यात्रा-वृत्तान्त सुनाए। इस लड़के की बुद्धि और हिम्मत पर कुबलय खाँ बलिहार गया। उसने उसे अपना दरबारी बनाया। यही नहीं, अपना राजदूत बनाकर उसे कोचीन और भारत भेजा। इटली से चीन और चीन से भारत ! बीच में उसे खाड़ियाँ मिलीं, नदियाँ मिलीं, पहाड़ मिले, जंगल मिले, हड्डी गलानेवाला जाड़ा मिला, खून सुखानेवाली धूप मिली, घनघोर वर्षा से उसका सामना पड़ा और सामना करना पड़ा, अजीब-अजीब तरह के लोगों और जानवरों से। किन्तु भारत को देखकर वह अपना सारा दुःख, सारी तकलीफें भूल गया। यहाँ की प्रकृति, यहाँ के लोग, यहाँ का वैभव देखकर वह आनन्दोन्मत्त हो गया।

भाषा सीखने में इसकी बुद्धि बड़ी पैनी थी। वह जिस देश में गया, वहाँ के रीति-रिवाज, उद्योग-व्यापार आदि के बारे में भी इसने पूरा ज्ञान प्राप्त किया और अपने इस ज्ञान को किताब के रूप में लिखता भी गया।

तेईस वर्षों के बाद मोरक्को पोलो अपने देश को लौटा। अपने साथ वह अपार धन लाया। देश पहुँचकर उसने लोगों से जब अपनी भ्रमण-कहानी कहनी शुरू की, तो किसी ने उस पर विश्वास नहीं किया। खासकर जब भारत की, विशाल समृद्धि और उच्च सभ्यता का वह वर्णन करता, तो लोग उसे गप्पी नम्बर एक कहने लगते। उन लोगों को यह विश्वास ही नहीं होता कि कोई देश इतना धनी और ऐसा सभ्य हो सकता है।

एक दिन मोरक्को ने अपने सभी पुराने दोस्तों और वेनिस के प्रतिष्ठित लोगों को भोजन के लिए अपने घर पर आमन्त्रित किया। उसने उन्हें पूरब के ढंग के स्वादिष्ट भोजन कराए। फिर, रेशम, मखमल पर सोने-चाँदी के काम किए हुए कपड़े पहनकर उसके सामने आया। इसके बाद वह उस गुदड़ी को ओढ़कर उनके सामने हुआ, जिस गुदड़ी को ओढ़कर वह पूरब से यहाँ लौटा था। गुदड़ी फटी-पुरानी थी। सब लोग हँसने लगे। किन्तु, इसके बाद

ही उसने उनके सामने उस गुदड़ी को काटकर टुकड़े-टुकड़े करना शुरू किया। गुदड़ी के कटते ही उसके भीतर से अशर्फियाँ और जवाहरात गिरने लगे। इस अपार वैभव को देखकर वे लोग चकित हो गए। सभी को मान लेना पड़ा कि मोरक्को यथार्थ ही किसी धनाढ्य और सुसभ्य देश से लौटा है।

मोरक्को पोलो ने जो किताब लिखी, उसे पढ़-पढ़कर कितने ही के मन में पूरब के देशों—खासकर भारत को देखने की इच्छा उदित हुई। जब यह मान लिया गया कि पृथ्वी गोल है, तो, यह विचार भी लोगों के मन में उदित हुआ कि यदि जहाज़ पर चला जाए, तो एक-न-एक दिन वह जहाज़ भारत में जरूर जा लगेगा। इटली में ही जिनेवा नामक स्थान के एक नौजवान के दिल में तो यह बात अच्छी तरह घर कर गई। इस नौजवान का नाम कोलम्बस था !

कोलम्बस गरीब का लड़का था, किन्तु था बड़ा प्रतिभाशील। भूगोल और यात्रा-पुस्तकों के पढ़ने का उसे शौक था। वह बहादुर भी था। एक बार वह एक जहाज़ पर यात्रा करने को निकला। जहाज़ समुद्र में डूब गया और बड़ी मुश्किल से कोलम्बस ने अपने को वरुण देवता के पेट से निकाला।

जवान होने पर उसने अपने शहर के धनी और सौदागरों से निवेदन किया कि मुझे एक जहाज़ और रसद दीजिए, मैं नए देशों का पता लगाता हूँ। भारत का वह खासकर उल्लेख करता था। वह बतलाता था कि चूँकि दुनिया गोल है, इसलिए यदि मैं जहाज़ लेकर चलूँ तो भारत के पश्चिमी घाट पर एक-न-एक दिन पहुँच ही जाऊँगा। किन्तु उसके नगर के लोगों ने उसकी बात पर विश्वास नहीं किया—कोई अपना रुपया इस काल्पनिक योजना में बर्बाद करना नहीं चाहता था।

इसके बाद कोलम्बस पुर्तगाल आया और वहाँ के राजा से अपनी योजना बताई। वह राजा उस समय अफ्रीका तट-प्रदेश की छानबीन कर रहा था। कोलम्बस की योजना से वह प्रभावित हुआ और उसने सहायता का वचन भी दिया। किन्तु, यथार्थतः वह धोखेबाज़ था। वह एक ओर कोलम्बस को अपनी बातों में फँसाए रहा, दूसरी ओर अपने आदमियों को इस योजना के मुताबिक जहाज लेकर भेजा। किन्तु, यह धोखेबाज था, तो इसके आदमी कायर थे। ज्योंही उन्होंने अटलान्टिक समुद्र की गगनचुम्बी लहरों को देखा, वे होशहवास खोकर लौट पड़े।

कोलम्बस इस विश्वासघात से बहुत दुःखित हुआ और एक पत्र इंग्लैंड के राजा के नाम इस योजना में सहायता देने के लिए लिखा। किन्तु, उत्तर की प्रतीक्षा करने की उसमें हिम्मत नहीं रही। वह स्पेन गया और जब वहाँ से भी उसे निराशा ही मिली, तो फ्रांस की ओर चला। रास्ते में एक दिन वह एक जगह ठहरा। उसके पास खाने को कुछ नहीं था। उसका बच्चा भी साथ था। अपने भूखों रह जाता, किन्तु, इस छोटे बच्चे को तो कुछ खिलाना ही था। निकट के एक गिरजाघर में एक टुकड़ा रोटी भीख माँगने के लिए पहुँचा। वहाँ का पादरी उसकी बातों से बहुत प्रभावित हुआ। जब उसकी योजना सुनी, तब तो उसने उसे गिरजाघर में ही बुला लिया और एक चिट्ठी स्पेन की रानी के नाम लिखी। रानी इस पादरी की बहुत बड़ी भक्त थी। पत्र पाते ही उसने कोलम्बस को आने का न्योता दिया। किन्तु, जब कोलम्बस वहाँ पहुँचा—रानी आमोद-प्रमोद में इतनी व्यस्त थी, कि उसे दरबार में बुला भी नहीं सकी। फिर, निराश हो कोलम्बस फ्रांस की ओर चला। किन्तु, जब यह खबर रानी को लगी, उसने कोलम्बस को फिर बुलाया और उसकी योजना को स्वीकार कर तीन जहाज, जहाजी और रसद का इन्तज़ाम कर दिया। जहाज और रसद तो आसानी से मिलने की चीज थी, किन्तु कोई जहाजी

इस अजीब योजना पर जाने को तैयार नहीं था। खैर, आजन्म सजा पाए हुए कैदियों को लौटने पर मुक्ति दिलाने के आश्वासन पर, जाने के लिए रानी किया गया।

1492 ईस्वी की तीसरी अगस्त, शुक्रवार को वह अपने तीनों जहाजों को लेकर रवाना हुआ। उस समय उसकी उम्र छियालीस वर्ष की थी। यह यात्रा विचित्र और कौतूहलपूर्ण थी। जिस समुद्र से होकर कोलम्बस जा रहा था, उस समुद्र से कोई अब तक आया-गया नहीं था। उसके साथी जहाजी घबरा उठते थे और जहाज घुमाने का भी उपक्रम करने लगते थे। बड़ी-बड़ी कोशिशों से वह उन्हें आगे बढ़ने को राज़ी करता था, उन्हें समझाता था और धमकाता भी था। दो महीने और एक सप्ताह तक वह आगे बढ़ता गया, आखिर 11 अक्टूबर की रात में उसने एक चमकती हुई रोशनी देखी। यह रोशनी ज़रूर ही ज़मीन पर से आ रही है, उसने सोचा और दूसरे दिन सुबह में उसकी कल्पना सही निकली। एक खूबसूरत टापू उसके सामने बिछा था। कोलम्बस ने बढ़िया से बढ़िया पोशाक पहन, जहाज़ से उतर; उस जमीन पर पैर रखा। उसके हाथों में स्पेन का झंडा था। उस झंडे को उसने वहाँ गाड़ दिया और अपने साथियों के साथ प्रार्थना की।

इसके बाद उसने निकट के कई दूसरे टापुओं की यात्रा की। इन टापुओं को उसने भारत के पश्चिमी तट के टापू माना और इसलिए उनका नाम West Indies [पश्चिम के भारतीय टापू] नाम रखा और वहाँ के लोगों को उसने Red Indian [लाल भारतीय] कहकर पुकारा। कोलम्बस ने दो और टापुओं का पता लगाया—स्पेन में उसका धूमधाम से स्वागत हुआ। वह एक महान पुरुष समझा जाने लगा। स्वागत-सत्कार से उत्साहित हो वह एक बार फिर इन टापुओं में लौटा और फिर कई जगहों का पता लगाकर स्पेन आया।

किन्तु, कोलम्बस की इस सफलता ने उसके कितने ही शत्रु पैदा कर दिए। उसके विरुद्ध नाना तरह की बातें वे फैलाने लगे। उस पर लूटपाट, मारपीट आदि के इल्जाम लगाए गए। एक बार वह चोरों की तरह जंजीरों से जकड़कर दरबार में हाज़िर किया गया। गर्चे वह छूट गया, निर्दोष साबित हुआ, किन्तु उसके भग्न हृदय की वेदना की कल्पना की जा सकती है। उसका आखिरी वक्त तो बहुत ही बुरा कटा। वह निपट नितान्त निर्धन की तरह मरा। उसकी मृत्यु के बाद ही दुनिया समझ सकी कि वह कितना महान् पुरुष था, उसने मनुष्यता के लिए कितना बड़ा काम किया था।

कोलम्बस ने समझा था, वह हिन्दुस्तान के टापुओं में आ पहुँचा है, किन्तु, यथार्थतः वह अमेरिका जा पहुँचा था। जिसने इस रहस्य का पता लगाया कि भारत तो कहीं दूसरी जगह होगा, यह तो एक दूसरा ही स्वतन्त्र देश है, उसका नाम अमेरिगो बेसपुकी था। कोलम्बस की मृत्यु के बाद वह वहाँ पहुँचा था और जब यह साबित हो गया कि यह तो कोई अलग देश है, तो 1506 में इस देश का नाम उसी के नाम पर अमेरिका रख दिया गया ! यहाँ भी कोलम्बस के भाग्य ने धोखा दिया।

किन्तु, भारत पहुँचने की तमन्ना तो यूरोप के लोगों में बनी ही रही। सीधे पश्चिम जाने से कोलम्बस अमेरिका पहुँचा था। अतः सोचा जाने लगा कि अब पूरब की ओर जाना चाहिए, तब हिन्दुस्तान मिलेगा। इसके लिए जरूरी यह था कि पुर्तगाल से सीधे पश्चिम की ओर चलकर अफ्रीका के किनारे-किनारे उत्तमाशा अन्तरीप (Cape of Good Hope) तक पहुँचा जाए और वहाँ से पूरब की ओर रवाना हुआ जाए। डियाज नामक एक पुर्तगाल नाविक बहुत दिन पहले उत्तमाशा अन्तरीप तक गया था और उसने बताया था कि उसके बाद एक महासागर है। किन्तु, किसी में ऐसी हिम्मत नहीं होती थी, जो उस महासागर की ओर बढ़े।

आखिर पुर्तगाल के राजा एम्युअल ने रसदों से भरकर तीन जहाज तैयार किए और

वास्को-डी-गामा नामक अपने एक दरबारी को इसी रास्ते भारत पहुँचने के उद्देश्य से भेजा।

वास्को-डी-गामा के जहाजी भी कोलम्बस के जहाजियों की तरह ही डरे, घबराए, किन्तु, वह उन्हें लेकर बढ़ता ही गया। जब उत्तमाशा-अन्तरीप के निकट वह पहुँचा, तो महासागर की उत्ताल तरंगें देख जहाजियों के तो होश उड़ गए। वे वास्को-डी-गामा के पैरों पर गिड़गिड़ाकर गिर पड़े और कहा कि लौट चलिए। किन्तु, उसने कड़ककर कहा—"जब तक भारत में पैर न रख लूँ, मैं लौट नहीं सकता।" इसके बाद तो कुछ जहाजियों ने उसकी हत्या ही कर देने की कोशिश की किन्तु, वह बच गया और उन लोगों को जंजीरों में बाँधकर एक कोने में डाल खुद जहाज का संचालन करने लगा। उसके जहाज अफ्रीका के पूरबी किनारे होकर चलने लगे। अन्त में उसे एक बन्दरगाह में अनुभवी नाविक मिल गया, जिसने उसके जहाजों को कालीकट तक पहुँचा गया। कालीकट उस समय भारत का एक प्रसिद्ध बन्दरगाह था। वास्को-डी-गामा ने वहाँ के राजा से भेंट की और उससे दोस्ती करनी चाही। किन्तु, राजा को इसमें कुछ अनिष्ट मालूम हुआ। वास्को-डी-गामा भाग निकला—अपने देश में पहुँचा। किन्तु, इतना खतरा उठाकर भी उसने यूरोप के लिए भारत की समुद्री राह तो खोल ही दी।

किन्तु, भारत की खोज में सबसे बड़ा दुस्साहस और बलिदान करनेवाला तो था मैगलन जो पुर्तगाल का रहनेवाला था। उसका जहाज 20 सितम्बर, 1519 को सेवेल नामक स्पेन के बन्दरगाह से चला और 1522 में 8 सितम्बर को संसार की पूरी परिक्रमा करके फिर स्पेन लौटा। किन्तु, अफसोस, मैगलन न तो भारत देख सका और न अपने देश को ही लौटा। फिलिपाइन द्वीप के अधिवासियों ने उसे रास्ते ही में मार डाला था, तब उसका बहादुर लेफ्टिनेन्ट डेल कैनो वहाँ से सीधे उत्तमाशा अन्तरीप होते हुए स्पेन लौटा।

कोलम्बस भारत को खोजते अमेरिका जा पहुँचा था, किन्तु, स्पेन के राजा का विश्वास था कि अब भी इस पश्चिमी रास्ते से भारत पहुँचा जा सकता है। किन्तु, सवाल था, इस यात्रा को पूरा कौन करे ? मैगलन पुर्तगाल का एक धनी रईस था—किन्तु, हमारे देश के रईसों की तरह आमोद-विनोद और तीतर-बटेर में ही फँसे रहनेवाला जीव वह नहीं था। उसके दिल में साहस था—दिमाग में अक्ल थी। वह वास्को-डी-गामा की राह से एक बार हिन्दुस्तान भी आ चुका था—किन्तु, वह तो दुनिया को यह दिखाना चाहता था कि जहाँ कोलम्बस हार खाया, वहाँ मैं जीता। स्पेन के राजा की संरक्षता पाकर वह कोलम्बस की ही राह से रवाना हुआ।

उसका जहाज स्पेन से रवाना हुआ और सीधे दक्षिणी अमेरिका पहुँचा। किन्तु, दक्षिणी अमेरिका का आखिरी छोर कहाँ है, जहाँ से जहाज को बढ़ाया जाए, यह एक विकट समस्या उपस्थित हुई। वह अपना जहाज किनारे-किनारे बढ़ाता रहा—क्योंकि उसे विश्वास था कि कहीं न कहीं उस ओर जाने की राह मिल ही जाएगी। उसके जहाजी उसके इस सनकीपन पर बहुत ही क्षुब्ध हुए। एक जगह के जहाजी तो विद्रोह कर, जहाज के साथ ही, उससे अलग हो गए। जो लोग बचे, उन्हें लेकर वह बढ़ रहा था कि एक दिन उसने एक बहुत बड़ी खुली जलमय जगह देखी। उसने समझा यही कोई अन्तरीप है, जिससे होकर उसका जहाज दूसरे बड़े समुद्र में जा सकेगा। किन्तु नहीं, कुछ आगे बढ़ने के बाद उसे मालूम हो गया कि यह तो एक नदी का मुहाना है। वह फिर लौटा और आगे बढ़ा। इस बार सचमुच उसे एक ऐसी फाँक दिखाई दी, जिससे उसका विश्वास दृढ़ता में बँधा कि यह रास्ता हमें किसी महासमुद्र में ले ही जाएगा। उसने जहाज बढ़ाया। दोनों तरफ सूखी, गगन-चुम्बी चट्टानें थीं, पानी अजीब तरंगें लेता था, उस पर भी एक दिन जोरों का तूफान आया। एक मैगलन का ही कलेजा दृढ़ था, नहीं तो सबने धैर्य खो दिया था। मैगलन ने बहुत बड़ी चेष्टा करके किसी तरह

उन्हें धैर्य दिलाया। और, धैर्य का फल भी मिला। आखिर वे एक महासमुद्र में पहुँचे ही। यह महासमुद्र कितना शान्त और समथर था। मैगलन ने उसका नाम (Pacific Ocean) प्रशान्त महासागर रख दिया।

उसका जहाज इस प्रशान्त महासागर में मन्थर गति से चला। अब उसे विश्वास हो चला था कि वह भारत पहुँचकर ही रहेगा। किन्तु, क्रूर काल उसके मनसूबे पर मुस्कुरा रहा था। जब वह फिलिपाइन द्वीप में पहुँचा तो वहाँ के आदिनिवासियों से उसका युद्ध ठन गया और वह लड़ते-लड़ते खेत रहा।

मैगलन की इस वीर-मृत्यु के बाद डेल कैनो नामक उसका कप्तान जहाज को लेकर आगे बढ़ा। वह भारत न पहुँच सका। सीधे उत्तमाशा अन्तरीप होकर फिर अपने देश को लौटा। भारत तो नहीं मिला, लेकिन, उसके लौटने पर जब लोगों ने देखा कि वह गया एक राह से और लौटा दूसरी राह से, तो पूर्णतः प्रमाणित हो गया कि पृथ्वी गोल है और सचमुच डेल कैनो उसकी पूरी परिक्रमा करके ही लौटा है।

क्या हमारा देश फिर कभी ऐसा आकर्षक हो सकेगा ? क्या हमारे देश में मोरक्को पोलो, कोलम्बस, वास्को-डी-गामा और मैगलन ऐसे साहस के पुतले हो सकेंगे ?

2

शारदा के सपूत

अपने देश के संस्कृत के साहित्यिकों—व्यास, वाल्मीकि, कालिदास, भारवि, वाणभट्ट—आदि के नाम तो हम सुना ही करते हैं, हिन्दी के कवियों—चन्द-विद्यापति, सूर-तुलसी, कबीर-रहीम आदि की कथाएँ तो घर-घर प्रचलित हैं और चूँकि अंग्रेजी में ही हमारे देश की पढ़ाई होती है इसलिए शेक्सपीयर-मिल्टन, वायरन-शेली भी हमसे अपरिचित नहीं रह जाते हैं, किन्तु, इनके अलावा भी शारदा के सपूत हैं, जिन्होंने भिन्न-भिन्न भाषाओं में उत्तमोत्तम साहित्य की सृष्टि की है। हम यहाँ पर यूरोप के कुछ ऐसे सपूतों की चर्चा करना चाहते हैं।

यूरोप के साहित्यिकों में होमर सबसे प्राचीन कवि है। आज से लगभग तीन हजार वर्ष पहले, ग्रीस-देश में उसका जन्म हुआ था। ग्रीस-देश यूरोप की सभ्यता की जननी है, होमर यूरोप के साहित्यिकों का बाबा आदम है उसने 'इलियड' और 'ओडिसे' नामक दो काव्यग्रन्थ लिखे हैं। वह काव्य इतने सुन्दर हैं कि उनको मूलरूप में पढ़ने के लिए युगों से लोग ग्रीक भाषा सीखते आए हैं।

होमर ने अपने इन दोनों काव्यों में ग्रीस-देश के प्राचीन महापुरुषों और देवताओं का चरित बड़ी ही जोरदार शैली में लिखा है। मुख्यतः ये वीर-काव्य हैं और महान योद्धाओं के अद्भुत कारनामों के अपूर्व चित्रण इनमें हैं। इनकी उपमा अपने देश के रामायण-महाभारत से मुख्यतः महाभारत से दी जा सकती है। अनेक शताब्दियाँ बीतीं, तो भी इन काव्यों की ताजगी और चमत्कार उसी तरह सजीव हैं।

होमर की जन्मभूमि किस नगर में थी—इसका पता नहीं चलता। ग्रीक के सात प्रसिद्ध शहर उसकी जन्म-भूमि होने का दावा करते हैं।

जनश्रुति है कि वह कविता बनाता ही नहीं था, राजपूताने के मध्ययुग के चारणों की तरह, वह उन्हें शहर-शहर घूमकर गाया भी करता था। उसके मुख से निकलकर उसकी कविता

चलती-फिरती तस्वीर बन जाती थी। लोग विस्मय-विमुग्ध हो सुनते थे। जब उसकी मृत्यु हुई, उसकी पूजा देवताओं-सी होने लगी। यही नहीं, ग्रीस देशवालों ने अपने इस अमर कलाकार के नाम पर अपने महीनों में से एक का नामकरण किया। आज भी होमर की कविता उन्हें वीरता और देशभक्ति की ओर प्रवृत्त करती है।

हिरोडोटस—दूसरा प्रसिद्ध ग्रीक लेखक हुआ है। वह होमर के पाँच सौ वर्ष बाद जन्मा और वह 'इतिहास का पिता' समझा जाता है। हैलीकारनसस नामक प्रसिद्ध शहर में ईसा से लगभग 490 वर्ष पहले उसने दुनिया की पहली रोशनी देखी। जवान होने पर, उसके विचार-स्वतंत्र से क्रुद्ध हो, उसके देश के क्रूर शासक ने उसे अपने देश से निकाल दिया—वह देश-देश घूमता रहा और यही उसके ऐतिहासिक होने का कारण हुआ।

वह पूरब की तरफ ईरान तक आया। मिस्र की गलियों की खाक़ छानी। अफ्रीका-स्थित, ग्रीक उपनिवेशों की भी यात्रा की। वह जहाँ-जहाँ गया, वहाँ के लोगों का रहन-सहन, उस देश की जलवायु और उनके पुराने और नए इतिहास की जानकारी प्राप्त की और उन्हें कलमबन्द भी करता गया। इस तरह उसने प्राचीन समय के कितने ही युद्धों और शहरों की, जो प्रायः विस्मृत और नष्ट हो गए थे, कहानियों का पुनरुद्धार किया। उसके लिखने की शैली बड़ी ही स्वाभाविक, सुन्दर और प्रभावशाली थी। घटनाओं की जीती-जागती तस्वीर खींच देने की कला उसे प्राप्त थी। आज भी उसकी पुस्तकें बड़ी रुचि से पढ़ी जाती हैं और अनुसन्धान से पाया गया है कि उसकी कथाओं में सच्चाई भरी पड़ी है।

उसकी मृत्यु ईसा से 425 वर्ष पूर्व इटली के थूरियम नामक नगर में हुई—जो उस समय ग्रीक के ही अधीन था।

ग्रीस के पराभव के बाद रोम का उदय हुआ। थोड़े ही दिनों में रोमनों की कीर्ति-कथा देशव्यापी हो गई। उनमें अच्छे-अच्छे साहित्यिकों का आविर्भाव होने लगा।

वर्जिल नामक कवि उनमें बहुत ही प्रसिद्ध है। इसने होमर के ही ढंग पर 'एनीड' नामक काव्य लिखा, जिसे होमर के 'इलियड' काव्य का उपसंहार कहा जा सकता है। 'जौरजिक्स' नामक एक और काव्य-पुस्तक भी है—जिसमें उसने देहाती जीवन का बहुत ही मनोरम वर्णन किया है।

वर्जिल का जन्म इटली के मान्टुआ नामक नगर में हुआ था। उसका पूरा नाम पब्लियस वरजिलियस मारो था, किन्तु, वर्जिल के नाम से ही वह मशहूर है। ईसा से सत्तर वर्ष पहले उसका जन्म हुआ था। वह जवान होने पर रोम गया और वहाँ सरकारी पद प्राप्त करना चाहा। किन्तु, एक तो उसका स्वास्थ्य चौपट था, दूसरे उसमें वक्तृत्व शक्ति का भी अभाव था। अतः यह प्रयास उसे छोड़ देना पड़ा। वह घर लौटा और ग्रीक कविताएँ पढ़ना प्रारम्भ किया। मिसेनस नामक एक गुण-ग्राही कविता-प्रेमी धनी उसकी कविताओं पर आकृष्ट हुआ और उसने शारदा के आराधन में ही अपनी जिन्दगी बिता दी।

मिसेनस ग्रीस के सम्राट अगस्टस का मन्त्री था। वर्जिल की पैठ एथेन्स के दरबार में भी हो गई। 'एनीड' की रचना अगस्टस के कहने से हुई थी। जब वह एथेन्स से लौट रहा था, वह इटली नगर के बिन्द्रोसी स्थान पर, ईसा की मृत्यु के उन्नीस वर्ष पहले चल बसा !

वर्जिल का एक दोस्त था होरास। वह वर्जिल से पाँच वर्ष छोटा था। होरास भी अपनी कविता के लिए प्रसिद्ध है। उसका पिता दासता से स्वतंत्रता प्राप्त कर सका था। उसने अपने बेटे को रोम में ही नहीं; पीछे एथेन्स में भी शिक्षा प्राप्त करने को भेजा था।

एथेन्स में उसके दिल में पहले वीरता का संचार हुआ। उसने सैनिक की तरह एक लड़ाई

में भाग लिया, जिसमें उसका पक्ष पराजित हुआ। इसके बाद उसने गरीबी के कारण, कविता लिखना शुरू किया। कविता उसकी बड़ी ही सुन्दर निकली। वर्जिल का ध्यान उसकी ओर आकृष्ट हुआ। वर्जिल ने उसका परिचय मिसेनस से कराया। मिसेनस की शैली का सहारा पा उसकी प्रतिभा निखर उठी। वह सुखी जीवन का मधुर गीता गाता रहा।

कुछ दिनों के बाद रोम के बुरे दिन आए—उसके कला-कौशल के भी। किन्तु 13वीं शताब्दी में इटली में साहित्यिक पुनर्जीवन का संचार होने लगा। उस समय वहाँ तीन ऐसे साहित्यिक पैदा हुए, जिनकी चर्चा आज तक है।

दांते उनमें सर्वश्रेष्ठ हैं। उनका जन्म फ्लौरेंस नगर में 1265 में हुआ था। जवानी में उसने अपने नगर की राजनीति में हिस्सा लिया और अपने स्वतन्त्र विचारों के कारण शहर से निकाल दिया गया। यही नहीं, पीछे तो राजाज्ञा हुई कि दांते जहाँ पकड़ा जाए, वहीं उसे जीवित जला दिया जाए।

अपने शहर से निष्कासित वह एक शहर से दूसरे शहर में घूमता रहा और रेवेना नामक स्थान में 1321 में स्वर्गवासी हुआ।

दांते के कवि-जीवन की प्रेरिका शक्ति एक लड़की थी। नाम था उसका वीट्रिस। वह अपरूप सुन्दरी थी। किन्तु, अपनी प्रेमकथा दांते ने कभी भी उसे नहीं सुनाई—वह अलग-अलग से ही उसकी मानसिक प्रेम-पूजा करता रहा। वह लड़की भी भरी जवानी में ही मर गई—वह बेचारी यह जानती भी नहीं थी कि किस तरह दुनिया का एक श्रेष्ठ कलाकार उसकी उपासना कर रहा है।

दांते ने शादी भी की थी, उसके बाल-बच्चे भी थे। किन्तु, निर्वासन का हुक्म पाकर जब से उसने अपना नगर छोड़ा, कभी अपने बाल-बच्चों या स्त्री को नहीं देख पाया।

'स्वर्गिक मिलन'—उसकी कविता-पुस्तक का नाम है। वह कब लिखी गई, कब समाप्त हुई उसका पता नहीं। दांते के जीवन के बारे में ब्योरेवार कोई चीज नहीं मिलती। किन्तु, सबने मान लिया है कि यह पुस्तक संसार के सर्वश्रेष्ठ कला-रत्नों में से है। भावों की सुकुमारता के साथ-साथ कवि की महान विद्वत्ता का भी इससे परिचय मिलता है। प्रेम की ऐसी आदर्श कल्पना अन्यत्र काहे को मिलेगी। दांते की भाषा का सौन्दर्य भी अनुपम है।

दांते का समसामयिक ही पेट्रार्च नामक एक व्यक्ति था। उसकी जिन्दगी में भी प्रेम की वैसी ही कहानी है। किन्तु, वह स्वभावतः एक धार्मिक व्यक्ति था और मठों, गिरजाघरों में घूमता, पुरानी हस्तलिखित पुस्तकें संग्रह करता और मन की उमंग आने पर कविता करता था। कितने राजाओं और राजकुमारों ने उसे दरबार में रखना चाहा, किन्तु, वह अपनी धुन में मस्त घूमता, गाता रहा।

इटली के इस युग के साहित्यिकों में तीसरा था—जियोवानी वोकैसियो। इसे यूरोप के आधुनिक कहानी-साहित्य का पिता मजे में कहा जा सकता है। यह एक व्यापारी का पुत्र था। पिता ने चाहा, यह भी व्यापारी हो। उसे कानून पढ़ने को भी बाध्य किया गया। किन्तु इसका मन इन बातों की ओर क्यों लगने लगा ? वह इन सबको छोड़-छाड़कर कहानियाँ लिखने लगा—गद्य और पद्य में भी। उसकी कहानियाँ मनोरंजक और ताजा होती थीं। उनमें गर्मी, मानवीय भावना, व्यंग और स्वतन्त्र चिन्तन की पुट होती थी। उसकी शैली में भी स्वतन्त्रता थी। उस समय के नवाब और राजे ही नहीं, साधारण जनता भी इन कहानियों पर मुग्ध थी। आज भी उसकी रचना की ताजगी बनी हुई है।

दो सदियों के बाद 1547 में स्पेन में एक ऐसा कहानीकार पैदा हुआ, और उसने अपने उपन्यास में एक ऐसे काल्पनिक पुरुष की सृष्टि की कि आज तक उसका वह पात्र और उसके

साथ ही वह स्वयं भी अजर-अमर है। आज भी जो कोई कुछ अजीबोगरीब काम करने लगता है, तो हम उसे 'डौन क्विकजोट' की उपाधि दे देते हैं। यह डौन क्विकजोट कौन है ?—यह इसी महान स्पेनिश कलाकार सर्वेन्टस का कल्पना पुरुष है।

बाईस वर्ष की उम्र से ही उसने लिखना शुरू किया; किन्तु, उसकी जवानी लेखनी की अपेक्षा तलवार की अधिक उपासिका सिद्ध हुई। वह फौज में भर्ती हुआ और लेयान्टो की प्रसिद्ध लड़ाई में शामिल हुआ जिसमें उसके बाएँ हाथ पर ऐसी चोट लगी कि वह सदा के लिए खराब हो गया। किन्तु, एक हाथ का हो जाने पर भी वह युद्ध से विरत नहीं हुआ। तुर्कों के साथ की लड़ाई में बड़े जोश से भाग लिया, किन्तु यहाँ भी उसका दुर्भाग्य उसके साथ था। वह पकड़ लिया गया और पाँच वर्ष तक गुलाम की नारकीय जिन्दगी उसे बितानी पड़ी। किन्तु, उसने युद्धप्रियता का परिचय इसके बाद भी दिया।

चालीस वर्ष की उम्र में उसने विवाह किया। परिवार के भरण-पोषण की समस्या अब उसके सामने खड़ी हुई, तो, उसने अपनी दूसरी सहचरी कलम की याद की। पहले उसने नाटक लिखना शुरू किया और बीस-तीस नाटक लिख डाले, जिनमें केवल दो प्राप्त हैं। 1594 में वह एक जिले का रेवेन्यु-कलेक्टर बना दिया गया, किन्तु, हिसाब में गड़बड़ रह जाने से वह गिरफ्तार किया गया और उसे तीन वर्ष कैद की सज़ा हुई। जनश्रुति है कि इस जेलजीवन में ही उसने 'डौन क्विकजोट' लिखना शुरू किया। जब यह पुस्तक निकली, समूचे यूरोप में धूम मच गई और आज शायद ही कोई सभ्य भाषा हो, जिसमें इसका अनुवाद नहीं हुआ हो।

अब हम ज़रा ललितकला की भूमि फ्रांस में पहुँचें। फ्रांस अपनी सुप्रसिद्ध राज्यक्रान्ति के चलते ही मशहूर नहीं है, उसके साहित्यिकों ने भी उसकी कीर्ति फैलाई है।

सर्वेन्टस के ही ज़माने में फ्रांस में एक लेखक हुआ, जो अपने छोटे-छोटे लेखों के चलते आज भी फ्रेंच साहित्य में अनुपम स्थान रखता है। उसने चलतू विषयों पर ही, मन की उमंग आने पर, लेख लिखे, किन्तु, साहित्यिकों का कहना है कि इतने सुन्दर लेख साहित्य में बहुत ही कम मिलते हैं।

वह एक धनी का लड़का था। मौन्टेन उसका नाम था। उसके पिता ने उसकी शिक्षा-दीक्षा के लिए अजीब इन्तजाम किया। छह वर्ष की उम्र तक वह केवल लैटिन में ही बात करता था—लैटिन अधिकांश यूरोपीय भाषाओं में मूल भाषा है, जैसा संस्कृत भारतीय भाषाओं का। प्रातःकाल संगीत की सुललित झंकार से ही वह उठाया जाता था। सातवें वर्ष में ही उसे वौडौक्स के महाविद्यालय में पढ़ने को भेजा गया, जहाँ लगातार सात वर्ष तक वह विद्याध्ययन करता रहा।

विद्यालय से निकलने पर उसने कई सरकारी नौकरियों और पदों को सुशोभित किया। पिता और भाइयों की मृत्यु के बाद वह अपने स्टेट का पूरा मालिक बना और तब से वह केवल आमोद-प्रमोद और विदेश भ्रमण में ही अपना समय लगाता रहा। इसी आराम-चैन के समय उसे लिखने की प्रवृत्ति हुई और वह फ्रैंच साहित्य को कुछ अमर चीज दे गया।

एक शताब्दी के बाद फ्रांस में वह महान साहित्यिक अवतरित होता है, जिसे फ्रांस का शेक्सपीयर कहा जा सकता है। उसका नाम था मौलियर। उसने भी नाटक लिखे। जहाँ तक संयोगात्मक नाटक लिखने का सवाल है, वह शेक्सपीयर से भी बड़ा समझा जाता है किन्तु, ख़यालों की गइराई की दृष्टि से शेक्सपीयर उससे निस्सन्देह बड़ा है।

मौलियर का जन्म फ्रांस की राजधानी पेरिस में हुआ। उसका बाप धनी सौदागर था। उसने अपने बेटे को वकील बनाना चाहा। लेकिन, फरजन्द साहब नाटककार ही नहीं, शुरू में तो नट ही बने। हाँ, मौलियर केवल नाटक लिखता ही नहीं था—वह खुद नाटक खेलता

था और एक नाटक में उसने कुछ ऐसे जोशखरोश का पार्ट किया कि वह बीमार पड़ गया और यही बीमारी उसकी मृत्यु का कारण बन गई।

मौलियर ने कुछ रुपए इकट्ठे कर एक नाटक-कम्पनी खोली और वह शहर-शहर अपने नाटक दिखाता फिरता था। एक धनी रईस. जो उसका सहपाठी था, उसके नाटकों पर मुग्ध हुआ और उसी के आग्रह पर फ्रांस का राजा लुई 14वाँ भी उसका भक्त बना। राजा का संरक्षण पाकर उसने अपनी जिन्दगी राजधानी में ही गुज़ारी।

उसके नाटक ज्यादातर विनोदप्रधान होते थे। श्री जी. पी. श्रीवास्तव ने उसके बहुत से नाटकों का हिन्दी रूपान्तर किया है। 'काल्पनिक रोगी' नामक नाटक में भाग लेते समय वह सचमुच रोगग्रस्त हुआ और 1673 की 17वीं फरवरी को चल बसा।

इसमें कोई शक नहीं कि मौलियर ने एक ज़माने तक समूचे फ्रांस को अपने प्रभाव-क्षेत्र से विस्मय-विमुग्ध करके रखा। किन्तु, यह तो सभी मानते हैं कि जिस पैमाने पर अपने ज़माने को वाल्टेयर ने प्रभावित किया, वह किसी सौभाग्यशाली को आज तक नसीब नहीं हुआ। जब तक वह ज़िन्दा रहा, समूचे यूरोप को उसने अपने ढंग पर सोचने को विवश किया।

वाल्टेयर का जन्म पेरिस में ही हुआ था। 21 नवम्बर, 1694 की वह शुभ तिथि है, जिसमें वह जन्मा। मौलियर की ही तरह उसने भी कानून पढ़ा था।

वह नाटक, उपन्यास, कविता, इतिहास—सभी एक सर्राटे से लिखता था। व्यंग्य लिखने में उसका जोड़ मिलना मुश्किल है। शुरू में उसने अपने देश के कुछ बड़े लोगों के बारे में 'सटायर' (व्यंगात्मक चरित्र-चित्रण) लिखना शुरू किया। फिर तो, कोई ऐसा उल्लेखनीय व्यक्ति, स्वयं भगवान् भी, नहीं बचे जिस पर उसने अपनी क़लम की नस्तर नहीं चला दी हो। दुनिया में जितनी चीजें आदरणीय और माननीय समझी जाती हैं, जिन चीजों पर उँगली उठाना लोग महापाप समझते हैं, वाल्टेयर ने एक को भी नहीं छोड़ा। अपने इस स्वतंत्र विचार के कारण उसे यातना भी सहनी पड़ी। उसे जेल की भी हवा खानी पड़ी। किन्तु, अन्त में वह विजयी हुआ। वहाँ के राजा को भी उसका सम्मान करना पड़ा।

इतने युग बीत गए किन्तु, पेरिस में जाइए, जहाँ-तहाँ वाल्टेयर के चित्र और मूर्तियाँ पाएँगे। 30 मई, 1778 में पेरिस में ही उसकी मृत्यु हुई थी।

वाल्टेयर के ही ज़माने में एक और महान् साहित्यिक था, जो रूसो के नाम से आज भी जगत्-प्रसिद्ध है। फ्रांस की जो राज्यक्रान्ति हुई, उसके लिए विचार-क्षेत्र तैयार करने में रूसो और वाल्टेयर इन्हीं दो साहित्यिकों का जबर्दस्त हाथ था।

रूसो का जन्म जेनेवा में 28 जून, 1712 में हुआ था और उसकी मृत्यु 1774 में। वह शुरू से ही बिगड़ैल दिमाग़ युवक समझा जाता था। किन्तु, उसकी प्रतिभा ऐसी पैनी थी कि उसे आदर और प्यार करने की सबकी इच्छा होती थी।

उसने 'एमिली' नामक एक उपन्यास लिखा, जो उस समय बहुत ही प्रसिद्ध हुआ। किन्तु, विशेषतः वह अपनी दार्शनिक कृतियों के लिए मशहूर है। उसका 'सोशल कन्ट्रैक्ट' एक अमर ग्रन्थ है। फ्रांस की राज्यक्रान्ति में 'स्वाधीनता, समता और मातृत्व' का जो नारा लगाया जाता था, उसका उद्गम स्थान रूसो की लेखनी है।

विक्टर हूगो—फ्रांस का वह महान कलाकार है, जो उपन्यास-कला के आचार्यों में समझा जाता है। उसके उपन्यासों का अनुवाद हिन्दी में हो चुका है। उसके ही उपन्यास—'ला मिजरेबुल' और 'नाइन्टी थ्री'—का अनुवाद 'अभागा' और 'बलिदान' नाम से स्वर्गीय गणेशशंकर विद्यार्थी ने किया था—इसी से इस उपन्यासों की महत्ता प्रकट है। उसके 'लाफिंगमैन' का 'अनोखा' नाम से अनुवाद हो चुका है। एक तो उसकी कहानी अजीब सनसनीखेज होती है,

फिर उसके अन्दर समाज के भिन्न-भिन्न अवगुणों पर जैसी फब्ती वह कसता है कि साहित्य में अन्यत्र मिलना कठिन है।

हूगो एक सेनापति का लड़का था। उसका जन्म 26 फरवरी, 1802 को हुआ था। पेरिस और मैड्रिड में उसकी शिक्षा-दीक्षा हुई थी और चौदह वर्ष की उम्र में ही उसने एक वियोगान्त नाटक लिखा था।

उपन्यासों के अतिरिक्त उसने कविता और नाटक भी लिखे। वह अपने देश के सार्वजनिक जीवन में भी भाग लेता था और अपने उग्र राजनीतिक विचारों के कारण देश से निर्वासित भी किया गया था। निर्वासन के समय वह ग्वेर्नसे द्वीप में रहता था। उसकी मृत्यु पेरिस में 22 मई, 1885 में हुई थी। उसकी समाधि पर श्रद्धा के फूल चढ़ाने आज भी देश-देश से लोग आते हैं।

हूगो के समय में ही एक महान औपन्यासिक फ्रांस में हुआ, उसका नाम आलैक्जेंडर डूमा है। उसका पिता एक प्रजातंत्री सेनापति था, जिसने एक हब्शी काली औरत से शादी की थी। इसी गोरे-काले रंग के संयोग से इसकी सृष्टि हुई थी।

डूमा में लिखने की अपूर्व शक्ति थी। उसकी कलम क्या थी, एक अविरल झरना था जिससे प्रेमकथा, नाटक, यात्रा-पुस्तक धारा के रूप में निकला करती। किसी भी एक आदमी में कल्पना की ऐसी उड़ान, आविष्कार की ऐसी प्रतिभा और लगातार लिखते जाने की ऐसी ताकत शायद ही मिले। अपनी क़लम से उसने कमाया भी बहुत। किन्तु अजीब खर्राच तबीयत पाई थी उसने। जब वह मरा, उसके पास एक पाई भी नहीं थी।

उसका बेटा भी साहित्यिक था, उसने भी उपन्यास और नाटक लिखे और बाप की चेतावनी मानकर फिजूलखर्ची कभी नहीं की—खूब मालदार बना।

अब ज़रा जर्मनी की ओर आएँ। जर्मनी में संस्कृति और सभ्यता का विकास कुछ देर से हुआ। इसलिए वहाँ साहित्यिक भी कुछ देर से पैदा हुए। जर्मनी का जो साहित्यिक विश्वविख्यात हुआ, वह गेटे है, जिसका जन्म 28 अगस्त 1749 में हुआ। उसने दो विश्वविद्यालयों में उच्च शिक्षा प्राप्त की और अपने को अन्य साहित्यिकों की ही तरह, वकील बनाने को तैयार किया। किन्तु वह रहा साहित्यिक ही।

साहित्य की ओर उसकी बचपन से ही रुचि थी। बीस वर्ष की उम्र तक पहुँचते-पहुँचते उसने नाटक और गीत लिखना शुरू कर दिया था। साहित्यिकों की कृतियों को पढ़ने की उसकी बड़ी चाह थी और सबसे पहले उसने आलोचना लिखना शुरू किया। किन्तु पीछे तो उसका जीवन स्वयं काव्य से ओत-प्रोत हो गया। उसकी सर्वश्रेष्ठ कृति एक पद्यबद्ध नाटक है—'फौस्ट' ! इसका अनुवाद सभी यूरोपीय भाषाओं में ही नहीं कितनी ही अन्य सभ्य भाषाओं में भी हो गया है और शताब्दियों से यह पुस्तक लोगों के हृदय को आनन्दित-पुलकित करती आयी है।

गेटे की दोस्ती उस समय के बड़े-बड़े लोगों से भी थी। वीमर के नवाब ने उसे अपने पास बुला लिया था, जहाँ रहकर वह साहित्यिक रचनाओं के साथ-साथ राजकाज में भी भाग लेता रहा। उसकी मृत्यु वीमर में ही 22 मार्च, 1832 को हुई। वीमर आज उसकी समाधि के चलते संसार के साहित्यिकों का तीर्थस्थान है।

और जिस समाधि में उसका शरीर अनन्त विश्राम कर रहा है, उसी समाधि में उसके मित्र और साथी कवि शीलर का शरीर भी अनवरत निद्रा ले रहा है।

शीलर का जन्म 10 नवम्बर, 1759 को हुआ था। वह एक फौजी डॉक्टर का लड़का था और ख़ुद भी फौजी डॉक्टर बनाया गया था। किन्तु डॉक्टरी की नश्तर के साथ-साथ

उसकी कलम भी चलती थी और इन दोनों में अधिक तेज कौन थी—यह तो तुरन्त ही साबित हो गया। बरहेम्बर्ग के नवाब साहब ने उसके पहले नाटक को देखकर ही उस पर नादिरशाही हुक्म जारी किया कि तुम अब नाटक मत लिखा करो। किन्तु शीलर का साहित्यिक हृदय इस हुक्म को क्यों माने ? उसने नौकरी को तिलांजलि दी और नवाब के राज्य से भाग निकला और इधर-उधर घूमकर अपनी साहित्यिक प्यास को बुझाता रहा। अन्त में वह भी वीमर पहुँचा। उसके 'विलियम टेल' नामक नाटक ने उसे जर्मनी का प्रमुख नाटककार सिद्ध कर दिया। उसकी जिन्दगी गरीबी से लगातार लड़ी गई लड़ाई की जिन्दगी है, जिसकी समाप्ति 1805 में हो गई।

रूस के साहित्यिकों में टाल्स्टाय का नाम बहुत ही प्रसिद्ध है। वह एक रईस खानदान का आदमी था, किन्तु, पीछे सर्वत्यागी बन गया था। हमारे महात्मा गाँधीजी ने अपने बहुत से सिद्धान्त इसी कलाकार से लिए हैं।

उसका जन्म 1828 ई. में रूस की एक समृद्ध जमींदारी में हुआ था। उसके माँ-बाप बचपन में ही चल बसे थे। उसकी चाची ने उसका लालन-पालन किया। पहले उसने पूर्वीय भाषा सीखना प्रारम्भ किया, फिर कानून पढ़ने लगा और अन्त में फौजी शिक्षा प्राप्त कर क्रीमिया की सुप्रसिद्ध लड़ाई में शामिल हुआ। इस लड़ाई के समय से ही उसने लिखना शुरू किया। उसकी फौज में बहुत से गुलाम थे—जो साधारण सैनिक की हैसियत से लड़ते थे। वह उनकी ओर विशेषतः आकृष्ट हुआ और अन्त में तो वह उनके दुखड़े पर इतना द्रवित हुआ कि अपनी जमींदारी के सभी गुलामों को आजाद कर, जिन्दगी भर उन्हीं के दुखदर्द की कहानी भिन्न-भिन्न रूप में दुनिया को सुनाता रहा। टाल्स्टाय की रचनाओं में पीड़ित मानवता के ज्वलंत चित्र मिलते हैं।

तुर्गनेव, पुश्किन, डोस्टेवस्की, आदि रूस के कुछ और महान कलाकार हुए हैं। पुश्किन रूस का सर्वश्रेष्ठ कवि था।

नार्वे यूरोप के कोने पर चिपका हुआ-सा देश है। किन्तु, इसके दो साहित्यिकों ने संसार-व्यापी कीर्ति पाई है। ब्जौर्नसन और इब्सन—एक कवि और कहानीकार, दूसरा आधुनिक युग का सर्वश्रेष्ठ नाटककार।

ब्जौर्नसन का जन्म 1832 में हुआ था और मृत्यु 1910 में। विश्वविद्यालय की पढ़ाई समाप्त कर वह अखबारनबीसी के पेशे में लगा, किन्तु वहाँ उसकी कलापूर्ण आत्मा के विकास की गुंजाइश न मिली। इसके बाद ही उसने नाटक लिखना शुरू किया और उसको खेलने के लिए एक नाट्य-मन्दिर की भी स्थापना की। किन्तु, उसके उपन्यास और कविता में उसकी प्रतिभा ज्यादा निखरी। नार्वे के राष्ट्रीय जीवन के निर्माण में उसकी रचनाओं ने बड़ा काम किया—प्राचीन नार्वे की यशोगाथा उसने जीवन्त भाषा में गाई है। स्वेडन में नार्वे का अस्तित्व विलीन कर देने का वह विरोधी था और यह उसी की लेखनी की करामात है कि उसकी मृत्यु के पाँच वर्ष पहले ही नार्वे ने स्वेडन से अपने को सदा के लिए पूर्णतः अलग कर दिया।

किन्तु विदेशों में इब्सन की रचनाएँ ही ज्यादा मशहूर हैं। वह 1828 में जन्मा और 1906 में मरा। पहले उसने डॉक्टर बनने की तैयारी की थी, किन्तु, शीलर की तरह, अन्त में नाटक लिखना शुरू किया और इसी ने उसे जगत्-प्रसिद्ध बना दिया। नाटक-लेखक तो था ही, एक-दो रंगमंचों की मैनेजरी भी उसने की, किन्तु, सफल नहीं हुआ। उसके बाद उसने अपना पूरा समय साहित्य-रचना में ही लगाना शुरू किया। अखबारों में भी लिखना शुरू किया—उसके लेख भी खूब प्रसिद्ध हुए। उसने विदेशों की यात्रा भी खूब की। जिस समय स्वेज की नहर खुली, वह

वहाँ उपस्थित था और उस प्रसंग पर उसने कविता भी लिखी थी। अन्त में वह अपने देश में ही जा जमा और रचना पर रचना करने लगा। सामाजिक त्रुटियों का उसने ऐसा पर्दाफाश किया कि समूचा यूरोप थर्रा उठा।

यूरोप में इस समय जो महान लेखक हैं, उनकी चर्चा हमने जान-बूझकर छोड़ दी है।

3

देश के नाम पर

देश के लिए अपने को बलिदान करना—कितना बड़ा सुकर्म, कैसी अच्छी बहादुरी ! हमारे देश में भी ऐसे नररत्नों की कमी नहीं रही है। उनके कदमों पर हमारा सिर झुका है।

किन्तु, आज कुछ विदेशी देशभक्तों की कथा सुनाऊँगा।

इस समय हम अपने देश के लिए अंग्रेजी सल्तनत के खिलाफ लड़ रहे हैं। इसलिए सबसे पहले हम दो-एक ऐसे वीरों की कथा क्यों न सुनाएँ, जिन्होंने अंग्रेजी हुकूमत से दो-दो मोर्चे लिए और अन्त में अपने को, अपनी मातृभूमि की बलिवेदी पर चढ़ा दिया।

इंग्लैंड कहने से आज साधारणतः उस समूचे द्वीप का बोध होता है जिसमें इंग्लैंड के अलावा वेल्स और स्कॉटलैंड भी शामिल हैं। किन्तु, वेल्स और स्कॉटलैंड के लोग इंग्लैंड वालों को सदा ही विदेशी समझते रहे हैं और उनके निकट आत्मार्पण करने से अस्वीकार करते आए हैं।

इंग्लैंड का एक राजा था, नाम था उसका एडवर्ड पहला। वेल्स और स्कॉटलैंड को जीतकर एक राष्ट्र में परिणत करने की उसने चेष्टा शुरू की। सबसे पहले उसने वेल्स पर चढ़ाई की। किन्तु, वेल्स के लोगों ने राजकुमार लेवेलिन के रूप में एक बहुत बड़ा राष्ट्र-रक्षक पाया। लेवेलिन ने एक बहुत बड़ी देशभक्तों की सेना खड़ी की और बड़ी बहादुरी से लड़ता रहा। किन्तु, उसने आखिर में, युद्धभूमि में ही, वीरगति प्राप्त की और वेल्स पर इंग्लैंड का झंडा फहरने लगा। किन्तु, इस राष्ट्रीय अपमान को वेल्स के अधिवासी तुरन्त नहीं भूल सके। सौ वर्ष बाद फिर एक बार ओबेन ग्लेडाबर के नेतृत्व में उन्होंने विद्रोह किया और जब तक यह वीर जिन्दा रहा, इंग्लैंड की एक नहीं चलने पाई। अन्त में इंग्लैंड वालों ने एक शर्त की जो आज तक चली आती है। इंग्लैंड का जो सबसे बड़ा राजकुमार, गद्दी का अधिकारी, होता है, वह अपने को प्रिंस-आफ-वेल्स (वेल्स का राजकुमार) कहता है, किन्तु इतने पर भी वेल्स में लेवेलिन और ओबेन की आत्माएँ पुकार उठती हैं।

किन्तु, एडवर्ड पहले को सबसे जबर्दस्त मुकाबला तो करना पड़ा स्कॉटलैंड में। स्कॉटलैंड के बड़े लोगों में फूट देखकर एडवर्ड वहाँ चढ़ दौड़ा और गद्दी पर कब्जा भी कर लिया। किन्तु, वहाँ के छोटे लोग—प्रमुखतः किसान—इस अपमान को बर्दाश्त नहीं कर सके। उन्होंने एक नौजवान की मातहत में सैनिकों की टोली इकट्ठी की और इस तरह लड़े कि इंग्लैंड वालों के दाँत खट्टे कर दिए।

इस नौजवान का नाम था विलियम वालेस। वालेस का शरीर जिस तरह हट्टा-कट्टा, मेहनती था, उसका दिमाग उसी तरह चतुराई और बुद्धि से भरा था। एक बार वह चला आ रहा था कि कुछ अंग्रेजी सैनिकों ने उसे घेर लिया। ये सैनिक हथियारबन्द थे, किन्तु वालेस के हाथ में एक डंडे के अलावा कुछ न था। पर, वालेस भागा नहीं, घबराया नहीं,

अपने डंडे का प्रयोग इस चुतराई और गहराई से करने लगा कि सैनिकों के पाँव उखड़ गए, वे भाग चले।

अंग्रेजी सेना ने उसके सिर पर बाजी रखी—जो उसका सिर काटकर लावेगा, उसको इतना इनाम मिलेगा। किन्तु, जिन्होंने जान की बाजी लगा रखी है, जो अपना सिर सदा हथेली पर लिए फिरते हैं, उनके लिए इन इनामों का क्या डर ? वालेस निर्द्वन्द्व घूमता, अंग्रेजी सैनिकों के छक्के छुड़ाता और अपना जाल बढ़ाता रहा। आखिर वहाँ के गवर्नर ने एक बड़ी फौज इकट्ठी की और वालेस को पराजित करने चले।

बीच में नदी थी, जिस पर एक पतला पुल था। वालेस इसी पुल के पास छिपा गवर्नर की फौज की प्रतीक्षा करता रहा। इधर अंग्रेजी फौज निर्द्वन्द्व पुल को पार करती और यह हौसले बाँधती रही कि अब लिया—ये गँवार किसान क्या खाकर हमसे लड़ेंगे ? किन्तु, थोड़ी देर के बाद ही उन्होंने इन गँवारों की अद्भुत करतूत देखी। वालेस अपने देशभक्तों का दल लिए उन पर टूट पड़ा। उनमें कुछ नदी के इस पार, कुछ उस पार और कुछ पुल पर ही थे। छिन्न-भिन्न दशा में ऐसी जबर्दस्त चढ़ाइ हुई कि उनके छक्के छूट गए—मन के मंसूबे मन ही में रहे। जो मरे, वह तो गए, जो बच निकले उन्हें पराजय का घोर अपमान सहना पड़ा।

अपने गवर्नर की इस पराजय का समाचार सुनकर एडवर्ड खुद बड़ी सेना लेकर स्कॉटलैंड चला। स्कॉटलैंड के बड़े लोग तटस्थ ही रहे—उन्होंने एक किसान के बेटे के अधीन लड़ना पसन्द नहीं किया। किन्तु वालेस इससे विचलित नहीं हुआ। वह मैदान में आ डटा। एक तरफ अंग्रेजी सेना—घोड़े पर सवार, तीर-कमान से सजी। दूसरी ओर वालेस की पैदल सेना—हाथ में फकत भाले। किन्तु यह सेना कुछ ऐसी वीरता से लड़ी कि एडवर्ड की फौज में फाँक हो गयी और किसी भी क्षण उसके पाँव उखड़ सकते हैं, ऐसा जँचने लगा। इतने ही में एडवर्ड ने अपने सैनिकों को तीर चलाने का हुक्म दिया। तीर की बौछार अजेय साबित हुई। वालेस की फौज तितर-बितर हो गई है। किन्तु, वालेस ने इतने पर भी आत्मसमर्पण नहीं किया। वह वहाँ से भागा और कभी यहाँ, कभी वहाँ इस तरह लड़ता रहा कि अंग्रेजों के नाकोदम कर दिया।

किन्तु, अफसोस, देशद्रोहियों की कमी कहीं और कभी नहीं रही है। एक सरदार ने वालेस को धोखा देकर पकड़वा दिया। वह जंजीरों में जकड़कर लंदन लाया गया। एडवर्ड ने इस देश-भक्त की कद्र नहीं की, उलटे इसे इस प्रकार दंड दिया कि आज किसी भी अंग्रेज का मस्तक नत हो सकता है। उसे जंजीरों में कसकर, घोड़े पर चढ़ाकर, समूचे लंदन में घुमाया गया और अन्त में कुत्ते की मौत उसे मारा गया।

वालेस मर गया, किन्तु, उसकी आत्मा ? वह स्कॉटलैंड की गली-गली घूमकर लोगों को देश की स्वतन्त्रता के लिए जूझने को अनुप्राणित करती रही। कुछ दिनों के बाद ब्रूस नामक एक देशभक्त का उदय हुआ और उसने अंग्रेजों को एक बार स्कॉटलैंड से निकालकर ही दम लिया था।

इंग्लैंड के इस राज्य-विस्तार की दुर्नीति का शिकार एक और भी आत्मा हुई है, जिसका नाम जोन-आफ-आर्क है। यह फ्रांस की लड़की थी। एडवर्ड पहले की मृत्यु के सौ वर्ष बाद हेनरी पाँचवें ने फ्रांस की ओर नजर उठाई और आधा फ्रांस जीत लिया। यह इंग्लैंड का सबसे बड़ा सैनिक राजा समझा जाता है। जब यह मरने लगा, इसने अपने भाई को आज्ञा दी कि समूचे फ्रांस को जीते बिना चैन नहीं लेना। उसके आदेशानुसार उसका भाई वेडफर्ड का ड्यूक फ्रांस की विजय को पूर्ण बनाने चला।

किन्तु उसे एक अजीब प्रतिद्वंद्वी से सामना करना पड़ा कि वह तो भौचक रह गया।

यह एक किसान की लड़की थी। अभी पूरी जवानी भी नहीं आई थी उसमें। भेड़-बकरी चराया करती। उसे मालूम हुआ, कोई उसे कह रहा है, तुम भेड़ क्यों चराती हो ? चलो ! सैनिकों का बाना पहनो। हाथ में हथियार लो। तुम्हारे देश पर शत्रु चढ़ आए हैं—ये लुटेरे, ये खूनी। इन्हें मज़ा चखाओ। चलो, जोन बेटी, चलो !

भेड़-बकरी चराना छोड़ वह शहर में आई। फ्रांस के राजा से मिली। राजा ने पहले तो उसकी दिल्लगी उड़ाई—तू, अबला, लड़की, क्या खाकर लड़ेगी ? किन्तु इस लड़की की पवित्रता, इसकी साहसिकता देखकर राजा को इसकी इच्छाओं के निकट सिर झुकाना पड़ा। उजले बख्तर पहनकर घोड़े पर चढ़कर, वह युद्ध भूमि को चली। इस लड़की की हिम्मत ने जवानों को मानो कनेठी दी। वे भी उसके पीछे लगे। अंग्रेजों की फौज उस समय ओरलियन्स नगर को घेरे हुई थी। जोन की सेना वहाँ पहुँची और जाते ही अंग्रेजों को शिकस्त दी। फिर तो, जिस ओर यह लड़की मुड़ी, विजय उसके आगे चलती मालूम पड़ी। अंग्रेज उसे जादूगरनी समझने लगे—जरूर जादू जानती है नहीं तो, उससे सामना होते ही हमारी फौज यों भागती क्यों है ?

इस प्रकार जब वह विजय पर विजय पा रही थी कि अपने कुछ देशवासियों के ही विश्वासघात से वह पकड़ ली गई। पकड़े जाने पर अंग्रेजों ने ऐसी क्रूरता दिखलाई जिसकी सीमा नहीं। उस बेचारी को एक खम्भे से बाँधा गया और उस खम्भे के चारों ओर लकड़ी इकट्ठी कर उसमें आग लगा दी गई। धू-धू करके लकड़ी जल उठी; जोन-आफ-आर्क के मुँह से उफ न निकला। देशभक्ति के नशे में उसने हँस-हँसकर लपटों का स्वागत किया और हँसते-हँसते चल बसी।

जोन चल बसी—किन्तु अंग्रेजों के पैर फ्रांस में टिक नहीं सके ! वह हारते गए। हारते गए। आज फ्रांस में अंग्रेजों की एक इंच जमीन भी नहीं है—जोन की आत्मा मरकर भी विजयी बनी।

फ्रांस की बगल में ही स्वीजरलैंड है। यूरोप का नक्शा देखो, कितना छोटा। किन्तु, यह छोटा देश स्वतंत्र है। यह स्वतंत्रता की भूमि समझी जाती है। राष्ट्रसंघ का दफ्तर इसी के जेनेवा नगर में है।

किन्तु ज़माने की बात है स्वीजरलैंड पर आस्ट्रिया के आर्कड्यूक ने अपना आधिपत्य जमाया। यह बड़ा ही क्रूर शासक था। स्वीजरलैंड की प्रजा उससे तबाह थी।

उसने नियम बना रखा था, उसके सामने हर आदमी को अपनी टोपी उतार लेनी पड़ेगी। सब कोई डर के मारे इस नियम का पालन करते थे। किन्तु, एक आदमी था—नाम था उसका विलियम टेल। उसने कहा—नहीं, मैं ऐसा नहीं करूँगा। वह शान से अपनी टोपी लगाए घूमा करता !

ऐसी गुस्ताखी !—वह दरबार में बुलाया गया। वह बहुत अच्छा तीरंदाज था। उसके बेटे के सिर पर एक सेब रख दिया गया और कहा गया, ज़रा अपनी तीरंदाजी तो दिखा—ऐसा तीर मार, कि उसके सिर से सेब गिर पड़े—हाँ, सेब जरूर गिरना चाहिए; चूके तो···

कितनी बड़ी परीक्षा ? यदि सेब नहीं गिरता है, तो न जाने कौन-सा दंड यह दुष्ट देता है और यदि ज़रा भी चूक गए तो तीर उसके प्यारे बेटे के सिर को, भेजे को, कपाल को, हो सकता है कलेजे को ही आर-पार कर जाए ? यह तो अर्जुन का लक्ष्य-वेध हुआ। किन्तु उस लक्ष्य-वेध से भी बड़ा। वहाँ तो मछली थी या चिड़िया। लेकिन यहाँ ? बेटा—

बेटा जिय ते अधिक है, चारों युग परिमान ! टेल ने धनुष सम्हाला, निशाना ठीक किया

और तीर छोड़ा। बच्चा हँसता रहा—सेब टुकड़े-टुकड़े। वह छोड़ दिया गया। लेकिन, क्या अब वह साधारण आदमी था। वह तो अब देश का दीवाना था। पराधीनता के विरुद्ध युद्ध करने लगा। आर्कड्यूक के कितने ही अफसरों का उसने खात्मा किया।

किन्तु, अपने देश को स्वाधीन करने का श्रेय तो मिला अरनल्ड बान विंकलरीड को। स्वीजरलैण्ड के निवासियों ने आस्ट्रिया के खिलाफ बहुत बड़ी सेना इकट्ठी की। एक जगह दोनों तरफ की फौजें आखिरी लड़ाई लड़ लेने को इकट्ठी हुईं। आस्ट्रिया की सेना फैलादी बख्तर पहने, लम्बे भाले और तलवारें लिए। स्वीजरलैण्ड के निवासियों के पास न तो बख्तर न अच्छे हथियार। पहले मुकाबले में ही बहुत से स्वीजरलैण्ड निवासी गाजर-मूली की तरह कचर दिए गए।

तब विंकलरीड ने अपने देशवासियों की सेना को त्रिकोर की नोक की तरह ब्यूहबद्ध किया। और उसकी नोक पर वह खुद रहकर हाथों को फैलाए आगे बढ़ा इस तरह कि आस्ट्रिया के सैनिकों के भाले स्वभावतः उसी पर पड़े। ठीक यही हुआ, दर्जनों भालों की नोंके एकबारगी ही उसके शरीर में घुसीं और वह वहीं मर गया—लेकिन, इसी के अन्दर उसके देशवासियों का एक दिलेर दल आस्ट्रिया वालों के इतना निकट पहुँच चुका था, जहाँ पर लम्बे भाले की मार वे कर नहीं सकते थे, तलवारों की ही मार हो सकती थी। यह दल इस तरह तलवार चलाने लगा कि आस्ट्रियावालों के छक्के-पंजे भूल गए। धीरे-धीरे स्वीजरलैंड के और नौजवान भी आ जुटे और खूब जमकर तलवार की लड़ाई हुई। आस्ट्रियावालों को हारकर इस देश को छोड़कर भाग जाने का ही निश्चय कर लेना पड़ा।

स्वीजरलैण्ड के निकट ही टाइरोल नामक एक देश था, यह देश भी आस्ट्रिया के ही अधीन था। किन्तु, पीछे फ्रांस के अधिनायक, सुप्रसिद्ध नेपोलियन के कहने पर, आस्ट्रिया के महाराजा ने इस देश को बैवोरिया के राजा को दे दिया। इस तरह भेड़-बकरी की तरह किसी की भेंट का उपादान बनना टाइरोल के निवासियों को पसन्द नहीं आया। किन्तु, कोई बोले तो क्या ? नेपोलियन के डर से तो उस समय सारा संसार थर-थर काँपता था।

टाइरोल में एक छोटा-सा होटल था। उस होटल के मालिक का नाम था होफर। होफर ने कहा—नहीं, यह बर्दाश्त नहीं किया जाएगा। नेपोलियन बड़ा है तो रहे। वह हमें भेड़-बकरी की तरह किसी का उपहार-सौगात नहीं बना सकता। उसने विद्रोह का झंडा उठाया। उसके झंडे के निकट टाइरोल के नौजवान, बूढ़े सभी एकत्र होने लगे। जब नेपोलियन को इसकी खबर लगी, उसने एक बड़ी सेना भेजी। होफर घबराया नहीं। वह लड़ता रहा। अपने देश के पहाड़ों को अपना घर बनाया। पहाड़ों पर छिपा रहता और जहाँ ज़रा भी मौका आया, भेड़िए-सा टूट पड़ता। संसार-विजयी नेपोलियन इस होटलवाले से तंग आ गया।

किन्तु, आखिर में होफर की भी वही गत हुई जो वालेस या जोन की हुई थी। आस्तीन में ही साँप निकला। एक देश-द्रोही ने उसे पकड़वा दिया। उसे गोली मार दी गई। किन्तु, उसका खून रंग लाया। नेपोलियन अपने अत्याचार से समुद्र में खुद डूब गया।

स्वीजरलैण्ड के ही समान एक और छोटा स्वतंत्र देश यूरोप में विद्यमान है। वह है हॉलैण्ड, जहाँ के निवासी डच कहलाते हैं। ये डच लोग बड़े साहसी होते हैं और हिन्दुस्तान में व्यापार करने वे अंग्रेजों से भी पहले आए थे।

हॉलैण्ड पर कुछ दिनों तक स्पेनवालों का राज था। एक तो हॉलैण्ड पराधीन देश—दूसरा उसका धर्म स्पेन के धर्म से अलग। और, स्पेन का राजा चाहता कि हमारा धर्म ही मानो। जो न मानेगा, वह तलवार के घाट उतरेगा। इस बात से हॉलैण्ड के लोगों की हालत और भी दिन-दिन बुरी होती गई। किन्तु, जैसा प्रायः होता आया है, अत्याचार किसी देश को जितना

दबाता नहीं, उतना उभाड़ता है। वहाँ के लोग भी उभड़े और उन्हें औरेंज के राजकुमार ऐसा योग्य नेता मिला जिसका नाम विलियम था, और जो इतना शान्त रहता था कि वह 'मौनी विलियम' कहा जाता था।

हॉलैण्ड के इस विद्रोह को दबाने के लिए स्पेनवालों ने क्या नहीं किया ? इतने आदमियों की हत्या की गई कि उस काण्ड को नरमेध कहकर पुकारा जाता है। लेकिन, उन लोगों ने जैसी अनुपम देशभक्ति दिखलाई, जैसा त्याग और बलिदान किया, वह संसार के इतिहास में अनुपम समझा जाता है। यद्यपि विलियम इस स्वाधीनता संग्राम में ही शहीद हो गया, किन्तु, उसका देश तत्परता से उसके पद-चिन्हों का अनुसरण करता रहा और आज हॉलैण्ड एक स्वतंत्र और भरा-पूरा देश है।

उस जमाने के देशोद्धारकों में दो व्यक्तियों के नाम और भी उल्लेखनीय हैं। एक गेरीबाल्डी का और दूसरा कोसथ का। गेरीबाल्डी मल्लाह का बेटा था—उसका जन्म इटली में हुआ था। उस समय इटली कई भागों में बँटा था। कुछ पर आस्ट्रिया का राज था, कुछ पर नेपल्स के राजा का, जो इटालियन नहीं था। मेजनी नामक एक महान् क्रान्तिकारी अपने इस देश को संयुक्त बनाने और स्वाधीन करने के लिए अनवरत चेष्टा कर रहा था, किन्तु, जरूरत थी एक ऐसे सेनापति की जो मिट्टी के पुतलों में जान फूँके, उन्हें लड़ाए और विजय प्राप्त करे। ऐसा सेनापति यही गेरीबाल्डी था।

गेरीबाल्डी ने एक सेना एकत्र की। एक बार एक ने पूछा, आपकी सेना में भर्ती होने पर क्या मुशाहरा मिलता है। उसने कहा—भूख और मौत ! देशभक्तों का मुशाहरा भला इसके अलावा और क्या हो सकता है ? किन्तु, ऐसे मुशाहरे पर भी आदमी मिलते ही हैं। कुछ दिनों के अन्दर ही उसने एक बड़ी सेना एकत्र कर ली और पहली बार तो उसे नाकामयाबी हुई। वह भागकर अमेरिका चला गया और उस समय वहाँ पर आजादी का युद्ध ठना हुआ था, जिसमें शामिल हुआ। किन्तु, उसका हृदय तो अपने देश पर अटका हुआ था। वह लौटा। फिर सेना इकट्ठी की, फिर लड़ा। किन्तु, विजय देवी इस बार भी प्रसन्न नहीं थी। इस बार भी उसे अमेरिका भाग जाना पड़ा। किन्तु, जब तीसरी बार उसने आकर सेना संगठित की और चढ़ाई की, तब वह विजयी होकर ही रहा।

जिस समय गेरीबाल्डी अपने देश को आज़ाद करने का यह संघर्ष जारी किए हुए था, उसी समय लुइस कोसथ नामक एक व्यक्ति भी आस्ट्रिया की ही चंगुल से अपने देश को स्वतंत्र बनाने के लिए प्रयत्न-पर-प्रयत्न कर रहा था। वह सैनिक नहीं था वह तो एक लेखक, वक्ता और राजनीतिज्ञ था। किन्तु, हंगरीवालों ने उसे ही अपना नेता बनाया और इसने भी सिद्ध कर दिया कि वह इस पद का अपमान नहीं कर सकता। वह जिन्दगी-भर आस्ट्रिया के विरुद्ध लड़ता रहा। हार मानकर आस्ट्रियावालों ने एक बार उससे सुलह कर ली, किन्तु, उसके देश के लिए जो कुछ दिया गया; उससे उसे सन्तोष नहीं हुआ। उसने अपना युद्ध जारी रखा और अन्त में युद्ध करते-करते ही उसने आखिरी दम तोड़ा, लेकिन अपनी प्यारी जन्मभूमि में नहीं, इटली में—एक निर्वासित देशभक्त की तरह !

4

जीवन-त्राता

आदमी ने जीवन पाया, किन्तु पाए उसके साथ ही अनेकानेक रोग। रोगों ने जीवन दूभर बना दिया है। और ज्यों-ज्यों सभ्यता का प्रसार होता जाता है, रोग भी बढ़ते जा रहे हैं। किन्तु, सौभाग्य की बात यह है कि संसार में ऐसे लोग भी होते रहे हैं, जो रोगों के कारण और उनके उपचार के उपाय खोजने में लगे रहे और उन जीवन-त्राताओं की कृपा है कि मनुष्य-समाज बचा हुआ है।

हमारे यहाँ भी बड़े-बड़े चिकित्सक हुए हैं ? धन्वन्तरि, चरक, सुश्रुत आदि के नाम भारत में घर-घर विख्यात हैं। किन्तु, आधुनिक ढंग की जो चिकित्सा है, उसके कुछ प्रमुख व्यक्तियों की जीवनियाँ हमारे लिए कम उपयोगी और मनोरंजक नहीं होंगी।

आज थोड़ा पढ़ा-लिखा भी जान गया है कि हमारी बहुत-सी बीमारियाँ जीवाणुओं के कारण होती हैं। ये जीवाणु हवा में होते हैं। खास-खास बीमारियों के खास-खास ढंग के जीवाणु होते हैं, जो हवा या छूत से फैलते हैं। और, यदि उन जीवाणुओं को खत्म करने या उनसे बचने का उपाय कर लिया जाए, तो उन बीमारियों का ही खात्मा हो जाए।

किन्तु, सौ वर्ष पहले तक, यह बात लोगों को मालूम नहीं थी। इसका पता लगाया—'लुइस पास्चर' नामक एक वैज्ञानिक ने, जिसका जन्म फ्रांस देश के 'डोल' नामक स्थान में हुआ था। उसका पिता नेपोलियन की सेना में काम कर चुका था। उसने अपने बेटे को अच्छी से अच्छी शिक्षा देने का प्रबन्ध किया। अपने बेटे को पेरिस के महाविद्यालय में भेजा, किन्तु पास्चर को घर इतना प्यारा था कि पेरिस पहुँचते ही उसका जी उचट गया और आखिर वह वहाँ बीमार भी पड़ गया। तब उसे एक मुफस्सिल नगर में पढ़ने को भेजा गया, जहाँ से वह ग्रेजुएट बनकर फिर पेरिस आया और 1847 में उसने भौतिक-विज्ञान में उपाधि प्राप्त की।

''काम करो—हमेशा काम करते रहो।''—यह था उसका उद्देश्य-वाक्य। रसायन शास्त्र में उसने कई नूतन आविष्कार किए, जिससे उसकी शोहरत वैज्ञानिक संसार में हो गयी। उसका मस्तिष्क सदा नई-नई बातें सोचा करता। एक दिन उसके दिल में यह बात उठी—'कोई चीज बासी पड़ने पर खट्टी क्यों हो जाती है ?'

यह प्रश्न पहले भी कितने व्यक्तियों के मन में उठा था—किन्तु, कोई इसका समाधान नहीं पा सका था। पास्चर खोज-ढूँढ़ में लगा और आखिर उसने यह पता लगाया कि यह काम जीवाणुओं (microbes) का है, जो हमारे चारों ओर भरे पड़े हैं। यदि किसी चीज को इन जीवाणुओं के सम्पर्क से बचा लिया जाए, तो वह खट्टी नहीं होगी; चाहे वह दूध हो, ताड़ी हो या बासी भात हो।

जीवाणुओं के पता लग जाने से पीछे अनेक बीमारियों की भी, जो ला-इलाज समझी जाती थीं, सफल चिकित्सा का पता लग सका।

उस समय फ्रांस में रेशम के कीड़ों का नाश एक बीमारी से हो रहा था। पास्चर ने उसके जीवाणुओं को खत्म कर उनकी रक्षा की। वहाँ की मुर्गियाँ एक खास ढंग के हैजे से मर रही थीं; यों ही वहाँ की भेड़ों में एक ढंग की महामारी फैली हुई थी, पास्चर के इस आविष्कार ने जादू का काम किया और इन सभी बीमारियों को मार भगाया। सबसे बढ़कर तो उसने एक काम किया। पागल कुत्ते के काटने से आदमी बचते नहीं थे। उसने पता लगाया कि ऐसे

कुत्तों में एक ढंग के जीवाणु होते हैं, जो उसके काटने के समय आदमी के शरीर में घुस जाते हैं और उसे ले मारते हैं। पास्चर ने उन जीवाणुओं के मारने का उपाय बताया और अब तो पागल कुत्ते के काटने से शायद ही कोई मर पाता हो। संसार के कोने-कोने में 'पास्चर इन्सच्यूट' कायम हैं, जहाँ पागल कुत्ते या उसी कोटि के विषैले जानवरों के काटे का इलाज होता है। हमारे पटना में भी वह संस्था बन गयी है।

पास्चर 73 वर्ष जीवित रहकर 1895 ईस्वी में मरा।

पास्चर के इस जीवाणुओं के आविष्कार का मनुष्यों के लिए कितना बड़ा उपयोग हो सकता है, इसका पता धीरे-धीरे लगा। जोसेफ लिस्टर नामक एक अंग्रेज सज्जन इसी के आधार पर मानव-उपकारी अनुसंधान कर सके, जिनके चलते उन्हें 'लॉर्ड' की उपाधि तक प्राप्त हुई।

लिस्टर का जन्म लन्दन में 1827 में हुआ था। वह पास्चर से पाँच वर्ष छोटा था। उसने लन्दन के विश्वविद्यालय से औषधि-चिकित्सा और अस्त्र-चिकित्सा—दोनों में स्नातक की उपाधि प्राप्त की थी।

जब वह लन्दन हास्पिटल में हाउस सर्जन की हैसियत से भर्ती किया गया, तब उसे यह देखकर बड़ा आश्चर्य हुआ कि सफल आपरेशन करने के बाद भी बहुत से रोगी घाव बिगड़ जाने से मर जाते हैं। आपरेशन के बाद ही उनका घाव खराब होने लगता और आखिर में उनमें बहुतों को ले बीतता। यह बात बहुत दिनों से लोगों को चक्कर में डाले हुई थी, किन्तु सिवा अधिक से अधिक सफाई रखने के, और कोई उपाय किसी को सूझता ही न था। जब लिस्टर को पास्चर के इस जीवाणुवाले सिद्धान्त का पता चला, तो मानो वह सोते से उठ बैठा। उसने निश्चय कर लिया कि यह जीवाणु की ही संहार-लीला है।

चूँकि जीवाणु हवा में रहते हैं, अतः पहले उसने सोचा कि घावों को हवा से ही बचाया जाए। इसके लिए उसने घाव को तुरन्त कारबोलिक एसिड से ढँक देना शुरू किया। कारबोलिक एसिड में जीवाणु को मारने और उसके द्वारा पैदा किए गए विष को शान्त करने की जोरदार ताकत है। इससे घाव तो अच्छा होने लगे, किन्तु घाव के बाद उन पर बड़े भद्दे दाग स्थायी रूप से आने लगे।

इस सम्बन्ध में लिस्टर लगातार अनुसन्धान करता रहा। अन्त में उसे यह पता चला कि शुद्ध हवा में जो जीवाणु रहते हैं, वे हानिप्रद नहीं होते। किन्तु, जो हाथ, कपड़े, बैन्डेज या औजार के द्वारा घाव तक पहुँचते हैं, वे ही पहुँचकर खुराफात मचाते हैं। अतः, उन्हें वहीं पर खत्म करना चाहिए। इसके लिए उसने जो प्रयोग शुरू किया, वह 'ऐंटी सेप्टिक'—जीवाणु-रहित करने का प्रयोग कहलाता है। इस प्रयोग में कुछ ऐसी चीजें, जो जीवाणु को मारती हैं, ड्रेसिंग में रख दी जाती हैं या खूब गरम करके बैन्डेज और औजारों को साफ कर उन्हें जीवाणु-रहित बना लिया जाता है।

लिस्टर के इस प्रयोग से लाखों जानों की रक्षा प्रति वर्ष होती है। उसके इस लोकोपकारी आविष्कार पर प्रसन्न हो, इंग्लैंड की सरकार ने, पहले उसे 'सर' और पीछे 'लॉर्ड' की उपाधि दी और राजकीय परिषद् (Royal Society) का सभापति बनाया।

1912 में, 85 वर्ष की उम्र में, वह मरा।

किन्तु, पास्चर के पदचिन्ह पर चलनेवालों में सबसे बड़ा था डा. 'रौबर्ट कोच'। इसने हैजा, थायसिस (राजयक्ष्मा) और टाइफायड (विषम ज्वर) के जीवाणुओं का पता लगाया और उनके इलाज की पद्धति ठीक की, जिससे मानव समाज के अपार उपकार हो रहे हैं।

डा. कोच की जन्मभूमि जर्मनी है। उसका जन्म 1843 में, 'क्लौस्थल' नामक शहर में,

हुआ था। वह 'गौंटिजेन' विश्वविद्यालय में पढ़ने के लिए भेजा गया, जहाँ से उसने उपाधि-परीक्षा पास की। उस समय फ्रांस से जर्मनी की लड़ाई हो रही थी, जिसमें शामिल होकर वह युद्धभूमि में गया। वहाँ से लौटकर वह देहात में जमकर चिकित्सा करने लगा। जिस समय घोड़े पर चढ़कर ऊबड़-खाबड़ सड़कों और पगडंडियों से वह अपने रोगियों का निरीक्षण करने जाता, उस समय उसका दिमाग अनेक प्रकार के विचारों से ओत-प्रोत रहा करता। वह खुर्दबीन लेकर कितनी ही लम्बी सन्ध्याएँ जीवाणुओं के जीवन के अध्ययन में बिता देता। उसने उनका पूरा जीवन-इतिहास समझ लिया।

उसी ने, जैसा कि कहा जा चुका है, हैजा और थायसिस (राजयक्ष्मा) के जीवाणुओं का पता लगाया और टाइफायड (विषम ज्वर) की चिकित्सा की ईजाद की। उसके आविष्कारों पर मुग्ध हो, उसे बर्लिन विद्यालय का प्रोफेसर बना दिया गया, जहाँ संसार भर के प्रतिभाशाली छात्र उससे शिक्षा ग्रहण करने आते। उन्हीं में से एक छात्र जापान का था। उसका नाम था—'कीता-साता'। इसी व्यक्ति ने प्लेग के जीवाणु का पता लगाया—जो प्लेग संसार में करोड़ों जानें ले रहा है।

हैजा के अध्ययन के लिए डा. कोच मिस्र देश से आया था और सोने की बीमारी और पशुओं की 'रिन्डर पेस्ट' नामक महामारी की जाँच करने पूर्वी अफ्रीका का दौरा किया था। प्लेग के अनुसन्धान के सिलसिले में उसका पदार्पण भारत में भी हुआ था। उसकी मृत्यु 1910 में हुई।

कोच को अपने टायफायड और थायसिस के अनुसन्धान में अमेरिका के डाक्टर 'थियोवाल्ड स्मिथ' के अनुसन्धानों से मदद मिली थी। स्मिथ का जन्म न्यूयार्क स्टेट के अलवानी में, 1859 में, हुआ था। उसकी प्रतिभा पर मुग्ध हो, अमेरिका की सरकार ने उसे वाशिंगटन बुला लिया था, जहाँ उसे प्रोफेसरी मिली। वाशिंगटन में रहते समय ही उसने टायफायड और गर्दनतोड़ बुखार के बारे में जाँच की। जिस जगह कोई बीमारी फैली हो, वहाँ उस बीमारी की सूई ले लेने से आदमी उस बीमारी से बच सकता है—यह सूझ भी उसी की है। मलेरिया और पीले बुखार के मूल कारणों के अनुसन्धान में उसके अनुसन्धानों से पीछे बहुत सहायता मिली। उसी ने यह भी साबित किया कि आदमी का थायसिस और पशु का थायसिस दो किस्म की चीजें हैं। डा. कोच ने भी इसे मान लिया और कुछ दिनों तक यह धारणा थी कि जिस गाय को थायसिस हो गया हो, उसका दूध पीने में कोई हानि नहीं—किन्तु, पीछे यह बात खतरनाक साबित हुई ही।

मनुष्य के जीवन-त्राताओं में दो व्यक्तियों के नामों का और उल्लेख करना होगा। एक तो वह, जिसने 'एक्स-रे' का आविष्कार किया।

उसका नाम 'रौन्टजेन' था। वह जर्मनी का सपूत था। उसका जन्म 1845 ई. में हुआ था। उसकी शिक्षा-दीक्षा हॉलैण्ड में हुई थी और जूरिच विश्वविद्यालय से उसने डॉक्टरी की उपाधि प्राप्त की थी। उस समय उसकी उम्र बाईस वर्ष की थी।

विश्वविद्यालय से उपाधि प्राप्त कर वह वर्जवर्ग और ट्रैस्सवर्ग के विश्वविद्यालयों में प्रोफेसरी करता रहा। रसायनशास्त्र में उसकी विशेषता थी। एक दिन वह रसायनशास्त्र में कुछ अनुसन्धान कर रहा था कि अकस्मात् दुनिया का यह महान आविष्कार आप से आप हो गया।

वह अनुसन्धान के सिलसिले में कुछ फोटो ले रहा था कि उसे देखकर आश्चर्य हुआ कि एक किताब के भीतर जो एक कुंजी रखी थी, उसका भी फोटो उतर आया है। वह तो ताज्जुब में आ गया। उसने उस क्रिया को फिर दुहराया। फिर वही नतीजा निकला और पूरी

छानबीन कर अन्त में जब उसने इसकी घोषणा की, तब तो संसार भर में आश्चर्य की लहर दौड़ पड़ी।

'एक्स-रे' का नाम तो अब भारत में भी छाता जा रहा है। इसके सहारे शरीर के भीतर के अवयवों का भी पता लगाया जा सकता है। फेफड़े में थायसिस का कीड़ा है कि नहीं–है तो उसने कितनी जगह बना ली है; चोट लगने पर कोई हड्डी टूटी है कि नहीं, टूटी है तो कहाँ की और कितनी; यदि किसी लड़के ने कोई ठोस टुकड़ा या निब वगैरह निगल लिया है, तो वे चीजें उसकी नली में कहाँ अटकी हैं, युद्ध में किसी को गोली लगी है, तो वह गोली शरीर में ही है या निकल चुकी–आदि बातों का पता लगाना अब आसान हो गया है–जिसका पहले सपना भी नहीं देखा जा सकता था। और, यह पता लगने पर चिकित्सा या आपरेशन कितना सहल हो गया है।

दूसरे आविष्कारक का नाम है–'कैरेल'। यह फ्रांस का रहनेवाला था। लियोन-विश्वविद्यालय से उसने 1900 ई. में स्नातक की उपाधि प्राप्त की थी। इसके बाद वह अमेरिका गया। वहाँ के सुप्रसिद्ध 'राकफेलर इन्स्टिट्यूट' में रहकर उसने अजीब-अजीब आविष्कार किए, जिनमें एक तो अतीव उपयोगी है।

यह आविष्कार तो एक जादू ही सा है। उसने यह सिद्ध कर दिया कि यदि शरीर के भीतर का कोई अवयव खराब हो जाए, तो दूसरा उसी ढंग का अवयव यदि शरीर से काटकर वहाँ पर टाँक या जोड़ दिया जाए तो शरीर का काम पहले ऐसा ही चल सकता है। मान लीजिए, किसी की कोई नस खराब हो गयी हो या कोई हड्डी टूट गयी हो, तो शरीर की किसी ऐसी जगह से नस या हड्डी निकालकर जहाँ उसकी उतनी उपयोगिता नहीं है, उस जगह पर टाँक या जोड़ दी जाए, तो थोड़े ही दिनों में वह स्वाभाविक रूप से काम करने लगेगी। युद्ध से आहत लोगों के लिए यह आविष्कार तो महान उपकारी सिद्ध हुआ।

रोगों और आघातों को जड़मूल से दूर करने के लिए आज भी अनेकानेक वैज्ञानिक मनीषी अनुसन्धान करने में लगे हैं। और, अब तो यह माना जाने लगा है कि यदि वैज्ञानिक ज्ञान का ठीक उपयोग हो तो रोग ही क्या, मृत्यु पर भी आदमी विजय प्राप्त कर सकता है।

5

मानव-कल्याण की ओर

हमारे देश में ऐसे महात्माओं, महापुरुषों, की कमी नहीं जिन्होंने मानवता के कल्याण का मार्ग अनुसंधान करने ही में अपना जीवन व्यतीत किया। किन्तु, भौतिकवादी यूरोप में, जहाँ पूँजीवाद और साम्राज्यवाद का बोलबाला है, ऐसे लोगों की कमी नहीं, जिन्होंने इस मार्ग की तलाश में ही अपना जीवन व्यतीत किया, और जिन्हें जिन्दगी की सच्चाइयों को प्रकट करने के लिए प्रायः कष्ट भी उठाने पड़े।

फ्रांस के रूसो की ख्याति एक लेखक की हैसियत से भी कम नहीं है, किन्तु, वह ज्यादा मशहूर है अपने क्रान्तिकारी विचारों के लिए। उस समय फ्रांस में राजतन्त्र का बोलबाला था, अमीर लोग गरीबों को तरह-तरह से तबाह कर रहे थे। जनता नाना तरह के बन्धनों में फँसी बेहाल थी। किन्तु, वह इन चीजों को ईश्वर की महिमा या भाग्य का फेर समझकर

बर्दाश्त करती जा रही थी। ऐसे समय में रूसो आया और लार्ड मार्ले के शब्दों में–

"यह रूसो ही था, जिसने वर्तमान समय में मानवता की लड़ाई की बिगुल पहले-पहल फूँकी। उसने गरीबों को बताया कि उनके लिए शर्मिन्दा होने का कोई कारण नहीं है। उसी ने यूरोप को सबसे पहले उस आवाज और स्पन्दन का पता दिया जो साधारण जनता के मुँह और हृदय से विस्तृत हो रहे थे। मानवता उसकी चिर-अनुगृहीत है जिसने चिनगारियों के अक्षरों में राजाओं और रईसों के पाशविक भोजों और सभ्यता के नाम पर फैलानेवाले क्रूर ढोंगों का पर्दाफाश किया और अपने जमाने के युवक-युवतियों के हृदय में यह आग पैदा की कि या तो इस स्थिति को बदल देना है, या इसी चेष्टा में अपने को बलिदान कर देना है।"

किन्तु, संसार के इतने बड़े कल्याणकारी व्यक्ति के बारे में उस जमाने में भी कितनी बड़ी भ्रान्त धारणा थी। अंग्रेजी के सुप्रसिद्ध साहित्यिक जान्सन ने अपने मित्र से कहा था–"रूसो ! संसार में उतना खराब आदमी आज तक पैदा न हुआ–उसे तो समाज से अलग पटक देना चाहिए। तीन या चार राष्ट्रों ने उसे अपने देश से निकालकर उचित ही किया है और यह शर्म की बात है कि उसे हमारे देश में शरण दी गई है।"

इंग्लैण्ड के ही दो महापुरुषों की एक ही आदमी के बारे में ये दो बिल्कुल विपरीत धारणाएँ ? किन्तु, इसमें आश्चर्य नहीं। रूसो ऐसा आदमी ही था कि उसके बारे में यों भिन्न-भिन्न विचार रखा जाए। उसकी आत्मा उस सरोवर की तरह थी जिसके ऊपर कमल खिले होते हैं, जिसकी लहरों पर किरणों की नयनरंजक क्रीड़ाएँ होती रहती हैं, जिसके हृदय पर चाँद और तारों की झिलमिलाहट झक-झक करती रहती हैं, किन्तु, जिसके तले में कीचड़ भी है, साँप भी हो सकते हैं।

रूसो गरीबों के लिए प्रकाश का देवदूत था। उसने वह संसार देखा था, जहाँ आदमी कराहता रहता, स्त्रियाँ बेइज्जत होतीं, बच्चे भूखे, जाड़ा और मूर्खता के शिकार होते और जहाँ इस परिस्थिति को बदलने की चेष्टा करनेवाले नाना तरह के कष्ट भोगते हैं। उसने इसके खिलाफ आवाज उठाई और उसने उन सभी चीजों पर प्रहार किया, जिनके चलते यह स्थिति है।

उसने न धर्म को छोड़ा, न समाज को, न राज्य को। सादगी लाओ, आडम्बर छोड़ो, उसका पैगाम था। धर्म में सादगी हो कि उसकी सुविधाओं का सभी भोग कर सकें, समाज में सादगी लाओ कि सब आदमी बराबर हो सकें, और राज्य ! राजा का तो खात्मा करो। साहित्य और कला को भी उसने नहीं छोड़ा। तुम्हारा साहित्य तो कुछ व्यक्तियों या किसी खास प्रणाली की गुणगाथा है, तुम्हारी कला तो कृत्रिमता का बाजार है। प्रकृति की ओर–वह साहित्यिकों और कलाकारों से कहता !

और, उसका कहना ! कितना जोरदार होता था, उसके कहने में। "सड़े-मरे घोड़े, जो चाबुक की चोट पर ही गिरने को आतुर; अभागे किसान, भूख से नरकंकाल बने, थकावट से चूर-चूर, चीथड़ों से लाज ढँके; खँडहर बनी झोंपड़ियाँ–रोती, बिलखती, उफ, इन्हें देखकर तो आदमी होने का अफसोस होता है, फिर जब हम सोचते हैं कि इन्हीं के खून पर तो हम जीते हैं, तब ?" तब इसी ढर्रे पर वह लगातार आग उगलता जाता।

मानव-पीड़ाओं से आखिर वह पागल हो गया। वह पागलपन में ही मरा। किन्तु, उसके शब्दों ने जादू का काम किया। फ्रांस की राज्यक्रान्ति उसके जादू का सबसे बड़ा करतब था।

इंग्लैण्ड तो कट्टरपंथियों का देश रहा है। तो भी, उसमें कुछ ऐसी आत्माएँ पैदा हुई हैं, जिनका ध्यान मानव-कल्याण की ओर गया।

बेन्थम ऐसे ही लोगों में था। उसका एक वाक्य तो बहुत दिनों तक लोगों को अनुप्राणित करता रहा—The Greatest happiness of the greatest number, अधिक-से-अधिक लोगों के लिए अधिक-से-अधिक सुख। उसने नीति, कानून, धर्म, राज्य, सबको इसी कसौटी पर कसकर देखना शुरू किया।

जुर्म को रोकना ही कानून का काम है और जो पंडितजी कहें, वही धर्म है, बेन्थम ने कहा—यह गलत बात है। कानून का अर्थ यही नहीं है कि धनियों की जेबों की रक्षा की जाए, चोर-डाकुओं को सज़ा दी जाए, किन्तु उसका उद्देश्य तो यह होना चाहिए कि वह अधिक-से-अधिक आदमियों के लिए अधिक-से-अधिक स्वतन्त्रता और सुख मुहय्या करे। धर्म कोई आसमानी चीज़ नहीं, यह तो मनुष्यों की अपनी बनाई हुई चीज है और मानव-उन्नति ही उसका ध्येय होना चाहिए। अच्छी सरकार वह नहीं जिसके पास तोप, बंदूक, फौज, पुलिस की भरमार है, वरन् जो अधिक से अधिक लोगों के लिए अधिक से अधिक सुरक्षा का प्रबन्ध कर सके।

आडम स्मिथ अपनी 'राष्ट्रों की सम्पत्ति' नामक पुस्तक के कारण आज भी संसार-प्रसिद्ध है। एक जमाने तक यह पुस्तक यूरोप और अमेरिका के विचारशीलों के ध्यान को प्रभावित करती रही।

वह कहता है—

"आप इसे जो नाम दे लें, यह इन्साफ तो हो नहीं सकता कि जो आपको खिलावे, पिन्हावे और रहने को घर दे, उसे इतना कम मिले कि वह अच्छी तरह न खा सके, न पहन सके, न रह सके।

"हमारे, सौदागर और व्यापारी मजदूरी बढ़ाने के कारण कीमत की जो वृद्धि होगी, उससे होनेवाले नुकसानों की चर्चा करते हैं, लेकिन उनके ज्यादा नफा होने से जो हानियाँ होती हैं, उसकी ओर उनका ख्याल भी नहीं जा पाता।"

आडम स्मिथ स्कॉटलैण्ड का रहनेवाला था—अतः उसी के साथ आयरलैण्ड के उस वक्ता की भी चर्चा होनी चाहिए, जिसकी आवाज हम हिन्दुस्तानियों के लिए भी बुलन्द हुई थी। उसका नाम बर्क था। बर्क को न्याय, स्वतन्त्रता और नैतिकता का भाष्याकार कहा जाता है और सही-सही। जिस समय वारेन हेस्टिंग्स की करतूतों पर वह अंग्रेजी पार्लमेंट में बोलने लगा,—किस तरह इस शख्स ने भारत को लूटा-खसोटा,—तब एक अजीब दृश्य उपस्थित हुआ। लोगों की आँखों से आँसू निकल आए, आँखें बेहोश तक हो गईं।

फ्रांस की राजक्रान्ति का इंग्लैण्ड में बहुत विरोध हुआ। लोग क्रान्तिकारियों को गालियाँ देते। किन्तु, यह बर्क ही था जिसने क्रान्ति का खुलेआम समर्थन किया। उसकी आवाज यूरोप-भर में गूँजने लगी, अन्याय के विरोध और स्वतन्त्रता की रक्षा के लिए उसका नाम चारों ओर लिया जाता। लेकिन, अफसोस, उस देश में, इंग्लैण्ड में, जहाँ उसने अपनी जिन्दगी बिताई, उसकी अजीब हालत थी। जब बर्क की एक पुस्तक विन्धम नामक एक सुप्रसिद्ध विद्वान को प्राप्त हुई तब उसने लिखा—आह, यह आदमी—जिसकी निन्दा की जाती है, जिसे सजा दी जाती है, जिसकी चीजें ज़ब्त की जाती हैं, यही नहीं जिसे सब आदमी ठेठ पागल समझते हैं।

उसका बुढ़ापा तो और बुरा बीता। उसका एकमात्र पुत्र चल बसा। यद्यपि वह कोई होशियार नहीं था, किन्तु उसे बर्क इतना मानता था कि वह उसी के दुख में मरा। उसने इस प्रसंग पर लिखा था—

"अभी मेरे सिर से एक तूफान गुज़रा है। मैं एक विशाल वट-वृक्ष-सा जड़ से उखाड़कर

फेंक दिया गया हूँ। ज़मीन पर मैं नंगधड़ंग पड़ा हूँ—सारी प्रतिष्ठा और सम्भ्रम खोकर।"

आज की देशभक्ति तो पूँजीवादियों के हाथ का एक जबर्दस्त हथियार है; किन्तु देशभक्ति एक सात्विक और पवित्र चीज़ है, जिसके लिए अपने को उत्सर्ग कर देना चाहिए, इसका सन्देश संसार को दिया था मेज़नी ने, जो इटली का रहनेवाला था। एकता, स्वाधीनता, समता और मानवता—उसकी देशभक्ति के झंडे पर अंकित थे।

उस समय इटली पराधीन था। मेज़नी ने होश सम्हालते ही अपने देश को प्यार करना शुरू किया और अपनी इस देशभक्ति का उसे पुरस्कार भी मिला। वह नौजवानी में ही गिरफ्तार किया गया और उसकी पूरी जिन्दगी जेल या निर्वासन में ही बीती।

जिस समय यूरोप में पूँजीवाद का घोर दौरदौरा था और राज्य की मशीन का उपयोग जनता को कुचलने और तबाह करने के लिए किया जाने लगा था, उस समय कुछ ऐसे लोग पैदा हुए, जिन्होंने राज्य को बिल्कुल ख़त्म कर देने और समाज को स्वतंत्र रूप में अपना विकास करने को छोड़ देने का प्रचार किया। ऐसे लोगों में दो महापुरुषों का उल्लेख तो करना ही है—एक तो बैकुनिन और दूसरा क्रोपाटकिन। बैकुनिन फ्रांसीसी नागरिक था और उसके शब्दों में आग भरी थी। उसी ने पहले-पहल कहा—धन तो चोरी का माल है। बैकुनिन की जिन्दगी भी कैद, निर्वासन और गुप्त-आवास की जिन्दगी रही।

क्रोपाटकिन प्रिंस क्रोपाटकिन ने नाम से ज्यादा मशहूर है। वह रूस का एक राजकुमार था—राजघराने का। किन्तु, जिस तरह टाल्स्टाय के हृदय में धन से विराग पैदा हुआ था, उसी तरह क्रोपाटकिन को न केवल धन वरन् राज्य नाम की चीज़ से ही विराग था और उसने 'अराजकतावाद' पर बहुत ही प्रामाणिक ग्रन्थ लिखे। 'रोटी की विजय' (Conquest of Bread)—नाम से उसकी सुप्रसिद्ध पुस्तक है, जिसका अनुवाद हिन्दी में भी हो चुका है।

किन्तु, पूँजीवाद का असली हल है समाजवाद—इस ख्याल का बीज रूप इंग्लैण्ड में ही पैदा हुआ। ओवेन नामक एक उदार अंग्रेज था। उसने देखा कि किस तरह एक ओर इंग्लैण्ड में धन बढ़ता जा रहा है और दूसरी ओर साधारण जनता की गरीबी और तकलीफ बढ़ती जा रही है, वह बहुत विचलित हुआ और उसने कहा कि जब तक धन पर पूरे समाज का अधिकार नहीं होगा, यह गड़बड़ घोटाला बन्द नहीं होगा। फ्रांस के उसके कुछ-कुछ समसामयिक सज्जनों ने भी इस ख्याल का समर्थन किया।

पर, समाजवाद को वैज्ञानिक रूप देने, उसे एक दर्शन के रूप में प्रकट करने का सौभाग्य प्राप्त हुआ कार्ल मार्क्स को ही। उसने अपने गम्भीर अध्ययन और तीक्ष्ण मेधा के द्वारा यह प्रकट किया कि समाज का जो विकास हुआ है, उसी का फल यह पूँजीवाद है और इसके बाद समाजवाद ही होकर रहेगा। इसके लिए उसने दुनिया के गरीबों के संगठित होने की आवाज़ उठाई, जिसमें तुरन्त से तुरन्त उस युग को लाया जाए, जब कोई किसी का शोषण न कर सके, सब सुखी रहें—दुनिया एक परिवार के समान हो और 'सर्वे सुखिनः सन्तु सर्वे सन्तु निरामया' का आदर्श स्थापित हो सके।

कार्ल मार्क्स जर्मनी का रहनेवाला था। उसने विश्वविद्यालय की उपाधि प्राप्त कर प्रोफेसर बनना चाहा; किन्तु, बन गया सम्पादक। उसकी तेज लेखनी से उस समय की जर्मन-सरकार घबरा उठी। उसका अखबार जप्त किया गया। तब वह भागकर फ्रांस पहुँचा और वहीं अपना काम शुरू किया, किन्तु, वहाँ भी उसे शरण न मिली। इसके बाद यूरोप के देशों में मारा-मारा फिरता, आखिर वह लंदन आया और यहीं उसने मृत्यु का आलिंगन किया।

कार्ल मार्क्स को जितनी सिद्दत उठानी पड़ी, उतनी शायद ही किसी दार्शनिक को उठानी

पड़ी हो। गरीबी के मारे उसकी संतान पर संतान चल बसती रही, और वह आँसू भरे नेत्रों से देखता रहा। एक मर्तबे अपनी एक संतान की बीमारी में उसे अपना कोट भी बेच देना पड़ा, लेकिन, जब वह नहीं बची, उसको दफन करने के लिए उसके पास फूटी कौड़ी भी नहीं रही। जिस समय उसको दफनाया जा रहा था, कार्ल मार्क्स उस समाधि में कूदने को उद्यत हो गया था। किन्तु, पीछे चलकर उसके एक धनी दोस्त ने उसकी मदद की—उसका नाम था ऐंजिल। कार्ल मार्क्स के बाद उसके सिद्धान्तों की पूर्ति और प्रचार में इसने कुछ कम नहीं किया।

मानव-कल्याण अभी दूर है, यह रास्ता भी काँटों से भरा है। किन्तु, हमें उस पथ का पथिक तो होना ही है। जब तक कुछ पवित्र आत्माएँ इस ओर प्रवृत्त नहीं होंगी—दुनिया का दुख-दर्द कम नहीं होगा !

बेटे हों, तो ऐसे

[1948-50 ई.]

1

बच्चे का मातृप्रेम

जीन के चार भाई थे और बुढ़िया माँ ! छोटे-छोटे बच्चे और यह अनाथ औरत ! मित्रों को दया आई। वे उनकी मदद कर दिया करते।

बच्चे बड़े होते गए और मित्रों ने उन्हें काम पर लगाना शुरू किया। बच गया छोटा जीन। मित्रों की राय हुई, जीन को पढ़ाया जाए। एक बच्चा भी पढ़-लिख जाएगा, तो बुढ़िया के दिन सुख-चैन से कटेंगे।

जीन स्कूल जाने लगा। पढ़ने-लिखने में तेज़ निकला। तरक्की पाता, इनाम पाता। किन्तु ज्यों-ज्यों ऊँचे दर्जे में पहुँचता गया, त्यों-त्यों पढ़ाई के खर्च बढ़ते गए। मित्रों की राय हुई, बुढ़िया को कुछ दिनों के लिए अनाथालय में भेज दिया जाए।

जीन को ज्योंही यह खबर मिली, वह बेचैन हो उठा। वह अपने भाइयों के पास गया, लेकिन वे बेचारे क्या करते ? उन्हें इतना ही मिलता था कि अपनी जिन्दगी के बोझ को ढो सकें। तब जीन ने मन-ही-मन तय किया—'नहीं, मैं माँ को अनाथालय नहीं जाने दूँगा। मैं पैसे कमाऊँगा, माँ को पालूँगा।' उसने अपने कपड़े बेच दिए, इनाम में मिली हुई घड़ी बेच दी। उनके पैसों से उसने खिलौने खरीदे; परचून की छोटी-छोटी चीजें खरीदीं। इन चीजों को वह शाम-सुबह घर-घर फेरी देकर बेचता और इनसे जो पैसे आते, उनसे माँ की और अपनी परवरिश करता।

जीन की उमर उस समय क्या थी ? कुल नौ बरस की। जीन के इस उद्योग की खबर जब उसके शहर ऑरिलेंक के लोगों को लगी, सब धन्य-धन्य कहने लगे और ज्यों ही वह सौदे लेकर फेरी पर निकलता, लोग हाथों-हाथ खरीद लेते। अब वह दुपहरिया में मज़े से स्कूल भी जाता। सच्चे मातृप्रेम ने उसकी पढ़ाई में भी विघ्न नहीं डाला।

2

चमार का बेटा

सर शौवेल का नाम अंग्रेजी जहाज़रानों में बहुत सम्मान के साथ लिया जाता है। मरने पर उसकी लाश वेस्टमिन्स्टर के गिरजाघर में दफनाई गई थी, जो इंग्लैण्ड में बहुत बड़े सम्मान की बात समझी जाती है।

बचपन में शौवेल बहुत गरीब थे। वह एक गरीब चमार के बेटे थे। लेकिन उनका मन बचपन से ही जूते गाँठने से विद्रोह करता रहा। छोटी उम्र में ही वह घर से भागे और अंग्रेजी जंगी जहाज़ों के बेड़े में खलासी का काम करने लगे।

शौवेल अभी बच्चे थे, चमार के बेटे थे, खलासी का काम करते थे, तो भी, उनका ध्यान जहाज़ों के कल-पुर्ज़ों को जानने और उनके चलाने की विद्या सीखने की ओर हमेशा लगा रहता था। उनके अफसर इस छोटे-से लड़के पर बड़ी दिलचस्पी से निगाह रखते।

उन दिनों इंग्लैण्ड और फ्रांस में लड़ाई चल रही थी। शौवेल जिस जहाज पर थे, वह फ्रांस के जहाज़ी बेड़ों से लड़ने पर तैनात किया गया था। एक दिन शौवेल ने सुना कि जहाज़ के कमांडर किसी आदमी को एक ज़रूरी पैगाम लेकर दूसरे जहाज़ पर भेजना चाहते हैं। किन्तु किसी में हिम्मत नहीं होती थी कि वह जाए।

शौवेल कमांडर के पास पहुँचे और बोले—"लाइए खत, मैं पहुँचा आता हूँ।" कमांडर इस बच्चे की ओर आँखें फाड़-फाड़कर देखने लगे। बोले—"तुम किस तरह वहाँ तक जा सकोगे ?"

"तैरकर !"—बच्चे ने मुँह-लगे जवाब दिया।

"लेकिन दुश्मन लगातार गोलाबारी कर रहे हैं। जान-बूझकर जान पर खतरा क्यों लोगे ?"

"क्यों-यों, मैं नहीं जानता हुजूर ! चिट्ठी लाइए, पहुँचा आता हूँ।"

कमांडर बच्चे के विश्वास, बहादुरी और साहस देखकर दंग रह गए। उसके हाथ में खत रख दिया और पीठ ठोककर विदा किया।

शौवेल ने अपने सब कपड़े उतारकर रख दिए। खत को मुँह में रख लिया और गरजते हुए समुद्र की लहरों पर कूद पड़ा। लहरों पर उतराता, हाथों के झटके से पानी काटता, कभी डुबकियाँ लेता, तीर-सा आगे बढ़ा जा रहा था। उसके चारों ओर तोपें गरज रही थीं और जहाँ-तहाँ गोले लहरों पर गिरते और विस्फोट कर फटते थे। कई बार तो उसके बिल्कुल करीब गोले फटे। किन्तु, वह बाल-बाल बच गया। मालूम होता था, कोई ईश्वरीय ताकत या कोई जादूगरी उसकी रक्षा कर रही है।

तैरते-तैरते आखिर वह अपने लक्ष्य पर पहुँचा। उस जहाज़ के कप्तान को कमांडर का खत दिया और सही-सलामत वापस लौटा।

यहीं से शौवेल की तरक्की शुरू हुई। वह कप्तान से होते-होते कमांडर तक बनाए गए। उन्होंने बड़े-बड़े कारनामे किए और 'सर' की उपाधि हासिल की। अंग्रेजी जहाजरान शौवेल का नाम आज तक आदर के साथ लेते हैं।

बेटियाँ हों, तो ऐसी

[1948-50 ई.]

1

लटें दे दीं

उन दिनों नेपोलियन की तानाशाही यूरोप में हड़कम्प मचाए हुई थी। वह एक-एक देश को जीतता और उसे फ्रांस के साम्राज्य के अंदर शामिल करता जाता था। उसकी सेना अजेय थी, उसकी रोक-थाम करनेवाला कोई नहीं था।

नेपोलियन की निगाह जर्मनी पर पड़ी और उसके एक-एक टुकड़े को फतह करता वह आगे बढ़ता जा रहा था। लेकिन, सिलेसिया पहुँचने के बाद उसकी सेना को रुक जाना पड़ा। क्योंकि वहाँ के देशभक्त अपने को नष्ट कर देना ज्यादा अच्छा समझते थे, बनिस्बत गुलाम बनने के। 1813 में सिलेसिया ने नेपोलियन का जैसा मुकाबला किया, वह इतिहास में हमेशा चर्चा पाएगा।

जब सिलेसिया के नौजवान अपना खून देकर आजादी की कीमत चुका रहे थे, एक छोटी-सी लड़की अपने झोंपड़े में बेचैन बैठी थी कि वह अपने देश की रक्षा के लिए क्या करे ? वह लड़की थी, फौज में भरती हो नहीं सकती थी। वह गरीब थी, इसलिए पैसा देने की योग्यता भी उसमें न थी। उफ़ ! कैसी लाचारी !

इसी बेचैनी में थी कि उसे रास्ता सूझ पड़ा। वह ब्रेसलाँ शहर के रास्ते पर चल पड़ी। ब्रेसलाँ में हज्जामों की ऐसी दूकानें थीं, जहाँ खूबसूरत बालों की खरीद-बिक्री होती थी। ऐसी ही एक दूकान पर जाकर वह रुकी और अपनी खूबसूरत लटों के लिए मोल-तोल करने लगी।

"इतने खूबसूरत बाल ! कौन-सी मुसीबत तुम पर आई है कि तुम इन्हें बेच रही हो ? इन बालों के हटते ही तुम्हारा गुलाब जैसा चेहरा किस तरह बेढाल हो जाएगा, क्या तुमने इस पर कुछ सोचा है ?"

दूकानदार की बात सुनकर लड़की मुस्कुराई, बोली, "हाँ, मुसीबत ही है ! किन्तु मुझ पर नहीं, मेरे देश पर ! देश के लिए सबसे कीमती चीज की कुर्बानी दी जाए तो और अच्छा। और रही चेहरे की बात, सो गुलामी की कालिख लग जाने पर सब चेहरे एक-से हो जाएँगे—काले, कुरूप, बदशक्ल !"

दूकानदार का दिल पसीज आया। उसने देश के नाम पर मुफ्त में कुछ देना चाहा। लेकिन, लड़की जिद कर गई—"नहीं, मैं भीख के पैसे देश के लिए नहीं दूँगी"। आखिर हज्जाम का झोला लड़की के सुनहले, रेशमी बालों के गुच्छों से चमक उठा और बदले में लड़की के हाथों पर उजले-उजले कुछ चाँदी के सिक्के चमकने लगे। उन सिक्कों को लेकर वह स्वदेश-रक्षक-समिति के दफ्तर में गई। सिक्के देकर वह खुशी-खुशी घर गई।

उसकी इस अलौकिक बलिदान की कहानी ब्रेसलाँ भर में फैल गई। ब्रेसलाँ की गली-गली में फैलकर, सिलेसिया के गाँवों और नगरों में फैली। लोगों में एक नया जोश आया। इस जोश ने सिलेसिया की रक्षा कर ली। फिर लोगों के झुंड-के-झुंड उस दूकानदार के पास पहुँचने लगे और ज्यादा-से-ज्यादा कीमत देकर उसकी लटों को 'देश-भक्ति की यादगार' मानकर खरीदने लगे। दूकानदार मालामाल हो गया और उस रकम का बहुत बड़ा हिस्सा, देश की उन्नति के कामों में खर्च किए जाने के लिए उसने स्वाधीन सिलेसिया के राजकोष में अर्पित किया।

2

पिता की मुक्ति के लिए

रूस के जार के अत्याचारों की कहानी कौन नहीं जानता ? यह कहानी जार के दिनों की ही है।

प्रैस्कोविया, जो छोटी-सी लड़की थी, उसके पिता को जार ने साइबेरिया में बनवास दे दिया था। प्रैस्कोविया का पिता एक ऊँचे पद का अफसर रह चुका था। इसलिए उसे अपने साथ अपनी बीवी और इस बच्ची को भी रखने का हुक्म मिला था। साइबेरिया में इन लोगों की जिन्दगी बहुत ही दुख में कट रही थी। लेकिन, माता-पिता को सबसे बड़ी चिंता थी प्रैस्कोविया की, जो दिन-दिन जवान होती जा रही थी, किन्तु जिसके भविष्य के लिए कुछ भी करने में वे बिलकुल असमर्थ थे। इधर, इस लड़की को चिन्ता थी कि किस तरह अपने पिता को इस नारकीय जीवन से मुक्ति दिलाए। एक दिन उसके दिमाग में यह विचार कौंध गया कि क्यों नहीं वह जार से कहकर अपने पिता को छुड़ाने की कोशिश करे ?

कहाँ साइबेरिया और कहाँ रूस की राजधानी पेट्रोग्राड ! (आज का लेनिनग्राड) रास्ते में बर्फीले मैदान, घनघोर जंगल, भेड़ियों के झुंड, डाकुओं के दल और अपरिचित लोगों की बस्तियाँ। बाप ने कहा, "मेरी प्यारी बेटी, इस तरह की बात भी मत सोच। तू हमें छोड़कर कहाँ जाएगी ?" माँ की आँखों से आँसू चलने लगे। उन आँसुओं ने वह कहानी कही जो जिव्हा से कही नहीं जा सकती।

तीन बरस बीत गए। प्रैस्कोविया अब अट्ठारह बरस की हो गई है। अपने माता-पिता को कैद से छुड़ाने की इच्छा उसके हृदय में तीव्र और प्रबल होती जा रही है। निकट ही में एक दूसरे सज्जन भी बनवास की जिन्दगी गुजार रहे थे। उनसे लिखाकर उसने एक दस्तावेज पेट्रोग्राड भिजवाई और छः महीने के बाद पेट्रोग्राड आने का आज्ञापत्र उसे मिला। उस आज्ञापत्र को लेकर वह अपने बाप के पास दौड़कर पहुँची और राजधानी जाने की फिर इजाजत माँगी। माँ-बाप ने फिर समझाया, मना किया। किन्तु, एक दिन उनके पैरों पर गिरकर, रोकर, गिड़गिड़ाकर उनकी आज्ञा और आशीर्वाद लेकर, जेब में सिर्फ एक रूसी सिक्का लिए, वह पेट्रोग्राड के लिए रवाना हो गई।

प्रैस्कोविया पेट्रोग्राड की ओर जा रही थी। रास्ते में जंगल हैं, ऊँची-नीची सड़कें हैं, भयावनी नदियाँ हैं। कभी वह रास्ता भूल जाती है, कभी पानी में भीग जाती है। जाड़े से तो हमेशा ठिठुरती रहती है। फिर, रास्ते में रोज खाना भी कहाँ मिलता है ? कहीं उसे झिड़की मिलती है, कहीं उससे दिल्लगी होती है। बहुत कम जगह उसे आराम और सत्कार मिल पाता है। जब वह वोल्गा नदी पार कर रही थी, अचानक पानी में गिर गई, मुश्किल से बची, जोरों से बीमार पड़ी और यदि एक दयालु संन्यासिनी का ध्यान उस ओर नहीं जाता, तो वह मर ही गई थी।

पेट्रोग्राड पहुँचकर भी अपने काम में सफलता प्राप्त करना उसके लिए आसान नहीं था। जार के दरबार में उसकी पहुँच कैसे हो, कौन उसकी वकालत करे, कौन उसकी सिफारिश करे ? आखिर एक संभ्रांत कुल की महिला से उसकी मुलाकात हुई। उसकी सारी कहानी सुनकर वह मुग्ध हो रही और उसे लेकर वह जार की माँ के पास पहुँची। जार की माँ भी इस लड़की की कहानी से द्रवित हुए बिना नहीं रहीं। जार की माता के हस्तक्षेप से प्रैस्कोविया के पिता को छुटकारा मिला और जार ने पाँच हज़ार रूसी सिक्के भी उसे दिए। जब जार के

सामने वह पेश की गई, यह पूछे जाने पर कि तुम और क्या चाहती हो, तो उसने अपने पिता के दो मित्रों की रिहाई की ही प्रार्थना की।

अपने पिता और उनके मित्रों की रिहाई की खबर लिए प्रैस्कोविया साइबेरिया लौटी। अपनी बेटी के इस साहस और क्षमता पर उन्हें कम आनन्द नहीं हुआ। किन्तु, उनका और उनके शेष जीवन का सबसे बड़ा दुख यही रहा कि उनकी रिहाई की कोशिश में प्रैस्कोविया ने जो यह लम्बी यात्रा की, उसके कारण उसका स्वास्थ्य बिलकुल चौपट हो गया और अन्ततः वह जिन्दगी भर के लिए अपाहिज हो गई। वह बेचारी जान न सकी कि जीवन के आनन्द क्या हैं ?

3

प्राणरक्षक दुशाला

निथ्सडेल का नवाब लंदन में कैद था। उसने जेम्स को इंग्लैंड की गद्दी पर बिठलाने की कोशिश की थी। नवाब की धर्मपत्नी स्कॉटलैंड से लंदन आई और बादशाह 'जौर्ज पहले' से बार-बार प्रार्थना की कि उसके पति को क्षमा दी जाए। लेकिन, उसकी एक न सुनी गई। नवाब को फाँसी मिलेगी, यह तय हो गया और इसकी तारीख भी निश्चित कर दी गई।

नवाब की पत्नी अपने पति से मिलने जेल में जाया करती थी। इसके लिए उसने जेल के पहरेदारों को खूब घूस दे रखी थी। वह चुपके-चुपके जेल में जाती, पति से बातें करती, उन्हें ढाढ़स देती और चुपके ही लौट आती।

कल नवाब को फाँसी होगी। कुल चौबोस घंटे रह गए हैं, अब या तो इसी के अन्दर नवाब को छुड़ा लेना है या उसे हमेशा के लिए खो देना है।

शाम को नवाब की पत्नी दो दासियों को लेकर जेलखाने की ओर चली। उनमें से एक दासी दुहरी पोशाक पहने थी और जाते समय खूब रो रही और रूमाल से अपने चेहरे को ढँके हुए थी। भीतर जाने के बाद उस दाई की एक पोशाक नवाब साहब को पहना दी गई और ऊपर से एक दोशाला ओढ़े, चेहरे पर रूमाल रखे वह जेल से बाहर चले। उनके पीछे-पीछे थोड़ी दूर तक उनकी पत्नी आई, जिसमें नवाब की मर्दानी चाल की ओर पहरेदार का ध्यान न जाए और फिर वह कैदखाने में लौट आई। कैदखाने में लौटकर वह इस तरह बातें करने लगी, जैसे वह नवाब साहब को कल फाँसी पर चढ़ने के लिए मुस्तैद कर रही हो। वह कैदखाने की कोठरी में इस तरह टहलती थी कि मालूम होता थ--बेचैन नवाब छटपट करता घुस रहा हो।

नवाब के निकल जाने के बाद दोनों दाइयाँ भी निकल गईं। तब नवाब की धर्मपत्नी कैदखाने की उस कोठरी से चली। चलते-चल्ते उसने इस तरह अभिवादन किया, मानो नवाब को आखिरी सलाम कर रही हो। चलते समय उसने बाहर से दरवाजा लगा दिया और झटपट जेल के बाहर पहुँच, अपनी घोड़ागाड़ी में बैट वह नौ-दो-ग्यारह हो गई। अपने नवाब पति को उसने सीधे फ्रांस भेज दिया और आप स्कॉटलैंड की तरफ भागी। वहाँ से अपने बच्चे को लिया और जब तक बादशाह जौर्ज के सिपाही उसे पकड़ें-पकड़ें, वह आप भी फ्रांस में दाखिल हो गई। बेचारा जॉर्ज दाँत पीसकर रह गया।

नवाब के खानदान में अब भी वह दुशाला सुरक्षित है जिसे ओढ़कर नवाब की धर्मपत्नी ने अपने पति को मौत के घर से बाहर निकाला था।

इनके चरण-चिन्हों पर

[1948-50 ई.]

ऋषियों की परम्परा

आज हमारा देश स्वतन्त्र है। चारों ओर हम उन्नति के मार्ग खोज रहे हैं। इस पथ पर जो चल चुके हैं, हम उनके चरण-चिन्हों की तलाश में हैं। देश-विदेश, जहाँ जो ऐसे पुरुष मिलते हैं, हम उनको सिर नवाते हैं और उनका अनुसरण करना चाहते हैं। ऐसी दशा में क्या यह उचित नहीं होगा कि हम एक ऐसी परम्परा की ओर देखें जो भारत की ही विशेषता रही है और जिसके पुण्य-प्रताप से ही हमारा देश सारे संकटों को बार-बार पार करता रहा है।

यह परम्परा है ऋषियों की। हमारा देश ऋषियों का देश समझा जाता है, हमारी भूमि मुख्यतः तपोभूमि समझी जाती है। हमारे यहाँ भी बड़े-बड़े वीर हुए हैं, सम्राट् हुए हैं, दार्शनिक हुए हैं, कवि हुए हैं। हमारे हृदयों में उनके लिए अपार सम्मान है। किन्तु न जाने क्या बात है कि हमारा मन जाकर अटकता है, रमता है, तो उनके श्रीचरणों में, जो संसार के सारे सुख-वैभवों को ठुकराकर किसी घोर जंगल में, किसी अगम्य गुफा में जा बैठे। वहाँ बड़ी-बड़ी तपस्याएँ कीं, शरीर को गलाया, आत्मा को तपाया। तपस्या के कारण सारे वैभव उनके सामने आकर, हाथ जोड़कर खड़े हुए, किन्तु उन्होंने उन्हें तुच्छ समझकर उनकी ओर घृणा की दृष्टि डाली ! वे अपनी साधना में लगे रहे। बड़े-बड़े राजाओं और सम्राटों के स्वर्ण-मुकुट उनके खाली पाँव की धूल चाटते रहे।

वेदकाल से आज तक यह परम्परा जारी है। हर युग में ऋषि होते रहे हैं, हमारे देश के हर हिस्से में ऋषि होते रहे हैं। किन्तु देश और काल का प्रभाव जैसे उन पर नहीं पड़ा हो। चाहे उन्होंने हिमालय के शृंगों पर तपस्या की हो या नीलगिरि के शिखरों पर, चाहे गंगा-तट पर उनकी कुटिया रही हो या नर्मदा या कावेरी के तटों पर—उन सबकी एक-सी वेश-भूषा रही है, एक-सी बात रही है, एक-सी गतिविधि रही है। संसार से विरक्त रहकर भी संसार के कल्याण के लिए ही उनके सारे काम होते रहे। वे जहाँ भी रहे, जब भी रहे, अपने आसपास एक अमर ज्योति जलाते रहे और जब वे चल बसे, तो ऐसी निशानी छोड़ गए जिसे काल नष्ट नहीं कर सका—कर नहीं सकता।

हमारे देश में सप्तर्षि एक प्रसिद्ध चीज है। कहा जाता है, ब्रह्मा ने पृथ्वी बनाने के बाद सबसे पहले सात ऋषि उत्पन्न किए। ब्रह्माजी चाहते थे कि वे सृष्टिकर्म में लगें, किन्तु उन्होंने तपस्या में ही ध्यान दिया और तपस्या के बल पर अमर होकर आज भी आकाश में ध्रुव के निकट सप्तर्षि-मंडल के रूप में विराज रहे हैं। उन सात ऋषियों के नाम हैं—मरीचि, अत्रि, अंगिरा, पुलस्त्य, पुहल, क्रतु और वशिष्ठ। इनमें अत्रि और वशिष्ठ अपनी धर्मपत्नी—अनुसूया और अरुन्धती के साथ बहुत ही प्रसिद्ध हैं। अत्रि और वशिष्ठ की चर्चा वेदों से प्रारम्भ होती है और रामायण काल तक आती है। वशिष्ठजी तो रामचन्द्र के गुरु ही थे और अत्रि के आश्रम में जाकर रामचन्द्र ने अपने को धन्य माना था।

अत्रि का उल्लेख ऋग्वेद में प्रायः आता है। एक स्थान पर लिखा है कि अत्रि के लिए सूर्य की तप्त किरणें भी शीतल बन गईं। विष्णुपुराण, अग्निपुराण और भागवत में भी अत्रि और उनकी तपस्या का वर्णन आता है। भागवत में लिखा है कि अत्रि ऋषि ने सौ वर्षों तक अनवरत तपस्या की; वायु ही उनका आहार रह गया था; वह एक पैर पर खड़े होकर साधना करते रहे ! अत्रि के विषय में यह भी लिखा पाया जाता है कि अन्धकार-प्रदेशों में ज्ञान की किरणें बिखेरने के लिए उन्होंने पश्चिम की यात्रा की। विल्फर्ड ने इसी पर लक्ष्य करते हुए

लिखा है—"ऋषियों में सबसे प्रसिद्ध और पुण्यकर्मा अत्रि हुए हैं जिनका सम्बन्ध पश्चिम के देशों से, हमारे इंग्लैंड से भी है।" विष्णुपुराण ने तो यहाँ तक कह डाला है कि अत्रि ब्रह्मा के पुत्र होने पर भी ब्रह्मा के तुल्य थे। अत्रि की पुत्री भी बड़ी विदुषी थीं और वेद के सूत्रों में उनकी चर्चा आती है। अनुसूया से तो सीता ने भी सती-धर्म की शिक्षा ली थी।

वशिष्ठ को ही देखिए। मान्धाता से लेकर राम तक जितने सूर्यवंशी राजा हुए, सबके मुकुट उनके चरणों पर झुकते रहे। सूर्यवंशी क्षत्रिय भारत के सबसे उच्चकुलीन क्षत्रिय समझे जाते हैं—उस कुल में प्रतापी और चक्रवर्ती राजाओं का हम ताँता-सा लगा हुआ पाते हैं। उन सबको अपनी वरदहस्त की छाया तले रखनेवाले इस ऋषि के सामने किसका सिर नहीं झुक जाएगा ? प्रतापी राजाओं के राजगुरु होने पर भी क्या कभी वैभव और विलास की ओर इस तपस्वी ने ध्यान दिया ? अटवी में पर्णकुटीर बनाकर रहते; अपनी नन्दिनी गौ के दूध पर ही अपने परिवार और शिष्यवर्ग को पालते। वह सत्य के पथ से कभी नहीं हटे यद्यपि सत्य की बलिवेदी पर उन्हें अपने सौ पुत्रों के सिर चढ़ा देने पड़े।

अंगिरा के सम्बन्ध में महाभारत में लिखा है कि जब वह तपस्या करने लगे तो उनके शरीर की ज्योति और ताप से अग्नि की ज्योति नष्ट हो गई; वह ठंडी पड़ गई। अग्नि ने जब प्रार्थना की तो ऋषि ने अपनी ज्योति और ताप को सम्हाल लिया।

यों ही इन ऋषियों की तपस्या की अनेक कथाएँ हैं। सप्तर्षियों की भी परम्परा रही है और हर मन्वन्तर में सप्तर्षि होते रहे हैं। इन ऋषियों में गौतम, जमदग्नि, भरद्वाज, कश्यप, कण्व, याज्ञवल्क्य और विश्वामित्र बहुत ही प्रसिद्ध हुए हैं। ऋषिपद प्राप्त करना कितना कठिन है, यह विश्वामित्र की कथा से सिद्ध होता है। विश्वामित्र पहले क्षत्रिय राजा थे। एक दिन वह वशिष्ठ के निकट पहुँचे और उनके प्रताप को देखकर कह उठे—"धिग् बलं क्षत्रिय-बलं, ब्रह्मतेजो बलं बलम्।" यही नहीं, इस ऋषिबल को प्राप्त करने के लिए उन्होंने बड़ी-बड़ी तपस्याएँ कीं। किन्तु जब-जब वह वशिष्ठ के निकट आकर कहते कि मैं भी ऋषि हो गया, तो वशिष्ठ मुस्कुरा उठते ! इस पर क्रुद्ध होकर वह उनके एक पुत्र को मार डालते। इसी प्रकार उन्होंने बार-बार तपस्या की और वशिष्ठ के सौ पुत्रों को मार डाला; किन्तु तो भी वशिष्ठ ने उन्हें ऋषि नहीं माना। अंत में उन्हें अपनी भूल मालूम हुई। क्रोध पर उन्होंने विजय प्राप्त की, ऋषिपद को प्राप्त किया।

वशिष्ठ आदि ऋषियों की कथाएँ वैदिक काल से रामायण काल तक पाकर बहुत लोगों ने यह अनुमान लगाया है कि इन ऋषियों के कुल होते थे जो उन्हीं के नाम से अभिहित किए जाते थे। एक ही ऋषि का वैदिक काल से रामायण या महाभारत काल तक रहना यह सम्भव नहीं मालूम होता। यदि यह माना जाए, तो भी ऋषियों की महत्ता कम नहीं होती, बल्कि बढ़ जाती है। इन्होंने स्वयं ही अपने को तपस्या से धन्य नहीं बनाया, बल्कि अपने पीछे ऐसी पीढ़ी देते गए जिन्होंने युगों तक उनके द्वारा चलाई गई तपस्या और ज्ञान की अग्नि को प्रज्वलित रखा।

हमारे आदिकवि वाल्मीकि और महाभारतकार व्यास भी तो ऋषि ही थे। दार्शनिक पतंजलि, कपिल और कणाद आदि भी उन्हीं ऋषियों की परम्परा के द्योतक हैं।

ऋषियों की ही परम्परा में मध्ययुग के संतों को लिया जा सकता है। गोरखनाथ, कबीर, चैतन्य, रामानन्द, रामानुज आदि स्वभावतः और व्यवहारतः ऋषियों की ही परम्परा में आते हैं। अपने सर्वश्रेष्ठ कवि तुलसीदासजी को भी हम क्या उसी परम्परा में नहीं ले सकते हैं ?

हमारा वर्तमान युग भी ऋषियों से रिक्त नहीं रहा है। दयानन्द को तो लोग ऋषि कहते ही थे। राममोहनराय, देवेन्द्रनाथ ठाकुर, रामकृष्ण, रामतीर्थ, विवेकानन्द ने उस परम्परा को

हमारे युग में भी जीवित रखा। विशाल वैभव और अट्टालिकाओं को ठुकराकर देवेन्द्रनाथ ठाकुर ने अपने लिए जिस एकान्त स्थल को पसन्द किया, वही आज हमारे राष्ट्र का गौरव 'शान्ति निकेतन' बन गया है। कवीन्द्र रवीन्द्र और पूज्य बापू में भी हम उसी परम्परा की स्पष्ट झलक पाते थे।

यह हमारा सौभाग्य है कि हमारे बीच में आज भी तीन ऐसे सज्जन हैं जिन्हें निर्विवाद होकर लोग ऋषियों की परम्परा के प्रतीक मानते हैं। उनमें प्रथम हैं—योगिराज अरविन्द, दूसरे महर्षि रमण और तीसरे भगवानदासजी। योगिराज अरविन्द को भारत का बच्चा-बच्चा जानता था। अपना यौवन राष्ट्र-उद्धार के कार्यों में अर्पित कर, फिर वह योगसाधना में जुट गए और लगभग चालीस वर्षों से पांडिचेरी के एक एकान्त स्थल में बैठकर साधना की धूनी रमाए रहे। मद्रास-प्रदेश को गौरव देनेवाले महर्षि, रमण (वैज्ञानिक रमण नहीं) की तपस्या ने भी अन्तर्राष्ट्रीय ख्याति प्राप्त की। भगवानदासजी काशी में रहते थे—भव्य मुखमंडल, बच्चों का-सा स्वभाव और अगाध ज्ञान—उन्हें देखते ही अभिमानियों के सिर भी बरबस अवनत हो जाते थे।

हमें भौतिक क्षेत्रों में उन्नति और विकास करना है क्योंकि उसके बिना हम संसार में सिर ऊँचा करके रह नहीं सकते। दुर्बलों से आत्मशक्ति की प्राप्ति नहीं होती, ऐसा हमारे उपनिषदों ने बार-बार कहा है। किन्तु हमें ऋषियों की इस परम्परा को भी कभी नहीं भूलना है। हम ऋषियों की सन्तान हैं, यह बार-बार हम कहते हैं, तो ऋषियों के त्याग और तपस्या के जीवन को दृष्टि से ओझल करना क्या हमारे लिए उचित या कल्याणकर होगा ?

पृथ्वी पर विजय

[1948-50 ई.]

1

शान्ति का सन्देश लेकर

पाटलिपुत्र में आज अजीब हलचल मची हुई है। जिधर देखिए, पीले वस्त्रों की भरमार। इन काषाय वस्त्रों को पहने हुए जब बौद्ध भिक्षु इधर-उधर राजपथ पर चलते हुए दीखते हैं, तो ऐसा लगता है, मानो, त्याग और तपस्या की जलती हुई मशालें, इधर-उधर घूम रही हैं। बौद्ध भिक्षुओं का यह अपूर्व जमघट क्यों ? क्योंकि आज पाटलिपुत्र में बौद्धधर्म की तीसरी महासभा, आचार्य उपगुप्त की अध्यक्षता में बैठी हुई है। इस सभा में यह भी विचार होनेवाला है कि भगवान बुद्ध ने जो शान्ति का सन्देश दिया है, उसे भारत में ही सीमित न रखा जाए, बल्कि संसार के कोने-कोने में किस तरह फैला दिया जाए। संसार के कोने-कोने में—यूनानियों के प्रदेश में, कश्मीर और गान्धार में, सुवर्ण-भूमि और सुवर्ण-द्वीप में, हिमालय के पार्वत्य प्रदेशों में, मान्धाता और सिंहल में। देखें, किस सौभाग्यशाली को किस ओर जाने का सौभाग्य प्राप्त होता है।

उन दिनों न रेल थी, न आज की तरह के भाप से चलनेवाले बड़े जहाज थे। सड़कें भी न थीं, नदियों पर पुल की तो कल्पना ही नहीं थी। बीहड़ रास्ते, अगम चढ़ाइयाँ, पग-पग पर जान पर आफत; फिर, भिक्षु को सदल-बल चलना तो है नहीं। न उसके पास कोई सम्बल, न उसके पास कोई अस्त्र। बस, मस्तिष्क में अपने लक्ष्य के प्रति एक अटल विश्वास और हृदय में सारे संकटों का सामना करने के लिए अटूट साहस। तो भी भिक्षुओं में एक प्रतियोगिता है कि अधिक-से-अधिक दूर भेजे जाने का गौरव मुझे ही प्राप्त हो; लेकिन, हर आदमी को यह गौरव पाना क्या संभव है ? इस अभियान में जानेवाले भिक्षुओं के पास सिर्फ विश्वास और साहस ही नहीं होना चाहिए, बल्कि ज्ञान की वह प्रखर ज्योति होनी चाहिए कि उन अन्धकारमय प्रदेशों में वह जगमग कर उठे।

अन्ततः चुनाव हो गया, और यह देखिए, दल-के-दल भिक्षु इस अलौकिक अभियान में अग्रसर हो रहे हैं।

सबसे पहले आचार्य मझन्तिक को कश्मीर और गान्धार के लिए विदा दी जा रही है। आचार्य मझन्तिक हैं और उनके साथ भिक्षुओं की एक छोटी-सी टोली। वे ही पीले वस्त्र, हाथों में काले भिक्षा-पात्र और बगल के झोले में भोजपत्र पर लिखे, बुद्धदेव के कुछ शान्ति-सन्देश। बीच में गंगा आती हैं, यमुना आती हैं, सरस्वती आती हैं और सिन्धु अपनी पाँचों बहिनों के साथ आती हैं। तरह-तरह के लोग मिलते हैं, तरह-तरह से स्वागत करते हैं। कभी दिनों, कभी-कभी सप्ताहों उपवास करना होता है, मौसम के थपेड़े अलग। वर्षा भिगो देती है, जाड़ा ठिठुरा देता है, गर्मी जिन्दा ही भून डालना चाहती है; लेकिन वे बढ़ते जा रहे हैं, बढ़ते जा रहे हैं।

और, यह देखिए, ये लोग अपने निर्दिष्ट स्थान पर पहुँच गए, किन्तु क्या यहाँ इनका स्वागत हो रहा है ? उस समय कश्मीर और गान्धार में अरावलो नाम का एक राजा राज्य करता था। वह राजा अलौकिक शक्तियों से सम्पन्न था। अपनी इस शक्ति द्वारा, इस दुष्ट राजा ने कश्मीर और गान्धार में, एक भीषण तोय—विप्लव जल-प्रलय—मचा रखा था। आचार्य मझन्तिक ने झील के किनारे डेरा डाला और, सोचने लगे—इस सुन्दर प्रदेश के लोगों को किस तरह, इस दुष्ट से बचाकर उसमें इस अभिनव शान्ति-धर्म का प्रचार किया जाए ?

जब नागराज अरावलो को यह समाचार मिला कि अजीब वेश-भूषावाले कुछ लोग उसकी सीमा में घुस आए हैं, तो उसके क्रोध की सीमा न रही। क्रोधित नागराज ने उन्हें अनेक प्रकार से भय-संकुल करना चाहा। एक क्रोधाविष्ट तूफान आक्रन्दन करने लगा और प्रलय का जल बरस उठा। वज्र कड़का और स्रोत-प्रवाह में बिजली स्फुरित होने लगी। चारों ओर विनाशकारी वज्रपात होने लगे, और उत्तुंग श्रेणीवाले पहाड़ मूल से टूटने लगे। नागों ने अनेक तरह के भीषण रूप धारण कर आचार्य मझन्तिक को विचलित करना चाहा। नागराज ने स्वयं अनेक भाँति से पीड़ित करते हुए उन पर धुआँ और आग छोड़ी किन्तु इन सबके बीच आचार्य और उनके साथी इस तरह शान्त मुद्रा में खड़े मुस्कुराते रहे, जैसे; मार के उपद्रव के समय स्वयं भगवान बुद्धदेव। फिर उन्होंने नागराज को इस तरह सम्बोधित किया–

''नागराज, यदि देवतागण भी मनुष्यों से मिलकर मुझे भयाकुल करना चाहें तो उनके सब उपक्रम निरर्थक होंगे। और यदि तुम सागर और पहाड़ों समेत, सारे संसार को मेरे मस्तक पर ढाहना चाहो, तब भी तुम मुझे भयार्त नहीं कर सकते। ऐ नागराज, इस व्यर्थ चेष्टा को छोड़ो, और भगवान बुद्ध की शरण आकर सम्यक् सम्बोधि प्राप्त करो। यही मार्ग सत्य का है, शान्ति का है।''

नागराज आचार्य मझन्तिक की वाणी सुनकर पहले तो चकित हुआ, फिर शान्त होकर उनसे बात करने लगा। फिर उन्हें आदरपूर्वक अपनी राजधानी में बिलमाया और स्वयं श्रद्धा-भक्ति-पूर्वक पंखा झलने लगा। आचार्य ने बुद्ध के शान्ति-धर्म के सिद्धान्तों को उसे भली-भाँति समझाया। नागराज उनके वचनों से प्रभावित हुआ और परिवार सहित उनके धर्म को ग्रहण किया। उसकी दुष्टता और क्रूरता जाती रही, उसकी प्रजा सुखी और सम्पन्न हुई। प्रजा ने भी इस नए धर्म को ग्रहण किया। कश्मीर से लेकर गान्धार तक की पहाड़ी उपत्यका धर्म, संघ और बुद्ध के पावन मन्त्रों से गुंजित और पुलकित होने लगी।

भिक्षुओं का दूसरा दल आचार्य महारक्षित के नेतृत्व में यवन-प्रदेश को जा रहा है। इस दल को अगम्य पर्वतों, जंगलों, मरुभूमियों और समुद्र के एक बड़े भाग को पार करना पड़ रहा है। कहाँ पाटलिपुत्र, कहाँ बैक्ट्रिया ? पहले विन्ध्य पहाड़ पार किया गया–ऊँची-ऊँची चट्टानें, भयप्रद दर्रे, कहीं बाघ का चिंग्घाड़, कहीं अजगर की फुफकार ! लेकिन जो धर्म से रक्षित है, उस महारक्षित का रास्ता कौन रोक सकता है ? वे बढ़ते जाते हैं तब मालव भूमि पहुँचती है। कितना हरा-भरा देश ! आँखें तृप्त हो रही हैं, समूचा वातावरण शान्ति से ओतप्रोत है। उस शान्त वातावरण में, भिक्षुओं के मुँह से निकले हुए शान्तिमन्त्र, पृथ्वी से आकाश तक को प्रशान्त बना देते हैं। लेकिन, उसके बाद तो मरुभूमि ही मरुभूमि है। जहाँ देखिए, वहाँ बालू-ही-बालू। पीले-पीले झुलसे हुए, जले हुए बालू। पैर जल रहे हैं, सिर जल रहा है, जिह्वा सूख रही है; कंठ सूख रहा है और प्राण तक सूख रहे हैं; किन्तु इससे क्या–धर्मपथ पर चलनेवाला बिना सिद्धि प्राप्त किए हुए बीच में लौट सकता है ? वे बढ़ते जा रहे हैं, आगे बढ़ते जा रहे हैं।

अब यह सौराष्ट्र है। फिर एक बार हरियाली के दर्शन होते हैं, सजलता और कोमलता का अनुभव होता है। किन्तु कानों में यह गर्जन क्या सुनाई पड़ रहा है ? और, लीजिए–यह सामने समुद्र लहरा रहा है। ये उत्तुंग तरंगें, मानवता और पौरुष को चुनौती दे रही हैं। किन्तु, ओ जलनिधि ! ये लोग साधारण पुरुष नहीं हैं। देखो, इनके जलपोत तुम्हारी छाती को चीरते हुए आगे बढ़ रहे हैं, दिन बीतते हैं, सप्ताह बीतते हैं। और सामने वह खजूरों से भरी तटभूमि दिखाई देती है।

अब यहाँ से नई-नई कठिनाइयाँ दिखाई देती हैं। यहाँ की वेशभूषा जुदा, यहाँ की भाषा

अलग। यहाँ की सभ्यता अलग, यहाँ की संस्कृति अलग। किन्तु, आचार्य महारक्षित का दल तो इसके लिए पहले से तैयार होकर आया है। कहीं खजूर के कुछ फल मिलते हैं, कहीं वनजामुन के। उनके गूदे से पेट भरने की और उनकी गुठलियों से प्यास बुझाने की चेष्टा करते हुए वे आगे बढ़ते हैं। और बौद्धधर्म के ग्रंथ बताते हैं कि आचार्य धर्मरक्षित ने यवन-प्रदेश में पहुँचकर बौद्धधर्म का सन्देश वहाँ के लोगों को दिया। आज भी उन प्रदेशों में जब कभी खुदाई होती है, बौद्धधर्म के अवशेष मिलते हैं। जो इन महान साहसिक धर्माभियानों की कीर्ति-कथा, संसार के सामने उपस्थित करते हैं।

सुवर्ण-भूमि के लिए आचार्य सोन और आचार्य उत्तर प्रस्थान करते हैं। पाटलिपुत्र में एक जबरदस्त नाविक-बेड़ा तैयार किया जाता है, जो अनेक घूर्णियोंवाले वंगोपसागर को पार कर, भारत महासागर होते, सुवर्ण-भूमि और सुवर्ण-द्वीप तक पहुँचे सके। उनका यह बेड़ा, शान्ति-मन्त्रों के बीच पाटलिपुत्र से खोला जाता है। गंगा के प्रशान्त जल में मन्द-मन्द गति से वह बढ़ता गया। रास्ते-भर, तटों पर, उनके स्वागत-सत्कार का क्या कहना ! किन्तु जब वंगोपसागर के निकट पहुँचते हैं, तरंगों को देखकर हिम्मत छूटती है। लेकिन इन तरंगों को कुचलना ही है। उनका बेड़ा बढ़ता जाता है। कभी घूर्णियों में पड़कर सारा बेड़ा चरमर करने लगता है। कभी तरंगें उसे आकाश में उछालती हैं, तो कभी पाताल की ओर भेज रही हैं—ऐसा लग रहा है। जब-जब आशंका बढ़ती है, कुछ मंत्रों को बुदबुदा लिया जाता है। बेड़ा बढ़ा जा रहा है, बढ़ा जा रहा है।

बौद्धपुराणों में चर्चा है कि जब आचार्य सोन और उत्तर सुवर्ण-भूमि की ओर बढ़ रहे थे, रास्ते में एक जल-पिशाचिनी ने आकर उन्हें घेरा। यह जल-पिशाचिनी हजारों बेड़ों को डुबो चुकी थी। उसने इस बेड़े को देखकर अट्टहास किया; किन्तु आचार्य सोन की स्वर्ण-मुद्रा देखकर वह चकित हुई—हाँ, जब आचार्य ध्यानमग्न होकर बैठते थे, मालूम होता था कि कोई सोने की प्रतिमा ध्यान लगाकर बैठी हो ! तरह-तरह से उस पिशाचिनी ने आचार्य और उनके दल को भयभीत करना चाहा। अन्त में उसे हार माननी पड़ी। आचार्य ने सुवर्ण-भूमि पहुँचकर छह लाख मनुष्यों में बुद्ध के शान्ति सन्देश का प्रचार किया।

पाटलिपुत्र से ही एक दूसरा बेड़ा भी यह सन्देश लेकर निकला। यह बेड़ा सिंहल के लिए रवाना हुआ और इसमें कोई आचार्य या भिक्षु नहीं था बल्कि सम्राट् अशोक की सुकुमारी पुत्री संघमित्रा थी। संघमित्रा—सम्राट् अशोक की प्यारी पुत्री ! लाड़-प्यार में पली; भोग-विलास में डूबी। किन्तु यह कैसी धुन है कि सबको त्यागकर, छोड़कर इतने बड़े अभियान में निकली है।

देखिए, यह आज गंगा-तट पर कैसी भीड़ है। सबकी आँखों से आँसू, सबके मुँह में मंगल-मन्त्र और सम्राट् अशोक छाती भर पानी तक जाकर बोधि-वृक्ष की शाखा अपनी बेटी को देते हुए कह रहे हैं—बेटी, अपने हृदय की अन्तिम रक्त-बूँद देकर भी इस बिरवा की मर्यादा रखना।

बेड़े पर उसे दो हजार मील की दूरी तय करनी पड़ी। रास्ते में तरह-तरह के संकट आए; किन्तु सबको झेलती हुई वह सिंहल पहुँचकर रही। वहाँ के लोगों ने उसका शाही स्वागत किया। संघमित्रा अपने साथ बोधि-वृक्ष की एक डाल ले गई थी। वह डाल एक विशाल वृक्ष के रूप में अब तक वहाँ कायम है। उस वृक्ष की पत्ती-पत्ती बिहार के नवयुवकों और नवयुवतियों की साहसिकता का सन्देश संसार को सुनाती है

यों ही लगभग एक हजार वर्षों तक बिहार के नवयुवकों और नवयुवतियों की टोलियाँ विदेश के कोने-कोने में जाती रहीं। पर्वत, जंगल, नदी, सागर और मरुभूमि किसी की भी परवाह

नहीं की उन्होंने। इनका उद्देश्य भी कितना महान् था। पश्चिम के अन्वेषकों की तरह व्यापार करने, साम्राज्य बढ़ाने या सिर्फ उत्सुकता शान्त करने का उद्देश्य इनका नहीं था। इनके पास एक सन्देश था—जिसे संसार के कोने-कोने में, मानवता के एक-एक सदस्य तक पहुँचाना उन्होंने अपना कर्तव्य समझा था।

क्या ऐसे दिन फिर आएँगे, जब हमारी टोलियाँ इसी तरह ज्ञान का, शान्ति का सन्देश संसार को सुनाने के लिए फिर प्रस्थान करेंगी ?

2

आस्ट्रेलिया का अन्वेषण

पश्चिमवालों को आस्ट्रेलिया की खबर सबसे पीछे मिली। पोर्तुगालवालों ने उन्हें खबर दी कि प्रशान्त-महासागर और भारत-महासागर के बीच एक बड़ा-सा द्वीप है, जो हो सकता है, एक महादेश ही हो। सबसे पहले स्पेन के जहाजियों ने इस ओर प्रयत्न करना आरम्भ किया। 1606 में टौरेस नामक एक स्पेनी अपना जहाज लेकर वहाँ पहुँचा और क्वींसलैंड और न्यूगीनी के बीच मुहाने से पार करता हुआ, उस मुहाने को टौरेसस्ट्रेट नाम देकर, वहाँ वापस आया। उसके चालीस साल बाद हॉलैंड का एक आदमी उस ओर गया। उसका नाम टेसमैन था। उसने जिस भू-भाग का अन्वेषण किया, उसे हम उसी के नाम पर टसमानिया कहते हैं। पहला अँगरेज वहाँ 1688 में गया, जिसका नाम डैम्पीयर था। किन्तु आस्ट्रेलिया एक महादेश है, इसका आभास दिया सुप्रसिद्ध कैप्टेन ने। 1770 में वह आस्ट्रेलिया की पूर्वी तटभूमि का पता लगाता हुआ बोटानी उपसागर के तट पर उतरा, जहाँ आजकल सिडनी नामक महानगरी कायम हो चुकी है।

किन्तु, आस्ट्रेलिया के भीतर घुसने की हिम्मत किसी को नहीं हो रही थी। उत्तर, दक्षिण, पूरब, पश्चिम—किसी दिशा से भी घुसने का प्रयत्न करना जान पर आफत मोल लेना था। भयानक सुनसान, खून सुखानेवाली गर्मी, पेड़-पौधों का अभाव; किसी को साहस नहीं होता था कि इसके भीतर प्रवेश करे। किन्तु मानव कभी प्रकृति से हारा नहीं है। पृथ्वी पर भी विजय करने को वह सदैव उद्यत रहा है। यूरोप के भिन्न-भिन्न देशों के अन्वेषकों के दल-पर-दल वहाँ पहुँचते रहे। लीरवार्ट, ग्रेगरी, स्ट्रट, आक्सले, स्टुआर्ट, वारबटन और गाइल्स—ये सुप्रसिद्ध नाम हैं, जिसकी कीर्ति-कथाएँ आस्ट्रेलिया के अन्वेषण के साथ नत्थी हैं। किन्तु इन सबको मात दे दी दो व्यक्तियों ने—आयर और बर्क ने। बर्क ने तो इसी अन्वेषण में अपने प्राणों की भी आहुति दे दी।

आयर—इंग्लैंड के यार्कशायर के एक पादरी का बेटा था। पहले वह फौज में भर्ती हुआ, किन्तु वहाँ उसे अफसरी नहीं मिल सकी, तो आस्ट्रेलिया भाग आया, जहाँ अब समुद्र के किनारे उपनिवेश बसता जा रहा था। समुद्र के किनारे बसकर शान्तिपूर्ण जीवन व्यतीत करना उसके स्वभाव के प्रतिकूल था। वह रह-रहकर आस्ट्रेलिया के भीतरी भाग में प्रवेश करने की चेष्टा करता। उसी ने टौरेंस की झील का पता पहले-पहल संसार को दिया। उसके कर्तव्य पर मुग्ध होकर उसे अपने शहर का मजिस्ट्रेट बना दिया गया। उस समय उसकी अवस्था सिर्फ पच्चीस वर्ष की थी।

कुछ साहसी पुरुषों ने इसी समय एक अन्वेषण-दल का संगठन शुरू किया था, जो आस्ट्रेलिया के अन्तःप्रदेश में जाए। आयर ने अपने को इस दल में शामिल किया। 1840 के

जून महीने में एक सहकारी, चार गोरे साथी, दो आदिवासी और कितने घोड़े और भेड़ों को लेकर उसने अपनी यात्रा प्रारम्भ की। थोड़े दिनों तक सब ठीक रहा—किन्तु धीरे-धीरे हरा-भरा मैदान समाप्त होता गया और अब अपने लिए पानी एवं पशुओं के लिए चारा जुटाना कठिन होता गया। संयोग से जहाँ कहीं पानी और चारे की सुविधा होती, वह डेरा डाल देता और फिर एकाध आदमी को लेकर आगे बढ़कर यह खोज करता कि कहाँ ऐसी जगह है जहाँ नया पड़ाव डाला जाए। इसी तरह वह क्रमशः बढ़ता जाता। साधारण आदमी होता, तो इस कठिन प्रक्रिया की अपेक्षा लौट ही जाता। किन्तु आयर ऐसे लोग साधारण मानव नहीं होते हैं। परिस्थिति की प्रतिकूलता उन्हें आगे बढ़ने को और भी प्रेरित करती है।

एक बार आयर इसी तरह आगे बढ़कर नए पड़ाव के लिए स्थान खोज रहा था। खोजते-खोजते वह बहुत दूर निकल गया। किन्तु पानी और चारे की सुविधा उसे नहीं मिल सकी। हारकर वह लौटा। किन्तु, इतनी अधिक दूर बढ़ गया था कि पड़ाव पर पहुँचने के बहुत पहले ही उसके पास का पानी तक चुक गया। जहाँ तक नजर जाती, सिर्फ काँटेदार झाड़ियाँ। इन झाड़ियों को पार किया जाए, या लौटकर दूसरा रास्ता ढूँढ़ा जाए। किन्तु लौटने का दम न उसमें था, न घोड़े में। अतः उसने झाड़ियों को पार करने का तय किया। शरीर लहूलुहान—और वह बढ़ता जा रहा है। जब वह अपने पड़ाव में पहुँचा, वह और उसका घोड़ा घायल हो चुके थे।

इस यात्रा में उसे सफलता नहीं मिली। एक आदिवासी से उसने पानी का पता पूछा, उसने उसका पथ-प्रदर्शन करना स्वीकार किया। किन्तु, यह क्या ? उसने आयर और उसके दल को लिए-दिए समुद्र के किनारे पहुँचा दिया। आयर बेचारा छक गया ! पानी का मानी उस आदिवासी ने समुद्र समझ लिया था। आयर अपने निवास-स्थान पर लौट आया। यह दल भंग हो गया। फिर नए दल का संगठन कर नए उत्साह से उसने दूसरी बार यात्रा प्रारम्भ की।

थोड़े दिनों तक तो वह निर्विघ्न बढ़ता गया। किन्तु फिर आपत्तियाँ रास्ता रोकने लगीं। जोरों से आँधियाँ आतीं, जो उन्हें गरम बालुओं से ढँक देतीं। तरह-तरह के मच्छर और मक्खियाँ और तबाह करतीं। पानी का अभाव भी बढ़ता गया। एक बार डेढ़ सौ मील तक वे बढ़ते गए, किन्तु पानी का कोई सोता, झरना या गड्ढा नहीं मिला। इस बार तो मृत्यु प्रत्यक्ष दीख पड़ने लगी। "चार दिनों तक हमें एक बूँद पानी नसीब नहीं हुआ। भोजन की तो बात अलग। घोड़ों की तो बात अलग। घोड़ों की तो और भी दुर्दशा थी। जो सूखी घास मिलती थी, उसे भी वे चबा नहीं सकते थे—उनकी जीभें सूख चली थीं।" ऐसी ही हालत में एक आदिवासी ने उन्हें एक तरकीब बताई। कुछ पेड़ वहाँ ऐसे थे, जिनके तने में छेद करने से पानी-सा तरल पदार्थ निकलता था। वे बेचारे उसी को चूस-चूसकर प्राण बचाते रहे। सूखी घास पर भोर में ओस के कण इकट्ठे हो जाते। इन ओस-कणों को चाटकर भी वे अपनी पिपासा शान्त करते।

कुछ दूर और आगे बढ़ने पर एक बड़ी दुर्घटना हुई। आयर के साथ जो आदिवासी थे, उन्होंने उसके एक गोरे साथी को गोली मार दी और बहुत-सा सामान लेकर भाग गए। अभी अपने गन्तव्य स्थान पर पहुँचने के लिए उन्हें छह सौ मील की दूरी तय करनी थी; किन्तु उनके पास सिर्फ कुछ सेर आटा, कुछ गैलन पानी और थोड़ी चाय और चीनी बच रही थी। किन्तु, आयर इन संकटों से घबड़ानेवाला नहीं था। अब वह घोड़े के मांस पर जीने लगा। जब कभी सम्भव होता, वह कुछ चिड़ियों को मारता, या कभी-कभी केकड़ा और मछली पकड़कर उन्हें भून-भानकर खाता। इस यात्रा में उसका सबसे बड़ा सहारा वीली नामक एक आदिवासी सिद्ध हुआ। वह बड़ा ही स्वामिभक्त निकला। कई अवसरों पर उसी ने आयर और उसके साथियों को मरने से बचाया था।

कितने सप्ताहों की भूख-प्यास, थकावट और कमजोरी के कारण जब आगे बढ़ना उनके लिए असम्भव-सा दीख रहा था, तो उन्हें एक दिन समुद्र किनारे एक फ्रांसीसी जहाज दिखाई पड़ा। जहाज का कप्तान बहुत नेक आदमी था। उसने आयर की मदद भोजन, पीने का पानी और सामान आदि से की। उस सम्बल को पाकर आयर का दल उत्साह से आगे बढ़ने लगा। इसी तरह वे आगे बढ़ रहे थे कि एक दिन वीली आनन्द से चिल्ला उठा। उसने आगे एक शहर देखा था। यह शहर अलबानी था। अलबानी में जब लोगों को मालूम हुआ कि एक आयर और उसका दल आ रहा है, तो उनके आश्चर्य का ठिकाना नहीं रहा। एक साल हुए, आयर का दल अडेलेड से रवाना हुआ था। थोड़े दिनों तक उनको खबर मिलती थी; किन्तु छह महीने से उनका कोई ठौर-ठिकाना नहीं मिल रहा था। लोग समझते थे कि वे शायद चल बसे या मार डाले गए। अलबानी के निवासियों—आदिवासी और यूरोपियन दोनों—ने दिल खोलकर आयर का स्वागत किया।

1845 में आयर ने अपनी इस यात्रा का अपूर्व वर्णन पुस्तकरूप में छपवाया। उसकी गिनती संसार के महान साहसिक पुरुषों में होने लगी। उसे न्यूजीलैंड का गवर्नर बनाया गया। पश्चिमवाले अपने वीरों का सम्मान करना भी जानते हैं न ?

किन्तु, अब भी आस्ट्रेलिया का बहुत बड़ा हिस्सा—खासकर उसका मध्यवर्ती भाग—प्रकाश में नहीं आया था। उसे प्रकाश में लाने का श्रेय मिला एक आयरलैंडवासी को, उसका नाम रौबट ओहरा बर्क था। उसका जन्म 1820 ई. में हुआ था। उसका खानदान बहुत प्रतिष्ठित और धनी था। प्रारम्भ में उसने सैनिक शिक्षा प्राप्त की थी। सैनिक शिक्षा की उपाधि उसने बेल्जियम से प्राप्त की और बीस वर्ष की आयु में आस्ट्रिया की सेना में भर्ती हुआ, जहाँ वह थोड़े दिनों के बाद ही लेफ्टिनेन्ट बना दिया गया।

आस्ट्रिया की सेना में आठ वर्ष रहकर वह आयरलैंड लौटा और आयरलैंड की फौजी पुलिस में एक अफसर के पद पर नियुक्त किया गया। लेकिन उसका मन पुलिस के काम में नहीं लगा। उसने इस्तीफा दे दिया और अपने देश को सदा के लिए नमस्कार कर 1853 ई. में आस्ट्रेलिया में आ बसा। उसके साथ कुछ और लोग भी आए थे जो उसके अधीन काम कर चुके थे। बर्क का स्वभाव बहुत ही मीठा और प्यारा था। एक बार जो उसकी संगति में आता, वह उसका भक्त बन जाता। जिस दाई ने बचपन में उसे पाला था, वह अपने प्यारे रौबर्ट पर इस तरह बलिहार थी कि अपनी जिन्दगी की सारी कमाई उसने उसके नाम से वक्फ कर दी थी।

कुछ ही दिन बर्क आस्ट्रेलिया में रह चुका था कि उसे पता चला कि सरकार की ओर से एक अन्वेषक-दल आस्ट्रेलिया के मध्यवर्ती प्रदेश का पता लगाने के लिए भेजा जानेवाला है। उसने इसके लिए अपनी सेवा अर्पित की और वह सिर्फ उस दल में ले ही नहीं लिया गया, उस दल का नेता भी बना दिया गया।

1860 ई. के अगस्त महीने में वह मेलबोर्न से रवाना हुआ। शुरू में तो सब चीजें बहुत अच्छी तरह जाने लगीं, किन्तु थोड़े दिनों के बाद ही तरह-तरह की उलझनें आने लगीं। एक तो उसके दल के चुनाव में ही गड़बड़ी हुई थी। ग्यारह गोरे उसके साथ थे, जिनमें दो तो बिलकुल निकम्मे थे। न उनमें साहस था, न निश्चय। अनुशासनहीनता भरी हुई थी। जो उसका निकटतम सहकारी था, वह बर्क के नेतृत्व को बात-बात में चुनौती देने लगा। तो भी सौभाग्य से, विल्स नाम का एक आदमी था जो बर्क का बहुत आज्ञाकारी निकला। इस आदमी की भक्ति के कारण ही बर्क इतने असम्भव कार्यों को सम्भव कर सका।

बर्क ने अपने दल को दो हिस्सों में बाँटा। जो अग्रणी दल बना, उसका नेता वह स्वयं

हुआ। अपने साथ उसने तीन गोरे सहकारियों को रखा। हिन्दुस्तान से खास इसी काम से मँगाए गए छह ऊँटों पर उसने अपना सामान लादा। एक घोड़ा भी साथ में ले लिया।

पिछले दल को अड्डे पर ही छोड़कर यह अग्रणी दल आगे बढ़ा। प्रारम्भ के दिनों में सैर का ही मजा आता रहा। हरा-भरा प्रदेश, बत्तखें, तोते, काकातूआ—तरह-तरह के रंगीन पंखोंवाले पंछी मिलते रहे। जगह-जगह एक विचित्र चीज भी मिलती रही। चींटियों की माँद चार-चार फीट ऊँची तक दिखाई देती थी। रास्ते में आदिवासी या तो मिलते ही नहीं थे या वे इन्हें देखते ही भाग जाते थे। किन्तु, थोड़े दिनों के बाद जोरों से वर्षा होने लगी। जमीन इतनी गीली और दलदल हो गई कि उस पर ऊँटों का चलना मुश्किल हो गया। बर्क ने ऊँटों को पीछे ही छोड़कर विल्स के साथ आगे बढ़ना शुरू किया। फरवरी आते-आते बर्क सारे रास्ते को तय कर दूसरे छोर के समुद्र-तट तक पहुँच चुका था। बर्क के आनन्द की सीमा नहीं थी, किन्तु, वह क्या जानता था कि उसके इस आनन्द पर दूर खड़ी मृत्यु मुस्कुरा रही है।

बर्क वहाँ से अब पिछले अड्डे की ओर लौटा। अब भी उसके पास इतना सामान था कि अड्डे पर वह सकुशल और सानन्द लौट सकता था, किन्तु, दिनों-दिन रास्ता बीहड़ होता गया। लौटने के समय ये ऊँट और भी बाधक सिद्ध होने लगे। इन्हें छोड़ा भी नहीं जा सकता था, क्योंकि फिर खाने-पीने का सामान कैसे ढोया जाता। रास्ते में कीचड़ और दलदल इस कदर बढ़ गए थे कि ऊँटों के पैर उठते नहीं थे। बड़ी मुश्किल से दिन भर में चार मील का सफर वे तय कर सकते थे।

दिन-दिन भोजन की कमी होती जाती थी। दलदल में चलना मुश्किल पड़ता जाता था। भोजन के अभाव और अत्यन्त थकावट के कारण उनका एक साथी बीमार पड़ गया और चलता बना। जब खाने का कोई सामान नहीं बचा और न कहीं कोई चिड़ियाँ ही नजर आती थीं तो अन्त में उन्होंने अपने घोड़े को मार डाला और पन्द्रह दिनों तक उसी के मांस पर गुजर करते रहे। घोड़ा भी सूखकर काँटा हो चला था। उसमें ज्यादा मांस कहाँ से आता ? अन्त में वे अपने पड़ाव के स्थान के निकट पहुँचे। वे बहुत आनन्दित हुए कि अब हम लोग बच गए, किन्तु, यह धोखा था। जब उस स्थान पर आते हैं, उनके साथी अड्डा तोड़कर वहाँ से चल चुके थे।

उनकी निराशा का ठिकाना न रहा। अब मृत्यु स्पष्ट सामने दीख पड़ने लगी। आदमी आशा पर जीता है। जब आशा न रही, शरीर का रहा-सहा दम भी जैसे अचानक गायब हो गया। सब-के-सब हताश होकर लेट गए। उसी समय विल्स का ध्यान एक पेड़ की ओर गया। एक पेड़ की छाल काटकर उस पर कुछ लिखा हुआ-सा दिखाई पड़ा। गौर से देखा तो उस पर लिखा था—खोदिए, 21 अप्रैल; 1861। विल्स उठा और झटपट पेड़ के नीचे खोदने लगा तो पाया कि उसके नीचे एक बक्से में खाने-पीने की कुछ सामग्री रखी हुई है। उन चीजों को लेकर हफ्तों के बाद उन लोगों ने उस दिन भर-पेट भोजन किया। लेकिन इस भोजन के समय भी उनके मन में रह-रहकर एक टीस उठती थी, क्योंकि उस बक्से को देखने से उनको पता चला कि उनके वहाँ पहुँचने के कुछ ही घंटे पहले उनके साथी वहाँ से चल चुके थे। कुछ लोगों का विचार हुआ कि हम लोग खा-पीकर तेजी से उनका पीछा करें। एक-दो दिन में हम उन्हें पकड़ लेंगे। लेकिन क्या यह सम्भव था कि महीनों से जो लोग थके-माँदे थे, वे उन्हें पकड़ सकें जो महीनों तक आराम करने के बाद अब तेजी से अपने घर की ओर इसलिए लौट रहे हों कि कहीं हमें भी पिछड़े हुए साथियों की तरह भूखों न मर जाना पड़े। यह भाग-दौड़ व्यर्थ होगी। हमारे पास जो बची-बचायी शक्ति है, वह भी नष्ट हो जाएगी। यह सोचकर बर्क ने यह तय किया कि यहाँ से जो निकटतम सभ्य स्थान है, उसकी ओर चलें। वह स्थान यहाँ

से डेढ़ सौ मील की दूरी पर था।

वे लोग उस ओर चले, लेकिन दुर्भाग्य उनका पीछा कर रहा था और मृत्यु अब निकट आकर अट्टहास कर रही थी। वे कुछ दूर आगे बढ़े थे कि जो दो ऊँट बच गए थे उनमें से एक चल बसा। तो भी वे लोग आगे बढ़ते रहे। बड़ी-बड़ी मुश्किलों से आधी यात्रा पूरी की। अब वे मरुभूमि होकर चल रहे थे। उनके पास जो सामान था, वह अब सिर्फ चौबीस घंटे तक उनको जिन्दा रख सकता था। बर्क ने मान लिया कि अब यह यात्रा उसकी महायात्रा सिद्ध होने जा रही है। इस यात्रा की जो डायरियाँ लिखी गई थीं या जो नक्शे आदि बनाए गए थे, उन सबों को उसने बालू के नीचे गाड़ दिया और जगह-जगह ऐसे चिन्ह बनाता गया और उन चिन्हों के नीचे अपनी डायरी के बारे में निर्देश रखता गया कि जिसमें कभी कोई यात्री इधर आवे तो इन कागजातों को सुरक्षित पा सके। थोड़ी दूर और आगे बढ़ने पर कुछ आदिवासियों से उनकी भेंट हुई। उन लोगों ने उन्हें मछली और चपाती खिलाई, किन्तु वहाँ से आगे बढ़ने पर फिर वही भूख, वही प्यास, वही थकावट, वही कमजोरी। विल्स के शरीर ने आगे बढ़ने से इनकार कर दिया। वह बैठ गया। तब बर्क अपने एकमात्र साथी किंग को लेकर आगे बढ़ा कि कहीं कुछ खाना मिल जाए तो वह विल्स को जिला सके। यह 19 जून की बात है। बर्क नहीं लौटा और मालूम होता है, दो-तीन दिनों के अन्दर ही विल्स ने उस मरुभूमि में सदा के लिए आँखें मूँद लीं।

किन्तु, क्या बर्क अपने को जीवित रख सका ? वह उसके दूसरे ही दिन भूख-प्यास से व्याकुल होकर सदा के लिए इस धराधाम को छोड़ चुका था ! इस महायात्रा के प्रारम्भ करने के समय अपने विदा देनेवालों से उसने कहा था कि अपने शरीर का एक-एक बूँद खून देकर भी इस यात्रा को सफल बनाने की कोशिश करूँगा और जब यह यात्रा सफल होने जा रही थी, यों कहिए कि सफल हो चुकी थी तो इस शरीर की अन्तिम बूँद—रक्त तक देना पड़ा। उस यात्रा-दल का सिर्फ एक आदमी बच पाया—वह था किंग। किंग भी मरुभूमि में मरा हुआ पड़ा था कि उन लोगों की खोज में चले हुए एक दूसरे दल ने उसका उद्धार किया।

3
अतलान्तक के आरपार

जहाजों ने तो समुद्रों को अब मथ छोड़ा है। प्रशान्त हो या अतलान्तक—जहाजों ने उनकी महत्ता को सदा के लिए लघुता में परिणत कर दिया है। किन्तु, एक ही छलाँग में पूरे अतलान्तक को पार कर जाना अब भी एक असम्भव बात समझी जाती थी। हवाई जहाज बन गए तो क्या हुआ—उस पर भी यह कार्य करना कठिनतम ही नहीं, नितान्त असम्भव है, यह मान लिया गया था।

किन्तु, आखिर मनुष्य ने यह करामात भी कर ही दिखलाई।

एक दिन संसार ने अचरज के साथ सुना कि फ्रांस का प्रसिद्ध विमान-वीर चार्ल्स-नंगेसर, विमान पर, बीच में कहीं भी उतरे बिना पेरिस (फ्रांस) से न्यूयार्क (अमेरिका) तक की आकाश-यात्रा कर रहा है। विमान पर इतनी दूर की यात्रा उस समय तक किसी ने नहीं की थी। किसमें ऐसा साहस था ? किन्तु जर्मन-युद्ध के समय जिन्होंने 'नंगेसर' की अचरज भरी करतूतें देखी या सुनी थीं, उन्हें विश्वास हो गया था कि नंगेसर-जैसे अनुपम साहसी के लिए यह कोई कठिन काम नहीं। नियत समय पर हजार-हजार दर्शकों ने तालियों की गड़गड़ाहट

और आनन्द-ध्वनि के बीच नंगेसर, अपने साथ एक काने साथी को लेकर पेरिस को रवाना हुआ।

किन्तु यह क्या ! एक दिन बीता, दो दिन बीते, चार दिन बीते, सप्ताह बीत गया—'नंगेसर' अमेरिका न पहुँच सका ! लोगों की चिन्ता बढ़ी—क्या अगाध अतलान्तक महासागर के हाहाकार करते हुए भूखे पेट में, किसी दुर्घटना के कारण, नंगेसर सदा के लिए समा गया ? समुद्री तारों और बेतार के तारों का सिलसिला जारी हुआ। भिन्न-भिन्न स्थानों पर जहाज दौड़ाए गए। पीछे, एक टापू में नंगेसर पाया गया।

जिस समय संसार की उत्सुक दृष्टि 'नंगेसर' की ओर लगी थी, अकस्मात् पेरिस के ऊपर एक दूसरे विमान-वीर का विमान दीख पड़ा। अमेरिका के एक पच्चीस वर्ष के युवक 'चार्ली लिंडबर्ग' ने यह काम कर दिखलाया, जिसके करने में नंगेसर-जैसा महारथी भी असफल रहा।

'लिंडबर्ग' अमेरिका से अपने विमान पर अकेला चला, चौंतीस घंटे तक हवा और तूफान से युद्ध करता हुआ पेरिस पहुँचा। पेरिस पहुँचने पर जैसा उसका स्वागत हुआ, शायद ही किसी बादशाह को वैसा नसीब हो। लाखों आदमी की भीड़ थी, कितने ही भीड़ में कुचले गए—कितनों का दम घुट गया, कितने ही राज्यों के प्रतिनिधियों ने उससे हाथ मिलाए—संसार के प्रायः सभी सभ्य देशों के शासकों ने उसे बधाई के सन्देश तार द्वारा भेजे।

आइए, हम इन दो महान् वीरों की कीर्ति-कथा संक्षेप में कहें : सुनें—

'नंगेसर' !—मत पूछिए, यह विचित्र वीर है। जर्मन युद्ध के समय सत्रह बार दुश्मनों ने उसके विमान को नष्ट-भ्रष्ट कर दिया—सत्रह बार यह ऊँचे आसमान से जमीन पर, पके फल की तरह, बेसहारा गिरा—सत्रह बार इसकी हड्डी-पसली चूर-चूर हो गई—सत्रह बार यह डॉक्टरों के चीर-फाड़ करनेवाले टेबिल पर लिटाया गया—सत्रह बार डॉक्टरों ने उसाँस लेकर कहा—यह नहीं बचेगा। किन्तु, यह नौजवान लड़का—जो सोलह वर्ष की अवस्था में ही, सभ्य संसार से एकदम दूर, कठिन-से-कठिन जीवन बिता चुका था—डॉक्टरों के उस फरमान से जरा भी भयभीत न हुआ; लापरवाही से सिर हिलाया और दाँत पीसकर रह गया; क्योंकि उसको अपने वज्र शरीर पर पूरा विश्वास था—वह जानता था कि उसने अपने इस शरीर को किस धातु से बनाया है।

एक समय एक गोली इसके सिर की बगल में लगी थी, दूसरी बार दो गोलियाँ इसके सिर को चीरती हुई निकल गई थीं और भाग्य से ही इसका भेजा फटने से बचा था। एक गोले के लगने से इसके जबड़े टूट गए थे—गोलियों की बौछार ने उसकी छाती के दोनों ओर को छलनी कर दिया था—इसके पैर, फिल्ली (पिंडली) और कुहनी टूक-टूक हो गई थी। यहाँ तक की इसकी खोपड़ी, बाँह, पैर और तलवे के भीतर अल्युमुनियम और सिल्वर रखकर सी दिया गया है; क्योंकि उन स्थानों की हड्डिया चूर-चूर हो गईं—अच्छी हो नहीं सकती थीं। किन्तु यह सबकुछ होने पर भी, इसका शरीर आज भी देखिए तो अचम्भे में आ जाइएगा। नंगे बदन खड़ा होने पर भी उसके शरीर में आप घाव का एक चिन्ह भी नहीं देख सकते। व्यायाम द्वारा शरीर को इन घातक चोटों के सहने योग्य बनाया था, और व्यायाम के ही सहारे अपने शरीर को खूब गठीला बनाकर इन चोटों के चिन्ह तक को भी इसने मिटा डाला है। गजब !

नंगेसर जर्मन-युद्ध के शुरू में घुड़सवार सेना में काम करता था। उस सेना में रहकर भी उसने बड़ी वीरता दिखलाई थी। एक दिन की बात है—जर्मनी और फ्रांस की सीमा पर बड़ी विकट लड़ाई छिड़ी थी। गोली-गोले और तोपें अपनी राक्षसी भयंकरता दिखला रही थीं। उसी घनघोर लड़ाई में नंगेसर और उसके सेनापति अपने साथियों से अलग हो गए। बड़ा कठिन अवसर था। इस प्रकार साथियों से बिछुड़ जाने का अर्थ था—मृत्यु ! दोनों ने निश्चय कर लिया

कि अब बचना कठिन है। फिर भी नंगेसर हिम्मत हारनेवाला न था। सेनापति को लेकर निकट की झाड़ी में जा छिपा। वहाँ भी अधिक देर तक छिपना उचित जान थोड़ी देर के बाद, सेनापति को वहीं छोड़, वह बाहर निकला। कुछ ही दूर जाने पर उसने एक हवागाड़ी खड़ी देखी—यह जर्मनों की मोटर थी; जिसे सड़क पर खड़ी छोड़, चढ़नेवाले कहीं पैदल बढ़ गए थे। वह झट उस पर सवार होकर सेनापति के निकट पहुँचा, और उन्हें भी उस पर लेकर अपने अड्डे की ओर बड़ी तेजी से भागा। इतने ही में जर्मनों ने उसको भागते हुए देख लिया। एक गोली सनसनाती हुई आई और उसके सिर के टोप को उड़ाती हुई चली गई—भाग्य से ही वह बचा। पर जब उसने इधर-उधर अपनी नजर दौड़ाई—चारों ओर से शत्रुओं की सेना को उमड़ते आते देखा। तो भी वह डरा नहीं, मोटर को पास की एक झाड़ी की ओर मोड़ दिया। मोटर पर गोलियों की बौछार बराबर हो रही थी—समूची मोटर छलनी हो गई; पर तब तक वह झाड़ी के निकट पहुँच चुकी थी।

नंगेसर अपने घायल सेनापति को अपने पैरों के बल घसीटता हुआ झाड़ी के एक गुप्त कुंज में जा छिपा। दुश्मनों ने पहुँचकर देखा, मोटर की धज्जियाँ उड़ गई हैं—वह किसी काम की नहीं रह गई है। तब उस झाड़ी में खोज-ढूँढ़ करने लगे। सन्ध्या हो चुकी थी, कुछ पता न चला। मोटर वहीं छोड़ दी क्योंकि उनकी समझ में वह एकदम ही नहीं चलाई जा सकती थी।

गोलियों की आवाज बन्द और कोलाहल दूर होने पर वीर नंगेसर फिर झाड़ी से निकला, तो मोटर खड़ी देखी। कल-पुर्जों का जानकार था ही, मोटर को काम के लायक बना लिया। फिर सेनापति को उठा लाया। मोटर पर बिठलाया, और सावधानी से हाँकता हुआ अपने कैम्प में जा पहुँचा। दोनों ही चौबीस घंटे के भूखे और जगे थे। कैम्प में पहुँचते ही सेनापति को उनके स्थान पर पहुँचाकर वह अपने कम्बल में लिपटकर सो गया। किन्तु जब भोर में उठा, तो अपने को प्रसिद्ध पाया। कप्तान का पद, मित्रों और साथियों की बधाइयाँ, कितने ही खिताब और तमगे उसकी प्रतीक्षा में थे। फ्रांस, इंग्लैंड, अमेरिका आदि सभी देशों के सेनापतियों ने बधाइयों, खिताबों और तमगों द्वारा उसका सम्मान किया।

इसके बाद उसने हवाई-फौज में अपना नाम लिखाया। इस क्षेत्र में तो उसने गजब ढा दिया—'अद्वितीय नंगेसर' उसके दुश्मन और दोस्त, दोनों के मुँह से निकला। एक छोटे-से विमान पर बैठकर ही उसने शत्रुओं के 105 बड़े-बड़े विमानों को पृथ्वी पर गिराकर चकनाचूर कर दिया था। लड़ाई के शुरू में तो उससे जर्मनीवाले इतना डर गए थे कि उन्होंने उसके सिर के लिए एक बड़ी रकम पुरस्कार देने की घोषणा की थी—यह रकम बढ़ते-बढ़ते पाँच लाख 'मार्क' (जर्मनी का सिक्का) तक पहुँच गई थी। जर्मन-युद्ध में एक आदमी के सिर के लिए इससे बड़ा एक भी इनाम घोषित नहीं किया था। जो कोई नंगेसर का सिर काट लावे, या उसे जिन्दा पकड़ लावे, उसको पाँच लाख मार्क मिलेंगे—कितना बड़ा प्रलोभन था ! पर अफसोस ! किसी माई के लाल को यह रकम पाने का सौभाग्य प्राप्त नहीं हुआ।

जब नंगेसर को इस इनाम की बात मालूम हुई—वह डरा नहीं, सकुचाया नहीं, बल्कि दुश्मन उसे साफ पहचान लें; इसलिए उसने अपने हवाई जहाज पर, दाँत पीसते हुए मौत के सिर की एक बड़ी-सी तस्वीर बनवा ली, और बढ़-बढ़कर हवाई धावे करने लगा। उधर; कुछ तो इनाम के लालच से और कुछ जातीय अपमान से जलकर, जर्मनीवाले उस पर चढ़ाई-पर-चढ़ाई करने लगे। उसके एक विमान को नष्ट करने के लिए दर्जनों विमान एक साथ मिलकर धावे करते थे। यद्यपि उसने उस विमानों को नष्ट-भ्रष्ट करने में राक्षस-सा काम किया था, तो भी कई बार उसके विमान की भी धज्जियाँ उड़ीं, उसे आकाश से गिरना पड़ा; किन्तु,

सौभाग्यवश वह जब-जब गिरा, अपनी ही फौज के बीच में। जर्मनी की सीमा में अगर एक बार भी गिरता, तो निस्सन्देह आज उसकी एक भी हड्डी देखने को नहीं मिलती।

नंगेसर की वीरता की अनेक कहानियाँ हैं। वे सब कहने-सुनने में उपन्यास की कहानियों-सी मालूम पड़ती हैं। इन पर जल्दी विश्वास नहीं होता, किन्तु, जिन्हें उसके बचपन की बात मालूम होगी, वे तो इन्हें सोलह आने सत्य समझेंगे।

नंगेसर का परिवार अपने शारीरिक बल के लिए फ्रांस में प्रसिद्ध है। उसके खानदान में बड़े-बड़े वीर, योद्धा, नाविक, वैज्ञानिक, अन्वेषक, आविष्कारक आदि हुए हैं। किन्तु चाहे वे जिस किसी क्षेत्र में रहे, सबमें शारीरिक शक्ति अलौकिक थी। नंगेसर के पिता अच्छे धनिक होने पर भी भारी कुश्तीबाज, तैराक, घुड़सवार और कलाबाज थे। उसकी माता भी बड़ी बहादुर थी। बचपन से ही उन लोगों ने अपने पुत्र को वीर बनने की शिक्षा दी। यहाँ तक कि जिसमें शहर की गन्दी हवा न लगे, नंगेसर का जन्म होते ही वे पेरिस छोड़कर देहात में जा बसे ! फिर जब नंगेसर चलने लगा, उसे व्यायाम की शिक्षा देना आरम्भ किया। बालोपयोगी सीधे-साधे व्यायाम कराकर बचपन से उसकी हड्डियाँ और पुट्ठे पुष्ट बनाए जाने लगे। पिता को उसके व्यायाम की चिन्ता थी, माता को उसके भोजन की। वह उसको वैसी ही चीजें खिलाती थी, जिनसे उसकी हड्डियाँ, खून और नसें स्वस्थ दशा में रहें। हिन्दुस्तानी माताओं के समान सड़ी-गली-बासी मिठाइयाँ, चटपटी मसालेदार चीजें खिलाकर बच्चे को बरबाद करने की खराब आदत उसमें नहीं थी।

जब नंगेसर स्कूल में भरती हुआ, अपने स्वस्थ शरीर और मस्तिष्क के कारण अपनी क्लास में वह सदा प्रथम होता रहा। पढ़ने-लिखने में व्यस्त होकर शरीर की सुधि भुलाने की गलती उसके माता-पिता ने उससे कभी नहीं होने दी। दस वर्ष का होने से पहले ही दौड़ने, तैरने, कुश्ती लड़ने और कसरत करने में पक्का उस्ताद समझा जाता था। ग्यारह वर्ष की उम्र में वह किताबी ज्ञान के साथ कल-पुर्जे की बनावट और इंजीनियरिंग (शिल्प-विद्या) का भी अभ्यास करता था। चाहे शारीरिक या मानसिक—सभी कामों में वह अगुआ गिना जाता था। क्यों न हो, बलवान शरीर में ही बलवान मस्तिष्क रह सकता है।

अपनी जिन्दगी के बारहवें वर्ष में ही वह अपने अनुपम साहस का परिचय दे चुका था। अपनी बारहवीं जन्मगाँठ के समय वह अपने पिता के एक मित्र के घर भोजन खाने गया था। मित्र महाशय का एक अरबी घोड़ा था। बालक नंगेसर चुपके से अस्तबल में पहुँचकर उस पर सवार हो गया। घोड़ा बदमाश था—उसके चढ़ते ही लगा दुलत्तियाँ झाड़ने। नंगेसर गिर पड़ा। किन्तु गिरकर वह रोया-चिल्लाया नहीं, निडर हो घोड़े को खोलकर मैदान में ले गया। वहाँ उस पर चढ़ने का अभ्यास करने लगा। बार-बार वह चढ़ता, बार-बार घोड़ा उसे पटकता। कई बार उसे भयानक चोट लगी। किन्तु आखिर उस वीर बालक से घोड़े को हारना पड़ा। वह उसकी पीठ पर सवार होकर ही रहा—खूब दौड़ाया, पसीने-पसीने कर छोड़ा, और विजय के गर्व में फूला हुआ, उस मित्र महाशय के घर पर, घोड़े पर ही सवार आ धमका। उसका साहस देख सब लोग दाँतों उँगली दबाकर रह गए।

सोलह वर्ष की उम्र में उसने पढ़ना छोड़ा। पहले अपने देश और उसके पड़ोस के देशों की यात्रा की कुछ पैदल, कुछ गाड़ी पर। किन्तु, उसका साहसिकपन कुछ अलौकिक वीरता के काम करने को छटपटा रहा था। वह जहाज पर सवार हो अमेरिका पहुँचा। पर वहाँ के शहरों में भी उसका दिल न लगा। वह तो ऐसा स्थान खोज रहा था, जहाँ नई सभ्यता की दुर्गन्ध न हो—जहाँ वह जंगली लोगों की तरह शिकार खेले, घुड़सवारी करे, नाव खेवे, जंगली जानवरों का सामना करे। इसलिए वह दक्षिण अमेरिका के घोर जंगलों में जा पहुँचा। वहाँ

जंगली घोड़ों को फँसाने का खतरनाक रोजगार कुछ दिनों तक बड़े शौक से किया। फिर जंगली जीवन की खूब बहार लूटकर वह शहर में आया। वहाँ इसने मोटर हाँकना सीखा। थोड़े ही दिनों में वह मोटर-रेल की बाजियों में भी शामिल होने योग्य हो गया। तब उसका ध्यान विमान (हवाई जहाज) की ओर गया। इसमें भी उसने बड़ी उन्नति की। यहाँ तक कि विमानों के सम्बन्ध में उसने थोड़े ही दिनों में कई अचरज-भरे आविष्कार भी कर दिखाए। दक्षिण अमेरिका के पत्रों ने मुक्तकंठ से उसकी खूब ही प्रशंसा की। वह उच्चकोटि का विमान-चालक समझा जाने लगा।

उसके बाद वह अपने देश में लौटा। इससे पहले उसकी प्रसिद्धि फ्रांस में पहुँच चुकी थी। जनता ने बड़े प्रेम से उसका स्वागत किया। फ्रांस पहुँचकर वह अपनी शारीरिक शक्ति की करामात दिखाने लगा। कुश्ती लड़ना, तैरना, दौड़ना—सबमें वह बाजी मारता। जिस समय फ्रांस में जर्मन-युद्ध की खबर पहुँची, वह घर बैठा न रह सका। युद्ध के समय उसने जो वीरता दिखलाई, उसका आभास ऊपर मिल चुका है।

अब जरा उस विजयी युवक 'लिंडबर्ग' की बातें सुनिए। कितने लोग तो कहते हैं किं 'लिंडबर्ग' की यह विजय भाग्य का खेल है—वीरता का पुरस्कार नहीं। किन्तु, लोगों का वह भ्रम है। माना कि उसका शरीर दानव-सा नहीं है, न किसी विमान-युद्ध में उसने अपना जौहर दिखलाया है। पर तो भी उसमें वे गुण हैं, जिनसे बड़ी-बड़ी विजय आसानी से प्राप्त हो सकती हैं। सबसे बड़ा गुण तो यह है कि वह आरोग्य शास्त्र का अनुयायी है। वह शराब और विषैले सिगार या सिगरेट नहीं पीता, चटपटे मसालेदार भोजन से दूर भागता है। चाय या कॉफी के स्थान में सदा पानी और दूध ही उसको प्रिय हैं।

जब वह चौंतीस घंटे तक आकाश में हवा से युद्ध करता हुआ अमेरिका से फ्रांस पहुँचा, तब सबसे पहली चीज, जिसकी उसने कामना की, एक गिलास दूध था। अमेरिका और यूरोप के जितने डॉक्टर उसकी देखभाल करने के लिए वहाँ इकट्ठे थे, सब चकरा गए; कहने लगे—बिना विश्राम और नींद के चौंतीस घंटे के अथक परिश्रम के बाद, एक गिलास दूध—न तो वह फ्रांस की जगत्प्रसिद्ध शराब, और न कोई उत्तेजक शरबत ! यह तो पागलपन है। वास्तव में डॉक्टरों को मालूम हुआ कि जैसा भीषण परिश्रम उसने किया है, उसके कारण मजबूत-से-मजबूत आदमी भी छाती की धड़कन बन्द होने पर मर जा सकता था। उन लोगों ने समझाया—कड़ी मेहनत के कारण 'लिंडबर्ग' का दिमाग खराब हो गया है, अतः वे लोग कोई उत्तेजक तरल पदार्थ पीने के लिए बार-बार अनुरोध करने लगे।

वह उनकी यह जिद देख मुस्कुराया, ताजा हवा की एक लम्बी साँस खींची और वहाँ आए हुए सज्जनों से हँस-हँसकर हाथ मिलाने लगा। किन्तु, डॉक्टर लोग कब माननेवाले ? तपाक से बोले—कोई उत्तेजक तरल पदार्थ न सही, कोई पुष्टिकर गोली ही पहले खा लीजिए। उस युवक ने उपेक्षा की हँसी हँसकर कहा—मैं दवा कभी नहीं खाता। इतना कहकर वह पीछे की ओर मुड़ा और वहाँ आए हुए सज्जनों से हँस-हँसकर हाथ मिलाने लग गया। वह तो जानता था कि एक निरोग पुरुष के लिए कड़ी-से-कड़ी मेहनत के बाद भी, थकावट दूर करने के लिए एक गिलास ताजा दूध, शुद्ध ताजी हवा और कुछ देर का विश्राम ही काफी है। यही उसने किया भी। डॉक्टर लोग उसका मुँह ताकते रहे गए।

अपनी इस ऐतिहासिक यात्रा की तैयारी भी उसने विचित्र की थी। उसका विमान साधारण दर्जे का था। उस पर आडम्बर का कोई सामान न था। खाने के लिए गेहूँ की पाँच सादी चपातियाँ और पीने को एक सुराही शीतल जल। बस, यही था उसका सम्बल। इनमें से भी केवल डेढ़ रोटी और कुछ घूँट पानी ही उसने खाया-पीया था। किन्तु उसके पास सफलता

के और सभी साधन थे—अनुपम साहस, आत्मविश्वास, समय की सूझ, एक साफ दिमाग, दो तीव्र आँखें और एक सुगठित स्वस्थ शरीर। क्या इतना ही विजय के लिए काफी नहीं ?

लिंडबर्ग का समय नियम के अनुसार बीतता है। वह काफी सोता है, काफी काम करता है, काफी व्यायाम करता है तथा काफी विश्राम करता है। मांस के लोथड़े उसके शरीर पर नहीं लटकते। उसका शरीर छरहरा किन्तु गठीला है। वह छः फीट का ऊँचा होने से देखने में दुबला जरूर मालूम होता है, पर सोलह आने नीरोग है। बीमार किसे कहते हैं, वह जानता ही नहीं। बचपन में केवल एक बार चेचक हुई थी। बस, इसके बाद कभी सिर भी न दुखा ! अब तक की जिन्दगी में उसने दवा कभी नहीं खाई। वह नौजवान है—उभरी हुई जवानी है। और, 1928 तक वह पक्का ब्रह्मचारी रहा।

उसके माँ-बाप का अधिकांश समय प्रकृति की गोद में कटा है। उन्होंने अपने पुत्र को भी प्रकृति के नियमों के अनुसार ही बढ़ने दिया है। उसकी माँ आयरलैंड के एक अच्छे घराने की लड़की है। साहसिकता, व्यायाम-प्रेम और शक्ति एवं बुद्धि के कामों में कमाल दिखाने का हौसला—ये सब गुण उसकी माँ से ही उसमें आए हैं। अपने पिता के अध्यवसाय का गुण उसने प्राप्त किया है।

स्कूल में उसका जीवन साधारण विद्यार्थियों का-सा रहा है। हाँ, कल-पुर्जे बनाने की कला से उसे बड़ा प्रेम था। अकेला रहना उसे बचपन से ही पसन्द है। यही कारण है कि इतनी बड़ी यात्रा उसने अकेले की। वह कहता है—इस यात्रा में उसको कभी अकेलापन नहीं अखरा, न वह कभी घबराया।

बचपन में जब वह देहात में रहता था; छुट्टी मिलते ही अपने प्यारे कुत्ते के साथ अकेला जंगल में निकल जाता, कई दिन जंगल में ही बिता देता, दिन भर घूमता, रात को किसी वृक्ष के नीचे अकेला सो जाता। कुछ दिनों के बाद उसने नाव बनाना सीख लिया। फिर क्या, नाव पर चढ़कर इस झील से उस झील, इस नदी से उस नदी की सैर किया करता। किन्तु, सदा अकेला या अपने किसी प्यारे पालतू जानवर के साथ।

पीछे उसे घोड़े पर चढ़ने का शौक चर्राया। उसमें भी वह गजब का पुतला निकला। फिर मोटर-साइकिल की बारी आई। उसमें भी वही हाल। तब उसको मोटर पर ध्यान गया। मोटर हाँकने के अतिरिक्त उसके एक-एक पुर्जे को खोलकर—बिखेरकर, पुनः उसे दुरुस्त कर, चालू करना भी सीख लिया। अपनी चढ़ती जवानी में किसी मोटर के पुर्जे-पुर्जे को अलग कर पुनः उन्हें जोड़ देने में जितना आनन्द वह अनुभव करता था, शायद ही किसी दूसरे काम में।

स्कूल की पढ़ाई समाप्त कर कॉलेज में भरती होने पर भी, उसका ध्यान पढ़ने-लिखने की ओर पूरी तरह न लग सका। वहाँ भी वह कल-पुर्जों की देख-रेख अधिक करता, पढ़ता-लिखता बहुत कम। एक दिन उसके कॉलेज के हाते में विमान उतरा। वह उसी समय अपनी माँ के पास जाकर बोला—मैं विमान हाँकना सीखूँगा।

विमान हाँकने की शिक्षा पाने के लिए स्कूल में उसने नाम लिखाया और थोड़े ही दिनों में विमान हाँकने में बेजोड़ निकल गया। फिर वह सैनिक-विद्यालय में विमान-विभाग में भरती हुआ। वहाँ दो वर्ष तक विमान के हर एक अंग की जानकारी हासिल करता और उड़ता रहा। उस समय तक के छह वर्षों के विमान-जीवन में वह 1800 घंटे तक आकाश में रहा था। इतने घंटे आकाश में रहने के लिए साधारण विमान हाँकनेवाले को पन्द्रह वर्ष लग जाते हैं।

विमान पर कई बार दुर्घटना का भी उसे सामना करना पड़ा है। चार बार उसका विमान बादलों में फँस गया और आसमान से छतरी के सहारे उसको नीचे कूदना पड़ा। किन्तु हर दफा गठीले बदन और मजबूत पुट्ठों के कारण ही वह बाल-बाल बच सका। हाँ, दो बार उसे

भयानक चोट भी लगी थी।

आज उसकी कीर्ति संसार में फैल गई है—सभ्य संसार के घर-घर में उसका नाम पहुँच गया है।

संसार ने इस साहसी का जैसा स्वागत किया, वह भी कल्पनातीत है। पेरिस से लौटकर जब वह घर आया, संसार के सभी हिस्सों से एक लाख तार, बत्तीस लाख चिट्ठियाँ और चौदह हजार भिन्न-भिन्न पदार्थों के पार्सल उसके नाम डाकखाने में पहुँच चुके थे। रेल के तीन डिब्बों में भरकर उसकी डाक उसके पास पहुँचाई गई। दस चपरासियों के साथ एक 'मोटर बस' में लादकर उसके नाम तार उसके घर लाए गए। मोटर लारियों में दस टन पार्सल लादे गए, और उसके दरवाजे पर पहुँचाए गए। इन्हें देखकर 'लिंडबर्ग' सिर खुजलाने लगा। भला इतने पदार्थों का प्राप्ति स्वीकार वह कैसे करता ? यदि क्षिप्र लेखन प्रणाली और टाइपराइटर के सहारे दो सौ पत्रों का उत्तर भी प्रतिदिन दिया करता तो केवल पत्रों का उत्तर लिखवाने में उसे पचहत्तर वर्ष लग जाते और इनमें दो-तिहाई हिस्सा शेष करते-करते वह कब्र में पहुँचा दिया जाता। किन्तु 'लिंडबर्ग' यदि अपने हाथ से सभी पत्रों आदि का प्राप्ति स्वीकार ही लिखता, तो डेढ़ सौ वर्ष से कम समय न लगता। यदि उसकी डाक तले-ऊपर रखी जाती तो दस हजार फीट ऊँची हो जाती। चेम्बर ऑफ कामर्स के पन्द्रह सेक्रेटरियों ने छह हफ्ते में केवल बीस हजार चिट्ठियों की प्राप्ति की स्वीकृति मात्र दी।

पत्रों के मजमून भी विचित्र थे। इनमें अधिकांश धन्यवाद-बधाई आदि के पत्र थे। कुछ ऐसे थे जिनमें लिंडबर्ग से किसी-न-किसी प्रकार की मदद माँगी गई थी। एक बुढ़िया ने अपने जीवन-निर्वाह के लिए रुपए माँगे थे। किसी इंजीनियर ने अपने आविष्कार को पूरा करने में सहायता चाही थी। किसी का आविष्कार आधी दूर पहुँचकर रुका हुआ है, उसे लिंडबर्ग की सहायता चाहिए। कोई बेकार बैठा हुआ है, उसे लिंडबर्ग की सहायता से नौकरी मिल सकती है। इसी प्रकार न मालूम कितने पत्र थे। प्रायः चार सौ लिंडबर्गों ने उसे अपना रिश्तेदार बतलाया था। किसी ने लिंडबर्ग पर कविता बनाई थी और किसी ने अपनी सर्वोत्तम कविता उसे समर्पित की थी।

प्रकृति पर विजय-1

[1948-50 ई.]

भाप की ताकत

एक दिन एक छोटा बच्चा बड़े ध्यान से चाय की केतली को देख रहा था। पानी खौल रहा था, पानी से भाप निकलकर केतली के ढक्कन को फेंकने पर तुली थी। भाप--पानी से बनी धुआँ-धुआँ-सी चीज और उसमें इतनी ताकत ! बच्चा बड़े सोच-विचार में पड़ा था कि माँ ने कहा--"जेम्स, घड़ी देख, स्कूल का वक्त हो गया।"

जेम्स स्कूल गया, लेकिन उसके दिमाग में तो भाप भरी थी, वह क्या लिखता-पढ़ता ? एक बार उसकी चाची ने डाँटा--यह क्या घूरता रहता है तू ! तेरे ऐसा निखट्टू लड़का तो कहीं नहीं देखा !

कौन जानता था, वह निखट्टू लड़का प्रकृति पर मनुष्य की विजय दिखलानेवाला अद्भुत सिद्ध हो जाएगा। एक दिन संसार भर में इसकी धूम मच जाएगी। इसके देश के लोग इसके आविष्कार से मालामाल हो जाएँगे और संसार में उसका बोलबाला हो जाएगा।

इंग्लैंड रेल चलाने में, जहाज चलाने नें, बड़े-बड़े कारखाने बनाने में सब देशों से आगे बढ़ गया, वह खासकर इस बच्चे--जेम्सवाट--के इस आविष्कार के कारण कि भाप में असीम शक्ति है और उस शक्ति से हम बड़े-से-बड़ा और बारीक-से-बारीक काम ले सकते हैं।

उसके इस आविष्कार ने दूरी पर तो पूरी विजय प्राप्त कर ली। थोड़े ही दिनों में जमीन पर, आकाश में, समुद्रतल पर मनुष्य मनमाने रूप से विचरण करने लगा।

जेम्सवाट का स्वभाव बड़ा लजीला था। जब वह ग्लासगो से लन्दन आया, वह काम के लिए इधर-उधर मारा-मारा फिरता। औजार बनाने में उसके हाथ बड़े निपुण थे। गणित के औजार बनाने के एक कारखाने में उसे जगह मिली। वह रात के नौ बजे तक काम करता, तो भी इतने पैसे नहीं मिलते कि भर पेट खा सके। वह निराश होकर ग्लासगो लौट आया।

ग्लासगो में आकर वह छोटे-छोटे औजार और बाजे बनाने लगा। उसकी शिल्प-चातुरी की ओर ग्लासको यूनिवर्सिटी का ध्यान गया और उसने एक छोटा-सा कारखाना अपने हाते में खोल दिया। यहीं एक प्रोफेसर ने उसे एक इंजिन की मरम्मत का काम दिया और यहीं से उसके भाग्य ने पलटा खाया।

भाप की ताकतवाली इंजिन से पानी उलीचने का काम लिया जाता था; किन्तु ये इंजिनें अच्छी तरह काम नहीं करती थीं--चलती थीं, रुकती थीं। प्रोफेसर की इंजिन भी कुछ ऐसी ही थी। बहुत दिनों से वह पड़ी हुई थी। जंग तक लग गया था। वाट ने उसे अच्छी तरह देखा-सुना। बचपन से ही भाप की ताकत की ओर उसका ध्यान था। बचपन की यह जिज्ञासा अभी जिन्दा थी। औजार बनाने की कला ने अब उसके लिए यह सम्भव कर दिया था कि इस ताकत के कमाल को वह दुनिया के सामने रखे।

कुछ दिनों में ही लोगों ने देखा कि वह इंजिन चलने लगी और चलने लगी इस तरह कि लोग दाँतों अँगुली काटने लगे। आज भी वह इंजिन जुगाकर रखी गई है।

प्रोफेसर ने जो इंजिन दी, वह न्यूकौनेन इंजिन कहलाती थी। इस इंजिन के द्वारा खानों में से पानी खींचा जाता था। वह इंजिन ऐसी बनी थी कि सिलेंडर में भाप पहुँचाई जाती थी, जिसके बल से पिस्टन ऊपर उठ जाता था। फिर एक नली द्वारा सिलेंडर में पानी पहुँचा दिया जाता था, जिससे भाप जम जाती थी, उसका दबाव खत्म हो जाता था। फलतः पिस्टन नीचे की ओर आप-से-आप चला आता था। यों बार-बार सिलेंडर में क्रमशः भाप और पानी पहुँचाने

से पिस्टन बार-बार नीचे-ऊपर होता और उससे लगे पम्प द्वारा खान का पानी ऊपर उलीच दिया जाता था। वाट ने देखा कि इस इंजिन में सबसे बड़ी त्रुटि यह है कि एक ही सिलेंडर में क्रमशः भाप और पानी ले जाने से बहुत-सा वक्त बरबाद हो जाता है। इसलिए उसने सिलेंडर के दो हिस्से कर दिए—एक वह हिस्सा जहाँ भाप पहुँचकर पिस्टन को ऊपर की ओर ढकेल दे और दूसरा हिस्सा पानीवाला, जो भाप को जमने के लिए लाचार कर पिस्टर को नीचे खींच दे। अब पिस्टर को ऊपर-नीचे ले जानेवाली क्रिया निर्बाध रूप में होने में कोई बाधा नहीं रही। इसे छोटे-से परिवर्तन ने ही इस इंजिन का कायाकल्प कर दिया। वाट के बाद भाप के इंजिनों में काफी उन्नति की गई है; किन्तु जिस सिद्धान्त पर वाट ने अपनी इंजिन बनाई; वही इन इंजिनों का आज तक आधार है।

ऐसी ही अनेक इंजिनें बनाकर उद्योग-धन्धों में क्रान्ति की जा सकती है, उसने सोचा; किन्तु इसके लिए चाहिए कोई रुपएवाला धनी व्यापारी। आखिर ऐसा एक व्यापारी भी मिल गया—बोल्टन उसका नाम था और वह बरमिंघम का रहनेवाला था। वाट और बोल्टन की साझेदारी में इस नई इंजिन का व्यापार चल निकला; लेकिन इस व्यापार पर कितनों की नजरें गड़ीं। उन्होंने वैसी ही इंजिनें बनाकर चुप-चोरी बेचना शुरू कर दिया। वाट को कई बार अदालत जाकर अपने इस आविष्कार की रक्षा का प्रबन्ध करना पड़ा। वह चिढ़कर कहा करता था कि ये नकलची एक दिन मेरी सूरत-शक्ल की भी नकल करके कहीं अपने को वाट कहना न शुरू कर दें।

उस समय औजारों की कमी थी; लोहे की ढलाई भी अच्छी नहीं होती थी। वाट को औजार भी गढ़ने पड़ते थे और ढलाई के बारे में भी सोचना पड़ता था। तो भी उसने हिम्मत नहीं छोड़ी। उसकी इंजिनों की करामात तब और भी खुली, जब इंजीनियर ईनिंग ने अलबियम मिल खड़ी की। अब तो बड़ी-बड़ी मिलें भाप के बल चलाई जाने लगीं।

एक दिन एक दिहाती औरत कह रही थी—"आह, सभ्यता कैसी बढ़ गई है ! अब तो नल से ही घर-घर पानी चला आता है !" वाट सुन रहा था, उसने कहा—"अभी क्या देखा है, वह दिन दूर नहीं जब इसी तरह घर-घर में आग और रोशनी भी पहुँच जाया करेगी।"

मारडोक नामक व्यक्ति वाट के संपर्क में आया। उसने गैस का आविष्कार किया और कुछ दिनों के अन्दर वाट की कम्पनी गैस की इंजिनें भी बाजार में रखने लगी और बड़े-बड़े कारखानों में गैस की रोशनी जगमग करनी लगी।

वाट ने लम्बी उम्र पाई थी। वह 83 वर्ष की उम्र में मरा। वह जिन्दा ही था कि भाप की ताकत से उसी के देश के एक आदमी ने रेल चलाई और वह दिन भी दूर नहीं रहा, जब भाप की ताकत से चलनेवाले जहाज सातों समुद्र को तालाब की तरह रौंदने लगे। इंग्लैंड अपने इस सपूत को नहीं भूला है। वेस्टमिनिस्टर के गिरजाघर में उसकी शानदार मूर्ति है, जिसके नीचे लिखा है—"इसकी प्रतिभा ने देश की उत्पादन-शक्ति को बढ़ा दिया, आदमी की ताकत में पंख लगा दिए; संसार के वैज्ञानिकों में इसका ऊँचा स्थान बना रहेगा और संसार के कल्याणकर्ताओं में इसकी सदा गिनती रहेगी।"

रेलगाड़ी

जिसने रेलगाड़ी बनाई, वह धन्य है। यह सुनकर किसे नहीं अचरज होगा कि जिसने यह करामात दुनिया के सामने रखी, वह एक ऐसे गरीब का लड़का था, जिसके घर में पहनने-ओढ़ने

या खाने-पीने के पूरे सामान भी न थे। उसका नाम था जार्ज स्टिफेन्सन। 9 जून 1781 को उसका जन्म हुआ था--इंग्लैंड देश के 'न्यूकैसल' शहर में। जार्ज के पाँच भाई-बहिन और थे। कमानेवाला उसका एक पिता था, जो कोयले की खान में कुली का काम करता था। बड़ी मुश्किल से गुजर होती थी। रहने के लिए एक ही मकान, जिसमें रसोई-पानी भी होता, घर के सामान भी रखे जाते और सभी लोग सोते भी।

गरीबी के कारण स्टिफेन्सन पढ़-लिख नहीं सकता था। बचपन से ही वह भेड़ और गायें चराता। कुछ दिनों के बाद कोयले की एक खान में घोड़े का साईस बना। खान में वह एक कल देखा करता, जिससे खान का पानी ऊपर निकाला जाता था। वह कल भाप के जरिए से काम करती थी। उसे बड़ा अचरज हुआ। वह लड़कपन से ही चतुर और विद्वान था। उस कल को वह भलीभाँति निहारता, उसके पुर्जों को देखता और मिट्टी से उसकी नकल बनाता। कुछ ही दिनों में वह कल के पुर्जे-पुर्जे को पहचान गया और उसके काम को अच्छी तरह समझ गया। वह उस कल की देख-रेख के लिए नियत कर दिया गया।

किन्तु उसकी उत्कंठा दिन-दिन बढ़ने लगी। वह सोचता--क्या कारण है कि कोयला और पानी रख देने से भाप बनती है और वह भाप इस कल में इतनी ताकत ला देती है कि यह हजारों मन पानी फेंक देती है ?

वाट ने भाप की ताकत का आविष्कार कर लिया था। इस विषय की सब बातें पुस्तकों में लिखी थीं, किन्तु स्टिफेन्सन तो पढ़ना-लिखना जानता नहीं था--उन पुस्तकों को पढ़े तो कैसे ! अब उसे पढ़ने-लिखने की जरूरत मालूम पड़ी और वह इस धुन में लग गया।

यद्यपि उसे भोर से शाम तक काम करना पड़ता था, तो भी छुट्टी पाते ही रात में वह स्कूल दौड़ जाता। वहाँ चित्त लगाकर पढ़ता। यही नहीं, इन कामों से जो कुछ समय बचता, उसमें जूतों की मरम्मत कर कुछ और पैसे भी कमा लेता; क्योंकि उसी समय वह एक लड़की से प्रेम करने लगा था और विवाह करने के लिए उसे कुछ रुपयों की जरूरत थी, ताकि वह एक छोटी-सी झोंपड़ी अलग बना सके।

वह पढ़-लिख गया और रुपए भी बचा सका। उसकी शादी भी हो गई और ईश्वर ने उसे एक बच्चा भी दे दिया; किन्तु अफसोस, कुछ दिनों के बाद उसकी प्यारी स्त्री मर गई। स्त्री के मरने पर वह अधिक रुपया कमाने की नीयत से पैदल 'स्कॉटलैंड' गया और वहाँ से एक वर्ष बाद बहुत कुछ लेकर लौटा। किन्तु यहाँ आने पर देखा, उसका बाप भी अन्धा हो गया है। अब उसको चारों ओर अन्धकार दीख पड़ने लगा।

किन्तु वह कर्मवीर था--भाग्य के नाम पर रोनेवाला, आलसी और निकम्मा नहीं। उसने एक बार एक दूसरी कोयले की खान में नौकरी कर ली। यहाँ पर भी एक कल पानी निकालने के लिए थी; किन्तु वह बहुत पुरानी थी--अच्छी तरह काम नहीं देती थी। स्टिफेन्सन ने खान के मालिक से कहा कि अगर मुझे आज्ञा दो, तो इस कल को दुरुस्त कर पानी निकाल दूँ। उसकी बात सुनकर सब हँस पड़े। जिस काम को बड़े-बड़े इंजीनियर न कर सके, उसको यह आदमी कैसे कर लेगा ! किन्तु स्टिफेन्सन को बार-बार आग्रह करते देख वे लोग राजी हो गए।

स्टिफेन्सन ने कल को खोलकर एक-एक पुर्जा अलग-अलग कर दिया। दो-एक पुर्जे को बदल दिया और फिर जोड़कर कल खड़ी कर दी। बस, दो ही दिनों में पानी उलीच दिया गया। यह देखकर सभी दंग रह गए। वह अब सब कलों का अफसर बना दिया गया--उसका वेतन भी काफी बढ़ गया।

यहीं पर उसने पहले-पहल रेल की इंजिन बनाई। खान से कोयला निकालने के बाद

उसे घोड़ागाड़ी से ढोकर बाहर लाया जाता था। उसने अपने मालिक से कहा—"अगर आज्ञा हो तो मैं एक ऐसी इंजिन बनाऊँ, जो बिना घोड़े के कोयला ढो सके।" अचरज तो सभी को हुआ; किन्तु उसे आज्ञा मिल गई। उसने एक छोटी-सी इंजिन बना ही डाली, जो खान के अन्दर ही लोहे की पटरी पर चलती और पन्द्रह सौ मन का बोझ खींच लेती। इस इंजिन के बनते ही जार्ज का नाम देश भर में फैल गया। कितने ही खानवाले ऐसी इंजिन बना देने का आग्रह करने लगे। उसने पाँच इंजिनें बनाकर बेचीं भी।

जिस समय जार्ज स्टिफेन्सन की अवस्था 40 वर्ष की थी, एडवर्ड पीज नामक एक सज्जन रेलगाड़ी बनाने की धुन में थे, किन्तु वह लोहे की पटरी पर घोड़ा-गाड़ी हाँकने का इन्तजाम कर रहे थे। वह उनके पास आया और बोला—"अगर मुझे आज्ञा दीजिए तो मैं ऐसी इंजिन बना दूँ कि जिसमें घोड़े की जरूरत न पड़े और आप ही आप तेजी से चले।" पहले तो पीज साहब भी घबराए; किन्तु जब खान में आकर उन्होंने उसकी बनाई छोटी इंजिन देखी तो उन्हें विश्वास हो गया। जार्ज को उन्होंने इंजिन बनाने का ऑर्डर दे दिया।

अब स्टिफेन्सन ने कोयले की खान को सदा के लिए नमस्कार किया और अब तक जमा की हुई अपनी पन्द्रह हजार रुपए की पूँजी से रेलगाड़ियाँ और इंजिन तैयार करने लगा। उसका काम 27 सितम्बर, 1825 ई. (मंगलवार) को खत्म हुआ। हजारों आदमी उस रेलगाड़ी का चलना देखने के लिए 'स्टौकटन' में इकट्ठे हुए, जहाँ से संसार की वह सबसे पहली रेलगाड़ी रवाना होनेवाली थी। वे लोग सोचते थे कि गाड़ी कभी न चलेगी और हमें हँसने का पूरा मौका मिलेगा। अफसोस ! उन्हें ऐसा मौका न मिला।

जार्ज स्टिफेन्सन के पहले मरडौक और ट्रोविथिक नामक दो व्यक्तियों ने इंजिन के द्वारा चलाई जानेवाली रेलगाड़ी के बारे में कुछ किया था। उनके उपयोगों को भी स्टिफेन्सन ने अच्छी तरह समझ लिया। फिर वाट की तरह उसके प्रयोगों में थोड़ा-सा सुधार करके उसने इस असम्भव को सम्भव कर दिया था।

अपनी इंजिन के ऊपरी हिस्से में उसने भाप बनाने की कल लगा दी थी। उस भाप के जोर से जो पिस्टन आगे-पीछे होता, उसका सम्बन्ध इंजिन व चक्कों से जोड़ दिया था। पानी उलीचने की कल में पिस्टन ऊपर-नीचे होते; इसमें आगे-पीछे। पानी उलीचने के कल में पिस्टन में लगा पम्प पानी खींचता; यहाँ पिस्टन चक्कों को चलने के लिए मजबूर करता। इस इंजिन का वजन साढ़े चार टन था और इसके चक्कों का घेरा 4 फीट 8 इंच।

स्टिफेन्सन की यह रेलगाड़ी रवाना हुई। वह स्वयं हाँक रहा था। उनमें छह मालगाड़ियाँ जुड़ी थीं, जिनमें कोयला और आटा लदे थे; और एक सवारी-गाड़ी थी, जिसमें ठसाठस आदमी भरे थे। गाड़ी के आगे-आगे एक आदमी घोड़े पर सवार होकर झंडा फहराता जाता था। उस सवार ने सोचा कि वह रास्ते भर अपना घोड़ा आगे-आगे ले जा सकेगा; किन्तु थोड़ी ही दूर जाने पर स्टिफेन्सन ने उसे हट जाने की सीटी दी और अपनी रेलगाड़ी को तेज कर उससे आगे बढ़ा दिया। रेलगाड़ी खुशी-खुशी दूसरे स्टेशन पर पहुँची, वहाँ माल उतारकर फिर लौटी। लौटकर 'स्टौकटन' पहुँचने पर देखा गया, छह सौ आदमी गाड़ी पर सवार हैं, जिनमें कोई बैठा है, कोई खड़ा है, कोई लटक ही रहा है—सभी के मुख पर अचरज और आनन्द की झलक है।

इसके बाद तो स्टिफेन्सन की प्रसिद्धि का ठिकाना न रहा। शीघ्र ही उसे 'मैनचेस्टर' और 'लिवरपूल' के बीच रेलगाड़ी बनाने की आज्ञा मिली। किन्तु इसके पहले पार्लियामेंट की आज्ञा लेनी उचित थी। पार्लियामेंट में यह बात पेश होने पर इस विषय में बड़ी-बड़ी बेहूदा बातें कही गई थीं। बड़े-बड़े लोगों ने कहा कि इंजिन फट जाएगी और गाड़ियों तथा सवारियों

को ध्वंस कर देगी; यदि ऐसा न भी हो तो रेलवे के किनारे के गाँवों में आग तो जरूर लग जाएगी या उसके धुएँ के विष से जानवर मर जाएँगे, इसके ऊपर उड़ते पंछी मरकर गिर जाएँगे। समाचारपत्रों ने भी जली-कटी बातें लिखीं; किन्तु जनता को रेलगाड़ी पर विश्वास था। स्टिफेन्सन ने रेलगाड़ी बनाई, चलाई और वह सफल हुआ।

जो बचपन में भेड़ चराता था, अब उसके दर्शन के लिए दूर-दूर से लोग आते थे। देश-देश के राजाओं ने उसे रेलगाड़ी बनाने के ऑर्डर दिए—वह मालामाल हो गया।

स्टिफेन्सन की रेलगाड़ी तो शुरूआत थी—रेलगाड़ी में तब से दिन-दिन उन्नति होती गई है। ज्यादा-से-ज्यादा बोझ ढो सके, इसके लिए इंजिन में उन्नति-पर-उन्नति की गई। अमेरिका ने एक ऐसी इंजिन बनाई है जो 111 फीट लम्बी है और जिसका वजन 450 टन है। उसमें दस जोड़े पहिए लगे हैं और वह 17000 टन बोझ खींच सकती है।

इंजिनों की ताकत को चरम सीमा तक पहुँचाने के बाद सुरक्षा और आराम पर ध्यान दिया जाने लगा। इंजिनों में जो ब्रेक शुरू में लगे थे, वे त्रुटिपूर्ण थे, फलतः बार-बार दुर्घटनाएँ होती थीं। 1868 में एक अमेरिकन इंजीनियर ने ऐसे ब्रेक का आविष्कार किया जो हवा के दबाव से रेलगाड़ी के सभी पहियों को एक ही साथ चलने से रोक दे। यों ही गाड़ियों के टकराने का भी उन दिनों बहुत खतरा था। इंग्लैंड में एक इंजीनियर ने 1858 में सिगनल की एक ऐसी पद्धति निकाली, जिससे गाड़ियाँ आपस में टकरा नहीं सकें।

प्रारम्भ में रेल के जो डब्बे बने थे, उनमें आराम पर कम ध्यान दिया गया था। डब्बे खुले होते थे, जिसमें यात्रियों को इंजिन के धुएँ और धूल से काफी कष्ट होता था। इसलिए सबसे पहले आजकल की तरह से कोठरीनुमा डब्बे बनाए गए। फिर उसमें बैठने और लेटने के आराम के लिए तरह-तरह के उपाय किए गए। रात की यात्रा के लिए 'स्लीपिंगकार' का भी प्रबन्ध किया गया। स्लीपिंगकार पहले-पहल 1858 में अमेरिका के पुलमैन ने बनाई और काफी पैसे कमाए।

बिजली के आविष्कार के बाद बिजली से चलनेवाली इंजिन बनाई गई। अपने देश में भी बम्बई में बहुत-सी ट्रेनें बिजली से चलाई जाती हैं।

मोटरगाड़ी

भाप से चलनेवाली इंजिन संसार में क्रान्ति का सन्देशा लेकर आई थी, इसमें सन्देह नहीं। एक लेखक ने कहा कि हमसे कोई पूछे कि अठारहवीं सदी में सबसे बड़ी घटना कौन-सी हुई, तो हम फ्रांस की क्रान्ति या नेपोलियन के उद्देश्य का उल्लेख नहीं करके भाप के इंजिन का नाम लेंगे; क्योंकि भाप की इंजिन ने मनुष्य को प्रकृति पर पूर्ण विजय करने का दरवाजा खोल दिया।

जिस समय कुछ लोग भाप की ताकत से रेलगाड़ी चलाने की बात सोच रहे थे, उसी समय कुछ लोग उससे छोटी-छोटी गाड़ियाँ हाँकने की सम्भावना पर भी गौर कर रहे थे। 1830 से 1860 तक इस सम्बन्ध में तरह-तरह के प्रयोग चल रहे थे। जेम्स नामक एक व्यक्ति ने 1829 में एक ऐसी गाड़ी बनाई थी। उसमें भाप से पैदा ताकत को सिलेंडर द्वारा गाड़ी के पिछले चक्के से सम्बन्ध करा दिया था। इसकी इंजिन पीछे थी और ड्राइवर आगे बैठा करता था। बीच में यात्री बैठा करते थे। किन्तु तब तक भाप की ताकत पैदा करने की क्रिया में काफी उन्नति नहीं हो पाई थी, इससे यह गाड़ी काफी वजनी थी। उसका वजन साढ़े तीन टन था और उसमें पन्द्रह मुसाफिर बैठ सकते थे। इंजिन में इतनी त्रुटियाँ थीं और सड़क उन

दिनों इतनी खराब होती थी कि हर यात्रा के बाद उसमें मरम्मत की जरूरत होती थी।

1836 में वाल्टर हैनकौक नामक एक दूसरे व्यक्ति ने जो भाप से चलनेवाली गाड़ियाँ बनाईं, वह जेम्स की गाड़ी से कुछ अच्छी थीं। उसकी इंजिन में ऐसे उपाय कर दिए गए थे कि दबाव के कारण भाप की ताकत बढ़ गई थी और धुआँ बाहर निकलना बन्द हो गया था। उसने ऐसी नौ गाड़ियाँ बनाईं और लन्दन से पैडिंगटन तक की आमदरफ्त के लिए एक बाज़ाप्ता कम्पनी बना ली थी। हैनकौक की सफलता ने बहुत-से लोगों का ध्यान इस उद्योग की ओर आकृष्ट किया। ऐसी गाड़ियों का ताँता-सा सड़कों पर चलता दिखाई पड़ने लगा; किन्तु उन गाड़ियों के कारण सड़कों पर इतनी दुर्घटनाएँ होने लगीं कि 1861 में इंग्लैंड की पार्लियामेंट ने एक कानून बनाकर ऐसी गाड़ियों का आम सड़कों पर चलना रोक दिया। फलतः इंग्लैंड में इस प्रकार की गाड़ियों की उन्नति का पथ बहुत दिनों तक अवरुद्ध हो गया।

किन्तु फ्रांस, जर्मनी और अमेरिका में इस सम्बन्ध के प्रयोग चलते रहे। इन गाड़ियों की सबसे बड़ी असुविधा यह थी कि इनके चलाने के लिए बहुत बड़े परिमाण में कोयला और पानी इंजिनों के साथ ही ढोना पड़ता था। किन्तु 1861 में जब पहले-पहल पेट्रोलियम का पता लगा, तब ऐसी गाड़ियों के लिए एक नया युग प्रारम्भ हो गया। अब पेट्रोलियम को जलाकर ही भाप बनाने की क्रिया शुरू की गई। फ्रांस इस दौर में सबसे आगे रहा। रेवेल और बोली नामक फ्रांसीसी वैज्ञानिकों ने काफी प्रगति कर दिखाई। 1874 में बोली ने एक ऐसी मोटरकार बनाई जो दस यात्रियों को लेकर प्रति घंटा 25 मील की दर से यात्रा कर सकती थी। इस गाड़ी की इंजिन भी पीछे की ओर थी, जिसकी देखभाल के लिए एक व्यक्ति रहा करता था, जिसे फ्रांसीसी भाषा में 'शोफर' कहते थे। वह 'शोफर' शब्द आज तक मोटरकार के साथ सम्बद्ध है। बोली के अनुकरण पर अमेरिका में भी इस ढंग की गाड़ियाँ बनीं।

जर्मनी के डॉक्टर ओटो नामक एक वैज्ञानिक ने इंजिन के बारे में एक क्रान्तिकारी आविष्कार किया। उसने भाप के बदले गैस द्वारा इंजिनों के चलाने का प्रबन्ध किया। तब से भाप पर गैस का बोलबाला हुआ। वहीं के कार्लवेज ने ऐसी गाड़ियों में पहले-पहल तारवाले चक्के और रबड़ के टायर का प्रयोग किया। इंजिन को पीछे से हटाकर ड्राइवर की सीट के नीचे रखने का नया प्रयोग भी उसने किया। इससे मोटरगाड़ियों के वजन और गति में काफी प्रगति आई। दो फ्रांसीसी कारीगर—पानहार्ज और लेवत्शकर—ने इंजिन को, आजकल की तरह, ड्राइवर से भी आगे रखने के बारे में कल्पना की और गाड़ी के ऊपरी ढाँचे को अलग से तैयार कर स्प्रिंग के आधार पर चक्कों के ऊपर बिठलाया जिससे बैठनेवालों को जोरों के हिलडुल से बहुत आराम मिला। उसने अपनी मोटरगाड़ियों का एक प्रदर्शन पेरिस में 1894 में किया था।

किन्तु, मोटरगाड़ियों को सर्वसाधारण के लिए सुलभ बनाने का श्रेय तो अमेरिका को मिलना था। वहाँ के वैज्ञानिकों और कारीगरों का ध्यान भी इस ओर प्रारम्भ से था। कई तरह की मोटरगाड़ियाँ वहाँ बनाई गईं। कई कम्पनियाँ खोली गईं जिन्होंने काफी पैसे कमाए। किन्तु इन सबमें बाजी मार ली हेनरी फोर्ड ने। उसने अपनी पहली मोटरगाड़ी का प्रदर्शन 1893 में किया। यह मोटर बग्गी की शक्ल की थी। उसमें सीट के नीचे दो सिलेंडरवाली इंजिन लगी थी। इस पर सिर्फ एक आदमी सवार हो सकता था और 25 मील प्रति घंटे की रफ्तार से यह चल सकती थी।

मोटरकार में दिन-दिन उन्नति हो रही है। यह उन्नति किसी खास व्यक्ति द्वारा नहीं होकर अब सामूहिक रूप में हो रही है। 1911 में चार्ल्स केटरिंग ने एक ऐसी तरकीब निकाल दी कि यह आप-से-आप चलने लगे। सिलेंडरों की तादाद बढ़ाकर और पिस्टन की छड़ की

लम्बाई कम करके इंजिन की गति में नजाकत और नफासत ला दी गई। रबड़ के टायर और तारवाले चक्कों में भी तरह-तरह के सुधार कर दिए गए हैं। 1920 से गाड़ी की 'बॉडी' टँकी हुई बनने लगी। ब्रेक में भी तरह-तरह के सुधार कर दुर्घटनाओं की संख्या में कमी कर दी गई है। अब पूरी फौलाद की गाड़ियाँ बन गई हैं, जो किसी भी तरह टूट-फूट नहीं सकतीं।

पहले मोटरगाड़ी की शक्ल बग्गी की तरह की होती थी। सीट को नीचे किया गया और आगे के हुड को लम्बा कर दिया गया। पहले उसका सारा ढाँचा जमीन से बहुत ऊँचा रहता था। अब वह ऐब भी दूर कर दिया गया है। जो नये ढंग की मोटरगाड़ियाँ तैयार की जा रही हैं उनकी गति क्षिप्रतर होती जा रही है; उनके आकार में सुघड़ता आ रही है। दुर्घटनाओं से बचने के लिए तरह-तरह के उपाय किए जा रहे हैं और आराम और ऐयाशी का तो कोई ठिकाना नहीं है। कीमत में सस्तापन लाने के लिए भी चेष्टाएँ जारी हैं। वह दिन दूर नहीं, जब संसार में शायद ही कोई परिवार रहे जिसके पास मोटरगाड़ी न हो।

जहाज

मनुष्य ने जिस प्रकार पृथ्वी पर रेलगाड़ी द्वारा विजय पाई, उसी प्रकार समुद्र पर विजय पाने के लिए उसने जहाज का आविष्कार किया।

भाप के बल से चलनेवाले जहाजों के बनने से पहले समुद्रों और नदियों में बड़ी-बड़ी नावों द्वारा आवागमन होता था। वे नावें मजबूत लकड़ियों की बनती थीं। बड़े-बड़े ऊँचे मस्तूल और लम्बे-चौड़े पाल उन पर लगे रहते थे। किन्तु चाहे कितनी भी बड़ी और मजबूत नाव क्यों न हो, लम्बी यात्रा के लिए उसे हवा के रुख पर निर्भर रहना पड़ता था। उसकी चाल भी धीमी होती थी—आँधी-बवंडर का डर तो उससे पल-पल रहता था।

वाट द्वारा भाप की शक्ति का आविष्कार किए जाने पर कुछ लोगों का ध्यान इस ओर गया कि नावें भी क्यों न भाप के बल चलाई जाएँ। इस विचार को लेकर कितने ही मनुष्य काम करने लगे; किन्तु यह कहना कठिन है कि पहले-पहल सफलता किसको मिली। स्पेनवालों का कहना है कि उनके देश के 'ब्लास्को-डि-प्रे' नाम के मनुष्य ने 1543 ई. में भाप से चलनेवाले जहाज का आविष्कार किया। किन्तु फ्रांसवालों का कहना है कि 'डैनिस-पैपिन' नामक एक परिश्रमी बुद्धिमान व्यक्ति ने जहाज का पहले-पहल आविष्कार किया। वह सत्रहवीं शताब्दी में जन्मा था। यद्यपि 'डैनिस-पैपिन' को यह श्रेय देने में कुछ लोग आपत्ति करते हैं, तथापि इसमें सन्देह नहीं कि उसके प्रयत्न भी जहाज के आविष्कार में एक खास स्थान रखते हैं।

1736 में इंग्लैंड के जोनाथन-हौल्स नामक एक विद्वान ने एक जहाज पेटेंट कराया; किन्तु यथार्थ काम उसके कई वर्षों बाद हुआ। मारास्विसडि जौफरे नामक एक फ्रांसीसी, जिसका जन्म 1751 ई. में हुआ, अपनी 36 वर्ष की अवस्था में जहाज बनाने के काम में लगा। उसने पैपिन के विचारों को सामने रख, काम शुरू किया और आठ वर्ष के अन्दर ही तीन जहाज बना डाले। पहला जहाज 40 फीट लम्बा था, किन्तु यथार्थ सफलता उसको तीसरे जहाज में ही मिली। वह पूरी सफलता प्राप्त कर लिए होता अगर उसी समय फ्रांस की इतिहास-प्रसिद्ध क्रान्ति न हुई होती। उस क्रान्ति में वह अपना काम बन्द कर, जान बचाने को अमेरिका भाग गया और जब वहाँ से लौटा तो देखा, दूसरे उसकी पद्धति पर काम कर सम्मान पा रहे हैं। उसे बड़ा दुःख हुआ और सन् 1832 में वह मर गया।

इसी समय अमेरिका के दो विद्वान इंजीनियर जेम्स रैमजे और जोन फिच इस विषय

में कुछ प्रयोग कर रहे थे। इनमें 'रैमजे' का नाम मुख्य है। उसने 1790 में एक जहाज बनाया था जिसकी बगल में भाप से चलनेवाले चक्के लगे हुए थे। उस जहाज पर कुछ मुसाफिरों ने सफर किया था। जिस समय वह अमेरिका से फ्रांस आया, ठीक उसी समय जौफरे फ्रांस से अमेरिका भाग रहा था और जौफरे के समान ही फ्रांस की क्रान्ति ने उसको भी बरबाद कर डाला, वहाँ से वह भूखा-प्यासा अमेरिका लौटा और निराश होकर आत्महत्या कर ली।

यद्यपि इस सम्बन्ध में अब तक बहुत आदमी काम करते रहे; किन्तु जहाज को व्यापारिक रूप देने का अधिकांश श्रेय 'राबर्ट फल्टन' को ही दिया जाता है। इसका जन्म अमेरिका में 1765 ई. में हुआ था। यह बड़ा ही तेज दिमाग का आदमी था। इसने बहुत से छोटे-बड़े आविष्कार किए थे—खेत पटाने की कल, संगमरमर काटने-छाँटने की कल, रस्सी बाँटने की कल आदि कितनी ही कलों का आविष्कार किया था। कहते हैं, रैमजे ने इसको अपना विचार बतलाया था और अनुरोध भी किया था कि इस ओर प्रयत्न करो। ['प्रकृति पर विजय'—मूल पांडुलिपि के पृष्ठ 26, 27 उपलब्ध नहीं हो सके। अब इससे आगे—सम्पादक] किया। भाप से चलनेवाली इंजिन की देखभाल के लिए वह इंग्लैंड गया। वहाँ वाट से मिला। उसने वाट की इंजिन की सारी कारीगरी को अच्छी तरह समझ लिया। फिर कानूनी दिक्कतों के कारण बड़ी मुश्किल से वह एक इंजिन लेकर अमेरिका लौटा।

अमेरिका पहुँचकर उसने एक बार नए ढंग का जहाज बनाया। अब तक लोग इंजिन को आगे या पीछे रखते थे। उसने इंजिन को बीच में रखा। इंजिन से जो भाप की ताकत पैदा की जाती थी; वह जहाज के बगल में लगे पैडल के चक्के को चला देती थी। इस पैडल में जो चक्के लगे थे, वे पानी को काटते जाते थे और जहाज आगे बढ़ता जाता था। पहली बार जो जहाज बनाया, उसमें पैडल का यह चक्का खुला हुआ था, जिससे पानी के छींटे जहाज पर आ जाते थे। पीछे उस चक्के को ढँक दिया गया। यों ही पहले यात्रियों के बैठने के लिए डेक भर बना दिए गए थे। अब डेक पर कैबिन बना दिए गए, जिसमें यात्री आराम से बैठ सकें, खा-पी सकें, स्नान कर सकें, और सो सकें।

फल्टन का यह जहाज आधुनिक जहाजों का सही रूप में पूर्वज था। फल्टन के सिद्धान्तों पर ही आज तक जहाज बनाए जा रहे हैं। इन जहाजों के व्यापारिक उद्योग की नींव भी फल्टन ने ही डाली थी। उसी ने पहले-पहल एक जहाजी कम्पनी खोली और न्यूयार्क से अलबानी तक नियमित रूप से यात्रियों को ढोने का काम शुरू किया। डेढ़ सौ मील की यात्रा का भाड़ा उसने सात डालर रखा था। 1812 की लड़ाई के समय उससे युद्ध-जहाज बनाने को अमेरिका की सरकार ने कहा था। उसने इस सम्बन्ध में कुछ काम भी किया था। किन्तु उसकी मृत्यु 1815 में हो गई।

किन्तु, जहाज बनाने के क्षेत्र में कुछ और व्यक्तियों के नाम भी उल्लेखनीय हैं। फल्टन के 19 वर्ष पहले स्कॉटलैंड-निवासी सिमिंगटन नामक एक चतुर कारीगर ने जहाज बनाया था। इसने पहले-पहल भाप से चलनेवाली एक ऐसी इंजिन बनाई थी जो सड़कों पर चल सके। उसके बाद एक रईस के लिए एक जहाज बनाया था। इसका दूसरा जहाज फोर्थ और क्लाइट नदियों की नहरों में, प्रचंड आँधी के बहते रहने पर भी, चार हजार मन बोझ लादे बीस मील तक मजे से जा सका। यह जहाज फल्टन के जहाज से पाँच वर्ष पहले बन चुका था। फल्टन ने भी इस जहाज को देखा और इसकी दो-एक बातों को अपनाया, किन्तु सिमिंगटन अपना कार्य आगे न बढ़ा सका, क्योंकि नहर के मालिकों ने कहा कि ऐसे जहाजों से नहर खराब हो जाएगी।

सिमिंगटन के बाद हेनरी-वेल नामक एक स्कॉटलैंड-निवासी ने इस काम में हाथ डाला। वह सिमिंगटन के कारखाने में काम कर चुका था और उसके मन में यह निश्चय हो चुका

था कि सफलता हो सकती है। बहुत दिनों तक वह अंग्रेजी सरकार से कहता रहा कि मुझे मदद दीजिए, तो बड़े-बड़े जहाज बना दूँ; किन्तु किसी ने इस पर ध्यान नहीं दिया—लोग उसको बेवकूफ समझते रहे। आखिर कुछ रुपए इकट्ठा करके वह स्वयं जहाज बनाने लगा और 1812 ई. में उसने 'फौमेट' नामक एक जहाज तैयार किया। यह जहाज क्लाइड नदी में पहले-पहल चलाया गया। जब यह भक-भक-भक करता, धुआँ और चिनगारियाँ निकालता, हवा और धारा के विरुद्ध चलने लगा, तब लोगों ने समझा कि यह कोई राक्षस है, जब यह किनारे पहुँचा, लोग डरकर भागने लगे।

बेल की सफलता ने लोगों की आँखें खोल दीं और धड़ाधड़ नए-नए जहाज बनने लगे। स्कॉटलैंड में तो और भी उत्साह फैला। टेम्स, सेवर्न, क्लाइड आदि नदियों में जहाज चलने लगे। यहाँ तक कि 1818 ई. में एक जहाज ग्लासगो से बेलफास्ट तक, समुद्र पार करता हुआ पहुँचा। अब तो बड़ी-बड़ी यात्राओं के लिए मन्सूबे बाँधे जाने लगे। 1818 ई. में ही एक जहाज अमेरिका से इंग्लैंड तक लाया गया—यद्यपि इसमें भाप से चलनेवाली एक इंजिन भी थी; किन्तु अधिकांश दूरी उसने पाल के सहारे ही पार की। यथार्थ में एटलांटिक महासागर पार करने का पहला श्रेय दो अँगरेजी जहाजों को है। 1838 में ये दो जहाज न्यूयार्क पहुँचे। उनमें एक का नाम था 'ग्रेट वेस्टर्न' और दूसरे का 'सिरियस'। सिरियस तीन दिन पहले चला था; पर 'ग्रेट वेस्टर्न' के बड़ा और मजबूत होने के कारण दोनों एक ही दिन पहुँचे। ग्रेट वेस्टर्न की इस यात्रा में केवल 14 दिन लगे थे।

दिन-दिन जहाज में उन्नति होती गई। पहले काठ का जहाज बनाया जाता था। काठ की जगह लोहे और फिर फौलाद ने ली। इंजिन में भी दिन-दिन उन्नति होती गई। कम-से-कम कोयला खर्च करके ज्यादा से ज्यादा ताकत पैदा करनेवाली इंजिनें बनती गईं। बगल में लगे पैडल के चक्के को भी कुछ दिनों के बाद तिलांजलि दे दी गई। नदियों में तो ऐसे चक्केवाले जहाज काम के साबित होते रहे, किन्तु समुद्र में इनसे काम नहीं चल सका। अब इनकी जगह पर घिरनीदार प्रोपेलर द्वारा जहाजों को चलाया जाने लगा। इन नए साधनों से युक्त सबसे बड़ा जहाज 1844 में बनाया गया, जिसे ब्रिस्टल के कारीगरों ने बनाया था। यह जहाज 322 फीट लंबा था और इस पर 3440 टन माल ढोया जा सकता था। चार सिलेंडर की 200 घोड़ों की ताकतवाली इंजिन इसमें लगी थी और इसकी रफ्तार प्रति घंटे 12 नौट थी।

किन्तु, जहाज की उन्नति का कारवाँ यहाँ ही रुकनेवाला नहीं था। बीसवीं सदी ने जहाज की उन्नति में कमाल कर दिखाया। 1905 में ही एक ऐसा जहाज तैयार किया जा चुका था, जिसकी इंजिन 68,000 घोड़े की ताकत पैदा करती, जो 31,9000 टन माल ढोती और जिसकी रफ्तार 25 नौट प्रति घंटा थी।

अब तो जहाजों ने संसार की सारी नदियों, समुद्रों और महासमुद्रों को नाप डाला है। अब ऐसे जहाज बन गए हैं जिन पर आराम के सारे साधन हैं, खेल-कूद के बड़े-बड़े मैदान भी हैं। जहाजों को लड़ाई के उपयोग के लिए भी नए ढंग से बनाया गया है। अब ऐसे जहाज बने हैं जो अभेद्य हैं। द्वितीय विश्वयुद्ध ने लड़ाई के जहाजों में बड़ी-बड़ी उन्नति कर दिखाई है।

पनडुब्बा जहाज

इंग्लैंड से सटा हुआ आयरलैंड नामक टापू है। उसके काउटिक शायर नामक प्रान्त में एक नौजवान था। वह गरीब लड़का था—अधिक पढ़ा-लिखा नहीं था। एक स्कूल में मामूली मास्टर

का काम करके अपनी रोटी चलाता था। उसका नाम था जान पी. हौलैंड। यही नौजवान पनडुब्बा जहाज का पिता है।

पनडुब्बा जहाज का नाम हमारे देश में जर्मनी की पहली लड़ाई के समय सन् 1914 में सुना गया था। यह बड़ा ही भयंकर जहाज होता है—पानी के नीचे-ही-नीचे चलता है और छिपे-छिपे शत्रु के जहाज के निकट पहुँचकर उसे तहस-नहस कर चलता बनता है।

जान पी. हौलैंड ने जब पहले-पहल पनडुब्बा जहाज बनाने की कल्पना की और रात भर जग-जगकर बहुत सोच-विचार के बाद अपनी कल्पना के अनुसार एक नक्शा भी तैयार किया, तब उसकी बातों पर हम लोगों ने खूब खिल्ली उड़ाई और उसके पिता तक ने उसे पागल समझा।

सभी देश और सभी समय में नई बातों की खोज करनेवाले, आविष्कार करनेवाले, पागल समझे जाते हैं। पहले उनकी बातों की दिल्लगी उड़ाई जाती है। वे तंग भी किए जाते हैं, किन्तु अन्त में दुनिया को उनके सामने घुटने टेकने पड़ते हैं—यही नियम है।

हौलैंड ने जब देखा कि अपने देश में मेरे आविष्कार को समझनेवाला और उसे काम में लाने में मदद देनेवाला कोई नहीं है, तब वह अमेरिका चला। उस बीस वर्ष के नौजवान में अपने काम के प्रति ऐसी धुन थी।

हौलैंड अमेरिका पहुँचा—उत्साह और हौसले लेकर; किन्तु वहाँ भी निराशा और दिल्लगी का राज्य पाया। वहाँ के कई पत्र-सम्पादक उससे मिलने आए। उसने अपना नक्शा उन्हें दिखलाया; किन्तु उनके बड़े दिमाग में उसकी बारीक बातें न घुस सकीं। उन्होंने भी उसे पागल करार दिया—घर का पगला बाहर भी 'पगला' नाम से पुकारा जाने लगा।

किन्तु, ऐसे बुद्धिमान 'पागल' अपनी धुन के पक्के होते हैं। लोगों की हँसी-दिल्लगी, तिरस्कार और फटकार को सहते हुए भी वे अपना काम किए जाते हैं।

हौलैंड के पास रुपए थे नहीं—गरीब का लड़का था, अमेरिका में मास्टरी करनी शुरू की। कुछ रुपए जमा कर लेने पर उसको फिर वही धुन सवार हुई। अपने हाथ से काठ का एक छोटा-सा पनडुब्बा जहाज बनाना शुरू किया। उसका रूप-रंग सिगरेट के ऐसा था। भीतर एक पेट्रोल-इंजिन लगी थी। उसे उठाकर एक तालाब में लाया। अफसोस ! काठ का बना होने के कारण उसके भीतर पानी पहुँचने लगा, पेट्रोल इंजिन भी ठीक से काम न दे सकी। पनडुब्बा जहाज का यह नमूना बेकार साबित हुआ। इस पागलपन को देखने के लिए भीड़ इकट्ठी हुई थी, उसने ताली पीटनी शुरू की। हौलैंड के लिए रास्ता चलना मुश्किल हो गया। अपमान, तिरस्कार और लज्जा से पागल हौलैंड ने उसे तोड़-फोड़कर वहीं सड़ने को छोड़ दिया।

किन्तु उसे अपनी कल्पना पर विश्वास था। उस काठ के नमूने के बनाने के बाद उसके मन में यह बात जम गई कि अगर यह धातु से बनाया जाए और अच्छी पेट्रोल-इंजिन लगाई जाए तो पनडुब्बा जहाज जरूर तैयार हो सकता है।

उसे एक सुयोग मिल गया। आयरलैंड के कुछ लोग उस समय अमेरिका में रहते थे। वे लोग अँगरेजी सरकार के विद्रोही थे; और किसी प्रकार उसे नेस्तनाबूद करने पर तुले थे। अँगरेजी के जंगी बेड़े संसार भर में प्रसिद्ध हैं—अँगरेज लोग अपने जहाज के बल पर ही एक तिहाई पृथ्वी के राजा हैं। वे लोग किसी तरह इन जहाजों को नष्ट करने पर तुले थे। हौलैंड उनसे मिला, अपना नक्शा उन्हें दिखलाया और उन्हें विश्वास दिलाया कि मेरा पनडुब्बा जहाज अगर तैयार हुआ, तो बात-बात में अँगरेजों के बेड़े नष्ट हो जाएँगे।

विद्रोही दल के पास लगभग सवा दो लाख रुपए थे—ये रुपए हौलैंड के सुपुर्द किए गए। बहुत दिनों की अभिलाषा पूरी होने जा रही थी। जिसके कारण 'पागल' नाम पाया था,

हजार-हजार फटकार और तिरस्कार सहे थे, उसे कार्यरूप में परिणत करने का मौका मिला है। यह सोच-सोचकर वह खिल उठता। बड़े उत्साह और परिश्रम से उसने काम शुरू किया। आखिर पनडुब्बा जहाज तैयार हो गया, किन्तु पूरी सफलता नहीं मिली। वह आसानी से पानी के भीतर चल सकता था और मजे से पानी के ऊपर लाया जा सकता था। इसके अतिरिक्त उसके भीतर साँस लेने के लिए हवा का काफी प्रबन्ध था। इतना होने पर भी कई दोष थे, जिनके दूर किए बिना उसे काम में लाना गैरमुमकिन था।

हौलैंड उन्हें भी दूर करने में लगा। उस पनडुब्बा को देखकर ही विद्रोही दलवालों को विश्वास हो गया कि सफलता अवश्य मिलेगी। उन्होंने रुपए एकत्र कर उसे दूसरा पनडुब्बा जहाज बनाने का आदेश दिया। दूसरा पनडुब्बा जहाज भी तैयार हुआ—बिलकुल चुस्त-दुरुस्त। देखकर सभी दंग रह गए। जो अब तक उसकी दिल्लगी उड़ाते थे—वे आँखें फाड़-फाड़कर उसे देखने लगे। अखबारवाले भी चुप न रह सके। इस आविष्कार से समुद्री लड़ाई में युगान्तर मचेगा—इसकी कल्पना-जल्पना होने लगी।

किन्तु, उसी समय एक दुर्घटना हुई जिसके कारण हौलैंड का सब किया-कराया मिट्टी में मिल गया। उस विद्रोही दल में फूट हो गई। सदस्य एक-दूसरे के दुश्मन बन गए। उन्हीं में से कुछ लोगों ने उस पनडुब्बे को लेकर किसी अनजान स्थान में छिपा दिया। हौलैंड के सिर पर मानो वज्र गिरा, वह कुछ सोच न सका, शिथिल हो गया—काटो तो खून नहीं।

कुछ दिनों तक हौलैंड चुपचाप बैठा रहा। उसका दिल टूट गया था। इधर यूरोप के कुछ वैज्ञानिक भी पनडुब्बा बनाने की चेष्टा में लगे थे और अपने राज्य की सहायता पाकर कुछ-कुछ सफलता भी पा रहे थे। अब इसकी खबर अमेरिकावालों को मिली, तो वहाँ के राज्य की ओर से घोषणा हुई कि देश भर के लोग इस बात पर विचार करें और अपना-अपना नक्शा राज्य को भेजें। हजारों नक्शे पेश किए गए। लोगों के अचरज का ठिकाना न रहा, जब खबर लगी कि हौलैंड का नक्शा ही राज्य को पसन्द है।

अमेरिका राज्य की ओर से हौलैंड को बुलाहट आई। वह राज्य की ओर से, अपने नक्शे के मुताबिक, पनडुब्बा जहाज बनाने को भर्ती किया गया। उसकी मदद के लिए बड़े-बड़े इंजीनियर दिए गए। किन्तु इंजीनियर उस अनपढ़ नौजवान से डाह करने लगे। वे लोग बात-बात में बाधा डालते, उसकी बात को वे चुटकी में उड़ा देते और उस पर अपनी योग्यता का रोब जमाते। इसी बीच वह बीमार पड़ गया और इंजीनियरों को मनमानी करने का मौका मिला। इसलिए जो पनडुब्बा जहाज तैयार हुआ, वह बिलकुल बेकार साबित हुआ। उसे देखते ही हौलैंड इंजीनियरों को गाली देने लगा और राज्य के अफसरों को उनकी छेड़खानी और शैतानी की बातें कह सुनाईं। पहले तो सबों ने हौलैंड को ही दोषी समझा, किन्तु जाँच करने पर उसकी एक-एक बात सच साबित हुई। वह कलंक से बेदाग बच गया।

असफलता का बार-बार विकट प्रहार होने पर भी हौलैंड का उत्साह कम न हुआ। इस बार उसने एक कम्पनी खड़ी की। तब तक उसकी खूब प्रसिद्धि हो गई थी। काफी रुपए मिल गए थे। अपनी इच्छानुसार वह काम करने लगा। 1898 ई. में काम शुरू हुआ। थोड़े ही दिनों में पनडुब्बा जहाज तैयार हो गया। उसकी लम्बाई 54 फीट और मुटाई 11½ फीट थी। वह 70 टन भारी था। पचास घोड़ों की ताकत की मोटर से चलाया जाता था। उसी में दुश्मन के जहाज को बर्बाद करने के लिए 'टारपीडो' चलाने की कल लगी थी। टारपीडो छोड़ते ही बहता-बहता दुश्मन के जहाज के निकट जाता और वहाँ ऐसा धड़ाका मारता कि जहाज की पेंदी फट जाती, वह डूब जाता। वह पनडुब्बा जहाज इतनी तेजी से डूबता-उतराता, घूमता-फिरता और चक्कर लगाता कि देखनेवालों को जादू-सा मालूम पड़ता।

हौलैंड की इच्छा पूरी हुई। अमेरिका की सरकार ने उस पनडुब्बा को साढ़े चार लाख में खरीदा और फिर छह नए जहाज बनाने का हुक्म हुआ। यूरोप के इंग्लैंड आदि तथा एशिया के जापान आदि देशों के प्रतिनिधि हौलैंड के पास दौड़े हुए पहुँचे और खूब रुपया देकर पनडुब्बे का नक्शा और उसके बनाने के तरीके खरीदे। हौलैंड लखपति हो गया। उसकी कम्पनी के हिस्सेदार मालामाल हो गए। किन्तु उसके आविष्कार से दुनिया तबाह हो गई। जर्मनी की पहली लड़ाई में ही हजारों जानें और अरबों की सम्पत्ति उसी के द्वारा नष्ट हुई। हौलैंड अपने आविष्कार का फल अपनी आँखों न देख सका—जर्मनी-युद्ध शुरू होने के दूसरे ही सप्ताह वह मर गया।

यहाँ संक्षेप में हम जान लें कि पनडुब्बा जहाज का मूलभूत सिद्धान्त क्या है। सबसे पहली बात तो यह है कि सब पनडुब्बा जहाज पानी के ऊपर ही चलने को बनाए जाते हैं। पानी के ऊपर चलने में खर्च कम पड़ता है और गति में क्षिप्रता रहती है। पानी के नीचे उसे तभी ले जाते हैं, जब उसकी विशेष आवश्यकता होती है—दुश्मनों की नजरों से छिपना होता है या उनके प्रहारों से बचना होता है। दो-तीन मिनट के अन्दर ही पनडुब्बा जहाज पानी के नीचे चला जाता है। हर पनडुब्बा जहाज के नीचे एक हौज रहता है। इस हौज से पानी हटा देने पर पनडुबबा जहाज हल्का हो जाता है और ऊपर चला आता है। जब उसे नीचे ले जाना होता है तो हौज का मुँह खोल देते हैं, वह भर जाता है और जहाज को डुबो देता है। हौज के भरने में एक मिनट लगता है। किन्तु इंजिन के काम करने और उसे सावधानी के साथ ले जाने में दो मिनट के लगभग लग जाते हैं।

फिर पनडुब्बा जहाज सिर्फ दो-तीन सौ फीट ही पानी के नीचे जा सकता है, किन्तु साधारणतः तो वह साठ-सत्तर फीट के नीचे ही आता-जाता है। सबमेरीन की दीवार जितनी मोटी होगी, उसी हिसाब से वह पानी के अन्दर जा सकता है। तीन सौ फीट पानी के नीचे जाने के लिए सबमेरीन की दीवार फी इंज 150 पौंड की होती है। इससे भारी दीवार बनाना बहुत ही कठिनाई पैदा कर देता है। इसलिए ज्यादा-से-ज्यादा तीन सौ फीट के नीचे ही पनडुब्बा जहाज को ले जाया जाता है।

पनडुब्बा जहाज को समझने के लिए मछली को समझ लेना चाहिए। मछली का गलफड़ ऐसा होता है, जिसमें वह हवा भर लेता है। इस हवा के कारण वह पानी में दहलाती फिरती है और उसकी पूँछ या बगल के चोंयटे उसे मनमानी दिशा में ले जाते हैं।

पनडुब्बा जहाज का आकार लम्बे अंडे का-सा होता है। वह या तो दो टुकड़ों में होता है, जो जुड़े होते हैं; या एक ही मोसल्लम टुकड़े में। वह ऐसा बना होता है कि उसके भीतर पानी नहीं पहुँच सके। भीतर इंजिन होती है, जो पानी के ऊपर गैस के द्वारा और पानी के भीतर बिजली की बैटरियों द्वारा चलाई जाती है। सबमेरीन में पेरिस्कोप नामक यन्त्र लगा होता है जिससे पानी में भी देखा जा सके। जब तक वह पानी में है, तब तक के लिए हवा का ऐसा प्रबन्ध भीतर ही रहता है कि उसके चालकों या यात्रियों को साँस लेने में कष्ट नहीं होता। बैटरियों से ही भीतर रोशनी की जाती है। टेलीफोन का भी इन्तजाम भीतर में रखा गया है।

पनडुब्बा जहाज का छोटा भाई है टारपीडो। टारपीडो की लम्बाई ज्यादा-से-ज्यादा बीस फीट की होती है। उसमें तरह-तरह के संहारक सामान भरे होते हैं। दुश्मन के जहाज की दिशा से छोड़ते ही वह बड़े वेग से बढ़ता और उससे स्पर्श होते ही भयानक रूप से विस्फोट कर जाता है।

हवाई जहाज

थल पर, जल पर विजय प्राप्त करने के बाद आदमी का ध्यान आकाश पर विजय प्राप्त करने की ओर गया। जब से मनुष्य का अवतार हुआ, उसने आकाश में पंछियों को उड़ते देखा, तभी से उसके हृदय में उड़ने की आकांक्षा हुई, लेकिन उड़ा जाए तो कैसे ?—यह प्रश्न रहा। उसने अपनी बाँहों को पंख बनाने की कल्पना की, किन्तु कल्पना से सत्य का सामना कहाँ तक किया जा सकता था।

आकाश में उड़ने के लिए सबसे पहला प्रयोग गुब्बारों के द्वारा किया गया। फ्रांस के रहनेवाले 'मौंट-गोल्फायर' नाम के दो भाई थे। उन्होंने 1783 में एक बड़ा-सा गुब्बारा बनाया। उस गुब्बारे का घेरा 35 फीट था। कई छोटे-छोटे गुब्बारों को जोड़कर उसे बनाया गया था। उन गुब्बारों में गर्म हवा भर दी गई थी जिस्से वह साधारण हवा से बहुत हल्के हो गए थे। भीतर के गुब्बारे कागज़ के थे और उन्हें पतले कपड़े से ढक दिया गया था। इस बड़े गुब्बारे का वजन लगभग चार मन था, और यह 6000 फीट तक ऊपर उड़ा था और डेढ़ मील की दूरी तय कर ली थी।

मौंट-गौल्फायर की इस सफलता पर लोगों को बहुत आश्चर्य हुआ था और तब से फ्रांस में गुब्बारों को बनाने और उड़ाने की एक सनक-सी सवार हो गई थी। रोजियर नामक दूसरे फ्रांसीसी ने ऐसा गुब्बारा बनाया, जिस पर वह खुद भी उड़ता, और लोगों को उड़ाता था। दो वर्षों के अन्दर 50 आदमियों को उसने अपने गुब्बारे पर उड़ाया था। किन्तु बेचारे रोजियर की मृत्यु इसी दुस्साहसिकता में हो गई। एक बार वह इंगलिश चैनल पार कर, गुब्बारे से इंग्लैंड पहुँचने की कोशिश कर रहा था कि बीच समुद्र में वह गिर गया और मर गया।

गुब्बारे से उड़ने में सबसे बड़ी दिक्कत यह थी कि वह तो हवा के झोंके पर ही इधर-उधर जा सकता था। गुब्बारे के ऊपर जाने पर उसकी दिशा आदमी के हाथ में नहीं रह जाती थी। गुब्बारे के इस दोष को दूर किया 1852 में हेनरी जिफार्ड नाम के एक फ्रांसीसी ने। उसने सिगार की शक्ल का गुब्बारा बनाया; उसमें गैस भर दी, जो हवा से बहुत ही हल्की होती है। यह गुब्बारा 150 फीट लम्बा था और उसका घेरा 40 फीट था। गुब्बारे के नीचे उसने भाप से चलनेवाली इंजिन लगा दी थी और उसे ऊपर ले जाने के लिए घिरनीदार 'प्रोपेलर'। इस गुब्बारे को लेकर वह आकाश में उड़ा और तेज हवा के प्रतिकूल भी सात मील की रफ्तार से उड़कर लोगों को चकित कर दिया। किन्तु, सैंटो डुमौंट नाम के एक दूसरे व्यक्ति ने हेनरी को ही नहीं छका दिया, सारे संसार को चकित-विस्मित कर दिया। उसने ऐसा गुब्बारा बनवाया, जिसको लेकर उसने 'इफेल-टावर' नाम के फ्रांस के सुप्रसिद्ध गुम्बद की पूरी परिक्रमा करके एक लाख मुद्रा का पुरस्कार प्राप्त किया।

फ्रांस में जहाँ इस तरह के गुब्बारों का खेल चल रहा था, वहाँ जर्मनी के काउंट जेपलिन ने इस तरह के गुब्बारों को हवाई जहाज के रूप में परिणत कर दिया और, उसका उपयोग एक बाजाप्ता व्यापार के रूप में करने लगा। उसके गुब्बारे की शक्ल भी सिगार की शक्ल की ही थी। किन्तु उसके भीतर की बनावट बिलकुल दूसरे ढंग की थी। उसने जो पहला हवाई जहाज बनाया, वह 40 फीट लम्बा था और उसका घेरा 30 फीट। उसके भीतर गैस के 17 कमरे थे। 1909 में उसका ऐसा एक हवाई-जहाज 850 मील की यात्रा सफलतापूर्वक समाप्त कर चुका था। उसमें 24 आदमियों के बैठने की जगह थी। इन यात्रियों के लिए उसके भीतर ही सोने के अच्छे कमरे बने थे और जलपान के लिए रेस्टोराँ-घर। कई वर्षों तक लगातार जेपलिन के ये हवाई जहाज, जो उसी के नाम पर 'जेपलिन' कहलाते थे, इस तरह यात्रियों

को एक जगह से दूसरी जगह पहुँचाते और काफी पैसे कमाते रहे। 1914 में पहला विश्वयुद्ध शुरू हुआ, तो इन जेपलिनों से जर्मनी ने दूसरा भी काम लेना शुरू किया। मित्र देशों पर ये उड़ते हुए जाते और बड़े-बड़े गोले गिराकर संहार-कांड कर देते।

ऐसे ही एक हवाई जहाज को इंग्लैंड में जब तोप से नीचे गिरा दिया गया, तो इंग्लैंड में भी इस तरह के हवाई जहाज बनाने के प्रयत्न शुरू हुए, और इंग्लैंड में भी हवाई जहाज बनाए जाने लगे। अमेरिका में भी गुब्बारेवाले हवाई जहाजों की ओर ध्यान शुरू से ही था। लेकिन वहाँ भी इस ओर अधिक प्रगति तब हुई, जब जर्मनी से हरजाने के रूप में जेपलिन लिए गए, और उन्हें अमेरिका भेजा गया। अमेरिका किसी काम को छोटे पैमाने पर तो करता नहीं है। उसके लिए एक बहुत बड़ी कम्पनी खड़ी की गई और इसकी उन्नति की प्रगति को चरम सीमा पर पहुँचा दिया गया। 1929 में वहाँ एक ऐसा हवाई जहाज बनाया गया, जो 785 फीट लम्बा और 132 फीट के घेरेवाला था। इसमें पाँच इंजिन लगाए गए थे, जिसमें हर इंजिन की ताकत 550 घोड़े की थी। इस हवाई जहाज ने 20,000 मील की लगातार यात्रा कर, सारी पृथ्वी की परिक्रमा कर ली थी।

किन्तु, धीरे-धीरे इन भारी-भरकम गुब्बारोंवाले हवाई जहाज से हटकर लोगों का ध्यान चिड़ियों की तरह के पंखवाले जहाज की ओर जाने लगा। और, अब तो ऐसा दिन आ गया है कि वे भारी-भरकम गुब्बारोंवाले जहाज कहीं दिखाई भी नहीं पड़ते। पंखोंवाले जो नए जहाज बने हैं, उन्हें हम हवाई जहाज न कहकर 'वायुयान' कहें तो ज्यादा अच्छा।

वायुयान बनाने की ओर सबसे पहले इंग्लैंडवालों ने प्रयत्न शुरू किए। सर हीरैम और प्रोफेसर लैंगले ने ऐसे वायुयान बनाए थे, जिनमें पंख लगे थे। लैंगले का वायुयान बहुत छोटा था और वह 100 फीट ऊँचा जाकर तीन-चौथाई मील की दूरी तय कर चुका था। यूरोप के लीलीयन्थल और अमेरिका के आक्टेव कनीट ने भी काम किया था। लीलीयन्थल ने तो इसी सम्बन्ध में प्रयोग करते हुए जान गँवा दी। किन्तु, आजकल जो वायुयान हैं, उसका यथार्थ पिता 'राइट-बन्धु' है। ये दोनों भाई ओहियो शहर के रहनेवाले थे। बचपन में बाप ने उन्हें वायुयान के आकार का एक खिलौना दिया था। तभी से वे वायुयान बनाने के लिए पागल हो गए। कहा जाता है कि वायुयान बनाने के लिए जितना परिश्रम इन दोनों भाइयों ने किया, शायद ही किसी वस्तु के आविष्कार के लिए कोई दूसरा कर सका हो। बाइसिकिल मरम्मत का पेशा करते हुए, उस पेशे से जो समय बचता, वे सब इसी काम में लगा देते। इस सम्बन्ध में जो साहित्य था, वे लोग सब पढ़ गए। उस साहित्य के आधार पर प्रयोग-पर-प्रयोग किए। प्रयोग में जहाँ त्रुटियाँ दिखाई पड़ीं, उनका सुधार-पर-सुधार किया। किस हल्की-से-हल्की धातु के पंख बनाए जाएँ, किस तरह से उसे ऊपर-से-ऊपर उठाया जाए, हवा में पहुँचने पर किस तरह सन्तुलन रखा जाए; इन सब बातों के सम्बन्ध में नाना प्रयोग उन्होंने किए, और इनके विषय में पूरी सफलता प्राप्त कर ली। फिर इनके सामने इंजिन का सवाल आया। वे लोग खुद कारीगर थे इसलिए स्वयं उन्होंने 12 घोड़े की ताकतवाली, गैसोलिन मोटर बनाई, जो 30 मील की रफ्तार से वायुयान को उड़ा सकती थी। 1903 में उन्होंने एक ऐसा वायुयान बनाया और उसी वर्ष 17वीं दिसम्बर को, उनमें से एक भाई ने उसे उड़ाया। वायुयान आप-से-आप धरती छोड़कर ऊपर उठा और एक सुर में, लगभग एक मिनट में आधे मील की उड़ान भर सका। वायुयान में ऐसी तरकीबें लगाई गई थीं, जिससे उसे दाएँ-बाएँ घुमाया जा सकता था, ऊपर-नीचे ले जाया जा सकता था। दोनों भाई जिस तरह से परिश्रमी थे उसी तरह के विनम्र भी। उन लोगों ने अपनी सफलता का विज्ञापन नहीं किया और अपने काम में लगे रहे। 1905 तक उन्होंने एक ऐसा वायुयान बनाया जो 38 मिनट तक ऊपर रहकर 24 मील की दूरी तय

कर सका था। जब उनका वायुयान, उनकी दृष्टि में सब प्रकार सम्पूर्ण हो चुका तब 1908 में दोनों भाइयों ने दुनिया के सामने अपने आविष्कार को रखा। एक भाई 'विलवर राइट' फ्रांस चला गया, और दूसरा भाई 'ओरमिल राइट' अमेरिका में ही रहा। विलवर ने फ्रांस की भावुक जनता को अपनी उड़ानों से मन्त्र-मुग्ध-सा कर दिया। एक उड़ान में वह 2 घंटा 23 मिनट तक हवा में उड़ता रहा। ओरमिल राइट ने अमेरिका में जो प्रदर्शन किया, उसमें वह एक घंटा तक उड़ता रहा। ओरमिल अमेरिका को आश्चर्य में डालकर जर्मनी चला गया और वहाँ बर्लिन में अपने वायुयान की उड़ान को दिखलाकर जेपलिन की खिल्ली उड़ाई। इन दोनों भाइयों को पर्याप्त रूप से पुरस्कृत भी किया गया। यूरोप के बादशाहों ने, कितनी ही विज्ञान-परिषदों ने, कितने ही विश्वविद्यालयों ने, और अन्ततः अमेरिका की कांग्रेस ने उन्हें नाना प्रकार से सम्मानित और पुरस्कृत किया।

अब यूरोप और अमेरिका में, जगह-जगह उड़नेवालों के क्लब बनने लगे। लेकिन बहुत दिनों तक वायुयान सिर्फ तफरीह और तमाशे की चीज ही रहे। उनके सैनिक और व्यापारिक प्रयोगों की ओर लोगों का ध्यान नहीं गया। किन्तु, 1914 के विश्वयुद्ध ने लोगों का ध्यान इस ओर आकृष्ट किया। फिर क्या था, इस सम्बन्ध में इस प्रगति से काम होने लगा कि लोगों को चकित हो जाना पड़ा। शीघ्र ही उसके पंख में, उसकी 'बॉडी' में, उसकी इंजिन में तरह-तरह के सुधार किए गए। 1919 तक इतने सुधार कर दिए गए कि सोचा जाने लगा कि अब वायुयान द्वारा अटलांटिक महासागर को भी पार किया जा सकता है। और, यथार्थ में उसी साल यह सम्भव भी कर दिखाया गया। किन्तु, इस बार जिन वायुयानों ने अटलांटिक पार किया, वे रास्ते के टापुओं में उतरते आए थे। पर, 1927 में लिंडबर्ग नामक एक नौजवान तो न्यूयार्क से रवाना हुआ, और एक ही उड़ान में पेरिस पहुँच गया।

अब तो वायुयान संसार के कोने-कोने में अपनी करामात दिखा रहे हैं। पिछली लड़ाई में वायुयान की पूरी पलटनें—तोप, गोले, टैंक आदि के साथ—दुश्मन की सरजमीन पर उतारी गईं और, अब शान्ति के जमाने में उनसे वे सभी काम लिए जा रहे हैं, जो रेल या जहाज से लिए जा सकते थे। अब वायुयान एक घंटे में कई सौ मीलों की यात्रा तय कर लेता है, और एक उड़ान में कई हजार मील को पार कर लेता है। वायुयान पर यात्रा करना एक फैशन-सा हो गया है; और वायुयान की यात्रा काफी आरामदेह भी साबित हो चुकी है।

बाइसिकिल

दूरी पर विजय करने में छोटी-सी बाइसिकिल का कम भाग नहीं है, और यह अचरज की बात है कि बाइसिकिल का जन्म एक खिलौने से हुआ। 18वीं सदी में पेरिस के एक खिलौना-साज़ ने लकड़ी का एक ऐसा खिलौना बनाया था, जिसमें दो पहिए लगे थे; और उस पर एक घोड़े का आकार बना हुआ था। इस घोड़े पर सवार होकर उसे आगे की ओर धक्का देने से यह खिलौना आप-से-आप तेजी से काफी दूर तक चलने लगता था।

इस खिलौने में तरह-तरह के सुधार किए जाने लगे। वे अब इतनी तेजी से दौड़ सकते थे कि फ्रांसीसी पोस्टमैनों ने उसका उपयोग चिट्ठी बाँटने के लिए करने को सोचा। बड़ा तमाशा होता—जब पोस्टमैन अपना थैला लिए इस दो पैर के काठ के घोड़े पर दनादन सड़कों पर आते-जाते दिखाई देते ! अब कुछ शौकीन-मिजाजों का ध्यान भी इस सवारी की ओर गया। घोड़े का आकार उस पर से हटा दिया गया। बैठने के लिए बीच में जीन लगा दी

गई, और घुमाने के लिए हैंडिल। लेकिन, अब भी यह इतना ही ऊँचा रखा गया था कि बैठने पर पैर जमीन को छू सकें; क्योंकि पैर से धक्के देकर ही अभी तक यह चलाया जाता था।

यह काठ का घोड़ा फ्रांस से इंग्लैंड पहुँचा। लन्दन की सड़कों पर भी यह दौड़ने लगा। मैकमीलन नाम के एक लुहार का ध्यान इसकी ओर गया। उसने कुछ नए सुधार किए। उसके सुधारों से जो चीज बनी वह आज की बाइसिकिल की दादी थी। उसने पिछले चक्के को कुछ बड़ा कर दिया। पैर रखने के लिए पैडिल बना दिए। इस पैडिल का सम्बन्ध दो लोहे की छड़ों के द्वारा पिछले चक्के से लगा दिया गया था। चढ़नेवाले की देह पर पीछे से धूल या कीचड़ न पड़े इसलिए 'मड-गार्ड' भी लगा दिया। यही नहीं, इसे मनमानी जगह पर रोक देने के लिए उसने आगे के चक्के में 'ब्रेक' भी लगा दिया। उसने यह भी दावा किया कि मेरी यह बाइसिकिल 40 मील की रफ्तार से दौड़ सकती है। एक बार इसी तरह की एक दौड़ का प्रदर्शन वह कर रहा था कि उसकी यह पैरगाड़ी एक बच्चे की देह पर चढ़ गई और बेचारे को पाँच शिलिंग का जुर्माना हुआ।

इधर फ्रांस में भी नई सवारी में तरह-तरह के सुधार होते गए। मीचाऊ नामक एक फ्रांसीसी सज्जन ने एक नए ढंग की बाइसिकिल बनाई, जो मैकमीलन की बाइसिकिल से इस अर्थ में भिन्न थी कि उसका अगला चक्का ही बड़ा था और पैडिल का सम्बन्ध भी अगले चक्के से ही था। अब अगले चक्के को बड़ा और पिछले चक्के को छोटा बनाने की होड़ लग गई। इस तरह से जो बाइसिकिल बनी, वह काफी हिलडुल करती थी, और उसका वजन भी कम न था। 35 सेर से लेकर 50 सेर तक उसका वजन होता था। वह कुछ ऐसा परिश्रम लेती थी कि उसका नाम हड्डी-तोड़ रख दिया गया। धीरे-धीरे सारे यूरोप में तरह-तरह की बाइसिकिल बनने लगीं। अमेरिका में भी यह सनक जा पहुँची और वहाँ भी बाइसिकिलें बनने लगीं। इन बाइसिकिलों की दौड़ में बड़ी-बड़ी बाजियाँ लगने लगीं। लोग हजारों की तादाद में इन दौड़ों को देखने के लिए एकत्र होते। इन दौड़ों की खबरें अखबारों में भी आदर का स्थान पाने लगीं।

धीरे-धीरे बाइसिकिल का वजन कम होता गया और उसकी रफ्तार बढ़ती गई। बाइसिकिल के ढाँचे से लकड़ी को हमेशा के लिए विदाई मिल गई। मजबूत लोहे के ढाँचे बनने लगे। पैडिल का सम्बन्ध पहियों से लोहे के चेन द्वारा कराया जाने लगा। चक्के में टायर लगाए जाने लगे। कुछ दिनों तक लगातार पिछला चक्का छोटा किया जाता रहा, अब वह बड़ा किया जाने लगा। 1895 में वह अगले चक्के के मुकाबले में आ गया।

अब व्यापारियों की बारी आई। इंग्लैंड में, यूरोप में, अमेरिका में, बड़े-बड़े कारखाने बाइसिकिल बनाने के खुलने लगे। इन कारखानों के चलते बाइसिकिल में और भी सुधार होते गए। 50 सेर से उसका वजन घटकर 12 सेर तक चला आया। सीट में, हैंडिल में, पैडिल में तरह-तरह के सुधार कर उसे ज्यादा आरामदेह और तेज-से-तेज जाने लायक बना दिया गया। बड़ी-से-बड़ी तादाद में तैयार किए जाने के कारण कीमत में भी कमी हो गई। जो पहले बच्चों का खिलौना थी, फिर शौकीन लोगों के आमोद-प्रमोद की चीज रही—वही अब सर्वसाधारण की प्यारी सवारी बन गई है। संसार का शायद ही कोई कोना हो, जहाँ बाइसिकिल की पहुँच न हो गई हो।

छापाखाना

बहुत-से आविष्कारों की तरह छापेखाने के आविष्कार का श्रेय चीन को दिया जाता है। आज से लगभग 1200 बरस पहले वे लोग काठ के टुकड़ों पर अक्षरों को खोदते थे और उनमें रोशनाई लगाकर कागज पर या कपड़े पर छाप उतारते थे। किन्तु, हर बार एक पूरे काठ के टुकड़े पर अक्षर व शब्द खोदना और उससे छापा उतारना एक कठिन और व्ययसाध्य काम था। चीन में यह बहुत दिनों तक इसलिए जारी रहा कि वहाँ अलग-अलग अक्षर नहीं लिखे जाते, बल्कि वहाँ शब्द ही लिखे जाते हैं। हर शब्द के लिए अलग-अलग चिन्ह हैं और उन चिन्हों के बनाने में बड़े कौशल और श्रम को आवश्यकता होती है। चीनवालों से जब छापे की यह कला यूरोप पहुँची तो वहाँ के लोगों का ध्यान इस बात पर गया कि यों काठ के टुकड़ों पर पृष्ठ-के-पृष्ठ खोदने और छापने की अपेक्षा, क्यों न अलग-अलग अक्षर बना लिए जाएँ, और उन अक्षरों को जोड़कर ही पृष्ठ और पुस्तकें तैयार की जाएँ। उस काम में जर्मनी के गाटनबर्ग नामक एक व्यक्ति को सबसे अधिक सफलता मिली और आज जो छापाखाना है, उसका आविष्कर्ता गाटनबर्ग ही समझा जाता है।

उसका जन्म जर्मनी के 'मेंज' नगर में हुआ था। जब उसकी अवस्था दस वर्ष की थी, वहाँ के धनियों और गरीबों में बड़ा झगड़ा हो गया। इसलिए उसके माता-पिता उसे लेकर 'ट्रांसबर्ग' नामक स्थान में चले आए। तब से वह वहीं रहने लगा। सयाना होने पर आईने का कारोबार शुरू किया, पर उसमें सफलता न मिली।

असफल होने पर उनके मन में छापाखाने की कल बनाने की धुन समाई। इसलिए 1446 ई. में छापाखाना खोलने की इच्छा से वह अपने जन्मस्थान 'मेंज' नगर में लौट आया। वह गरीब था, अतः 'जौनफास्ट' नामक एक आदमी से रुपए कर्ज लेकर कल-काँटे बनाने लगा। इस काम में 'स्कूफर' नामक बढ़ई ने उसे बड़ी सहायता दी।

गाटनबर्ग ने पहले काठ के अक्षर बनाए, किन्तु वे टिकाऊ नहीं थे। उसके साथी 'स्कूफर' ने अक्षरों का साँचा बना दिया जिसमें अक्षर ढाले जाने लगे। कल-काँटे तैयार होने पर इस छापाखाना में 'गाटनबर्ग' ने 1455 ई. में पहले-पहल 'बाइबिल' ग्रन्थ छापा। यह ग्रन्थ दो भागों में छपा। इसकी भाषा लैटिन थी। इसके छापने में गाटनबर्ग को छह हजार रुपया खर्च करना पड़ा था।

किन्तु गाटनबर्ग इस छापाखाना को अधिक दिन तक चला नहीं सका। उसका महाजन 'जौनफास्ट' रुपए के लिए उसे तंग करने लगा। यहाँ तक कि उस दुष्ट ने दिमाग और शरीर घुलाकर बनाए हुए उसके छापाखाने को भी जब्त कर लिया।

छापाखाने से इस प्रकार जबरदस्ती हटाए जाने से गाटनबर्ग का दिल टूट गया।

कुछ समय तक कष्ट के दिन काटकर वह मर गया। पर उसकी कीर्ति तो अमर थी। उसके बनाए हुए सुगम रास्ते पर चलने को अनेक जन खड़े हुए। जर्मनी और इटली में धड़ाधड़ छापाखाने खुलने लगे।

'विलियम-कैकस्टन' नामक एक अँगरेज जर्मनी में पहुँचा और छापाखाने की कला सीखकर लौटा। 1476 ई. में उसने 'वेस्ट-मिनिस्टर हेव' में एक छापाखाना खोला। फिर उसकी मृत्यु के बाद 'किन-डी-वार्डी' नामक एक कर्मचारी के हाथ में उस छापाखाने का प्रबन्ध-सूत्र आया। उसने छापाखाने में अनेक सुधार किए और लगभग चार सौ पुस्तकें भी छापीं।

धीरे-धीरे छापाखाने का प्रचार बढ़ता गया। उसमें अनेक सुधार भी होते गए। सबसे बड़ा सुधार किया—1814 ई. में 'क्वैनिंग' नामक एक जर्मन ने। लन्दन के प्रसिद्ध दैनिक-पत्र 'टाइम्स'

के लिए उसने दो कलें बनायीं, जो भाप के बल से चलती और एक घंटे में 1100 कागज छापतीं। इन्हीं कलों में कुछ और सुधार कर देने पर घंटे में 1800 कागज छपने लगे। फिर 1815 ई. में क्वैनिंग ने ही एक ऐसी कल बनाई जिसमें घंटे में 750 कागज दुपीठा छपने लगे।

गाटनबर्ग ने जो पहला छापाखाना खोला था, उसमें अक्षर लकड़ी के ही बने होते थे। किन्तु, धीरे-धीरे धातु के अक्षर ढाले जाने लगे। इन अक्षरों की ढलाई में विशेषतः दो धातुओं को काम में लाया जाता है—शीशा और टीन। ढले हुए अक्षरों को अलग-अलग खानों में सजाकर रखते हैं, उन्हें उठा-उठाकर कम्पोजिटर छापे जानेवाले पर्चे या ग्रन्थ को 'कम्पोज' कर डालता है। कम्पोज हो जाने पर पृष्ठ के पृष्ठ सजाकर रखे जाते हैं, और फिर उन्हें लोहे के फ्रेम में कसकर प्रेस पर चढ़ा देते हैं। प्रेस पहले हाथ से चलाए जाते थे, किन्तु अब तो प्रायः वे इंजिन से ही चलाए जाते हैं। पहले वे भाप की इंजिन से चलाए जाते थे, आजकल बिजली की इंजिनों से।

छापाखाने की उन्नति की दो धाराएँ रही हैं। एक तो टाइप की उन्नति की, दूसरी प्रेस की उन्नति की। टाइप के अक्षर खूब सुन्दर-से-सुन्दर किस तरह बनें, उन्हें खानों में किस तरह सजाकर रखा जाए कि आसानी से कम्पोज कराया जा सके। उनके बनने में कौन-सी धातु लगाई जाए जो मजबूत भी हो और उन पर रोशनाई भी खिल सके। इनकी ओर एक तरफ जहाँ ध्यान दिया जाने लगा तो दूसरी ओर यह सोचा जाने लगा कि प्रेस में कौन-सा सुधार किया जाए कि वे कम-से-कम समय में ज्यादा-से-ज्यादा प्रतियाँ छाप सकें।

टाइप में भी तरह-तरह के सुधार होते गए। 1886 ई. में, इस सम्बन्ध में न्यूयार्क में 'मर्गेन्थेलर' नाम के आदमी ने एक क्रान्तिकारी सुधार किया, जिसे 'लीनोटाइप' कहते हैं। इसके आविष्कार के चलते अब एक-एक अक्षर जोड़ना नहीं पड़ता था। पूरी पंक्ति एक साथ कम्पोज होकर ढल जाती है; इससे छपाई भी अच्छी होती है, क्योंकि एक बार छपने के बाद इसकी धातु फिर गला दी जाती है। टाइप के सम्बन्ध में दूसरा क्रान्तिकारी सुधार इसके दस बरस बाद हुआ। यह सुधार किया 'टोल वर्ट लैन्सटन' ने। यह 'मोनोटाइप' के नाम से मशहूर है। आजकल धीरे-धीरे सारी छपाई मोनोटाइप की ओर जा रही है, जो कि बहुत खूबसूरत होती है, और इसमें एक मिनट में डेढ़ सौ अक्षर ढल-ढलकर तैयार हो जाते हैं।

हाथ से जो छापेखाने चलाए जाते थे, उनमें बहुत धीरे-धीरे छपाई होती थी। क्वैनिंग के सुधार ने छपाई की गति में बहुत ही तेजी ला दी थी। किन्तु, इतने ही से लोगों को सन्तोष न हुआ। क्वैनिंग का एक प्रेस जब अमेरिका गया, तब अमेरिकनों का ध्यान उसमें भी सुधार करने की ओर गया। 'रॉबर्ट हो' और उसके पुत्रों ने 'रोटरी प्रेस' को जन्म दिया। उसने ऐसी तरकीबें लगा दीं कि 1855 में वह प्रेस पर एक घंटे में 10,000 प्रतियाँ छाप सकता था। किन्तु फिलाडेल्फिया के विलियम बूलिक ने हो परिवार को भी मात दे दी। अब अलग-अलग कटे हुए कागज न लगाकर मील के मील लम्बे कागज एक ही बार लगाए जाने लगे और अब हालत यह है कि एक ही घंटे में एक प्रेस 1,00,000 प्रतियाँ छाप देता, और उन्हें काटकर लपेटता और पैकेट बनाकर फेंक देता है।

हाँ, तुम्हें यह जानने की भी बड़ी उत्कंठा होगी कि नागरी अक्षरों का छापाखाना कब खुला और किसने खोला। अच्छा सुनो—

नागरी अक्षरों का छापाखाना खोलने का यश बम्बई के एक गुजराती व्यापारी श्री भीम जी पारिख को है। आपने 1670 ई. में विलायत के ईस्ट इंडिया कम्पनी के संचालकों के पास छापाखाना चलानेवाला एक आदमी भेजने के लिए अर्जी दी। पहली बार 800 रुपए मासिक पर एक आदमी आया। पर वह होशियार नहीं था। पुनः निवेदन करने पर 1678 ई. में कम्पनी

के संचालकों ने एक प्रवीण व्यक्ति को भेजा। उसी की सहायता से भीमजी ने नागरिक अक्षर ढलवाए। तब से अब तक हिन्दी के छापाखाने में भी बराबर उन्नति हो रही है। तो भी अँगरेजी छापाखानों के मुकाबले हिन्दी के छापाखाने अभी बहुत अंशों में अपूर्ण हैं।

टाइपराइटर

छापाखाने की उन्नति के साथ ही एक ऐसे यन्त्र की आवश्यकता का अनुभव किया जाने लगा जो व्यक्तिगत प्रयोग के योग्य हो—जिस पर एक ही आदमी छपाई का पूरा काम कर ले। यह यन्त्र हल्का हो, जिससे उसे एक जगह से दूसरी जगह आसानी से ले जाया जाए।

यों तो 1714 में ही एक अँगरेज आविष्कारक ने ऐसे एक यन्त्र को पेटेंट करवाया था, किन्तु ऐसे यन्त्र को स्थिति में लाने का श्रेय है फ्रांस के प्रोगिन नामक व्यक्ति को। उसने एक गोल प्लेट के चारों ओर लीवर लगा दिए थे, जिनका सम्बन्ध टाइपों से करा दिया गया था। लीवर को दबाते ही कागज पर टाइप होने लगता था। यह 1819 की बात है।

यह यन्त्र जब अमेरिका पहुँचा, तो वहाँ और सुधार होने लगे। चार्ल्स थावर और ए. बी. बिच नामक कारीगरों ने उसमें अनेक सुधार किए। किन्तु, जिन्होंने इस यन्त्र को 'टाइपराइटर' नाम दिया और जिनके परिश्रम से यह यन्त्र सर्वसाधारण के उपयोग के लायक बन पाया, वे तीन अमेरिकन थे, जो सदा साथ काम करते थे। उनके नाम थे—शोल्स, शोल और ग्लिडेन। 1868 में इन्होंने एक यन्त्र ऐसा बना लिया जिसे हम आधुनिक टाइपराइटर का दादा कह सकते हैं।

उन्होंने जो यन्त्र तैयार किया, वह बहुत कुछ आजकल के हारमोनियम के आकार का था। उसमें रोशनाई लगाने, कागज हटाने, पंक्ति के बाद पंक्ति बिठाने आदि की सारी तरकीबें लगाई गई थीं। 1873 तक उन्होंने लगभग ऐसे 50 यन्त्र तैयार किए थे। किन्तु, इसके तैयार करने में खर्च कुछ इतना बैठ जाता था कि व्यक्तिगत कामों के लिए इसका प्रयोग करना सर्वसाधारण के लिए असम्भव था।

उन दिनों न्यूयार्क में रेमिंगटन का कारखाना हथियार बनाने का काम करता था। इस कारखाने के संचालकों का ध्यान इस नए यन्त्र की ओर गया और उन्होंने उसे व्यापक रूप में तैयार करने का संकल्प किया। सबसे पहले शोल की सेवाओं को उन्होंने बारह हजार डालर में खरीद लिया। शोल की मदद से उन्होंने ऐसी तरकीबें निकालीं कि सस्ते दर में ज्यादा-से-ज्यादा टाइपराइटर तैयार होने लगे। 1881 में रेंमिगटन ने 8,000 टाइपराइटर तैयार किए और कुछ ही दिनों के बाद वहाँ से प्रति सप्ताह 800 टाइपराइटर तैयार होकर बाजारों में बिकने लगे।

धीरे-धीरे टाइपराइटर में अन्य सुधार भी होते गए। टाइप करने में आसानी हो; यन्त्र का आकार छोटे-से-छोटा हो; वह सस्ते-से-सस्ते मूल्य में बिके—इस सम्बन्ध में नए-नए प्रयोग होते रहे। 1892 पहुँचते-पहुँचते इतने सुधार हो गए कि इस यन्त्र को एक छोटे से बक्से में बन्द कर, हाथ में लटकाकर, एक जगह से दूसरी जगह आसानी से ले जाया जा सकता था।

मि. बिच एक वैज्ञानिक पत्र का सम्पादक था। उसने 1867 में भविष्यवाणी की थी कि वह दिन आ रहा है, जब ऑफिसों में कलम और रोशनाई से नकल करनेवालों की जरूरत नहीं रह जाएगी। उसकी वाणी को सोलह आना सत्य होते हुए हम देख सके हैं। किन्तु उत्साह में आकर उसने यहाँ तक कह दिया था कि बच्चों को सिर्फ दस्तखत करना सिखला दिया जाएगा; लिखने के और सारे काम टाइपराइटर से होंगे। क्या वह दिन भी निकट है ?

प्रकृति पर विजय-2

[1948-50 ई.]

बिजली

भाप के बाद सबसे बड़ी शक्ति मनुष्य के हाथ में दी बिजली ने। इस शक्ति को पाकर मानव ने प्रकृति पर चतुर्दिक्व्यापी वह विजय प्राप्त की, जिसकी पहले कल्पना भी नहीं की जा सकती थी।

किन्तु बिजली से आपने क्या समझा ? बादलों से भरे हुए आकाश में कभी-कभी चमक उठनेवाली चंचल लकीरें ? नहीं, बिजली को हम आँखों से देख नहीं सकते ! हाँ, उसके काम को देखकर हमें उसके अस्तित्व का बोध होता है। जब एक मेघ से दूसरे मेघ के टकराने पर उसकी पैदाइश होती और उसकी राह चमक पड़ती है तो उसी राह को हम बिजली समझ लेते हैं।

अच्छा, तो बिजली है क्या ? वह एक शक्ति है जो संसार के सभी पदार्थों में पाई जाती है; किन्तु आँखों से नहीं देख पड़ती। हाँ, युक्ति के साथ इस शक्ति को काम में लाकर अद्‍भुत कार्य किए जा सकते हैं। आज दुनिया में बिजली का ही एकच्छत्र—अकंटक राज्य है। चतुर मनुष्य इससे अनेक ऐसे कार्य करवाते हैं जिन्हें मनुष्य कर ही नहीं सकता। यह रेलगाड़ियों को दौड़ाती है, एक देश की खबर दूसरे देश में बात की बात में पहुँचाती है, घर से अँधेरे को मार भगाती है, पंखा झलती है, रसोई बनाती है, गाना सुनाती है !—कहाँ तक गिनाएँ, आज जिधर देखिए, उधर इसी का राज्य है। किन्तु साथ ही, एक पल में हजारों जानें भी ले सकती है। सावधानी और चतुराई से हम इससे चाहें जो सेवा करा लें, पर जहाँ तनिक भी चूके कि सर्वनाश !

यद्यपि ऐसी उपयोगी 'शक्ति' संसार में आदिकाल से ही मौजूद है तथापि आज से चार सौ वर्ष पहले तक लोग इसकी स्थिति और उपयोगिता से एकदम अपरिचित थे। सबसे पहले 'डॉक्टर गिलबर्ट' नामक एक इंग्लैंड-निवासी ने इसका आविष्कार किया। वह वहाँ की इतिहास-प्रसिद्ध महारानी एलिजाबेथ का घरेलू डाक्टर था।

ईसवी सन् के पहले से ही लोग यह जानते थे कि कहरुवा जिस संस्कृत में 'कपूर्रमणि' कहते हैं, छोटे-छोटे तृण के टुकड़ों और हल्के परों को अपनी ओर खींचने की ताकत रखता है। संस्कृत और हिन्दी के काव्य-ग्रन्थों में भी कहरुवे के इस गुण का वर्णन है। किन्तु, यह क्यों खींचता है। तृणों को खींचनेवाली कौन-सी शक्ति उसमें है—क्या और भी ऐसी कोई चीज है, जो इस प्रकार किसी चीज को खींच सकती है—आदि बातों की खोज-ढूँढ़ किसी ने नहीं की। गिलबर्ट ने ही पहले-पहल इन बातों की छानबीन करना शुरू किया। उसने देखा कि 'कहरुवे' में एक खास तरह की शक्ति है, जो तृणों को खींचती है और तेजाब, गन्धक आदि और भी कई चीजों में वह पाई जाती है। चूँकि कहरुवे का ग्रीक नाम 'ऐलेक्ट' है अतः इस शक्ति का नाम 'ऐलेक्ट्रिसिटी' अर्थात ऐलेक्टन में पाई जानेवाली शक्ति रखा। संस्कृत में इस शक्ति को 'विद्युत्' कहते हैं और हिन्दी में 'बिजली'।

गिलबर्ट के इस आविष्कार की ओर लोगों का ध्यान गया। आयरलैंड के बोआयले, प्रशिया के म्यूरिक तथा जगत्प्रसिद्ध वैज्ञानिक न्यूटन आदि ने इस विषय में खोज-ढूँढ़ की और कई नवीन बातें सोच निकालीं।

अमेरिका के प्रसिद्ध राजनीतिज्ञ नेता बेंजामिन फ्रैंकलिन ने बिजली को बादल से पकड़कर एक कुप्पे में बन्द करने की तरकीब निकाली। रेशमी रूमाल को पतंग बनाकर उन्होंने आसमान

में उड़ाया। पतंग का सम्बन्ध एक सुतली की रस्सी से था, जिसके दूसरे छोर का एक कुप्पी से सम्बन्ध करा दिया गया था। इस पतंग के द्वारा बिजली कुप्पी में आ गई।

'हौक्सवे' नामक एक फ्रांसीसी विद्वान ने यह आविष्कार किया कि काँच की नली को हाथ से खूब रगड़ा जाए तो कुछ देर बाद उससे भी बिजली पैदा हो सकती है और वह भी तृण आदि को अपनी ओर खींच सकती है। हाथ से काँच को रगड़ना बड़ा ही कष्टकर कार्य है; इसलिए स्टिफेन ग्रे नामक एक अँगरेज ने यह खोज निकाला कि काँच की नली को रेशमी कपड़े से घिसने पर भी बिजली पैदा हो सकती है। साथ ही उसने यह भी आविष्कार किया कि पदार्थों के दो भेद हैं—एक वह जिसके द्वारा बिजली एक जगह से दूसरी जगह भेजी जा सकती है; और दूसरा वह जिससे ऐसा नहीं किया जा सकता है। उनमें से एक का नाम 'परिचालक' और दूसरे का 'अपरिचालक' रख सकते हैं। ताँबा, लोहा, सूत, मनुष्य का शरीर आदि 'परिचालक' हैं और सूखी लकड़ी, रबड़, अबरख, रेशम आदि अपरिचालक। वह काँच की नली को रेशम से रगड़कर जो बिजली पैदा करता था, उसे सूत के द्वारा 900 फीट तक ले जाने में भी समर्थ हो सका था।

'ग्रे' के बाद बिजली के सम्बन्ध में आविष्कार करनेवालों में 'डूफे' बहुत प्रसिद्ध हुआ। वह फ्रांस देश का रहनेवाला था। उसने यह आविष्कार किया कि बिजली दो प्रकार की होती है—'पुष्ट' और 'क्षीण'।

अब कुछ वैज्ञानिकों का ध्यान नूतन ढंग से बिजली पैदा करने की ओर गया। 'अलेक्जेंडर वोल्टा' नामक इटली देश के एक वैज्ञानिक ने सर्वथा नवीन ढंग से बिजली पैदा करने में सफलता प्राप्त की। बिजली पैदा करने के लिए उसने जिस कल का आविष्कार किया, उसका नाम है—'वोल्टाइड बैटरी।' आजकल डैनियल, बाइक्रोमेट आदि कई तरह की नवीन बैटरियाँ चली हैं; किन्तु 'एलेक्ट्रिक बैटरी' का पहला आविष्कार करनेवाला यह 'वोल्टा' ही है। बिजली के दबाव को नापने के लिए वोल्टा का परिमाण उसी के नाम से चला आ रहा है।

'वोल्टा' के बाद माइकेल फैरेडे नामक एक अँगरेज वैज्ञानिक का आविर्भाव हुआ। हम कह सकते हैं कि जिस काम का आरम्भ 'गिलबर्ट' ने किया था, उसकी सफलतापूर्वक समाप्ति इसी ने की। अभी तक बिजली के विषय में खोज-ढूँढ़ होती रही थी, किन्तु उसके द्वारा आजकल जो लौकिक कार्य किए जाते हैं, उसकी कल्पना भी औरों ने नहीं की थी। फैरेडे ने उसमें चुम्बक के सहारे एक ऐसी युक्ति लगाई कि बिजली से तुम चाहे जो काम ले लो, रेलगाड़ी हँकवा लो, लाखों मन का बोझा उठा लो, आदि-आदि।

'फैरेडे' की जीवनी भी विचित्र है। वह लन्दन के एक गरीब लोहार के घर 1791 ई. में जन्मा था। गरीबी के कारण वह अधिक लिख-पढ़ न सका। तब वह जिल्द-बन्दी के काम में भर्ती किया गया। दिन भर वह किताबों की जिल्द बाँधा करता और रात में विज्ञान का अध्ययन करता। एक दिन एक भलेमानस उसकी दूकान पर जाकर देखते हैं कि एक लड़का एक विश्वकोश की जिल्द बाँध रहा है, और साथ ही साथ उसके बिजली-सम्बन्धी लेख को गौर से पढ़ता भी है।

उस भलेमानस को बड़ा अचम्भा हुआ—यह लड़का ऐसा कठिन विषय कैसे पढ़ रहा है ? पूछने पर लड़के ने कहा—दिनभर काम करते रहने पर भी मैं रात में बिजली-सम्बन्धी जाँच-पड़ताल किया करता हूँ, यद्यपि मेरे पास गरीबी के कारण घर की बनी केवल एक 'बैटरी' मात्र है। वह भलेमानस बड़े प्रसन्न हुए। उन्होंने एक प्रवेशपत्र देकर कहा कि इसको लेकर तुम 'सर हैम्प्री-डैबी' के व्याख्यान सुनने के लिए 'रायल इन्स्टीट्यूट' (राजकीय विद्याभवन) में जाना।

फैरेडे बड़ा प्रसन्न हुआ, मानो, उसे विशेष निधि मिल गई हो। वह व्याख्यान सुनने गया, और जो कुछ सुना, उसे नोट करता गया।

व्याख्यान समाप्त होने पर वह डरते-काँपते हुए उस प्रवेश-पत्र देनेवाले भलेमानस के पास गया और उन्हें अपना नोट दिखलाया। वह खुद 'सर हैम्प्री डैबी' थे। नोट देखकर वह बड़े खुश हुए, और अपने साथ रहने का उससे अनुरोध किया।

फैरेडे ऐसा मौका कब जाने देता ? 'सर डैबी' बचपन में स्वयं भी बड़े गरीब थे, अतः इस गरीब लड़के की सहायता करने को तैयार हुए। उनकी देखरेख में फैरेडे ने बड़ी उन्नति की, और बाद में उनका सहकारी होकर उन्हीं के साथ काम करने लगा।

फैरेडे की जीवनी अचरज-भरी सफलताओं की विस्तृत सुन्दर कहानी है। कुछ ही दिनों में वह अपने आश्रयदाता से भी अधिक प्रसिद्ध हो गया, और तत्कालीन सभी वैज्ञानिकों में श्रेष्ठ समझा जाने लगा। उसके व्याख्यान और लेख कठिन विषय पर होते थे, किन्तु वह इतनी सरल भाषा में, और ऐसे सुन्दर ढंग से कहता-लिखता था कि बच्चे भी उसके भाव को अच्छी तरह समझ लेते थे।

कहा जाता है, नौ वर्षों तक लगातार परिश्रम करते रहने के बाद अन्त में दस दिनों में ही फैरेडे ने बिजली सम्बन्धी इतने आविष्कार किए कि उसने आगामी सौ वर्षों के लिए अभूतपूर्व उन्नति का द्वार मानव-जाति के लिए खोल दिया। उसके इन्हीं आविष्कारों के चलते तार, टेलिफोन, एक्स-रे आदि बिजली की शक्ति द्वारा अनगिनत कामों का लिया जाना सम्भव हा सका। बिजली की शक्ति को तार द्वारा एक जगह से दूसरी जगह ले जाना और बिजली की शक्ति को डाइनेमो में संचित और केन्द्रित करके असाध्य साधन कराना—इन सारी बातों का पता आरम्भिक रूप में फैरेडे ने लगाया। उसके बाद इंग्लैंड के बिल्डे, फ्रांस के ग्रामे और अमेरिका के एडिसन ने डाइनेमो में बड़ी उन्नति की। खासकर एडिसन ने तो इस सम्बन्ध में कमाल किया। उसने पहले-पहल बिजली की रोशनी और बिजली की मोटर बनाई, जिसके द्वारा बिजली की ट्रेनें भी चलाई जाने लगीं।

तार

तार का आविष्कार पहले-पहल किसने किया—यह बताना कठिन है। तार का काम बिजली से होता है, इसलिए जिन लोगों ने बिजली का आविष्कार किया था, उनको तार के आविष्कार का भी बहुत कुछ श्रेय दिया जा सकता है। बिजली का आविष्कार स्टिफेन ग्रे ने किया। बिजली की लहर को वह लगभग 900 फीट तक एक सूत के सहारे ले जाने में समर्थ हो सका था। ग्रे के अतिरिक्त दूसरे-दूसरे बिजली के आविष्कारकों ने जो बिजली के सम्बन्ध में नई-नई खोज की, उनसे तार के आविष्कार में बहुत मदद मिली। खासकर फैरेडे की खोज ने तो वैज्ञानिकों के दिमाग में हलचल पैदा कर दी—लोग बिजली के बल पर असाध्य साधन करने पर तुल गए।

1753 ई. में अर्थात् फैरेडे के जन्म से लगभग चालीस वर्ष पहले ही, एक वैज्ञानिक ने स्कॉटलैंड में एक लेख छपवाया था, जिसमें उसने बतलाया था कि किस प्रकार बिजली के द्वारा खबरें भेजी जा सकती हैं। किन्तु, उस समय तक बिजली के सम्बन्ध में पूरी खोज नहीं हो सकी थी; अतएव किसी ने उसकी बातों पर उस समय ध्यान ही नहीं दिया। यहाँ तक कि लोगों को उसका नाम-धाम भी याद नहीं रहा। कोई-कोई कहते हैं कि उसका नाम था चार्ल्स

मोरिसन—किन्तु, कोई निश्चित नहीं कह सकता कि वह वही था।

तार के आविष्कार को अधिकांश में सबल करने का श्रेय इंग्लैंड के सर फ्रांसिस रोनाल्ड को दिया जा सकता है। उनका जन्म लंदन के एक व्यापारी के घर 1788 ई. में हुआ था—ठीक उसी समय, जब कि बिजली के बारे में बड़ी सरगर्मी से छानबीन हो रही थी। उन्होंने बड़े होने पर अपना ध्यान तार पर आकर्षित किया। अपनी फुलवारी में आठ मील लम्बी तार लेकर वह छानबीन करने लगे। बाग छोटा था इसलिए बाग के चारों ओर कई बार वह तार लपेटी गई थी। बहुत दिनों तक असफलताओं से युद्ध करते-करते अन्त में वह सफल हुए। अपनी प्रसन्नता में ही उन्होंने अंग्रेजी सरकार के सामने अपना नवीन आविष्कार पेश किया।

तब तक बिजली द्वारा खबरें भेजने का कहीं प्रबन्ध नहीं था और सर रोनाल्ड ने सोचा कि सरकार इस अभूतपूर्व आविष्कार के लिए उन्हें सम्मानित कर इससे लाभ उठाएगी। किन्तु, बात गलत निकली। सरकार ने उन्हें दुत्कार दिया। ठीक उसी तरह, जिस तरह उसने रेल के आविष्कारक जॉर्ज स्टिफेन्सन को दुत्कारा था।

परन्तु सभी आविष्कारकों की तरह रोनाल्ड भी स्वार्थ-त्यागी पुरुष थे—यश के वह भूखे नहीं थे; बड़े ही हँसमुख थे। सोचा—चलो, मुझे यश मिला, न सही; किसी को तो यश मिलेगा ही। इसके अतिरिक्त मेरे आविष्कार में कितनी गलतियाँ रह गई हैं; कोई तो इन गलतियों का सुधारकर यशस्वी बनेगा ही। यह सोचकर उन्होंने तार का काम छोड़ दिया। आखिर उनकी कल्पना सही साबित हुई। कुछ वैज्ञानिकों के सम्मिलित प्रयत्न से तार का आविष्कार पूरा हुआ। सर रोनाल्ड अपने जीवन में समूचे इंग्लैंड में तार द्वारा खबरें आती-जाती देखकर खुश होते रहे।

इंग्लैंड में तार के आविष्कार को सफल करने का सौभाग्य प्राप्त हुआ ह्वीटस्टन और कुक को। इन दोनों वैज्ञानिकों का सम्मिलन भी बड़ा आश्चर्यजनक है। कुक का जन्म 1806 ई. में हुआ था। अपनी जवानी में कुक भारतीय सेना में काम करता था। पीछे वह डाक्टर बनाया गया। ह्वीटस्टन का जन्म 1802 ई. में हुआ था। वह बाजा बजानेवाले का बेटा था। दोनों को विज्ञान से प्रेम था। दोनों ही बिजली पर छानबीन करने के शौकीन थे, क्योंकि उस समय बिजली की ओर वैज्ञानिकों का खास झुकाव था।

ह्वीटस्टन अपने चाचा की बाजे की दूकान पर काम करता था और उससे बचे हुए समय में पढ़ता-लिखता और छानबीन किया करता। वह अपने वैज्ञानिक अनुसन्धानपूर्ण लेखों के लिए थोड़े ही दिनों में इतना प्रसिद्ध हो गया कि एक कालेज में प्रोफेसर बनाया गया। वहाँ भी उसने बिजली-सम्बन्धी छानबीन जारी रखी।

इधर कुक जब डॉक्टरी पढ़ रहा था, उसको बिजली और तार के सम्बन्ध की बातें मालूम हुईं। उसके तेज दिमाग ने तुरन्त ही भाँप लिया कि यदि कोशिश की जाए, तो बिजली द्वारा तार भेजना सम्भव है। वह भारत से अपने देश इंग्लैंड को लौटा। यहाँ आकर उसने ह्वीटस्टन से बातचीत की। दोनों एक साथ काम करने लगे।

परिणाम बड़ा ही उज्ज्वल हुआ। कुक बड़ा ही व्यवहार-कुशल था और ह्वीटस्टन प्रतिभाशाली। दोनों के प्रयत्न से 1838 ई. में पहले-पहल तार का व्यापार लन्दन और ब्लैकवाल रेलवे में हुआ। सभी नई चीजों की तरह पहले इसमें बहुत-सी त्रुटियाँ थीं; किन्तु धीरे-धीरे सब दुरुस्त हो गई। पहले एक ही खबर भेजने के लिए पाँच तारों की जरूरत होती थी, फिर दो तार रखे गए; किन्तु 1845 ई. से केवल एक ही तार पर काम होने लगा।

ठीक इसी समय जर्मनी, फ्रांस, अमेरिका आदि के वैज्ञानिक भी इस विषय में छानबीन

कर रहे थे। किन्तु उन सबमें प्रसिद्ध है अमेरिका का सैम्युअल फिनले ब्रिज मोर्स। मोर्स का जन्म 1791 ई. में हुआ था। वह बड़ा तेज था। 19 वर्ष की उम्र में उसने बी.ए. पास किया था। पहले वह चित्रकला का काम करता था। वह दो बार यूरोप गया था--एक बार, जब कि वह यूरोप से लौट रहा था, जहाज के यात्रियों में बिजली और तार के सम्बन्ध में बातें छिड़ीं, उसमें वह भी शामिल था।

बस, उसी समय जहाज पर बिजली द्वारा खबर भेजने की कल्पना मोर्स के दिमाग में घुसी। पहले जहाज पर बहुत दिन लगते थे—इसलिए जब तक वह अमेरिका नहीं पहुँचा, बराबर जहाज पर ही इस विषय में सोचता-विचारता रहा। जहाज पर ही उसने इस विषय का एक चित्र भी बनाया, जिसमें तार के यन्त्रों का ढाँचा—चित्र था।

घर जाने पर मोर्स तार के सम्बन्ध नें काम करने लगा। वह गरीब था, रुपए काफी नहीं थे; किन्तु उसने परिश्रम से मुँह न मोड़ा। आखिर सन् 1837 ई. में उसने अपना आविष्कार पूरा किया और सरकार से उसकी रजिस्ट्री करा ली। 1843 ई. में लगातार कोशिश करने पर अमेरिका के प्रजातन्त्र राज्य ने उसे आर्थिक सहायता दी। पहले-पहल 1844 में अमेरिका में तार द्वारा खबरें भेजी गईं। मोर्स ने जिस पद्धति पर तार द्वारा खबरें भेजना आरम्भ किया था, उसे लोगों ने बहुत पसन्द किया और आज भी उसी पद्धति पर तार द्वारा खबरें भेजी जाती हैं।

धीरे-धीरे तार में भी बहुत-से सुधार हुए। जब से नए ढंग के जहाज चले, समुद्र द्वारा आना-जाना मामूली हो गया। अतः समुद्र होकर भी तार की लाइनें बनाई गईं। पहले जहाँ एक ही खबर भेजने के लिए पाँच तारों की जरूरत पड़ती थी, वहाँ अब नवीन वैज्ञानिकों की छानबीन ने यहाँ तक सम्भव कर डाला है कि एक ही तार से आठ खबरें, एक समय में भिन्न-भिन्न दिशाओं में भेजी जाती हैं।

घर पहुँचकर मोर्स ने तार के सम्बन्ध में अपनी चेष्टा जारी रखी। किन्तु निर्धनता के कारण पद-पद पर उसे बाधाओं का सामना करना पड़ता था। अचानक एक दिन एक नौजवान उसकी प्रयोगशाला में आया और मोर्स के तारवाले प्रयोग से अनुप्राणित हुआ। उसका नाम अल्फ्रेड वेल था। वेल की आर्थिक सहायता से मोर्स का काम तेजी से बढ़ा और थोड़े दिनों में उसने तार भेजने के औजार तैयार कर लिये।

तार के औजार को लेकर अब मोर्स अमेरिका की सरकार के पास पहुँचा। बड़ी दौड़-धूप के बाद सरकार ने बाल्टीमोर से वाशिंगटन तक तार लगाने के लिए तीस हजार डालर की मंजूरी दी। बीच में तो भी बाधाएँ आईं। किन्तु अन्त में 23 मई, 1844 को वाशिंगटन से बाल्टीमोर तक तार की लाइन पूरी हो गई और राजधानी के तार-ऑफिस में बैठकर मोर्स ने अपने सहकारी वेल को बाल्टीमोर तार भेजा—"भगवान की कैसी कृपा है।"

मोर्स ने जो तार की लाइन बनाई, उसमें एक बार में एक ही सन्देशा भेजा जा सकता था। किन्तु, एडिसन ने ऐसी तरकीब निकाल दी कि एक समय में चार सन्देश एक ही लाइन से भेजे जा सकते हैं।

थोड़े ही दिनों में पृथ्वी के कोने-कोने में तार के खम्भे दिखाई पड़ने लगे और पृथ्वी पर अपने प्रयोग को सफल करके मोर्स का ध्यान समुद्र की ओर गया और केबुल के द्वारा तार भेजने का उसने प्रबन्ध किया। 1850 में पहले-पहल इंगलिश चैनेल में केबुल डाला गया और उसके सात साल के बाद ही एटलांटिक समुद्र की पच्चीस सौ मील की दूरी में केबुल गिराकर इंग्लैंड और अमेरिका को तार के सूत्र में बाँध देने की चेष्टा शुरू हुई। किन्तु इस चेष्टा में कितने ही वर्ष लग गए और कितने करोड़ रुपए बर्बाद हो गए। अन्त में 1866 में यह प्रयोग

भी सफल हुआ। अब तो हर समुद्र में तार के केबुल डाले जा चुके हैं, जिनसे देश-विदेश से सन्देश आते-जाते रहते हैं।

टेलीफोन

'टेलीफोन' का आविष्कार 'अलेक्जेंडर ग्राहम वेल' नामक एक नवयुवक ने किया। उसका जन्म स्कॉटलैंड देश के 'एडिनबरा' नामक नगर में 1847 ई. में हुआ था। पहले वह एडिनबरा में ही पढ़ता था, फिर लंदन-विश्वविद्यालय में आकर पढ़ने लगा—जहाँ उसके पिता प्रोफेसर थे। तेईस वर्ष की अवस्था में वह अमेरिका आया। उसके पिता बहरे और गूँगे की शिक्षा में बड़ी दिलचस्पी रखते थे और उनके पढ़ाने-लिखाने के लिए उन्होंने कई तरीके भी निकाले थे। 'ग्राहम' भी पिता के इस कार्य में बड़े प्रेम से भाग लेता था। अमेरिका आकर उसने गूँगों और बहरों को पढ़ाने-लिखाने में बड़ा नाम पाया। यहाँ तक कि बोस्टन विश्वविद्यालय ने इस विषय की शिक्षा देने के लिए उसे अपना प्रोफेसर नियत कर लिया।

कुछ दिनों तक प्रोफेसरी करने के बाद वह वहाँ से हट गया; और अपना एक खास स्कूल खोलकर गूँगे-बहरों को शिक्षा देने लगा। इस शुभ काम से जो समय बचता उसका उपयोग वह विज्ञान के नए-नए आविष्कारों को सोचने में करता। वह गाने-बजाने से प्रेम रखता था। गाने की कल 'ग्रामोफोन' में भी उसने सुधार किया था। तार की कल में भी आवश्यक सुधार की बात वह सोचा करता था। वह चाहता था कि कोई ऐसा उपाय किया जाए, जिससे एक ही तार द्वारा एक ही समय में भिन्न-भिन्न तरह की खबरें एक स्थान से दूसरे स्थान को भेजी जा सकें। इसके अतिरिक्त उसका यह भी विश्वास था कि जब तार द्वारा एक जगह का संकेत दूसरी जगह भेजा जा सकता है, तब मनुष्य की बोली तार द्वारा क्यों नहीं भेजी जाएगी ? किन्तु, चूँकि उस समय वह तार में सुधार करने के विषय में छानबीन कर रहा था, अतः इस ओर वह पूरी तरह ध्यान न दे सका।

किन्तु, बीच में एक ऐसी घटना घटी कि उसको अपनी 'टेलीफोन' वाली बात की सत्यता जँच गई। तार में सुधार करने के लिए अपने साथी 'वाटसन' के साथ वह प्रयोग कर रहा था। दोनों मित्र दो घरों में अलग-अलग रहते थे। उन दोनों घरों में तार का सम्बन्ध लगा दिया था। दोनों इसी तार द्वारा सुधार की परीक्षा करते थे। एक दिन 'वाटसन' जब अपने घर में बैठा तार की कल की देखभाल कर रहा था कि अचानक उसकी 'स्प्रिंग' में गड़बड़ी हो गई और कई बार सुधारने पर भी जब 'स्प्रिंग' दुरुस्त न हुई तब क्रोध में आकर वह उसे हथौड़े से पीटने लगा। इधर 'ग्राहम' अपने घर में बैठा अपनी कल को देख रहा था। उसे मालूम हुआ कि उसकी कल खूब हिल रही है। उसने घबराकर उस कल को अपने कान से लगाया, तब तो स्प्रिंग पर हथौड़े मारने का टन्, टन्, टन् शब्द उसे साफ सुनाई पड़ा। कुछ देर तक तो वह हक्का-बक्का रहा—फिर दौड़कर 'वाटसन' के घर गया। वहाँ देखता क्या है कि वह ताबड़तोड़ मार रहा है। उस समय 'ग्राहम' की खुशी का ठिकाना न रहा ! सोचा—जब हथौड़े की चोट की आवाज तार द्वारा सुनाई पड़ सकती है, तो भला मनुष्य की आवाज क्यों न सुनाई पड़ेगी। बड़े ही उत्साह से उसने 'वाटसन' से अपने मन की बात बतलाई। 'वाटसन' भी बड़ा प्रसन्न हुआ। बस, तार में सुधार की बात छोड़, इस नई कल के बनाने की ओर दोनों मित्र झुके। 'वाटसन' कल-पुर्जे बनाने में बड़ा उस्ताद था—'ग्राहम' के कहने के मुताबिक इस तार की कल में सुधार कर उसने टेलीफोन की कल बना डाली। एक दिन वह अपनी कोठरी में

बैठा उस कल को हाथ में लिये था, कि एकाएक उसमें से एक आवाज सुन पड़ी—"मिस्टर वाटसन ! इधर आओ, एक जरूरी काम है।"

यह ग्राहम की बोली थी। संसार में पहले-पहल टेलीफोन में वही शब्द कहा गया। दोनों मित्रों के आनन्द का ठिकाना न रहा। 'ग्राहम' दौड़ा हुआ अमेरिका के पेटेंट-ऑफिस में आया और अपनी इस नई कल (टेलीफोन) की रजिस्ट्री कराने की दरखास्त दी। आश्चर्य की बात तो यह है कि पेटेंट-ऑफिस में उसके दरखास्त देने के कुछ ही मिनट बाद 'ग्रे' नामक एक और आदमी वहाँ आया और उसने भी दरखास्त दी। मैंने टेलीफोन का आविष्कार किया है। किन्तु चूँकि 'ग्राहम' की दरखास्त पहले पहुँच चुकी थी, इसलिए 'ग्रे' की दरखास्त नामंजूर की गई। संसार ने 'ग्राहम वेल' को ही टेलीफोन का प्रथम आविष्कर्ता माना।

किन्तु झमेला यहीं खत्म नहीं हुआ। इनकी व्यावहारिक उपयोगिता के बारे में लोगों को पूरा सन्देह था। अमेरिका की एक प्रदर्शनी के मौके पर वेल अपने औजार लेकर गया कि लोगों को इसकी उपयोगिता समझाऊँ। किन्तु, इसके लिए जिन्हें निर्णायक बनाया गया था, वे लोग उसके औजार को जाँचने को भी तैयार नहीं थे—"क्या हुआ यदि तार से आदमी की बोली भी भेजी जा सके।" संयोग से उसी समय ब्राजील का नवयुवक राजा पहुँचा। उसने वेल को उसके गूँगे-बहरे स्कूल में देखा था। वेल का अभिवादन कर वह उसके औजार को देखने लगा और जब टेलीफोन द्वारा बातचीत शुरू की गई तो वह आश्चर्य से उछल पड़ा—"अरे, यह बोलता है ?" फिर तो निर्णायकों ने भी परीक्षा की और बताया—"इससे अधिक आश्चर्यजनक चीज अमेरिका भर में नहीं है।"

धीरे-धीरे अमेरिका का ध्यान वेल के इस आविष्कार की ओर गया। सबसे पहले 1877 में टेलीफोन द्वारा एक बिजली कम्पनी और उसके मालिक के घर से सम्बन्ध जोड़ा गया। थोड़े ही दिनों में टेलीफोन के लिए ऐसी रुचि बढ़ी कि, उसके विकास के लिए एक कम्पनी खड़ी की गई। उसकी एजेंसी के लिए कम्पनी के दफ्तर के सामने लोगों की भीड़ लगी रहती थी।

प्रारम्भ का टेलीफोन बहुत ही भद्दा और असुविधाजनक था। टेलीफोन के दफ्तर में प्रायः लिखा रहता—"कान से मत बोलिए और मुँह से मत सुनिए।" जिन्हें बातें करनी होतीं, वे टेलीफोन-ऑफिस में जाते और वहीं से बातें करते। लोग जोर-जोर से बोलते। टेलीफोन ऑफिस उनके शब्दों के कारण पागलखाना ऐसा मालूम होता। एक-एक बात में कितने मिनट लग जाते। छोटे-छोटे बच्चे आपरेटर का काम करते। वे बेचारे परेशान-परेशान रहते।

एडिसन ने टेलीफोन के रिसीवर में ऐसा सुधार कर दिया कि उससे आसानी से बातें की जा सकें। कार्टी नामक एक इंजीनियर ने टेलीफोन की लाइन ले जाने, उसके केन्द्रीय कार्यालय द्वारा संचालन और वितरण आदि के क्षेत्र में कमाल कर दिखाया। 25 जनवरी, 1915 को बूढ़े वेल ने अपने इस आविष्कार के द्वारा एक महासमुद्र के एक छोर पर बैठकर उसके दूसरे छोर के एक सज्जन से, 3400 मील की दूरी जिनके बीच में थी, दिल खोलकर बातें कीं। इसको कमाल कहते हैं। अब तो संसार का शायद ही कोई हिस्सा हो, जहाँ टेलीफोन से सम्बन्ध नहीं लगाया गया हो।

ग्रामोफोन

आज से लगभग तीन हजार वर्ष पहले की बात है। चीन देश का एक सूबेदार राजधानी से लगभग 2000 कोस की दूरी पर रहता था। एक समय उसको चीन-नरेश के पास एक आवश्यक

समाचार भेजने की आवश्यकता हुई। वह समाचार बहुत ही आवश्यक और गुप्त था। उसके खुल जाने से राज्य को भारी हानि होने का भय था। इसलिए किसी दूत के द्वारा कहलाना या चिट्ठी लिखकर भेजना उचित नहीं था। कई कारणों से वह अपने सूबे से हटकर राजधानी को जा भी नहीं सकता था। अन्त में उसने बहुत सोच-विचार करके अत्यन्त परिश्रम और बुद्धिमानी से एक संदूकचा तैयार किया। उसमें अपना सन्देश कहकर उसका ढक्कन अच्छी तरह बन्द कर दिया और राजा के पास भेज दिया।

राजा ने ज्यों ही उस बक्स को खोला, सूबेदार की सभी बातें सुनाई पड़ने लगीं। इतना ही नहीं, वह आवाज भी ठीक-ठीक सूबेदार की आवाज से मिलती-जुलती थी।

यही 'ग्रामोफोन' के जन्म की आदिकथा कही जा सकती है।

चीन देश में इस प्रकार समाचार भेजने की रीति खूब प्रचलित हुई। लड़ाई के समय, शत्रुओं पर भेद खुल जाने के डर से गुप्त समाचार अधिकतर इसी प्रकार भेजे जाते थे। वहाँ की दो हजार वर्ष पहले की पुस्तकों में इस प्रकार समाचार भेजने की चर्चा पाई जाती है। यहाँ तक कि बक्स के बदले ताँबे की छड़ में भी शब्द भरकर भेजे जाते थे।

इस प्रकार शब्दों को बाँधकर एक जगह बन्द रखने की कला पुराने मिस्र देश में भी पाई जाती थी। वहाँ की सुप्रसिद्ध मेमन नामक कब्र से नाना प्रकार के गीत आप-ही-आप सुन पड़ते थे। कहते हैं, फारसी-निवासी गर्गा पियाडस नामक एक विद्वान ने भी 'बोलनेवाली कल' का आविष्कार किया था।

यूरोप में भी प्राचीन काल से ही ग्रामोफोन या बोलनेवाली कल के बनाने के प्रयत्न हो रहे थे। 1264 ई. में राजर बेकन नामक एक आदमी ने लोहे की एक मूर्ति बनाई थी। उसमें कुछ ऐसे पुर्जे लगे थे कि वह मूर्ति बोलती थी और उसकी आवाज साफ-साफ सुनी जाती थी।

इटली देश के पोल्य नामक एक सुप्रसिद्ध मनुष्य ने 1580 ई. में एक नल में शब्द को बन्द कर रखा था। चाहे जब वह लोगों को नल द्वारा शब्द सुनाकर आश्चर्य में डाल देता था। इसी प्रकार 1682 ई. में एक ग्रैंडर नामक जर्मनी-निवासी आँख के डॉक्टर ने काँच की बोतल में शब्द को बन्द कर रखा था। वह जब-तब उस बोतल की आवाज सुनाकर लोगों को चकित कर देता था।

सुप्रसिद्ध गणितज्ञ लिओनाड ह्वीलर ने भी सन् 1761 में एक बोलनेवाली कल बनाने के कुछ उपाय सोचे थे। उन्होंने समाचारपत्रों में अपने सोचे हुए उपाय छपवा दिए। इसी रीति के अनुसार 1797 ई. में पीटर्सबर्ग की एक विज्ञान-सभा एक प्रकार की 'बोलने की कल' बनाने में सफल हो सकी थी।

1859 ई. में कोनिंग नामक एक जर्मन ने भी स्कॉट नामक एक अंग्रेज की सहायता से फोनो-ओटोग्राफ नामक एक कल बनाई थी। यह कल तब तक की बनी सभी कल से अच्छी निकली। आजकल का ग्रामोफोन इसी कल का सुधारा और सँवारा हुआ रूप है—ऐसा कहा जा सकता है।

यद्यपि बहुत पुराने जमाने से ग्रामोफोन बनाने के यत्न होते आ रहे थे और इस विषय में क्रमशः बहुत कुछ सफलता भी मिलती आ रही थी, तथापि, ग्रामोफ़ोन का आविष्कर्ता होने का सारा श्रेय अमेरिका-निवासी एडिसन साहब को ही दिया जाता है। उन्होंने ही ग्रामोफोन को उसके आजकल के रूप में तैयार किया है। इसकी कथा भी बड़ी विचित्र है।

1876 ई. में एडिसन साहब टेलीफोन में कुछ आवश्यक सुधार करने के प्रयत्न में थे। शब्दों के अधिक कम्पन दूर करने के लिए टेलीफोन के किसी पतले आवरणयुक्त भाग में एक सुई घुसाकर वह उसे अँगुली से दबाए हुए थे। अकस्मात सुई उनकी अँगुली में घुस गई। लहू

की दो-चार बूँदें टपक पड़ीं। उसी समय उन्होंने सुई के अगले भाग की ओर से एक प्रकार का शब्द निकलते हुए सुना। सुनकर वह समझ गए कि ग्रामोफोन बनाने में अब अवश्य सफलता मिलेगी। फिर तो थोड़े ही दिनों बाद उन्होंने इसे बनाकर संसार को चकित ही कर दिया।

एडिसन साहब को अपने जीवन-काल में ही अपनी कीर्तिलता को फूला-फला और संसार भर में फैला हुआ देखकर कैसा आनन्द हुआ होगा ?

एडिसन साहब के आविष्कार के बाद टेलीफोन के आविष्कर्ता अलेक्जेंडर-ग्राहम पोल ने अपने दो सहकारियों के साथ 1891 ई. में इस काम के लिए कम्पनी खड़ी की और आजकल के ढंग का ग्रामोफोन बनाकर संसार के बाजार में चलाया।

अमेरिका-निवासी एमिल-बालिनर ने सूस नामक एक मिस्त्री की सहायता से, नली या चूड़ीवाले ग्रामोफोन के बदले चक्कावाला ग्रामोफोन बनवाया।

उसी ने इसके तवे में भी बहुत-कुछ सुधार किया। इस 'बोलनेवाली कल' का नाम भी ग्रामोफोन रखा। 'हिज़ मास्टर्स वॉयस' नामक कुत्ते की छापवाला ग्रामोफोन उसी का बनाया हुआ है।

ग्रामोफोन में पहले अधिक कल-काँटे नहीं थे। 'रेकॉर्ड' बजाने के समय हाथ से ही घुमाना पड़ता था। बाद में घड़ी के समान उसमें कल-पुर्जे लगाए गए, जिससे वह अब खुद घूमता है। पर अब तो बिजली के बल पर भी ग्रामोफोन के तवे घुमाए जाते हैं।

इसी तरह और भी सुधार हुए। पहले रेकॉर्ड बजाने के समय कुछ भद्दे शब्द सुन पड़ते थे। जोन्स नामक एक अमेरिकन ने बहुत छानबीन के बाद उस ऐब को भी दूर कर दिया।

फिर, रेकॉर्ड के गीत सुनने के लिए पहले रबड़ की एक नली कान में लगानी पड़ती थी। जिसके पास वह नली होती थी, वही शब्द सुन सकता था। तब इस ऐब को दूर करने के लिए ग्रामोफोन में भोंपू बनाया गया। किन्तु, अब तो बिना भोंपू के भी ग्रामोफोन के शब्द सुन पड़ते हैं। सच पूछो तो ऐसे ग्रामोफोन में बक्स के भीतर ही भोंपू छिपा रहता है।

हंगरी राज्य में मीकीफोन नामक एक तरह का ग्रामोफोन चला है। वह देखने में एक छोटी-सी घड़ी के बराबर है। घड़ी के समान ही उसमें भी चाबी देनी पड़ती है। शीशे के एक गिलास पर उसे रखकर चाभी दे दो, बस, बारह तवे तक गीत सुनते जाओ। आवाज भी साफ, मीठी और ऊँची होती है—घर भर के लोग सुन सकते हैं।

इतना ही क्यों, फोटोफोन नाम की एक प्रकार की दूसरी कल भी बनी है; उसमें गानेवाले की तस्वीर भी दीख पड़ती है। और, अब तो ग्रामोफोन में गाने के साथ-साथ ऐसा प्रबन्ध हो रहा है कि गानेवाला अगर नचनिया भी है, तो बाजे पर उसकी मूर्ति नाचती हुई दीख पड़ेगी।

सिनेमा

देख तमाशा देख—राजा रानी देख—आल्हा ऊदल देख—देख तमाशा देख—एक मन की रानी देखो, नौ मन की दुलाक देखो, हावड़े का पुल देखो—ताज बीबी का रौजा देखो···

एक सन्दूकचा लिए आज भी देहातों में कुछ कंजड़ घूमते दिखाई देते हैं, जिन्हें देखते ही बच्चों की भीड़ लग जाती है। सन्दूकचे की ओर एक छेद होता है जिसमें शीशा लगा होता है। उसी शीशे से मुँह सटाकर बच्चे देखते हैं और उसकी बगल में बने छेद से तरह-तरह की तस्वीरों को दिखाते और हटाते हुए कंजड़ अपनी झोली को पैसों से भरकर चल देता है।

ऐसे सन्दूकचे दिखानेवाले कंजड़ यूरोप और अमेरिका में भी घूमा करते थे। हम सन्दूकचे को देखते रह गए और उन लोगों ने इसे ही देखकर सिनेमा ऐसी चीज बना डाली।

सबसे पहले रोजेट नामक व्यक्ति ने 1824 में यह प्रकाशित किया कि चलती-फिरती चीजों की भी तस्वीर लोगों के सामने रखी जा सकती है। इंग्लैंड के वैज्ञानिकों का ध्यान इस ओर गया और उन्होंने इस सम्बन्ध में प्रयोग करना शुरू किया। इस सम्बन्ध में यूरोप के दूसरे देशों में भी कुछ काम शुरू हुआ। किन्तु 1860 में सेरल नामक एक अमेरिकन ने बहुत कुछ कमाल कर दिखाया। अपने बच्चों की तस्वीर उसने अलग-अलग काम करते हुए खींची और फिर उन तस्वीरों को एक सन्दूकचे में रखकर इस तरह नचा दिया कि लोगों को मालूम हुआ कि बच्चे काम अभी-अभी कर रहे हैं। लेकिन तब तक फोटो लेने की कला का विकास नहीं हुआ था। बहुत देर तक अक्स लेने पर तस्वीर आती थी, इसलिए इस सम्बन्ध में ज्यादा उन्नति नहीं हो पाई।

1872 में केलिफोर्निया में मोब्रिज नामक एक वैज्ञानिक ने इस सम्बन्ध की जो चित्रावली तैयार की उसे पहला चलचित्र कहा जा सकता है। दौड़ते हुए घोड़ों के चित्र उसने लिये। तब तक फोटोग्राफ में भी काफी उन्नति हो चुकी थी। 12000 सेकेंड में ही एक तस्वीर उस समय खींची जा सकती थी। घुड़दौड़ की यह तस्वीर जब फ्रांस में दिखाई गई, तो वहाँ के वैज्ञानिकों ने मोब्रिज को फ्रांस बुलवाया और इस सम्बन्ध में काफी उन्नति की गई।

लेकिन सिनेमा को आज का रूप देने का श्रेय एडिसन को है, जो अपने समय में जादूगर समझा जाता था। कुछ लोग उसे संसार का सबसे बड़ा वैज्ञानिक अब तक मानते हैं। ग्रामोफोन बनाने के बाद उसका ध्यान मोब्रिज के इस चलचित्र की ओर गया और उसने तरह-तरह के चलचित्र के प्रयोग शुरू किए। दो सालों के घोर परिश्रम के बाद उसने 1889 में पचास फीट की एक रील तैयार करके संसार को चकित कर दिया। सिललाइड पर चलती-फिरती चीजों की तस्वीर खींचकर उसने लोगों को दिखाया जिसमें चीजें हू-बहू चलती-फिरती हुई मालूम पड़ती थीं।

सिनेमा की इस मशीन को एडिसन ने अमेरिका में टेस्ट करा लिया था। इसलिए इस सम्बन्ध में अमेरिका के दूसरे वैज्ञानिकों के प्रयोग कुछ दिनों के लिए रुक गए। लेकिन यूरोप में ये मशीनें मँगाई गईं और उन पर तरह-तरह की खोज-ढूँढ़ जारी रही। अब तक ये तस्वीरें सन्दूकचे में ही बन्द थीं और लोग छेद से देखते थे। एडिसन का कहना था कि तस्वीरें बाहर दिखाई जाएँगी तो फिर नवीनता न रहेगी और लोग इस पर आकृष्ट न होंगे। लेकिन फ्रांस के वैज्ञानिक लुमी ने 1895 में पहले-पहल चलती-फिरती इन तस्वीरों को परदे पर दिखाकर संसार को अचरज में डाल दिया।

सिनेमा की रीलों की लम्बाई भी धीरे-धीरे बढ़ती गई। जहाँ एडिसन ने पचास फीट से शुरू किया था, वहाँ अब एक हजार फीट की रील तैयार होने लगी। उसने फोटो लेने की क्रिया में भी उन्नति की। हल्के-फुल्के कैमरे बनाए गए जो आसानी से बाहर ले जाए जाएँ और उनसे बाहर की दुनिया के दृश्यों को तस्वीरों में खींच लिया जाए। लुमी ने तो इसे व्यापार का रूप दे दिया और उसकी खींची हुई तस्वीरें सभ्य संसार में जहाँ-तहाँ दिखाई जाने लगीं। काफी पैसे मिलने लगे।

लेकिन दो बातों ने सिनेमा की उन्नति को दस वर्षों के लिए रोक दिया। पेरिस में भयानक आग लगी। अतः उसके प्रदर्शन पर प्रतिबन्ध लगा दिया गया। फिर एडिसन ने पेटेंट को लेकर झगड़ा शुरू किया—सिनेमा का आविष्कारक मैं हूँ, इसलिए दूसरे लोग इससे नाजायज फायदा क्यों उठाएँ ?

एडिसन के ही एक कर्मवीर ने, यह देखकर कि सिर्फ दृश्यों या घटनाओं को देखने से लोग ऊब रहे हैं, 1903 में, पहले-पहल एक पूरी कथा की चित्रावली तैयार की। उसका नाम था—'लाइफ ऑफ अमेरिकन फायर मैन।' जब इस तस्वीर पर लोग टूट पड़े, तब उसने उत्साहित होकर एक दूसरी तस्वीर तैयार की—'दी ग्रेट ट्रेन रौवरी।' ट्रेन-डकैती की इस सनसनीपूर्ण कहानी को चित्र में देखकर तो लोगों के आश्चर्य और आनन्द की सीमा नहीं रही। उस फिल्म ने सिनेमा के आधुनिक रूप के लिए दरवाजा खोल दिया।

1901 में ग्रिफिथ नामक एक नौजवान अमेरिकन ने सिनेमा की कला में पहले-पहल 'क्लोज-अप' 'कट-बैक' 'शेट आउट' और 'डेजोल्वे' की टेकनिक का प्रयोग किया और अब तक की प्रथा तोड़कर सोलह दृश्योंवाला सोल्ह हजार फीट की 'वेनहुर' नामक तस्वीर संसार के सामने रखी।

धीरे-धीरे तस्वीर खींचने की कला ज्यों-ज्यों तरक्क़ी करती गई, तस्वीर में भाग लेने के लिए नट और नटनियों की ओर ध्यान जाने लगा। अच्छे-अच्छे अभिनेताओं को अब सिनेमा की तस्वीर के लिए निमन्त्रण मिलने लगा। सारावनहार्ट को जब 1912 में रानी एलिजाबेथ के रूप में लोगों ने चित्रपट पर देखा तो धूम मच गई, और अब नट-नटनियों के लिए चलचित्र एक बहुत बड़ा पेशा हो गया।

1914 की लड़ाई ने सिनेमा की प्रगति को कुछ दिनों तक रोक दिया। लेकिन यह रुकावट भयानक उभार की भूमिका सिद्ध हुई। तस्वीरों में तरक्की पर तरक्की होने लगी। सभी देशों में इसको बनाने और वितरण करने की कम्पनियाँ खुलने लगीं।

एडिसन ने ही आवाज को पकड़ने के लिए ग्रामोफोन का आविष्कार किया था। अब लोग सोचने लगे—क्या इन चित्रों को ग्रामोफोन से सम्बद्ध करके बोली नहीं दी जा सकती है ? जहाँ चाह वहाँ राह ! 1926 में पहले-पहल बोलनेवाली चित्रावली आई और चारों ओर 'टौकी' की धूम मच गई। आवाजवाली पहली तस्वीर वारनर-बन्धुओं द्वारा प्रस्तुत की गई थीं और उसका नाम था 'डोनजुआन'।

उसके बाद ही रंगीन तस्वीर आई। कलाकारों के लिए सिनेमा एक बहुत बड़ा क्षेत्र बन गया। अमेरिका 'हालीवुड' के नाम से उनकी एक रंगीन बस्ती ही बस गई है।

बे-तार का तार

यों तो हम लोग दिन-रात बे-तार के तार का प्रयोग करते हैं !

जब हम कोई शब्द बोलते हैं, वह दूर पर खड़े हमारे दोस्त के कानों में पड़ता है। हमारे और हमारे दोस्त के बीच में कोई तार तो नहीं होता ! फिर यह शब्द किस तरह उसके कानों में पहुँच जाता है। क्या हमारे और उसके बीच कोई बे-तार का तार है ?

वैज्ञानिकों ने पता लगाया कि हाँ, बीच में एक ऐसा पदार्थ है, जो हमारे शब्दों को ढोकर मित्र तक पहुँचा देता है। वह पदार्थ है ईथर। वायुमंडल ईथर से भरा हुआ है। जब हम किसी तालाब में ढेला फेंकते हैं, तब पानी में तरंगें उठती और वह तालाब के एक छोर से दूसरे छोर तक पहुँच जाती हैं। उसी तरह जब हम कुछ बोलते हैं, तब ईथर में एक तरंग पैदा होती है और वही तरंग मित्र के कानों तक हमारे शब्दों को पहुँचा देती है। जिस प्रकार पानी की तरंग धीरे-धीरे कम होने लगती है, वही हाल ईथर की तरंग का भी है। यही कारण है कि ज्यादा दूर होने पर हमारा मित्र हमारी पुकार नहीं सुन पाता है।

ईथर के बारे में अध्ययन करते समय हर्ट्ज़ नामक एक जर्मन वैज्ञानिक ने पता लगाया कि ईथर में बिजली की तरंगें दौड़ा करती हैं। और उन तरंगों की गति उतनी द्रुत है जितनी प्रकाश की। यदि किसी उपाय से उन विद्युत्-तरंगों का सम्बन्ध शब्द से करा दिया जाए, तो वे हमारे शब्दों को पलक लगते ही दूर-दूर देशों तक पहुँचा दिया करें। यही नहीं, उसने यहाँ तक पता लगाया कि विद्युत्-तरंगों द्वारा भेजे जानेवाले शब्दों को पकड़ा भी जा सकता है।

हर्ट्ज़ के इस आविष्कार के बाद बहुत-से वैज्ञानिक इसका प्रयोग करने लगे कि बिना तार के भी सन्देश भेजे जा सकते हैं या नहीं। हमारे देश के परम प्रसिद्ध वैज्ञानिक श्री जगदीशचन्द्र बसु ने भी इस सम्बन्ध में काम किया था। कहा जाता है, उन्हें इस सम्बन्ध में काफी सफलता प्राप्त हो चुकी थी, किन्तु बे-तार के तार का आविष्कर्त्ता होने का सौभाग्य तो प्राप्त करना था इटली के एक नौजवान को।

इस नौजवान का नाम मार्कोनी था। इटली के एक मामूली गाँव में उसका जन्म हुआ था। उसकी माँ आयरलैंड की थी, इसलिए मार्कोनी ने अपनी भाषा इटालियन के अतिरिक्त अंग्रेजी भी बहुत अच्छी सीख ली थी। अंग्रेजी के इस ज्ञान ने बाद में उसकी पूरी मदद की।

मार्कोनी का मस्तिष्क बचपन से ही वैज्ञानिक था। इस समय बिजली, तार, टेलीफोन आदि की धूम थी और तरह-तरह के प्रयोग हो रहे थे। हर चुना नौजवान इनके सम्बन्ध में कुछ-न-कुछ कर दिखाना चाहता था। मार्कोनी ने भी सोचा कि वह कुछ करके रहेगा। उसने हर्ट्ज़ के आविष्कारों का अध्ययन किया और उसे मूर्त रूप देने के लिए तरह-तरह के प्रयोग करने लगा। अपने बाप के बगीचे के दो छोर पर उसने दो प्रयोगशालाएँ खोलीं और उन दोनों के बीच बिना तार के तार भेजने का प्रबन्ध करने लगा। इस क्रिया में सन्देश भेजने और उसे ग्रहण करने के औजारों की ही प्रमुखता थी। इधर विद्युत्-तरंगों को पकड़ने की योग्यता ।केन पदार्थों में है, उनकी खोज-ढूँढ़ की। फिर उसने पाया कि सन्देश भेजने का आधार जितना ही ऊँचा होता है, उतनी ही अधिक गति से अधिक-से-अधिक दूरी तक सन्देश भेजा जा सकता है। लोगों को आश्चर्य होता, जब बागीचे में लम्बे-लम्बे खम्भे खड़े कर दिन भर यहाँ से वहाँ दौड़ा फिरता और प्रयोगशाला में खट-खट खुट-खुट किया करता। दिन-रात के चौबीस घंटों में अठारह घंटों तक यह लगातार काम किया करता।

आखिर उसे मालूम हो गया कि उसे सफलता मिलेगी। किन्तु वह जानता था कि उसका देश पिछड़ा हुआ है, अतः वहाँ उसके इस आविष्कार की कोई कद्र नहीं हो सकेगी। फलतः वह इंग्लैंड आया और यहाँ आकर वह इंग्लैंड के जनरल पोस्ट आफिस के चीफ इंजीनियर से मिला। बड़े पदों पर पहुँचे हुए लोग नौजवानों को कल्पनाशील और प्रमादी समझकर प्रायः अवहेलना करते हैं। किन्तु, सर विलियम ग्रीस ऐसे लोगों में नहीं थे। इधर आँधियों के कारण तार की लाइन बार-बार खराब हो जाया करती थी, इसलिए वह भी बे-तार के तार की दिशा में कुछ सोच रहे थे। उनके सामने जनरल पोस्ट आफिस में मार्कोनी ने अपने औजारों का प्रदर्शन किया और बे-तार के तार द्वारा एक सौ गज तक वह सन्देश भेज सका। सर विलियम उसके इस आविष्कार से पूर्णतः सन्तुष्ट हुए और उनकी मदद से वह प्रयोग पर प्रयोग करने लगा।

मार्कोनी की सफलता का स्वर्ण वर्ष है 1902 ई.। वह कार्नबाल के पोल्डु नामक स्थान पर सन्देश भेजने के लिए खम्भे खड़े कर और अपने एक सहकारी को सन्देश भेजने का औजार देकर वह स्वयं न्यूफाउंडलैंड के टापू में गया और वहाँ भी खम्भे खड़े कर तार द्वारा उसका सम्बन्ध अपने कानों से लगाकर वह उत्सुकता से प्रतीक्षा करने लगा। उसने सहकारी को कह रखा था कि तुम सिर्फ तीन बार टिक-टिक-टिक कर देना। यदि इतना संक्षिप्त सन्देश मिल

गया, तो फिर क्या कहना ? बड़े गम्भीर चेहरे से वह प्रतीक्षा कर रहा था कि अचानक उसके कानों में टिक-टिक-टिक की आवाज हुई। उसका चेहरा खिल उठा। अपनी सफलता के आनन्द में वह बहुत देर तक विभोर रहा।

मार्कोनी की इस सफलता का समाचार संसार के कोने-कोने में फैल गया। इटली के एक गाँव का लड़का अब संसार का महानतम व्यक्ति बन गया। चारों ओर से बधाइयाँ आने लगीं। बहुत-सी कम्पनियाँ अब उसके चरणों पर लाखों रुपए रखने को तैयार थीं। थोड़े ही दिनों में संसार के कोने-कोने में बे-तार के गगनचुम्बी खम्भे गड़ गए।

पहले बे-तार के तार से जो संवाद भेजे जाते, वे मोर्स के तार के टिक-टिक के आधार पर ही। मार्कोनी ने इस ओर अब ध्यान दिया और दस साल के परिश्रम के बाद ऐसे औजार बना दिए कि वेल के टेलीफोन की तरह अब सीधे शब्द भेजे जा सकें।

सिर्फ यही नहीं, मार्कोनी ने यह भी पता लगाया कि तरंगों के दो भेद हैं—मध्य तरंग और छोटी तरंग—मीडियम वेव और शार्ट वेव। दूर तक सन्देश भेजने के लिए छोटी तरंग ही उपयुक्त है। और उसने इस आश्चर्यजनक बात का पता पा लिया कि छोटी तरंग दिन में पश्चिम की ओर और रात में पूरब की ओर जाती है।

बहुत लोगों का कहना है कि यह युग मार्कोनी का युग है। भाप और बिजली के आविष्कारों ने जिस तरह मानव को प्रकृति पर विजय करने की अमोघ शक्ति दी, उसी प्रकार बे-तार के तार के इस आविष्कर्ता ने मानव की सुरक्षा और सुख में अपार वृद्धि कर दी है। अब दूसरी तो कोई चीज नहीं रह गई। इस आविष्कार के चलते सामुद्रिक दुर्घटना की सम्भावना जाती रही। अब हर जहाज पर बे-तार के तार का सेट रखा जाता है और ज्योंही किसी बात की आशंका हुई, तुरन्त बाहर खबर करके सहायता प्राप्त कर ली जाती है। इसी आविष्कार के कारण रेडियो सम्भव हो सका है, जो घर-घर में ज्ञान और मनोरंजन पहुँचा दिया करता है।

रेडियो

बे-तार के तार से बहुत दिनों तक सिर्फ कुशल-पत्र या दूसरे सन्देश भेजे जाते रहे। जिसे कोई समाचार जल्दी भेजना होता, वह बे-तार के तार के स्टेशन पर जाकर दे देता। वह उस समाचार को अपने दूसरे स्टेशन पर भेज देता, जहाँ से तार की तरह लिखकर पानेवाले आदमी के पास भेज दिया जाता। इसे 'रेडियोग्राम' कहते हैं।

धीरे-धीरे लोगों का ध्यान इसके मनोरंजन-पक्ष की ओर गया। क्या ऐसा नहीं किया जा सकता कि किसी बड़े रेडियो-स्टेशन से तरह-तरह के समाचार और संगीत प्रसारित किए जाएँ और हर चाहनेवाला आदमी अपने-अपने घरों में ही सुन सके ?

इसके लिए दो बातों की जरूरत हुई—(1) ऐसे स्टेशन जहाँ से समाचार और संगीत प्रसारित किए जाएँ। (2) ऐसा हल्का रेडियो का बनाना जो हर घर में कम कीमत पर रखा जा सके।

वैज्ञानिकों और व्यापारियों ने इस ओर चेष्टाएँ शुरू कीं। 1916 ई. में एक अमेरिकन वैज्ञानिक ने इसमें अधिक सफलता प्राप्त की। उसने ऐसे औजार बनाए जिनके द्वारा संगीत भेजे और प्राप्त किए जा सकते थे। लेकिन इसके विकास में पाँच-छह साल और लग गए। 1921 में इसके लिए एक कम्पनी खड़ी की गई। इस कम्पनी ने अपना एक ऐसा स्टेशन बनाया, जहाँ से समाचार और संगीत प्रसारित किया जा सके और जनता के हाथ ऐसी पेटियाँ बाँटीं,

जिनसे समाचार और संगीत सुने जा सकें।

शुरू में ये पेटियाँ उसी तरह आवाज नहीं सुनाती थीं, जिस तरह आज सुनाती हैं। इन पेटियों में टेलीफोन की तरह एक हैंडिल लगी रहती थी। उस हैंडिल को कान से लगाकर लोग समाचार और संगीत सुनते थे। एक बार में एक ही आदमी पेटी से समाचार या संगीत सुन सकता था।

फिर हैंडिल की जगह पर लाउडस्पीकर लगाकर इन पेटियों को सबके सुनने लायक बना दिया गया।

यों ही शुरू में कुछ निश्चित दूरी तक ही समाचार या संगीत प्रसारित किए जा सकते थे। बहुत दिनों तक 300 से 400 मीटर तक ही ध्वनि प्रसारित की जाती रही। आज जिसे 'मीडियम वेव' कहते हैं, रेडियो उन्हीं पर काम करता था। लेकिन धीरे-धीरे 'शॉर्ट वेव' का पता लगा और 15 से 60 मीटर तक काम होने लगा। शॉर्ट वेव कहने को तो छोटी तरंग है, लेकिन इसी पर दुनिया के कोने-कोने से संगीत या समाचार पकड़ सकते हैं।

रेडियो के समाचार और संगीत जहाँ से प्रसारित किए जाते हैं, उसे रेडियो-स्टेशन कहते हैं। इस रेडियो-स्टेशन में कई विभाग होते हैं। सबसे प्रमुख तो 'स्टुडियो' है जहाँ से संगीत, समाचार और भाषण प्रसारित किए जाते हैं। एक छोटे-से काँच से घिरे कमरे से यह घोषणा की जाती है कि अमुक गायक, वक्ता या पाठक, संगीत, भाषण या समाचार सुना रहे हैं। फिर ये लोग माइक्रोफोन के सामने खड़े होकर या बैठकर गाते या भाषण देते हैं। माइक्रोफोन में इन्होंने जो कुछ कहा, वह वहाँ से कन्ट्रोल रूम में चला जाता है। कन्ट्रोल रूम आवाज को बढ़ा देता है। साधारणतः जिस आवाज में लोग बोलते हैं, उसे दो से तीन हजार गुणा अधिक कर दिया जाता है। जरा कल्पना कीजिए कि कभी आपको कन्ट्रोल रूम से ही सीधे आवाज सुननी पड़े—अपनी ध्वनि को कई हजार गुना बढ़ी हुई सुनकर आप स्वयं भय-विमुग्ध हो जाएँगे और कान की झिल्ली फटेगी, वह अलग।

हर रेडियो-स्टेशन से कुछ दूर पर एक ऊँचा स्तूप-सा बना होता है जिसे ट्रांसमीटर कहते हैं। कन्ट्रोल रूम से आवाज ट्रांसमीटर के पास भेज दी जाती है, जहाँ से वह उसे ईथर के सुपुर्द कर देता है, जिसकी विद्युत्-तरंगें बात की बात में उसे संसार के कोने-कोने में पहुँचा देती हैं। रेडियो-स्टेशन का एक हिस्सा वह भी होता है, जहाँ रेडियो के संचालक, कार्यकर्ता और कलाकार आदि बैठते और कार्यालय में काम करते हैं। स्टुडियो ऐसे बनाए गए होते हैं कि उसमें बाहर का कोई शब्द नहीं पहुँच सके। रेडियो का माइक्रोफोन ऐसा तेज होता है कि छोटी-से-छोटी आवाज को भी पकड़ लेता है। अतः स्टुडियो में वक्ता या कलाकार को बहुत सावधानी से काम लेना होता है।

रेडियो का जो सेट श्रोताओं के घर में होता है, वह भी बड़ा तनुक औजार है। उसमें रेखाएँ खिंची होती हैं जो मीटर का निर्देश करती हैं। हर रेडियो-स्टेशन के अपने-अपने मीटर होते हैं। बड़े-बड़े स्टेशनों के कई मीटर भी होते हैं। रेडियो-सेट की सुई को निश्चित मीटर पर रखकर उस स्टेशन के कार्यक्रम को सुना जा सकता है।

अब के रेडियो-सेट में हम केवल शब्द ही सुनते हैं। मानो हम ऐसी दुनिया में हैं, जहाँ आँख नहीं है, सिर्फ कान ही है। किन्तु अब टेलिविजन का आविष्कार हुआ है, जिसके सेट में वक्ता और कलाकार के चित्र भी देखे जा सकते हैं।

रेडियम

एक दिन एक कंजड़ बुढ़िया ने एक नन्हीं बच्ची का हाथ देखा और कहा—बेटी, तू संसार में नाम करेगी।

छह साल की छोटी-सी बच्ची और नाम ! उसने या किसी ने क्या सोचा कि बुढ़िया की बात सच होकर रहेगी।

यह बच्ची तरेसठ साल की उम्र में मरी। मरने के पहले दो बार इसे नोबेल पुरस्कार प्राप्त हुआ। आज तक यह पुरस्कार दोबारा पाने का सौभाग्य किसी को नहीं हुआ है। लगभग सवा लाख रुपए का यह पुरस्कार संसार के सभी पुरस्कारों में बड़ा है।

यह बच्ची श्रीमती कुरी के नाम से संसार में प्रसिद्ध हुई। पोलैंड में इसका जन्म हुआ था। जब वह बच्ची थी, पोलैंड पर जारशाही रूस का राज्य था। जार के अत्याचारों के खिलाफ पोलैंड के नौजवानों ने एक गुप्त दल संगठित कर रखा था। जब यह पढ़ती थी तभी इस क्रान्तिकारी दल में शामिल हुई। पीछे जब पता चला कि पुलिस गिरफ्तार करने की धुन में है, तब भागकर वह फ्रांस में पहुँची।

पेरिस में यह लड़की, जिसका नाम मेरिया था, एक सँकरा-सा मकान लेकर रहती; खुद कालेज में पढ़ती और पढ़ाती भी। घर के सारे काम उसे अपने हाथों करने पड़ते। रूखा-सूखा खाती, इतने दिनों तक ऐसे भोजन पर वह रही कि जब अच्छे दिन आए तो वह उन दिनों की याद करके उसाँसें भरती—उफ, मांस-मछली क्या चीज है, मैं बिलकुल भूल गई थी।

पेरिस में एक प्रोफेसर से मेरिया की जान-पहचान हुई। मेरिया को जिस तरह विज्ञान का शौक था, इस प्रोफेसर को भी उससे कम नहीं था। दोनों एक साथ तरह-तरह के वैज्ञानिक अनुसन्धानों में लगे रहते। एक दिन प्रोफेसर ने मेरिया से कहा—क्यों न हम दोनों विज्ञान और मानवता के कल्याण के लिए परस्पर विवाह कर लें। मेरिया ने स्वीकार कर लिया। अब तो दोनों दो शरीर एक प्राण होकर विज्ञान की सेवा में लगे।

फ्रांस के एक वैज्ञानिक ने एक नई बात का पता लगाया। उसने बताया कि यूरेनियम नामक धातु से ऐसी किरण निकलती है जो कागज को भी छेदकर ऊपर चली जाती है। फोटो लेकर उसने यह सिद्ध कर दिखाया। सबने इस नई किरण का अस्तित्व मान लिया और उसके नाम पर यह किरण 'बेकेरेल-किरण' कहलाई।

श्रीमती कुरी और उसके पति का ध्यान इस किरण की ओर गया और दोनों ने इस सम्बन्ध में खोज करना शुरू किया। इस खोज के लिए जो सामान चाहिए, कुरी दम्पति के लिए उनका मिलना मुश्किल था। फिर उनका बहुत-सा समय इसी में लग जाता, जिसके कारण रुपए-पैसे की भी तंगी रहती। तो भी दोनों इस काम में लगे रहे।

यह किरण जिस धातु के कारण निकलती है, अन्त में इन्होंने उसका पता लगा ही लिया और उस धातु का नाम रेडियम रखा। रेडियम से तीन तरह की किरणें निकलती हैं जिनमें एक किरण की गति फी सेकेंड 186000 मील है। इस नई धातु के आविष्कार को जब उन्होंने 1900 ई. में पेरिस की रसायन-कांग्रेस में रखा, तब संसार भर में हलचल मच गई। कुरी-दम्पति का नाम विज्ञानाचार्यों में गिना जाने लगा और 1903 ई. में उन्हें रेडियम पर अनुसन्धान करने के लिए नोबेल-पुरस्कार दिया गया। इस पुरस्कार का आधा हिस्सा बेकेरेल को दिया गया, क्योंकि शुरू में उसी ने इस नई किरण का पता लगाया था।

किन्तु कुरी-दम्पति को सिर्फ इतने से सन्तोष नहीं हुआ। वे रेडियम को अन्य धातुओं से विलग कर एकत्र करने की क्रिया में जुट पड़े। पिचब्लेंडी नामक धातु में रेडियम अधिक

पाया जाता है। यह धातु बहुत कीमती है। लेकिन आस्ट्रिया की विज्ञान-परिषद् ने इस धातु का एक टन (लगभग 27½ मन) उन्हें समर्पित किया। इससे अनुसन्धान का काम सरल हो गया। लेकिन दुर्भाग्य की बात कि 1905 में एक दुर्घटना में प्रोफेसर कुरी की मृत्यु हो गई। मेरिया को इससे बहुत दुःख हुआ। कुछ दिनों तक तो सारे काम बन्द रहे; लेकिन फिर वह काम में जुट गई और रेडियम के अनेकानेक चमत्कार दुनिया के सामने रखे; जिससे प्रभावित होकर 1911 में श्रीमती कुरी को फिर से नोबेल-पुरस्कार दिया गया।

रेडियम से बढ़कर प्रकाशमान और शक्तिशाली धातु अभी तक कोई नहीं मिली है और यह मिलती भी बहुत कम है। संसार भर में सिर्फ दो-तीन छटाँक रेडियम मिल पाई है। एक तोला रेडियम निकालने में डेढ़-दो करोड़ रुपए खर्च होते हैं। रेडियम की किरणों में इतनी ताकत होती है कि वे लोहे की मोटी-मोटी चादरों को भी भेदकर ऊपर निकल आती है। रेडियम का उपयोग ज्यादातर कैंसर रोग को अच्छा करने में किया जाता है। किन्तु, रेडियम ने संसार के सामने नई-नई सम्भावनाएँ रखी हैं। इसने सिद्ध कर दिया है कि सारे पदार्थ शक्ति के ही भौतिक रूप हैं और एक धातु को हम दूसरी धातु में बदल सकते हैं—यानी लोहे को सोना बना देना कुछ ही दिनों में आसान हो जाएगा।

श्रीमती कुरी का संसार ने बहुत सम्मान किया। सभी देशों में रेडियम की प्रयोगशालाएँ खुल गई हैं। लन्दन में जब वह पहुँची तो, सभी वैज्ञानिकों ने उनकी अभ्यर्थना की। श्रीमती कुरी को सिर्फ दो लड़कियाँ थीं जिनमें से एक को रेडियम-सम्बन्धी आविष्कारों के लिए नोबेल पुरस्कार 1935 ई. में मिला।

परमाणु-शक्ति

अंडे के बराबर का एक छोटा-सा बम जापान के हिरोशिमा शहर पर फेंक दिया गया। पलक लगते ही सारा शहर वीरान हो गया। अस्सी हजार आदमी मरे। बस, इस एक बम ने जापान को घुटने टेक देने के लिए मजबूर कर दिया—मित्रराष्ट्र पिछले महायुद्ध में विजयी बन गए।

यह कैसा बम है बाबा ? इसमें इतनी ताकत कहाँ से आई ?

सुनो, इसका नाम परमाणु-बम है। सारे संसार में इसकी धूम मच गई है और आज संसार काँप रहा है कि यदि फिर लड़ाई हुई तो न जाने कौन-सा राष्ट्र किस देश पर इसका प्रयोग कर दे।

यों परमाणु-बम का प्रयोग तो 1945 में ही किया गया; किन्तु परमाणु-बम की ताकत पर खोज-ढूँढ़ तो चालीस-पचास वर्षों से चल रही थी।

हर धातु को छोटे-से-छोटे टुकड़े में बाँट देने पर जो चीज बनेगी, उसे अणु कहते हैं। अणु की अवस्था तक वह धातु अपने मूल रूप में रहती है। लोहे का अणु लोहे का ही सबसे सूक्ष्म रूप है, सोने का अणु सोने का।

लेकिन उस अणु को यदि तोड़ दिया जाए, तो धातु का रूप नहीं रह जाता। उसमें दो तरह की शक्तियाँ पैदा हो जाती हैं, जिन्हें इलेक्ट्रोन और प्रोटोन कहा जाता है। उसका सम्मिलित रूप ही परमाणु कहा जाता है।

धातु को तोड़कर अणु तक और अणु तोड़कर परमाणु तक ले जाने का काम तो बहुत दिनों से होता रहा। सोचा यह जाने लगा, क्या परमाणु को भी तोड़ा जा सकता है ?

और ज्यों-ज्यों इस ओर प्रयत्न होने लगे, त्यों-त्यों अनेक आश्चर्यजनक तथ्य वैज्ञानिकों

के सामने आए। आज से पचीस साल पहले कुछ वैज्ञानिकों ने ऐसी घोषणा की थी कि यदि एक बूँद पानी के परमाणु को हम अच्छी तरह तोड़ सकें, तो उससे इतनी ताकत निकलेगी कि वह हिमालय पहाड़ को उछालकर आसमान में फेंक दे।

साधारण लोगों ने वैज्ञानिकों की इस उक्ति पर दिल्लगी उड़ाई। लेकिन वे लोग प्रयत्न-पर-प्रयत्न करते रहे।

1932 ई. से तो इसमें काफी सफलता मिलने लगी। परमाणु पर परमाणु टूटने लगे। तत्त्वों की कायापलट होने लगी। नए-नए तत्त्व लोगों के सामने आने लगे। उसकी असीम शक्तियों की थाह मिलने लगी। एक वैज्ञानिक के शब्दों में 1933 ई. में परमाणु विच्छेद का महारुद्र-यज्ञ आरम्भ हुआ।

जब 1939 ई. में महायुद्ध शुरू हुआ और जर्मनी तरह-तरह के नए अस्त्र-शस्त्र उपयोग में लाने लगा तो मित्रराष्ट्रों का ध्यान परमाणु की शक्तियों की ओर से अधिक आकृष्ट हुआ। इंग्लैंड, फ्रांस और अमेरिका के वैज्ञानिकों ने एक साथ मिलकर काम करना शुरू किया और 1942 में इस नतीजे पर पहुँचे कि परमाणु से बम बनाया जा सकता है, जिसकी शक्ति असीम होगी।

जिस बड़े पैमाने पर और जिस निश्चितता से यह काम होना चाहिए, उसके लिए अमेरिका ही उपयुक्त भूमि थी। तीनों देशों के वैज्ञानिक भी—विशेषतः यहूदी—अमेरिका आए और वहाँ सबने मिलकर काम शुरू किया। इस प्रयोग में जन-धन की कोई परवाह नहीं की गई। दो एकान्त स्थानों पर बड़े-बड़े कारखाने खोले गए। एक तो टेनिसी में जहाँ संसार का सबसे बड़ा बिजली का केन्द्र है। सौ मील के घेरे में यह कारखाना खुला है और देखते ही देखते साठ हजार आदमी इसमें काम करने लगे। करोड़ों रुपया पानी की तरह बहाया जाने लगा। दूसरा कारखाना हैनफर्ड में खुला और यहाँ भी धन-जन लगाने में कोई कोताही नहीं की गई। इन दोनों कारखानों से जो नतीजे निकलते उनकी जाँच के लिए न्यूमेक्सिको के लोसअलामौस नामक जन-शून्य स्थान को चुना गया। वहाँ बड़े-बड़े वैज्ञानिक एकत्र होकर सारी बातों की जाँच-पड़ताल करते और अन्त में 1945 ई. में उन्होंने यह तय किया कि हम लोग सफलता पा गए। अब कहीं इसकी जाँच करके देख लिया जाए।

न्यूमेक्सिको में ही एक मरुभूमि चुनी गई और 26 जुलाई को प्रातःकाल पहला परमाणु बम पृथ्वी पर फटा। फटते ही इतनी रोशनी हुई कि सूर्य भी छिप गया और वहाँ से उजला-सा गरम धुआँ निकलकर बीस हजार फीट ऊँचे तक अम्बार-सा खड़ा हो गया, किन्तु धीरे-धीरे फिर शान्त हो गया। बीस हजार टन बारूद के उड़ने से जो शक्ति पैदा होती वह इस छोटे-से बम से पैदा हुई। वहाँ कोई जीव-जन्तु तो था नहीं जो मरता, लेकिन मरुभूमि का बालू गलकर शीशा बन गया।

इस सफलता की सूचना चर्चिल और ट्रूमैन को पोट्सडैम में दी गई। दोनों के आनन्द की सीमा नहीं रही। हुक्म हुआ कि जापान पर इस बम को गिराओ और उसका जो फल हुआ, पहले ही बतलाया जा चुका है।

किन्तु, यह तो परमाणु-शक्ति के संहार-पक्ष की बात हुई। वैज्ञानिकों ने बताया है कि इस शक्ति से निर्माण के काम में भी कमाल किया जा सकेगा। इसके प्रयोग से सहारा और राजपूताने की मरुभूमि को हरे-भरे खेतों में परिणत कर दिया जा सकता है और लोहे के बड़े-बड़े शहतीरों को सोने के शहतीरों के रूप में बदल दिया जा सकता है। हर देश ने इस शक्ति की सम्भावनाओं पर अनुसन्धान प्रारम्भ किया है। हमारी राष्ट्रीय सरकार ने भी इसके लिए अनुसन्धान समिति का संगठन किया है, जिसमें देश के प्रमुख वैज्ञानिक सम्मिलित हैं।

पौधे भी हँसते-रोते हैं

मिठाई दे दी—बच्चे हँसने लगे।

एक चपत लगा दी—बस रोना-धोना शुरू हुआ।

क्यों ? क्योंकि आदमी में जान है। अनुभव करने की शक्ति है। जान तो पेड़-पौधों में भी है, लेकिन क्या उनमें अनुभव करने की शक्ति भी है ?

क्या पेड़-पौधे भी रोते हैं, हँसते हैं ?

लोग समझते थे—नहीं। तभी तो हम लोग किसी पौधे से पत्ते तोड़ लेने या किसी पेड़ से दँतवन तोड़ लेने में कोई हिचक नहीं लाते। पैर से किसी पौधे को कुचल देने या हाथ में कुल्हाड़ी हो तो किसी पेड़ के तने पर दो-चार हाथ चला देने में हमें क्या जरा भी संकोच होता है ?

यूरोप-अमेरिका के वैज्ञानिकों की भी यह धारणा थी।

लेकिन इस धारणा को गलत साबित कर दिया हमारे ही देश के एक वैज्ञानिक ने। यद्यपि पेड़-पौधों में भी अनुभव करने की शक्ति है, यह प्रयोग करके भी उन्होंने दिखला दिया, तथापि किसी को जल्द विश्वास नहीं होता था। शायद इसीलिए यूरोप और अमेरिका के वैज्ञानिक उन्हें 'पूरब का जादूगर' कहा करते थे।

यह पूरब का जादूगर कौन था ?

उनका नाम—जगदीशचन्द्र बसु। उनका जन्म पूरब बंगाल ढाका के जिले में हुआ था। पिताजी डिपुटी कलेक्टर थे। इसलिए शिक्षा-दीक्षा अच्छी हुई। बी.ए. पास कर सिविल सर्विस में दाखिल होने की नीयत से विलायत गए। लेकिन वहाँ से लौटे विज्ञानाचार्य होकर। विलायत से लौटने पर कलकत्ता में प्रेसीडेन्सी कॉलेज में विज्ञान के प्रोफेसर बनाए गए।

विद्यार्थियों को विज्ञान पढ़ाने से ही उन्हें सन्तोष नहीं था। नए-नए आविष्कारों की तरफ उनका स्वाभाविक झुकाव था। पन्द्रह साल की उम्र में ही उन्होंने बिना तार के तार के बारे में बहुत महत्त्वपूर्ण आविष्कार किया था। अपने इस आविष्कार को लेकर जब वह विलायत पहुँचे, तो वहाँ के वैज्ञानिक चकित रह गए। किन्तु उसी समय इटली के वैज्ञानिक मार्कोनी ने बे-तार के तार का आविष्कार कर लिया था और इस क्षेत्र में वह काफी आगे बढ़ चुका था। इसलिए श्री बसु ने अपना ध्यान दूसरे आविष्कार की ओर लगाया।

बे-तार के तार के प्रयोग के ही सिलसिले में उन्होंने अनुभव किया कि कुछ धातुएँ ऐसी हैं, जिन पर बार-बार विद्युत्-तरंग का प्रयोग किया जाए तो वे थकावट-सा अनुभव करने लगती हैं और फिर कुछ देर के बाद पहली हालत में आ जाती हैं। इस दिशा में अनेक प्रयोग करने के बाद उन्होंने संसार के वैज्ञानिकों के समक्ष यह सिद्धान्त रखा कि भौतिक कारणों की जैसी प्रक्रिया जीवों में होती है, उसी से मिलती-जुलती प्रक्रिया धातु आदि जड़ पदार्थों में भी होती है। इस सिद्धान्त की धूम मच गई और पेरिस की अन्तर्राष्ट्रीय-भौतिक-विज्ञान-कांग्रेस ने उन्हें इस सम्बन्ध में भाषण देने को निमन्त्रित किया।

धातुओं पर किए गए प्रयोगों में सफलता प्राप्त करने के बाद उनका ध्यान पेड़-पौधों की ओर गया और कई यन्त्र बनाकर उन्होंने यह प्रत्यक्ष दिखला दिया कि सुख-दुख का अनुभव पेड़-पौधे भी करते हैं। पेड़-पौधों में भी उसी प्रकार का स्पंदन होता है, जैसा हम लोगों की नाड़ियों में, और प्रहार, सरदी, गरमी, विष आदि का असर भी हम लोगों की तरह ही उन पर भी होता है। वे भी आनन्दित होते हैं, दुखित होते हैं। वे भी थकते हैं, ताजा होते हैं, और उन्हें भूख-प्यास का अनुभव होता है।

अपने इस आविष्कार को लेकर श्री बसु इंग्लैंड गए लेकिन उन्हें वहाँ अजीब तरह का अनुभव हुआ। कुछ वैज्ञानिकों ने उनकी खिल्लियाँ उड़ानी शुरू कीं तो एक ने उनके प्रयोगों को अपने नाम से छपवा दिया। लेकिन सत्य का सूर्य कब तक बादलों से ढँका रहता ? तरह-तरह के नए यन्त्र बनाकर अन्त में लोगों को यह मानने के लिए मजबूर ही कर दिया कि यह आविष्कार सचमुच में एक युगान्तरकारी आविष्कार है। इंग्लैंड और अमेरिका के विश्वविद्यालयों ने उन्हें निमन्त्रण देकर बुलाया और राष्ट्रसंघ ने उन्हें अपनी वैज्ञानिक उपसमिति का स्थायी सदस्य बनाया।

कालेज से अवकाश पाने के बाद श्री बसु ने एक वैज्ञानिक प्रयोगशाला कलकत्ता में खोली जो 'बसु-रिसर्च-इन्स्टीच्यूट' के नाम से प्रसिद्ध है। इस प्रयोगशाला में आज भी तरह-तरह के अनुसन्धान होते हैं। बसु महाशय ने अपनी जीवनभर की कमाई का बड़ा हिस्सा इसी में लगा दिया। कुल मिलाकर पन्द्रह लाख रुपए उन्होंने दान में दिए थे।

श्री बसु का जीवन बहुत सीधा-सादा था और उनका चरित्र अत्यन्त निर्मल था। त्याग और तपस्या का जो आदर्श उन्होंने भारतीय वैज्ञानिकों के सामने रखा, वह बहुत दिनों तक अँधेरे में प्रकाश-स्तम्भ का काम करता रहेगा।

रंग-विरंग

[1942 ई.]

प्रकाशक का वक्तव्य

'रंग-विरंग' मौलिक एवं अप्रकाशित निबन्धों का अनुपम संग्रह है। हिन्दी में गम्भीर विषयों पर अनेकानेक लेखों के संग्रह हैं, दार्शनिक लेखों की भी कमी नहीं, साहित्यिक प्रबन्धों की तो बात ही क्या ! लेकिन साधारण से साधारण विषय पर रोचक ढंग से लिखे गए निबन्धों की कमी है। इसी को दूर करने की सद्भावना से प्रेरित होकर हमने 'लाइट एसेज' के इस संग्रह को प्रकाशित किया है। आशा है, पुस्तक शिक्षकों और विद्यार्थियों को रुचेगी।

विनीत–
पुस्तक-भंडार

1
स्कूलों की दुनिया

एक जमाना था, जब स्कूल का नाम सुनते ही लड़कों के होश गुम हो जाते थे। बचपन की बात याद आ रही है, ज़ब बड़ी मुश्किल से मुझे स्कूल पहुँचाया जाता था—मैं रो रहा हूँ, हाथ-पैर पटक रहा हूँ और कोई गोद में उठाए, ठाँग-ठूँगकर मुझे स्कूल ले जा रहा है !

इसका कारण भी था। पहले गुरुजी के साथ में बड़ी-बड़ी खजूर की छड़ियाँ होती थीं। वे लड़कों को बदमाश भेड़ समझते थे, जिनको सीधी राह चलाने के लिए चाहिए जबरदस्त डंडा। मुझे अच्छी तरह याद है। गुरुजी ने एक बच्चे पर यों छड़ी चलाई कि बेचारे की धोती वहीं खराब हुई। एक लड़का दिन-दिन भर पेड़ पर ही छिपा रहता; दूसरा धान की खाली कोठी में जा दुबकता; तीसरा गोरहे की कतार में जाकर चुपचाप सो जाता—यों ही अपने कितने पुराने साथियों की याद आती है।

किन्तु, आज अब स्कूल की बात ही बदल गई है। अब तो लड़के चाव से स्कूल जाने लगे हैं। इसका कारण है—लड़कों को किसी भी हालत में नहीं पीटना चाहिए—इस सिद्धान्त को लोग समझने लगे हैं। स्कूल का वातावरण भी बदल गया है। फूल की क्यारियों के बीच में खूब हवादार मकान रहता है। बैठने को बेंच, किताब रखने को डेस्क। दीवारों पर तरह-तरह के नक्शे टँगे हैं। उधर ग्लोब है, मिट्टी के बने पशु हैं, फल हैं, नाना रंग की गोलियाँ हैं। इन्हीं सबके आधार पर बच्चों को पढ़ाया जाता है—फिर स्कूल में मन क्यों नहीं लगे ?

पढ़ने-लिखने का रिवाज हमारे देश में बहुत पहले से है। हमारे यहाँ उम्र को चार भागों में बाँटकर उसका पहला हिस्सा केवल पढ़ने-लिखने में बिताया जाता था। इस हिस्से—यानी पच्चीस वर्ष की उम्र तक पढ़ना-लिखना सबके लिए लाजिमी था। पहले बस्तियों से दूर, किसी सुन्दर वन में, नदी के किनारे ऋषियों के गुरुकुल होते थे। वहीं लोग जाते और शिक्षा ग्रहण करते। बहुत ही सादगी से रहते, बड़ा संयम रखते।

बर्मा के बौद्ध लोगों में यह रिवाज कुछ अंशों में आज भी प्रचलित है। वहाँ हर लड़के को पाँच वर्ष की उम्र में वहाँ मठ में जाना पड़ता है जहाँ पढ़ाने-लिखाने का प्रबन्ध रहता है। हाँ, कुछ दिनों के बाद उनमें से अधिकांश लड़के घर लौट आते हैं—केवल वे ही रह जाते, जो पढ़ने-लिखने में खूब तेज़ होते हैं।

हमारा देश तो एक महादेश के ही समान है। इसलिए हमारे स्कूलों में भी कुछ-न-कुछ विभिन्नता तो रहती ही है। यों तो, एक ही राज्य होने से सब जगह पढ़ाने-लिखाने का तरीका एक ही है। हाँ, कुछ खास किस्म के स्कूल भी हैं। जैसे पंडितजी के टोल और मौलवी साहब के मकतब—एक में टीका-चन्दन, तो दूसरे में तुर्की टोपियों की भरमार रहती है।

एशियायी देशों में पढ़ाने-लिखाने में जापान सबसे आगे है। जापान के बच्चों की पढ़ाई का सिलसिला बढ़िया-से-बढ़िया है। सभी बच्चों को पढ़ने-लिखने का खास इन्तजाम सरकार की ओर से है। अक्षर-ज्ञान के साथ-ही-साथ उन्हें कसरत की शिक्षा भी दी जाती है और देशभक्ति के भाव तो मानो उन्हें माँ के दूध के साथ पिलाया जाता है। बचपन से उन्हें ड्रिल सिखाया जाता है। कुछ लोगों का कहना है कि वहाँ की लड़कियाँ भी खूब पढ़ती-लिखती हैं।

चीन हमारा भी पड़ोसी है और जापान का भी। इसलिए जहाँ जापानी लोगों की तरह आधुनिक शिक्षा का उनमें प्रचार है, वहाँ हम लोगों की तरह वे पिछड़े हुए भी हैं। उनका

तौर-तरीका भी कुछ विचित्र है। चीनी लड़के कलम से नहीं लिखते, वरन् कूची से अक्षर बनाते हैं। यों ही, वह पृष्ठ के ऊपरी सिरे से लिखना नहीं शुरू करते, वरन् नीचे से ऊपर लिखते जाते हैं। हम लोगों से ठीक विपरीत वे दाहिनी ओर से बाईं ओर की तरफ लिखते हैं। किन्तु चीन का नवीन प्रजातन्त्र अब स्कूलों में नवीनता का प्रसार करता जाता है। अक्षर और वर्णमाला में भी सुधार हुआ है, जो कुछ हफ्ते में ही सीख लिए जा सकते हैं। लड़के और लड़कियाँ आधुनिक ढंग के कोट-पाजामा भी पहनने लगे हैं। स्कूलों में फुटबॉल वगैरह खेल भी खेले जाते हैं।

हमारे देश की बाईं ओर मुसलमानों के कई देश हैं—अफगानिस्तान, फारस, अरब, मिस्र, टर्की आदि। इन देशों में भी आधुनिकता की हवा पहुँच चुकी है और नए ढंग के स्कूल भी बनने लगे हैं। टर्की ने तो नए युग के रंग-ढंग को बिलकुल अपना लिया है। वहाँ के बच्चे भी अब बूट, हैट लगाकर शान से स्कूलों में जाते और अरबी अक्षरों की जगह रोमन अक्षर सीखते हैं। वहाँ लड़कियाँ भी बड़ी तादाद में स्कूलों में पहुँचती हैं। किन्तु टर्की को छोड़कर, इन देशों में अब भी पुराने ढंग की शिक्षा-दीक्षा ने पिंड नहीं छोड़ा है। बच्चों को किसी मौलवी साहब के पास भेजा जाता है, जो मस्जिद में बैठकर या टूटे-फूटे मकतबों में आसन जमाकर लड़कों को पढ़ाते हैं। धर्म-ग्रन्थ, कुरान की शिक्षा देना सबसे आवश्यक समझा जाता है।

जर्मनी के लड़के स्कूल में जितना समय लगाते हैं या जितनी मेहनत करते हैं, वह तो संसार में विरल है। वहाँ चार वर्षों तक लगातार पढ़ाना तो अनिवार्य समझा जाता है। जिन लड़कों का स्वास्थ्य कोमल होता है उनके लिए खुली हवा के स्कूल कायम हैं—लड़के धूप में या किसी छायादार वृक्ष के नीचे बैठकर पढ़ते हैं। 'गर्मी के स्कूल' और 'उड़ती चिड़िया' वहाँ की दो नामी शिक्षा-संस्थाएँ हैं। 'उड़ती चिड़िया' में बड़ी उम्र के लड़के होते हैं जो दल बाँधकर देश-भर में घूमते हैं। जर्मन लड़के प्रकृति-निरीक्षण से बड़ा प्रेम रखते हैं और हर महीने एक दिन 'यात्रा-दिवस' के नाम से निश्चित होता है, जिसमें लड़के देहातों का सैर-सपाटा करते हैं।

स्वीजरलैंड एक छोटा-सा खूबसूरत देश है। यहाँ के लड़के पढ़ाई-लिखाई के साथ-साथ अपने पशुओं को चराने, गाय दूहने आदि में पिता की मदद भी कर दिया करते हैं। किन्तु पढ़ने में ये तेज़ होते हैं और मेहनती भी। बर्फ पर टहलने और बर्फ-गाड़ी की सवारी करने का आनन्द भी ये कुछ कम नहीं उठाते। स्पेन में शिक्षा का कुछ कम प्रचार है। इटली और रूस भी पिछड़ा हुआ था—किन्तु, वहाँ की नवीन राज्य-व्यवस्था ने बच्चों की शिक्षा पर अत्यधिक ध्यान देना प्रारम्भ किया है—जिससे वहाँ के लड़के पढ़ने-लिखने, खेलने-कूदने, ड्रिल-कसरत—किसी चीज में भी अब किसी देश के लड़कों से बाजी ले सकते हैं। स्पेन के लड़के अंगूर के गुच्छों को सँभालने और इटली की बच्चियाँ रेशम के कीड़ों को पालने में बड़ा कमाल हासिल किए हुए हैं।

फ्रांस और इंग्लैंड के स्कूल भी यूरोप में नामी हैं। हाँ, इंग्लैंड में खेल-कूद का जितना प्रबन्ध है, उतना फ्रांस में नहीं। छुटपन से ही बच्चों को स्कूलों में भेजना वहाँ माँ-बाप के लिए लाजिमी समझा जाता है। किंडर गार्टेन और मौंटसरी ढंग के स्कूलों की वहाँ भरमार है जिसके कारण वहाँ के स्कूल एक तरह से खिलौना घर-से बन गए हैं।

डेनमार्क है तो छोटा देश, किन्तु वहाँ बच्चों की शिक्षा-दीक्षा में बहुत ही ध्यान रखा जाता है। वहाँ के स्कूल आदर्श स्कूल समझे जाते हैं। स्वीडन में आम पढ़ाई का प्रारम्भ बहुत पहले किया गया था। वहाँ कसरत और ड्रिल पर बहुत ही ध्यान दिया जाता है। नार्वे के बच्चों की शिक्षा स्वीडन के ही ढंग की है—जहाँ कि बच्चे जाड़े भर स्कूलों में पढ़ते हैं।

उत्तरी ध्रुव के निकट के देशों में फिन, लैप और एस्कीमो नाम की जातियाँ रहती हैं।

इनके लड़के कुत्तों और बर्फीले हिरणों से खेलते या मछली मारने का शिकार करते हैं। कुछ दिन हुए, एक साहसी यात्री वहाँ पहुँचा, तो उसने देखा, खिलौना किसे कहते हैं, वहाँ के बच्चे जानते नहीं। उसने कुछ खिलौने मँगाए, किन्तु, उन खिलौनों को उनके माँ-बाप ने घरों में धरोहर की तरह रख छोड़ा—बच्चे बेचारे तरसते रह गए। अब कुछ पादरियों ने वहाँ स्कूल खोले हैं जहाँ उनके बच्चे पढ़ते हैं। यहाँ हफ्ते में केवल चार दिन स्कूल होता है—सो भी शरद ऋतु भर। बच्चे छह वर्ष के होते ही पढ़ना शुरू कर देते हैं।

अफ्रीका के हब्शियों और अमेरिका के रेड इंडियन लोगों में भी शिक्षा का प्रचार हो रहा है और बहुत ही जोर से।

हाँ, अमेरिका की गोरी आबादी की शिक्षा का क्या कहना ? वहाँ के सभी सार्वजनिक स्कूलों को सरकार ही चलाती है, जहाँ कि बच्चे और बच्चियाँ बड़े आनन्द से पढ़ते हैं। बच्चों के स्कूलों में कुछ धाइयाँ भी रहती हैं, जो बच्चों के स्वास्थ्य की ओर खूब ही ध्यान रखती हैं। 'अच्छा अमेरिकन बनो' हर बच्चे के दिमाग में बचपन से यह भर दिया जाता है।

कैसा सुन्दर होता यदि एक 'स्कूलों का नगर' बनाया जाता—जिसमें सभी देश के लड़के अपने-अपने ढंग के स्कूलों में पढ़ाए जाते। जब एक देश के बच्चे घूमते-फिरते दूसरे देश के स्कूल में जाते तो उन्हें एक-दूसरे को देखकर कितना आश्चर्य और कितना आनन्द होता। क्या ऐसा नहीं किया जा सकता ?

2

नाव पर

अभी कुछ दिनों की बात है।

दो साहसी यात्री बैंकूवर से एक छोटी-सी नाव पर भ्रमण को निकले।

यह नाव कुल बीस हाथ लम्बी थी। इस पर तीन मस्तूल थे। चौड़ी तो यह कुल बीस इंच थी। जो कोई इस नाव को देखता, कहता, या तो किसी शान्त झील में सैर करने के लिए यह बनाई गई है या किसी नदी को आर-पार करने के लिए।

किन्तु, इसी नाव पर उन दोनों यात्रियों ने प्रायः संसार भर की परिक्रमा कर ली।

बैंकूवर से प्रशान्त महासागर होते ऑस्ट्रेलिया; वहाँ से न्यूजीलैंड; फिर भारत महासागर होते अफ्रीका, अफ्रीका से अटलांटिक महासागर होते दक्षिण अमेरिका; वहाँ से दुबारा अटलांटिक महासागर पार कर इंग्लैंड। कुल चालीस हजार मील की अगाध जलराशि को इस छोटी-सी नाव ने पार किया।

और सबसे बढ़कर आश्चर्य की बात तो यह है कि यह नाव अलास्का के आदि-निवासियों के द्वारा सलग लकड़ी को खोदकर तैयार की गई थी।

मोटी, लम्बी, सुडौल लकड़ी को खोदकर नाव तैयार करने की कला में कितनी ही जंगली जातियाँ आज भी कमाल हासिल किए हुए हैं।

प्रशान्त महासागर के सोलमान टापुओं में, पश्चिम अफ्रीका के नाइजर नदी के किनारे, फीजी द्वीप में, दक्षिण समुद्र के टापुओं में, इस प्रकार की लकड़ी को खोदकर बनाई गई नावों की भरमार दीख पड़ती है। ये नावें पतली और उथली होती हैं। अतः कहीं तरंगों की चपेट में डूब न जाएँ, इसके लिए इन नावों की बगल में लकड़ी के इस प्रकार के ढाँचे बनाए जाते हैं जो इन्हें डूबने से बचाते हैं। नावों में लगी हुई, लकड़ी की बल्लियाँ, बँधी होती हैं, जो नावों

को हिल-डुल कर उलटने से रक्षा करती हैं।

पहले-पहल नाव किसने बनाई—इस सवाल का जवाब भी कुछ कम मनोरंजक नहीं है। क़िन्तु, जिस तरह पहले हल किसने बनाया, इसका कोई ठीक जवाब नहीं दिया जा सकता, उसी तरह इस सवाल का जवाब देना भी मुश्किल है। पुराने जमाने में मनुष्य की कितनी जातियाँ भिन्न-भिन्न जगहों में बसी हुई थीं। उनमें से जो जातियाँ नदी, झील या समुद्र के किनारे थीं, उनमें से हर एक ने अपने-अपने सुभीते के मुताबिक भिन्न-भिन्न किस्म की नावें बनाईं।

सबसे पहले लकड़ी के किसी बहते हुए टुकड़े को पकड़कर नदी पार करने या तैरने का काम लिया गया होगा। फिर दो-तीन-चार लकड़ियों को लत्तियों से बाँधकर बेड़ा बनाना शुरू किया गया होगा। जहाँ लकड़ी नहीं रही होगी वहाँ चमड़े की टोकड़ियों से या 'नरकट' ऐसे पतले मजबूत खर-पातों को इकट्ठा बाँधकर उनके बंडलों से नाव का काम लिया होगा। मिस्र की नील-नदी में अब तक 'नरकट' की नावें ही चलती हैं। कुछ लोगों का अनुमान है कि इन 'नरकट' की नावों के अनुकरण पर ही काठ की नावें पीछे बनाई गईं।

पतली कमाचियों की टोकरियों के ऊपर चमड़े की छाजन देकर तैयार की गई छोटी-छोटी नावें आयरलैंड और मेसोपोटामिया में आज तक व्यवहार में लाई जाती हैं। आयरलैंड के मछुए इन नावों के सहारे समुद्र से मछली तक मार लाते हैं। यह बड़ी हल्की होती है और आसानी से एक आदमी इसे पीठ पर ढोए ले चल सकता है। मेसोपोटामिया में जो नावें बनाई जाती हैं, उन्हें 'गूफा' कहते हैं और कभी-कभी वे इतनी बड़ी बनाई जाती हैं कि उन पर गदहों और बकरियों को भी पार कर लिया जाता है।

तिब्बत में जो नावें बनती हैं, वे आयरलैंड या मेसोपोटामिया की इन नावों से बहुत-कुछ मिलती-जुलती हैं। तिब्बत बहुत ही ठंडा मुल्क है। यहाँ लम्बे पेड़ नहीं पाए जाते। अतः, खुदाईवाली नावें बनाना यहाँ असम्भव है। इसलिए लकड़ी के मोटे-मोटे टुकड़ों की पेंदी और लकड़ी के ही चारों किनारोंवाली सन्दूक की ऐसी नावें वे बनाते हैं, जिन पर झबरी गाय की खाल चढ़ाकर पानी न घुसने देने का पक्का प्रबन्ध कर लिया जाता है। ये नावें इतनी मजबूत होती हैं कि इन पर घोड़े को भी पार उतारते हैं।

अपने देश में भी चमड़े के सहारे नदी पार करने की बात प्रसिद्ध है। चमड़े का ही 'मशक' होता है जिसके सहारे शेरशाह के डर से हुमायूँ ने गंगा को पार किया था। बकरे या दूसरे जानवरों की खाल को सीकर उसमें हवा भरकर, पानी में रख देते और उस पर बैठकर पतवार के सहारे नदी पार करते हैं—यही मशक़ है।

ध्रुव देश की एस्कीमो जाति भी चमड़े की एक प्रकार की नाव व्यवहार में लाती है—जिसे 'कयाको' कहते हैं। सील के चमड़े को ह्वेल की हड्डियों पर तानकर छोटी-सी नाव बना ली जाती है और यह ज्यादा-से-ज्यादा सत्रह फीट तक की होती है, और इस पर केवल एक आदमी चढ़ सकता है। चूँकि छोटी-सी तरंग भी इसे उलट दे सकती है, अतः नाव ऊपर से ढँकी होती है, जिसमें भीतर पानी न घुसे। सवार के कपड़े भी नाव के चमड़े के साथ इस तरह सी दिए जाते हैं कि उलटने पर भी एक बूँद पानी नाव के भीतर न जाए और सवार सँभलकर फिर नाव चलाने लगे। 'उम्याक' नामक एक प्रकार की और नाव एस्कीमो जाति व्यवहार में लाती है, जो सत्रह फीट तक लम्बी होती है। लकड़ी के ढाँचे पर चमड़ा चढ़ाकर यह नाव बनती है। और इस पर दो-तीन परिवार तक, सभी घरेलू सामानों के साथ सफर करते हैं।

नरकट की नावें नील नदी में पाई जाती हैं। चार हजार वर्ष पहले की तस्वीरें मिली हैं, जिसमें ऐसी नावों के रेखा-चित्र हैं। पहले तो नरकट के बंडल पानी में रख दिए जाते थे,

जिन पर बैठकर लोग नदी पार करते थे। पीछे नरकटों के पतले-पतले बंडलों को जोड़कर अच्छी-से-अच्छी नावें बनाई जाने लगीं। आज भी नरकट की सुन्दर-से-सुन्दर नावें नील नदी में आती-जाती दीख पड़ती हैं। बोलीबिया के तूफानी टीटीका-झील में भी ऐसी नावें सानन्द विहरती दीख पड़ती हैं।

उत्तरी अमेरिका के 'रेड इंडियन' वहाँ की भयानक वेगवती नदियों को पार करने के लिए एक तरह की नावें बनाते हैं, जो हल्की लकड़ियों से बनती हैं और जिन पर चमड़े की जगह 'बर्च' नामक पेड़ के छाल चढ़ाए जाते हैं। ये नावें भीषण तरंगों में से भी बड़ी आसानी से निकाल ली जा सकती हैं।

समुद्र में निर्द्वन्द्व विचरण करनेवाले बड़े-बड़े जहाज बनाने का सौभाग्य, सबसे पहले, चीन को प्राप्त है। चीन ही में जहाजी लोगों के कम्पास का आविष्कार हुआ था। यद्यपि संसार ने जहाज बनाने की कला में अब बहुत ही तरक्की कर ली है और इन जहाजों के सामने चीन के पुराने जहाज बच्चों के खिलवाड़ मालूम होते हैं। किन्तु, अब तक भी अपने टिकाऊपन और उपयोगिता के लिए वे प्रसिद्ध हैं ही।

प्राचीन भारत में भी जहाज बनाने की कला बड़ी तरक्की पर थी और यहाँ के जहाज भारत महासागर के टापुओं में आते-जाते थे !

यूरोप में जहाज के सबसे पहले बनानेवाले नौर्स लोग थे—जो 140 फीट तक का जहाज बनाते थे। जिस जहाज पर कोलम्बस ने अमेरिका की खोज की, वह केवल 100 फीट लम्बा था।

किन्तु धीरे-धीरे बड़े-बड़े आकार के जहाज बनने लगे और उनकी चाल भी तेज होती गई। 1856 में पाल के सहारे चलनेवाले एक जहाज की रफ्तार फी घंटा दो मील थी।

भाप से चलनेवाले जहाज का आविष्कारक रौबर्ट फल्टन नामक एक अमेरिकन था। 1819 ई. में एक अंग्रेजी जहाज ने देखा कि दूर एक जहाज में आग लगी है—धुआँ निकल रहा है। उस जहाज का कप्तान अपना जहाज लेकर उस दौड़ा। किन्तु, जब निकट गया, तो देखा, वह जहाज बड़े मजे में बढ़ रहा है और उसके सवार आनन्द मना रहे हैं। बात यही थी कि यह जहाज भाप के बल से चल रहा था जिसके बम्बे से धुआँ निकलने से उसने समझा था कि आग लगी है।

अब तक काठ के ही जहाज बनते जाते थे। किन्तु, देखा गया कि काठ का जहाज 275 फीट की लम्बाई से ज्यादा नहीं बनाया जा सकता। तब लोहे का जहाज बनाने की बात चलने लगी। 1881 में एक ऐसा जहाज बनाया गया, और अब तो लोहे के जहाज का ही दौर-दौरा है। लोहे का जहाज मजबूती में ही नहीं बाजी मारता, वरन् वह काठ के जहाज से बहुत हल्का भी होता है—कम-से-कम एक तिहाई हल्का तो जरूर ही।

धीरे-धीरे जहाजों का लड़ाई में उपयोग होने लगा और 1843 में पहला लड़ाकू जहाज बना। लड़ाकू जहाजों में बड़ी-बड़ी तोपें लगी रहती हैं। लड़ाकू जहाजों के बाद पनडुब्बी जहाज चला जो पानी के नीचे-नीचे चलता और जहाजों को सुरंग लगाकर नष्ट कर आता है।

3

फेरीवाला

"ले, मोर का पंखा !—दो-दो आने !"

"हींग—हींग—असली हींग—रुपए में एक भर !"

•"काश्मीरी शाल—बैसाख के करार पर।"

देहातों में भी ये शब्द करते हुए हम कुछ विचित्र रूपरंग के लोगों को घूमते हुए देखते हैं। ये लोग दूर-दूर देशों से चीजें लाते और बेचते-फिरते हैं। इनमें से कुछ लोग घोड़ों और खच्चरों को भी काम में लाते हैं। अपने सामान इनकी पीठ पर लादे ये इधर-उधर घूमा करते हैं। किन्तु, अधिकतर तो अपने सामान के ये अपने ही ढुलवैया भी होते हैं।

अब तो जगह-जगह शहर बस गए हैं, गाँव-गाँव में साप्ताहिक या अर्द्ध साप्ताहिक बाजार भी लगते हैं, जहाँ स्थायी दूकानदार हमारे आराम और आशाइश ही की सभी चीजें बेचते हैं। किन्तु, पुराने जमाने में ये फेरीवाले ही दूसरे देशों की चीजें हमारे निकट पहुँचानेवाले या हमारी चीजें दूसरे देशों में ले जानेवाले थे। सड़क, रेल, मोटर ने इनके महत्व को कम कर दिया है जरूर; किन्तु अभी सभ्य-से-सभ्य देशों में भी इनकी जाति खत्म नहीं हुई है। लन्दन, पेरिस, न्यूयार्क, टोकियो आदि बड़े-बड़े शहरों में भी ये फेरीवाले प्रायः देखे ही जाते हैं।

ये फेरीवाले हमारे व्यापार और सड़कों के पिता हैं। जिन रास्तों से ये आते-जाते, वे ही आज बड़ी-बड़ी सड़कों में परिणत हो गए हैं। सबसे पहले व्यापार भी इन्होंने ही शुरू किया। इन्होंने ही एक देश को दूसरे देशों की कारीगरी और उद्योग-धन्धों से परिचित कराया। सिक्कों के चलन में भी इनका बड़ा हाथ है।

ज़रा पुराने जमाने की कल्पना कीजिए; तब इनकी उपयोगिता समझ में आएगी। न उस जमाने में सड़कें थीं, न रेल, न तार। पुलिस का आज-ऐसा इन्तजाम भी नहीं था। चोर-लुटेरों की भरमार थी। कोई कीमती चीज लेकर चलना अपनी जान पर खतरे को आमन्त्रण देना था। रास्ते खराब—पहाड़ों के दर्रे, दहाड़ती हुई नदियाँ, खूँखार जंगल। किन्तु, इन सब विघ्न-बाधाओं को पार करते हुए, ये फेरीवाले हमें नई-नई चीजें पहुँचाते रहे। ये कभी-कभी अकेले भी चलते—किन्तु, बीहड़ रास्तों में इनका कारवाँ चलता, जो कभी-कभी मीलों लम्बा होता।

पुराने जमाने के फेरीवाले केवल व्यापारी ही नहीं थे—वे अखबार का काम भी करते थे। वे एक देश की खबर दूसरे देश में पहुँचाते थे। वहाँ का राजा कौन है, किस देश में कौन-सा नया आविष्कार हुआ है, किस देश की कौन-सी चीज नामी है—आदि बातें इन्हीं के द्वारा हम जान पाते थे। चूँकि इन्हें खरीद-फरोख्त करना होता था, अतः ये बड़े खुशदिल और सुहवतपसन्द एवं हाजिर-जवाब होते थे। इनकी कदर भी उस जमाने में थी। बूढ़ी दादियों से लेकर गाँव के सरपंच तक उनकी पैठ थी और थी पूरी कदर।

ज्यों-ज्यों सभ्यता बढ़ती जाती है, फेरीवालों की कदर भी कम होती जाती है। यूरोप के कई देशों में फेरीवालों के लिए सख्त कानून बने हुए हैं। उन्हें घर में घुसने नहीं दिया जाता और न बच्चों को उनसे बात करने दिया जाता है। किन्तु, संसार के अधिकांश भागों में इनकी पैठ और प्रतिष्ठा अभी बनी हुई है।

जमाने और जरूरत के मुताबिक इन फेरीवालों की चीजों में भी अदल-बदल होते रहे हैं। अमेरिका के कुज़को नामक उपनिवेश में फेरीवाला पानी बेचता फिरता है, तो मैक्सिको की फेरीवाली टोकरियों और धूप से बचानेवाली टोपियाँ बेचती हैं। हमारे यहाँ तरकारी बेचनेवाली आलू, गोभी, गाजर, मूली आदि की टोकरी सिर पर रखे दरवाजे-दरवाजे 'ले तरकारी' कहकर शोर मचाती है, तो फ्रांस का ग्रामीण फेरीवाला, गधे जोती हुई छोटी-छोटी गाड़ियों पर हरी तरकारियाँ रखे, इस गाँव से उस गाँव जाता है और बिगुल बजाकर घरवालियों को बताता है कि आओ, तरकारियाँ खरीदो। ब्राजिल की राजधानी में कोट-पैंट-हैट डटाए ये फेरीवाले शुतुरमुर्ग के परों के पंखे, बुहारनी और कमाची की कुर्सियाँ बेचते हैं, तो लन्दन की विशाल नगरी में युवती फेरीवालियाँ फूलों के गुच्छे लिए फिरती हैं। चाहे लन्दन में, या कलकत्ता में,

या पटना में, गर्मी के दिनों में 'मलाई बर्फ' न केवल बच्चों को, वरन् मनचले युवकों और बूढ़ों को भी फेरीवालों के निकट खींच लेती है। 'आज का ताजा समाचार' कहकर अखबार बेचनेवालों से तो छोटे-छोटे शहर भी गुलज़ार बने रहते हैं। 'ले पाकेट-थैला, घड़ी की चेन, टहलने की छड़ी' कहकर टर्की में; 'नारंगी—मीठी-रसदार नारंगी' का शोर मचाकर पैलेस्टाइन में; 'मीठी बूटी—चीनी से भी मीठी' कहकर जंगली जड़ी-बूटी बेचते हुए काहिरा में; 'ले जूते—सस्ते टिकाऊ जूते' बोलकर कोरिया में; 'खिलौने—दिलचस्प खिलौने' की आवाज़ करते हुए जापान में—कहाँ तक गिनाया जाए, हर देश में, हर मौसम और जरूरत के अनुसार सामान बेचते हुए आप फेरीवालों को पाएँगे !

बच्चों के लिए तो फेरीवाले बड़े उत्साह और मनोरंजन के जीव हैं। ''गुलाब छड़ी अलबत्ता—हम तो बेचेंगे कलकत्ता।'' यह ''चीनी-कटोरा कड़कड़ बोले—तब बचवा का मनुआ डोले'' कहकर जिस समय फेरीवाला घर के निकट से निकलता है, बच्चों का एक भारी गिरोह, उसके पीछे चला जाता है। और, इन बच्चों के हाथ वह कुछ कम सौदा नहीं करता—माँ-बाप झख मारकर फेरीवाले से कुछ-न-कुछ खरीदकर अपने बच्चे को सन्तुष्ट करते ही हैं।

यों तो कुछ भविष्यवाणी करना कठिन है, किन्तु, मालूम होता है, जब तक इस दुनिया में बच्चे रहेंगे, लोगों के दिल में नई चीजों का शौक रहेगा—तब तक संसार में फेरीवाले भी रहेंगे।

4

मछली का शिकार

बहुत पुराने जमाने से मनुष्य अपना भोजन पानी से लेता रहा है। जिस प्रकार तीर-कमान और भाला-बर्छी उसे जंगलों से भोजन लेने में मदद करते रहते हैं, उसी प्रकार पतली डोर में लगी छोटी बंशी या पतले तागों से बने जाल भी उसके पेट भरने में बहुत बड़ी मदद देते रहे हैं। जंगली जानवरों के समान ही मछली भी आदिकाल से मनुष्य का एक स्वादिष्ट खाद्य रही है।

जब हम मछली मारने की कल्पना करते हैं, तो हमारे खयाल में सबसे पहले एक ऐसे आदमी की सूरत आती है, जो नदी के किनारे बैठा हो; उसके हाथ में एक पतला, लम्बा डंडा हो, उस डंडे से लगी पतली रस्सी पानी में झूल रही हो, उस पतली रस्सी के छोर पर एक छोटी-सी लोहे की चीज लगी हो, जिसे बंशी कहते हैं और उस बंशी में लगा हो चारा—जिसके फेर में पड़कर मछली आती और फँसती है। या एक ऐसे आदमी की, जो जाल लिए नदी या तालाब के किनारे घूम रहा हो और जब-तब जाल फेंककर मछलियाँ मार लेता हो ! सच बात तो यह है कि मछली मारने के ये ही दो तरीके पुराने जमाने से चले आ रहे हैं और यद्यपि कितने ही आविष्कार हो चुके हैं, मछली मारने के ये दो तरीके अब तक कायम हैं।

पहले हड्डी के पतले टुकड़े की बंशी बनाई जाती थी और किसी रेशेदार पेड़ के छिलके से डोर का काम लिया जाता था। आज आविष्कारों ने इतना ही किया है कि इस्पात की बढ़िया-से-बढ़िया बंशी और रेशम के बारीक-से-बारीक डोर हम काम में लाते हैं—बंशी इतनी तेज कि सात गलफड़ों को भी बात-की-बात में छेद डाले और डोर इतनी पतली कि आँख से दीख तक न पड़े। यों ही, पहले जमाने में जाल भी मोटे-मोटे और छोटे-छोटे होते थे, जिन्हें एक या दो आदमी काम में ला सकता था। आज मशीन से बने हुए मीलों तक फैलाए जानेवाले जाल मिलते हैं जिन्हें जहाज पर लादकर समुद्र में डाला जाता है और जिनके निकालने के लिए

दर्जनों चतुर मल्लाह काम करते हैं।

किन्तु मछली मारने में आविष्कारों का सीधा प्रयोग नहीं होता है, यह बात भी नहीं है। अमेरिका के मछुए एक ढंग की मछली पकड़ते हैं, जो बड़ी ही स्वादिष्ट और विरल होती है। यह मछली बड़ी चौकन्नी और ठगनेवाली होती है और जल्दी नहीं पकड़ी जाती। इसलिए वहाँ के मछुए बिजली का इस्तेमाल पकड़ने के लिए करते हैं। बिजली के तार जगह-जगह डाल दिए जाते हैं, जिनमें तेज 'करेंट' जारी कर दिया जाता है। इन तारों के आसपास जाते ही मछली का होश गायब हो जाता है। वे बेचारी बेहोश छटपटाने लगती है। फिर क्या है, मछुए उसे जाल में फँसा लेते हैं।

यही नहीं, मछली मारने में अब 'बम' और 'डेनामाइट' का भी व्यवहार किया जाता है। अमेरिका के कुछ टापुओं के निकट बड़ी अच्छी मछलियाँ मिलती हैं। एक सेर से तीन सेर तक की वह होती हैं। उन्हें पकड़ने के लिए 'डेनामाइट' से भरे कारतूस समुद्र में फेंके जाते हैं। कुछ देर के बाद ही समुद्र की सतह पर धुआँ-ही-धुआँ दीख पड़ता है। और धुआँ के साथ ही पेट फटी मछलियाँ पानी में उतराने लगती हैं। मछुए तेजी से जाते और इन्हें चुनकर अपनी नाव में रख लेते हैं। यदि वे देर करें, तो शार्क नामक समुद्री जानवर उन मछलियों को निगल जाएँ और यदि असावधानी हुई, तो दो-एक मछुए भी उसके जबड़े के शिकार बनें।

कभी-कभी डेनामाइट और बमों के प्रयोग की बड़ी विचित्र घटनाएँ भी होती हैं। एक बार अमेरिका के विश्वविद्यालय के दो विद्यार्थी 'बम' लेकर मछली मारने गए। पहले बम से खूब शिकार हाथ लगा। किन्तु, दूसरा बम मुँह में लेकर जो मछली भागी, वह जब ठीक उनकी नाव के नीचे पहुँची तब बम फूटा। बम फूटते ही नाव उछली—दोनों विद्यार्थियों ने तैरकर अपनी जान बचाई। यों ही आस्ट्रेलिया के कुछ नौजवानों ने एक बोतल में डेनामाइट भरकर, मछली मारने की मंशा से, समुद्र में फेंका। उनमें से एक के पास एक कुत्ता था—किसी की फेंकी हुई चीज को ले आना उसे सिखाया गया था। इन्होंने ज्यों ही बोतल फेंकी, वह कुत्ता उस ओर टूटा और उस बोतल को समुद्र के नीचे से लेकर ऊपर आया और तैरता हुआ उनकी ओर चला। इन लोगों के होश गायब हुए—कितना भी इशारा किया, चिल्लाए कि कुत्ता बोतल छोड़ दे, किन्तु वह कब माननेवाला ! तब सबके-सब भागे—कुत्ता भी उनके पीछे दौड़ा। इसी दौड़धूप में बोतल फूट गयी—कुत्ते की तो बोटी-बोटी अलग हो गई। नौजवानों में से दो को काफी चोट लगी।

दक्षिण अमेरिका में मछली मारने का एक और विचित्र तरीका है। वह है घोड़े पर चढ़कर मछली का शिकार करना। एल-ग्रैन-चाओ नामक झील का पानी गर्मियों में सूख जाता है। उस समय उसकी मछलियाँ कीचड़ के भीतर चली जाती हैं। तब वहाँ के आदि-निवासी घोड़े पर चढ़कर और हाथ में बर्छी लेकर वहाँ जाते हैं और बर्छी कीचड़ में घुसेड़कर मछलियों को पकड़ते हैं। अफ्रीका में भी इस तरह की ऐसी ही मछली होती है, जो गर्मियों में कीचड़ में घुस जाती है। वहाँ के हब्शी कुदाल से खोदकर उन मछलियों को निकालते हैं। इन मछलियों के ऊपर एक तरह का आवरण लगा रहता है—जिसके भीतर मछलियाँ छुपी रहती हैं। ऊपर की कीचड़ सूखकर धुर्रा बन जाती है, तब भी आवरण के कारण मछलियाँ जीवित रहती हैं। कुदाल से खुदाई हो रही है। धूल उड़ती जाती है। इतने ही में ईंट की शक्ल की एक चीज निकली। ज़रा से जोर लगाने पर ही उसका ऊपरी आवरण हट गया और भीतर से ताजी मछली निकल आई। यह मछली बहुत दिनों तक रखी भी जा सकती है। जब तक आवरण नहीं तोड़ा जाए, मछली भीतर जीती ही रहती है।

कैलिफोर्निया में भी घोड़े पर चढ़कर लोग मछली का शिकार करते हैं। जोरों की आँधी

आने के बाद मछलियाँ समुद्र के किनारे इकट्ठी हो जाती हैं। अपने-अपने घोड़ों पर चढ़कर लोग जाते हैं और बर्छी से शिकार करते हैं। रूस के कोज्जाक भी घोड़े पर चढ़कर मछली मारते हैं। जाड़े में वहाँ झील के पानी का ऊपरी हिस्सा जमकर सख्त बर्फ बन जाता है। थोड़ी दूर की बर्फ ये लोग काट डालते हैं और वहाँ जाल डाल देते हैं। फिर घोड़े पर चढ़कर झील के चारों ओर से उस जाल की ओर उन्हें दौड़ाते हैं। घोड़े की नाल के तड़ाक्-तड़ाक् से डरकर नीचे की मछलियाँ भागती और जाल में जा फँसती हैं।

अन्नाम के मछुए मछली मारने के लिए तीर-धनुष का व्यवहार करते हैं। वहाँ की लाल नदी का पानी इतना साफ है कि उसकी धारा की मछलियाँ ऊपर से स्पष्ट दीख पड़ती हैं। मछुए नाव पर चढ़कर नदी में जाते और अपने नुकीले तीर का अचूक निशाना मछलियों पर लगाते हैं। (अंडमान) काला पानी में भी मछली मारने के लिए तीर-कमान का व्यवहार किया जाता है।

मछली मारने में जड़ी-बूटियों का भी व्यवहार किया जाता है। हिमालय की नदियों में चालमुगड़ा का बीज डाल देते हैं जिससे मछलियाँ हक्का-बक्का हो जाती हैं और उन्हें पकड़ लिया जाता है। अमेरिका में एक वृक्ष की छाल पानी में डाल देने से यही असर होता है।

बन्दूक और पिस्तौल से भी मछली मारने का काम लिया जाता है। आयरलैंड में एक प्रकार की मछली होती है जिसे सूर्यमुखी मछली कहते हैं। सूर्योदय होते ही वे मछलियाँ पानी में आ जातीं और धूप तापती हैं। ये मछलियाँ बड़े आकार की होती हैं। अतः शिकारी बन्दूकों से इनका शिकार करते हैं। प्रशान्त महासागर में भी एक बहुत बड़े आकार की मछली होती है, जिसे पिस्तौल से मारा जाता है। पहले मजबूत बंशी में इन्हें फँसाया जाता है और जब बंशी ऊपर खींची जाती है तो नाव पर रखने से पहले पिस्तौल से उनका सिर आर-पार कर दिया जाता है। फ्लोरिडा में भी रिवाल्वर और राइफल से मछलियाँ मारी जाती हैं।

जमैका में मछली मारने का एक विचित्र ही तरीका है। मछुए चाँदनी रात में एक गदा लेकर अपनी नाव पर समुद्र में जाते हैं। जहाँ तरंगें उठकर मछलियों की सूचना देती हैं कि मछुए अपनी नाव तेजी से वहाँ पर ले जाते हैं और जोरों से अपनी गदा पानी पर पीटने लगते हैं। फिर क्या है, मछलियाँ आपसे आप उछलकर उनकी नाव में गिरने लगती हैं। जब एक-दो दर्जन बड़ी मछलियाँ नाव में आ जाती हैं, मछुए गाते-बजाते अपने घर लौटते हैं।

जानवरों की सहायता से भी मछली मारने का धंधा किया जाता है। ऊदबिलाव (Otters) को इस तरह पाला-पोसा और सिखाया जाता है कि वह गहरे जल में मछली पकड़कर अपने मालिक के पास ले आता है। 'कौड' नामक मछली का तेल आजकल पुष्टई के रूप में खूब व्यवहार में लाया जाता है। कौड को पकड़ने के लिए कुत्तों को सिखाया जाता है। चीन में cormorant नामक चिड़िया से मछली पकड़ने का काम लिया जाता है। इस चिड़िया के गले में एक अँगूठी डाल दी जाती है जिससे यह मछलियों को स्वयं ही नहीं निगल जाए। चीन की सरकार इन चिड़ियों के पोसनेवालों पर टैक्स लगाती है।

एस्कीमो स्त्रियाँ मछली मारने के लिए बंशी का ही प्रयोग करती हैं किन्तु विचित्र ढंग से। समुद्र के पानी का ऊपरी हिस्सा बर्फ से जमा हुआ रहता है। अपनी बंशी लेकर इस बर्फ पर वह चली जाती हैं। फिर एक जगह इतना छेद कर देती हैं कि उनकी बंशी पानी तक पहुँच सके। अब, वह बैठ जाती हैं, और उस छेद से होकर अपनी बंशी से काफी मछली मार लेती हैं।

5

टोपियाँ

टोपी पहनना प्रायः सभी देशों में प्रचलित है। हमारे देश में बंगाली लोग टोपी नहीं पहनते—किन्तु, वे बालों को ही ऐसा सजाते हैं जिसको देखकर टोपियाँ झख मारें !

टोपियों का मतलब है अपने सिर को सजाना। बंगाली भाई अपने सिर को अपने ही बालों से सजाते हैं।

दक्षिण-चीन में नोसू नामक एक जंगली जाति है। वहाँ की लड़कियों के सिर पर आप बालों के बड़े-बड़े जटा-जूट देखेंगे। वे अपने लम्बे सघन काले बालों में रंगीन ऊन मिलाती हैं और इन दोनों के संयोग से तरह-तरह से सिर को सजाती हैं।

हमारे यहाँ साधुओं के सिर पर जटाओं की टोपियाँ कैसी ऊँची और भड़कीली दीख पड़ती हैं।

टोपियों की इतनी किस्में हैं कि यदि उन पर लिखा जाए तो एक पूरा पोथा तैयार हो चले। हमारे देश में ही कितनी प्रकार की टोपियाँ हैं !

मारवाड़ियों की, सिक्खों की, मराठों की पगड़ियाँ देखिए। फिर हिन्दू मुसलमानों के सिरों पर नाना ढंग की टोपियाँ देखिए। यह दावे के साथ कहा जा सकता है कि आप उन्हें गिन भी नहीं सकेंगे !

किन्तु सब टोपियों की रानी तो है पापौन जाति की टोपी—जो पहननेवाले के कद से भी कुछ बड़ी ही होती है। सरकंडे और पंखों के संयोग से ये बनाई जाती हैं। मोर, सारस आदि के बड़े-बड़े पंखों से लेकर छोटी-छोटी चिड़ियों के पंखों का भी इसमें इस्तेमाल किया जाता है।

प्रशान्त महासागर के न्यू ब्रिटेन द्वीप के 'डक-डक' लोगों की टोपियाँ भी कुछ कम ऊँची नहीं होतीं। ये टोपियाँ ऐसी भयानक बनाई जाती हैं कि देखनेवालों के होश गुम हो जाते हैं।

यह भी जानना कुछ कम मनोरंजक नहीं है कि टोपी पहनने का रिवाज कैसे चला। मालूम ऐसा होता है कि सूर्य की तीखी किरणों से अपनी रक्षा करने के लिए मनुष्य ने अपने सिर पर, पहले, किसी लम्बे-चौड़े पत्ते को रखकर चलना शुरू किया होगा। पीछे, उस पत्ते के बीच को ऐसा बनाया होगा कि वह सिर से गिरे नहीं। बरसात से रक्षा करने के लिए भी उनका उपयोग करने के खयाल से उन्हें कुछ लम्बा-चौड़ा और मजबूत बनाया गया होगा। पीछे जब मनुष्य सभ्य हुआ होगा, बरसात के लिए छाता बनाया होगा और टोपी अपनी पहली जगह कायम रही होगी। जंगली जातियाँ अब तक खढ़-पत्तों की टोपियाँ बनाती और पहनती हैं, जो आकार-प्रकार में बड़े टोप-सी दीखती हैं।

'मेक्सिको' देश में भी भारत के ऐसी ही खूब गरमी पड़ती है। वहाँ के मजदूर एक तरह की टोपी पहनते हैं, जिसकी सूरत गोबर छत्ते-सी दीख पड़ती है।

हब्शी लोगों में जिस प्रकार शरीर रँगने का रिवाज है, उसी प्रकार तरह-तरह की टोपियाँ पहनने का भी। शुतुरमुर्ग के उजले-काले, मरोड़दार पंखों की रंग-बिरंगी टोपियाँ ये बनाते हैं। इन पंखों की टोपियाँ पहनकर वे लड़ाइयों में भी जाते हैं और नाच-गानों में भी शामिल होते हैं।

सोलमन टापू के युवक-युवती जब शादी की उम्र में पहुँचते हैं तब उन्हें अपने बालों को साबूदाने के पत्तों में मँढ़कर हँडिया ऐसा बना लेना पड़ता है—मालूम होता है, जैसे सिर

पर हँडिया औंध ली गई हो। उन्हें पूरे दो वर्ष तक उसे ऐसे ही रखना पड़ता है। इस अर्से के अन्दर उनके बालों का आकार भी हँडिया ही ऐसा हो जाता है !

आजकल यूरोप भर में हैट की भरमार है। हैट की भी कितनी किस्में हैं और इसके सम्बन्ध में कितनी ही धारणाएँ हैं। जब हैट उछाला जाए, तो समझिए आनन्द अपनी सीमा पार कर चुका है। जब कोई अपने सिर पर से हैट उठावे, तो समझिए वह सम्मान प्रदर्शित कर रहा है। हैट तिरछे करके पहनना गुस्ताखी का सूचक समझा जाता है। हाथ में हैट लेकर चलना भिखमंगों की चातुरी समझी जाती है। कोई भी भला आदमी ऐसा नहीं करेगा।

मुसलमानी देशों में गोलाकार लाल टोपियाँ पहनी जाती थीं जिनके ऊपरी सिरे से काला झब्बा लटकता होता था। यह टोपी मुसलमानों की धार्मिक एकता की सूचक समझी जाती थी। किन्तु अब टर्की और ईरान में भी हैट की ही भरमार है।

जापान में भी हैट का प्रचार बढ़ता जाता है—यद्यपि जापानी सड़कों पर बड़े-बड़े विचित्र ढंग की टोपियाँ देखी जाती हैं। वहाँ के धनी व्यक्ति जब गरीब हो जाते हैं, तब टोकरी ऐसी एक प्रकार की टोपी पहनते हैं, जिससे उनके चेहरे भी छिपे रहते हैं, अतः कोई उन्हें पहचान नहीं पाता। इस प्रकार अपनी टोपी से अपना मुँह छिपाए, मुँह से एक प्रकार की पिपही बजाते वे भिक्षाटन करते हैं। किन्तु, वहाँ की सड़कों पर ऐसे बाजा बजाकर भिक्षा माँगनेवाले भी दीख पड़ते हैं जो अपना मुँह छिपाने की जरूरत नहीं महसूस करते। हाँ, उनकी टोपी इतनी लम्बी-चौड़ी होती है कि न केवल धूप से, वरन् वर्षा से भी उनकी रक्षा करती है। ये टोपियाँ खढ़-पात की बनी होती हैं।

चीन के लामा ऐसी टोपी पहनते हैं, जो आकार में उनके एक पवित्र पहाड़ के समान होती है। टोपी का रंग पीला होता है।

अब तक जो चर्चा हुई, वह पुरुषों की टोपियों के बारे में। हमारे देश में अधिकांशतः स्त्रियाँ टोपियाँ नहीं पहनतीं। हाँ, अपने बालों को वे खूब सजाती हैं। इतना अधिक सजाती हैं कि उनके सिर हमारी टोपीधारी सिरों की अपेक्षा ज्यादा आकर्षक मालूम होते हैं। नाना तरह से माँग काढ़ना, उन पर आभूषणों को सजाना, फूल-पत्तियाँ खोंसना आदि कितने ही बनाव-सिंगार वे सिर पर करती हैं।

किन्तु बहुत से देशों में स्त्रियाँ टोपियाँ पहनती हैं और उनकी टोपियाँ पुरुषों की टोपियों से, उनकी भड़कदार पोशाक की ही ऐसी, अधिक सुन्दर और कीमती होती हैं।

यूरोप-भर की स्त्रियाँ वहाँ के पुरुषों की ही तरह, हैट लगाती हैं—हाँ, उनके हैट कुछ खास किस्म के जरूर होते हैं और खूबसूरत और कीमती भी।

किन्तु, सभी देशों की अपेक्षा अपने सिर को अधिक सजाती हैं शायद मंगोल-स्त्रियाँ। बड़ी सावधानी से माँग काढ़कर, बालों को दो भागों में बाँटती हैं और फिर उन्हें रतन-जड़े सिंगों के छेद से निकालकर चाँदी और हरे रेशम के तागों में गूँथती हैं। माँग के ऊपर कोमल पंखों और विशुद्ध सोने की किरीट शोभती है। श्याम देश की स्त्रियाँ सिर पर जो टोपियाँ पहनती हैं, वे भी कुछ कम विचित्र नहीं होतीं, वे टोपियाँ ठीक फूल-डाली के आकार की होती हैं, जिन पर हैंडल भी लगा होता है। इस टोपी को नकली मोती और फूलों से खूब सजाया जाता है।

इस्थनियन युवतियाँ ब्याह के अवसर पर जो टोपियाँ पहनती हैं वे भी टोकरे के आकर की ही होती हैं। इस टोपी को सजाने में भी बड़ी मेहनत और कीमत लगाई जाती है। हाँ, इन्हें पहनकर चलने में भी कम होशियारी की जरूरत नहीं होती क्योंकि ज़रा भी असावधानी हुई कि टोपी गिरी।

यूरोपियन स्त्रियों की टोपियों में जर्मनी के 'काले जंगल' प्रान्त की स्त्रियों की टोपियाँ

अपनी खास खूबी रखती हैं। लाल रंग की खूब ऊँची टोपी वे पहनती हैं।

टोपियाँ केवल हमारे सिर की शोभा ही नहीं हैं, वे स्वाधीनता का चिन्ह भी समझी जाती हैं। रोमन लोग जब अपने दासों को मुक्त करते थे, तब उनका सिर मुँड़ाकर लाल ऊन की टोपी पहना देते थे, जिसका अर्थ होता था कि उनकी दासता के दिन गुजर गए। रोम में जब स्वाधीनता देवी की मूर्ति बनाई जाती थी, तो उसके सिर पर टोपी भी जरूर पहनाई जाती थी।

टोपियों में पंख लगाना विजय का सूचक समझा जाता रहा है। 'सिर पर सुरखाब' कहावत भी इसी अर्थ में आती है। प्राचीन ग्रीक लोगों में तथा आजकल के रेड इंडियनों में यह प्रथा है कि जो जितने दुश्मनों का कत्ल करता है, वह उतने ही पर अपनी टोपी में लगाता है !

6

शिकार और शिकारी

आदिकाल से ही मनुष्य शिकारी रहा है। शिकार के दो उपयोग हैं। एक तो, भोजन के लिए मांस प्राप्त करना; दूसरा खूँखार जानवरों से मनुष्य जाति की रक्षा करना।

यदि इन खूँखार जानवरों को यों ही बढ़ने दिया जाए तो सम्भव है, समूची मनुष्य जाति का ये भक्षण कर जाएँ। एक भारत देश में ही प्रति साल 21000 आदमियों का ये जानवर संहार कर डालते हैं। केवल एक चीते ने सात वर्षों के अन्दर 125 आदमियों का शिकार किया था।

शिकार के कितने ही तरीके हैं। पहले तो धनुष-बाण या भाला-बर्छी से ही अधिकतर शिकार किया जाता था; किन्तु अब तो बन्दूकों का प्रयोग धड़ल्ले से किया जाता है। खासकर बाघ, बनैले सूअर, भालू, गैंडे आदि भयानक जानवरों के शिकार के लिए तो बन्दूकों की ही एकमात्र उपयोगिता स्वीकार की जाती है !

बाघ या चीता बड़ा चौकन्ना जानवर समझा जाता है। इसका शिकार ज्यादातर मचान बनाकर किया जाता है। एक ऊँचे मचान पर शिकारी बन्दूक साधे बैठता है। निकट की झाड़ी में एक जानवर रख दिया जाता है। उसे खाने के लिए ज्योंही बाघ वहाँ पहुँचता है, शिकारी की बन्दूक धाँय करके दग उठती है ! हाथियों का झुंड ले, जंगल का घेरा डालकर भी बाघ को मारा जाता है।

छोटे-छोटे जानवरों का शिकार करने के लिए उनकी बोली का अनुकरण करना सबसे सहज तरीका समझा जाता है। किसी सघन झाड़ी में छिपकर खरहे के बच्चे की तरह बोलने से खरहे वहाँ आ जुटते हैं। उत्तरी अमेरिका के जंगली हिरन के बच्चे की बोली बोलकर जंगली हिरनों को अपने निकट बुला लेते और पीछे अपने तीर-कमान से उसका खात्मा कर डालते हैं।

कुत्ता शिकारियों का सबसे प्यारा जानवर है। भालू के शिकार के लिए कुत्ता बड़ा उपयोगी साबित होता है। पहले तो वह शिकार का पता लगाता है; फिर उन्हें घेरकर भागने से रोकता है। हिरन के शिकार में भी कुत्ता कमाल करता है। पक्षियों में बाज भी शिकारियों का बहुत प्यारा है। यों तो कई दूसरे पक्षी भी शिकारी होते हैं। शिकार को धोखा देने के लिए नाना तरह के छल भी किए जाते हैं। परागवे के हब्शी शुतुरमुर्ग को मारने के लिए अपने शरीर को हरी डालियों से छिपाए रहते हैं। स्पेन में घोड़े की आड़ में छिपकर शिकार किया जाता है। घोड़ा धीरे-धीरे घास चरता हुआ आगे बढ़ता है, शिकारी उसकी बगल में छिपा रहता है। ज्यों ही शिकार के निकट वह पहुँचता है, बन्दूक का घोड़ा दबा दिया जाता है—फिर, शिकार शान्त !

चीन में पानी की चिड़ियों को पकड़ने के लिए शिकारी अपने सिर पर घास-पात रखे धीरे-धीरे उनके झुंड की ओर बढ़ता है और निकट पहुँचकर उनमें से एक-एक को पैर पकड़कर डुबो देता है। इंग्लैंड में नकली चिड़िया बनाकर पानी में छोड़ दी जाती हैं। उन्हें देखकर उनकी जाति के दूसरे जलपक्षी उनके निकट आते हैं और यों शिकारियों के पंजे में आसानी से फँस जाते हैं।

बाघ-सिंह का शिकार तो बन्दूक से ही सम्भव है। किन्तु अमेरिका और अफ्रीका में सिंह ऐसे भयानक जानवर को भी रस्से में फँसाया जाता है। शिकारी घात लगाए बैठा रहता है—ज्यों ही सिंह उस राह से निकलता है, रस्से का फन्दा ऐसे अचूक निशाने से फेंकता है कि सिंह बँधकर बेबस हो जाता है।

हाथी के फँसाने के लिए कई उपाय किए जाते हैं। कुछ दिन पहले तक हाथी के रास्ते पर गड्ढा खोद दिया जाता था—उस गड्ढे को पतली लकड़ियों से पाटकर उस पर घास-पात या पत्तीदार डालियाँ रख दी जाती थीं। मदमस्त हाथी झूमता हुआ उस रास्ते से बेखौफ गुजरता और आपसे आप काल के गाल में समा जाता था।

हाथी फँसाने का सबसे प्रचलित ढंग है 'खेदा' का। हाथीवाले जंगल में एक बहुत बड़ा और मजबूत घेरा बना दिया जाता है—उस घेरे का एक ओर खुला रहता है। फिर पालतू हाथियों का एक बड़ा झुंड लेकर उस जंगल में शिकारी पहुँचते हैं, और जंगली हाथियों को इस प्रकार हाँकते हैं कि सबके सब उस खुले रास्ते से उस घेरे में चले जाएँ। इसके बाद ही वह रास्ता बन्द कर दिया जाता है। और उन हाथियों को यों ही छोड़ दिया जाता है। थोड़े ही दिनों में वे हाथी चारा-पानी के बिना अधदम हो जाते हैं। फिर, पालतू हाथियों के सहारे उनमें से एक-एक को घेरे से निकालते और पालतू बनाते हैं।

किन्तु, अफ्रीका में हाथी के शिकार का एक बड़ा ही क्रूर तरीका काम में लाया जाता है। हाथी के रास्तेवाले वृक्षों से पतली रस्सी के सहारे इस्पात का एक विशाल बरछा टाँगे हुए रहते हैं और ज्योंही उस रास्ते से हाथी निकलता है कि रस्सी काट देते हैं। वह बरछा हाथी के कन्धे में गहरा घुस जाता है जिससे कुछ दिनों में वह बेचारा मर जाता है।

उत्तरी अमेरिका में भालू के शिकार के लिए करीब-करीब ऐसे ही ढंग का प्रयोग होता है। भालू को मधु का छत्ता बहुत प्रिय होता है। मधु का छत्ता किसी डाली से टाँग दिया जाता है और ठीक उसके ऊपर लकड़ी का एक बड़ा-सा कुन्दा सम्हालकर रख दिया जाता है जिसका उस मधु के छत्ते से सम्बन्ध रहता है। ज्योंही भालू मधु के छत्ते को छूता है कि वह बड़ा-सा कुन्दा उसकी पीठ पर जा गिरता है—जिससे उसकी कमर ही टूट जाती है।

हमारे देश में भालू के शिकार का एक विचित्र ही उपाय किया जाता है। किसी वृक्ष की डाल से मधु का छत्ता या बकरी का ताजा मांस बाँध दिया जाता है। उस मांस तक पहुँचने की राह में पत्थर का एक ढोंका रस्से से बाँधकर लटका दिया जाता है। जब भालू मधु तक पहुँचना चाहता है, रास्ते में यह ढोंका उसे मिलता है। ज्योंही उसे ठेलकर वह आगे बढ़ना चाहता है, उसके सिर से वह ढोंका टकराता है। इस पर वह नाराज होता है और बार-बार जोर-जोर से उस ढोंके को ठेलना चाहता है और जितना जोर वह लगाता है, उतने ही जोर से उसके सिर से वह टकराता है। यों बार-बार चोट खाकर आखिर वह मूर्छित होकर गिर पड़ता है और झाड़ियों में छिपे शिकारियों के हाथ जा पड़ता है।

चूहों को फँसाने के लिए स्प्रिंगदार चूहेदानी किसने न देखी होगी ? उत्तरी ध्रुव देश में कोमल रोएँवाली लोमड़ी तथा दूसरे जानवरों को फँसाने के लिए इसी ढंग के कल का व्यवहार किया जाता है। वहाँ की एस्कीमो जाति 'सील' नाम के जानवर का शिकार बंशी की तरह एक बड़े काँटेदार हथियार से करती है !

7

अमन के रक्षक

दुनिया की सभी तरक्की अमन पर निर्भर है। जहाँ उथल-पुथल, लूटखसोट, मारपीट है, वहाँ क्या सुख, क्या सभ्यता !

हर राज्य की ओर से जनता के बीच अमन रखने की कोशिश की जाती है और अमन के रक्षक के रूप में पुलिस का अच्छा-से-अच्छा बन्दोबस्त किया जाता है।

अंग्रेजी राज्य बहुत बड़ा है; तो इंग्लैंड की पुलिस भी संसार की सभी पुलिसों से अधिक भलेमानस और फरमाबरदार समझी जाती है। जो यात्री लन्दन पहुँचता है, वहाँ की पुलिस की सज्जनता और तत्परता देखकर रंग रह जाता है।

वहाँ पुलिस का जो प्रबन्ध है, उसका विधाता रौबर्ट पील नामक एक सज्जन समझे जाते हैं। जिस समय सर रौबर्ट ने 1829 में पुलिस के संगठन की योजना पेश की, समूचे देश में विरोध हुआ। एक अखबार ने लिखा—इससे जनता की स्वतन्त्रता में बाधा पड़ेगी। एक ने कहा—यह अपने किसी पिट्ठू को गद्दी पर बिठाना चाहता है ! किन्तु आज सभी सर रौबर्ट की दूरदर्शिता की तारीफ करते हैं।

अंग्रेजी पुलिस का काम केवल बदमाशों को पकड़ना या सवारियों पर नियन्त्रण ही रखना नहीं है। लन्दन की पुलिस ने एक वर्ष में क्या किया, इसी से पता चल जाएगा कि वहाँ की पुलिस क्या-क्या करती है और किस बड़े परिमाण में—

26965 व्यक्तियों के खो जाने की रिपोर्ट पुलिस में की गई, जिनमें 10378 व्यक्तियों को खोजकर उनके सम्बन्धियों से मिलाया गया। 708 व्यक्तियों को आत्महत्या करने से बचाया गया। 2914 जगहों में आग लगने पर पुलिस पहुँची और मदद की, जिनमें 181 जगहों की आग तो उसने अकेले ही बुझाई। 27250 घरों को खुला हुआ देखा और उन्हें बन्द करवाया। 205 बिगड़ैल घोड़ों को सड़क पर बेतहाशा भागते हुए पकड़कर काबू किया और 348 बदहोश फौजियों को गिरफ्तार कर छावनी में दाखिल किया। 41114 भटकते हुए कुत्तों को पकड़ा जिनमें से 8003 को उनके मालिकों के पास पहुँचाया। 5839 फेरीवालों को सर्टिफिकेट दिया गया और 135 की सनदें जप्त की गईं। इन सब कामों के अलावा 109787 अपराधियों को गिरफ्तार किया।

स्त्रियों और बच्चों की देखरेख के लिए वहाँ स्त्री-पुलिस भी है।

इसे अतिरिक्त 'स्कौटलैंड यार्ड' के नाम से वहाँ खुफिया पुलिस का भी बहुत जबरदस्त संगठन है। वहाँ की खुफिया केवल राजनीतिक बातों का ही पता नहीं लगाती, वरन् चोरी, डकैती, खून, दगाबाजी, गिरहकट आदि का ऐसी चतुराई से पता लगाती है कि वाह-री-वाह !

फ्रांस की पुलिस का संगठन इंग्लैंड से बिलकुल जुदा ढंग का है। वहाँ की पुलिस सैनिक ढंग की है। उसके दो भाग हैं। एक का काम है अपराधियों का पता लगाना, उनके खिलाफ गवाह जुटाना और फिर उन्हें अदालत को सौंपना। दूसरा भाग सड़कों एवं दूसरी जगहों पर शान्ति रखता है। भोजन की निगरानी, बाजार-भाव को ठीक रखना और वक्त जरूरत पर जनता की सेवा के लिए मुस्तैद रहना—ये भी उसके काम हैं।

इसके अलावा वहाँ सशस्त्र पुलिस भी है—जिसमें कुछ पैदल और कुछ घुड़सवार हैं। सशस्त्र पुलिस की पोशाक नीली या खाकी होती है। पाजामे का रंग भी यही होता है और सिर पर एक ढंग की टोपी होती है, जिसे 'केपी' कहते हैं। उसे एक-एक पिस्तौल भी दी जाती

है। साधारण पुलिस की पोशाक इसी ढंग की, किन्तु कुछ गहरे रंग की होती है। फ्रांस की खुफिया पुलिस अजहद चालाक समझी जाती है। भेष बदलने में उसका सानी मिलना मुश्किल है। केवल पोशाक, आवाज और चलने के ढंग में हेर-फेरकर वह बड़े-बड़े काइयों की आँखों में भी धूल झोंकती है।

स्पेन की पुलिस यूरोप की सबसे अच्छी पुलिस समझी जाती है; गर्चे स्पेन, यूरोप के पिछड़े हुए देशों में गिना जाता है। पुलिस का संगठन फ्रांस के ही समान है। स्पेन में राहजनी कल तक एक साधारण बात समझी जाती है—किन्तु इस पुलिस ने उसका खात्मा ही कर डाला है। संसार के सभी देशों की अपेक्षा वहाँ की पुलिस को अधिक अख्तियार दिए गए हैं। किन्तु, इन अख्तियारों को वे कभी बेजा इस्तेमाल नहीं करते। इनकी संख्या 30000 है और ये दो की तादाद में—जोड़ा होकर—समूचे देश में घूमा करते हैं। नगरों के लिए वहाँ अलग पुलिस है।

इटली की पुलिस के पाँच दर्जे हैं, जिनमें मुख्य है काराबिनियारी नामक दर्जा। इसके जवान गाढ़े-नीले रंग की चुस्त पोशाक पहनते हैं। हाँ, पाजामे के निचले हिस्से में लाल धारी होती है। इस दर्जे में 30000 जवान हैं, जो शहर और देहात, दोनों में बिखरे हुए हैं। इन्हें जरूरत होने पर फौज में भी भेजा जा सकता है।

जर्मनी की नागरिक-पुलिस सैनिक ढंग की है। इसकी पोशाक गाढ़े नीले रंग की होती है। सिर पर चमड़े का शिरस्त्राण, जिसमें चमकते बटन लगे होते हैं। लन्दन की पुलिस के बाद जर्मनी की पुलिस ही सबसे सुगठित और कार्यशील समझी जाती है।

अमेरिका की पुलिस-प्रणाली कुछ अजीब ढंग की है। अमेरिका का संयुक्त राज्य, कितने ही छोटे-छोटे राज्यों के एकत्रीकरण का नाम है। वहाँ का हर राज्य अपनी-अपनी अलग-अलग पुलिस रखता है। हर प्रमुख नगर की भी अपनी पुलिस है। वहाँ के बड़े-बड़े शहरों—जैसे न्यूयार्क आदि—में लन्दन की ही तरह का पुलिस-संगठन है। किन्तु, जहाँ लन्दन का पुलिस कमिश्नर बादशाह के द्वारा भर्ती किया जाता है, वहाँ इन नगरों के पुलिस कमिश्नर को वहाँ का मेयर भर्ती करता है और वह भी केवल दो वर्षों के लिए। पुलिस के वहाँ कई दर्जे भी हैं। पहले गश्त देने का काम करना होता है, तब पहरा देने का, फिर सार्जेण्ट का और उसके बाद कप्तान का। कप्तान के बाद इन्स्पेक्टर और सबसे ऊपर पुलिस का चीफ। तरक्की करते-करते कोई भी गश्ती-पुलिस का जवान एक दिन चीफ हो जा सकता है। न्यूयॉर्क की पुलिस का वेतन भी लन्दन की पुलिस से अधिक है।

इनके अलावा इनके हथियारों में भी फर्क है। लन्दन की पुलिस एक छोटा-सा Truncheon और एक सीटी लिए अपनी ड्यूटी बजाती है, किन्तु, न्यूयॉर्क की पुलिस को एक गज की एक गदा और एक रिवाल्वर आत्मरक्षा के लिए मिलती है। जरूरत पड़ने पर गदा और रिवाल्वर के इस्तेमाल का पूरा अधिकार न्यूयॉर्क की पुलिस को है—इसलिए वहाँ के उचक्के और बदमाश उनसे खूब भय खाते हैं। यद्यपि वहाँ की पुलिस इन हथियारों का बहुत ही कम प्रयोग करती है। वहाँ ऐसे पुलिस के बूढ़े लोग हैं जिन्होंने जिन्दगी में कभी भी इन हथियारों का एक बार भी इस्तेमाल नहीं किया।

स्त्री-पुलिस भी वहाँ 1913 से कायम की गई है—जिसकी खास पोशाक है और जिसे पुरुष-पुलिस के समान ही वेतन मिलता है।

किन्तु, संसार की सबसे अच्छी पुलिस तो समझी जाती है कनाडा की घुड़सवार-पुलिस। चार भागों में विभक्त होकर यह देश के चार बराबर हिस्सों में अमन-चैन की रक्षा अपनी मुट्ठी में लिए हुए है। पहले इसकी पोशाक बैंजनी थी। सिर पर उजला टोप—कमर में चमकीले कारतूस की पेटी से लटकती रिवाल्वर ! किन्तु, अब उनकी पोशाक लाल है। सुनहली धारी

का चुस्त पाजामा और खाकी टोप।

वहाँ की पुलिस को सबसे पहले गोली चलाकर कैदी को 'जिन्दा या मरा' लाने का अधिकार नहीं है। यदि किसी कैदी को वह मार डाले, तो उसे तीन महीने की सजा होती है और यदि कैदी भाग जाए तो भी उतने ही दिनों की। इसलिए वहाँ की पुलिस कभी-कभी बड़ी विचित्र करामात कर दिखाती है। एक बार जब एक रेलवे लाइन बन रही थी, वहाँ के कुछ आदि-निवासी लाइन पर आकर डेरा डाल बैठ गए और हटने से इनकार कर दिया। इतने ही में पुलिस को खबर दी गई। दो पुलिस के जवान आए। आकर उन्होंने उनसे हटने को कहा। किन्तु कौन सुने ? बस, दोनों जवान आगे बढ़े और अपने बूट की ठोकर से एक खीमे के खूँटे को उखाड़कर उसे गिरा दिया। आदि-निवासी हतप्राय हो उनका मुँह देख रहे थे। किन्तु, ये दोनों मानो निडरता का अवतार बने, एक-के बाद दूसरा खीमा गिराते रहे। आदि-निवासी जानते थे कि इन पर हाथ उठाने का क्या अर्थ है ? अतः वे चुपचाप देखा किए और आखिर वहाँ से खिसक गए।

भारतीय पुलिस की पोशाक में भी अलग-अलग प्रान्तों में भेद है। बिहार में जहाँ 'लाल मुरेठा' का अर्थ है पुलिस—वहाँ बम्बई में पुलिस के लिए 'पीली फाड़ी' का व्यवहार किया जाता है। सरहद की पुलिस को राइफल और संगीन से लैस किया गया है।

दक्षिणी अफ्रीका में वहाँ के तीन हजार हब्शी पुलिस में लिए गए हैं। इन लोगों ने भी अपने को खूब ही योग्य साबित किया है।

जापान की पुलिस यूरोपियन ढंग से ही संचालित है। किन्तु चीन की पुलिस ढीलीढाली समझी जाती है, जो कि घूस भी लेती है। बगदाद की ही तरह मोरक्को की न्यायपद्धति वहाँ के काजी द्वारा संचालित होती है—किन्तु वहाँ की पुलिस बड़ी सजग और साहसी समझी जाती है।

यूरोप में सबसे कम पुलिसवाले देश हैं—बेलजियम, नार्वे और स्वीडन। किन्तु संसार में सबसे कम पुलिस तो है आइसलैंड में, वहाँ के लोग इतने शान्त और कानून माननेवाले हैं कि वहाँ पुलिस है ही नहीं। हाँ, वहाँ राजधानी में, यह समझकर कि आखिर राजधानी में पुलिस तो रहनी ही चाहिए; दो लम्बे-तगड़े जवान पुलिस के नाम पर रखे गए हैं—जो भड़कीली पोशाक पहने जब-तब इधर-उधर निकल जाते हैं !

8

नाचो हे नाचो नटवर !

नाचना एक ऐसी कला है, जिसका प्रचार संसार की सभी जातियों और देशों में पाया जाता है।

हमारे दो देवता शिव और कृष्ण तो नाचने के इतने बड़े उस्ताद समझे जाते हैं कि उन्हें नटराज और नटवर कहते हैं।

शिवजी का तांडव-नाच ऐसा भयानक समझा जाता है, कि कहा जाता है, जब वह नाचने लगते—धरती काँपती, सूरज-चाँद थरथराकर खड़े हो जाते, तारे टूटने लगते, दिशाएँ सिहर उठतीं, आकाश विक्षुब्ध हो जाता ! किन्तु, कृष्णजी का नाच तो बड़ा ही दिलचस्प और मनोहारी समझा जाता है। चाँदनी रात में अपने दोस्तों और दोस्तिनों के साथ जब वह यमुना किनारे रास-लीला शुरू करते, बहती यमुना थम जाती, संसार निस्तब्ध होकर उस नट-लीला पर बलिहार जाता !

मालूम होता, रस के, आनन्द के उल्लास के फव्वारे फूट निकले हैं।

और, विद्वानों का कहना है कि नाचना हमारे आनन्द और उल्लास की बहुलता का ही सूचक है ! गर्चे, कुछ हिस्सों में शोक और वीरता की भावना को प्रकट करने के लिए भी नाच का व्यवहार पाया जाता है।

नाच कब से शुरू हुआ और किसने किया—यह थोड़ा मनोरंजक जरूर है। सब लोग इस बात को मानने लगे हैं कि नाचने का प्रारम्भ सबसे पहले बच्चों ने किया और मनुष्य-जाति की प्रारम्भिक अवस्था में भी नाचना जारी था। सबसे पहला नाच रहा होगा—बच्चों का उछलना, कूदना, किलकारियाँ मारना, ताथेई-ताथेई करना। लोगों का यह भी विश्वास है कि संसार के सभी देशों और जातियों में पहले नाच एक ही ढंग का था; किन्तु, धीरे-धीरे जिस-जिस प्रकार आदमियों की विद्या-बुद्धि का विकास हुआ, नाच भी एक कला का रूप धारण करता गया और उसके भी कितने ही भेद हो गए। इस बात के प्रमाण में दक्षिण-समुद्र द्वीपवासी, जुलू मध्य अफ्रीका के हब्शी, आस्ट्रेलिया के आदि-निवासी और ब्राजील के इंडियनों को पेश करते हैं—ये स्थान एक दूसरे से हजारों मील की दूरी पर हैं। समुद्र, पहाड़, जंगल आदि द्वारा एक-दूसरे से बिलकुल जुदा कर दिए गए हैं, तो भी सभी में प्रायः एक ही ढंग का नाच होता है।

प्रशान्त महासागर के टापुओं में भी नाच अपने उस पूर्व रूप में ही जारी है। शाम के बाद युवक-युवती खुली जगह में एकत्र होते। आग जलाकर रोशनी की जाती। सिर में ताड़ के पत्ते बाँध लिए जाते, जिनमें उनके बाल इस तरह सजाए जाते कि सींग के ऐसे दीख पड़ें; पैर, घुटने और कलाई में भी छोटी-छोटी टहनियाँ बाँध ली जातीं। किसी के कान में सीप या मोती की माला लटकती, किसी के कान में फूल। वे एक पंक्ति में खड़े हो जाते। बाजे के सुर पर वे अपने शरीर को आगे और पीछे मोड़ते। धीरे-धीरे कुछ गाते भी होते। कभी तालियाँ बजाते, कभी छाती और कभी जाँघ पर भी हाथ पटकते। कभी एक दिशा में बढ़ते, कभी दूसरी दिशा में। धीरे-धीरे उनका गाना तेज होने लगता और होने लगता तेजी से नाच। होते-होते बड़ी उत्तेजना फैल जाती—एक समा-सा बँध जाता, कि खून में चक्कर लानेवाले तीन गोल चक्कर देकर उसे अकस्मात् समाप्त कर दिया जाता।

धीरे-धीरे नाच के साथ धर्म का भी सम्बन्ध जोड़ा जाने लगा। आज के असभ्य लोग अपने नाच में कुछ-न-कुछ दैवी प्रभाव मानते ही हैं। मध्य अफ्रीका में कुछ लोग वर्षा-वैद्य के नाम से मशहूर हैं। जिस तरह और बीमारियों को अच्छा करने के लिए वैद्य होते हैं, उसी तरह वर्षा न होने पर ये वैद्य लोग इकट्ठे किए जाते हैं। ये वैद्य खूब नाचते हैं और समझा जाता है कि इनके नाचने से वर्षा होगी। आरिजीना के इंडियनों में भी ऐसे वैद्य होते हैं। जब भोजन-सामग्री में कमी होती है तब उत्तरी अमेरिका के मडन-इंडियन और आस्ट्रेलिया के आदि-निवासी इसलिए विधिपूर्वक नाचते हैं कि देवता खुश होकर उन्हें अधिक शिकार या खेतों में अन्न देंगे। गोल्डकोस्ट की हब्शी स्त्रियाँ इसलिए नाचती हैं कि युद्धभूमि में गए हुए उनके पति के हृदय में उत्साह का देवता जा बसे !

सबसे पुराने धर्मों में नाचना पूजा का एक उत्तम रूप समझा जाता था और नाचते-नाचते भक्त लोग बेसुध होकर गिर पड़ते थे। बंगाल के चैतन्यदेव के अनुयायी तथा अन्य जगहों पर हरकीर्त्तनवाले भी खूब नाचते और बेहोश होने में गर्व अनुभव करते हैं। मुसलमानी देशों में भी एक ऐसा पंथ है जो नाचते-नाचते बेहोश हो जाने में अपनी भक्ति की हद समझता है। उत्तरी अमेरिका के इंडियन 'सूर्य-नृत्य' करते हैं। नाचनेवाला भक्त सूर्य की ओर एकटक देखता हुआ नाचता है और नाचते-नाचते ऐसा मत्त हो जाता है कि अपने शरीर के मांस को

नोच फेंकता है। होपी के सर्प-नृत्यवाले जहरीले साँप को दाँत से पकड़कर नाचते हैं।

रोमन, ग्रीक, मिस्री, यहूदी—सब प्राचीन जातियों में नाचने का शौक पाया जाता है। रोमन लोग नाचने को एक उत्तम धार्मिक कर्तव्य समझते थे और यों ही नाचने को बुरा मानते थे। मिस्र के मन्दिरों में भी गाने के समान ही नाचना भी एक पवित्र-धार्मिक कृत्य समझा जाता था। ग्रीक लोगों में सुन्दरता की पूजा भी एक धर्म समझा जाता था—वे लोग शरीर के गठन, उसकी सुन्दर गति, उसके एकत्व के उपासक थे। नाचने की कला का यूरोप में जो विकास हुआ है, उसके पिता ग्रीक ही समझे जाते हैं। बाइबिल से पता चलता है कि यहूदी लोगों में भी नाचने का खूब रिवाज था और ईसाई-गिरजों में भी नाच हुआ करते थे। स्पार्टा के लोग सुगठित बदन के लिए मशहूर थे। वे लोग नाचने को एक कसरत समझते थे और पाँच वर्ष की उम्र से अधिक के सभी लड़कों के लिए नाचना लाजिमी समझा जाता था।

किन्तु, नाच का सम्बन्ध लड़ाई से भी हो सकता है, यह कुछ आश्चर्य-सा मालूम होता है। पर, आज भी रेड-इंडियन लोग अपने शरीर को पंखों से—पहले मारे गए दुश्मनों की खोपड़ियों से—ढँककर और अपने चेहरे को पोतकर युद्ध-नृत्य के उपासक समझे जाते हैं। फ्रांस की राज्य-क्रान्ति के समय एक तरह का नाच चला था, जिसने लोगों के हृदयों में विद्रोह की भावना का बीज सफलतापूर्वक बोया था। नेपल्स में आजकल भी दो प्रकार के युद्ध-नृत्य होते हैं।

मालूम तो ऐसा होता है कि नाचना मनुष्य-जीवन के हर पहलू में घुसा हुआ है और इतिहास के हर जमाने और संसार के हर कोने में इसका रूप दीख पड़ता है। हमारे देश की सभ्यता बहुत पुरानी है। हमारे इतिहास-पुराण से पता चलता है कि नाच का प्रचलन हमारे देश में भी खूब था। इधर उत्तर भारत के उच्च घरानों में नाचने का रिवाज कम ही नहीं हुआ है, वरन् बुरा भी समझा जाता है। किन्तु, गुजरात की स्त्रियों का गरबा-नृत्य संसार-प्रसिद्ध है और जिसमें रानियाँ भी शामिल होती हैं। नाचने का काम यों ही, हमारे यहाँ स्त्रियों का ही समझा जाता है और जो पुरुष भी नाचते हैं तो स्त्रियों का स्वाँग बनाकर। किन्तु, यूरोप में तो हर सभ्य पुरुष के लिए नाचना अति आवश्यक समझा जाता है, जिस कारण महात्मा गांधी को भी विलायत जाने पर नाचना सीखना पड़ा था। एक स्त्री और एक पुरुष की जोड़ी मिलाकर वहाँ जो नाच होता है, उसे बौल-डान्स कहते हैं।

हर देश का अपना-अपना खास नाच भी है। स्पेन का 'बालेरी', इटली का 'टाराँटेला', अंग्रेजों का 'हौर्न पाइप', जापानी युवतियों का 'झूला-नृत्य', रूसवासियों का 'बैलेट' और स्कॉटलैंड का 'तलवार-नृत्य' ऐसे ही नाच हैं।

इस समय संसार के सभ्य देशों में नाच के बारे में एक विचित्र प्रवृत्ति देखी जा रही है। वे अपनी पुरानी नृत्य-कला के उद्धार के यत्न में लगे हुए हैं। सभ्य-शिरोमणि इंग्लैंड में इसके लिए बड़ा प्रयत्न हो रहा है कि वहाँ के पुराने देहाती नाचों का सभ्य लोगों में भी प्रचार किया जाए। हमारे देश में भी ऐसा प्रयत्न शुरू हुआ है। संसार को भारतीय नृत्य-कला पर मुग्ध करानेवाले नटराज उदयशंकर ने इसके लिए बहुत कुछ किया है। कवीन्द्र-रवीन्द्र के शान्ति निकेतन में भी प्राचीन नृत्यों के उद्धार के लिए पूरी चेष्टा हो रही है। अब सभ्य घरानों की स्त्रियाँ भी नाचने की ओर झुकी हैं।

बाल गोपाल तो सदा से नाचते आए हैं। कल भी नाचते थे, आज भी नाचते हैं और आगामी कल भी नाचेंगे ! नाचेंगे और गावेंगे—

नाचो हे नाचो नटवर !

9

गाना-बजाना

पी-पी—पू-पू !

कोई बच्चा बेतहाशा रो रहा है। कितनी भी चुप कराने की कोशिश आप कर रहे हैं, वह चुप नहीं होता। बस, आप एक पिपुही लेकर उसके नजदीक बजा दीजिए; वह चुप। शायद मुस्कुरा भी पड़े। और, उसे लेने के लिए जिद तो करेगा ही।

बाजे में यह करामात है ही। लोगों का तो कहना है कि जिस समय मनुष्य-जाति अपने बचपन में रही होगी, विद्या-बुद्धि का आज के ऐसा विकास नहीं हुआ होगा; उस समय भी उसमें गाने-बजाने का शौक जरूर हुआ होगा। गाने के जरिए हम अपने दिल के उच्छ्वास को प्रकट करते हैं, बाजा उस गाने को भड़कदार और दिलचस्प बना देता है। आज संसार के असभ्य-से-असभ्य देश में जाइए, आप वहाँ गाना-बजाना जरूर पाएँगे !

पहले कौन-सा बाजा बना होगा, इसका अन्दाज लगानेवाले कहते हैं कि पहले कई चीजों को इकट्ठा कर, उन्हें पीट-पीटकर शब्द निकलने की चेष्टा की गई होगी। पीछे मरे हुए पशुओं के चमड़े को, पोपले कद्दू पर मढ़कर ढोल; और नरकट की गाठों को छेदकर उससे पिपुही बना ली गई होगी। किसी पोपली चीज में छोटे-छोटे कंकड़ रखकर उसे हिलाने-डुलाने पर एक प्रकार का स्वर निकलते देखकर झुनझुना बनाने की कल्पना की गई होगी। आज भी बहुत से असभ्य देशों में ये ही तीन बाजे हैं—ढोत, पिपुही और झुनझुना; चाहे उनका आकार-प्रकार जैसा हो। इन तीनों के सहारे ही नाना तरह के स्वर निकाले जाते हैं।

जंगली लोगों के गाने-बजाने को गौर से देखने पर मालूम होता है कि उनमें 'ताल' पर ज्यादा ध्यान दिया जाता है, सुर पर कम। अमेरिका के रेड इंडियनों को देखिए या अफ्रीका के हब्शी लोगों को—गाने-बजाने में ताल की ही प्रमुखता उनके यहाँ है। रेड इंडियनों का 'टमटम' और हब्शी लोगों का ढाल उन्हें 'ताल' ही देता है। हब्शी लोग तो ढोल बजाने में इतने उस्ताद हैं कि उन्होंने ढोल की भाषा का ईजाद कर लिया है। एक जगह कोई ढोल बजा रहा है—दूसरा मीलों की दूरी पर बैठा उस ढोल को सुनकर समझ लेता है कि वह क्या कह रहा है।

गाने-बजाने का शौक जैसा कि कहा गया है, असभ्य से असभ्य लोगों में भी है। मध्य अफ्रीका के लोग खूब ही गाते-बजाते हैं और उनका गवैया-दल जहाँ जाता है, उसे पूरा सम्मान मिलता है। किन्तु वहाँ के गवैयों पर एक आफत भी है। जो सबसे अच्छा गाता है, राजा उसकी आँखें निकाल लेता है, जिससे वह उसका राज्य छोड़कर दूर देश नहीं चला जाए।

हब्शी लोगों को 'ताल' पसन्द है, तो मंगोल जातियों को 'सुर'। सुरीले स्वर उन्हें मोहित कर लेते हैं। चीन में संगीत का वैसा विकास नहीं हुआ है, किन्तु जापान ने तो इस बारे में खूब तरक्की की है। अपने गाने-बजाने में उसने कई नई चीजें भी जोड़ ली हैं और अपने गवैयों को यूरोप में भेजकर भी शिक्षित कर लिया है।

हर पूर्वी देश का एक-न-एक बाजा मशहूर है। जिस प्रकार भारत में 'वीणा' प्रसिद्ध है—हमारी सरस्वती देवी भी वीणा ही बजाती हैं; उसी प्रकार चीन, जापान, बर्मा आदि में भी कोई-न-कोई बाजा है, जो वहाँ का राष्ट्रीय बाजा समझा जा सकता है। चीन के ऐसे बाजे का नाम 'राजा' है—एक काठ का तख्ता लटका रहता है, जिस पर सोलह पत्थर के टुकड़े दो पंक्तियों में सजाए रहते हैं, जिन पर एक काठ की मुँगरी से हल्के-हल्के मारकर नाना तरह

के स्वर निकालते हैं। बर्मा में एक तरह का 'ढोल-तरंग' बजाई जाती है। भिन्न-भिन्न आकार के इक्कीस ढोलों को अर्द्ध वृत्ताकार में रखते हैं और बजानेवाला उसके बीच में बैठकर या खड़े होकर उन्हें बजाता है। जापानी लोग बाँस के पोपले टुकड़ों को क्रम से रखकर, उन्हें पीटकर एक प्रकार की दिलचस्प स्वर-तरंग निकालते हैं—जिसे 'ऐंकलौंग' कहते हैं। किन्तु, जापान में, भारत के ही समान, तार के संयोग के बने बाजों की भी बड़ी कदर है। सितार, सारंगी, वीणा ऐसे बहुत से तारवाले बाजे वहाँ हैं।

उत्तरी अमेरिका के 'रेडस्किन' जाति मस्त गवैये होते हैं। गर्चे, उनके पास केवल तीन ही बाजे होते हैं—ढोल, पिपुही और झुनझुना—किन्तु, इन्हीं के सहारे वे बड़े मज़े से गा लेते हैं। यूरोपियन लोग आदि-निवासी असभ्य लोगों का गाना-बजाना प्रायः पसन्द नहीं करते, किन्तु, इन लोगों का गाना-बजाना उन्हें भी खूब ही पसन्द आता है। अमेरिका के कुछ आदि-निवासी एक विचित्र ढंग के ढोल का व्यवहार करते हैं—जो कौतूहलप्रद भी है। एक छोटे से ढोल में पानी रख देते हैं। गवैये के स्वर की मधुरता और तीखेपन के अन्दाज से पानी भी कम या बेशी रखा जाता है। अपने स्वर के अनुसार बनाने के लिए गवैये बार-बार उसके पानी को कम या बेशी करते हैं। प्रायः ऐसा होता है कि एक गवैये के ढोल पर दूसरा नहीं गाता बजाता, क्योंकि अपने स्वर के अनुसार ही उसे पानी से भरा रखा जाता है। उलट-फेर होने से बड़ी दिक्कत होती है।

मध्य अफ्रीका, दक्षिण अमेरिका और मैक्सिको के निवासी एक प्रकार के बाजे का व्यवहार करते हैं, जिसे 'मरिम्बा' कहते हैं। इसे 'कद्दू-तरंग' भी कह सकते हैं। छोटे, मँझोले और बड़े आकार के सूखे पोपले कद्दू को एक साथ गाँथ-गूँथकर एक बड़ा-सा अर्द्धवृत्ताकार घेरा बनाते हैं। फिर एक छोटे-से काठ के टुकड़े से ठोक-पीटकर स्वर निकालते हैं। कद्दू के आकार-प्रकार के अनुसार, विविध प्रकार के स्वर उसमें से निकलते हैं। कहीं-कहीं कद्दू की जगह लकड़ी के छोटे-बड़े टुकड़ों का भी इस्तेमाल किया जाता है।

पुराने मिस्र के लोग गाने-बजाने में भी पूरे निपुण थे। ईसा सन् के तीन हजार वर्ष पहले भी वे तारों से बने बाजों एवं ढोल, पिपुही और पशुओं की सींग से बजाए जानेवाले बाजों का व्यवहार करते थे। धार्मिक कृत्यों के समय जो बाजे बजाए जाते थे, उनमें तो कला का चरम विकास समझा जाता था। यहूदी लोगों ने, मालूम होता है, गाने-बजाने की कला मिस्री लोगों से सीखी। यहूदियों के सबसे पहले गवैये का नाम है जूबल। कहा जाता है कि एक दिन जूबल लोहार की नेहाई के निकट बैठा था। नेहाई के घन पटकने से जो शब्द निकलता था, उससे उसके मन में बाजे की कल्पना जाग उठी। उसने बाजे बनाए ! ग्रीकों और रोमनों में भी गाने-बजाने का पूरा रिवाज था। यूरोप में गाने के आचार्य ग्रीक ही समझे जाते हैं।

कुछ बाजे तो खूब ही विचित्र होते हैं। न्यासालैंड टापू के गवैये एक प्रकार का बाजा व्यवहार करते हैं, जिसे 'बाजों की खिचड़ी' कहा जा सकता है। पैर में अखरोट के छिलके बाँधे रहते हैं, जिनके भीतर पत्थर के छोटे-छोटे टुकड़े होते हैं। हाथ में एक तारवाला एक बाजा रहता है, जिसके सिरे से घंटी लटकती रहती है। जब वे गाते हैं, एक ही साथ झुनझुने, घंटी और तार की आवाज निकलती है। अबिसिनियावालों का सितार भी कुछ कम मनोरंजक नहीं होता। जिस समय अपने इन सितारों पर वे अपने पूर्व वीरों का यशोगान गाने लगते हैं, समाँ बँध जाता है। फीजी के आदि-अधिवासी एक लम्बी-सी बंशी अपनी नाक से बजाते हैं। मलाया में भी ऐसी विचित्र बंशी देखो जाती है। मैक्सिको में जो काठ का 'मरिम्बा' व्यवहार किया जाता है, उस पर एक साथ ही चार-चार आदमी तक बजा लेते हैं। हमारे देश का सिंगा भी दूसरे देशवासियों के लिए कुछ कम आश्चर्यजनक बाजा नहीं है।

10

खेलकूद की दुनिया

इन पंक्तियों का लेखक उन दिनों बच्चों के एक मासिक-पत्र का सम्पादक था। उसने एक बार देश के एक प्रख्यात शिक्षा-विशारद से भेंट की और उनसे एक छोटा-सा सन्देश अपने पत्र के लिए माँगा। उन्होंने एक छोटे-से कागज के पुर्जे पर लिख दिया—

जो न पढ़े न लिखे, वह मूर्ख;
जो न खेले न कूदे, वह उससे भी मूर्ख !

बात उन्होंने मार्के की कही। खेलकूद हमारी जिन्दगी के लिए उतना ही आवश्यक है, जितना खाना या सोना। कनाडा के जंगली खीमों से लेकर चीन के गाँवों तक और एस्कीमो लोगों के बर्फानी देश से लेकर हब्शियों की जलती हुई भूमि तक—ऐसी जगह नहीं, जहाँ खेलकूद का प्रचार नहीं हो। और, खेल की किस्म उस देश की जलवायु और परिस्थिति पर निर्भर है।

कनाडा के जंगली खीमों में एक खेल चलता है, उसका नाम है—"जैक, तुम कहाँ हो ?" उस घनघोर जंगल में ऐसी खुली जगहें तो हैं नहीं, जहाँ फुटबॉल या कबड्डी खेली जाए। अतः, एक ऐसा खेल चाहिए जो घर में ही खेला जा सके। यह खेल ऐसा ही है। दो आदमी आँखों में पट्टी बाँधकर बीच घर में बैठते हैं। उनके बाएँ हाथ में चमड़े की चमोटी रहती है और दाहिने हाथ में अखबारों को मोड़-माड़कर बनाई गई सख्त चाबुक ! गोटी गिराकर पहली बाजी ठीक की जाती है। जिसके पक्ष में गोटी आती है, वह चिल्लाता है—"जैक तुम कहाँ हो ?" दूसरे आदमी को जरूर ही जवाब देना पड़ता है—"मैं यहाँ हूँ।" अब, पहला आदमी वहाँ पर अपनी चमोटी फटकारता है, जहाँ पर कि वह दूसरे आदमी के होने की कल्पना करता है। यदि ठीक उसको लगी, तब तो एक चमोटी जड़ने का उसको अधिकार है। किन्तु, यदि चूक हो गई, तो दूसरा आदमी उसे ही अपनी चमोटी से पीटता है। यों ही वह खेल तब तक चलता है, जब तक कि एक हार न माने। चमोटी ज़रा गहरी फटकारी जाती है।

इस सुदूर पश्चिम से इस सुदूर-पूर्व की ओर बढ़ें। कोरिया में, जो पहले एक स्वतन्त्र राज्य था, किन्तु अब जापान के कब्जे मे है, 'रस्सा-कशी' का बड़ा ही प्रिय खेल है। अंग्रेजों के लीग फुटबॉल के समान इसमें समूचा गाँव और शहर शामिल होता है। खढ़-पात का एक बड़ा मोटा रस्सा तैयार किया जाता है। रस्से की दोनों आखिरी छोरों में कई शाखाएँ फूटी रहती हैं। समूचे रस्से और उसकी शाखाओं को पकड़े गाँव या शहर-भर के स्त्री-पुरुष और बच्चे अपनी-अपनी ओर खींचते हैं। स्त्रियाँ अपने को बोझीला बनाने के लिए अपने घाँघरों में पत्थर बाँध लेती हैं।

कोरिया में इस प्रकार की गेंद भी खेली जाती है। दोनों दलों में चार-चार खिलाड़ी रहते हैं—सबके हाथों में काठ के चौड़े डंडे रहते हैं। खिलाड़ी एक के पीछे एक—ऐसा करके खड़े होते हैं। दूसरे दल ने ज्योंही गेंद फेंकी, सबसे पहले, पहला खिलाड़ी उसे रोकने की कोशिश करता है, उसके बाद क्रमशः दूसरा, तीसरा, चौथा। यदि कोई नहीं रोक सका, तो एक नम्बर पहले दल को मिला गया। यों ही खेलते हुए जिनके दल ने पहले निश्चित नम्बर पूरे कर लिए, उसकी जीत समझी जाती है और उसके बाद, जगह अदल-बदल करके, फिर खेल शुरू किया जाता है।

जापान के बच्चे टेनिस की तरह की दो गेंदों से खेल खेलते हैं। एक में काठ की बहुत

ही खूबसूरत गेंद होती है, जिसे डंडे से एक दूसरे की ओर उछालते हैं। दूसरे में, साबुन-वृक्ष के सूखे फलों के पंख लगाकर गेंद बनाते हैं। यह खेल प्रायः लड़कियाँ ही खेलती हैं। किन्तु चीन के बच्चे और बच्चियाँ एक तीसरी ही तरह की गेंद खेलती हैं। उसमें गेंद को हाथ में नहीं छूना होता है, किन्तु पैर, कुहनी, घुटने और कन्धे से उसे मारना पड़ता है। इस सफाई से यह खेल खेला जाता है कि कई मिनटों तक गेंद ऊपर ही उछलती है, भूमि पर नहीं आ पाती।

जापान की लड़कियाँ 'बत्तख और लोमड़ी' का खेल भी बड़े मज़े से खेलती हैं। कई लड़कियाँ बत्तख बनती हैं और उनमें एक लोमड़ी। बत्तख बननेवाली लड़कियों में सबसे बड़ी आगे और सबसे छोटी पीछे रहती है। सब लड़कियाँ एक-दूसरे का कन्धा पकड़े होती हैं। केवल अगली लड़की हाथ पसारे रहती है और अपने दल को 'लोमड़ी' की झपट से बचाना चाहती है। इधर लोमड़ी अपनी चालाकी या पैरों की तेजी से उनमें से सबसे छोटी को पकड़ती है। यों ही पूरे दल के पकड़ जाने पर खेल खत्म होता है। इंग्लैंड के बच्चे भी ठीक इसी खेल को इसी ढंग से खेलते हैं और आश्चर्य है कि तिब्बत में भी यह खेल खूब प्रचलित है—हाँ, तिब्बत में 'भेड़िया और भेड़' नाम से मशहूर है।

चीन, जापान और कोरिया में पतंग उड़ाना भी एक बड़ा अच्छा दिलबहलाव का सामान समझा जाता है। महीन-से-महीन रेशमी तागे का व्यवहार करते हैं, जो खूब मजबूत भी होता है। पतंग कागज की होती है और कभी-कभी उसका आकार मछली, चमगादड़ आदि की तरह का होता है। पतंग के साथ कभी-कभी सीटी या झुनझुने भी लगा दिए जाते हैं, जिस कारण उससे बड़ी अच्छी सुरीली आवाज भी निकलती रहती है। रात में पतंग में रोशनी भी की जाती है। कागज का छोटा दीपक उसके साथ बाँध दिया जाता है। तागे को पहले सरेस में डुबोते हैं, फिर उस पर महीन पीसी काँच की बुकनी डाल देते हैं। इससे तागा मजबूत भी हो जाता है और रुखड़ा भी। फिर दो पतंग उड़ानेवाले एक-दूसरे से पतंग लड़ाते हैं और एक दूसरे की पतंग को काटने की चेष्टा करते हैं।

लट्टू नचाने का खेल तो पूर्वीय देशों में खूब ही प्रचलित है। जाड़े के दिनों में बर्फ पर लट्टू नचाना बड़ा ही मजेदार मालूम होता है। होशियार खिलाड़ी तो लट्टू को पतले तार पर भी नचा डालते हैं। लट्टुओं को लड़ाना भी एक मनोरंजक शगल है। जो लट्टू पहले गिर जाता, वह मारा गया समझा जाता है। झूला झूलना और उछलना-कूदना भी दिलबहलाव के अच्छे साधनों में गिने जाते हैं।

दक्षिण चीन के लोग साहसी खेलों के शौकीन नहीं हैं। फुटबॉल और हॉकी देखकर तो वे काँप उठते हैं। हाँ, चीनी लोग शतरंज के बड़े खिलाड़ी होते हैं। शतरंज की एक नई गोटी भी उनमें होती है, जिसे वे तोप कहते हैं। ताश का खेल भी समूचे पूर्वीय देशों का घरेलू खेल है।

जिस तरह हमारे यहाँ जमीन पर खाने बना-बनाके गोटियों के कितने खेल खेले जाते हैं, उसी प्रकार अरब के लड़के भी गोटियों के खेल खेलते हैं। शतरंज भी अरब में खूब मशहूर है। इन्हीं अरबों के द्वारा ये खेल यूरोप में गए, ऐसा समझा जाता है। अरब के लड़के अपने मेलों में खटोले पर भी खूब झूलते हैं।

तुर्किस्तान में घोड़े पर चढ़कर चोगान खेला जाता है—जो पोलो खेल के समान होता है।

पश्चिमी अफ्रीका में 'वारी' नामक एक जनप्रिय खेल है। नाव के आकार का एक तख्ता रहता है, जिसमें बारह छेद होते हैं, जो बारह शहरों के सूचक हैं। छीमियों के बीजों या कंकड़ों से यह खेल खेला जाता है, जो सिपाही समझे जाते हैं। जहाँ यह खेल शुरू हुआ, कितने ही लोग एकत्र हो जाते और अपना काफी समय बर्बाद करते हैं।

बर्मा के बच्चों में एक प्रकार की गेंद खूब प्रचलित है। जमीन पर चटाइयाँ बिछाकर खेलने का स्थान बना लिया जाता है। फिर, बच्चे-बच्चियाँ इकट्ठे होते और अपनी जगह पर खड़े हो जाते हैं। उनमें एक बच्चा कमाची की बनी गेंद को उछालता है—बस, खेल शुरू हुआ। अब खिलाड़ियों की यही चेष्टा रहेगी कि किसी तरह इस गेंद को जमीन नहीं छूने दी जाए। वे इस गेंद को अपने घुटनों से ऊपर उछाल देंगे, या अपने तलवों से ऊपर या कन्धे और गाल के बीच से पकड़कर अपने साथी की ओर तेजी से फेंकेंगे। इस खेल में बहुत ही अभ्यास की जरूरत होती है।

नाइजीरिया की लड़कियाँ तो मामूली खेलों से भी ज्यादा आनन्द अनुभव करती हैं। सभी लड़कियाँ पैर हटाकर खड़ी हो गईं। फिर उनमें से एक-एक दोनों पैरों के बीच से निकल गईं—बस, केवल इतना ही, उनके बहुत देर तक हँसने-हँसाने के लिए काफी है !

अंग्रेज खेलने के लिए खूब ही मशहूर हैं ! उनके यहाँ तो कहावत है कि यदि केवल काम ही काम किया जाए और खेला न जाए, तो प्रतिभाशील आदमी की बुद्धि भी थोड़े ही दिनों में कुन्द पड़ जाए। अंग्रेजी साम्राज्य क्रिकेट खेलने के लिए संसार भर में नामी है। पोलो, फुटबाल, हॉकी, टेनिस, आदि और भी कितने ही खेल हैं, जो अंग्रेजी साम्राज्य-भर में खूब खेले जाते हैं।

अमेरिका में 'बेस-बाल' नामक गेंद का एक खेल है। यह अमेरिका में उतना ही जनप्रिय है, जितना क्रिकेट इंग्लैंड में। इसकी गेंद काठ की और उजली होती है। इसको एक पतले और गोल डंडे से मारते हैं। गेंद इतनी तेज से चलती है कि पकड़नेवाले को, छाती और मुँह के बचाव के लिए, खास ढंग का जिरह-बख्तर पहनना पड़ता है।

रूस के किसान अपनी खेलकूद की प्रवृत्ति के लिए खूब ही नामी हैं। रूस के पड़ोसी फिनलैंड की भी यही हालत है। ये लोग इस प्रकार का खेल खेलते हैं। सामने एक छोटे से घेरे में लकड़ी के कुछ टुकड़े रख दिए जाते हैं। फिर, एक किसान दूसरे किसान की पीठ पर सवार होकर अपनी लकड़ी उस घेरे की लकड़ियों की ओर इस प्रकार फेंकता है कि वह उन लकड़ियों में से कुछ को घेरे से बाहर निकाल दे। जो जितनी कम बार में लकड़ियों को बाहर निकाल दे, उसकी उतनी ही तारीफ।

नार्वे, स्वीजरलैंड, कनाडा, स्कॉटलैंड आदि में बर्फ पर खेले जानेवाले कितने ही खेल मशहूर हैं। नार्वे में एक छोटे से काठ के उड़नखटोले पर पैर जमाकर लोग सौ-डेढ़ सौ फीट ऊँची पहाड़ की चोटी से नीचे बर्फ पर कूदते है। वहाँ के छोटे-छोटे बच्चे अपने पैर में बर्फ-गाड़ी ऐसी एक चीज बाँधे दिन भर बर्फ पर कुहराम करते दौड़ते हैं।

कुश्ती भी खेलकूद में ही शामिल की जा सकती हो, तो हर देश में किसी-न-किसी रूप में यह प्रचलित है। बोर्नियो के आदि-निवासी भी इसके बड़े उपासक हैं।

11

चल बे घोड़े, चल रे चल !

बचपन में एक पतले डंडे को घोड़ा बना, उसे दोनों जाँघों के बीच रखे, ऊपर लिखा फिकरा किसने न दोहराया होगा ? आज जब हम रेल-मोटर या फिटन-टमटम पर आते-जाते हुए उन दिनों की याद करते हैं, तो कितनी शर्म लगती है।

यों ही, इस वायुयानों और तेज डाकगाड़ियों के युग में जब कभी हम घर्र-घू करती हुई

बैलगाड़ियों, बिलबिलाते हुए ऊँटों या पैर-पर-पैर रखकर चलते हुए गधों को सवारियाँ ढोते देखते हैं, तब मन में यह सवाल प्रायः उठा करता है, लोग कितने कम-अक्ल हैं, जो इन टखटखों को पसन्द करते हैं। 'भर दिन चले अढाई कोस'—क्या ये भी कोई सवारियाँ हैं !

किन्तु, शायद हम यह भूल जाते हैं कि दुनिया में अभी भी ऐसे कितने ही भूभाग हैं, जहाँ इन टखटख सवारियों से ही काम चलता है। जहाँ न रेल की पैठ हो सकती है, न मोटर की। वायुयान अभी इतनी कीमती चीज है कि उसका व्यवहार सब लोग, सब जगहों पर कर नहीं सकते।

ऊँट की ही बात लीजिए। संसार के एक बहुत बड़े हिस्से पर ऊँट का ही एकछत्र राज्य है। उत्तरी अफ्रीका, अरब, फारस, अफगानिस्तान, तुर्किस्तान, चीन-साम्राज्य का बहुत बड़ा हिस्सा, और भारत के एक विस्तृत भूभाग में ही नहीं—वरन् ऑस्ट्रेलिया के भी एक बड़े हिस्से में इस ऊटपटाँग सवारी का ही एकमात्र आसरा है। जहाँ बालू-ही-बालू है, जहाँ पीने के पानी का अभाव है, वहाँ सिवा ऊँट के और कौन-सी सवारी हमारे काम आ सकती है।

बैलगाड़ी भारत के कोने-कोने में काम में लाई जाती है। यहीं नहीं, स्पेन और पुर्तगाल में भी इसका बोलबाला है। जहाँ अच्छी सड़कें नहीं, जहाँ की जमीन चौरस है, वहाँ बैलगाड़ी की सवारी का प्रचार होना ही है, चाहे कोई देश हो। बैल की जगह पर भैंसे को भी प्रायः जोतते हैं। अब तो बैलगाड़ियों के चक्के रबड़ के लगाए जाते हैं और उनकी 'धुरी' भी कमानीदार बनाई जाती है।

केवल बैल या घोड़े ही गाड़ियों में नहीं जोते जाते। बहुत-सी जगहों के लिए हिरन और कुत्ते भी गाड़ियों के उपयुक्त समझे जाते हैं। यूरोप के बर्फीले उत्तरी हिस्से में, जो उत्तरी ध्रुव के निकट है, एक प्रकार के हिरन जिन्हें 'रेंडीयर' कहते हैं, गाड़ियों में जोते जाते हैं। बर्फ पर ये बड़ी तेजी से गाड़ियाँ खींचते हैं। किन्तु, बर्फ के लिए कुत्तों की गाड़ियाँ तो और भी उपयुक्त समझी जाती हैं। अलास्का, उत्तरी कनाडा और ग्रीनलैंड के ध्रुवप्रदेशों में कुत्तों के झुंड को गाड़ियाँ खींचते देखकर हमें आश्चर्य नहीं होना चाहिए। ये कुत्ते इतनी तेजी से दौड़ते हैं कि एक घंटे में दस-बारह मील का फासला तय कर देते हैं। वहाँ न तो घोड़े काम में आ सकते हैं और न हिरन। एक तो कुत्ते इनकी अपेक्षा ज्यादा जाड़ा बर्दाश्त कर सकते हैं; दूसरे सूखी मछलियों के थोड़े से भोजन पर ही ये मजे से काम कर सकते हैं; तीसरे, हल्के होने की वजह से बर्फ की पतली सतह पर भी ये मजे में चल सकते हैं। बर्फ की राहें ज्यादातर नदियाँ होकर होती हैं—पानी का ऊपरी हिस्सा जमकर बर्फ हो जाता है, उसी पर ये गाड़ियाँ हाँकी जाती हैं। घोड़े के बोझ से बर्फ की सतह टूट जाए और घोड़ागाड़ी को भी लेते हुए नदी में डूब मरे, ऐसी सम्भावना प्रायः रहती है। किन्तु, कुत्ते इतने हल्के होते हैं कि इनके चलते ऐसी किसी बात की आशंका नहीं रह जाती। ये कुत्ते बड़े कीमती होते हैं—इनका एक पूरा 'सेट' तीन हज़ार रुपये तक में मिलता है। ये स्वामिभक्त भी बहुत होते हैं !

घोड़े की सवारी तो संसार-भर में मशहूर है। यदि किसी जानवर को मनुष्य ने सवारी के लिए एकमत से पसन्द किया है, तो घोड़े को ही। संसार के प्रायः सभी भागों में घोड़े की सवारी प्रचलित है। घोड़े को गाड़ियों में जोतने के अलावा, उसकी पीठ पर भी सवारी करने में कम आनन्द नहीं है।

यदि खच्चर और गधे, घोड़े के ही छुटभैये हों, तो अपने बड़े भाई का रुतबा हासिल नहीं करने पर भी, इन दोनों को भी मनुष्य की सवारी के काम में आने का सौभाग्य प्राप्त है। कभी-कभी तो ऐसा देखा गया है, कि जहाँ बड़े भैया मुँह बा देते हैं, वहाँ इन छुटभैयों ने विजय प्राप्त की है। हिन्दूकुश की विकट घाटियों में, जहाँ का रास्ता पथरीला है, जहाँ बर्फानी

तूफान भी प्रायः आया करते हैं, गधे ही एकमात्र सवारी हैं। अफगानी सौदागर उन पर नमक का मनमाना बोझ लादकर, अपने लिए पैसे कमाने का जरिया बनाते हैं। गधे हमारे यहाँ के धोबियों की ही सवारी की चीज नहीं है, अरब के बड़े-बड़े विद्वानों और पुजारियों की वह आदरणीय सवारी है।

आदमी भी आदमी की सवारी का काम करते हैं ! अब सभी बड़े शहरों में रिक्शा का प्रचार हो चला है। छोटी-सी खूबसूरत गाड़ी पर मोटे सेठों को बिठलाए, उसे खींचते हुए 'मनुष्य के बच्चे' आपको प्रायः नजर आ सकेंगे। कोई विचारवान् आदमी इस सवारी को पसन्द नहीं करेगा। किन्तु, केवल इतना ही तो नहीं है। हमारे यहाँ 'पालकी' की जो प्रथा है, वह भी तो आदमी की ही सवारी है ! आदमी को आदमी कन्धे पर ढोता है !—ढोता है, उसके साथ ही लकड़ी का बोझ भी ! अट्ठारहवीं सदी में इंग्लैंड में भी पालकी ऐसी सवारी होती थी। किन्तु, वहाँ अब उस सवारी का नाम लेना भी पाप समझा जाता है। नेपाल में पहाड़ की चढ़ाइयों पर, वहाँ के पहाड़ी लोग अपनी पीठ पर आदमी ढोते हैं।

तिब्बत में झबरी गाय (याक) की सवारी खूब प्रचलित है। उस ठंडी, पहाड़ी जगह में न घोड़े टिक सकते हैं, न ऊँट। झबरी गाय ही उस महासमुद्र का जहाज है, जिसके सहारे लोग उसे पार करते हैं।

बहुत जगहों में नाव ही की शरण हमें अपने अभीष्ट स्थान पर पहुँचा सकती है। खासकर जहाँ जंगलों की भरमार रहती है, वहाँ तो सिवा नाव के कोई दूसरा चारा नहीं है। अमेरिका के अमेजन नदी के तट-प्रदेश की बीस लाख वर्गमील की भूमि के यातायात का एकमात्र अवलम्ब नौका ही है। उस सघन जंगली देश में रेल की लाइनें या सड़कें निकालना बिलकुल असम्भव है।

12

कंजड़

गदहों और घोड़ों पर अपनी पूरी घर-गृहस्थी लादे, इधर-उधर घूमनेवाली कंजड़-जाति को कौन नहीं जानता ? उसकी स्त्रियाँ नाक में बड़ा-सा नथ, गले में गुड़ियों की रंग-बिरंगी माला, हाथ में काँसे की चूड़ियाँ, विचित्र ढंग की चोली और बड़े फैलाव का घाघरा पहने, बगल में एक लम्बा झोला लटकाए किसी आँगन के दरवाजे पर जब जा पहुँचतीं और 'अए बहुर्रिया—तोर्रा बेटवा जीये' की आवाज लगाती हैं, तब वहाँ उसके निकट एक बड़ी भीड़ नहीं इकट्ठी हो जाती; और जब वह बहुरिया का हाथ पकड़, उसमें की रेखाओं को देखकर भविष्य की बात बताने लगतीं—तेरे पाँच बेटे होंगे; तेरे दरवाजे पर हाथी बँधेगा, आदि—तब कौन उन्हें मुँहमाँगी भीख नहीं दे देती ! गर्चे, उनके पतियों के बारे में यह अफवाह है कि वे बड़े चोर होते हैं, और स्वयं उनके बारे में कहा जाता है कि इस झोले में वह बच्चों को जब-तब चुरा लेती हैं।

तमाशा तो यह है कि कंजड़ संसार भर में फैले हुए हैं और संसार भर में उनके बारे में ऐसी ही अफवाहें हैं। संसार भर के भलेमानस उनसे घृणा करते हैं, संसार भर की पुलिस उनके पीछे पड़ी रहती है। किन्तु, जो भी कंजड़-जाति फूल-फल रही है। सबसे विचित्रता तो यह है कि समूची कंजड़-जाति चाहे वह इंग्लैंड की हो या रूस की; अमेरिका की हो, या न्यूजीलैंड की—एक ही जगह से गई हुई और एक ही खून की समझी जाती है। और, वह खून है हिन्दुस्तान का। हाँ, खोज-ढूँढ़कर पता लगानेवालों का कहना है कि कंजड़ जाति की आदिभूमि

हिन्दुस्तान है—यहीं से वह संसार के भिन्न-भिन्न देशों में गई है। आज से सात-आठ सौ वर्ष पहले वह हिन्दुस्तान से यूरोप की ओर गई। वहाँ रहते हुए भी उसे पाँच-छह सौ वर्ष हो गए। किन्तु, चाहे जहाँ गई, उसकी बोली में बहुत फर्क नहीं आया है। संसार भर के कंजड़ों की बोली में समानता है। उनके साधारण व्यवहार के करीब दो हजार ऐसे शब्द हैं, जिनकी आदि-भूमि भारत है। इंग्लैंड के कंजड़ भी भले आदमी को 'राय' और भद्र महिला को 'रानी' कहकर सम्बोधित करते हैं।

यही नहीं, चाहे जिस देश में हो, इनके चेहरे की बनावट से भारतीयता टपकती है। सात-आठ सौ वर्षों तक यूरोप की ठंडी आबोहवा में रह जाने पर भी इनकी औरतों की साँवली सूरत, लम्बे-लम्बे बाल, उनकी काली चमकती आँख, उनकी नाक और मुँह की बनावट से भारत की मिट्टी की गन्ध आती है।

कंजड़ों की स्त्रियाँ पुरुषों की अपेक्षा ज्यादा चालाक और कामकाजू होती हैं। भाग्य की बात बता देना उनका सबसे प्रसिद्ध पेशा हर देश में रहा है। यूरोप के प्रसिद्ध राजदरबारों में उनकी इसलिए पूछ रही है। इंग्लैंड के बादशाह चौथे जार्ज, स्पेन की रानी और रूस की साम्राज्ञी को कंजड़-स्त्रियों ने भाग्य की बात बताई थीं और उन दरबारों से उन्हें यथेष्ट पुरस्कार भी मिला था। 'पपिता' नाम की कंजड़-स्त्री को चौथे जार्ज ने अनोखा पुरस्कार दिया था।

ये स्त्रियाँ केवल भाग्य ही नहीं बतातीं—नाचने-गाने में भी इनकी बड़ी तारीफ है। छोटी-छोटी डफली, सितार के ऐसा एक छोटा-सा यन्त्र, पुपही—आदि बाजों के साथ जब ये नाचने लगतीं—तो सब मुग्ध हो जाते हैं। इनके पुरुष भी गाने-बजाने में उस्ताद होते हैं। इसके अतिरिक्त वे धातु के काम करने और घोड़े का रोजगार करने के लिए भी नामी हैं। लोहे और पीतल के काम में ये होशियार समझे जाते हैं। किन्तु, हर देश में चोरी करने के लिए, या किसी चीज को हाथ की सफाई से गुम करने के लिए भी ये कम बदनाम नहीं हैं। यों तो, कुछ खेलकूद, तमाशा आदि के द्वारा भी ये पैसे कमा ही लेते हैं।

हमारे यहाँ के कंजड़ ज्यादातर अपने माल-असबाब घोड़े या गधे पर लादकर लिए फिरते हैं। किन्तु, इंग्लैंड के कंजड़ों के पास तो घोड़े-गाड़ियाँ भी होती हैं—क्योंकि वहाँ सड़कों की तो कमी है ही नहीं। जहाँ चाहा, वहीं अपनी घरनुमा घोड़ा-गाड़ियाँ भी लेते गए। किन्तु, जिस प्रकार हमारे यहाँ, गाँव के बाहर ज्योंही कंजड़ों ने डेरे डाले, लोग सजग हो जाते हैं कि हो-न-हो कोई चीज गायब होगी ही। यों ही इंग्लैंड में भी इनकी घोड़ागाड़ियाँ जहाँ लगीं, कि लोग अपनी मुर्गियों, अपने बागीचों की रखवाली में चौकस हो गए।

कंजड़ों का भी कोई खास धर्म नहीं होता। जिस देश में पहुँचे, वहाँ का धर्म अपना लिया। किन्तु, मालूम होता है, फलतः ये हिन्दू-धर्मानुयायी हैं। यूरोप में ये ईसाई हो गए हैं, किन्तु, वहाँ क्रूस को ये लोग 'त्रिशूल' ही कहते हैं। मुसलमानी देशों में कंजड़ों ने मुसलमान धर्म अपनाया है। किन्तु, मालूम ऐसा होता है, कि धर्म को ये लोग कभी गम्भीरता से नहीं समझते। यूरोप में ये अपने बच्चों को कई बार ईसाई होने का संस्कार कराते हैं—मानो, इसमें कोई मजा मिलता हो।

कंजड़ जाति खूबसूरत जाति समझी जाती है। यूरोप के लोग इनके साँवले रंग; चमकती हुई जानदार आँखें, मोती ऐसे सुफेद, पंक्तिबद्ध दाँत, छोटे-छोटे हाथ-पाँव और गठीली एवं लचकदार देह देखकर मुग्ध हो जाते हैं। कंजड़ों की स्त्रियाँ यूरोप की ठंडी जलवायु में भी, बहुत जल्द बूढ़ी हो जाती हैं—गर्चे उनकी आँखों की शोभा अन्त तक नष्ट नहीं होती।

यूरोप में सात-आठ लाख कंजड़ों की तादाद का अनुमान किया जाता है। उनकी ज्यादा संख्या है रूमानिया, हंगरी और बलगेरिया में। एशिया में भी इनकी भरमार है—खासकर पश्चिमी

एशिया में। फारस, सीरिया—जहाँ देखिए, वहीं इनका दल विचरता हुआ दीख पड़ेगा। मिस्र में, अल्जीरिया में एवं अफ्रीका के दूसरे हिस्सों में भी इनकी पहुँच है। इतना ही क्यों ? महासमुद्रों की तरंगों को, न जाने कैसे लाँघकर ये लोग अमेरिका, ऑस्ट्रेलिया और न्यूजीलैंड में भी पहुँच गए हैं। कनाडा से लेकर ब्राजील तक—अमेरिका के एक छोर से दूसरे छोर तक—आप इन्हें पाएँगे। इन नए बसे हुए देशों में इन्हें अच्छी रोजी तो नहीं मिलती, किन्तु खुले आसमान के नीचे घूमने-फिरने में इन्हें यहाँ पूरी सहूलियत है।

अपने इस संसारव्यापी भ्रमण में कंजड़-जाति को बहुत कुछ पीड़ाएँ और सजाएँ भुगतनी पड़ी हैं। चोरी और डकैती के लिए ये इतने बदनाम हैं कि जहाँ इनके चरण पड़े, इनके पीछे मुसीबतें लगीं। इन पर बच्चे चुरा लेने और मनुष्य को मारकर खा जाने की झूठी तोहमतें भी लगाई गई हैं। कितनी ही जगहों में गरम लोहे से इनकी देहों पर चिन्ह कर दिए गए हैं, इनके कान कतर डाले गए, इन्हें मार डाला गया है—केवल इसीलिए कि ये कंजड़ थे ! यही कारण है कि कंजड़ भी दूसरी जातियों को बहुत ही सन्देह की नज़र से देखते और उनसे सदा दूर-दूर रहने की कोशिश करते हैं।

दुनिया में केवल एक ही और जाति है, जिसकी तुलना कंजड़ों से की जा सकती है—वह है यहूदी। किन्तु, यहूदी जहाँ सभ्य जाति मानी जाती है, वहाँ कंजड़ गरीब और असभ्य है ! जहाँ-जहाँ यहूदी गए, अपने व्यापार को बढ़ाया। उनके पास धन हुआ, जहाँ लोग उनकी कदर करते हैं। कंजड़ धन इकट्ठा करना जानते ही नहीं—जो मिला, खा-पीकर फूँक दिया। शायद, आज इसी से इनकी यह दुर्गति है। किन्तु, हो सकता है, एक दिन भारतीय अपने इन बन्धुओं की सुधि लें और इनके साथ अच्छा बर्ताव करने के लिए दूसरे देशों के लोगों को भी बाध्य करें।

रवीन्द्र भारती

[रवीन्द्रनाथ ठाकुर की कविताओं का अनुवाद,
1942 की जेल-यात्रा के दौरान]

निर्झरिणी का स्वप्नभंग

आज इस प्रभात में सूर्य की किरणें
किस तरह घुसीं मेरे प्राणों में;
किस तरह घुसे गुफा के अन्धकार में
पंछियों के प्रभात गान;
न जाने क्यों इतने दिनों के बाद
जग उठे मेरे प्राण !
प्राण जग उठे हैं,
अरे, पानी हिलोरें ले रहा है;
अरे, प्राणों की यह वासना, प्राणों का यह आवेग
मैं रोक नहीं पाती।
थर-थर काँप रहा है भूधर,
राशि-राशि शिलाएँ ढहकर गिर रही हैं;
फूल-फूलकर फेन भरा पानी दारुण रोष में गरज उठता है
इधर-उधर पागल की तरह, मत्त होकर, दौड़ता फिरता है,
बाहर होना चाहता है, किन्तु देख नहीं पाता
किस तरफ है कारा का द्वार;
क्यों विधाता ऐसा पाषाण ?
क्यों यह चारों ओर उसका बंधन ?
तोड़ो हृदय को, तोड़ो बंधनों को,
आज प्राण की साधना साधो,
तरंग पर तरंग फेंक आघात पर आघात।
जब प्राण मत्त हो उठा, तो कैसा अन्धकार
कैसा पाषाण ?
जब वासना जाग्रत हो उठी
तब संसार में कैसा डर ?
मैं करुणा की धारा प्रवाहित करूँगी,
मैं पाषाण की कारा तोड़ूँगी
मैं व्याकुल पागल की तरह संसार को
प्लावित करती हुई गाती फिरूँगी।
बालों को खोलकर, फूलों को चुनकर,
इन्द्रधनुष के रंगों में रँगे हुए पंखों को खोलकर
सूर्य किरणों में हँसी घुलाकर मैं अपने प्राणों को ढाल दूँगी।
शिखर से शिखर पर उछलूँगी,
भूधर से भूधर पर दौड़ूँगी,
खिल-खिल हँसती, कल कल गाती, ताल पर ताल ताली दूँगी।
इतनी कथाएँ हैं, इतने गान हैं, इतने प्राण हैं मेरे,

इतने सुख हैं, इतनी साधें हैं कि मैं बेसुध हुई जा रही हूँ !
न जाने आज क्या हुआ, प्राण जग उठे हैं
दूर से महासागर का गान जैसे मैं सुन रही होऊँ।
अरे, मेरी चारों ओर यह कैसा कठोर कारागार
तोड़ो, तोड़ो, तोड़ो इस कारा को, आघात पर आघात करो।
अरे, आज पंछियों ने न जाने कौन-सा गान गाया
और सूरज की किरणें आईं।

[1882, कविता का बंग्ला शीर्षक : 'निझरिर स्वप्न भंग',
कवि के 'प्रभात संगीत' संग्रह से]

नारी की उक्ति

फिजूल बहस, रहने दो, रहने दो
क्यों रो रही हूँ, तुम समझ नहीं सकते !
तर्क से इसे समझ पाओगे ?
लो आँखों को पोंछ डाला,
यह है आँख का सादा पानी—
यह भर्त्सना नहीं है
मैंने क्या पाँव पड़कर पाया था
आँखों में आँखें डालकर तुम्हारा वह देखना,
वे बातें, वह हँसी; वह नजदीक आ जाना
और अलकों को हिलाकर हँसते हुए भरमा जाना।
क्यों लाओ बसन्त निशीथ में, आँखों भरा विह्वल आवेश
यदि बसन्त के समाप्त होते ही
श्रान्त मन से म्लान हँसी हँसते कातर भाव से
विदा का बहाना खोजना पड़े।
सोने के पिंजड़े में हूँ एक पालतू प्राणी
क्या यह भी समझाना पड़ेगा कि यदि प्रेम नहीं रह गया हो
तो हँसकर सोहाग करना सिर्फ अपमान है !
वह दिन याद है, प्रथम प्रणय का वह दिन—
स्वच्छ शरद ऋतु, आसमान में उजले-पतले मेघखंड,
मीठी ठंडी हवा में स्निग्ध बनी सूर्य की किरणें
वन में शेफालिका फूल रही, पेड़ों के थाले
फूलों से भरे,
भरी हुई गंगा की कल-कल ध्वनि सुनकर
उस पार का जंगल कुहासे में आकुल।
मेरी ओर देखकर तुम्हारी आँखों में प्राण काँप उठते
आनन्द और विषाद मिश्रित आँखों का वह नशा,

तुम उसे नहीं जानते,
मैं जानती हूँ।
क्या तुम्हें वह याद आएगा ?
हजारों लोगों में भी मुझे देखते ही।
पर जैसे आकर्षण की डोर में बँधकर तुम्हारा
जाने-अनजाने नजदीक पहुँच जाना
थोड़ी देर के विरह के बाद भी
मिलन की निविड़ व्याकुलता,
बीच-बीच में सबकुछ छोड़-छोड़कर आँखों में आँखें डालकर
जैसे हृदय की बातें आँखों से ही सुनते होओ !
कोई बात नहीं रहने पर भी नजदीक आकर पूछ बैठना।
धीरे-धीरे पैर रखते, चुपचाप नजदीक पहुँचते ही
न जाने तुम्हें कैसे मालूम हो जाता,
मुँह घुमाकर तुम हँस उठते।
आज तुम देखकर भी नहीं देखते,
बातें सुनने के लिए तुम्हें फुर्सत कहाँ ?
दिन भर आशा में रहती हूँ नजदीक आओगे,
किंतु नजदीक आकर भी तुम अन्यमनस्क चले जाते हो।
दीपक जलाकर लंबी छाया लिये,
इस सन्ध्या में सखियों के साथ बैठी हूँ,
हो पाए तो नजदीक आओ,
हो पाए तो दूर बैठो,
यह सब दैवी घटना—इसमें इच्छा की क्या बात ?
अब तुम्हें बहुत से काम करने हैं,
हमेशा अनमने बने रहते हो।
कभी मैं सर्वत्र थी, अब नीचे उतर आई हूँ,
हृदय के किसी प्रान्त में, क्षुद्र घर के किसी कोने में।
जब हृदय दिया था; प्राण, मन, शरीर पाए थे,
अब वह हृदय नहीं, इसलिए जितना भी स्नेह पाऊँ,
वह सिर्फ अविश्वास, विषाद और संदेह है।
जीवन के बसन्त में, एक दिन, जिसे प्रेम किया था,
हाय, यह कैसे ग्रह का फेर, करते हो यह कृपा आज उसी पर
गिनकर दो, तीन मीठी बातें देना चाहते हो।
यह हाथ का स्पर्श अपवित्र है,
अगर उसके साथ, हृदय भी नहीं हो।
तुम क्या सोचते हो, साथी, कि हँसी इतनी
मधुर है कि प्रेम नहीं देने पर भी सिर्फ हँसी देने से
काम चल जाएगा।
तुमने ही तो मुझे दिखलाया था
स्वप्न में भी मुझे ऐसी आशा नहीं थी

प्रेम में दी जाती है कौन-सी हँसी, कौन-सी बातें,
कितनी मात्रा में,
और हृदय में रखा जाता है कितना अनुराग !
उस प्रेम से ही तुलना कर
आज समझ सकी हूँ इस प्रेम को !
आज यह दिखावटी हँसी, यह आदर की
भरमार, यह दूर-दूर जाना, यह नजदीक आना।
छाती फटकर जैसे आँसू गिर रहे हैं
तब भी क्या तुम समझ नहीं पाते ?
क्या तुम इसे तर्क से समझोगे ?
तो लो आँखें पोंछ लीं, यह है
सीधा सादा आँखों का पानी—यह भर्त्सना नहीं है।

वधू

शाम होने आई, पानी लाने चलो—
उसी पुराने स्वर में न जाने कौन दूर से
पुकार रहा है ?
सखि, कहाँ है वह छाया ? कहाँ है वह जल ?
और कहाँ है पीपल के नीचे वह
बँधा हुआ घाट ?
अनमनी ऐसी घर के कोने में अकेली बैठी
थी कि न जाने किसने पुकारा
"पानी भरने को चलो।"
उस टेढ़ी राह पर कलशी काँख में लिये जाना
बाईं ओर मैदान, जो हमेशा धू-धू करता
दाहिनी ओर बाँस का वन सिर हिला रहा
तालाब के काले जल में सन्ध्या की
किरणें झलमल कर रहीं
दोनों ओर छाया में ढँका सघन वन
गम्भीर स्थिर पानी में मैं धीरे-धीरे घुसती
किनारे पर अमृत स्वर में कोयल कूक उठती।
जब रास्ते से लौटती, वह अन्धकारमय वृक्ष के ऊपर
अचानक दीखती, आसमान में चाँद है !
दीवाल को तोड़कर पीपल का पेड़ बढ़ गया है,
सबेरे उठकर उस जगह दौड़ती।
शरद की पृथ्वी ओस से चमचम कर रही
गुच्छों में जूही फूल रही
दीवार पर दौड़ती, हरियाली फेंकती,

दो लताएँ—जिनमें बैंजनी फूल लगे हैं।
फटी दीवाल से आँखें बाहर कर ओट में बैठी हूँ,
और आँचल पैर के नीचे लेट रही है !
मैदान के बाद मैदान, और मैदान के अंत में
वह सुदूर गाँव जो आसमान से मिल रहा है।
इस तरफ पुराना साँवला ताड़ का वन
एक पंक्ति में सटा-सटा खड़ा है।
बाँध की जलरेखा चमक रही है,
दिखाई पड़ता है,
चरवाहे बच्चे उसके किनारे खेल रहे हैं हिलमिलकर
रास्ते जाते हैं न मालूम कहाँ ?
न जाने किन नए देशों को ?

आह री, पत्थर की देहवाली राजधानी !
अपनी विराट मुट्ठी में दृढ़ता के
साथ दबोच रही हो इस व्याकुल
लड़की को—तुममें क्या ममता नहीं ?
कहाँ वह खुला मैदान, कहाँ वह उदार पथ,
घाट, कहाँ पंछियों का गान, कहाँ वन की छटा ?
चारों ओर से घेरकर जैसे लोग खड़े हैं।
दिल की खोल नहीं पाती हूँ, कि कहीं पीछे
से सुन न लें।
यहाँ रोना फिजूल है,
दीवाल से रुकावट पाकर रुदन फिर अपने
पास ही लौट आती है।
मेरी आँखों के पानी को कोई नहीं समझता।
सब अवाक् होकर उसका कारण ढूँढ़ते हैं
गाँव की लड़की का स्वभाव ही ऐसा होता है
इतने स्वजन-परिजन हैं, इतना आना-जाना है,
तो भी कोने में बैठकर आँसू बहाती रहती है।
कोई मुँह देखता है, कोई देह,
कोई प्रेम करता है, कोई···
मैं फूल की लता हूँ, बिकने आई हूँ
सब परख करते हैं, प्रेम कोई नहीं करता !
सबके बीच मैं अकेली घूम रही हूँ,
इतना लंबा समय कटे तो कैसे ?
ईंट पर ईंट
और बीच में कीट ऐसा मनुष्य !
न प्रेम, न यहाँ खेल कौतुक !
तुम कहाँ हो, ओ मेरी माँ, कहाँ हो ?

अरी ! तुम मुझे कैसे भूल गईं, रे !
नया चाँद उगने पर छत के ऊपर बैठकर
अब क्या परिन्दों की कहानी नहीं कहोगी ?
हृदय में वेदना भरकर शून्य शैया पर
समझती हूँ, माँ, तुम रोकर रात बिता देती होगी।
फिर भोर में फूल चुनकर शिवालय जाती होगी,
और उनसे अपनी प्रवासिनी कन्या की कुशलता का
वरदान माँगती होगी !
यहाँ भी छत के ऊपर चाँद उगता है
और घर के दरवाजे पर चन्द्रिका आकर
प्रवेश की आज्ञा माँगती है
मेरी ही खोज में यह देश-देश में घूम रही है
आह, शायद वह मुझसे प्रेम करती है–
इसी भावना में, क्षण में ही अपने को भूलकर,
मैं दौड़कर जाती और दरवाजा खोल देती हूँ।
और
इसी समय चारों तरफ से आँखें मटकने लगती हैं।
आँधी की तरह डाँट मुझ पर टूट पड़ती है।

न ये प्रेम देंगे न ये प्रकाश देंगे।
हमेशा मन में होता है
अन्धकार और छायामय उस तालाब के
काले जल की गोद में जाकर हमेशा
के लिए सो जाना अच्छा।
पुकारो, तुम पुकारो ! बोलो, तुम बोलो !
शाम होने को आई पानी भरने चलो
कब शाम आएगी ?
सब खेल खत्म होंगे
शीतल जल में सब ज्वालाएँ शान्त होंगी–
कोई जानती हो, तो मुझे बता दो।

[23 मई 1888, कविता का बंग्ला शीर्षक 'वधू',
कवि के 'मानसी' काव्य-संग्रह से]

सोने की नाव

आसमान में बादल गरज रहे हैं,
घोर वर्षा है,
किनारे अकेले बैठा हूँ, कोई भरोसा नहीं।

सारी की सारी, बोझ का बोझ धान काट चुका,
नदी भरी है, तेज धार छुरे की तरह काट वाली है
धान काटते-काटते वर्षा आ पहुँची
एक छोटा-सा खेत और अकेला मैं
चारों ओर बाँका पानी खेल कर रहा है,
उस पार अंकित देख रहा हूँ वृक्ष छाया की
काली सघनता, गाँव मेघ से ढँका है,
भोर का समय है
इस पार हमारा छोटा-सा खेत है और
अकेला मैं हूँ।
गीत गाता, नाव खेता, वह कौन आ रहा है ?
मालूम होता है, जैसे मैं उसे पहचानता होऊँ ?
ओहो, तुम कौन हो, किस विदेश में जा रहे हो ?
जरा अपनी नाव किनारे से तो लगाओ।
जहाँ जाना चाहो, जाना; जिसे खुशी हो, देना,
सिर्फ तुम जरा मुस्कुराकर लेते जाओ
किनारे पर आकर मेरे इस सोने के धान को।
जितना चाहो, नाव पर रख लो,
और भी है ?
और नहीं है, सब दे दिया
अब तक नदी किनारे जिसे लेकर
भूला हुआ था,
सब एक-एक कर रख दिया
अब कृपा कर मुझे चढ़ा लो !
जगह नहीं है, जगह नहीं है
नाव छोटी है
मेरे सोने के धान से वह भर आई है।
सावन के आसमान में घिरकर घना मेघ
चक्कर काट रहा है
मैं शून्य नदी के तीर पर पड़ा हूँ,
जो कुछ था वह सोने की नाव ले गई !

[फरवरी-मार्च, 1892, 'सोनार तरी', काव्य-संग्रह : 'सोनार तरी']

मुझे लौटा ले चलो

संसार के सब आदमी क्षण-क्षण सैकड़ों कामों में लीन हैं
सिर्फ तू ही बाधा बन्धनहीन भगोड़े लड़के की तरह
दोपहर को अकेला, उदास वृक्ष की छाया में

दूर से गहरी गन्ध लेकर मन्द गति से बहती
थकी गर्म हवा में सारा दिन वंशी बजाता रहता है।
अरे, तू आज उठ।
कहाँ वह आग लगी है।
किसका शंख वह बज उठा है,
संसार की जनता को जगाने के लिये ?
कहाँ से उठकर यह रोने की आवाज
आसमान में गूँज रही है ?
किस काल कोठरी में जंजीरों में जकड़ी
अनाथिनी मदद की पुकार कर रही है ?
मेरा अपमान कमजोर की धरती का खून
चूसकर पी रहा है लाखों मुँह से।
वेदना का उपहास कर रहा है स्वार्थ में
बना अविचार।
सहमा हुआ, डरा हुआ, खरीदा हुआ गुलाम
रूपोश होकर छिपा फिरता है।
ये जो खड़े हैं सिर झुकाए चुपचाप,
उनके मलिन मुँह पर लिखी है
सैकड़ों सदियों की दर्द की ऋण कहानी;
उनके कन्धों पर कुचलनेवाला बोझ है
जिसे ढोते वह धीरे-धीरे चलते हैं
जब तक उनमें प्राण हैं।
उसके बाद अपनी सन्तानों पर पुश्त दर पुश्त के लिए
उसे डाल जाते हैं,
वे तकदीर की शिकायत नहीं करते,
न देवताओं की निन्दा करते हैं,
मनुष्य को भी दोष नहीं देते,
न अभिमान जानते हैं,
सिर्फ दो अन्न चबाकर किसी तरह जो अपने
कष्टसाध्य प्राण को बचा रखते हैं।
वह अन्न भी जब कोई छीन लेता है,
उस प्राण पर भी जब कोई गर्वान्ध
निष्ठुर आघात करता है,
तो वह नहीं जानता किसके द्वार पर
वह इन्साफ की उम्मीद में जाए,
दरिद्र के भगवान को एक बार पुकारकर,
ऊँची साँस ले, वह चुपचाप मरता है।
इन्हीं सब जाहिलों, मुसीबतजदों और बेजवाँ लोगों के मुँह में
भाषा देनी होगी।
इन्हीं सब डरे, सूखे, टूटे दिलों में

आशा की बिगुल फूँकनी होगी। पुकारकर कहना होगा—
जरा एक क्षण इकट्ठे होकर, सिर ऊँचा कर
तुम लोग खड़े होओ,
जिसके डर से तुम काँप रहे हो
वे अन्यायी तुमसे ज्यादा डरपोक हैं।
जब तुम जगोगे उसी समय वे भाग खड़े होंगे।
जिस समय तुम उसके सामने खड़े होने,
तभी वे रास्ते के कुत्ते की तरह
सहमकर डरकर, नौ-दो ग्यारह हो जाएँगे।
उनसे देवता विमुख है
कोई उनकी मदद करनेवाला नहीं है।
मुख से वे लंबी-चौड़ी बातें करते हैं
क्योंकि
वे अपनी हीनता मन ही मन जानते हैं।
कवि उठ, सामने आ,
यदि तुममें प्राण है, उन्हें साथी बना,
उन्हें खुले हाथ से दान दे।
बड़ा दुःख है, बड़ी व्यथा है,
सामने कष्टों का संसार है।
वे बड़े दुःखी हैं;
उनके पास कुछ नहीं, वे क्षुद्र हैं
अन्धकार में बँधे हैं, उन्हें अन्न चाहिए,
प्राण चाहिए, रोशनी चाहिए,
खुली हवा चाहिए, उन्हें ताकत चाहिए,
तन्दुरुस्ती चाहिए, आनन्द से उज्ज्वल
लंबी आयु चाहिए,
साहस से फैली छाती चाहिए।
इस गरीबी में ओ कवि,
एक बार स्वर्ग से विश्वास की छवि
लाकर भर दे।
मुझे लौटा ले चलो, ठोस संसार के किनारे,
ओ रंगमयी कल्पने !
मुझे मत उड़ाती फिरो हवा-हवा में और
तरंग-तरंग पर। अपनी माया में मत भुलाओ;
एकान्त विषाद से ओतप्रोत,
हृदयकुंज की छाया में
मुझे बैठाकर मत रखो।
दिन बीतता है, सन्ध्या आती है।
दिशाएँ अन्धकार से ढँकती हैं,
आश्वासनहीन उदास हवा में

जंगल उसाँसें लेकर रोने लगता है।
मैं वहाँ से निकला
खुले आसमान के नीचे, गर्द गुबार से भरी सड़क पर
जनता के बीच। कहाँ जा रहे हो पथिक, कहाँ जा रहे हो,
मैं परिचित नहीं हूँ, जरा मेरी ओर मुड़कर देखो।
मुझसे अपना नाम बताओ, मुझ पर अविश्वास मत करो।
सृष्टि में रहकर भी सृष्टि से परे मैं बहुत दिन तक रहा।
साथियों से हीन, रात-दिन। उसी से मेरा यह अजब भेष
नए ढंग का रहन-सहन; उसी से मेरी आँख पर सपने का खुमार,
और छाती में भूख की ज्वाला ! जिस दिन इस पृथ्वी पर आया
न जाने किस माँ ने मुझे दी यह खेलवाड़ वंशी।
उसे बजाते-बजाते अपने सुर में मस्त बना
लंबे दिनों और लंबी रातों में, मैं चला किया एकान्त,
सुदूर संसार की सीमा से परे ! इस वंशी पर जो सुर सीखा,
उसके उल्लास में···गीत शून्य, अवसाद भरे झोंपड़ों को
ध्वनि से गुंजायमान कर दूँ,
मौत पर भी विजय पानेवाली आशा के संगीत से
कर्महीन जीवन के एक कोने को भी तरंगित कर पाऊँ
सिर्फ एक क्षण के लिए, दुःख यदि उसकी भाषा पा ले
सोती हुई जग उठे, यदि हृदय की गहरी प्यास
स्वर्ग के अमृत के लिए—तभी मेरा ज्ञान धन्य होगा,
हजार-हजार असन्तोष महागीत में निर्वाण पाएगा !

क्या गाओगे, क्या सुनाओगे, बोलो झूठे तुम्हारे सुख,
झूठे तुम्हारे दुःख। स्वार्थ में डूबा जो आदमी विमुख है
इस वृहत संसार से, उसने जीना कभी नहीं सीखा।
संसार की जिन्दगी की ऊँची तरंगों पर नाचते-नाचते
निर्भय दौड़ना होगा, सत्य को ध्रुवतारा बनाकर।
मौत का खौफ छोड़ना होगा।
दुर्दिन के आँसुओं की जलधारा मस्तक पर झड़ पड़ेंगी,
उसी के बीच तुम्हें अभिसार में जाना होगा उसके सामने,
जिस पर जिन्दगी के सभी सुख आनन्द
अर्पित किए गए हैं जन्म जन्म से। वह कौन है ?
उसे नहीं जानता, नहीं पहचानता
सिर्फ इतना जानता हूँ कि उसी के लिए रात के अन्धकार में
चलते आते हैं मानवयात्री युग से युगान्तर तक
आँधी पानी, बिजली वज्रपात में, बड़ी सावधानी से जलाकर
अपने हृदय-दीप को। सिर्फ जानता हूँ कि जिन्होंने सुना कानों में
उसके आह्वान संगीत, वे दौड़ पड़े जान का डर छोड़कर,
संकटों की गिर्दाव में; उन्होंने संसार की

तकलीफों को छाती से लगाया।
मौत का गर्जन उन्होंने संगीत की तरह चाव से सुना। आग ने उन्हें जलाया,
काँटों ने उन्हें छेदा, कुठार ने उन्हें काटा,
अपनी सबसे प्यारी चीज को बेझिझक ईंधन बनाकर
जन्म-जन्म से उसी के लिए वे होम की अग्नि धू-धू करके जलती आई है।
अपने कलेजे को निकालकर लाल कमल की तरह उपहार देते हुए
अभिमान से जिन्दगी का कर्ज चुकानेवाली अन्तिम पूजा उन्होंने की
मृत्यु से प्राण को कृतार्थ करके। सुनता हूँ, उसी के लिए राजपुत्रों ने
गुदड़ी ओढ़ी, विषय-वासना छोड़ी
पथ के भिखारी बने। महात्माओं ने पल-पल पर बर्दाश्त किया
संसार का तुच्छ उत्पीड़न, उनके पैरों को बींधा
प्रतिदिन कुश के टूसों से, उन पर अविश्वास किया
मूर्ख विद्वानों ने, अपने प्रियजनों ने उनका मखौल उड़ाया
अति परिचय की अवज्ञा में, लेकिन उन्होंने सबको क्षमा कर दिया
चुपचाप करुणा भरी आँखों से, हृदय में धारण किए हुए
उस निरुपम सौन्दर्य की प्रतिमा को। उसी के पैरों पर मानियों ने मान सौंपा
धनिकों ने धन सौंपा, वीरों ने प्राण सौंपे,
उसी को लक्ष्य करके कवियों ने गाए लाख-लाख गान
और देश-देश में प्रचारित किया। सिर्फ यही जानता हूँ कि
महान, गम्भीर, मंगल ध्वनि समुद्र और हवा में सुनी जाती है,
उसी की आँचल की छोर पर नीला आसमान घिरकर लोट रहा है
उसी विश्वविजयिनी परिपूर्णा की प्रेम्मूर्ति परम समय में
प्रिय के मुख पर विकसित हो उठती है। सिर्फ मैं जानता हूँ,
उसी विश्वप्रिया के प्रेम में अपनी क्षुद्रता का बलिदान देने पर
जिन्दगी के सभी असम्मान, दूर भागेंगे।
तब सामने खड़ा हो पाऊँगा ऊँचा मस्तक करके
उस मस्तक पर, डर की लकीर नहीं होगी, गुलामी की धूल
उस पर कलंक की टीका की तरह नहीं लगी होगी। उसे हृदय में रख
जिन्दगी के कँटीले रास्ते पर अकेले चलना होगा,
सुख-दुख में धीरज धरकर, आँखों के आँसू चुपके पोंछकर
हर दिन के काम में हर दिन मुस्तैद रहकर
सभी आदमियों को सुखी करके। उसके बाद लम्बी राह तय करके
जीवनयात्रा के अन्त में, थके पाँव और खून सने भेष में
एक दिन उतारूँगा थकावट हरनेवाली शान्ति की खोज में
उस घर में जहाँ दुःख नहीं। प्रसन्न मुख से, मधुर हँसी में
पहनाएँगी वह महिमा लक्ष्मी अपने भक्त के कंठ में वरमाला,
उसके कर-कमल के स्पर्श से ही शान्त हो जाएँगे
सभी दुःख, सभी ग्लानियाँ, सभी अमंगल।
उसके लाल पैरों के निकट लौटकर
जन्म से ही रुके आँसुओं के जल से उसके पैर धो डालूँगा।

चिरकाल से संचित आशाओं को उसके सामने प्रकट करूँगा,
जिन्दगी की लाचारियों को रोकर उसके सामने पेश करूँगा,
अन्ततः क्षमा माँगूँगा, आशा है दुःख की रात्रि समाप्त होगी
एक प्रेम से जिन्दगी के सभी प्रेमों की प्यास बुझ जाएगी।

[6 मार्च 1894, 'एबार फिराओ मोरे'; काव्य-संग्रह 'चित्रा']

दो बीघा जमीन

सिर्फ दो बीघा जमीन बच रही थी और सब कर्ज में जा चुकी थी।
बाबू ने कहा—"सुनते हो उपेन, यह जमीन मैं खरीदूँगा।"
मैंने कहा—"आप जमींदार हैं, जमीन की आपको क्या कमी है ?
आप देखिए, मेरे पास तो मुश्किल से मरने भर की जमीन बची है।"
सुनकर राजा बोले—"बेटा, जानते तो हो कि मैं बगीचा लगा रहा हूँ
तुम्हारी दो बीघा जमीन पाने से उसका चकला ठीक हो जाएगा,
तुम्हें देना ही पड़ेगा।" तब मैंने कहा हाथ को छाती से सटाए
आँसू भरी आँखों से—"गरीब की इस चीज जमीन पर रहम कीजिए
सात पुरखे जहाँ ज़न्मे-मरे, वह जमीन तो मेरे लिए सोने से भी बड़ी है
गरीबी के चलते मैं उस धरतीमाता को बेचूँ, ऐसा अभागा हूँ ?"
आँखें लाल करके राजा कुछ देर चुपचाप रहे
फिर क्रूर हँसी हँसकर बोले, "अच्छा तो देखा जाएगा।"
डेढ़ महीने के अन्दर-अन्दर वह जमीन छोड़कर
मुझे रास्ते पर खड़ा होना पड़ा,
डिग्री कराकर बिक्री करा ली झूठे कर्ज के हिसाब-किताब में।
इस संसार में, हाय, जिनके पास ज्यादा है, वही और ज्यादा चाहते हैं।
राजा के हाथ कंगाल के धन की चोरी होती है।
मन में सोचा मेरा भगवान मुझे मोहगर्त में नहीं रखना चाहता
इसलिए दो बीघा जमीन के बदले समूचे संसार का पट्टा लिख दिया है।
संन्यासी के वेश में देश-देश घूमा साधु का शिष्य बनकर
देखे कितने मनोहर स्थान, कितने मनोरम दृश्य।
पहाड़ पर, समुद्र में, जंगल में, शहर में, जहाँ-जहाँ मैं घूमा,
तो भी मैं भूल नहीं सका वह दो बीघा जमीन।
बाजार में, मैदान में, रास्ते में इस तरह पन्द्रह-सोलह साल काट डाले,
एक दिन, अन्त में, देश फिरने की कामना प्रबल हो गई।

प्रणाम, प्रणाम ओ मेरी सुन्दरी जननी बंगभूमि,
गंगा का तीर, ठंडा समीर—तुमने जिन्दगी जुड़ा दी।
फैला हुआ मैदान, आसमान की ललाट तुम्हारी पग-धूलि चूम रही,
छाया से ढँके, शान्ति के घोंसले से, तुम्हारे छोटे-छोटे गाँव।

घने पत्तोंवाली आम की बगीचियों, चरवाहों की क्रीड़ा भूमि,
अचल, अतल तालाब का काला जल, आधी रात का शीतल स्नेह,
छाती में मधु लिए बंग की वधुएँ पानी लेकर घर जा रहीं,
माँ कहते ही प्राण अनमने हो जाते, आँखों में पानी भर आता।
दों दिनों के बाद, दोपहर को, अपने गाँव में घुसा।
कुम्हार के घर को दाहिने छोड़कर, रथघर को बाएँ कर
हाट घर को पार कर, नन्दी गोला और मन्दिर को पीछे करके
प्यास से आकुल अपने घर के नजदीक आखिर आ ही पहुँचा।
धिक्कार है, धिक्कार है, सौ-सौ धिक्कार है, ओर बेशर्म, बेइस्मत जमीन
जब जिसकी, तब तिसकी—यही क्या तुम माता हो ?
क्या वह याद है, जब एक दिन तुम गरीब की माँ थीं,
अपने आँचल में तुम रखती थीं, फल-फूल, साग-पत्ते।
आज किस ढंग से, किसे भुलाने का यह विलास का रूप पकड़ा है,
आँचल में टँकी है पँचरंगी किनारी, बाल में गूँथे हैं फूल।
मैं तुम्हारे लिए विरागी बना घूमा, घर छोड़कर दुःख में डूबा,
और तुम यहाँ बैठकर, अरी राक्षसी, हँसकर दिन काट रही हो।
धनी के आदर पर घमंड में फूली हो तुम इतनी बदल गई हो
कि उन दिनों का कोई चिन्ह तुममें बाकी नहीं बचा है
तुम पहले करुणामयी थीं, भूख बुझानेवाली—अमृत पिलानेवाली,
जितनी भी हँस लो, जितना भी श्रृंगार कर लो—
पहले देवी थीं, अब दासी हो !

छाती फट रही थी, चारों ओर घूम-घूमकर देख रहा था,
दीवाल के नजदीक अब भी बचा है, क्या वह वही आम का पेड़ है ?
उसके नीचे बैठकर, आँखों के पानी से दुःख की जलन बुझाई,
एक-एक कर मन में बचपन की बातें मन में जगने लगीं।
याद आई, जेठ महीने की रात की वह वर्षा, नींद नहीं लगती
और भोर ही उठकर दौड़ा-दौड़ा मैं आम चुनने यहाँ पहुँच जाता।
गुमशुम मीठी दुपहरिया में पाठशाला से भागकर यहाँ आना,
सोचता था, क्या फिर कभी वह जिन्दगी लौट सकेगी ?
अचानक हवा पेड़ की डाल हिलाकर साँस छोड़ गई,
दो पके फल मेरी गोद के नजदीक जमीन पर आ गिरे।
मैंने सोचा शायद माता मुझे आखिर पहचान गई
स्नेह के उस उपहार को बहुत सम्मान के साथ सिर से लगाया।

इसी समय, आह, यमदूत की तरह कहाँ से माली आया।
सप्तम सुर में वह गाली बकने लगा।
मैंने कहा—"मैंने तो अपना सबकुछ चुपचाप दे दिया,
और उसके दो फल लिये तो इतना हो-हल्ला।"
उसने मुझे नहीं पहचाना, कन्धे पर लाठी लिए वह मुझे पकड़कर ले चला,

जहाँ बाबू छीप पकड़े, परिषदों के साथ, वंशी से मछली ले
सारी बात सुन क्रोध में वे बोले—"मारकर खून कर दूँगा।"
बाबू ने जितना कहा, परिषदों ने उसका सौगुना कहा।
मैंने कहा, "सिर्फ दो आम की भीख माँग रहा हूँ हुजूर।"
बाबू हँसकर बोले—"बेटा, साधु के भेष में पक्का चोर है।"
मैं सुनकर हँस पड़ा, आँखों में बढ़ आई, यही बदा था,
महाराज, तुम तो आज साधु हो गए और मैं चोर बना !

उर्वशी

न माँ हो, न बेटी हो, न बहू,
सिर्फ सुन्दरी नारी, हे, नन्दनवन की निवासिनी उर्वशी !
जब बथान में सन्ध्या उतरती है
अलसाई देह पर सुनहली आँचल तानकर
तुम किसी घर के कोने में सन्ध्या का दीप नहीं जलातीं।
दुविधा में बँधे पैर, धड़कती छाती और झुकी नजर से
मन्द मुस्कान में तुम शर्म से गड़ी सुहाग-घर में नहीं जातीं
गुमशुम आधी रात को
ऊषा के उदय की तरह तुम बिना घूँघट की हो,
बिना शील-संकोच की।

बिना डाली के फूल की तरह, आप ही आप विकसित होकर
कब तुम खिल पड़ीं, ओ उर्वशी !
आदिम बसन्त की सुबह में तुम दीख पड़ीं, मथे हुए समुद्र में
दाहिने हाथ में था अमृत का कलश, बाएँ हाथ में जहर का प्याला
तरंगों-भरा महासमुद्र मन्त्र पढ़े साँप की तरह
तुम्हारे पैरों पर पड़ा था, अपने लाखों, करोड़ों फनों को झुकाए हुए।
कुन्द-सी उजली वह नंगी शोभा, देवताओं से वंदिता
तुम अनिन्दिता
क्या किसी समय, कली की तरह, तुम छोटी बच्ची नहीं थीं,
ओ, अनन्त यौवन वाली उर्वशी !
अंधकारमय पाताल के नीचे किसके घर में अकेली बैठीं
हीरे-मोती लेकर तुम बचपन का खेल खेलती रही थीं ?
मणियों के दीप से जगमग कमरे में समुद्र की तरंगों के संगीत में
मुँह पर बेदाग हँसी लिए तुम मूँगे की पलंग पर सोती थीं
किसकी गोद में सटकर ?
जब तुम संसार में जगीं, जवानी से लदी थीं
पूरी खिली थीं !
युग-युगान्तर से तुम सिर्फ संसार की प्रेमिका हो,

ओ अपूर्व शोभावाली उर्वशी !
मुनि लोग ध्यान तोड़कर तुम्हारे चरणों पर तपस्या का फल चढ़ाते हैं
तुम्हारी नजरों के इशारे पर तीनों लोक यौवन से चंचल हो उठता है,
तुम्हारी मदभरी गन्ध को अन्धी हवा चारों ओर फैलाती है
मधु से मत्त बने भौरे की तरह मुग्ध कवि खोए दिल से
घूमता है बेपरवाह गीत गाता
अपने नुपूर को बजाती जाती हो, ओ आकुल आँचलवाली,
बिजली-सी चंचल चालवाली !
देवताओं की सभा में जब तुम पुलकित हो, हुलसित हो नाचती हो
हे नृत्यशील नयनोंवाली उर्वशी !
छन्द-छन्द पर नाच उठती है समुद्र में उसकी तरंगें
पृथ्वी के आँचल पर की हरियालियों की फुनगियाँ सिहर उठती हैं
तुम्हारी छाती की माला के झटके से आकाश में तारे टूट पड़ते हैं
अचानक पुरुष के हृदय में होश भुलानेवाली
खून की धारा नाच उठती है
दिगंत में तुम्हारी करधनी औचक ही टूट पड़ती है,
और साड़ी ढीली पड़ जाती है !
स्वर्ग के उदयाचल की तुम मूर्तिमयी ऊषा हो,
हे भुवन-मोहिनी उर्वशी !
संसार के आँसुओं से तुम्हारी देह की शोभा धोई-पोंछी जाती है,
तीनों लोक के हृदय-रक्त से तुम्हारे पैरों में महावर दिया जाता है,
खुली अलकोंवाली ओ, नंगी देवी संसार की वासना के विकसित
कमल पर,
तुम्हारे पैर सुन्दर रखे हुए हैं,
बड़े ही नाजुक बोझ से !
अखिल मानस स्वर्ग की अनन्त रंगिनी
ओ सपनों की संगिनी !
सुनो, वह दिशा दिशा में तुम्हारे लिए रुदन हो रहा है,
ओ, बोझिल, बहरी उर्वशी !
वह पुराना आदियुग क्या इस पुराने संसार में फिर लौटेगा ?
क्या तुम फिर अतल समुद्र से भीगे बालों सहित दीख पड़ोगी ?
क्या प्रथम प्रभात में फिर तुम्हारा वह शरीर प्रथम बार देखा जाएगा ?
क्या फिर तुम्हारे अंग-अंग संसार के कटाक्षपात से रो उठेंगे ?
आँसू बहाएँगे ?
और अचानक महासमुद्र तरंगित हो उठेगा अपूर्व संगीत से।

नहीं लौटेगा नहीं लौटेगा, वह गौरव का चाँद डूब चुका,
ओ, अस्ताचल में बसनेवाली उर्वशी !
उसी से आज इस पृथ्वी पर बसन्त के आनन्द के उच्छ्वास में
किसी के विरह की उसाँसें मिलकर बहती हैं।

पूर्णिमा की आधी रात में जब दसों दिशाओं में हँसी भर जाती है
तब दूर की याद कहीं से व्याकुल बनानेवाली वंशी बजाती है,
और आँसुओं की झड़ी लग जाती है।
तो भी आशा लगी है प्राणों के इस करुणा में
ओ, बन्धनों से हीन उर्वशी !

[8 दिसम्बर 1895, 'उर्वशी', काव्य-संग्रह : 'चित्रा']

बलाका

साँझ की लालिमा से झिलमिल मिलन की टेढ़ी धारा
अन्धकार में लीन हो गई, जैसे ढाल में ढँकी
बाँकी तलवार !
दिन के भाटे के बाद रात का ज्वार
अपने प्रवाह में बहा लाया काले जल में तारों के फूल;
पर्वत की अँधेरी तलहटी में
देवदार के पेड़ों की पंक्तियों में
ऐसा लगा कि सृष्टि स्वप्न में कुछ बातें करना चाहती है
लेकिन साफ बोल नहीं पाती,
उसके अव्यक्त अन्धकार में उमड़ उठी है !
अचानक कुछ सुनाई पड़ा उस समय
सन्ध्या के आसमान में
शब्दों की बिजली शून्य के एक कोने में
और एक क्षण में ही दूर, बहुत दूर से परे निकल गई !
हे हंस—बलाका,
आँधी की शराब पीकर पागल बने तुम्हारे पंख
ढेर के ढेर आनन्द के अट्टहास से
विस्मय का जागरण आसमान में तरंगित कर चलते बने।
यह पंखों की ध्वनि थी
शब्दमयी अप्सरा-रमणी
स्तब्धता की तपस्या भंग कर चलती बनी।
सिहर उठीं,
अंधकार में ढँकी पर्वत की श्रेणियाँ
सिहर पड़ा देवदार का वन।
ऐसा लगा कि पंखों की आवाज ने
दौड़ा दी
पलक लगते-लगते
रोमांचित हुए अचल पदार्थों के अन्तर-अन्तर में
गति की एक तरंग !

पर्वत ने चाहा कि वह वैशाख का घुमक्कड़ मेघ बन जाए।
वृक्ष ने चाहा पंख फटफटाकर
मिट्टी का बन्धन तोड़कर
इसी शब्द रेखा को पकड़ अचानक दिशा का ज्ञान भूल,
आकाश का किनारा खोज ले।
सन्ध्या का सपना टूटकर वेदना की लहर जग उठती है
सुदूर के लिए,
हे रमता राम विरामी पंछी,
व्याकुल वाणी संसार के प्राणों में बज उठी
—"यहाँ नहीं, यहाँ नहीं, कहीं और जगह, किसी और जगह !"
हे हंस बलाका,
आज रात तुमने मेरे लिए स्तब्धता का ढक्कन उठा दिया है
मैं सुन रहा हूँ इस निस्तब्धता के नीचे
आकाश में, जल में, थल में
ऐसी ही उद्दाम चंचल, पंखों की आवाज !
ये दूब, ये तृण
मिट्टी के आसमान पर उड़ने के लिए डैने तोल रहे हैं,
मिट्टी के नीचे, अन्धकार में पड़े, न जाने कितने
लाख-लाख बीजों के बलाका
अंकुर के पंख फटफटा रहे होंगे !
मैं आज देख रहा हूँ,
यह पर्वत, यह वन,
डैने फैलाए उड़े जा रहे हैं
द्वीप से द्वीपान्तर को अनजान से अनजान की ओर।
तारे के पंखों के स्पन्दन से
अन्धकार चौंक रहा है प्रकाश के रुदन में !!
सुनता हूँ मानवों की कितनी वाणी
दल के दल अलक्षित पथ पर उड़ती जा रही है
अस्पष्ट भूतकाल से अस्फुट सुदूर युगान्तर की ओर।
सुनता हूँ, अपने अन्तर में,
असंख्य पंछियों के साथ
दिन-रात
यह घोंसला त्यागी पंछी प्रकाश-अन्धकार में दौड़ा जा रहा है
न जाने किस पार से किस पार को
गूँज उठा है आकाश निखिल के पंखों के इस ज्ञान से
"यहाँ नहीं, दूसरी जगह, और किन्ही जगह !!"

[अक्टूबर-नवम्बर 1915, 'बलाका', कविता-संग्रह : 'बलाका']

शाहजहाँ

यह बात तुम जानते थे, हिन्दोस्तान के बादशाह शाहजहाँ,
कि जमाने की रफ्तार में बह जाती है, जिन्दगी, जवानी, दौलत और इज्जत।
सिर्फ तुम्हारे दिल का दर्द
अमर बन जाए, यही थी तुम्हारी साधना।
हुकूमत की बज्र से भी कठिन ताकत
साँझ की लालिमा की तरह नींद के खुमार में लीन हो जाती है,
तो हो,
केवल एक लम्बी उसाँस
रोज-रोज निकलकर आकाश की करुणा से भरती रहे
यही थी तुम्हारे मन की कामना।
हीरे-मोती जवाहर के ढेर
शून्य क्षितिज पर इन्द्रधनुष के इन्द्रजाल की तरह,
यदि लोप हो जाते हैं, तो हों,
सिर्फ रहे आँखों का एक बूँद पानी
काल के गाल पर उजला, चमकीला
यह ताजमहल !
हाय रे आदमी का हृदय !
बार-बार
किसी की ओर फिरकर देखने के लिए
समय जो नहीं,
समग्र जो नहीं
जिन्दगी की तेज धारा में वह हमेशा बहा जा रहा है
संसार के घाट-घाट पर।
एक बाजार में बोझ लो, दूसरे में खाली कर दो।
दक्षिणी हवा के मन्त्र के गुबार में
तुम्हारे कुंजवन में
वसन्त की माधवी-मंजरी
जिस क्षण भर देती है
फुलवारी की चंचल अंचल को;
विदा की गोधूलि आकर उसी समय पंखरियों को धूल में पटक देती है
समय जो नहीं,
इसी से शरद की रात में
नई कुन्द की कलियाँ खिलकर
हेमन्त के आनन्द उत्सव की फूल डाली को सजाती हैं।
हाय रे हृदय !
तुम्हारा संचय
साँझ और भोर को रास्ते पर फेंक देना होता है।
नहीं है, नहीं है जो समय,

हे सम्राट,
इसीलिए तुम्हारा शंकित हृदय
समय का दिल सौन्दर्य में लुभाना चाहा
उसके कंठ में यह कौन-सी माला डालकर
उसे वरण किया
रूपहीन मरण की मृत्युहीन अपरूप साज में।
रहती जो नहीं
रोने की फुर्सत
बारह महीने
इसीलिए तुमने अपने अशान्त रुदन को
हमेशा गुमसुम रहनेवाले जाल के कठिन बन्धन में बाँध दिया।
चाँदनी रात में एकान्त मन्दिर में
अपनी प्रेयसी को
जिस नाम से तुम धीरे-धीरे पुकारते थे
उसी कान-कान की पुकार को इस जगह तुमने रख दिया है,
अनन्त के कान में
प्रेम की वह करुणाधारी कोमलता
फूट पड़ी है
खूबसूरती के फूलों के ढेर रूप में इन गुमसुम पत्थरों में
हे सम्राट कवि,
यह तुम्हारे दिल की तस्वीर है
यह तुम्हारा नया मेघदूत है
अपूर्व, अद्भुत
छन्द में, गान में
उठा है अलक्ष्य की ओर
जहाँ तुम्हारी विरहिन प्रिया
मिल रही है
प्रभात के अरुण आभास में
थकावट भरी साँझ के क्षितिज की करुण उसाँस में
पूर्णिमा को देहहीन चमेली के लावण्य विलास में
भाषा की पहुँच से परे उस किनारे
कंगाल आँखें जिसके ऊपर से बार-बार लौट आती हैं
तुम्हारा यह सौन्दर्य दूत युग-युग से
समय के सन्तरी को धता बताता
चलता है यह वाक्यहीन सन्देश लेकर
''नहीं भूला हूँ, नहीं भूला हूँ, नहीं भूला हूँ प्रिये !''
तुम चले गए हो आज,
हे मेहमान,
तुम्हारा राज्य सपने-सा छूट गया,
तुम्हारा सिंहासन टूट चुका,

तुम्हारी सेनाएँ
जिनके चरणों के चाप से जमीन डगमग करती थी
उसकी याद आज हवा में मिलकर
दिल्ली की राहों की धूल में उड़ रही है।
भाँट उनका गान नहीं गाते,
यमुना की हिलोरों के साथ नौबत बाजे अपनी तान नहीं मिलाते,
तुम्हारे हरम की सुन्दरियों के नुपूर की रुनझुन
टूटे महलों के कोने में
दिल्ली की आवाजों में मर चुकी
अरे, रात का आसमान भी रो रहा है
तो भी तुम्हारा यह दूत थमकता खड़ा है
न इसमें थकावट आई, न सुस्ती,
राज्यों की उलटपुलट को व्यर्थ करके
जिन्दगी और मौत की उठा-पटक को तुच्छ बनाकर
युग-युगान्तर से
एक स्वर में करता आया है
चिर-विरही की आवाज में
"नहीं भूला हूँ, नहीं भूला हूँ, नहीं भूला हूँ
ओ मेरी प्रिये,
यह झूठी बात कौन कहता है कि भूले नहीं हो
कौन कहता है कि तुमने नहीं खोले स्मृति पिंजरे के द्वार।
भूतकाल का हमेशा छाया हुआ अन्धकार
आज भी क्या तुम्हारे दिल को बाँधकर रखे हुए है ?
विस्मृति के मुक्ति पथ होकर
क्या वक्त वह बाहर नहीं हुआ है ?
समाधि-मन्दिर रोजे मकबरे
एक ही जगह हमेशा स्थिर रहते हैं,
पृथ्वी की धूल पर रहकर भी
यादगार के ढक्कन से मृत्यु को जतन से ढँके रहते हैं।
जिन्दगी को कौन रोककर रख सकता है
आकाश का हर तारा उसे पुकारकर बुलाता है।
उसका निमन्त्रण लोक-लोक में
नए-नए उदयाचल में, प्रकाश-प्रकाश में
यादों की गाँठ तोड़कर
वह चल पड़ता है
विश्वपथ में बाधा-बन्धनविहीन !
महाराज ! कोई भी साम्राज्य किसी भी दिन
तुम्हें पकड़ नहीं सकता।
समुद्रों से घिरी पृथ्वी, हे विराट, तुम्हें नहीं भरमा सकती
इसी से इस धारा को

जिन्दगी के जशन के बाद दोनों पैरों से ढेलकर
मिट्टी के प्याले की जड़ फेंककर तुम चल दिए !
अपनी कीर्ति से भी तुम महान हो
इसलिए तुम्हारा जीवनरथ
पीछे फेंक जाता है तुम्हारी कीर्ति को
बार-बार।
उसी से तुम्हारा यह निशान पड़ा है; भले ही तुम नहीं हो।
जो प्रेम सामने
चलना और चलाना नहीं जानता,
जिस प्रेम ने पथ के बीच अपना राजसिंहासन पाया था,
उसकी ऐशो-इशरत की बातें
रास्ते की धूल की तरह तुम्हारे पैर से लिपटी पड़ी थीं
उन्हें तुमने धूल में ही लौटा दिया।
इसीलिए तुम्हारे पीछे की पगधूलि पर
तुम्हारे हृदय से, वायु में भरकर,
कभी अचानक गिर पड़ा था जीवन की माला से गिरकर
एक बीज।
तुम तो दूर चले गए लेकिन,
उस बीज का अमर अंकुर
आसमान की ओर उठा है
और गम्भीर-गान में कहता है—
जितनी दूर भी देख रहा हूँ,
नहीं है, नहीं है वह पथिक !
प्रिया उसे रख नहीं सकी, राज्य ने उसे रास्ता दिया
समुद्र, पर्वत ने भी नहीं रोका।
आज उसी का रथ
चल रहा है रात की पुकार पर
तारों के गान पर
प्रभात के सिंह दरवाजे की ओर।
उसी से
याद की बोझ लेकर मैं यहाँ पड़ा हुआ हूँ
वह हल्का-फुल्का बोझ फेंक चलता बना।''

[31 अक्टूबर 1914, 'शा-जाहान', कविता-संग्रह : 'बलाका']

अभागे का गान

क्यों आँसू, क्यों उसाँस ?
हँसते चेहरे से हम तकदीर का मजाक उड़ाएँगे !

जो खाली हाथ है, जिसके पास कुछ नहीं, संसार में
वही सबको जीत सकता है,
गरूर में चूर भाग्य की देवी का वह खरीदा हुआ गुलाम नहीं !
हँसते चेहरे से हम तकदीर का मजाक उड़ाएँगे।

हम सुख की फूली हुई छाती की छाया तले नहीं विचरते।
हम दुःख के टेढ़े मुँह का चक्र देखकर भय नहीं खाते।
फूटे ढोल से हम जहाँ तक हो सकेगा, विजय-डंका बजाएँगे,
टूटी हुई आशा की पताका हटाकर हम नीले आसमान में छेद करेंगे।
हँसते चेहरे से हम तकदीर का मजाक उड़ाएँगे।

हे गरीबी, हे खुले बालोंवाली देवी, तुम पाँव तोड़कर बैठती हो,
तुम्हारी 'रीत-नीत' बड़ी सरल है, उसमें धोखाधड़ी का नाम कहाँ ?
पेट में आग जलाती हो, लेकिन उसमें छलकपट नहीं होती।
गले में जब मौत का फन्दा डालती हो, चिकनी-चुपड़ी बात नहीं करतीं।
हँसते चेहरे से हम तकदीर का मजाक उड़ाएँगे !

संसार में जितने बड़े-बड़े आदमी जन्मे, सब तुम्हारे घर में जन्मे,
उन्हीं के कठोर बिछावन तुमने हमारे नीचे डाल दिए हैं।
हम तुम्हारे लाड़ले बेटे हैं जो दोगी हम वही लेंगे,
सर्वनाश को सिर पर चढ़ाकर हम तुम्हारा जय-जयकार करेंगे।
हँसते चेहरे से हम तकदीर का मजाक उड़ाएँगे।

अभागों के इस सिंहासन पर बिठाकर हमें युवराजत्व दे दे माँ !
तुम्हारे जितने सेवक हैं, सबको टूटे हुए घोंसलों का पंछी बना दे माँ !
हमारे जलते कपाल पर तू ओ प्रलयशिखा टीका लगा दे,
पुरानी गुदड़ी और फटे कपड़े से हमें सजा दे माँ
हँसते चेहरे से हम तकदीर का मजाक उड़ाएँगे !

तुम्हारे डंके की आवाज सुन कपटी दोस्तों की सूनी हँसी छिप जाए।
पूँछ डुलाते झूठे, चापलूस, मक्का और काशी भाग पड़ें !
अपने-पराये का भेद भूलकर, पुराने दरवाजे को हमेशा खोलकर,
हम तुम दोनों एक तरह से बारह मास बिताया करेंगे !
हँसते चेहरे से हम तकदीर का मजाक उड़ाएँगे !

डर-भय, लज्जा-शरम, स्तुति और निन्दा में चुका दिया
धूल, वह तो तुम्हारे पाँवों की धूल है
उसे ही हम, तुम्हारे भक्तों ने मल लिया है
आशा को हम कहते हैं—"देवी जी, तुम्हारे खेल हम पहचानते हैं

जिसके भाग्य में धोखा ही धोखा है, उसे भी धोखा देने चली हो ?"
हँसते चेहरे से हम तकदीर का मजाक उड़ाएँगे।

मौत जिस दिन कहेगी—"जागो तुम्हारी रात की भोर हुई।"
हम अपने घर के सूरज और चाँद दोनों दीपक बुझ जाएँगे।
हम दोनों में खूब लगाव है, हम दोनों पुराने पड़ोसी जो हैं,
वह बड़े ही स्नेह से हमारे गले में अपनी बाँहें डाल देगी !
और चलते समय भी हम तकदीर का मजाक उड़ा जाएँगे !

अपमानित

ओ मेरे अभागे देश, जिसका तुमने अपमान किया है,
अपमान में तुम्हें भी उन्हीं सबके समान होना पड़ेगा।
मनुष्य के अधिकार से जिन्हें वंचित किया है,
सामने खड़ा रखकर भी जिन्हें गोद में जगह नहीं दी है,
अपमान में तुम्हें भी उन्हीं सबके समान होना पड़ेगा।

मनुष्य के स्पर्श से प्रतिदिन दूर रखकर
घृणा की है तुमने मनुष्य के प्राणों के अन्दर बसनेवाले भगवान की।
विधाता के उग्र क्रोध में अकाल के दरवाजे पर बैठकर
सबके साथ बाँटकर तुम्हें खाना पड़ेगा अन्न पानी।
अपमान में तुम्हें भी उन्हीं सबके समान होना पड़ेगा।

तुमने अपने आसन से धक्के देकर उन्हें जहाँ हटाया,
वहाँ तो अपनी शक्ति को भी तुमने अवहेलना करके निकाल बाहर किया।
पैरों से ठुकराए जाकर वे धूल में मिल गए हैं
उसी निभाई तक उतर आओ नहीं तो तुम्हारा भी त्राण नहीं है।
अपमान में तुम्हें भी उन्हीं सबके समान होना पड़ेगा।

जिन्हें तुम नीचे फेंकते हो, वे तुम्हें नीचे बाँधेंगे
जिन्हें तुम पीछे रोकते हो, वे तुम्हें पीछे खींचेंगे
अज्ञान के अंधकार में जिन्हें पर्दे में छिपाकर रखे हुए हो
तुम्हारे कल्याण को ढँकने के लिए उन्होंने भी पर्दे बना रखे हैं
अपमान में तुम्हें भी उन्हीं सबके समान होना पड़ेगा।

सैकड़ों सदियों से सिर बेइज्जती के बोझ से झुके हुए हैं
मनुष्य के भगवान को तो भी तुम नमस्कार नहीं करते
तो भी आँखें नीची करके तुम नहीं देख पाते
कि धूल के नीचे उतर आए हैं हीन और पतितों के भगवान,

अपमान में तुम्हें भी उन्हीं सबके समान होना पड़ेगा।

तुम नहीं देख पाते कि मौत का दूत दरवाजे पर खड़ा है
तुम्हारे जातीय अहंकार पर अभिशाप अंकित हो चुका है
तुम यदि सबको नहीं पुकारते, अब भी अलग खड़े रहते हो
अपने को चारों ओर से अभिमान में जकड़े रहते हो
तो मौत के मुँह में, चिता की राख में सबको
समान होना पड़ेगा।

[4 जुलाई 1910, 'अपमानित' काव्य-संग्रह : 'गीतांजलि']

विजयिनी

तालाब के स्थिर पानी में जिस दिन रमणी
स्नान करने के लिए बैठी, नवीन बसन्त
उस दिन सारे भुवन में घूम रहा था
पहले प्रेम की तरह काँपता-काँपता
क्षण-क्षण सिहरता, घनी छाया में
पल्लव की शैया पर लेटी अंटशंट बक रही थी;
दोपहर की रोशनी वन की एकान्त गोद में
मूर्च्छित सोई थी; पंडुक के जोड़े
चम्पे की स्थिर डाल पर शान्ति से बैठे
चोंच से चोंच मिलाने से फुरसत पाकर
उस सुनसान जगह को कूक से विह्वल कर रहे थे।

किनारे में उजली चट्टान पर नीली साड़ी
एक तरफ पड़ी थी गौरव खोकर
अनादर से; उसकी देह की तीखी सुगन्ध
अब भी उसमें बसी थी; आयु के बीत जाने पर भी
मूर्छा में पड़ी देह में जिन्दगी की एक झलक सी;
कमर से हटकर करधनी लोट रही थी
चुपचाप अपमान में नुपूर भी पड़े हुए थे;
कंचुकी गड़ी जा रही थी
दो स्वर्गों से हटकर कठिन पत्थर में
सोने का दर्पण आसमान की ओर टकटकी लगाए था
किसके चेहरे की याद करके, सोने के कटोरे में रखा था
चन्दन और कुमकुम का लेप; फेंके हुए, शरमाए हुए
दो लाल कमल; ताजा सुन्दर
उजली जूही की माला; धोया हुआ उजला कपड़ा

कोमल दपादप—पूर्णिमा के आकाश की तरह।
भरा हुआ नीला पानी, स्थिर आघातहीन;
किनारे-किनारे फैल रहे थे व्याकुल गम्भीर
छाती जुड़ानेवाले आलिंगन।
तालाब की एक तरफ मौलश्री की घनी छाया में
उजली चट्टान पर छाती तक पानी में डुबाए सुन्दरी बैठी थी,
अपनी काँपती छाया स्वच्छ जल में फैलाती हुई।
खींचकर छाती से लगाती जतन से पाले उजले
राजहंस को वह प्यार कर रही थी; नंगी बाँहों के पाश में
घिरे थे उसके दो कोमल डैने, अपनी लम्बी गर्दन
कन्धे पर रखकर वह बार-बार कह रहा था
प्रेम की भोली बातें और सुन्दरी के कोमल गाल
हंस की पीठ पर उसके स्पर्श से विभोर पड़े थे।

चारों तरफ उठ रही थी मधुर रागिणी,
जल में, थल में, नभ में, सुन्दर कहानी
न जाने कौन रच रहा था धूप-छाँह में
जंगल के सन्नाटे में और पत्तों के मरमर में
बसन्त के दिनों के स्पन्दन में, कम्पन में,
साँस में, उसाँस में, जबान में, इशारे में, गुंजन में,
चमक में, झलक में। मानो आकाश वीणा के
सूर्य किरणों के तारों पर देवबालिका की
साये-सी अँगुली का आघात पाकर, संगीत झंकार बनकर
चीख पड़ी हो, मौन स्तब्धता में
वेदना से पीड़ित होकर, मूर्च्छित होकर।
पेड़ के नीचे खुलकर गिर रहे थे चुपचाप विरल-विरल
बेबस मौलश्री के फूल; कोयल सिर्फ बेथकी गाए जा रही थी
उसकी असफल कूहू—रोती फिरती थी वन-वन में घूमती
प्रतिध्वनि में भी उदासी थी, छाया से सटकर
सरोवर से लगी छोटी-सी निर्झरिणी
नाच के ताल पर बजाकर अपनी मणियों की करधनी
तरंगों के कल्लोल में मिल रही थी
घासों भरे किनारे पर
जल के कल-कल स्वर में, दुपहरी की हवा में
सारस अपनी लम्बी गर्दन को भावभंगी से टेढ़ा कर,
अपनी पीठ पर रखकर सोया हुआ था धुमैले डैनों के बीच;
राजहंसों के झुंड, आकाश में पाँत बनाकर तेजी से,
चंचलता से छोड़कर किसी दूर की नदी तट के बालू पर विचरना,
उड़कर जा रहे थे, जहाँ बरफ गल चुकी है
उस कैलास की ओर। जंगल की तरह-तरह की गन्ध के

बोझ से थकी गरम हवा आग्रह से
लौट पड़ी थी लम्बी उसाँसें लेती
मुग्ध बने तालाब की छाती पर, उसकी ठंडी बाँहों से लिपटकर।
कामदेव, बसन्त का सखा, व्यग्र कुतूहल में
छिपकर बैठा था मौलश्री के नीचे
फूलों के आसन पर उसके तने से
पसारकर अपने दोनों पैरों को नई घास के ऊपर।
उसका पीला दुपट्टा जमीन पर लोट रहा था,
लिपटी थी मालती की माला उसके घुँघराले बालों में
उसकी गोरी गर्दन में। हँसता हुआ टेढ़ी चितवन से
कौतुक में वह देख रहा था उस मोहिनी सुन्दरी
तरुणी की स्नानलीला। अधीर हुई चंचल बनी
उसकी उत्सुक उँगलियाँ, नारी की निर्मल कोमल छाती को लक्ष्य कर
फूलों के तीर लिए अपने मौके की ताक में थी।
लाखों भौंरें गुंजार करते फिरते थे
फूल-फूल पर; छाया के नीचे सोई हिरणी को
क्षण-क्षण चाट रहा था धीरे-धीरे विमुग्ध आँखों से हिरण;
बसन्त के स्पर्श से वन की छाया आलस और लालसा से भरी थी।

जल के किनारे क्षुब्ध कम्पन रखकर
भीगे पैरों का चिन्ह अंकित करती
सीढ़ी-सीढ़ी पर, किनारे पर आ खड़ी हुई सुन्दरी;
खुले बाल पीठ पर लटक पड़े।
अंग-अंग में जवानी की चंचल तरंगें
शोभा के मायामंत्र से स्थिर और अचंचल
बंदिनी बनी, उनकी चोटी-चोटी पर
दुपहरिया की धूप पड़ी, ललाट पर, होंठों पर,
जाँघ पर, कमर पर, स्तंन के अगले भाग पर,
दोनों बाँहों पर, भीगी देह की रेखा-रेखा पर
झलमल, झलमल कर उठी चारों ओर से उसे घेरकर
अखिल पवन और अनन्त आकाश ने
मानो एक जगह आकर आग्रहपूर्वक सिर झुकाकर
उसके अंग-अंग को चूमा और गुलाम की तरह
भीगे शरीर को पोंछ दिया धूप में अंगोछे से
जतन के साथ। उसकी छाया लाल पैरों के नीचे,
गिरे हुए कपड़े की तरह पड़ी हुई थी;
जंगल सन्नाटे में खड़ा अचरज से भरा जा रहा था।

मौलश्री के पेड़ को छोड़ मन्द मधुर हँसता कामदेव उठा।
उसके सामने आकर अचानक रुककर खड़ा हुआ।

चेहरे की ओर देखा अपलक, निश्चल नयनों से थोड़ी देर तक। उसके तुरत बाद ही जमीन पर घुटने टेककर बैठ गया, चुपचाप, अचरज भरा, सिर झुकाए; और फूल का धनुष, फूल के बाण, उसके पैरों पर पूजा की अंजलि की तरह चढ़ा दिए तरकश खाली करके। यों अस्त्रों से हीन कामदेव को देखा, सुन्दरी ने शान्त, प्रसन्न मुख से।

सुप्रभात

हे रुद्र, तुम्हारी दारुण दीप्ति
द्वार तोड़कर आई है;
छाती में बज उठा है बिजली का वाण
स्वप्न का जाल छोड़कर !
सोच रहा था, उठूँ या न उठूँ,
अन्धा बनानेवाला अन्धकार दूर हुआ या नहीं,
मुँदी आँखें खोलूँ या नहीं खोलूँ
आलस के खुमार को धता बताकर
कि इसी समय ईशान, तुम्हारा
विषाण बज उठा।

बज रहा है, अरे, गरजकर बज रहा है—
दग्ध मेघ के रन्ध्र-रन्ध्र में
चमकते हुए आसमान में।
चौंककर जग पड़ा पूरब का संसार
लज्जा से उसका मुँह लाल है।
हे भैरव, तुम किस रूप में आए हो
ललाट में नागिन खोंसे हुए
तुम्हारी रुद्र वीणा में यह क्या बज उठी
सुप्रभात की रागिनी ?
मुग्ध कोयल डाल पर कूक रही है
वन की कुंजों में फूल चटक रहे हैं !
बहुत दिनों पर जैसे अचानक
अमावस्या की रात फट गई
तुम्हारे खड्ग ने अन्धकार के भैंसे को
दो टूक काट दिया।
संसार में व्यथाओं से भर रही है
झिर-झिर कर खूनी किरणें
गगन-गगन से झर रही हैं !

कोई जगकर काँप रहा है
कोई सपने में डर रहा है।
तुम्हारे मशान के सेवकगण
लम्बी रात के कारण भूख से छटपटाते
सूखे होंठों को चाट-चाटकर
चिंघार मार-मार उठ बैठे हैं
वे अब हमारे घर के अतिथि बने हैं
हमारे आँगनों में वे ताथई नाच रहे हैं
खोलो-खोलो दरवाजे, ओ गृहस्थ,.
छुपकर मत बैठो, मत बैठो
जिसके पास जो है लाओ, ले आओ
सबकुछ चुका देना होगा।

कोई अब मत पड़े रहो,
अपने कलेजे के टुकड़े को निकाल
हमारे बर्तन को भर दो।
अपने कलेजे के टुकड़े को निकालकर
हमारे बर्तन को भर दो
ओ रे गरीब प्राणी, किस मोह के लिए
झूठे स्नेह को छिपा रखा है।
उदय के पथ पर किसकी आवाज सुन रहा हूँ—
"भय मत करो, रे, भय मत करो।
जो अपने प्राण तक निःशेष दान कर देगा
उसका क्षय नहीं है, रे उसका क्षय नहीं।"

हे रुद्र ! मैं तुम्हारा संगीत किस तरह गाऊँगा,
जरा बता दे, स्वामी !
मरण-नृत्य में छन्द मिलाकर,
ऐसे हृदय डमरू बजा दूँगा।
भीषण दुःख से डाली भरकर
तुम्हारा अर्घ्य सजा दूँगा।
आ गया है प्रभात, आ गया है,
अन्धकार के नाशक शिवशंकर
किस अट्टहास में हँस रहे हैं।
जो जग गए हैं उसका चित्त आज
भीषण आनन्द में बहा जा रहा है।
जो जीवन के देवता हैं, उसे जीवन सौंप,
तुम्हारा परिचय पाना होगा,
तुम्हारा डंका बजाना पड़ेगा
सभी शंकाओं को जीतकर।

अच्छा हुआ कि आँधी के झोंके में
प्रलय भी जरा खुल पड़ी है
अच्छा हुआ कि प्रभात आया है
मेघ के सिंह की सवारी पर–
मिलन के यज्ञ में अग्नि जलाऊँगा
वज्रशिखा की ज्वाला से।
अँधेरी रात बीत गई–
तुमसे महासम्पत्ति पाऊँगा
सब सम्पत्तियाँ खोकर
मृत्यु को भी अमृत बना लूँगा,
तुम्हारे चरणों को छूकर।

मैं खो गई हूँ

छोटी-सी मेरी बच्ची
अपनी संगिनी की पुकार सुनकर
सीढ़ी से निचले तले को उतर रही थी
अन्धकार में डरती-डरती, थमती-थमती।
उसके हाथ में दीप था
आँचल की ओट कर वह सावधानी से चल रही थी।
मैं छत पर था
तारों भरी चैत की रात थी
अचानक बेटी का रोना सुन, उठकर
दौड़ा-दौड़ा नीचे चला।
सीढ़ी के बीच में जाते-जाते
उसका दीप बुझ गया था हवा से।
मैंने पूछा, "क्या हुआ, बेटी !"
वह रोती हुई नीचे से बोली–"मैं खो गई हूँ।"
तारों भरी चैत की रात में
मैं लौट आया फिर छत पर।
आकाश की ओर देखने पर मन में लगा
मेरी बेटी की तरह यहाँ भी कोई एक लड़की
नीली साड़ी के आँचल से घेरकर
दीपशिखा को बचाती, अकेली, धीरे-धीरे जा रही है।
यदि रोशनी बुझ जाती, यदि वह अचानक थम जाती,
तो आसमान इस रुदन से भर जाता–"मैं खो गई हूँ।"

मरीचिका

आओ, सखि, फूल की सेज़ छोड़कर आओ,
तुम्हारे पैरों के नीचे अब कठिन जमीन
एकान्त में बैठकर और कितना करोगी
आकाशकुसुम के कान में सपनों का चयन ?
देखो वह दूर से एक···आ रही है।
तुम्हारा स्वप्न राज्य आँसुओं की तीव्र धारा में बह जाएगा।
देवता के अभिशाप की विद्युत शिखा
अन्धकार की नींद को निर्मल आभा में जला देगी।
चलो हम तुम दोनों मानवों के बीच में रहें
सुख-दुःख में जहाँ सब घर बसाते हैं
वहाँ हँसी-रुदन को बाँट हाथ-हाथ में ले,
संसार की संशय रात्रि में भी हम निर्भय रहेंगे।
सुख-दुःख और मृग-मरीचिका का इसमें वास नहीं किया जा सकता,
अब मिला, तब मिला—इसी में प्राण भय से काँपते रहते हैं।

[1903, 'मरीचिका', कविता-संग्रह : 'उत्सर्ग']

नई वर्षा

मेरा हृदय नाच रहा है आज
मोर की तरह नाच रहा है,
      हृदय नाच रहा है।
सैकड़ों रंगों के भाव-उल्लास
मोर की तरह विकास पा रहे हैं;
व्याकुल प्राण आकाश की ओर देखकर
      उल्लास में किससे भीख माँग रहे हैं,
      आंज हृदय हमारा नाच रहा है,
      मोर की तरह नाच रहा है।
उमड़-घुमड़कर उमस भरे बादल
      गगन-गगन में गरज रहे हैं
बादल की धारा दौड़ी चली आ रही है
नए धान की फुनगियाँ हिल रही हैं
घोंसले में कातर कपोत काँप रहे हैं
      दादुर जोर से शोर कर रहे हैं,
उमस भरे बादल उमड़-घुमड़कर
गगन-गगन में गरज रहे हैं।
मेरी आँखों में सजल मेघ का

नीला काजल लग गया है
आँखों में लग गया है।
नए तृण दलों पर, घने बन की छाया में
अपने आनन्द को मैंने बिछा दिया है
पुलकित कदम्ब की कुंज में आज
विकसित प्राण जग उठे हैं
आँखों में सजल, स्निग्ध मेघ का
नीला काजल लग गया है !

अरे, आज अट्टालिका की चोटी पर
किसने लटें खोली हैं
वेणी खोली हैं।
अरे, नए बादल की नीली साड़ी
किसने छाती के ऊपर खींच ली है
बिजली की चकाचौंध चमक में
वह कौन खेलती फिर रही है।
अरे, अट्टालिका की चोटी पर
किसने लटें खोली हैं
अरे, नदी किनारे भीगी घासों पर
कौन वह साफ साड़ी में बैठी है।
सुदूर सुरमई आकाश में वह किसको देख रही है
घाट छोड़कर उसका घड़ा कहाँ बहा जा रहा है
नई मालती की कच्ची पंखुड़ियों को
अनमनी हो दाँतों से खोंट रही है
अरे, नदी किनारे भीगी घासों पर
कौन वह सुरमई !

अरे, एकान्त में मौलश्री की डाल से
कौन आज झूला झूल रही है,
पेंग पर पेंग दे रही है।
मौलश्री के फूल टप-टप करके झर रहे हैं,
आँचल आकुल होकर आकाश में उड़ रहा है
अलकें उड़कर पलकों को ढँक लेती हैं
वेणी खिसककर खुल गई है
अरे, एकान्त में मौलश्री की डाल से
कौन आज झूला झूल रही है।
खिली केतकी से तटभूमि में
किसने बाँध रखी है अपनी नाव
अपनी जवान नाव।
ढेर के ढेर सेंवार के जाल को

भर रही है अपनी भूखे आँचल में
और बादल रागिनी में सजल आँखों से
प्राणहारी गीत गा रही है
खिली केतकी से तटभूमि पर
किसने अपनी जवान नाव बाँध रखी है
हृदय हमारा नाच रहा है
मोर के ऐसा नाच रहा है रे
नाच रहा है रे !
नए पल्लव पर टप-टप बूँदें गिर रही हैं
काँप रहा है जंगल झिल्ली के स्वर में
किनारे को डुबोकर नदी का कलकल
गाँव के नजदीक आ गया है
आज हमारा हृदय नाच रहा है रे !

[2 जून 1900, 'नई वर्षा', कविता-संग्रह : 'क्षणिका']

पच्चीस वैशाख

पच्चीस वैशाख चला है
जन्मदिन की धारा को लेकर
मृत्यु दिन की ओर।
उस चलते हुए आसन के ऊपर बैठकर
कौन कलाकार गूँथ रहा है
छोटी-छोटी जन्म-मृत्यु की सीमाओं में
नाना रवीन्द्रनाथों की एक माला।
रथ पर चढ़कर चल रहा है काल;
पैदल यात्री चलते-चलते
अपना प्याला उठाकर माँगता है
उसमें पाता है कुछ पीने की चीज--
पीना खत्म होने पर
वह पीछे पड़ जाता है अन्धकार में;
रथ के चक्के के नीचे
टूटा प्याला धूल में मिल जाता है।
उसके पीछे-पीछे नया प्याला लेकर जो दौड़ पड़ता है
पाता है वह नया रस।
एक ही उसका नाम
लेकिन मालूम होता है,
जैसे वह दूसरा आदमी हो।
एक दिन मैं था बालक

कई जन्मदिन के उत्सवों के बीच
जिस आदमी की मूर्ति तैयार हुई
तुम लोग उसे नहीं जानते
वह सत्य था जिनकी जानकारी में
उनमें कोई नहीं रह गया।

वह बालक न रह गया अपने रूप में
न रह गया किसी की याद में।
वह चला गया अपना छोटा-सा संसार लेकर;
उन दिनों की उसके रुदन-हँसी की
प्रतिध्वनि भी हवा में नहीं है।
उसके टूटे खिलौनों के टुकड़े भी
धूल पर नहीं दिखाई देते।
उस दिन जिन्दगी की छोटी-सी खिड़की के नजदीक
वह बैठा रहता बाहर की दुनिया देखते हुए
उसकी दुनिया थी
उसी छेद के घेरे के अन्दर ही अन्दर
उसकी अबोध
आँखों का वह देखना
रुक जाता बगीचे की चहारदीवारी से
नारियल गाछ की पंक्तियों से।
सन्ध्या की बेला परियों की कहानियों के रस में डूब जाती
विश्वास अविश्वास के बीच
        कोई ऊँची बाँध नहीं थी
मन इस ओर से उस ओर
        उछल जाता आसानी से।
शाम की रोशनी और अँधियारी में
बीजों के साथ उसकी छाया भी जुड़ी हुई थी
दोनों एक ही गोत्र की मालूम होती थीं
वह कई दिनों का जन्मदिन
एक टापू की तरह
कुछ काल तक रोशनी में था
अब काल समुद्र के नीचे डूब चुका है।
भाटा के समय कभी-कभी
दिखाई पड़ती हैं उसके पहाड़ों की चोटियाँ
दिखाई पड़ती हैं मूँगे की लाल तट-रेखाएँ !

पच्चीस वैशाख फिर दिखाई पड़ा
एक जमाने के बाद
फागुन की ऊषा में

रंगीन चमक की अस्पष्टता में।
तरुण यौवन के विरही निर्गुण (बाउल) गायक ने
अपने एकतारा के सुरों को बाँध लिया
पुकारता हुआ घूमा किया
निरुद्देश्य मन के मानव को।
उसे सुनकर किसी-किसी दिन शायद
बैकुंठ की लक्ष्मी का आसन डोल गया था,
उन्होंने भेज दिया था
अपनी किसी-किसी दूती को
पलाशवन के रंग में मत्त छायापथ से
काम-धंधे को भुलानेवाली सुबह-शाम में।
उस समय कानों-कानों सुनी थी मधुर गले से निकली बातें
कुछ समझ में आई थीं, कुछ नहीं।
देखा था उसकी काली आँखों की बरौनियों पर
        जल का आभास;
देखी थी काँपते अधरों पर अस्फुट वाणी की वेदना;
सुनी थी कंगनों की क्वण-क्वण ध्वनि में
चंचल आग्रह की चकित झंकार।
वे रख गई मेरे अनजाने में ही
        पच्चीस वैशाख की
पहली नींद टूटी और मैं
नए चटके बेले की फूलमाला;
        भोर का सपना
उसकी गन्ध से विह्वल बना था
उन दिनों के जन्मदिन का किशोर जगत
परियों की कहानी के निकट ही निकट था
जाने-अनजाने के संशय में।
वहाँ राजकन्या अपने खुले बालों के आवरण में
सोती थी कभी या कभी अचानक जग पड़ती थी
सोने की लकड़ी के स्पर्श से।
दिन बीते
उस बसन्ती रंग के पच्चीस वैशाख की
        रंगीन दीवालें
        ढह पड़ीं।
जिस पगडंडी पर मौलश्री के बन के पत्तों के हिलने से
        छाया काँपने लगती
        हवा मर-मर उठती
विरही कोकिल की कुहू-कुहू की पुकार से
दुपहरिया व्याकुल हो उठती,
भौंरों के डैने गुंजन करने लगते

फूलगन्ध का अदृश्य इशारा पाकर—
वहीं तृणों से बिछी वीथिका
अब पहुँच चुकी है पथरीले राजपथ पर।
उस दिन के उस किशोर ने
जिस एकतारा पर सुर की साधना की थी,
एक-एक कर उस पर चढ़ा दिए
तार पर नए तार
उस दिन पच्चीस वैशाख
मुझे पुकारकर
नीची-ऊँची राह से घर लाया
तरंगों से हा-हा करते जन-समुद्र के तीर पर।
बेला, अबेला
ध्वनि-ध्वनि से गूँथकर
जाल फेंका दरिया के बीच में
कोई मछली पकड़ गई
कोई टूटे जाल के भीतर से
भाग गई।
कभी दिन आया मलिन होकर,
साधना में मिली निराशा
ग्लानि के बोझ से मन झुक गया
इसी समय थकावट की तिपहरिया में
अप्रत्याशित पथ से आई
अमरावती की मर्त्यप्रतिमा !
सेवा को वह सुन्दर कर देती थी,
तपस्या से थके के लिए वह
अमृत का प्याला लाती थी;
डर को वह अपमानित करती थी
चंचल हँसी की सुन्दर तरंग में;
वह जगा देती थी दुस्साहस की शिखा
राख से ढँपे अंगार में
वह आकाशवाणी को पुकार लाती थी
प्रकाश की तपस्या में।
उसने मेरे बुझे हुए दीप की शिखा को
फिर जला दिया था;
शिथिल पड़े हुए स्वर को
फिर बाँध दिया था;
पच्चीस वैशाख को
वरमाला पहना दी थी उसने
अपने हाथ से गूँथकर।
उसकी उस पारसमणि का स्पर्श

आज भी है
मेरे गान में, मेरी वाणी में।
उस दिन जीवन के रणक्षेत्र में
दिशा-दिशा में जग उठा था संग्राम का संघात
उमड़ते-घुमड़ते बादल की गरज में
एकतारा फेंककर
कभी लेनी पड़ी भेरी
चिलचिलाती दुपहरिया में
दौड़ना पड़ा
जय-पराजय के भँवर में।

पैर में काँटे बिंधे थे
घायल छाती पर खून की धारा थी
निर्मम कठोरता मार रही थी तरंगें
मेरी नाव के दाहिने-बाएँ
जिन्दगी के सौदे को डुबो देना चाहती थी
निन्दा के नीचे कीचड़ के तले
विद्वेष में, अनुराग में
ईर्ष्या में, मैत्री में
संगीत में, कठोर कोलाहल में
गरम-गरम उसाँसों की आड़ोलित वाष्प से होकर
मेरा संसार चला गया है अपनी कक्षा के
पथ से।
इस दुर्गम में विरोध-संक्षोभ के बीच,
पच्चीस वैशाख के प्रौढ़ प्रहर में
तुम लोग आए हो मेरे नजदीक।

जानते हो क्या
मेरे प्रकाश की किरणों में
अभी बहुत खत्म नहीं हुई हैं,
टुकड़े-टुकड़े होकर पड़ी हैं।
बहुत-सी उपेक्षित हैं !
बाहर, भीतर
वही अच्छी-बुरी
स्पष्ट-अस्पष्ट
ख्यात-अख्यात
व्यर्थ चरितार्थ के जटिल सम्मिश्रण के बीच से
मेरी जो मूर्ति
तुम्हारी श्रद्धा से, तुम्हारे प्रेम से
तुम्हारी क्षमा से,

आज प्रतिफलित है यहाँ,
आज जिसके सामने लाए हो तुम यह माला
उसी को अपने पच्चीस वैशाख की
शेष बेला का परिचय मानकर
स्वीकार कर लेता हूँ
रखे देता हूँ तुम लोगों के लिए अपना आशीर्वाद।
जाते समय यही मानसिक मूर्ति
तुम लोगों के चित्त में रही
काल के हाथ में रही, यह कहकर
अहंकार नहीं करूँगा।
इसके बाद मुझे छुट्टी दो
कि मैं जाऊँ
जिन्दगी के स्याह-सुफेद डोरे से गुँथे
सभी परिचयों के पर्दे की ओट में,
निर्जन, नामहीन कोने में;
और वहाँ नाना सुर वाले नाना तार वाले यन्त्रों में
सुर मिला दूँ।

अफ्रीका

उस पागलपन भरे आदिम युग में
जब विधाता खुद अपने से असन्तुष्ट होकर,
नई सृष्टि को बार-बार विध्वंस कर रहा था—
अधीरता के उस साँय-साँय मस्तक हिलानेवाले दिनों में
समुद्र की रुद्र भुजाओं से
पूरब की पृथ्वी की छाती से
छीनकर ले गई तुम्हें ओ अफ्रीका;
बाँध दिया तुम्हें जंगल के कड़े पहरे में
किरणों के अंतःपुर में।
उस जगह पूरे अवकाश में
तुमने संग्रह किया दुर्गम का रहस्य,
पहचानें जल थल आकाश के दुर्बोध संकेत;
प्रकृति का अनदेखा जादू
मन्त्र से जग पड़ा है तुम्हारे चेतनाहीन मन में!
तुमने भीषण का भी विद्रूप किया
छद्म वेश में;
शंका को तुमने हरा देना चाहा
अपने को उग्र करके विभीषिका की प्रचंड महिमा में
तांडव की दुन्दुभी के निनाद में।

कर्ण-कुन्ती संवाद

कर्ण : पवित्र गंगा के तट पर साँझ के सूर्य देवता की
वन्दना में रत हूँ। कर्ण जिसका नाम है,
अधिरथ सूत का बेटा, राधा के गर्भ से पैदा हुआ
वही मैं हूँ। कहो—तुम कौन हो, हे माता !

कुन्ती : बेटा, जिसने तुम्हारे जीवन के प्रथम प्रभात में
तुम्हारा परिचय कराया संसार के साथ,
वही मैं हूँ, आई हूँ सब लाज छोड़कर
तुम्हें, देने आज अपना परिचय।

कर्ण : देवी, तुम्हारी झुकी आँखों से निकली किरणों से
मेरा हृदय गला जा रहा है, सूर्य किरणों से
पहाड़ की बरफ की तरह। तुम्हारे कंठ स्वर ने
जैसे पूर्व जन्म से ही कानों में घुसकर जन्म दी है
अपूर्व वेदना।
मुझसे बताओ,
जन्म मेरा बँधा हुआ है किस रहस्य डोर से
तुम्हारे साथ हे सुपरिचिते !

कुन्ती : धीरज रखो,
बेटा थोड़ी देर। सूर्य देवता को
डूब जाने दो। साँझ के अन्धकार को
घना होने दो--मैं कुन्ती हूँ।
वीर, तुम्हें बताती हूँ।

कर्ण : तुम्हीं कुन्ती हो ? तुम्हीं अर्जुन की माता हो ?

कुन्ती : अर्जुन की माँ हूँ, यही मन में सोचकर
द्वेष मत करना बेटा। आज भी
याद आ रहा है अस्त्र परीक्षा का वह दिन
हस्तिनापुर का।
तुमने धीरे से प्रवेश किया, तरुण कुमार
रंगभूमि में तारों से भरी पूरब दिशा में
तुरत ही उगे बालसूर्य की तरह।
पर्दे के पीछे जितनी नारियाँ थीं
उनमें से वह मौन थी, चुपचाप अनाथिनी,
जिसकी जर्जर छाती में स्नेह की भूख से
आकुल सहस्रों नागिन जग उठीं और जिसकी
आँखों ने तुम्हारे सर्वांग पर भर दिए आशीष चुम्बन
वह अर्जुन की माँ ही थी। जब कृपाचार्य आकर
तुमसे तुम्हारे बाप का नाम पूछ बैठे और हँसकर बोले—
"जिसका राजकुल में जन्म नहीं हुआ
अर्जुन के साथ उसे युद्ध करने का अधिकार नहीं।"

तुम्हारा मुँह लाल हो उठा, मुँह से आवाज नहीं निकली,
चुपचाप खड़े रहे; तुम्हारी उस लज्जा की आभा से
जिसकी छाती आग की ज्वाला में जल-सी उठी,
वह कौन अभागिनी थी ? वह अर्जुन की माँ ही थी।
बेटा दुर्योधन धन्य है, जिसने उसी समय तुम्हारा
अंग देश के राजा की हैसियत से अभिषेक किया।

मेरी दो आँखों से आँसुओं की धारा बह निकली
तुम्हारे सिर को सिंचित करने के
अभिषेक के साथ ही। इसी समय रास्ता बनाता
रंगभूमि में प्रवेश किया सूत अधिरथ ने
आनन्द में विह्वल होकर।
उस क्षण राजा के साजबाज में ही,
चारों ओर की कौतूहल से भरी जनता के बीच
अभिषेक जल से भीगे सिर को चरणों में झुकाकर
वृद्ध सूत को तुमने प्रणाम किया पिताजी कहकर।
क्रूर हँसी में पांडवों के सभी हितमित्रों ने
धिक्कार की आवाज लगाई; उस समय परम गर्व में
वीर कहकर जिसने तुम्हें, ओ वीर शिरोमणि,
आशीर्वाद दिया; मैं वही अर्जुन की माँ हूँ।

कर्ण : प्रणाम करता हूँ तुम्हें आर्ये ! तुम राजमाता हो,
इस समय यहाँ अकेली क्यों आईं ?
यह रणभूमि है,
मैं कौरवों का सेनापति हूँ।

कुन्ती : बेटा, मैं भिक्षा माँगने आई,
विकल मत करो।

कर्ण : भिक्षा और मुझसे ?
पौरुष छोड़कर और अपना धर्म छोड़कर
जो आज्ञा दो, तुम्हारे चरणों पर रख दूँगा।

कुन्ती : मैं तुम्हें लेने आई हूँ।

कर्ण : मुझे कहाँ ले चलोगी ?

कुन्ती : प्यासी छाती में; अपने मातृत्व की गोद में।

कर्ण : पाँच पुत्रों से तुम धन्य हो, ओ भाग्यवती,
मैं तो कुलशील से हीन हूँ, छोटा राजा हूँ
मुझे कहाँ स्थान दोगी ?

कुन्ती : सबसे ऊँची जगह पर
तुम्हें मैं अपने सभी बेटों से आगे जगह दूँगी,
तुम मेरे ज्येष्ठ पुत्र जो हो।

कर्ण : किस अधिकार से प्रवेश करूँगा उस जगह।
साम्राज्य की सम्पदा से जो वंचित हो चुके हैं।

माता के स्नेह धन से। उनके पूरे हिस्से को भी
खंडित करूँगा किस तरह, मुझे बताओ।
जुए के पासे पर जो हारा नहीं जा सकता, न
बाहुबल से जीता जा सकता है, ऐसा है माँ का हृदय
वह जो विधाता का ही दान है।

कुन्ती : ओ, मेरे बेटे
विधाता का ही अधिकार लेकर इस गोद में तुम
आए थे एक दिन। उसी अधिकार से
गौरव के साथ आओ, सोच-विचार छोड़कर आओ
सभी भाइयों के बीच मेरी इस गोद में
अपनी जगह लो।

कर्ण : सपने की तरह सुन रहा हूँ,
हे देवि, तुम्हारी यह वाणी।
देखो, अन्धकार दिशा-दिशा में छा रहा है,
चारों दिशाएँ लोप हो चुकी हैं,
गंगा में भी आवाज नहीं।
मुझे ले गई हो किस मायाछन्न लोक में,
भूलभुलैया के घर में, चेतना के उषा काल में।
पुरातन सत्य के समान तुम्हारी वाणी
स्पर्श कर रही है मेरे मुग्ध चित्त को।
मालूम हो रहा है जैसे अस्फुट बचपन का जमाना,
जैसे मेरी माता के गर्भ का अन्धकार,
मुझे आज घेरे जा रहा है।
आर्ये, राजमाता, सत्य हो या स्वप्न हो,
ओ स्नेहमयी, आओ अपना दाहिना हाथ
मेरे ललाट और चिबुक पर थोड़ी देर रखो।
सुना है लोगों के मुँह से, मुझे माँ ने छोड़ दिया था।
कई बार देखा आधी रात में सपने में कि मेरी माँ
आई हैं धीरे-धीरे मुझे देखने को,
रोकर कातर व्यथा में, उनसे कहा–
"माँ, जरा घूँघट हटाओ, मैं तुम्हारा मुँह देखूँ।"
लेकिन उसी समय मूर्ति नष्ट हो जाती,
प्यासे उत्सुक सपने को तोड़कर।
वही स्वप्न आज आया है, पांडव जननी के रूप में
इस सन्ध्या काल में, रणक्षेत्र में, गंगा के किनारे ?
देखो, देवि, उस पार पांडवों की छावनी में
हजार-हजार दीप बल रहे हैं। इस पार, नजदीक ही,
कौरवों के घुड़सार में, लाखों घोड़ों के सूम से
तीव्र स्वर उठ रहे हैं।
कल भोर से ही महायुद्ध शुरू हो जाएगा।

आज रात में अर्जुन माता के कंठ से
क्यों सुन रहा हूँ अपनी माँ का प्यार भरा स्वर।
मेरा नाम उनके मुँह से क्यों इस मधुर संगीत में
बज उठा है ?
क्यों मेरा मन अचानक ही पाँच पांडवों की ओर
भाई कहकर दौड़ रहा है।

कुन्ती : तब चले चलो, बेटा, तब चले चलो।

कर्ण : चलूँगा, माँ चलूँगा। कुछ पूछूँगा नहीं।
न कोई सन्देह करूँगा, न कोई सोच-विचार।
देवि ! तुम मेरी माता हो, तुम्हारी पुकार पर
अन्तरात्मा जग उठी है। कान में नहीं बज रहे हैं,
युद्ध की भेरी जय के शंख झूठ मालूम हो रहे हैं
रण की हिंसा, वीरता की ख्याति, जय और पराजय।
कहाँ चलूँ, ले चलो।

कुन्ती : वहाँ उस पार, जहाँ जल रहे हैं दीप
स्तब्ध चन्दोवों में, मटमैले बालू के तट पर।

कर्ण : क्या वहाँ माँ—खोया मैं क्या हमेशा के लिए माँ पाऊँगा ?
वहाँ ध्रुवतारा हमेशा क्या रात में जगमग करेगा
तुम्हारे सुन्दर उदार नयनों में।
देवि, एक बार और कहो कि मैं तुम्हारा बेटा हूँ।

कुन्ती : तुम मेरे बेटे हो।

कर्ण : तब क्यों
मुझे फेंक दिया, दूर अगौरव में,
जहाँ कुलशील-मान नहीं, जहाँ माँ की आँख नहीं,
जहाँ अपना कोई नहीं, ऐसे अज्ञात विश्व में
क्यों हमेशा के लिए मुझे बहा दिया अवज्ञा के प्रवाह में ?
क्यों निर्वासित किया भाइयों से ?
अलग करके रखा अर्जुन और मुझको ?
इसी से बचपन से ही दोनों को खींच रहा है
कोई निगूढ़, अदृश्य बन्धन, हिंसा के रूप में,
दुर्निवार आकर्षण में। चुप क्यों हो ?
तुम्हारी लज्जा अन्धकार के स्तर को भेदकर
स्पर्श कर रही है चुपचाप मेरे सर्वांग को।
ठहरो, ठहरो !
कहो न क्यों तुमने मुझे त्याग दिया ?
विधाता का पहला दान है इस संसार में
माँ का स्नेह। क्यों, यह देवताओं का धन
अपनी सन्तान से तुमने हरण कर लिया,
इस बात का जवाब दो ना ? कहो मुझे,
क्यों आज मुझे लेने आई हो अपनी गोद में ?

कुन्ती : बेटा मेरे ! तुम्हारी यह भर्त्सना सौ वज्रों की तरह
विदीर्ण कर रही है मेरे हृदय को सौ टुकड़े करके।
तुम्हारा त्याग किया था, इसी अभिशाप से पाँच बेटों
को गोद में रखकर भी मेरा मन पुत्रहीन है,
तो भी हाय, तुम्हारे लिए संसार में मेरी बाँहें
दौड़ती हैं तुम्हें खोजने के लिए। जिस बच्चे को
मैंने फेंक दिया उसी के निकट मेरा मन दीप की तरह
जलता रहा है, अपने को जलाकर आरती करता है
विश्वदेवता की। मैं आज भाग्यवती हूँ,
तुम्हें आज देख सकी हूँ। जब तुम्हारे मुँह में
एक वाणी भी नहीं फूटी थी, तब मैंने कठोर अपराध
किया। बेटा, आज उसी मुँह से इस कुमाता को क्षमा करो।
यह क्षमा मेरे हृदय में भर्त्सना से भी तेज आग जलाए,
पाप को जलाकर मुझे निर्मल कर दे।

कर्ण : माँ, मुझे पदधूलि दो, पदधूलि दो,
मेरे आँसू लो।

कुन्ती : मैं तुम्हें छाती से लगाऊँगी
इस सुख की आशा में, हे पुत्र, तुम्हारे दरवाजे नहीं आई ?
मैं तो तुम्हें तुम्हारे अधिकार भर लौटाने आई हूँ।
तुम सूत का बेटा नहीं हो, तुम राजपुत्र हो,
दूर करके बेटा, अपमान की सारी भावना
चले चलो वहाँ जहाँ तुम्हारे पाँचों भाई हैं।

कर्ण : माँ, मैं सूत का बेटा हूँ, राधा मेरी माता है,
इससे अधिक गौरव मुझे नहीं चाहिए।
पांडव पांडव रहें, कौरव कौरव
किसी से मेरी ईर्ष्या नहीं।

कुन्ती : हे बेटा,
बाहुबल से अपने राज्य का उद्धार करो।
युधिष्ठिर तुम पर उजला पंखा डुलाएगा,
भीम छत्र धारण करेगा, वीर अर्जुन
तुम्हारे रथ का सारथी होगा।
धौम्य, पुरोहित वेद मन्त्र गाएँगे।
तुम शत्रुजित होकर अखंड प्रताप से
भाइयों के साथ रहोगे।
जिस पर किसी का दावा नहीं, ऐसे राज्य के रत्न सिंहासन पर।

कर्ण : सिंहासन ? जिसने माता के स्नेहपाश को लौटा दिया
उसे दे रही हो माता, राज्य का आश्वासन।
एक दिन जिस सम्पदा से मुझे वंचित किया,
उसे लौटाना तुम्हारे सामर्थ्य से भी परे की चीज है।
मेरी माता, मेरे भाई, मेरे राजकुल सबको

एक मुहूर्त में ही तुमने निर्मूल कर दिया
मेरे जन्मकाल में ही।
सूत माता को छलकर आज यदि राजमाता को
माता कहूँ,
कुरुपति के साथ जिस बन्धन में बँधा हूँ
उसे तोड़कर यदि दौड़ूँ राजसिंहासन की ओर
तब मुझे धिक्कार है।

कुन्ती : तुम वीर हो, ओ मेरे बेटे,
तुम धन्य हो। आह वे धर्म, यह क्या कठोर
दंड तुम्हारा। उस दिन, हाय, कौन जानता था,
जिस क्षुद्र असहाय शिशु को त्याग दिया,
वह कभी कहीं से बलवीर्य प्राप्त करके
फिर आएगा एक दिन अन्धकार के रास्ते से
और अपनी माँ की गोद की सन्तान पर
अपने निर्मम हाथों से अस्त्र चलाएगा,
यह कैसा अभिशाप !

कर्ण : माँ, भय मत करो।
कहता हूँ, पांडवों की विजय होगी।
आज इस रात की अँधियारी में
तारों की रोशनी में प्रत्यक्ष पढ़ रहा हूँ
इस घोर युद्ध का फल।
इस शान्त, स्तब्ध क्षण में अनन्त आकाश से
मन में प्रवेश कर रहा है चरम विश्वास—
क्षीण व्यर्थता में लीन, जयहीन चेष्टाओं का
संगीत। आशारहित कर्म के उद्यम में देख रहा हूँ
शान्तिमय शून्य परिणाम।
जिस पक्ष में हार है उस पक्ष को छोड़ने के लिए
मेरा आह्वान न करो।
जयी हों; राजा बनें, पांडु के बेटे,
मैं रहूँगा असफल, हताश लोगों के दल में।
जन्म की रात में ही तुमने फेंक दिया जमीन पर
नामहीन, गृहहीन बनाकर।
आज भी उसी तरह निर्मम चित्त से, हे जननी,
मुझे त्याग दो दीप्तिहीन, कीर्तिहीन पराजय की गोद में।
सिर्फ यही आशीर्वाद मुझे देती जाओ—
जय के लोभ में, यश के लोभ में, राज्य के लोभ में
वीर की सद्‌गति से मैं भ्रष्ट नहीं बनूँ।

[26 फरवरी 1900, 'कर्ण-कुन्ती संवाद', कविता-संग्रह : 'काहिनी']

दुःसमय

अगर शाम आ रही है धीरे, धीमी चाल से,
सब संगीत इशारे से बन्द हो चुके हैं,
अगर इस अनन्त आकाश में कोई साथी नहीं रह गया है,
अगर थकावट से अंग-अंग चूर हो चुका है,
भयानक डर चुपचाप मन्त्र जप रहा है,
दिशाएँ और क्षितिज घूँघट में ढँके जा रहे हैं,
तो भी ओ पंछी, ओ मेरे पंछी,
इस समय इस अन्धकार में भी अपने पंखों को बन्द मत करो।
यह नहीं है वन के पेड़ों का मर्मर और गुंजन
यह तो अजगर-सा फुँफकार करता समुद्र लहरें ले रहा है;
ये नहीं है कुन्द के फूलों से चकमक कुंज।
कहाँ है वह तीर फूलपत्तों से भरा
कहाँ है वह घोंसला ? कहाँ है वह आश्रय देनेवाली डाल ?
तो भी ओ पंछी, ओ मेरे पंछी,
इस समय इस अंधकार में भी
अपने पंखों को बंद मत करो।
इस समय भी सामने है लम्बी रात,
सूरज अस्ताचल के सुदूर में सो रहा है।
समूचा संसार अपनी साँस को रोककर
चुपचाप बैठा एकान्त में घड़ियाँ गिन रहा है।
तुरत दिखाई पड़ा है अकूल अन्धकार में तैरता
दूर क्षितिज पर पतला टेढ़ा चाँद,
अरे पंछी, ओ रे मेरे पंछी
इस समय अपने पंखों को बन्द मत करो !
इस अंधकार में भी
ऊपर आसमान में, तारे उँगलियों से
इशारे करके तुम्हारी ओर देख रहे हैं।
नीचे गम्भीर, अधीर मृत्यु उछलकर
सैकड़ों तरंगों में तुम्हारी तरफ दौड़ी आ रही।
बहुत दूर किनारे पर, कौन हाथ जोड़कर पुकार रहा है
विनती भरी आवाज में आओ, आओ कहकर
अरे पंछी, ओ रे मोरे पंछी
इस समय, इस अन्धकार में भी अपने पंखों को बन्द मत करो।
अरे डर नहीं, नहीं प्रेम और ममता का बन्धन
अरे आशा भी नहीं, आशा तो झूठी छलना है।
अरे भाषा भी नहीं, व्यर्थ है बैठकर रोना,
अरे घर नहीं है, नहीं है फूल सेज की रचना,
हैं सिर्फ ये पंख, है आसमान का यह फैला आँगन,

है घने अन्धकार में ढँपी, ऊषा की दिशा,
अरे पंछी, अरे मेरे पंछी,
इस समय अन्धकार में भी अपनी पंखों को बन्द मत करो।

[27 अप्रैल 1897, 'दुःसमय', कविता-संग्रह : 'कल्पना']

कणिका

कुटुम्ब

लालटेन ने मिट्टी के दीये से कहा—
अगर भाई कहोगे, तो गला टीप दूँगा।
इसी समय आसमान में चाँद उगा
लालटेन चिल्ला पड़ी—बड़े भैया, आइए !

उदारचरितानाम

दीवाल के छेद पर नामरहित, गोत्ररहित
फूल रहा है, छोटा फूल, अत्यन्त दीन
जंगल के सभी फूल उसे धिक्कारते हैं,
सूर्य उठकर कहता है—भाई अच्छे तो हो !

भक्तिभाजन

रथयात्रा, लोगों की भीड़, बड़ी धूमधाम,
भक्त रास्ते पर लोट-लोटकर प्रणाम कर रहे हैं,
रास्ता समझता है मैं देवता हूँ; रथ समझता है मैं देवता—
मूर्ति समझती है मैं देवता
अन्तर्यामी देवता अलग हँस रहा है !

सन्देह का कारण

मैं कितना बड़ा हूँ—नकली हीरे ने कहा।
इसी से तो सन्देह हो रहा है कि तुम असली नहीं हो।

अकृतज्ञ

ध्वनि से प्रतिध्वनि हमेशा व्यंग्य करती है
ध्वनि की वह ऋणी है, यह कहीं मालूम न हो जाए।

कर्तव्यग्रहण

मेरा काम कौन ग्रहण करेगा ? सन्ध्या के सूर्य ने पूछा।
सुनकर संसार चुप रहा तस्वीर की तरह।
मिट्टी का दीया था, उसने कहा, प्रभो,
जितनी मेरी शक्ति है, मैं उतना करूँगा।

फूल और फल

फूल चिल्लाकर बोला—फल, ओ फल,
कितनी दूर पर हो, बोलो तो, बोलो।
फल ने कहा—भाई इतनी चीख-पुकार क्यों ?
तुम्हारे ही भीतर तो मैं हमेशा हूँ।

चातक

मैंने भाग्य से पूछा—हमेशा पीछे रहकर
कौन निष्ठुरता और अमोघता से मुझे ठेले जा रहा है ?
उसने कहा—पीछे देखो ! रुककर मैंने देखा
मेरे पीछे का मैं ही मुझे आगे धकेल रहा है।

बँटवारा

सेंवार ने तालाब से सिर उठाकर कहा—
लिख रखो एक बूँद ओस मैंने भी तुम्हें दिया।

आत्मीयता

भीख की झोली ने थैले से कहा—
हम दोनों कुटुम्ब हैं यह तुम कैसे भूल गए ?
थैले ने कहा कि तुम भी कुटुम्बिता भूल जाओगी
अगर जो मुझमें है वह तुममें चला जाए।

वंशीवाला

"ओ वंशीवाला
    बजाओ तुम अपनी वंशी
    सुनूँ मैं अपना नया नाम।"
—इन शब्दों में मैंने तुम्हारे पास पहली चिट्ठी भेजी थी
    याद है क्या ?

विधाता ने पूरा समय नहीं दिया
मुझे आदमी के रूप में निर्माण करने में–
अधूरी-अधूरी ही मुझे छोड़ दिया।
भीतर और बाहर मेल नहीं हो पाया
उस जमाने और आजकल के जमाने में
मेल नहीं हो पाया दर्द में और दिमाग में
मेल नहीं हो पाया ताकत में और ख्वाहिश में
मुझे चढ़ने नहीं दिया पार लानेवाली जमाने की नाव में
भटककर मुझे फेंक दिया
कालस्रोत के उस पार बालू के टीले पर।
वहाँ बैठकर देखती हूँ
चिलचिलाती धूप में जगमगाती दूर की दुनिया,
बिना कारण के ही कंगाल मन अधीर हो उठता है,
दोनों हाथ बढ़ा देती हूँ
लेकिन पकड़ नहीं पाती कुछ भी, किसी भी ओर।
वक्त बीतता नहीं है
बढ़ी हूँ ज्वार के पानी की ओर घूरती
भँसी जाती हैं पार ले जानेवाली नावें,
भँसे जाते हैं धनपतियों के जहाज
भँसी जाती हैं पिछले पहर की धूप-छाँह।
इसी समय बजती है तुम्हारी बाँसुरी
जिन्दगी को सुर में भरकर
मरे हुए दिन की नाड़ी में
अचानक स्पन्दन करने लगता है प्राण का वेग।
तुम क्या बजाते हो ?
मालूम नहीं यह सुर किसके मन में कौन-सा दर्द
जगाता है।
मालूम होता है, बजा रहे हो पंचम राग में
दक्षिण हवा की नौजवानी का झूमर गीत।
सुनते-सुनते मालूम होता है
जो भी पहाड़ की तलहटी में झिर-झिर बहनेवाली नदी,
उसके हृदय में अचानक घनी हो उठी
सावन की बादल-भरी रात।
भोर में उठकर दिखाई देता है कि डेंगी भँस गई है,
किनारे के पत्थरों पर थपेड़े दे रही है
असह्य स्रोत की चक्करदार तरंगें।
मेरे खून में तुम्हारा सुर भर देता है
वर्षा की पुकार, बाढ़ की पुकार,
पसलियों के ऊपर पछाड़ खाकर गिरनेवाली
मृत्यु सागर की पुकार

घर की जंजीर को हिलानेवाली उदास हवा की पुकार।
जैसे हाँक देकर आ रही हैं
अपूर्ण के सैकड़ों खड्डे में
पूर्ण स्रोत के डकैत
छीन लेंगे हाँ ले जाएँगे ऐसा मालूम होता है।
विधाता ने डैने तो दिए नहीं,
तुम्हारे गीतों ने दिया है मेरे स्वप्नों को
आँधी भरे आकाश में उड़नेवाले प्राणों का पागलपन।
घर में काम करती हूँ शान्त हुई
सब कहते हैं बड़ी अच्छी
उन्हें देखकर मेरी इच्छा में जोर नहीं रह जाती,
लोभ का जवाब नहीं देती
सिर पर जब झटका लगता है,
तो सिर धूल में मिला देती हूँ।
जोर लगाकर निषेध का पहरा एक तरफ फेंक दूँ
छाती में ऐसा दम नहीं,
कठोर होकर प्रेम करना नहीं जानती,
सिर्फ रोना जानती हूँ
जानती हूँ गिर पड़ना पैरों पर।
वंशीवाला,

> बज उठती है तुम्हारी बाँसुरी—
> हल्ला मच जाता है स्वर्गलोक में;
> वहाँ अपनी गरिमा से
> ऊपर उठता है मेरा मस्तक।
> वहाँ कुहासे का पर्दा फाड़नेवाला
> तरुण सूर्य ही है मेरा जीवन
> वहाँ अपने डैने पसार देते हैं
> मेरे मनाही न माननेवाले आग्रह
> उड़ चलते हैं अनजान, सूने पथ पर
> पहली भूख से व्याकुल गरुड़ की तरह।
> जग पड़ती है विद्रोहिणी
> तीखी आँखों से प्रकट करती है घृणा
> चारों तरफ के डरपोकों की जमात पर
> दुबले, दुष्टों की कायरता पर !

वंशीवाला,

> हो सकता है तुम मुझे देखना चाहते होओ,
> मालूम नहीं, ठीक कौन जगह है,
> ठीक कौन समय है,
> पहचान सकोगे किस तरह।

साथीहीन इस आषाढ़ की झिल्ली की झंकारवाली रात में

वह नहीं गई है छाया रूप में
गई है तुम्हारे अभिसार में
आँख न देख सके ऐसी राह से।
उस अनजानी को कितने बसन्त में
तुमने पहनाया था छन्दों की माला,
उसके फूल सूख नहीं सकते।
तुम्हारी पुकार सुनकर एक दिन
घर में पली निर्भीक लड़की
अन्धकार के कोने से
बाहर निकल आई घूँघट गिरी नारी के रूप में।
जैसे वह अकस्मात गाई गई बाल्मीकि की पहली कविता हो,
तुम खुद चौंक उठे।
वह गीत के आसन से नीचा नहीं उतरेगी;
वह लिखेगी तुम्हें चिट्ठी,
रागिनी की छाया में बैठकर।
तुम उसका पता न जान सकोगे।
ओ वंशीवाला,
वह रहेगी तुम्हारी वंशी के सुर से भी दूर।

अन्तिम प्रणाम

आज मेरा प्रणाम स्वीकार करो, पृथ्वी
दिन की समाप्ति की वेदी के नीचे झुककर किए हुए
अन्तिम नमस्कार के रूप में।
तुम महावीर्यवती हो, तुम वीर भोग्या हो,
तुम ललित हो, कठोर हो—दो विपरीत गुणोंवाली,
तुम्हारी प्रकृति में पुरुष और नारी दोनों मिश्रित हैं;
मनुष्य के जीवन को तुम हिलाती रहती हो
दुसह द्वन्द्व के हिंडोले पर।
दाहिने हाथ से अमृत भरती हो
बाएँ हाथ से प्याला तोड़ती हो
अपने लीला क्षेत्र को मुखरित करती हो अट्टहास
और विद्रूप में;
दुःसाध्य बनाती हो वीरों के जीवन को
उनका महज जीवन पर अधिकार है
दुर्मूल्य करती हो
कृपापात्र पर कृपा नहीं करती।
तुम अपने वृक्ष-वृक्ष में प्रच्छन्न रखती हो प्रति मुहूर्त के संग्राम को,
फल और शस्य के रूप में उसकी जयमाला सार्थक होती है

जल पर, स्थल पर, सब जगह तुम्हारी क्षमाहीन रणभूमि है
वहाँ मृत्यु के मुख से क्रोधित होती है विजयी प्राणों की जयवार्ता।
तुम्हारी निर्दयता की भित्ति पर ही सभ्यता का विजय-तोरण उठता है।
त्रुटि होने पर उसका पूरा मूल्य शोधन होता है विनाश के रूप में।
तुम्हारे इतिहास के आदिपर्व में दानवों का प्रताप दुर्जय था,
वे कठोर थे, बर्बर थे, मूढ़ थे।
उनकी उँगलियाँ मोटी थीं कला-कौशल रहित;
गदा लेकर, मूसल लेकर वे तहसनहस करते थे समुद्र को, पर्वत को,
आग में, भाप में दुःस्वप्न मिलाकर आकाश को उन्होंने भर दिया था।
जड़ राज्य के वे एकाधिपति थे,
प्राणों से बढ़कर थी उनकी अंधी ईर्ष्या।
बाद के युग में देवता आए,
दानव दलन का उन्होंने मन्त्र पढ़ा,
जड़ का औचित्य पराजित हुआ,
जीवधारी बैठे श्यामल गलीचे पर।
ऊषा खड़ी हुई उदयाचल के शिखर पर
पश्चिम सागर के तीर पर उतरी सन्ध्या माथे पर लिए शान्ति घट
नरम पड़े जंजीर-बँधे दानव,
वह आदिम बर्बर जकड़े रहा तुम्हारे इतिहास को।
व्यवस्था में वह ला देता है विशृंखलता,
तुम्हारे स्वभाव के काले गर्त से
हठात् निकल पड़ता है टेढ़े-मेढ़े होकर।
तुम्हारी नाड़ियों में उसका पागलपन दौड़ रहा है।
देवताओं का मन्त्र व्याप्त हुआ आकाश, पवन जंगल में,
दिन-रात,
उदात्त और अनुदात्त गम्भीर स्वर में
तो भी तुम्हारी छाती के पाताल में यह लोलुप
    नाग रूपी दानव,
क्षण-क्षण निकलता है फन उठाकर,
उसी की ताड़ना से तुम अपने जीवों पर आघात करती हो,
छार-खार करती हो अपनी सृष्टि को।
शुभ-अशुभ में स्थापित तुम्हारे चरणों पर
तुम्हारे प्रचंड सुन्दर महिमा के नाम पर
आज रख जाऊँगा अपने प्रणय के चिन्हों से लांछित
    जीवन की अन्तिम प्रणति।
विराट प्राण, विराट मृत्यु का गुप्त संचार
तुम्हारी जिस मिट्टी के नीचे है
उसे आज स्पर्श कर रहा हूँ, उपलब्ध कर रहा हूँ
    सब अंगों से, मन से।
अनगिनत युग-युगान्तर के

असंख्य मनुष्यों के लुप्त शरीर पुंजित हैं जिसकी धूलि में।
मैं भी रख जाऊँगा कई मुट्ठी धूल
अपने समस्त सुख-दुःखों का शेष परिणाम;
रख जाऊँगा इस नामग्रासी, आकारग्रासी, सकल परिचय ग्रासी,
निःशब्द धूलिराशि में।
अचल अवरोध में बँधी पृथ्वी, मेघलोक में उड़नेवाली पृथ्वी,
गिरिशृंगों के महामौन में ध्याननिमग्ना पृथ्वी,
नीले जल की तन्द्राहीन तरंगों में
कलमन्द्र ध्वनि करनेवाली पृथ्वी,
तुम अन्नपूर्णा हो, सुन्दरी हो,
भीषणा हो !
एक तरफ पके धान के सिर झुके हैं तुम्हारे धनखेतों में,
वहाँ प्रसन्न प्रभात सूर्य पोंछता है ओस बिन्दुओं को
अपनी किरणों की चाह से।
अस्तगामी सूर्य श्यामल शस्यों के हिल्लोल में रख जाता है
        यह अकथित वाणी–
        "मैं आनन्द में हूँ।"
दूसरी ओर तुम्हारे जनहीन, फलहीन, आतंक से पीली बनी मरुभूमि में
पशु कंकालों के बीच मरीचिका का प्रेतनृत्य होता है !
वैशाख में देखा है, बिजली की चोंच से बिंधे दिगन्त को छीन
        लेने को आए
काले बाज पंछी की तरह तुम्हारी आँधी,
समूचे आकाश में जैसे गरज उठे केसर फैलाए सिंह,
उसकी पूँछ थी झपट में शाखाएँ अस्त्व्यस्त को उठती हैं
हवा के मुख में हताश वनस्पति धूल में गिर जाती है पेट के बल।
हवा के मुख में उड़ चली टूटी कुटिया की छत
जंजीर कटे कैदी डकैतों की तरह।
और फागुन में देखी है तुम्हारी गरम दक्षिण हवा,
जो छोड़ चली है विरह-मिलन का स्वागत प्रलाप
आम की मंजरी की गन्ध में,
चाँद के प्याले को लबालब भरकर छलक पड़ा है
        स्वर्गीय मद का फेन।
वन की मर्मर ध्वनि हवा की स्पर्धा से धैर्य खो चुकी है
अकस्मात् कल्लोलोच्छ्वास में।
तुम स्निग्ध हो, तुम हिंस्र हो, तुम पुरातन हो,
तुम नित्य नवीन हो,
अनाम सृष्टि की यज्ञ-हुताग्नि से तुम निकल आई थीं
संख्या गणना की उस अतीत ऊषा में,
तुम अपने चक्रतीर्थ के पथ पर छोड़ आई हो
शत-शत खंडित इतिहास का अर्थलुप्त अवशेष–

बिना किसी वेदना के तुम बिछा आई हो, अपनी वर्जित सृष्टि
अगनित विस्मृतियों के स्तर-स्तर में।
अरे जीव, हमें तुमने पोसा है,
अपने पिंजड़े में,
उसी के अन्दर हमारे सब खेलों की सीमा है
सब कीर्तियों का अवसान है।
आज मैं कोई मोह लेकर तुम्हारे सामने नहीं आया हूँ,
अब तक दिन-रात की जो माला गूँथी थी बैठकर
उसके लिए अमरता का दावा नहीं करूँगा तुम्हारे दरवाजे पर।
तुम्हारे अयुत-नियुत वर्षों के सूर्य प्रदक्षिणा पथ में
जो विपुल निमेष, उन्मीलित, निमीलित होते हैं,
उसके एक छोटे से अंश में किसी एक आसन पर
यदि सत्य का मूल्य मैंने चुकाया हो,
जीवन के किसी एक फलवान खंड को
यदि जय कर सका होऊँ परम दुःख में,
तब देना तुम अपनी मिट्टी के छींटे का एक टीका मेरे मस्तक पर;
वह चिन्ह मिल जाएगा
जिस रात में सभी चिन्ह परम् अपरिचित के मध्य मिल जाते हैं
हे उदासीन पृथ्वी,
मुझे जब तक तुम पूरी तरह भूल जाओ उसके पहले ही
तुम्हारे निर्मम चरणों पर
आज रख जाता हूँ अपना यह प्रणाम।

आज से सौ साल बाद

आज से सौ साल बाद
तुम कौन हो जो पढ़ रहे हो मेरी कविता
कौतूहल में ओतप्रोत आज से सौ साल बाद।
आज के नए बसन्त की सुबह की खुशहालियों का
        एक जर्रा,
आज का कोई फूल, पंछियों का कोई गीत,
आज की कोई रंगीनी—
प्रेम में भिगोकर क्या भेज सकूँगा
        तुम्हारे हाथों में
        आज से सौ साल बाद।
तो भी तुम एक दक्षिणी दरवाजे को खोलकर
        खिड़की पर बैठकर
दूर-दूर क्षितिज की ओर देखते,
कल्पना में गोते लगाते,

जरा सोचकर देखते तो
एक दिन सौ साल आगे।
चंचल पुलकें न जाने किस स्वर्ग से उतराकर
संसार के मर्म पर आ लगती थीं
नए फागुन के दिन में सभी बन्धनों से आजाद
फूलों के पराग और गन्ध से भरे मदहोश,
उतावली अपने चंचल पंखों को
दक्षिण की हवा
अचानक आकर पृथ्वी को रंगीन बना देती थी
जवानी के रागरंग में,
तुमसे सौ साल आगे।
उस समय उच्छ्वसित प्राण और हृदय में गान लेकर
कवि जागता था
कितनी कथाएँ, फूलों की तरह विकसित, संचित करता था
कितने प्रेम से,
एक दिन आज से सौ साल आगे
आज के बसन्त का आनन्द भरा अभिनन्दन
भेज रहा हूँ उसके हाथों।
मेरा बसन्त गीत तुम्हारे बसन्त के दिनों में
गूँजता तो है क्षण-क्षण, पल-पल।
तुम्हारी छाती की धड़कन में,
तुम्हारे भौंरों के गुंजन में,
पल्लव के मर्मर में,
आज से सौ साल बाद।

जीवन देवता

अरे अन्तरतम्,
मिट गई क्या तुम्हारी सभी प्यास आकर मेरे अन्तर में !
दुख-सुख की लाखों धाराओं में
प्याले भरकर दिए तुम्हें,
निष्ठुर पीड़ा से अंगूर की तरह अपनी छाती निचोड़कर।
कितने रंग, कितनी गन्ध,
कितनी रागिनियाँ, कितने छन्द
गूँथ-गूँथकर तुम्हारी पुष्प शैया मैंने सजाई,
गला-गलाकर वासना का सोना
प्रतिदिन मैंने की रचना
तुम्हारे क्षणिक खेल के लिए नित-नित नई-नई मूर्तियों की।
तुमने स्वयं ही मुझे वर दिया था न जाने किस आशा में

लगते हैं क्या अच्छे ओ जीवननाथ,
मेरे निशीथ, मेरे प्रभात,
मेरा धर्म, मेरे कर्म तुम्हारे एकान्तवास में।
वर्षा में, शरद् में, बसन्त में, हेमन्त में
जितने संगीतों से हृदय गुंजित हुआ,
तुमने क्या उन्हें सुना अकेले बैठकर अपने सिंहासन पर
हृदय कुसुम को आँचल में चुनकर
क्या तुमने हार गूँथे गले में पहने;
अपने मन से भ्रमण किया मेरे यौवन वन में ?
क्या देख रहे हो सखे, हृदय के भीतर आँखें गड़ाकर
क्या क्षमा कर दी मेरी सारी फिसलन, पतन, त्रुटियाँ
पूजाहीन दिन, सेवाहीन रात,
कितनी बार यों ही फिर गए नाथ,
अंजलि देने के फूल झड़ पड़े जंगल में खिलकर।
जिस सुर में बँधे वीणा के तार
वे बार-बार उतर गए,
हे कवि ! तुम्हारे चरित्र का गीत क्या मैं गा सकता हूँ ?
तुम्हारे बगीचे को सींचने जाकर
छाया में लेटकर मैं सो गया
लाया हूँ आँखों में यह पानी भरकर
अभी क्या शेष हो चुके, हे प्राणेश, जो कुछ मेरे थे,
जितनी शोभा, जितने गान, जितने प्राण, जागरण निद्रा
ढीले पड़ गए बाजुओं के बन्धन,
खाली है मेरा चुम्बन
जीवन की कुंज में, अभिसार की रात की क्या
आज भोर हो चुकी ?
तो आज की सभा भंग करो
लाओ नया रूप, लाओ नई शोभा
फिर एक बार नवीन बना लो मेरे चिर पुरातन को
ब्याह में बाँध लो मुझे नए जीवन डोर में।

[11 फरवरी 1896, 'जीवन देवता', कविता-संग्रह : 'चित्रा']

मानसी

सिर्फ विधाता की रची तुम नहीं हो, नारी,
पुरुष ने गढ़ा है तुम्हें सौन्दर्य का संचार करके
अपने हृदय से
कवियों ने बैठकर सोने की उपमाओं के सूत से

तुम्हारे लिए कपड़े बुने।
तुममें नूतन महिमा सौंपकर शिल्पियों ने तुम्हारी
प्रतिमा को अमर बना दिया।
कितने रंग, कितनी गन्ध, कितने गहने—
समुद्र से मोती आया, खान से सोना
बसन्त की फुलवाड़ी से फूलों की डाली आई
लाज देकर, साज देकर, पर्दा देकर
तुम्हें दुर्लभ बना छुपाकर रखा है।
तुम आधी मानवी हो, आधी कल्पना।

दीदी

नदी तट पर काट रहे हैं, मिट्टी ईंट के पजाबे के लिए पश्चिमी मजदूर।
उन्हीं की एक छोटी बच्ची घाट पर आ-जा रही है,
और लोटा, कटोरे, थाली को कितने जतन से साफ कर रही है
आती है दौड़-दौड़कर सैकड़ों बार
उसके पीतल के कंगन पीतल की थाली से लगकर बजते हैं ठनठन
दिनभर वह बहुत व्यस्त है।
उसका छोटा भाई—गंजा सिर, कीचड़-सना, नंग-धड़ंग,
पालतू पंछी की तरह पीछे-पीछे आकर
बैठा है ऊँचे किनारे बहन की जाँघ पर स्थिर धीरज से।
भरे घड़े को माथे पर लेकर बाईं बगल में थाली दबाए
भोली लड़की चलती है,
हाथ से बच्चे की उँगली पकड़े।
यह है माँ की प्रतिनिधि, कामों के बोझ से दबी,
छोटी-सी उसकी दीदी !

[6 अप्रैल 1896, 'दिदि', काव्य-संग्रह : 'चित्रा']

साथी

और एक दिन की बात याद आ गई,
मैदान में हरी दूब पर दुपहरिया में
एक सँपेरे की बेटी
अकेली बैठी चोटी गूँथ रही थी।
पालतू कुत्ते का बच्चा पीछे से आकर
बालों की चंचलता देख, खिलवाड़ समझ,
उछलता-उछलता जोर से चिल्लाता,

उसकी चोटी को बार-बार दाँतों से पकड़ने लगा।
सिर हिलाकर बच्ची ने उसे मीठी डपट दी
इस पर कुत्ते के बच्चे का खेल और उत्साह और बढ़ गया
बच्ची ने उसे तर्जनी उँगली उठाकर मारा
खिलवाड़ समझकर वह और दुगुना पागल हो गया।
तब हँसती उठी, उसे गोद में लिया
और आदर-आदर से उसे चपतियाने लगी !

परिचय

एक दिन देखा वही नंग-धड़ंग बच्चा
धूल में बैठा है अपने दोनों पैरों को पसारे।
नदी तट पर मिट्टी के ढेले चुनकर
उसकी दीदी मल रही है लोटे को घुमा-घुमाकर
नजदीक ही कोमल रोएँवाला एक बकरी का बच्चा
धीरे-धीरे चरता फिर रहा था उसी नदी किनारे।
अचानक वह नजदीक आकर खड़ा हो
बच्चे के मुँह की ओर देखकर चिल्ला उठा।
बच्चा चौंका, काँपा, डर से रो उठा।
दीदी घाट पर ही लोटा छोड़कर दौड़ी
एक तरफ भाई को लिए, दूसरे में बकरी के बच्चे को
दोनों में प्यार बराबर बाँट दिया
जानवर का बच्चा और आदमी का बच्चा,
बीच में पड़कर दीदी ने दोनों को परिचय की डोर में बाँध दिया।

ट्युलिप्स

[कीट्स, शेली, बायरन और वड्र्सवर्थ की चुनी हुई
कविताओं के अनुवाद, हजारीबाग सेन्ट्रल जेल, 1945 ई.]

कीट्स

[जन्म : 1895, फिन्स्बरी, लन्दन। मृत्यु : 1921, रोम, इटली]

जान कीट्स का जन्म 1895 के अक्टूबर महीने में लन्दन में हुआ था। कहते हैं, वह सतमास थे तथा उनका शरीर बहुत ही कोमल और अपरिपक्व था। कविताएँ लिखना उन्होंने बहुत छोटी उम्र से शुरू किया। लेकिन जीवन काल में उन्हें सुयश काफी न मिल सका। एक साहित्यिक ले हंट ने उनकी पुस्तक 'एंडेमियन' की भूरि-भूरि प्रशंसा की। किन्तु यही प्रशंसा कवि के लिए घातक सिद्ध हुई। लेकिन ले हंट के विरोधियों ने उनकी इस प्रशंसात्मक समीक्षा की कटु आलोचना की। कीट्स के स्वास्थ्य पर इसका बहुत बुरा असर पड़ा। जिस समय यह आलोचना निकली, कीट्स अपने भाई की मृत्यु से अत्यन्त खिन्न और सन्तप्त थे। भाई की सेवा करते हुए उन्हें क्षय रोग की छूत लग चुकी थी। किसी-किसी का कहना है कि तब तक वे प्रेम से भी निराश हो चुके थे। इन्हीं कुछ घातक अवस्थाओं के बीच सन् 1921 में बहुत कच्ची सिर्फ 24 साल की उम्र में उनका देहान्त हो गया। कीट्स ने बहुत नहीं लिखा है। जो कुछ लिखा है उसमें से अधिकांश प्रयोगावस्था की चीजें हैं। किन्तु तब भी आज उनका नाम अंग्रेजी साहित्यकारों की सूची में अत्यन्त उच्च है।

अपनी प्रत्येक रचना के प्रकाशित होते ही वह यह सोचकर निराश हो जाते थे कि आखिर यह रचना वैसी नहीं उतरी जैसी दिमाग में थी। 'एंडेमियन' को भी उन्होंने परिपूर्ण की अपेक्षा अधूरा ही माना था और उससे भी वह सन्तुष्ट नहीं थे। उनका प्रयोग बड़े जोरों से चल रहा था, तथा आलोचकों का मत है कि वह अगर मनुष्य की औसत आयु के हिसाब से भी जीवित रहे होते तो शायद संसार को उनके रूप में दूसरा 'मिल्टन', दूसरा 'शेक्सपियर' या दूसरा 'दान्ते' मिल गया होता। उनकी कल्पना अजस्र और अपार थी। उनकी चेतना, सौन्दर्य के सूक्ष्मातिसूक्ष्म स्पन्दन से भी आन्दोलित होती रहती थी। उनकी सरस्वती मौसम पाकर ही नहीं जागती थी, बल्कि यह सदैव जाग्रत और चैतन्य थी। संसार की विरूपताएँ उनके भीतर की चेतना और उत्साह को भी कभी कुंठित नहीं बना सकती थीं। 'मिस्टर ले हंट' ने लिखा है कि वह इतने भावप्रवण थे कि किसी भी सुन्दर भावपूर्ण या रागपूर्ण कविता के सुनते ही उनकी आँखें छलछला उठती थीं तथा उनके अधर काँपने लगते थे।

कवि कीट्स की प्रधान विशेषता विशेषणों के अद्भुत प्रयोग में सन्निहित है जो किसी भी कवि की सबसे विलक्षण शक्ति कही जा सकती है। उनकी कविताओं में से कहीं से भी एक पंक्ति खींच लीजिए, उसमें आपको कोई-न-कोई ऐसा शब्द मिल जाएगा जिसका प्रयोग अत्यन्त सफल और विलक्षणता से पूर्ण हुआ है, जिसमें सरस्वती अपने पूरे बल के साथ बैठी हुई मिलती है, तथा जिसे देखकर यह मालूम होने लगता है, मानो यह शब्द केवल इसी स्थल के लिए बना है।

मरने के समय कवि ने अपने मित्रों से कहा था कि मेरी कब्र पर यह लिख देना—"यह उसकी समाधि है जिसका नाम पानी पर लिखा गया।" स्पष्ट ही, इस वाक्यांश में उस निराशा की गम्भीर व्यंजना है, जो कवि को अपने समय के विरोधी आलोचकों से मिली थी। किन्तु, आज सारा संसार जानता है कि कवि कीट्स का नाम पानी पर नहीं, बल्कि साहित्य की उस स्वर्ण-शिला पर अंकित है जो अजर, अमर और अभेद्य है।

कवि

कामना और आनन्द के गायको,
तुम अपनी आत्माएँ छोड़ गए हो इस पृथ्वी पर;
क्या तुम्हारी आत्माएँ स्वर्ग में भी हैं
नए प्रान्तरों में दुहरी जिन्दगी के लुत्फ उठातीं ?
हाँ, जरूर ही।
और तुम्हारी जो आत्माएँ स्वर्ग में हैं
वे घुल-घुलकर बातें करती हैं सूरज और चाँद के मंडलों से,
विचित्र झरनों के कलकल से,
बादलों की गड़गड़ाहट से,
नन्दन-कानन के वृक्षों के मर्मर से;
और आपस में भी—
बैठकर कल्पतरु के चँदोवे के नीचे
उस स्वर्ण-दूर्वा के मखमली गलीचे पर
जिसे सिर्फ रात-रानी की मृगी ही चर सकती है;
जहाँ गेंदे के फूल में गुलाब की गन्ध है,
और गुलाब में वैसी गन्ध है
जिसे हम पृथ्वी पर नहीं पा सकते;
जहाँ बुलबुल गाती है
बेमानी बदहोशी की चीज नहीं,
बल्कि संगीतमय दैवी सत्य,
सरल दार्शनिक छन्द,
कहानियाँ और सुनहले इतिहास
स्वर्ग एवं उसके रहस्यों के;

इस तरह तुम ऊपर रहते हो,
और फिर इस पृथ्वी पर भी रहते हो तुम;
और जो आत्माएँ तुम पीछे छोड़ गए हो
वे हमें बताती हैं, यहाँ, तुम्हें प्राप्त करने की राहें
वहाँ की, जहाँ तुम्हारी दूसरी आत्माएँ आनन्द मना रही हैं—
न कभी सोती हुई, न कभी अतितृप्त होती हुई।
यहाँ, तुम्हारी पार्थिव आत्माएँ आज भी कहती हैं मानवों से
कथाएँ, अपनी छोटी जिन्दगी की
अपने शोकों की, आनन्दों की,
अपनी कामनाओं की, अपने विद्वेषों की,
अपनी कीर्ति की, अपनी लज्जा की,
क्या चीजें शक्ति देती हैं, क्या पंगु बनाती हैं।

इस तरह तुम सिखलाते हो हमें प्रतिदिन ज्ञान
यद्यपि तुम हमसे बहुत दूर चले गए !
कामना और आनन्द के गायको,
तुम अपनी आत्माएँ इस पृथ्वी पर छोड़ गए हो,
तुम्हारी आत्माएँ स्वर्ग में भी हैं
नए प्रान्तरों में दुहरी जिन्दगी के लुत्फ उठातीं।

कल्पना

कल्पना को हमेशा विचरण करने दो;
आनन्द घर में नहीं है :
छूते ही मधुर आनन्द बिला जाता है
बुलबुले की तरह, जब मेघ बरसता होता है;
इसलिए सपक्ष कल्पना को उड़ान भरने दो
उन विचारों से होकर जो उसके परे बिखरे हैं :
दिमाग के पिंजड़े का दरवाजा खोल दो
वह उड़ चलेगी, बादलों की ओर दौड़ पड़ेगी।
आह मीठी कल्पने ! अरे, उसे बन्धनहीन करो !
ग्रीष्म की रँगरलियों को व्यवहार बरबाद कर देता है,
और बसन्त के मजे हम लूट भी नहीं पाते
कि वे पंखड़ियों के साथ ही झड़ पड़ते हैं;
शिशिर के लाल होंठोंवाले फल–
कुहरा और ओस के बीच शर्म से गुलाबी बने–
नीरस हो जाते हैं चखने पर :
तब क्या किया जाए ?
अँगीठी के पास बैठ जाओ
जब सूखी लकड़ियाँ धधकती रहें,
मानो, वे जाड़े की चमकती आत्मा हों;
जब निस्तब्ध पृथ्वी रजाई में सिकुड़ी हो;
और बर्फ के टुकड़ों को झाड़ते हों
हलवाहे-बच्चे अपने भारी जूतों से;
जब रात मिलती हो दिन की दुपहरिया से
अन्धकारमय षड्यन्त्र में
आकाश से सन्ध्या को वनवास देने के लिए;
तुम वहाँ बैठो और भेजो दूर देश में
आत्मशक्ति से ओतप्रोत मस्तिष्क के साथ,
अपनी कल्पना को–महान कार्यों का दायित्व देकर
उसे भेजो–
उस देवी को सेविकाओं की कमी नहीं :

वह लाएगी, बरफ के झकोरों के बावजूद,
उन सुन्दरताओं को, जिन्हें पृथ्वी खो चुकी है;
वह लाएगी ढेर-ढेर
ग्रीष्म ऋतु की सभी खुशहालियों को,
बसन्त की सभी कलियों और पंखड़ियों को—
ओस-भरी क्यारियों से या काँटों-भरी टहनियों से;
शिशिर की सभी संचित सम्पदाओं को
चुपचाप रहस्यमय ढंग से चुराकर :
फिर वह इन्हें एक साथ मिला देगी
मानो तीन तरह की बढ़िया शराब एक प्याले में ढली हो !
और तुम पीना उसे छककर :
—फिर तुम्हें सुनाई पड़ेंगे साफ-साफ—
दूर में कटनी के वक्त गाए जाते हुए गीत,
कटे हुए अनाज के डंठलों की खड़खड़ाहट,
प्रभात के जयगीत गाते पंछियों के स्वर;
और उसी समय, अरे, यह सुनो—
यह तो फागुन में कोयल गा रही है,
या कौए काँव-काँव करते तिनके और डंठल
सँजो रहे हैं !
तुम्हें एक ही नजर में दिखाई पड़ेंगे—
बेला-चमेली, गेंदा-गुलाब
कामिनी, रजनीगन्धा
सब एक ही साथ, एक ही समय खिले
मँहमँह कर रहे;
और उनकी हर पत्ती, हर फूल पर
एक ही वर्षा की बूँदें मोती-सी चमचम कर रहीं !
तुम देखोगे—
बिलों के तहखाने में सुखनिंदिया लेते खेतों के चूहे
जरा जरा सिर निकालकर झाँकने लगे हैं;
और जाड़े में दुबले-पतले बने साँप
नदी-तट की गरम रेत पर अपनो केंचुल छुड़ा रहे हैं;
फिर तुम देखोगे—
बबूल की डालों के घोंसलों में चितकबरे अंडे
जिन्हें मादा चिड़ियाँ पंखों को फुलाए से रही हैं;
इतने में तुम चकित और भयभीत बन जाओगे
जब मधुमक्खियों का झुंड भनभनाता आता दिखाई पड़ेगा;
पीपल के पकोवे जब वर्षा की तरह झड़ रहे,
और शिशिर की हवा साँय-साँय गाए जा रही !

आह, मधुर कल्पने !
उसे स्वच्छन्द छोड़ दो;
व्यवहार से सब चीजें बरबाद हो जाती हैं :
कहाँ हैं ऐसे गाल, जो मुर्झा नहीं गए, बार-बार के घूरने से ?
कोई ऐसी सुन्दरी बताओ
जिसके रसीले अधर हमेशा नए बने रहे ?
कहाँ हैं वैसी नीली आँखें, जिनसे आदमी थक नहीं जाता ?
वैसे चेहरे कहाँ हैं, जिन्हें हम हर जगह पा सकें ?
वैसे मधुरतम स्वर कहाँ हैं, जिन्हें हम हमेशा सुन पाएँ ?
जरा-सा स्पर्श से ही मीठा आनन्द विलीन हो जाता है,
बुलबुले की तरह, जब वर्षा हो रही हो !
इसलिए सपक्ष कल्पना रानी को
अपने मस्तिष्क-राज की अधीश्वरी खोज लाने दो :
जिसकी आँखें हों मृगछौने-सी मासूम;
जो नहीं जानती हो भवें चढ़ाना,
या कनखियों से झिड़कना;
पतली कटि, सुकोमल वक्ष;
ढीली करधनी के कारण जिसकी साड़ी नीचे खिसकती जा रही हो
और जिसके हाथों में हो सुधा की प्याली लबालब !
अरे कल्पना रानी को बाँधनेवाले इस रेशमी जाल को तोड़ो,
उसकी कैद की सुनहली जंजीर काटो;
फिर वह तुम्हारे पास ऐसे अनेक अनुपम आनन्द लाया करेगी।
सपक्ष कल्पना-परी को उड़ने दो,
आनन्द घर में नहीं है !

चित्रकारी

ओ निस्तब्धता की अक्षतयौवना दुल्हन,
ओ मौन और मन्थर समय की पालिता पुत्री,
जंगल की इतिहास-लेखिका,
जो पुष्पमय कथानक को हमारी कविता से भी ज्यादा
मधुर रूप में अंकित कर सकती है :
बता, पत्तों की झालरवाली कौन-सी कहानी मँड़रा रही है तुझ पर ?
—देवताओं की, मानवों की, या दोनों की ?
किसी गाँव की ? या अलका की ?
ये कौन-से आदमी या देवता हैं ?
ये अनिच्छुक लड़कियाँ—
इनके पीछे कैसी पागल दौड़धूप ?
बच निकलने की इनकी कैसी चेष्टा ?

ये पुपहियाँ और ढोल—
आह, कैसा आनन्दमय उन्माद ?

सुना हुआ संगीत मधुर लगता है
लेकिन अनसुना संगीत उससे भी ज्यादा मधुर !
इसलिए, ओ कोमल पुपहियो, तुम बजती रहो—
हमारे मानवी कानों के लिए नहीं,
बल्कि उनसे भी प्यारे,
शब्दहीन आत्म देवता के श्रवण के लिए !
सुन्दर युवक, इन पेड़ों के नीचे तू अपना गीत बन्द कर नहीं सकता
और न ये पेड़ कभी ठूँठ हो सकते हैं;
ढीठ प्रेमी, तू चूम नहीं सकता, चूम नहीं सकता,
यद्यपि तू अपने लक्ष्य के निकट पहुँच चुका है—
लेकिन इसका अफसोस मत कर—
तेरी प्रिया कभी मलिन हो नहीं सकती;
यद्यपि तुझे तेरा परम आनन्द प्राप्त नहीं हुआ,
तू हमेशा उसे प्यार कर सकेगा,
और वह हमेशा सुन्दरी बनी रहेगी !

ओ आनन्दमयी, आनन्दमयी कुंजें !
जिनकी पत्तियाँ कभी झड़ नहीं सकतीं,
जो कभी बसन्त से विदा ले नहीं सकतीं;
और ओ आनन्दी गायक, अश्रान्त,
अपनी वंशी में गाए जा नए-नए गीत;
अधिक आनन्दमय प्रेम ! अधिक आनन्दमय, आनन्दमय प्रेम !
हमेशा ही ऊष्ण और तो भी आनन्ददायक,
हमेशा उच्छ्वासमय, हमेशा नवीन;
सभी श्वासमयी मानवीय कामनाएँ इससे परे हैं—
जो हृदय को अतिशयोक्ति और अतितृप्त कर छोड़ती हैं,
—जलता हुआ ललाट, और सूखती हुई जीभ !

वे कौन आ रहे हैं बलिदान अर्पित करने को ?
किस हरी वेदिका की ओर, ओ रहस्यमय पुरोहित,
लिए जा रहे हो, इस बछिया को ?
जो आसमान की ओर मुँह उठाकर रँभा रही है,
कौन-सा है वह छोटा-सा शहर
नदी-किनारे या समुद्र-तट पर
या पहाड़ पर बसा, शान्तिमय किले के अन्दर,
जिससे ये निकले हैं इस पवित्र भोर में ?
ओ छोटा शहर, तेरी वीथिकाएँ हमेशा सूनी रहेंगी

कोई प्राणी यहाँ से नहीं लौटेगा बताने को
कि तू क्यों वीरान हुआ !

ओ सौन्दर्य की प्रतिमे,
ओ मनोरम भावभंगिमे—
संगमरमर पर अंकित इन युवक-युवतियों से युक्त,
जंगल की सघन डालियों और पदमर्दित घासों से घिरी !
तू, ओ मूक रूपसी,
शाश्वत की कल्पना की तरह हमें विचारों की दुनिया से परे रख देती है;
ओ शीतल वनगीतिके,
जब बुढ़ापा इस पुश्त को बरबाद कर देगा
तू तब भी रहेगी—
हम लोगों के परे के दुखदर्दों के दरम्यान
आदमी की सच्ची दोस्त बनकर;
जिनसे तू कहेगी—
'सुन्दर सत्य है और सत्य सुन्दर'
संसार में सिर्फ तुम इतना ही जान सकते हो
और इतना ही जानना चाहिए !

बुलबुल

मेरे दिल में दर्द पैदा हो रहा है,
और एक ऊँघभरी बेहोशी बेरहमी से दबोच रही है मेरी चेतना को,
मानो मैंने जहर की बूटी छान ली हो,
या बोदे अफीम की प्याली छक ली हो तलछट तक एक क्षण
और भूलभुलैया के भँवर में डूब चुका होऊँ :
तेरी खुशकिस्मती पर डाह के चलते ऐसा नहीं हो रहा,
बल्कि तेरी खुशी पर हद से ज्यादा खुश होने के सबब—
कि तू, ओ पेड़ों की हल्के परोंवाली देवी,
किसी संगीतमयी भूमि में—
जहाँ चीड़ की हरियाली है और सायों की कोई गिनती नहीं—
ग्रीष्म का गीत गा रही है खुले कंठ से
इतमीनान के साथ।

आह, एक घूँट अंगूरी !
जो की गई होती ठंडी, जमीन के नीचे, तहखाने में
एक लम्बे अर्से तक,
जिसमें स्वाद होता फूलों का, देहात की हरियाली का,
नृत्य का, गीत का,

धूपखाई खुशियालियों का !
आह एक प्याली !
क्षण की मस्ती से लबालब भरी,
और भरी हुई सच्ची शर्मीली कविता-सुधा से,
जिससे उछलकर गिरने को
बिल्लौरी दाने-से बुलबुले कसमस कर रहे हों,
और जिसके मुँह पर गुलाबी सुर्खी दमक रही हो;
मैं उसे पीता
और इस संसार को अनदेखे ही छोड़ देता,
और तेरे साथ विलीन हो जाता इस धुँधले जंगल में :

विलीन हो जाता सुदूर में, घुलमिल जाता,
और बिलकुल ही भूल जाता उन चीजों को
जिन्हें तूने इस झुरमुट में कभी देखा नहीं--
थकावट, बुखार, झुँझलाहट—
यहाँ, जहाँ आदमी बैठकर सुनता है एक दूसरे की कराह;
जहाँ लकवा झकझोरकर गिरा देता है
बचेखुचे उदास आखिरी पके बालों को,
जहाँ जवानी पीली पड़ जाती,
कंकाल बन जाती,
और चल बसती है;
जहाँ सोचने का मानी है शोक में गर्क होना
और निराशा में आँखों को बोझिल कर लेना,
जहाँ खूबसूरती अपनी आँखों का जादू बचा नहीं पाती,
और न रख पाती है नया प्रेम अगले कल के बाद कोई आकांक्षा।

दूर, सुदूर—
क्योंकि मैं उड़कर आ रहा हूँ तेरे पास,
शराब के देवता के चीते-जुते रथ पर चढ़कर नहीं,
बल्कि कविता-देवी के अलक्षित पंखों पर चढ़कर—
यद्यपि धुँधला दिमाग उलझन में डालता
और गति रोकता है :
अरी, अब तो मैं तेरे साथ हूँ !
रात कितनी कोमल,
और चाँद-रानी बैठी हैं अपने सिंहासन पर
चारों ओर से उन्हें घेरे हुई हैं उनकी तारा-परियाँ;
लेकिन यहाँ तो रोशनी नहीं है,
सिवा उसके जो हवा के झोंके के साथ स्वर्ग से आती है
हरी-हरी पत्तियों से छनकर
और काई-भरी राहों से भूल्ती-भटकती।

मैं देख नहीं सकता कि कौन-से फूल हैं मेरे पैरों के नीचे
या कौन-सी मुलायम सुगन्धें कुंजों के ऊपर छाई हैं
लेकिन इस खुशबू-बसी अँधियाली में अन्दाजा लगा सकता हूँ
एक-एक सुगन्ध का,
जिससे ऋतुराज बसन्त भूषित करता है
घास को, झाड़ी को, जंगली फल के पेड़ों को;
यह जूही, यह जंगली चमेली,
यह तुरत झड़ पड़नेवाली मौलिश्री पत्तों में छिपी,
और बसन्त की बड़ी बेटी यह मुश्की गुलाब–
शबनम की शराब से लबालब–
गुनगुना रहे हैं भौंरे जिन पर ग्रीष्म की सन्ध्या में।
इस धुँधलके में मैं सुन रहा हूँ उनकी गुनगुन;
और, कितनी ही बार मैंने की है आधी-मुहब्बत आराम-भरी मौत से,
उसे पुकारा है कोमल नामों से कितनी ही संगीतमयी पंक्तियों में
कि वह मिला दे हवा में मेरी शान्त साँस को;
लेकिन इस समय मरना पहले से कहीं अधिक आनन्दमय है,
समाप्त हो जाना आधी रात की गोद में बिना पीड़ा के
जब कि तू रूह उड़ेल रही है दूर पर
इस स्वर्गीय आनन्द में मगन होकर !
अरी, उस समय भी तू गाती होगी और मेरे कान बेकार होंगे–
तेरे उच्च मृत्यु-संगीत के लिए वे मिट्टी बन चुके होंगे।
किन्तु, तू मौत के लिए नहीं पैदा हुई थी, ओ अमर चिड़िया !
कोई भी भुक्खड़ खानदान तुझ पर दाँत नहीं गड़ाता;
जो आवाज मैं सुन रहा हूँ इस उतरती रात में
वह सुनी गई थी पुराने युग में सम्राटों और भिखारियों द्वारा :
शायद इसी गीत ने पाई थी राह
रूप-कथा की उस परित्यक्ता के उदास हृदय में
जब अपनी जन्मभूमि के लिए बेचैन वह खड़ी थी
विदेश के खेतों में आँखों में आँसू लिये;
शायद यह वही गीत है
जिसने प्रायः ही खोला था जादू की खिड़कियों को
मन्त्र पढ़कर,
भयंकर समुद्र की फेनिल तरंगों पर,
परियों के परित्यक्त देश में !

परित्यक्त !
यह एक शब्द–जैसे मौत का घंटा !
जिसने मुझे पीछे धकेल दिया, तुझसे दूर, अपने एकाकीपन में !
विदा ! कल्पना उतना धोखा नहीं दे सकती
जितना कि उसे मशहूर किया गया है–

ओ भूलभुलैया की देवी !
विदा ! विदा ! तेरी करुण काकली धीमी पड़ रही है–
वह गई नजदीक के मैदान के उस पार,
उस मौन झरने के पास
वह पहाड़ की बगल में,
और अब डूबी जा रही है उस अगली तलहटी में !
क्या यह कल्पना थी ?
या जागता सपना ?
अरे, वह संगीत भाग चुका :
मैं जगा हूँ या सोया ?

सौन्दर्य

जिस चीज में सौन्दर्य है, वह हमेशा आनन्ददायक है;
जिसकी खूबसूरती हमेशा बढ़ती जाती है;
वह कभी शून्य में परिणत नहीं होगी;
बल्कि वह हमारे लिए सँवारे रहेगी एक शान्त कुंज,
और मधुर नींद–
जिसमें मीठे सपने हों, स्वास्थ्य हो,
और हों प्रशान्त श्वास-प्रश्वास !
इसलिए हर प्रातः क्या हम फूलों की माला गूँथते हैं
जो हमें बाँधे रखे इस पृथ्वी से;
यद्यपि हम यहाँ पाते हैं निराशाएँ,
उदार प्रकृति का अमानवीय अभाव,
उदास विषण्ण दिन,
हमारे अन्वेषण के लिए अस्वस्थ और अंधकारमय पथ।
हाँ, इन सबके बावजूद,
सौन्दर्य की कोई भी प्रतिमा हो,
वह हटा देती है हमारी तमोमयी आत्मा का काला पर्दा !
जैसा कि यह सूरज, यह चन्द्रमा;
ये छोटे-बड़े पेड़–जो भोले पशुओं को सघन छाया देते हैं;
ये चकमक फूल–हरियाली की दुनिया के आनन्दी बाशिन्दे;
और ये स्वच्छ पहाड़ी नाले–
जो ग्रीष्म की दाह से बचने को स्वयं ठंडी छाया का
सृजन कर लेते हैं;
बीच जंगल की कुंजें–गुलाब की पंखड़ियों से
जगमग और महमह बनीं;
और गुम्बदों की भव्यता भी तो वैसी ही लगती है–
जिनकी हमने अपने महान पुरखों के लिए क़ल्पना की है;
सभी सुन्दर कहानियाँ–जिन्हें हमने सुना या पढ़ा है;

अमृत का अघट झरना,
जो स्वर्ग से हमारे ऊपर झरता रहता है !

और हम इन तत्त्वों को सिर्फ एक घंटे के लिए अनुभव नहीं करते;
नहीं—जैसा कि मंदिर के निकट का मर्मर करता हुआ वृक्ष
कुछ दिनों में मन्दिर की ही तरह प्यारा बन जाता है
उसी तरह यह चन्द्रमा,
भावना की कविता, निस्सीम यशोराशि,
हमारा जब तक पीछा करते हैं
जब तक कि वे हमारी आत्मा में एक आनन्दमयी ज्योति
नहीं बन जाते,
और वे हमसे इस तरह बँध जाते हैं
कि चाहे प्रकाश हो या अन्धकार
वे सदा हमारे साथ बने रहेंगे—
नहीं तो हम मर जायँ !

मृत्यु !

जब मैं भयभीत हो जाता हूँ कि
मुझे चल बसना पड़ेगा इसके पहले ही
जब तक कि मेरी लेखनी मेरे उर्वर मस्तिष्क के रत्नों को
चुन नहीं सकी होगी,
जब तक कि मोटे-मोटे ग्रन्थ, अक्षरों के भंडार-घरों में
मेरे विचारों के पुष्ट पके अन्न को
संगृहीत नहीं कर चुके होंगे;

जब मैं देखता हूँ, रात के तारा-मंडित मुखमंडल पर
स्वर्गिक अभिसार के विशाल मेघमय प्रतीकों को,
और सोचता हूँ कि
मैं जिन्दा नहीं रहूँगा
कविता के जादूभरे हाथ से उनके रहस्यों का पता
लगाने के लिए;
और, जब मैं अनुभव करता हूँ,
एक घड़ी के क्षणिक सुन्दर प्राणी,
कि मैं तेरी ओर ज्यादा देख नहीं सकता,
बेपरवाह प्रेम की तिलिस्मी ताकत का लुत्फ उठा नहीं सकता;
तब—तब मैं इस विशाल संसार-सागर के तट पर खड़ा हो जाता हूँ
और तब तक सोचता जाता हूँ,
जब तक कि प्रेम और यश शून्य में लीन नहीं हो जाते !

शेली

[जन्म : 1792, इंग्लैंड। मृत्यु : 1822, इटली]

प्रेम नहीं पूजा

एक शब्द बहुत ही अपवित्र किया गया है,
फिर मैं उसे क्यों अपवित्र करूँ ?
एक अनुभूति बहुत ही गलत ढंग से तिरस्कृत हुई है
फिर तू क्यों उसका तिरस्कार करे ?

एक आशा रही है निराशा की ही तरह
फिर दूरदर्शिता क्यों उसका गला घोंटे ?
और तेरी दया अधिक प्यारी है
किसी और के प्रेम की अपेक्षा !

जिसे आदमी प्रेम कहता है, मैं वह दे नहीं सकता,
लेकिन क्या तू उस पूजा को नहीं स्वीकार करेगी
जिसे हृदय ऊपर की ओर अर्पित करता है
तो स्वर्ग तक नहीं ठुकराता—
पतंगे की, तारे के लिए कामना,
रात की दिन के लिए,
भक्ति कुछ सुदूर की वस्तु के लिए
जो हमारे शोक की परिधि से परे हो !

प्रेम का दर्शन

झरने नदी से जा मिलते हैं
और नदियाँ जा मिलती हैं समुद्र से,
स्वर्गिक पवन परस्पर मिलते हैं सदा
एक मधुर भावना से विमुग्ध;
संसार में कुछ भी अकेला नहीं है,
सभी चीजें किसी दैवी नियम से आबद्ध
एक-दूसरे से घुलमिल रही हैं—
फिर मैं तुझसे क्यों न मिलूँ ?

पहाड़ों को देख, वे आसमान को चूम रहे हैं,
और तरंगें एक-दूसरे को आलिंगन में बाँध रही हैं;
किसी भी पुष्पकुमारी को क्षमा नहीं किया जा सकता
अगर वह अपने भाई का तिरस्कार करे :
सूरज की रश्मियाँ पृथ्वी का आलिंगन कर रहीं,
और चन्द्रकिरणें समुद्र को चुम्बन दे रहीं,
लेकिन इन चुम्बनों की क्या कीमत ?
यदि तू मुझे नहीं चूमे !

प्रेम की उड़ान

जब दीपक फूट जाता है,
रोशनी धूल में मिल जाती है—
जब बादल छँट जाते हैं
इन्द्रधनुष का विभव लुप्त हो जाता है।
जब वीणा टूट जाती है,
मधुर झंकारें नहीं याद की जातीं;
ज्यों ही अधरों से बाहर होती हैं
प्रेम की बातें भुला दी जाती हैं।

संगीत या ज्योति
दीपक और वीणा के बाद जीवित नहीं रहते,
हृदय की प्रतिध्वनियाँ गीत नहीं सुनातीं
जब आत्मा मूक हो जाती है—
तब गीत नहीं, बल्कि करुण मृत्युगीत,
मानो, खँडहर में सिसकियाँ भरती हवा,
या शोकमय सामुद्रिक तरंगें
डूबे हुए माँझियों के शव पर मृत्युघंट बजाती !
जब दो हृदय एक हो जाते हैं,
प्रेम पहले मजबूत घोंसले को ही छोड़कर उड़ भागता है;
कमजोर को ही चुना जाता है बर्दाश्त करने को
जो कुछ उसने कभी प्राप्त किया था !
ओ प्रेम, तुम उसाँसें भरते रहे
यहाँ की सब चीजों की क्षणभंगुरता पर
फिर क्यों उसी को अपना पालना, घर और अर्थी बनाते हो
जो सबसे क्षणभंगुर है !

उसकी कामनाएँ तुम्हें झकझोर देंगी
जिस तरह आँधी झकझोर देती है कौवे को आसमान में,
चमकीली दलील तुम्हारा मुँह चिढ़ाएगी
जाड़े के आसमान से झाँकनेवाले सूरज की तरह।
तुम्हारे घोंसले की एक-एक काठी सड़ जाएगी,
और ऊँचे पर बनाया तुम्हारा गरुड़ घोंसला
तुम्हें हँसी का पात्र बनने को नंगे छोड़ देगा उस समय
जबकि पत्तियाँ झड़ जाती हैं और ठंडी हवा के
झोंके चलने लगते हैं !

भारतीय प्रेम गीत

मैं तेरा ही सपना देख रहा था
रात की पहली मीठी नींद में, कि जग पड़ा हूँ,
—जबकि मलयानिल मंद-मंद सनक रही है
और तारे कर रहे हैं जगमग-जगमग :
मैं तेरा ही सपना देख रहा था कि जग पड़ा हूँ,
और कोई अदृश्य शक्ति मेरे पैरों को घसीटते हुए
मुझे ले आई है न जाने किस तरह
तेरे कक्ष के गवाक्ष के नीचे, ओ प्रियतमे !

भ्रमणशील पवन मूर्च्छित हो जाते हैं
स्रोतस्विनी की तमोमयी मूक धारा पर—
चम्पक की सुरभि विलीन हो जाती है
सपनों के मधुर विचारों की नाईं;
बुलबुल की चीख उसके दिल में ही पछाड़ खाकर मर जाती है
उसी तरह मुझे भी मरना है,
ओ मेरी प्यारी, तेरे वक्ष पर !
अरी, तू मुझे उठा ले इस घासफूस पर से,
मैं मर रहा हूँ, बेहोश हुआ जा रहा हूँ,
मेरी चेतना लुप्त हो रही है !
तेरा प्रेम चुम्बनों के रूप में बरस पड़े
मेरे अधरों पर, मेरी पलकों पर।
आह ! मेरे गाल ठंडे पड़ गए हैं, उजले हो चले हैं
मेरी छाती जोरों से धकधक कर रही है;
अरी, तू इसे फिर अपनी छाती से लगा ले
जहाँ अन्ततः इसे फट जाना ही है !

रात के प्रति

पश्चिमी तरंगों पर जल्द-जल्द पैर उठाती,
ओ रात की आत्मा,
पूरब की धुँधली गुफा से पधारो–
जहाँ लम्बे एकान्त दिन की धूप में
तुम बुनती हो आनन्द और भय की स्वप्नजाली,
जिस कारण तुम लगती हो एक ही साथ इतनी भयानक, ऐसी प्यारी–
अरी, अपनी उड़ान तेज करो !

अपने शरीर पर धूमिल लबादा डाल लो–
तारों के गोटे-बूटे से चमचम !
अपने केशजाल से ढँक दो दिन की आँखें,
अरी, उसे चूम-चूमकर थका दो;
फिर विचरण करो शहर पर, समुद्र पर, जमीन पर
सब पर अपनी अफीममयी छड़ी घुमाती–
आओ, कब से तुम्हारी प्रतीक्षा है।

जब मैं जगा और देखा उषा को,
मैंने तुम्हारे लिए उसाँसें भरीं;
जब सूरज ऊपर उठा और ओस उड़ चली,
और फूलों और पत्तों पर दुपहरिया भारी हो गई,
और थका दिन विश्राम को चला–
अनिच्छा से, उपेक्षित मेहमान की तरह, धीमे-धीमे
मैंने तुम्हारे लिए उसाँसें भरीं।

तुम्हारी बहन मृत्यु आई और प्रकाश–
''तुम क्या मुझे चाह रहे हो ?''
तुम्हारी प्यारी बेटी नींद आई, आँखें झपकाती,
और दुपहरिया की भ्रमरी की तरह गुनगुनाई
''क्या मैं तुम्हारी बगल में सोऊँ ?
तुम क्या मुझे चाह रहे हो ?''
और मैंने जवाब दिया–''नहीं, तुझे नहीं।''

मृत्यु आएगी जब तुम चल बसी होगी
जल्द, बहुत जल्द–
नींद आएगी जब तुम भाग चुकी होगी;
इनमें से किसी से भी मैं कोई वरदान नहीं चाहता–
मैं सिर्फ तुम्हीं से माँगता हूँ, मेरी प्रियतमे,

कि अब तुम्हारी निकट पहुँचनेवाली उड़ान तेज हो—
आओ, जल्द-जल्द आओ !

स्काइलार्क के प्रति

[आसमान में उड़ती हुई गानेवाली लवा जाति की एक विलायती चिड़िया]

स्वागत है तेरा, ओ आनन्दी आत्मा !
तू चिड़िया कभी नहीं रही,—
तू, जो स्वर्ग या उसके निकटतम प्रदेश से
उड़ेल रही है अपना पूरा हृदय
अकल्पित कला के असीम सुरों में।

ऊँची, और अधिक ऊँची,
पृथ्वी से तू ऊपर उठती जाती है
आग के बादल की तरह;
नीलिमा के समुद्र में तू डैनों से तैरती है,
और गाती हुई ऊपर उठती, और ऊपर उठती हुई गाती है।

डूबते हुए सूरज की
सुनहली प्रभा में,
जिसके ऊपर बादल चमक रहे हैं,
तू उतराती और दौड़ती है—
एक अशरीरी आनन्द की तरह जिसकी दौड़ तुरत शुरू हुई हो।

हल्की बैंगनी संध्या
विलीन होती जाती है तेरी उड़ान के इर्दगिर्द;
दिन के प्रकाश में हो
जैसे आसमान का एक तारा—
तू दीख नहीं पड़ती, लेकिन सुन रहा हूँ तेरी सुरीली मसर्रत :

—उस रजत-मंडल के तीखे तीरों की तरह,
जिसकी सघन ज्योति सिमटती जाती है
उजली स्वच्छ उषा के आगमन से,
कि हम मुश्किल से देख पाते हैं उसे,
हाँ, अनुभव करते हैं कि वह कहाँ है !

सारी पृथ्वी, समूचा वायुमंडल
तेरे स्वर से गूँज रहे हैं,

जिस तरह, जब रात साफ होती है,
एकमात्र बादल के टुकड़े से
चाँद अपनी ज्योत्स्ना की वर्षा करता है
और स्वर्ग में बाढ़ आ जाती है।
तू क्या है, हम नहीं जानते,
तुझसे मिलती-जुलती भी कोई चीज हो, तो बता;
किसी इन्द्रधनुषयुक्त बादल से नहीं टपकीं
वैसी चमकीली बूँदें,
जैसी तेरी उपस्थिति से बरस रही हैं
संगीत की रिमझिम।

जैसे, कोई कवि,
अपनी कल्पना के दीप्तिमंडल में छिपकर
गाए जा रहा हो स्वतःप्रेरित भक्तिगीत—
जब तक कि संसार सहानुभूति करने को बाध्य न हो जाय,
उन आशाओं और भयों के प्रति
जिनकी उसने आज तक अवहेलना की।

जैसे, कोई सम्भ्रान्त कुल की कुमारी
बैठकर अपनी अट्टालिका के गुम्बद में
अपनी प्रेम-पीड़ित आत्मा को शान्त कर रही हो
एकान्त घड़ियों में
प्रेम ही की तरह मीठी रागिनी गाकर,
और उसकी स्वर-लहरी उस कुंज से बाहर उमड़ रही हो !

जैसे, कोई सुनहला जुगनू
ओसों की घाटी में
बिखेर रहा हो अपनी स्वर्गिक चमक, अनदेखे ही,
फूलों और घासों के बीच—
जो उसे रह-रहकर छिपा देते हों
हमारी नजरों से।

जैसे, कोई गुलाब का फूल—
अपनी हरी पत्तियों की कुंज में झूला झूलता—
गरम हवा जिसकी पंखड़ियों को बिखेर रही हो
और उसकी सुरभि मूर्च्छित बना रही हो अत्यधिक मिठास से
बोझिल डैनोंवाले चोरों को !

बसंती वर्षा की रिमझिम
चमचमाती दूबों पर,

बादल से चौंकाई कलियों पर;
सभी चीजें जो कभी रही हों आनन्दमय, चमकीली और ताजा
तेरा संगीत उन सबको मात दे रहा है।

तू आत्मा होवे, या चिड़िया,
हमें सिखा दे अपने वे मधुर भाव।
जो तेरे इस गीत के विषय हों :
मैंने कभी नहीं सुना प्रेम या मदिरा का कोई प्रशंसा गीत
जो इस तरह स्वर्गिक हर्षातिरेक की बाढ़ ला दे !

अरी, कलकंठ से निकले विवाह-गीत हों
या उत्साह से ओतप्रोत विजयगीत,
लेकिन तेरे गीत की तुलना में
वे सब व्यर्थ सिद्ध होंगे--
ऐसी चीजें जिनमें हम कुछ गुप्त अभाव अनुभव करते हैं।

तेरी इस आनन्दमयी रागिनी का स्रोत
क्या है ? कहाँ है ?
कौन-से श्वेत, तरंगें या पहाड़ ?
आसमान या मैदान की कौन-सी सूरतें ?
क्या अपनी नस्ल का प्रेम ? क्या पीड़ा का अज्ञान ?

तेरे इस स्वच्छ प्रखर उल्लास में
थकावट का नाम कहाँ ?
झुँझलाहट की छाया भी
तेरे निकट नहीं आ सकती;
तू प्रेम करती है,
लेकिन प्रेम की परितृप्ति का विषाद तू क्या जाने ?

जागती हुई या सोती हुई
तू मृत्यु के बारे में सच्ची और गहरी चीजें जानती है
हम आदमियों की अपेक्षा;
नहीं तो तेरे गीत किस प्रकार यों प्रवाहित होते
साफ चमचम धारा के रूप में।

हम आगे-पीछे देखते हैं
और जो प्राप्य नहीं, उसके लिए व्यग्र रहते हैं;
हमारी सबसे ईमानदार हँसी भी
किसी पीड़ा से पगी होती है;

हमारा मधुरतम संगीत वह है
जो हमारे करुणतम भाव को प्रकट करता है।

यदि हम तिरस्कार कर सकें
घृणा, घमंड और भय का;
यदि हम बर्दाश्त की गई चीजों पर
एक बूँद आँसू तक नहीं गिरने दें;
समझ में नहीं आता,
तो भी हम तेरे आनन्द के निकट कैसे पहुँच पाएँगे।
आनन्दमयी ध्वनियों की
सारी रागिनियों से बढ़कर,
ग्रन्थों में संगृहीत
सभी रत्नों से बढ़कर
कवियों के लिए है तेरी कला,
ओ पृथ्वी का तिरस्कार करनेवाली !

उस आनन्द का आधा ही हिस्सा मुझे दे
जिसकी जानकारी तेरे मस्तिष्क को है,
ऐसा सुरतालयुक्त पागलपन
मेरे अधरों से प्रवाहित हो
कि संसार ध्यानमग्न हो सुनता रह जाय—
जैसा मैं इस समय सुन रहा हूँ।

पछेया हवा

[इस कविता का पूरा लुत्फ उठाने के लिए, याद रखिए—

1. वहाँ पछेया हवा शिशिर में बहती है,
2. शिशिर के बाद वहाँ हेमन्त आता है, जिसमें वर्षा भी होती है,
3. हेमन्त के बाद ही वहाँ ऋतुराज बसन्त आता है, और
*4. बसन्त के बाद ग्रीष्म : जिसके बाद फिर शिशिर—**बेनीपुरी**]*

ओ ऊधमी पछेया हवा,
ओ शिशिर की आत्मा की साँस,
तू, जिसकी अदृश्य उपस्थिति से ही
खदेड़ दी जाती है
—जादूगर द्वारा भगाई प्रेतात्माओं की तरह—
मरी हुई पत्तियाँ,—पीली, काली, बदरंग और बीमार लाल रंग की,
महामारी की मारी, ढेर की ढेर;
ओ तू, जो अपने रथ पर उड़ाकर ले जाती है सपक्ष बीजों को

हेमन्त की काली शय्या पर,
जहाँ वे पड़े रहते हैं ठंड से सिकुड़े-सिमटे
—समाधि में रखे शव की तरह—
जब तक कि तेरी आसमानी रंग की बसंत बहना
जगा नहीं देती, अपनी शंख-ध्वनि से
सपनाते हुए संसार को,
और भर नहीं देती—
(मधुर कलियों को भेड़ों की तरह खुली हवा में चरने को छोड़ती हुई)
मैदान और पहाड़ को जीवित रंगीनियों और सुगंधियों से :
अरी ऊधमी आत्मा, जो हर जगह घूम रही है,
विनाशिका और रक्षिका,
सुन, हाँ, सुन !
तू, जिसकी धारा पर, अलंघ्य आकाश की उथल-पुथल में,
बिखरे बादल भँसते रहते हैं,
—पृथ्वी की मुर्झाई पत्तियों की तरह—
स्वर्ग और समुद्र की उलझी कुंजों से गिरकर,
वर्षा और बिजली के सन्देश-वाहक :
तेरी बारीक हवाई तरंगों की नीली सतह पर,
—शराब की भयंकर देवी के सिर पर खड़े चमकीले उजले बालों की तरह
अभी-अभी आनेवाली आँधी की लटें बिखरी हुई हैं,
धुँधले क्षितिज से सातवें आसमान तक।

ओ शोकगीतिके, मरते साल की !
जिसके लिए यह आखिरी रात समाधि की गुम्बद साबित होगी
जिस पर तेरे वाष्पों की सारी संकलित शक्ति
मेहराब बनाएगी—
जिसके ठोस वातावरण से वर्षा, आग और ओले झड़ेंगेः
अरी, आह, सुन !
तू, जो जगा देती है ग्रीष्म के सपनों की दुनिया से
नीले भूमध्य-सागर को,
जहाँ वह सोता है अपनी बिल्लौरी धाराओं की
गेंडुली के पालने में,
इटली की खाड़ी के ज्वालामुखीवाले टापू की उस तरफ,
और देखता है नींद में ही पुराने महलों और गुम्बदों को
तरंगों के सघन दिन के अन्दर स्पंदित होते,
जिन पर आसमानी रंग की काइयाँ और फूल उग आए हैं
इतनी मीठी सुगन्धवाले,
कि जिनको चित्रित करते समय होश खता हो जाता है !

तू, जिसके पथ के लिए अतलान्त-सागर की समथर शक्तियाँ
अपने को दरारों में विभक्त कर देती हैं,
जिससे, समुद्र-तल के फूल और नीरस पत्तोंवाले गीले जंगल,
सुन लेते हैं तेरी आवाज
और अचानक भयभीत हो भूरे पड़ जाते,
काँप उठते,
और अपने को बर्बाद कर लेते हैं
अरी, सुन !

आह ! यदि मैं एक सूखा पत्ता होता जिसे तू ढोये फिरती;
यदि मैं एक बादल ही होता तेरे संग-संग उड़ता हुआ;
या मैं एक ढेहू होता—
तेरी ताकत के नीचे हाँफता,
और तेरी शक्ति का प्रभुत्व अनुभव करता हुआ—
भले ही तुझसे कम ही आजाद;
ओ अनियंत्रिते !
या, कम से कम, मैं फिर बचपन में ही लौट पाता,
और पहले की ही तरह तेरे स्वर्ग-विचरण का साथी बनता—
जबकि तेरी नभगामी गति को जीत लेना
कल्पना की बात नहीं मालूम होती थी !
तो,
मैं इस तरह आरजू के साथ
अपनी जरूरत से लाचार,
आज तेरी प्रार्थना नहीं करता।
अरी, मुझे उठा ले ढेहू की तरह, पत्ते की तरह,
बादल की तरह,
मैं गिरा जा रहा हूँ जिन्दगी के काँटों पर
देख, ये मेरे खून बहे जा रहे,
घड़ियों की भारी जंजीरों में मैं बँधा हूँ, झुका हूँ—
मैं, जो कभी तेरी ही तरह था,
अपालतू, तेज और मगरूर !

इस जंगल की तरह मुझे भी अपनी वीणा बना :
क्या हुआ जो मेरे पत्ते भी उसी की तरह झड़ते जा रहे हैं !
तेरे शक्तिशाली सुरों की झंकार
पैदा करेगी हम दोनों से
एक गम्भीर, शिशिरमयी ध्वनि—
शोकपूर्ण होने पर भी मधुरिमामयी !
ओ भयंकर आत्मा, तू मेरी आत्मा बन जा !
अरी ओ प्रचंडे ! तू मुझमें आत्मसात् हो जा !

मेरे मुर्दे विचारों को उड़ाकर बिखरा दे सारे संसार पर—
—सूखे पत्तों की तरह—
जिसमें एक नई आत्मा जल्द पैदा हो सके !
अरी बिखेर दे—
—बेबुझी अंगीठी से राख और चिनगारी की तरह—
मेरे शब्दों को मानव-जाति में !
मेरे अधरों से निकलकर,
इस बेजगी दुनिया के लिए तू बन जा
भविष्यवाणी की शंखध्वनि !
ओ हवा
यदि हेमन्त आ रहा है, तो क्या बसन्त दूर हो सकता है ?

कवि का स्वप्न

कवि के अधरों पर मैं सोया
प्रेम-विभोर की तरह सपने देखते
उसकी साँस की आवाज की गति पर;
सांसारिक आनन्दों की न उसे खोज है
न वे उसे मिलते हैं,
बल्कि वह पलता है उन रूपात्माओं के काल्पनिक चुम्बनों पर
जो स्मृति के मरुस्थलों को आबाद किया करती हैं;
वह देखता रहेगा उषा से अन्धकार तक—
झील में प्रतिबिम्बित सूर्य किरणों की चमचम
माधवी-कुंज में पराग-लदे भौंरों की भनभन
न उसे परवाह है, न वह जानता है कि
ये चीजें क्या हैं ?
लेकिन वह इन्हीं से सृष्टि कर सकता है ऐसी प्रतिमाओं की
जो जीवित मुनष्यों से भी अधिक यथार्थ हों,
अमरता के भोले शिशु !

विषाद में लिखी पंक्तियाँ

सूरज में गर्मी है और आसमान साफ है,
तरंगें नाच रही हैं तेजी से, चमकती हुई;
नीले टापुओं और बर्फीले पहाड़ों ने ओढ़ ली है
बैंगनी दुपहरिया की पारदर्शी गरिमा !
गीली पृथ्वी की हल्की साँस लड़खड़ा रही है
उसकी अधखिली कलियों के इर्दगिर्द;

हवाएँ, चिड़िया और समुद्र की तरंगें—
मानो ये सब हैं एक ही आनन्द की कितनी आवाजें;
नगर का कोलाहल भी शान्त एकान्त की तरह मुलायम मालूम पड़ता है।

मैं देख रहा हूँ अपदमर्दित समुद्र की सतह
जहाँ हरी और बैंगनी समुद्री घासें बिछी हैं;
मैं देख रहा हूँ समुद्र तट पर तरंगों को—
मानो तारों की वर्षा में घुली रोशनी बिखेर दी गई हो;
मैं रेत पर अकेले बैठा हूँ,
दुपहरिया के ज्वार में उफनाये समुद्र की बिजली
रह-रहकर मेरे चारों ओर चमक उठती है,
और उसकी समगति से एक संगीत पैदा हो रहा है—
कैसा मधुर !
क्या कोई हृदय मेरी इस समय की भावना का शरीक है ?

अफसोस ! मेरे लिए न कोई उमीद है, न तन्दुरुस्ती,
न भीतर शान्ति है, न बाहर चैन,
न है वह सन्तोष, सब धनों से बड़ा धन,
जिसे सन्तों ने ध्यान द्वारा प्राप्त किया
और अन्तःविजय का मुकुट पहन विचरते रहें—
अरे, न यश, न ताकत, न प्रेम, न फुर्सत;
दूसरों को देखता हूँ जिन्हें ये घेरे रहते हैं—
वे हँसते हुए जीते हैं और जीवन को आनन्दमय कहते हैं;
लेकिन मेरे लिए इस प्याले में दूसरी ही चीज ढ़ाली गई !

लेकिन अब निराशा भी मुलायम पड़ गई है
इस समय की हवा और पानी की तरह;
मैं अब लेट जा सकता हूँ एक थके बच्चे की तरह
और चिन्ता की जिन्दगी को आँसुओं में बहा डालूँ—
जिसे आज तक ढोता आया हूँ
और जिसे ढोना पड़ेगा, जब तक मौत नहीं आ जाती
नींद की तरह चुपके,
और मैं अनुभव करूँ गरम हवा में
कि मेरे गाल ठंडे पड़ रहे हैं
और सुनूँ समुद्र को अन्तिम बार उसाँसें भरते
अपनी मरती हुई चेतना पर !

तेरी याद

संगीत, जब मधुर ध्वनियाँ समाप्त हो जाती हैं
तब भी स्मृति में गूँजता रहता है;
सुगन्धि, जब मीठी शेफाली झड़ जाती है
तब भी उसी द्वारा तरल बनी चेतना में जीवित रहती है।

गुलाब की पंखड़ियाँ, जब गुलाब मुर्झा जाता है
तब भी प्रियतमा की शय्या का सिंगार बनती हैं;
यों ही तेरी याद, जब तू जा चुका है,
प्रेम का पालना बनेगी उसकी सुखनिंदिया के लिए !

बायरन

[जन्म : 1788, लन्दन। मृत्यु : 1824, ग्रीस]

सब कुछ प्रेम के ही लिए

उफ, मुझसे कहानी के किसी बड़े नाम की चर्चा मत करो;
जवानी के दिन ही हमारे गौरव के दिन हैं !
मीठे बीस-और-दो साल की मेंहदी और इश्कपेचा
सभी जयमालाओं से बढ़कर हैं,
भले ही वे इफरात हों !

जिस ललाट पर शिकन पड़ गई, उस पर मुकुट क्या, मालाएँ क्या ?
मानो मुरझाए फूल पर बसन्त की ओस की बूँदें !
इसलिए पके बालोंवाले सिर से इन सबको दूर ही रखो,—
मुझे उन मालाओं की परवाह नहीं जो सिर्फ गौरव देती हैं ?

ओ प्रसिद्धि ! यदि मैंने तेरी प्रशंसाओं में कभी आनन्द अनुभव किया
तो तेरी लम्बी-चौड़ी बातों के लिए नहीं,
बल्कि अपनी प्रिया की आँखों में यह पढ़कर
कि वह तेरे चलते मुझे अपने प्रेम के अयोग्य नहीं समझती !

मैंने तुझे सिर्फ वहीं खोजा, और वहीं पाया भी,
उसकी चितवन में ही तेरी सर्वोत्तम ज्योति प्रस्फुटित हुई;
यदि उसकी नजर चमक उठी मेरी कहानी के किसी चमकीले अंश पर
तो मैंने समझा, वही प्रेम है; मैंने अनुभव किया, वही गौरव है !

सौन्दर्य की प्रतिमा

सौन्दर्य की वह प्रतिमा विचर रही है—
बादल-रहित मौसम की तारा-मंडित रात की तरह;
और जो कुछ सर्वोत्तम हैं अन्धकार और प्रकाश में
वे मिल रहे हैं उसके चेहरे पर और आँखों में,
और यों मधुर बना रहे हैं उस कोमल ज्योति को
जिसे स्वर्ग कभी दिन को नहीं प्रदान करता।

एक अधिक छाया, एक अधिक किरण
उस नामहीन सौन्दर्य-गरिमा को आधी कर दिए होती
जो कि उसकी काली लटों में लहराती है
या उसके मुखड़े को कोमलता से चमकाती है,
जहाँ पवित्र विचार मिठास के साथ घोषित करते हैं–
कैसी शुद्ध, कैसी प्यारी है हमारी आवास भूमि।

और उस कपोल एवं उस ललाट पर हैं
कैसी कोमल और शांत, तो भी कैसी मुखर
वे विजयिनी मुस्कानें, वे दिपती हुई रंगीनियाँ !
किन्तु वे पता देती हैं, अच्छाई में बीते दिनों का,
जिसके भीतर शान्ति ही शान्ति हो, ऐसे मस्तिष्क का,
जिसका प्रेम निरीह हो, ऐसे हृदय का।

खूबसूरती के पीछे

जिस तरह पूरबी बसन्त की तितली,
जगमग करते, कश्मीर के मैदान में,
अपने रंगीन पंखों से उड़ती हुई
आमन्त्रित करती है पीछा करनेवाले नौजवान प्रेमी को अपने नजदीक
और उसे लेकर इस फूल से उस फूल पर उड़ती चलती है–
वह थकानेवाली भागदौड़, वह बर्बाद की गई एक घड़ी–
तब उसे छोड़ देती है, ऊँचे पर उड़ती हुई,
धड़कते हृदय और आँसूभरी आँखों से :

उसी तरह खूबसूरती सयाने बच्चों को फुसलाती है
वैसे ही चमकीले रंग से, वैसे ही पागल पंख से–
उफ, अलस आशाओं और आशंकाओं की वह भागदौड़ !–
जिसकी शुरुआत होती है बेवकूफी से
जिसकी समाप्ति होती है आँसुओं में।
अगर विजय मिली, तो और भी खराबियाँ
उस फतिंगी और उस कुमारी के लिए दुख ही दुख प्रतीक्षा करते हैं;
पीड़ा की जिन्दगी; शान्ति का नाम नहीं–
बच्चों के खिलवाड़ से, मर्द की तोताचश्मी से।

वह दिलचस्प खिलौना, जिसे व्याकुलता से चाहा गया
खो चुका अपना जादू हाथ में पड़ते ही;
रखे जाने के लिए जितने जोर से उसे पकड़ा गया
उतने ही उसके सुन्दरतम रंग उड़ते गये;

अन्ततः समाप्त हो गई उसकी मोहकता, उसकी रंगीनियाँ,
उसकी खूबसूरती,
अब वह अकेले उड़े या जमीन पर गिरे !
अपने घायल पंख और खून टपकाता हृदय लेकर,
आह ! इन दोनों मुसीबतजदों में से कोई वहाँ आराम पा सकेगा ?
क्या यह बेचारी तितली फिर अपने बदरंग पंखों से उड़ान भर सकेगी
इस गुलाब से उस गुलदावदी पर ?
या एक ही घड़ी में मुरझा गई यह खूबसूरती
क्या अपनी उजड़ी कुंज में फिर आनन्द पा सकेगी ?
नहीं, नहीं—
आनन्द में उड़ान भरते फतिंगे
भरते फतिंगों पर अपने पंख नहीं समेटते;
और, सुन्दर चीजें हर कमजोरी पर दया दिखाती हैं
किन्तु अपनी पर नहीं;
हर मुसीबत हमसे आँसू तलब करती है
किन्तु गलती कर गई बहन भी लाज पर
हमारी आँखें नहीं नम होतीं !

प्रेम

हाँ, प्रेम सचमुच ही स्वर्ग की ज्योति है;
अमर जीवन की एक चिनगारी,
जिसके 'फरिश्ते' शरीक थे और जिसे 'अल्लाह' ने भेजा था
हमारी तुच्छ वासनाओं को पृथ्वी से ऊँचा उठाने को।

भक्ति हमारे मन को ऊपर की ओर उड़ा ले जाती है,
लेकिन प्रेम में स्वयं स्वर्ग पृथ्वी पर अवतरित होता है।
यह है ईश्वरत्व की एक अनुभूति
जो हृदय से कलुषित विचारों को दूर करती है;
यह है 'उसकी' एक स्फुट किरण
जिसने सम्पूर्ण की सृष्टि की;
अरे, दैवी विभव ! जो हमारी आत्मा को चारों ओर से घेरे है।

सौन्दर्य की बेटी

सौन्दर्य की बेटियों में से कोई नहीं है
तेरी ऐसी जादू-भरी;
तरंगों पर की संगीत की तरह

मुझे मालूम पड़ती है तेरी मधुर आवाज :
—जबकि उस संगीत के सुर ने
मानो मुग्ध समुद्र को शान्त-स्थिर कर दिया हो,
लहरें लेटी हों चुपचाप, चमकती हुई,
और ऊँघती हुई हवा मानो सपने देख रही हो :

और आधी रात का चाँद बुन रहा हो
गंभीर नीलिमा पर चाँदी की जाली,
जिसका वक्षस्थल नीचे-ऊपर हो रहा हो
सोये बच्चे की छाती की तरह :
अरी, मेरी आत्मा झुकी जाती है तेरे सामने
तेरी पूजा करने और वरदान सुनने को,—
पूर्ण, किन्तु कोमल भावना से
ग्रीष्म के समुद्र के उफान की तरह !

स्मृति-गीत

और, तू चल बसी—
इतनी जवान, इतनी सुन्दर,
जितनी कि मृत्युशील आत्मा हो सकती है !
उफ, ऐसी कोमल आकृति, ऐसी दुर्लभ रमणीयता
इतनी जल्दी पृथ्वी से जा मिली !
यद्यपि पृथ्वी ने उन्हें अपने गर्भ में ले लिया,
और अब उस स्थान पर लोगों के झुंड भ्रमण करेंगे
लापरवाही में या मसर्रत में,
लेकिन एक आँख है जो बर्दाश्त नहीं कर सकती
उस ओर एक छन भी देखना।

मैं नहीं दर्याप्त करूँगा कि तू कहाँ सो रही है नीचे,
न उस जगह की ओर झाँकूँगा,
वहाँ फूल या घास जो चाहें स्वेच्छा से उगें,
मैं उन्हें नहीं देखने जाता :
मेरे लिए इतना साबित किया जाना ही काफी है
कि जिसे मैंने प्यार किया, जिसे मैं हमेशा प्यार करता रहूँगा
वह साधारण मिट्टी की तरह मिट्टी में मिल चुकी,
मेरे लिए किसी ऐसे समाधि-स्तम्भ की जरूरत नहीं
जो मुझे बताये कि जिसे मैं इतना प्यार करता था,
वह 'कुछ नहीं' थी !

किन्तु जिस सरगर्मी से तू मुझे प्यार करती थी,
क्या मैंने अन्त तक तुझे वैसे ही प्यार किया ?
तेरा वह प्यार सारे अतीत में नहीं बदल सका था,
और न अब बदल सकेगा।
अब उस प्रेम पर मृत्यु ने मुहर लगा दी है,
अब जमाना न उसे ठंडा कर सकता है,
न रकीब उसे चुरा सकता है
और न झुठाई उसे धोखा दे सकता है !
और, जो सबसे बुरा होता,
अब तू देख नहीं सकती मुझमें
गलती तब्दीली या ऐब।

जिन्दगी के अच्छे दिन हम दोनों के थे
बुरे दिन अब सिर्फ मेरे होंगे,
प्रफुल्लित करनेवाले सूरज, भौं चढ़ानेवाले तूफान
अब तेरे नहीं हो सकेंगे।
स्वप्नहीन निद्रा की वह स्तब्धता—
मुझे इस पर रोने की अपेक्षा ईर्ष्या होती है;
मेरे सन्ताप करने की भी जरूरत नहीं—
क्योंकि, जो सारे सौन्दर्य चल बसे हैं
उन्हें तिल-तिलकर नष्ट होते जो मुझे देखना पड़ता !

पूरे विकास में खिला हुआ, अनुपम फूल
विनाश का शिकार बन तुरत झड़ पड़ता है;
किसी हाथ से असमय में ही नहीं नोंची जाने पर भी
पंखड़ियाँ आखिर गिर ही जाती हैं;
तो भी, एक-एक पंखड़ी का झड़ते जाना—
यह देखना अधिक शोकमय होता है
एकबारगी उसे तोड़ लेने की अपेक्षा।
क्योंकि सांसारिक आँखें बर्दाश्त नहीं कर सकतीं
सुन्दर से कुरूप होने तक के परिवर्तन का निरीक्षण करना।

मैं नहीं जानता कि मैं बर्दाश्त कर पाता
तेरी खूबसूरती का धीरे-धीरे मुर्झाना;
ऐसी भोर के बाद जो रात आती,
उफ, उसकी छाया कितनी अंधकारमयी होती !
तेरे दिन बे-बादल के ही कट गए,
और तू आखिर तक मनोहारिणी बनी रही,
तू बुत गई, नष्ट नहीं हुई !
आकाश से गिरनेवाले उन तारों की तरह—

जो ऊपर से गिरते समय सबसे अधिक चमकीले बन जाते हैं !

जिस तरह मैं कभी रोया था, अगर फिर एक बार रो पाऊँ,
तो मेरे आँसू गिर सकते हैं
सिर्फ यह सोचकर कि आह, मैं तेरे निकट नहीं था
एक रात के लिए भी रत-जगा किये तेरी शय्या पर !
उफ, तेरे चेहरे पर भाव-विभोर हो टकटकी लगाये रहता,
तुझे अपने मूर्च्छित आलिंगन में लेता,
तेरे लटकते सिर को ऊँचा उठाता;
और अन्ततः बता देता कि प्रेम, कितना भी व्यर्थ हो,
न अब तू अनुभव कर सकती है, न मैं !

यद्यपि अब तूने मुझे स्वतंत्र छोड़ दिया है,
किंतु उनका प्राप्त करना कितना तुच्छ हो चुका है—
सुन्दर से सुन्दर वस्तुएँ भी
क्या तेरी स्मृति से अधिक मधुर-मोहक हो सकती हैं ?
तेरे सारे अमर उपदान
अँधेरे और भयंकर अनन्त के मार्ग से
मेरे पास पुनः लौटे आ रहे हैं;
अरी ! तेरा समाधिस्थ प्रेम सबसे अधिक प्रेमाभिभूत करता है
सिर्फ तुम्हारे साथ बिताये वर्ष ही इसके अपवाद हैं !

जवानी और बुढ़ापा

संसार वैसा कोई आनन्द नहीं देता
जैसा कि वह तब छीन लेता है,
जब प्रारम्भिक विचारों की ज्योति क्षीण होने लगती है
भावनाओं के मन्द संहार में;
जवानी के चिकने गालों की लाली ही
सिर्फ जल्द-जल्द नहीं विलीन होती,
बल्कि हृदय की कोमल कली भी मुरझा जाती है
जवानी जाने के पहले ही।

तब वे कुछ लोग—
जिनकी आत्माएँ मँड़राती रहती हैं
आनन्द के खँडहर के ऊपर,
या तो फेंक दिये जाते हैं अपराधों की रेत पर
या दुराचारों के महासमुद्र में :
उनका पथप्रदर्शक कुतुबनुमा या तो खो गया होता है

या व्यर्थ हो इशारा करता उस तटभूमि की ओर
जहाँ उनका फटा पाल फिर फैलाया नहीं जा सकता।

तब अन्तरात्मा पर मृत्यु की तरह की ही
एक प्राणघातिनी शीतलता छा जाती है,
वह न तो दूसरे की पीड़ा का अनुभव कर सकती है
न अपने लिए कोई सपना देखने की जुर्रत कर सकती है;
हमारे आँसुओं के झरने पर मानो बर्फ की मोटी पर्त पड़ गई हो;
भले ही हमारी आँखें जब-तब चमक उठें,
लेकिन वह चमक बर्फ की ही सूचना देती है।

हो सकता है, मुखर अधरों से कुछ पुरलुत्फ बातें निकल आएँ,
और आनन्द कलेजे के बोझ को कुछ हल्का कर दे,
किन्तु वे आधी रात की घड़ियाँ अब दे नहीं सकतीं
पुराने आराम-चैन की उमीद भी;
वे सब सिर्फ ऐसे लगते हैं—
जैसे किसी खँडहर के कंगूरे पर लिपटी लवंग-लता,
बाहर से देखने पर खूब ही हरी, बहुत ही ताजा,
लेकिन भीतर से मुरझाई, भूरी पड़ गई !

आह ! मैं फिर वैसा ही अनुभव कर पाता,
जैसे पहले करता था;
या मैं फिर उसी तरह रो पाता,
जैसे पहले रो पड़ता था कितने ही लुप्त हुए दृश्यों पर—
जैसे मरुभूमि में पाए गए झरने मधुर लगते हैं
भले ही उनका पानी काला-काला हो,
उसी तरह जिन्दगी के इस उजड़े खेत में,
आह, एक बार आँसू की वैसी ही बाढ़ आती !

वड्र्सवर्थ

[जन्म : 1770, मृत्यु : 1850]

फूलों की दुनिया

मैं अकेले भ्रमण कर रहा था उस बादल की तरह—
जो घाटियों और पहाड़ियों के ऊपर-ऊपर तैरता होता है,
कि अचानक मेरी नज़र पड़ी एक झुंड, एक समूह
सुनहले डेफोडिल-फूलों पर !
झील की बगल में, पेड़ों के नीचे
मन्द पवन के झोंके पर वे गुनगुना और नाच रहे थे !

आकाशगंगा के चमकते, जगमगाते तारों की तरह
वे लगातार फैले हुए थे न समाप्त होनेवाली पंक्ति में
खाड़ी के किनारे-किनारे :
मैंने दस हजार की तादाद में उन्हें देखा एक ही नजर में—
अहा ! प्रमुदित होकर नृत्य की गति पर वे अपने सिरों को
कैसे हिला रहे थे ?

उनकी बगल की लहरें भी झील में नाच रही थीं,
लेकिन उन्होंने मात कर दिया था चमचमाती लहरों को भी
अपनी प्रसन्नता में;
ऐसी खुशगवार संगत में भला कवि
क्योंकर न आनन्द-मगन हो जाय ?
मैं उन्हें देखता रहा, घूरता रहा,—
हाँ, लेकिन उस समय सोच नहीं सका था
कि इस दृश्य ने मुझे कैसी सम्पत्ति प्रदान की है !

क्योंकि अब प्रायः जब मैं लेटा होता हूँ अपने पलंग पर
शून्य या शोकमय मुद्रा में,
तब वे अकस्मात जगमग कर उठते हैं मेरे आन्तरिक दृष्टिपट पर
जो एकान्त के सुखद वरदान हैं !
और फिर तो मेरा हृदय आनन्द से ओतप्रोत होकर
नाचने लगता है उन डेफोडिल-फूलों के साथ-साथ !

वह लड़की !

देखो उसे, वह खेत में अकेली—
हाँ, हाँ, वह जो सामने है पहाड़ी लड़की इक्की !
फसल काटती और आप ही आप गाये जा रही,
यहीं रुक जाओ, या धीरे-धीरे आगे बढ़ो !
अकेली-अकेली वह काटती और पूलियाँ बाँधती जाती है,
साथ ही गाये जा रही है दर्दीले सुर में;
अरे, सुनो ! यह गहरी घाटी जैसे उमड़ी जा रही है
उसकी ध्वनि से !

कभी कोई बुलबुल न गा सकी
इससे अधिक जादूभरा स्वागत गीत—
कारवाँ के थके-माँदे पथिकों के लिए
अरब की मरुभूमि के हरे-भरे नखलिस्तान में;
न कभी इस तरह की रोमांचकारी वाणी सुनी गई
बसन्त की कोयल से
समुद्र की निस्तब्धता को भंग करती हुई
उस सुदूर के स्वर्णद्वीप में।

कोई बताये तो मुझे, यह क्या गा रही है ?
शायद ये शोक-गीतिकाएँ प्रवाहित हो रही हैं
किन्हीं पुरानी, दर्दभरी; दूर की चीजों की याद में
या किसी प्राचीन युद्ध के नाम पर;
या यह कोई साधारण-सा लोकगीत है
आये दिन के किसी जाने-पहचाने विषय पर—
किसी स्वाभाविक शोक, हानि या पीड़ा पर
जो जिन्दगी में हमेशा आते रहते हैं और शायद आते रहेंगे ?

विषय उसका जो कुछ रहा हो,
वह कुमारी गाये जा रही थी, जैसे, उसके गाने का अन्त ही न हो;
मैंने देखा—वह गाये जा रही थी काम करती-करती,
हँसिये पर झुकी-झुकी;
मैं सुनता रहा—स्थिर, चुपचाप !
और अन्ततः जब मैं पहाड़ी के ऊपर चला गया,
तो भी वह संगीत मेरे हृदय में गूँज रहा था—
यद्यपि वह गाना बन्द कर चुकी थी बहुत पहले ही !

पथिक से

हाँ, तुम्हारी आँखों में एक पवित्र आनन्द है !
उस सुरक्षित रखनेवाले कोने की सुहावनी कुटिया ने
गहरे उभार दिया है तेरी भावनाओं को—
अपने प्यारे झरने से, अपनी छोटी. चरागाह से
और, अपने, हाँ उसके अपने ही, आसमान से !

लेकिन इस कुटिया पर दाँत न गड़ाओ;
तुम उसाँस मत छोड़ो बहुत लोगों की तरह
जो इसकी ओर देखते ही लोग संतृप्त हो उठते हैं;
उफ, वे अनधिकार प्रवेश करनेवाले !
जो प्रकृति की पुस्तक से सख्त बेरहमी से फाड़ ले सकते हैं
यह अमूल्य पृष्ठ !
सोचो, अगर यह घर तुम्हारा होता, तो तुम्हें कैसा लगता,
हाँ तुम्हारा—यद्यपि तुम्हारी आवश्यकताएँ परिमित हैं !
—यह छप्पर, यह खिड़की, यह दरवाजा,
अरे, ये फूल तक गरीबों के लिए पवित्र हैं;
बरामदे के मेहराब से लिपटे ये गुलाब के फूल :
आह ! हर चीज जो तुम पर इस समय जादू डाल रही है
वे सब-की-सब बिला जाएँगी,
जिस छन तुम्हारे हाथ का स्पर्श उन्हें लगेगा !

समुद्र किनारे

कैसी सुन्दर संध्या है—शान्त, स्वच्छन्द;
पुण्य बेला निस्तब्ध बनी है, तपस्विनी की तरह—
ध्यान में लीन, श्वासहीन !
बड़ा-सा सूरज डूब रहा है अपनी गहरी शान्ति में;

स्वर्ग की कोमलता समुद्र पर छा रही है :
सुनो ! वह महान आत्मा जगी हुई है
और अपनी शाश्वत गति से एक ध्वनि पैदा कर रही है
वज्र की तरह—चिरस्थायी !

प्यारी बच्ची ! प्यारी लड़की ! तू जो मेरे साथ टहल रही है,
यदि पवित्र भावना से ओतप्रोत नहीं दीख पड़ती,
तो, इसका मानी यह नहीं, कि
तेरी प्रकृति में देवत्व का अभाव है।

अरी, तू तो हमेशा ही परमात्मा की गोद में है—
तू पूजा करती है मन्दिर के अन्तरतम कक्ष में,
भगवान उस समय भी तेरे साथ होते हैं
जब हम समझते हैं कि वह नहीं है।

कोयल

ओ आनन्दमयी आगन्तुके ! मैंने तेरी काकली सुनी है,
आज फिर सुन रहा हूँ और खुश हो रहा हूँ;
अरी कोकिले ! मैं तुझे चिड़िया कहूँ,
या सिर्फ एक चलती-फिरती आवाज ?

इस घास पर लेटे-लेटे मैं सुन रहा हूँ
तेरी 'कु-हू' की दुहरी पुकार;
लगता है यह एक पहाड़ी से दूसरी पहाड़ी पर फैल रही है,
एक ही समय में बहुत दूर और बिल्कुल नजदीक भी।

यद्यपि तू सिर्फ घाटी को ही सुनाती है
चमचमाती धूप और फूलों का सन्देश—
तो भी तू मेरे निकट खींच लाती है
कल्पनामयी घड़ियों की कहानी।

स्वागत, स्वागत ! ओ बसन्त की प्रेयसी, स्वागत !
तू आज भी मेरे लिए कोई चिड़िया नहीं है,
बल्कि एक अदृश्य वस्तु,
एक ध्वनि, एक कुहेलिका !

बिल्कुल वही—जिसे मैं स्कूली जिन्दगी के दिनों में
सुना करता था; हाँ वही पुकार—
जो मुझे लाचार कर देती थी हजारों तरह से देखने के लिए
झाड़ियों में, पेड़ों पर, आसमान में।

तुझे ढूँढ़ने को मैं प्रायः ही मारा-मारा फिरता था
जंगलों में, हरियालियों में;
तो भी, तू मेरे लिए बनी रही एक प्रेम, एक आशा—
आकांक्षा तो आज भी है, किन्तु कभी दीख न पड़ी !

और, मैं आज भी तुझे सुनने को उतना ही उत्सुक हूँ,
मैदान में लेटकर आज भी तब तक तेरी काकली सुन सकता हूँ

जब तक कि मैं लौटा न लाऊँ
पुनः उस स्वर्णिम समय को !

ओ भागवंती चिड़िये !
जिस पृथ्वी पर हम विचरण कर रहे हैं,
आज वह फिर मालूम हो रही है एक अभौतिक परियों का देश,
हाँ, हाँ, तेरे रहने के लिए ऐसी ही जगह तो चाहिए !

दिवा-स्वप्न

ज्यों ही उजाला होता है,
उस गली के नुक्कड़ पर लटकती हुई तूती जोरों से गाने लगती है,
वह तीन सालों से लगातार गाती आई है :
बेचारी बच्ची उस रास्ते से प्रायः गुजरी है,
और भोर की निस्तब्धता में उसने चिड़िये का गीत सुना है।

तूती के गीत में एक जादू है—
न जाने किस पीड़ा से बच्ची बेचैन हो उठती है ?
(दिन में ही वह सपने देखने लगती है)
वह देखती है—उसके सामने एक पहाड़ ऊँचा उठ रहा है,
फिर वृक्षों की पंक्तियाँ दिखाई देती हैं,
उस मुहल्ले की तलेटी से उजला कुहासा उमड़ा आ रहा है,
और इस मुहल्ले की घाटी से होकर नदी कलकल करती बह रही है !

पहाड़ी दर्रे के बीच में वह हरी-भरी चरागाह देखती है
जिससे होकर वह घड़ा लिये प्रायः आई-गई है
उछलती-कूदती,
फिर उसकी नजर में आती है उसकी छोटी एकान्त कुटिया—
पंडुक के खोंते की तरह—
संसार में उसके लिए जो एकमात्र प्यारी जगह है !

यों ही देखते-देखते उसका हृदय स्वर्ग में पहुँच जाता है :
लेकिन फिर तुरत ही ये विलीन हो जाते हैं—
कुहासा, नदी, पहाड़, वृक्षों की छाया; सब-के-सब;
अरे, अब झरना झर-झर करता नहीं बहेगा,
वह पहाड़ ऊँचा नहीं उठेगा,
आह ! सारी रंगीनियाँ उसकी आँखों से लुप्त हो गईं !

प्रकृति की बेटी

तीन साल तक वह धूप और वर्षा में बढ़ती रही;
तब प्रकृति ने कहा—"इससे मनोहर फूल कभी पृथ्वी पर नहीं खिले :
मैं इस बच्ची को अपनी सुरक्षा में लूँगी,
यह आज से मेरी बेटी हुई,
और मैं इसे अपने ही अनुरूप महिला बनाऊँगी।

"अपनी इस प्यारी बच्ची के लिए मैं ही विधान बनूँगी,
मैं ही प्रवृत्ति;
और मेरे ही साथ यह लड़की चट्टान में, मैदान में;
पृथ्वी में, स्वर्ग में, कुंज में, घाटी में
सर्वत्र एक सर्वदर्शी शक्ति का अनुभव करेगी—
अपने को उत्तेजित करने या संयमित करने को।

"यह हरित की छौनी-सी खेलवाड़ होगी—
जो आनन्द में मस्त होकर मैदान में या पहाड़ पर
उछलती फिरती है;
उसी के लिए होगा शीतल मन्द-सुगन्ध समीर,
और उसी के लिए होगी मूक अनुभूतिहीन पदार्थों की
निस्तब्धता और शान्ति !

"उड़ते हुए बादल इसे अपनी शानदारी देंगे,
सरपत झुककर इसे विनम्रता सिखाएगा,
और वह नहीं भूलेगी देखना आँधी की गति में भी वह गरिमा
जो साँचे में ढालेगी कौमार्य की आकृति को
मूक सहानुभूति से।

"आधी रात के तारे इसके प्यारे होंगे;
और यह अपने कान पाते भी उन कई रहस्यमय स्थानों पर
जहाँ नाले चक्कर काटते हुए नाचते हैं,
और उनके कलकल शब्द से उत्पन्न सौन्दर्य
इसके मुखमंडल पर चमक उठेगा !

"और आनन्द की जीवित अनुभूतियाँ
लाड़-प्यार से उसकी आकृति को राजकीय ऊँचाई तक पहुँचा देंगी,
उसका कुँआरा वक्षस्थल फूल उठेगा;
अपनी प्यारी 'लीला' को मैं यही सब उपहार में दूँगी
अपने साथ रखकर, यहाँ, इस आनन्दमयी घाटी में।"

यों प्रकृति बोली—और जादू की तरह यह सब हो गया !
किन्तु, आह ! मेरी 'लीला' की दौड़ कितनी जल्द खत्म हो गई !
वह चल बसी और छोड़ गई मेरे लिए
यह स्वास्थ्य, यह शान्त और मौन दृश्य;
और एक ऐसी चीज की याद—
जो कभी थी, लेकिन, फिर कभी नहीं होगी !

प्रकृति और कवि

[एक चित्र देखकर]

एक दिन मैं भी तेरा पड़ोसी था, ओ उजाड़ खँडहर !
गर्मियों के चार समाप्त मैंने तुम्हारे सामने गुजारे थे :
मैं रोज ही तुम्हें देखता था, और ऐसा लगता था
कि तुम्हारी आकृति समुद्र के दर्पणोपम जल में सो रही है !

कैसा स्वच्छ आकाश और कैसी शान्त थी हवा !
दिन पर दिन—एक ही, बिल्कुल एक ही-से लगते थे !
जब कभी देखा, तुम्हारी प्रतिमूर्ति वहाँ वैसी ही पड़ी थी,
हाँ, कभी-कभी काँप उठती थी, लेकिन लोप कभी नहीं हुई।

कैसी पूरी शान्ति थी ! वह निद्रा या भावना-सी नहीं थी,
जिसे ऋतु लाती या ले जाती है;
उन दिनों मैं कर सकता था ऐसी कल्पना कि शक्तिशाली समुद्र है—
संसार की मृदुल वस्तुओं में सबसे मृदुल !

आह ! यदि मेरी उँगलियाँ भी उन दिनों चित्रकार की उँगलियाँ होतीं
और उनमें शक्ति होती चित्रित करने को उन चीजों के
जिन्हें मैं उन दिनों देखता था;
यह जोड़ने की उस चमक, उस रोशनी के
जो पृथ्वी या समुद्र पर नहीं मिलती,
जो सिर्फ भक्तों के अर्पण या कवि के स्वप्न में पाई जाती है

तो मैं तुम्हें स्थापित किये होता, ओ जर्जर खँडहर,
इससे बिल्कुल ही पृथक् संसार में !
एक ऐसे समुद्र के किनारे, जिसकी हँसी कभी रुकती नहीं;
एक ऐसी शान्त पृथ्वी पर, जिसके आसमान से आनन्द झड़ा करते !

वह चित्र होता स्थायी विश्राम का, स्वर्गिक शान्ति का,
जहाँ न जाँ-फिसानी होती, न जद्दोजहद;

तरंगों की हलचल, मलय पवन की सनसन,
या मूक प्रकृति की जीवन-साँस के अतिरिक्त
जहाँ कोई भी गति नहीं होती !

ऐसा, अपने हृदय की भावुक भूलभुलैया में
ऐसा ही चित्र बनाये होता उन दिनों।
और देखे होता कि उसके हर हिस्से में है सत्य की आत्मा,
एक दृढ़ शान्ति—जिसे धोखा नहीं दिया जा सके।

कभी ऐसा हुआ होता; लेकिन आज वह बात नहीं रही;
अब मैंने अपने को एक नये विधान के हाथों अर्पित कर दिया है
एक शक्ति थी जो चली गई; अब उसे कोई लौटा नहीं सकता,
एक गम्भीर शोक ने मेरी आत्मा को विह्वल-चंचल बना डाला है !

अरे, अब एक छन के लिए भी विहँसते समुद्र को देख लूँ
और जैसा पहले था वैसा ही बना रहूँ, यह नहीं हो सकता !
अपनी इस हानि की भावना मेरे मन में पुरानी नहीं पड़ेगी;
यह एक सत्य बात है और मैं शान्त मस्तिष्क से कह रहा हूँ !

ओ चित्रकार ! ओ मेरे दोस्त !
तुम उसके भी दोस्त बने होते, यदि वह जिन्दा होता
जिसके लिए मैं आज रो रहा हूँ !
तुम्हारी इस कृति को मैं दोष नहीं देता, मैं इसकी सराहना करता
—यह क्रोधभरा समुद्र, और वह उदासीन तट !

निस्सन्देह, यह एक भावुकतामयी कृति है !
तो भी बुद्धिमानी और उत्कृष्टता टपकती है इससे;
इसकी आत्मा बड़ी सावधानी से संयमित की गई है—
संहारशील उत्तुंग तरंगों पर चक्कर खाता यह टूटा जहाज
यह हाहाकार करता आकाश, यह भयंकर दृश्यावली !

और वह विशाल प्रासाद—अपनी महानता में खड़ा !
मैं यह देख-देखकर खुश हो रहा हूँ
कि प्राचीन समय का भावनाहीन कवच पहनकर
यह किस शान से बर्दाश्त किये जा रहा है—
बिजली को, प्रचंड आँधी को, उत्ताल तरंगों को !

विदा, विदा ओ एकान्तपसन्द करनेवाले हृदय !
—सपने के महल में रहनेवाले, अपने लोगों से दूर-दूर भागनेवाले !
ऐसी खुशी, चाहे वह जहाँ भी मिले,

वह लड़की !

देखो उसे, वह खेत में अकेली—
हाँ, हाँ, वह जो सामने है पहाड़ी लड़की इक्की !
फसल काटती और आप ही आप गाये जा रही,
यहीं रुक जाओ, या धीरे-धीरे आगे बढ़ो !
अकेली-अकेली वह काटती और पूलियाँ बाँधती जाती है,
साथ ही गाये जा रही है दर्दीले सुर में;
अरे, सुनो ! यह गहरी घाटी जैसे उमड़ी जा रही है
उसकी ध्वनि से !

कभी कोई बुलबुल न गा सकी
इससे अधिक जादूभरा स्वागत गीत—
कारवाँ के थके-माँदे पथिकों के लिए
अरब की मरुभूमि के हरे-भरे नखलिस्तान में;
न कभी इस तरह की रोमांचकारी वाणी सुनी गई
बसन्त की कोयल से
समुद्र की निस्तब्धता को भंग करती हुई
उस सुदूर के स्वर्णद्वीप में।

कोई बताये तो मुझे, यह क्या गा रही है ?
शायद ये शोक-गीतिकाएँ प्रवाहित हो रही हैं
किन्हीं पुरानी, दर्दभरी; दूर की चीजों की याद में
या किसी प्राचीन युद्ध के नाम पर;
या यह कोई साधारण-सा लोकगीत है
आये दिन के किसी जाने-पहचाने विषय पर—
किसी स्वाभाविक शोक, हानि या पीड़ा पर
जो जिन्दगी में हमेशा आते रहते हैं और शायद आते रहेंगे ?

विषय उसका जो कुछ रहा हो,
वह कुमारी गाये जा रही थी, जैसे, उसके गाने का अन्त ही न हो;
मैंने देखा—वह गाये जा रही थी काम करती-करती,
हँसिये पर झुकी-झुकी;
मैं सुनता रहा—स्थिर, चुपचाप !
और अन्ततः जब मैं पहाड़ी के ऊपर चला गया,
तो भी वह संगीत मेरे हृदय में गूँज रहा था—
यद्यपि वह गाना बन्द कर चुकी थी बहुत पहले ही !

वड्र्सवर्थ

[जन्म : 1770, मृत्यु : 1850]

फूलों की दुनिया

मैं अकेले भ्रमण कर रहा था उस बादल की तरह–
जो घाटियों और पहाड़ियों के ऊपर-ऊपर तैरता होता है,
कि अचानक मेरी नजर पड़ी एक झुंड, एक समूह
सुनहले डेफोडिल-फूलों पर !
झील की बगल में, पेड़ों के नीचे
मन्द पवन के झोंके पर वे गुनगुना और नाच रहे थे !

आकाशगंगा के चमकते, जगमगाते तारों की तरह
वे लगातार फैले हुए थे न समाप्त होनेवाली पंक्ति में
खाड़ी के किनारे-किनारे :
मैंने दस हजार की तादाद में उन्हें देखा एक ही नजर में–
अहा ! प्रमुदित होकर नृत्य की गति पर वे अपने सिरों को
कैसे हिला रहे थे ?

उनकी बगल की लहरें भी झील में नाच रही थीं,
लेकिन उन्होंने मात कर दिया था चमचमाती लहरों को भी
अपनी प्रसन्नता में;
ऐसी खुशगवार संगत में भला कवि
क्योंकर न आनन्द-मगन हो जाय ?
मैं उन्हें देखता रहा, घूरता रहा,–
हाँ, लेकिन उस समय सोच नहीं सका था
कि इस दृश्य ने मुझे कैसी सम्पत्ति प्रदान की है !

क्योंकि अब प्रायः जब मैं लेटा होता हूँ अपने पलंग पर
शून्य या शोकमय मुद्रा में,
तब वे अकस्मात जगमग कर उठते हैं मेरे आन्तरिक दृष्टिपट पर
जो एकान्त के सुखद वरदान हैं !
और फिर तो मेरा हृदय आनन्द से ओतप्रोत होकर
नाचने लगता है उन डेफोडिल-फूलों के साथ-साथ !

अफसोस करने की चीज है—
क्योंकि वह अन्धी है, निश्चय ही।

और स्वागत, ओ संकटों के पहाड़ ! धैर्य की मुस्कान !
और जिन्हें सहन करना ही है, ऐसे क्रूर दृश्यों का भी स्वागत !
ऐसे दृश्य जो मेरे सामने हैं, या इनसे भी बुरे
क्योंकि हमारी पीड़ा और हमारे शोक में भी आशा की झलक होती ही है।

बसन्त में लिखी पंक्तियाँ

मैंने हजारों कलरव एक साथ सुने
जब मैं कुंज में अलस भाव से लेटा था,
उस मधुर चित्रवृत्ति के साथ
जब आनन्दमय विचार मस्तिष्क में ला देते हैं शोकपूर्ण विचारों को।

प्रकृति अपने सुन्दर कामों से गठबन्धन कराती है
मानवी आत्मा का, जो मुझमें भी व्याप्त है;
फिर मेरा हृदय यह सोचकर क्यों नहीं दुखित हो जाए
कि आदमी ने आदमी को क्या बना रखा है ?

उस हरी कुंज में उस बसन्ती गुलाब के गुच्छों से
लवंगलता लिपट रही है, माला की तरह !
और यह मेरा विश्वास है कि हर फूल
स्वच्छन्द होकर अपनी-अपनी हवा का उपभोग करता है।

मेरे चारों ओर पंछी फुदक रहे थे, खेल रहे थे,
मैं उनके विचारों का अन्दाजा तो नहीं लगा सकता था—
लेकिन उनकी बारीक-से-बारीक गति भी
प्रकट करती थी आनन्द की एक पुलक !

कलियों से लदी डालियाँ अपनी छतरी फैलाए हुए थीं
मलय-पवन को पकड़ने के लिए;
और मैं सोचता था; इतना ही तो मैं कर सकता था,
कि आनन्द यदि कहीं है, तो यहीं है, यहीं है।

यदि यह विश्वास स्वर्ग की ओर से प्रेरित है
यदि प्रकृति की ऐसी ही पवित्र योजना है
तो क्या मेरे लिए इस पर शोक प्रकट करने का कारण नहीं है
कि आह ! आदमी ने आदमी को क्या बना रखा है ?

यह सांसारिकता !

संसार में हम बुरी तरह फँस गए हैं,
देर-सबेर, कमाते-खाते हम अपनी शक्तियों को बर्बाद कर लेते हैं;
प्रकृति में, जो हमारी अपनी चीज है,
उस पर हम ध्यान ही नहीं देते;
हमने अपने हृदय को बेच दिया है तुच्छ वरदानों की कीमत पर।

यह समुद्र—जो अपना हृदय चाँद के लिए खोले रहता है,
यह पवन—जो हमेशा, हर घड़ी, हाहाकार किए रहता है
किन्तु जो इस समय सोये फूल की तरह समाधिस्थ है,
इसके लिए, हर चीज के लिए हमारे हृदय की तन्त्री
बेसुरी बनी हुई है।

ये सब हमें उच्छ्वसित नहीं कर पाते—
या भगवान ! इससे तो अच्छा, कि मैं आदिम मानवों की तरह
प्रकृति-पूजक ही होता;
तब मैं खड़ा हो पाता इस सुहावने मैदान में
और उन दृश्यों की झलक देखता,
जो आज की तरह मुझे खोया-खोया नहीं बनाए रहते
तब मैं देख पाता तरंगों पर विचरण करते वरुणदेव को,
या पवन-देवता को हमारा आह्वान करने के लिए
शंख-ध्वनि करते !